西藏地区电网工程预算定额

（2023 年版）

第一册 建筑工程（上册）

国家能源局　发布

中国电力出版社
CHINA ELECTRIC POWER PRESS

图书在版编目（CIP）数据

西藏地区电网工程预算定额：2023 年版．第一册．建筑工程．上册/国家能源局发
布．—北京：中国电力出版社，2024.6
ISBN 978 - 7 - 5198 - 8818 - 3

Ⅰ．①西…　Ⅱ．①国…　Ⅲ．①电网–电力工程–预算定额–西藏②电网–建筑工程–
预算定额–西藏　Ⅳ．①F426.61

中国国家版本馆 CIP 数据核字（2024）第 074335 号

出版发行：中国电力出版社	印　　刷：三河市百盛印装有限公司
地　　址：北京市东城区北京站西街 19 号（邮政编码 100005）	版　　次：2024 年 6 月第一版
网　　址：http://www.cepp.sgcc.com.cn	印　　次：2024 年 6 月北京第一次印刷
责任编辑：张　瑶（010-63412503）	开　　本：850 毫米×1188 毫米　32 开本
责任校对：黄　蓓　王海南　常燕昆	印　　张：37.75
装帧设计：赵丽媛	字　　数：1005 千字
责任印制：石　雷	定　　价：278.00 元（全 2 册）

国家能源局关于颁布《西藏地区电网工程定额和费用计算规定（2023年版）》的通知

国能发电力〔2024〕17号

各有关单位：

为适应西藏等高海拔地区电网工程管理发展的实际需要，合理确定和有效控制电网工程造价，进一步统一和规范电网建设工程的计价行为，国家能源局委托中国电力企业联合会组织编制完成《西藏地区电网工程建设预算编制与计算规定》《西藏地区电网工程概算定额（建筑工程、电气设备安装工程、架空线路工程、电缆线路工程、调试工程、通信工程）》《西藏地区电网工程预算定额（建筑工程、电气设备安装工程、架空线路工程、电缆线路工程、调试工程、通信工程)》（以上3项统称《西藏地区电网工程定额和费用计算规定（2023年版）》）。现予以颁布实施，请遵照执行。

　　《西藏地区电网工程定额和费用计算规定（2023 年版）》由中国电力企业联合会组织中国电力出版社出版发行。

国家能源局（印）

2024 年 3 月 9 日

前　　言

　　《西藏地区电网工程概预算定额（2023 年版）》（以下简称"本套定额"）是《西藏地区电网工程定额和费用计算规定（2023 年版）》的主要组成内容。

　　本套定额是根据《国家能源局关于印发〈电力工程定额与造价工作管理办法〉的通知》（国能电力〔2013〕501 号）文件的要求，围绕西藏等高海拔地区电网建设面临的新形势和新要求，按照国家及电力行业有关标准规范，结合电网工程建设与管理特点制定。

　　本套定额在《西藏地区电网工程概预算定额（2013 年版）》的基础上，合理继承和沿用了原定额的总体框架和形式，根据 2013 年以来电网建设工程有关的新政策要求、新技术发展、项目管理新模式以及新设备、新材料、新工艺的应用状况，对定额专业划分、子目设置、计算规则、编制内容、价格水平等进行了补充、优化和调整。

　　本套定额在修订过程中，按照国家关于定额编制的程序和要求，经过广泛征求各方意见和建议，对定额各项内容进行了认真调研和反复推敲、测算，保证了定额的适用性、时效性和公正性。

　　本套定额由国家能源局批准并颁布，由电力工程造价与定额管理总站负责编制和解释。

总　说　明

一、《西藏地区电网工程预算定额（2023年版）》（简称定额）共六册，包括：

第一册　建筑工程（上册、下册）　　　　第二册　电气设备安装工程

第三册　架空线路工程　　　　　　　　第四册　电缆线路工程

第五册　调试工程　　　　　　　　　　第六册　通信工程

二、本册为《第一册　建筑工程（上册）》（简称本定额），共13章，包括土石方工程，地基处理工程，砌筑工程，混凝土与钢筋、铁件工程，金属结构工程，隔墙与天棚吊顶工程，门窗与木作工程，地面与楼地面工程，屋面工程，防腐、绝热、耐磨、屏蔽与隔声工程，装饰工程，构筑物工程，措施项目。

三、本定额适用于西藏地区1000kV及以下交流输配电（串联补偿）站、±800kV及以下直流换流站建筑工程。青海省玉树州、果洛州、海西州，四川省甘孜州、阿坝州、凉山州，甘肃省甘南州，云南省迪庆州、怒江州，新疆克州、喀什地区塔什库尔干县等地区的工程参照使用。

四、本定额是编制施工图预算的依据，是编制初步设计概算的基础，也是编制最高投标限价的基础依据，同时还是投标报价、工程结算和调解处理工程建设经济纠纷的参考依据。

五、本定额主要编制依据。

1. GB 50014—2021　室外排水设计标准。

2. GB 50151—2021　泡沫灭火系统技术标准。

3. GB/T 50185—2019　工业设备及管道绝热工程施工质量验收标准。

4. GB 50013—2018　室外给水设计标准。

5. GB 50084—2017　自动喷水灭火系统设计规范。

6. GB 50261—2017　自动喷水灭火系统施工及验收规范。

7. GB 50243—2016　通风与空调工程施工质量验收规范。

8. GB 50019—2015　工业建筑供暖通风与空气调节设计规范。

9. GB 50303—2015　建筑电气工程施工质量验收规范。

10. GB/T 50218—2014　工程岩体分级标准。

11. GB 50254—2014　电气装置安装工程低压电器施工及验收规范。

12. GB 50034—2013　建筑照明设计标准。

13. GB 50300—2013　建筑工程施工质量验收统一标准。

14. GB/T 50353—2013　建筑工程建筑面积计算规范。

15. GB 50009—2012　建筑结构荷载规范。

16. GB 50193—2010　二氧化碳灭火系统设计规范。

17. GB 50060—2008　3~110kV 高压配电装置设计规范。

18. GB 50263—2007　气体灭火系统施工及验收规范。

19. GB 50242—2002　建筑给水排水及采暖工程施工质量验收规范。

20. GB 50021—2001　岩土工程勘察规范。

21. DL/T 5210.1—2021　电力建设施工质量验收规程　第 1 部分：土建工程。

22. DL/T 5352—2018 高压配电装置设计规范。

23. DL 5009.3—2013 电力建设安全工作规程 第3部分：变电站。

24. LD/T 72.1~11—2008 建设工程劳动定额 建筑工程。

25. 电力建设工程工期定额（2022年版）。

26. 电力建设工程预算定额（2018年版） 第一册 建筑工程（上册、下册）。

27. 输变电工程质量监督检查大纲（2014年版）。

28. 西藏地区电网工程预算定额（2013年版） 第一册 建筑工程（上册、下册）。

29. 中国电力建设工法汇编（2015年度）。

30. 现行有关变电工程建筑、结构、装饰、水工建筑、水工结构等设计规范。

31. 现行有关建筑工程设计、施工、质量、安全、环保等规程与规范。

32. 西藏地区电网工程典型设计、施工图及施工组织方案等。

六、本定额中的材料和成品是按照国家质量标准和相应的设计要求，具有质量合格证书和试验合格记录的产品考虑。本定额是按照西藏地区电网工程合理的施工组织设计，选择常用的施工方法与施工工艺，并考虑合理交叉作业条件编制。

七、本定额是完成规定计量单位子目工程所需人工、材料、施工机械台班的消耗量标准，反映了西藏地区电网建筑工程施工技术与管理水平。除定额规定可以调整外，不因工程实际施工组织、施工方法、劳动力组织与水平、材料消耗种类与数量、施工机械规格与配置等不同调整。

八、本定额中包括的施工工作内容，除各章节已说明的工作内容外，均包括从施工准备、场内运输、施工操作到完工清理全部过程所有的施工工序。

九、人工、材料和机械。

（一）关于人工。

1. 本定额人工分为建筑普通工和建筑技术工，建筑普通工单价为 107 元/工日，建筑技术工单价为 143 元/工日，每个工日为 8 小时。

2. 本定额人工单价以拉萨市为标准取定，3500m<海拔 $H \leqslant 3750$m 以外地区的人工费按照表 0-1 调整。

表 0-1　　　　3500m<海拔 $H \leqslant 3750$m 以外地区的人工费、机械费调整系数

海拔 H（m）	人工费调整系数	机械费调整系数
$H \leqslant 2000$	0.797	0.897
$2000 < H \leqslant 2500$	0.824	0.922
$2500 < H \leqslant 3000$	0.891	0.960
$3000 < H \leqslant 3250$	0.924	0.971
$3250 < H \leqslant 3500$	0.957	0.984
$3500 < H \leqslant 3750$	1.000	1.000
$3750 < H \leqslant 4000$	1.049	1.018
$4000 < H \leqslant 4250$	1.105	1.039
$4250 < H \leqslant 4500$	1.168	1.061
$4500 < H \leqslant 4750$	1.237	1.087

海拔 H（m）	人工费调整系数	机械费调整系数
4750<H≤5000	1.312	1.114
5000<H≤5250	1.395	1.145
5250<H≤5500	1.483	1.177
H>5500	1.579	1.212

（二）关于材料。

1. 本定额材料消耗量包括施工中消耗的主要材料、辅助材料、周转材料和其他材料，包括了合理的施工损耗量、施工现场堆放损耗量、场内运输损耗量。周转性材料在定额中按照摊销量计列。用量少、低值易耗的零星材料，列为其他材料费。

2. 本定额包括材料和成品从存放仓库或堆放地点运至施工加工地点1km以内的场内运输，运输距离>1km时按照相应的规定和定额增加费用。

3. 本定额中材料单价按照2023年西藏定额材料库价格取定，为除税后单价。

（三）关于机械。

1. 本定额施工机械台班消耗量包括基本消耗量、必要间歇时间消耗量和机械幅度差。

2. 本定额施工机械台班单价按照2023年西藏定额施工机械台班库价格取定，3500m<海拔 H≤3750m以外地区的机械费按照表0-1调整。

3. 不构成固定资产的小型机械或仪表的购置、摊销和维护费用等，未计入定额，包括在《西藏地区电网工程预算编制与计算规定（2023年版）》的施工工具用具使用费中。

十、混凝土。

1. 当工程混凝土的强度等级、石子粒径与定额不同时，混凝土单价按照附录 D 调整。

2. 本定额中混凝土按照施工现场集中搅拌站制备、罐车运输、非混凝土泵车浇制考虑，当工程采用施工现场搅拌机制备时，混凝土单价按照附录 D 调整。

3. 当工程采用泵车浇制混凝土时，泵送混凝土单价按照附录 D 调整；每浇制 $1m^3$ 混凝土成品机械费增加 9 元，人工费减少 9.8 元。

4. 当工程采用商品混凝土时，商品混凝土增加费按照价差处理。

5. 混凝土配合比中不包括混凝土外加剂（如碱水剂、早强剂、缓凝剂、抗渗剂、防水剂、防冻剂、阻锈剂）和掺抗裂纤维。水工混凝土和地下混凝土已综合考虑了混凝土抗渗、抗冻的要求，执行定额时不作调整。

十一、本定额中砂浆按照施工现场搅拌机制备考虑，当工程采用人工制备时不作调整；当工程采用商品砂浆时，商品砂浆增加费按照价差处理。

十二、成品钢结构费用包括钢材下料、加工、除锈、焊接、防锈、防腐、面漆费用。

十三、本定额中凡注明"××以内""××以下"者，均包括本身，注明"××以外""××以上"者，均不包括本身。

目　　录

上　　册

第2章 地基处理工程

第8章　地面与楼地面工程

第 12 章 构筑物工程

第 13 章 措施项目

下　册

前言
总说明

第 14 章　给水与排水工程

第16章 消防工程

第17章　通风与空调工程

第19章 防腐与绝热工程

第 1 章　土石方工程

说　　明

1. 土壤及岩石分类。

（1）土壤按 Ⅰ 、Ⅱ类土、Ⅲ类土、Ⅳ类土分类，其具体分类见表 1-1。

表 1-1　　　　　　　　　　　　　　　　　　　土 壤 分 类 表

土壤分类	土壤名称	开挖方法
Ⅰ、Ⅱ类土	粉土、砂土（粉砂、细砂、中砂、粗砂、砾砂）、粉质黏土、弱中盐渍土、软土（淤泥质土、泥炭、泥炭质土）、软塑红黏土、冲填土	用锹、少许用镐、条锄开挖。机械能全部直接铲挖满载者
Ⅲ类土	黏土、碎石土（圆砾、角砾）混合土、可塑红黏土、硬塑红黏土、强盐渍土、素填土、压实填土	主要用镐、条锄，少许用锹开挖。机械需部分刨松方能铲挖满载者，或可直接铲挖但不能满载者
Ⅳ类土	碎石土（卵石、碎石、漂石、块石）、坚硬红黏土、超盐渍土、杂填土	全部用镐、条锄挖掘，少许用撬棍挖掘。机械须普遍刨松方能铲挖满载者

（2）本章岩石按极软岩、软岩、较软岩、较硬岩、坚硬岩分类，其具体分类见表 1-2。

2. 土石方定额中不包括施工降水、排水费用，发生时可按照第 13 章降排水子目执行，无法参考时，按照有关规定另行计算。

表 1-2   岩　石　分　类　表

岩石分类		定性鉴定	代表性岩石	开挖方式	饱和单轴抗压强度 R_c（MPa）
软质岩	极软岩	锤击声哑，无回弹，有较深凹痕，手可捏碎；浸水后，可捏成团	1. 全风化的各种岩石； 2. 强风化的软岩； 3. 各种半成岩	部分用手凿工具、部分用爆破法开挖	$R_c \leqslant 5$
	软岩	锤击声哑，无回弹，有凹痕，易击碎；浸水后，手可掰开	1. 强风化的坚硬岩； 2. 中等（弱）风化至强风化的较坚硬岩； 3. 中等（弱）风化的较软岩； 4. 未风化的泥岩、泥质页岩、绿泥石片岩、绢云母片岩等	用风镐和爆破法开挖	$5 < R_c \leqslant 15$
	较软岩	锤击声不清脆，无回弹，较易击碎；浸水后，指甲可刻出印痕	1. 强风化的坚硬岩； 2. 中等（弱）风化的较坚硬岩； 3. 未风化至微风化的凝灰岩、千枚岩、砂质泥岩、泥灰岩、泥质砂岩、粉砂岩、砂质页岩等		$15 < R_c \leqslant 30$
硬质岩	较坚硬岩	锤击声较清脆，有轻微回弹，稍震手，较难击碎；浸水后，有轻微吸水反应	1. 中等（弱）风化的坚硬岩； 2. 未风化至微风化的熔结凝灰岩、大理岩、板岩、白云岩、石灰岩、钙质砂岩、粗晶大理岩等	用爆破法开挖	$30 < R_c \leqslant 60$
	坚硬岩	锤击声清脆，有回弹，震手，难击碎；浸水后，大多无吸水反应	未风化至微风化的花岗岩、正长岩、闪长岩、辉绿岩、玄武岩、安山岩、片麻岩、硅质板岩、石英岩、硅质胶结岩的砾岩、石英砂岩、硅质石灰岩等		$R_c > 60$

3. 根据地质资料划分干土、湿土、淤泥、流砂。当土壤含水率≥25%时为湿土；当土壤含水率≥40%时为淤泥或流砂。通常以常年地下水位标高分界，地下水位标高以上为干土，地下水位标高以下为湿土。

4. 人工开挖土方定额按照干土编制，工程挖、运湿土时，相应子目人工费乘1.18系数。干土与湿土工程量应分别计算，采用降水措施后，人工挖、运土相应项目人工费乘1.09系数。

5. 人工开挖沟槽、基坑深度按照6m以内考虑，工程挖土6m<深度≤7m时，执行挖沟槽或基坑"深6m以内"子目，人工费乘1.25系数；7m<深度≤8m时，执行挖沟槽或基坑"深6m以内"子目，人工费乘1.25^2系数。5m以上建筑基坑专项施工措施费用按照专项评审意见另行计算。

6. 开挖有支撑设施条件下的土方时，支撑设施区域内的土方开挖人工按照相应定额人工费乘1.43系数。

7. 人工开挖桩间土方时，桩间区域内的土方开挖人工按照相应定额人工费乘1.5系数。计算桩间区域内的土方开挖工程量时，扣除桩所占体积，不计算送桩深度区域土方体积，不计算相邻群桩外围之间空地面积大于$36m^2$区域土方体积。

8. 人工挖冻土厚度超过1m时，定额乘1.05系数。

9. 爆破定额是按照电雷管导电起爆编制的，工程采用其他雷管爆破时，雷管应换算，数量不变。

10. 石方爆破按照炮眼法松动爆破考虑，不分明炮、闷炮，但闷炮的覆盖材料应另行计算。

11. 定额不包括处理炮孔地下渗水、炮孔积水所发生的费用，应根据处理的方式另行计算。定额不考虑覆盖设施、安全警戒设施等费用；定额中包括封锁爆破区、爆破前后检查费用。

12. 推土机推土、推土机推石渣、铲运机铲运土在重车上坡时，如果坡度大于 5%，其运距按照坡度区段斜长乘以表 1-3 中坡度系数。

表 1-3 坡度系数

坡度（%）	5~10	<15	<20	<25
坡度系数	1.75	2	2.25	2.5

13. 人力车、汽车在重车上坡时的降效因素，已综合在相应的运输定额子目中，不另行计算。

14. 机械挖土定额子目中已综合了人工清土、修坡的费用，不再另行计算人工挖土费。

15. 机械挖土土壤含水率在 25%~40% 时，定额人工费、机械费乘 1.15 系数。

16. 推土机推土或铲运机铲土，土层厚度平均小于 300mm 时，推土机台班数量乘 1.25 系数，铲运机台班数量乘 1.17 系数。

17. 挖掘机在垫板上进行作业时，人工费、机械费乘 1.25 系数。定额中不包括垫板铺设所需费用，按照相应定额另行计算。

18. 推土机推、铲运机铲未经压实的积土时，按照相应定额乘 0.73 系数。

19. 机械施工土方定额是按照 Ⅰ、Ⅱ 类土质编制的，如实际土壤类别不同时，定额中机械台班量乘以表 1-4 中土质类别系数。

20. 机械上下行驶坡道的土方量，应合并在土方工程量内计算。

21. 汽车运土坡道如需铺筑材料时，其费用按照相应定额另行计算。

表1-4 土 质 类 别 系 数

项目	III类土	IV类土
推土机推土方	1.19	1.4
铲运机铲土方	1.19	1.5
挖掘机挖土方	1.19	1.36

22. 土石方运输。

（1）土石方运输按≤30km编制。运输距离在30km以内时，执行本定额运输费用标准。

（2）土石方运输的运距上限，是根据合理的施工组织设计设置的。超出该运距上限的土石方运输，不适用本定额。

（3）土石方运距：按挖方区重心至填方区（或堆放区）重心间的最短行驶距离计算。

23. 土石方回填。

（1）土石方混合回填碾压时，石方比例大于35%时，按照石方回填碾压计算；石方比例小于等于35%时，按照土方回填或碾压计算。

（2）石方碾压定额中包括掺土碾压、石方破解碾压等工作内容。工程实际土方掺和比例、石方破解程度与定额不同时不作调整。

（3）填料碾压遍数及机械推平是综合考虑的，并考虑了机械碾压不到处的人工平整夯实等各种因素，执行定额时不得因碾压遍数与机械配备等而调整。

（4）回填填料材质不同时，可进行换算。

（5）回填土石方定额中已考虑密实系数的影响。

（6）耕植土过筛、挑拣不包括回填费用、筛余土石方外运，发生时，其费用另行计算。

（7）地基钎探定额按照插入式编制，工程地基钎探采用锤击式时，人工费乘1.3系数。

24.土石方工程未包括现场障碍物清除、地下常水位以下的施工降水、土石方开挖过程中的排水与边坡支护，实际发生时，另按其他章节相应规定计算。

工程量计算规则

1. 挖、填、运土石方工程量均以挖掘前的自然密实体积计算。如工程需要根据其他体积计算土石方工程量时，按照附录F土石方松实系数表进行换算。

2. 土石方开挖以场地平整（室外设计）标高为开挖起点。

3. 平整场地工程量计算。

建设场地挖、填土方厚度在±300mm以内时，按照平整场地计算工程量；挖、填土方厚度超过300mm时，按照场地竖向布置挖填方计算工程量。单位工程计算场地平整费用。

（1）建筑物、能够计算建筑体积的构筑物，按照外墙外边线每边各加2m，以平方米为单位计算工程量。

（2）不计算建筑体积的室外独立设备基础、室外独立井池，按照其结构外边线每边各加2m，以平方米为单位计算工程量。

（3）站区围墙、挡土墙按照其结构宽度加2m，以平方米为单位计算工程量。计算围墙长度时，扣除大门、边门及大门柱所占长度。墙宽度以场地平整标高处宽度为准。

（4）站区支架按照其结构宽度加1m，以平方米为单位计算工程量。单柱支架结构宽度以柱头顶宽或支架梁长为准；双柱支架结构宽度以支架柱外侧宽为准。

（5）站区内隧道、沟道、管沟按照其上口开挖宽度加2m，以平方米为单位计算工程量。

（6）站区内道路按照路面宽度加2m，以平方米为单位计算工程量；站区内地坪按照其面积以平方米为单位计算工程量。

（7）计算相邻建筑物、构筑物平整场地面积时不允许有交叉重复。

4. 竖向布置土方根据场地平整（设计室外）标高与自然标高差以立方米为单位计算工程量。挖填方量按照"方格网法"或"断面法"计算。

5. 基坑、沟槽土石方挖掘工程量计算。

（1）沟槽、基坑划分。

1）垫层或基础的底宽≤7m且沟槽长度大于宽度3倍以上者为沟槽。

2）底长≤3倍底宽且底面积≤150m² 为开挖基坑。

3）超出上述范围又非平整场地的为一般土石方。

（2）挖沟槽、挖基坑、挖土方放坡工程量计算。

1）挖沟槽、挖基坑、挖土方需要放坡时，按照表1-5中的放坡系数计算。

表 1-5   放 坡 系 数 表

土壤类别	起点深度（m）	放坡坡度			
		人工挖土	机械挖土		
			基坑内作业	基坑上作业	沟槽上作业
Ⅰ、Ⅱ类土	≥1.20	1：0.50	1：0.33	1：0.75	1：0.50
Ⅲ类土	>1.50	1：0.33	1：0.25	1：0.67	1：0.33
Ⅳ类土	>2.00	1：0.25	1：0.10	1：0.33	1：0.25

2）基础土方放坡，自基础底标高算起，有垫层时按照垫层底标高算起。

3）当被挖土层的土壤类别不同时，分别以土壤类别分界点为放坡起点，按照相应的放坡系数分别计算工程量，混合土质基础土方，其放坡的起点深度和放坡坡度，按不同土类厚度加权平均计算。

4）计算放坡工程量时，在交接处重复的工程量不予扣除。

5）挖冻土不计算放坡工程量。爆破开挖冻土，深度与宽度允许超挖200mm。

（3）沟槽、基坑开挖需要支挡土板时，其开挖宽度按照图纸中沟槽、基坑工作面底宽加预留挡土板宽度计算。单面支挡土板加预留宽度100mm，双面支挡土板加预留宽度200mm。支挡土板后不得再计算放坡工程量。

（4）地下工程施工工作面计算。

1）地下垫层、支墩、基础、沟道、隧道、井池、地坑等工程施工时，按照表1-6地下工程施工工作面宽度计算表计算施工工作面。

表1-6　　　　　　　　　　　　　　　　地下工程施工工作面宽度计算表

项目名称	每边各增加工作面宽度（mm）	项目名称	每边各增加工作面宽度（mm）
砌砖基础、沟道	200	混凝土基础、垫层支模板	300
砌石基础、沟道	150	基础垂直面做砂浆防潮层	400（自防潮层面）
灰土支模板	300	基础垂直面做防水层或防腐层	1000（自防水层或防腐层）

2）垫层施工不支模板时，不计算施工工作面。

3）基础施工需要搭设脚手架时，基础工作面宽度，条形基础搭拆双排脚手架时，搭拆侧按照1500mm计算工作面（只计算一面）；搭拆单排脚手架时，搭拆侧按照1200mm计算工作面（只计算一面），独立基础按450mm计算（四面计算）。

4）基坑土方大开挖需要做边坡支护时，基础施工的工作面宽度按2m计算。

5）基坑内施工各种桩时，基础施工的工作面宽度按2m计算。

6）施工地下工程时，由于施工工序不同需要的工作面宽度按照最大值计算，不允许叠加计算工作面宽度。

（5）挖沟槽长度计算。

1）外墙按照图示中心线长度计算。

2）基础无垫层时，内墙按照图示外墙基础底面之间净长计算。

3）基础有垫层时，内墙按照图示外墙垫层底面之间净长计算。

4）内外墙凸出部分开挖体积并入沟槽工程量内计算。

（6）挖地下管道沟槽计算。

1）挖地下管道沟槽长度按照设计图示管道中心线长度计算，扣除管路上各种井池所占长度。管路与井池以井池外壁外边线分界。

2）开挖管道沟槽底宽按照设计规定尺寸计算，设计无规定的单根管道开挖底宽按照表1-7计算，双根管道开挖底宽按照表1-7管道沟槽底宽度计算表乘以1.6系数计算。当管道外径超过2000mm时，应根据批准的施工组织设计规定计算。

3）管道接口处需要加宽、加深而增加的土方量不另行计算。

4）铺设铸铁管道时，其接口等处土方增加量按照铸铁管道沟槽土方总量的2.5%计算。

（7）沟槽、基坑开挖深度，按照设计图示槽坑底面至场地平整（设计室外）标高计算。

表1-7

管道沟槽底宽度计算表

单位：m

管径（mm）	铸铁管、钢管	混凝土管	玻璃钢管、UPVC管	管径（mm）	铸铁管、钢管	混凝土管	玻璃钢管、UPVC管
50~80	0.6	0.8	0.6	700~900	1.6	1.8	1.35
100~200	0.7	0.9	0.6	1000~1200	1.9	2.1	1.65
250~350	0.8	1	0.7	1300~1500	2.2	2.6	1.95
400~450	1	1.3	0.85	1600~1800	2.5	2.9	2.25
500~600	1.3	1.5	1.1	1900~2000	2.8	3.2	2.5

6. 沟槽土石方，按照设计图示沟槽长度乘以沟槽断面面积，以体积计算工程量。沟槽断面面积，应包括工作面宽度、放坡宽度或石方允许超挖量的面积。

7. 基坑土石方，按照设计图示基础（含垫层）尺寸，另加工作面宽度、土方放坡宽度或石方允许超挖量乘以开挖深度，以体积计算工程量。

8. 一般土石方，按照设计图示基础（含垫层）尺寸，另加工作面宽度、土方放坡宽度或石方允许超挖量乘以开挖深度，以体积计算工程量。机械施工坡道的土石方工程量，并入相应工程量内。

9. 挖淤泥流砂，以实际体积计算工程量。

10. 人工挖（含爆破后挖）冻土，按设计图示尺寸，另加工作面宽度，以体积计算工程量。

11. 岩石爆破后人工清理基底与修正边坡，按岩石爆破的规定尺寸（含工作面宽度和允许超挖量），以面积计算工程量。

12. 土石方运距计算。

（1）推土机推土石方距离按照挖方区重心至填方区重心之间的最短行驶距离计算。

（2）铲运机运土距离按照挖方区重心至卸土区重心之间的最短行驶距离加转向距离45m计算。

（3）自卸汽车运土石方距离按照挖方区（或取土地点）重心至填土区（或卸土地点）重心之间的最短行驶距离计算。

（4）人工运土石方距离按照取土重心点至卸土重心点之间的最短行走距离计算。

13. 岩石开凿及爆破工程量计算。

（1）人工凿岩石按照设计图示尺寸以立方米为单位计算工程量，不计算超挖工程量。

（2）机械开挖石方、爆破石方按照设计图示尺寸以立方米为单位计算工程量。机械开挖石方，深度与宽度允许超挖100mm，岩石分类综合考虑。爆破软质岩，深度与宽度允许超挖200mm；爆破硬质岩，深度与宽度允许超挖150mm。

（3）修整边坡工程量按照修整的坡面积计算。

（4）推渣、挖渣、运渣工程量按照机械岩石的工程量计算。

（5）管沟石方开挖工程量按照设计规定及允许超挖工程量计算；设计无规定时，管沟底宽按照表1-7及允许超挖工程量计算。

14. 回填。

（1）原土打夯、机械原土碾压按照平方米计算工程量。

（2）回填按照图示回填尺寸以立方米为单位计算工程量。

1）基坑、沟槽回填体积按照挖方体积减去场地平整（设计室外）标高以下埋置设施体积计算。

2）管道沟槽回填土按照挖方体积减去管道、垫层、基础、支墩、各类井等所占体积计算。不扣除管径在500mm以下管道所占体积；管径超过500mm时，按照表1-8管道扣除土方体积表扣除管道所占体积计算；管道直径超过1000mm时按照实际填土量计算。直埋式保温管道直径按照保温后外径计算。

表 1-8   管道扣除土方体积表   单位：m³/m

管道名称	管道直径（mm）		
	501~600	601~800	801~1000
钢管	0.21	0.44	0.71
铸铁管	0.24	0.49	0.77
混凝土管	0.33	0.6	0.92

3）余土外运或取土运回工程量计算式：

土方运输体积=挖土总体积−回填总体积/密实后体积系数。

计算结果是正值，为余土外运体积；计算结果是负值，为取土运回体积。密实后体积系数根据附录 F"土石方松实系数表"取定。

4）室内（房心）回填土按照主墙之间面积乘以回填厚度以体积计算。

5）场区（含地下室顶板以上）回填，按回填面积乘以平均回填厚度以体积计算。

6）挖、填、运方量的体积关系，详见附录 F 土石方松实系数表。

15. 耕植土过筛、挑拣按清表前面积乘以处理深度以体积计算工程量。

16. 地基钎探按地基基坑面积计算。

1.1 人工施工土方

1.1.1 挖一般土方

工作内容：挖土、装土、修理边与底。

定 额 编 号		XZYT1-1	XZYT1-2	XZYT1-3	XZYT1-4	XZYT1-5	XZYT1-6
项 目		Ⅰ、Ⅱ类土		Ⅲ类土		Ⅳ类土	
		深2m以内	深4m以内	深2m以内	深4m以内	深2m以内	深4m以内
单 位		m³	m³	m³	m³	m³	m³
基 价（元）		**15. 66**	**24. 39**	**21. 67**	**27. 32**	**32. 44**	**41. 13**
其中	人 工 费（元）	15. 66	24. 39	21. 67	27. 32	32. 44	41. 13
	材 料 费（元）						
	机 械 费（元）						
名 称	单位	数 量					
人工 建筑普通工	工日	0. 1464	0. 2279	0. 2025	0. 2553	0. 3032	0. 3844

1.1.2 挖沟、槽、基坑

工作内容： 挖沟、槽、基坑，将土置于沟、槽、坑边自然堆放；修理边与底；沟、槽、坑底夯实。

定 额 编 号			XZYT1-7	XZYT1-8	XZYT1-9
项 目			挖沟、槽		
			Ⅰ、Ⅱ类土		
			深2m以内	深4m以内	深6m以内
单 位			m³	m³	m³
基 价（元）			**23.85**	**30.46**	**38.12**
其中	人 工 费（元）		23.78	30.43	38.10
	材 料 费（元）				
	机 械 费（元）		0.07	0.03	0.02
名 称		单位	数 量		
人工	建筑普通工	工日	0.2222	0.2844	0.3561
机械	电动夯实机 夯击能量 250N·m	台班	0.0023	0.0009	0.0006

工作内容： 挖沟、槽，将土置于沟、槽边自然堆放；修理边与底；沟、槽底夯实。

定 额 编 号			XZYT1-10	XZYT1-11	XZYT1-12
项 目			挖沟、槽		
			Ⅲ类土		
			深2m以内	深4m以内	深6m以内
单 位			m³	m³	m³
基 价（元）			**28.22**	**31.65**	**39.62**
其中	人 工 费（元）		28.17	31.62	39.60
	材 料 费（元）				
	机 械 费（元）		0.05	0.03	0.02
名 称		单位	数 量		
人工	建筑普通工	工日	0.2633	0.2955	0.3701
机械	电动夯实机 夯击能量 250N·m	台班	0.0019	0.0009	0.0006

定　额　编　号			XZYT1-13	XZYT1-14	XZYT1-15
项　　　目			挖沟、槽		
			IV类土		
			深2m以内	深4m以内	深6m以内
单　　　位			m³	m³	m³
基　价（元）			**48.67**	**52.10**	**59.72**
其中	人　工　费（元）		48.61	52.07	59.70
	材　料　费（元）				
	机　械　费（元）		0.06	0.03	0.02
名　　称		单位	数　　量		
人工	建筑普通工	工日	0.4543	0.4866	0.5579
机械	电动夯实机　夯击能量　250N·m	台班	0.0021	0.0009	0.0006

定 额 编 号		XZYT1-16	XZYT1-17	XZYT1-18
项 目		挖基坑		
		Ⅰ、Ⅱ类土		
		深2m以内	深4m以内	深6m以内
单 位		m³	m³	m³
基 价（元）		**25.79**	**32.74**	**41.14**
其中	人 工 费（元）	25.75	32.72	41.13
	材 料 费（元）			
	机 械 费（元）	0.04	0.02	0.01
名 称	单位	数 量		
人工 建筑普通工	工日	0.2407	0.3058	0.3844
机械 电动夯实机 夯击能量 250N·m	台班	0.0014	0.0008	0.0005

工作内容：挖基坑，将土置于坑边自然堆放；修理边与底；坑底夯实。

定 额 编 号			XZYT1-19	XZYT1-20	XZYT1-21
项　　　　目			挖基坑		
			Ⅲ类土		
			深2m以内	深4m以内	深6m以内
单　　　　位			m³	m³	m³
基　　价（元）			**32.46**	**36.22**	**42.32**
其中	人 工 费（元）		32.40	36.19	42.31
	材 料 费（元）				
	机 械 费（元）		0.06	0.03	0.01
名　　　称		单位	数　　　量		
人工	建筑普通工	工日	0.3028	0.3382	0.3954
机械	电动夯实机　夯击能量　250N·m	台班	0.0022	0.0009	0.0005

定　额　编　号		XZYT1-22	XZYT1-23	XZYT1-24
项　　　目		挖基坑		
		IV类土		
		深2m以内	深4m以内	深6m以内
单　　　位		m³	m³	m³
基　　价（元）		**56.13**	**59.95**	**67.37**
其中	人　工　费（元）	56.06	59.92	67.36
	材　料　费（元）			
	机　械　费（元）	0.07	0.03	0.01
名　　称	单位	数　　量		
人工	建筑普通工	工日	0.5239	0.5600	0.6295
机械	电动夯实机　夯击能量　250N·m	台班	0.0024	0.0009	0.0005

1.1.3 挖冻土、淤泥、流砂

工作内容： 挖淤泥、流砂；装淤泥、流砂；工作面内排水、修理边坡。刨挖冻土；布孔、打孔、装药、填塞药孔、封锁爆破区、爆破前后检查、爆破；清理、破解大块冻土、冻土弃于沟、槽、坑外边。

定 额 编 号		XZYT1-25	XZYT1-26	XZYT1-27
项 目		挖冻土	爆破冻土	挖淤泥、流砂
		深 1.0m 以内		
单 位		m³	m³	m³
基 价 （元）		**138.44**	**63.33**	**86.54**
其中	人 工 费 （元）	138.44	59.89	86.54
	材 料 费 （元）		3.44	
	机 械 费 （元）			
名 称	单位	数 量		
人工 建筑普通工	工日	1.2938	0.5597	0.8088
计价材料 工具钢 综合	kg		0.0660	
硝铵炸药 2 号	kg		0.2786	
雷管 电雷管	个		0.6400	
导火索	m		1.3206	
其他材料费	元		0.0600	

1.1.4 运土方、淤泥、流砂、冻土

工作内容：500m 以内运土方，200m 以内运淤泥、冻土，包括装、运、卸、平整。

定 额 编 号		XZYT1-28	XZYT1-29	XZYT1-30	XZYT1-31	XZYT1-32	XZYT1-33
项 目		运土方		运淤泥流砂		运冻土	
		运距					
		50m 以内	每增加 50m	20m 以内	每增加 20m	50m 以内	每增加 50m
单 位		m³	m³	m³	m³	m³	m³
基 价（元）		**12.95**	**1.92**	**24.44**	**5.19**	**20.87**	**5.00**
其中	人 工 费（元）	12.95	1.92	24.44	5.19	20.87	5.00
	材 料 费（元）						
	机 械 费（元）						
名 称	单位	数 量					
人工	建筑普通工	工日	0.1210	0.0179	0.2284	0.0485	0.1950	0.0467

24

1.2 人工施工石方

1.2.1 凿一般石方

工作内容：开凿石方、打碎、修边、检底，将石方运出沟、槽、坑边。

定 额 编 号			XZYT1-34	XZYT1-35	XZYT1-36	XZYT1-37	XZYT1-38
项 目			极软岩	软岩	较软岩	较硬岩	坚硬岩
单 位			m³	m³	m³	m³	m³
基 价（元）			**43.92**	**58.43**	**64.95**	**114.12**	**188.10**
其中	人 工 费（元）		43.92	58.43	64.95	114.12	188.10
	材 料 费（元）						
	机 械 费（元）						
名 称		单位	数 量				
人工	建筑普通工	工日	0.4105	0.5461	0.6070	1.0665	1.7579

1.2.2 凿沟槽、基坑石方

工作内容：开凿石方、打碎、修边、检底，将石方运出沟、槽、坑边。

定 额 编 号		XZYT1-39	XZYT1-40	XZYT1-41	XZYT1-42	XZYT1-43
项 目		沟槽				
		极软岩	软岩	较软岩	较硬岩	坚硬岩
单 位		m³	m³	m³	m³	m³
基 价（元）		**54.07**	**68.04**	**76.77**	**153.69**	**309.62**
其中	人 工 费（元）	54.07	68.04	76.77	153.69	309.62
	材 料 费（元）					
	机 械 费（元）					
名 称	单位	数 量				
人工 建筑普通工	工日	0.5053	0.6359	0.7175	1.4364	2.8936

定 额 编 号		XZYT1-44	XZYT1-45	XZYT1-46	XZYT1-47	XZYT1-48
项 目		基坑				
		极软岩	软岩	较软岩	较硬岩	坚硬岩
单 位		m³	m³	m³	m³	m³
基 价 （元）		**54.23**	**100.11**	**106.59**	**230.82**	**480.92**
其中	人 工 费 （元）	54.23	100.11	106.59	230.82	480.92
	材 料 费 （元）					
	机 械 费 （元）					
名 称	单位	数 量				
人工 建筑普通工	工日	0.5068	0.9356	0.9962	2.1572	4.4946

1.2.3 打孔爆破石方

工作内容：布孔、钻孔、装药、填塞药孔、封锁爆破区、爆破前后检查、爆破；清理、破解大块石。

定 额 编 号			XZYT1-49	XZYT1-50	XZYT1-51	XZYT1-52	XZYT1-53
项 目			一般石方				
			极软岩	软岩	较软岩	较硬岩	坚硬岩
单 位			m³	m³	m³	m³	m³
基 价（元）			**24.56**	**27.90**	**30.48**	**52.50**	**79.61**
其中	人 工 费（元）		20.89	24.02	26.18	47.15	73.08
	材 料 费（元）		3.67	3.88	4.30	5.35	6.53
	机 械 费（元）						
名 称		单位	数 量				
人工	建筑普通工	工日	0.1952	0.2245	0.2447	0.4407	0.6830
计价材料	工具钢 综合	kg	0.0370	0.0481	0.0504	0.0892	0.1269
	铜芯橡皮绝缘线 500VBX-1.5mm²	m	0.4928	0.5174	0.5368	0.6036	0.6484
	铜芯橡皮绝缘线 500VBX-2.5mm²	m	0.2399	0.2401	0.2414	0.2480	0.2544
	铜芯橡皮绝缘线 500VBX-4mm²	m	0.0360	0.0360	0.0361	0.0372	0.0381
	硝铵炸药 2号	kg	0.2632	0.2764	0.3258	0.4150	0.5297
	雷管 电雷管	个	0.5400	0.5670	0.6200	0.7500	0.8800
	其他材料费	元	0.0700	0.0700	0.0800	0.1000	0.1200

28

定 额 编 号			XZYT1-54	XZYT1-55	XZYT1-56	XZYT1-57	XZYT1-58
项 目			沟槽				
			极软岩	软岩	较软岩	较硬岩	坚硬岩
单 位			m³	m³	m³	m³	m³
基 价（元）			**63.54**	**72.49**	**80.04**	**131.61**	**203.85**
其中	人 工 费（元）		56.07	61.01	70.89	119.99	189.61
	材 料 费（元）		7.47	11.48	9.15	11.62	14.24
	机 械 费（元）						
名 称		单位	数 量				
人工	建筑普通工	工日	0.5240	0.5702	0.6625	1.1214	1.7721
计价材料	工具钢 综合	kg	0.0856	0.1132	0.1202	0.2134	0.2983
	铜芯橡皮绝缘线 500VBX-1.5mm²	m	0.2537	0.2575	0.2753	0.3141	0.3466
	铜芯橡皮绝缘线 500VBX-2.5mm²	m	0.2636	0.2665	0.2692	0.2758	0.2788
	铜芯橡皮绝缘线 500VBX-4mm²	m	0.0396	0.9401	0.0404	0.0414	0.0408
	硝铵炸药 2号	kg	0.6115	0.7708	0.7767	0.9918	1.2440
	雷管 电雷管	个	1.9800	2.0900	2.3200	2.7500	3.1500
	其他材料费	元	0.1300	0.2100	0.1700	0.2100	0.2600

定 额 编 号			XZYT1-59	XZYT1-60	XZYT1-61	XZYT1-62	XZYT1-63
项 目			基坑				
			极软岩	软岩	较软岩	较硬岩	坚硬岩
单 位			m³	m³	m³	m³	m³
基 价 （元）			**69.89**	**83.16**	**91.09**	**146.38**	**224.68**
其中	人 工 费（元）		60.02	72.02	76.11	126.29	198.91
	材 料 费（元）		9.87	11.14	14.98	20.09	25.77
	机 械 费（元）						
名 称		单位	数 量				
人工	建筑普通工	工日	0.5609	0.6731	0.7113	1.1803	1.8590
计价材料	工具钢 综合	kg	0.1181	0.1535	0.2071	0.3848	0.5568
	铜芯橡皮绝缘线 500VBX-1.5mm²	m	0.5812	0.7556	0.7694	1.0044	1.1795
	铜芯橡皮绝缘线 500VBX-2.5mm²	m	0.3992	0.4391	0.4765	0.5292	0.6410
	铜芯橡皮绝缘线 500VBX-4mm²	m	0.0590	0.0649	0.0715	0.0774	0.0962
	硝铵炸药 2号	kg	0.8443	0.9287	1.3378	1.7893	2.3234
	雷管 电雷管	个	1.9400	2.1340	2.8400	3.4900	4.1300
	其他材料费	元	0.1800	0.2000	0.2700	0.3700	0.4700

1.2.4 清底修边

工作内容：石方爆破后清底、修边；开凿石方、打碎、修边、检底。

定 额 编 号		XZYT1-64	XZYT1-65	XZYT1-66	XZYT1-67	XZYT1-68
项 目		极软岩	软岩	较软岩	较硬岩	坚硬岩
单 位		m²	m²	m²	m²	m²
基 价（元）		**11.14**	**12.26**	**14.23**	**30.02**	**57.72**
其中	人 工 费（元）	11.14	12.26	14.23	30.02	57.72
	材 料 费（元）					
	机 械 费（元）					
名 称	单位	数 量				
人工 建筑普通工	工日	0.1041	0.1146	0.1330	0.2806	0.5394

1.3 机 械 施 工 土 方

1.3.1 推土机推土方

工作内容：推土、集土、平整；修理边坡；工作面排水。

定 额 编 号		XZYT1-69	XZYT1-70	XZYT1-71
项 目		105kW 以内推土机		
		推距		
		20m 以内	50m 以内	100m 以内
单 位		m³	m³	m³
基 价 (元)		**3.80**	**5.12**	**7.88**
其中	人 工 费 (元)	0.44	0.44	0.44
	材 料 费 (元)			
	机 械 费 (元)	3.36	4.68	7.44
名 称	单位	数 量		
人工 建筑普通工	工日	0.0041	0.0041	0.0041
机械 履带式推土机 功率 105kW	台班	0.0028	0.0039	0.0062

定 额 编 号			XZYT1-72	XZYT1-73	XZYT1-74
项 目			165kW 以内推土机		
			推距		
			30m 以内	60m 以内	100m 以内
单 位			m³	m³	m³
基 价 (元)			**4. 20**	**5.52**	**9. 97**
其中	人 工 费 (元)		0. 41	0. 41	0. 41
	材 料 费 (元)				
	机 械 费 (元)		3. 79	5. 11	9. 56
名 称		单位	数 量		
人工	建筑普通工	工日	0. 0038	0. 0038	0. 0038
机械	履带式推土机 功率 165kW	台班	0. 0023	0. 0031	0. 0058

1.3.2 机械挖、运土方

工作内容： 挖土、将土堆放在一边；挖土装车、运土、卸土、平整土方；修理边坡；清理机下余土；工作面排水、挖方区与卸方区场内汽车行驶道路养护。

定 额 编 号			XZYT1-75	XZYT1-76	XZYT1-77	XZYT1-78	XZYT1-79	XZYT1-80	XZYT1-81
项 目			反铲挖掘机挖土	正铲挖掘机挖土	反铲挖掘机挖基坑槽土方	正铲挖掘机挖土	反铲挖掘机挖土	装载机装土	自卸汽车运土
						自卸汽车运土运距1km以内			运距每增加1km
单 位			m³	m³	m³	m³	m³	m³	m³
基 价（元）			**3.47**	**4.40**	**4.83**	**13.16**	**13.59**	**11.09**	**2.26**
其中	人 工 费（元）		0.44	0.44	0.49	0.44	0.44	0.44	
	材 料 费（元）								
	机 械 费（元）		3.03	3.96	4.34	12.72	13.15	10.65	2.26
名 称		单位	数 量						
人工	建筑普通工	工日	0.0041	0.0041	0.0046	0.0041	0.0041	0.0041	
机械	履带式推土机 功率 75kW	台班	0.0002	0.0010	0.0003	0.0010	0.0013		
	轮胎式装载机 斗容量 2m³	台班						0.0021	
	履带式单斗液压挖掘机 斗容量 1m³	台班	0.0021	0.0022	0.0030	0.0022	0.0023		
	自卸汽车 12t	台班				0.0089	0.0089	0.0089	0.0023

1.3.3 机械挖运淤泥、流砂、冻土

工作内容：挖淤泥、挖流砂、堆放一边或装车、清理机下泥砂、运卸淤泥或流砂。布孔、钻孔、装药、填塞药孔、封锁爆破区、爆破前后检查、爆破；清理、破解大块冻土；推冻土、平整；挖冻土装车、运冻土、卸冻土、平整冻土；修理边坡；清理机下余土；工作面排水、挖方区与卸方区场内汽车行驶道路养护。

定 额 编 号			XZYT1-82	XZYT1-83	XZYT1-84	XZYT1-85	XZYT1-86	XZYT1-87
项 目			挖淤泥、流砂	挖淤泥、流砂 自卸汽车运淤泥、流砂 运距1km以内	自卸汽车运淤泥、流砂 运距每增加1km	钻孔爆破冻土	推土机推冻土 推距60m以内	挖冻土 自卸汽车运冻土 运距1km以内
单 位			m³	m³	m³	m³	m³	m³
基 价（元）			**8.80**	**26.11**	**3.15**	**30.01**	**18.00**	**26.94**
其中	人 工 费（元）		1.79	2.48		24.58	0.71	0.62
	材 料 费（元）					3.75		
	机 械 费（元）		7.01	23.63	3.15	1.68	17.29	26.32
名 称		单位	数 量					
人工	建筑普通工	工日	0.0167	0.0232		0.2297	0.0066	0.0058
计价材料	工具钢 综合	kg				0.0660		
	高压橡胶水管 DN20	m				0.0113		

续表

定 额 编 号			XZYT1-82	XZYT1-83	XZYT1-84	XZYT1-85	XZYT1-86	XZYT1-87
项　　　目			挖淤泥、流砂	挖淤泥、流砂 自卸汽车运淤泥、流砂 运距1km以内	自卸汽车运淤泥、流砂 运距每增加1km	钻孔爆破冻土	推土机推冻土 推距60m以内	挖冻土 自卸汽车运冻土 运距1km以内
计价材料	高压橡胶空气管　DN20	m				0.0059		
	硝铵炸药　2号	kg				0.2786		
	雷管　电雷管	个				0.6400		
	导火索	m				1.3206		
	水	t				0.0372		
	其他材料费	元				0.0700		
机械	履带式推土机　功率　75kW	台班		0.0012				
	履带式推土机　功率　90kW	台班						0.0047
	履带式推土机　功率　105kW	台班					0.0144	
	履带式单斗液压挖掘机　斗容量　1m³	台班	0.0052	0.0083				0.0051
	气腿式风动凿岩机	台班				0.0194		0.0194
	液压锻钎机　功率　11kW	台班				0.0007		
	磨钎机	台班				0.0028		
	自卸汽车　8t	台班		0.0163				0.0200
	自卸汽车　12t	台班			0.0032			

1.4 机械施工石方

1.4.1 钻孔爆破石方

工作内容：布孔、钻孔、装药、填塞药孔、封锁爆破区、爆破前后检查、爆破；清理、破解大块石。

定 额 编 号			XZYT1-88	XZYT1-89	XZYT1-90	XZYT1-91	XZYT1-92
项 目			一般石方				
			极软岩	软岩	较软岩	较硬岩	坚硬岩
单 位			m³	m³	m³	m³	m³
基 价 （元）			**17.93**	**22.36**	**25.37**	**34.71**	**45.88**
其中	人 工 费 （元）		7.32	9.51	9.99	11.77	15.00
	材 料 费 （元）		4.29	4.81	5.31	6.69	8.50
	机 械 费 （元）		6.32	8.04	10.07	16.25	22.38
名 称		单位	数 量				
人工	建筑普通工	工日	0.0684	0.0889	0.0934	0.1100	0.1402
计价材料	铜芯橡皮绝缘线 500VBX-2.5mm²	m	0.7327	0.7425	0.7782	0.8516	0.9028
	铜芯橡皮绝缘线 500VBX-4mm²	m	0.0360	0.0360	0.0361	0.0372	0.0381
	高压橡胶水管 DN20	m	0.0034	0.0043	0.0057	0.0092	0.0125
	高压橡胶空气管 DN20	m	0.0021	0.0029	0.0035	0.0056	0.0076
	硝铵炸药 2号	kg	0.2632	0.2987	0.3258	0.4150	0.5297
	雷管 电雷管	个	0.5400	0.5935	0.6200	0.7500	0.8800
	爆破用六角空心钢	kg	0.0221	0.0286	0.0315	0.0465	0.0693

续表

定　额　编　号			XZYT1-88	XZYT1-89	XZYT1-90	XZYT1-91	XZYT1-92
项　　　　目			一般石方				
			极软岩	软岩	较软岩	较硬岩	坚硬岩
计价材料	水	t	0.0372	0.0563	0.0672	0.1093	0.1482
	合金钻头	支	0.0100	0.0140	0.0200	0.0300	0.0500
	其他材料费	元	0.0800	0.0900	0.1000	0.1200	0.1600
机械	气腿式风动凿岩机	台班	0.0216	0.0310	0.0361	0.0588	0.0797
	液压锻钎机　功率　11kW	台班	0.0008	0.0009	0.0012	0.0016	0.0024
	磨钎机	台班	0.0031	0.0038	0.0045	0.0066	0.0095
	电动空气压缩机　排气量　10m³/min	台班	0.0106	0.0136	0.0174	0.0289	0.0393

定 额 编 号			XZYT1-93	XZYT1-94	XZYT1-95	XZYT1-96	XZYT1-97
项 目			沟槽				
			极软岩	软岩	较软岩	较硬岩	坚硬岩
单 位			m³	m³	m³	m³	m³
基 价（元）			**40.92**	**52.83**	**61.87**	**84.34**	**110.87**
其中	人 工 费（元）		17.95	23.35	26.10	30.84	39.32
	材 料 费（元）		8.52	9.30	10.88	13.92	17.59
	机 械 费（元）		14.45	20.18	24.89	39.58	53.96
名 称		单位	数 量				
人工	建筑普通工	工日	0.1678	0.2182	0.2439	0.2882	0.3675
计价材料	铜芯橡皮绝缘线　500VBX-2.5mm²	m	0.5173	0.5265	0.5484	0.5893	0.6236
	铜芯橡皮绝缘线　500VBX-4mm²	m	0.0396	0.0398	0.0404	0.0414	0.0408
	高压橡胶水管　DN20	m	0.0068	0.0096	0.0113	0.0184	0.0249
	高压橡胶空气管　DN20	m	0.0041	0.0048	0.0059	0.0112	0.0152
	硝铵炸药　2号	kg	0.6115	0.6763	0.7767	0.9918	1.2440
	雷管　电雷管	个	1.9800	1.9953	2.3200	2.7500	3.1500
	爆破用六角空心钢	kg	0.0513	0.0652	0.0752	0.1115	0.1625
	水	t	0.0804	0.0932	0.1342	0.2186	0.2364
	合金钻头	支	0.0300	0.0364	0.0500	0.0700	0.1100
	其他材料费	元	0.1500	0.1700	0.2000	0.2500	0.3200

续表

定 额 编 号			XZYT1-93	XZYT1-94	XZYT1-95	XZYT1-96	XZYT1-97
项 目			沟槽				
			极软岩	软岩	较软岩	较硬岩	坚硬岩
机械	气腿式风动凿岩机	台班	0.0504	0.0639	0.0880	0.1431	0.1921
	液压锻钎机 功率 11kW	台班	0.0020	0.0022	0.0028	0.0041	0.0061
	磨钎机	台班	0.0076	0.0088	0.0110	0.0161	0.0235
	电动空气压缩机 排气量 10m³/min	台班	0.0236	0.0354	0.0432	0.0703	0.0940

定 额 编 号		XZYT1-98	XZYT1-99	XZYT1-100	XZYT1-101	XZYT1-102
项 目		基坑				
		极软岩	软岩	较软岩	较硬岩	坚硬岩
单 位		m³	m³	m³	m³	m³
基 价 （元）		**46.80**	**63.87**	**85.15**	**124.14**	**175.39**
其中	人 工 费 （元）	19.35	25.16	33.58	41.06	59.17
	材 料 费 （元）	11.90	12.25	18.22	24.72	32.72
	机 械 费 （元）	15.55	26.46	33.35	58.36	83.50
名 称	单位	数 量				
人工 建筑普通工	工日	0.1808	0.2351	0.3138	0.3837	0.5530
计价材料 铜芯橡皮绝缘线 500VBX-2.5mm²	m	0.9804	0.1132	1.2459	1.5336	1.8205
铜芯橡皮绝缘线 500VBX-4mm²	m	0.0590	0.0651	0.0715	0.0774	0.0962
高压橡胶水管 DN20	m	0.0136	0.0163	0.0182	0.0357	0.0520
高压橡胶空气管 DN20	m	0.0083	0.0095	0.0111	0.0218	0.0318
硝铵炸药 2号	kg	0.8433	0.9903	1.3378	1.7893	2.3234
雷管 电雷管	个	1.9400	2.0745	2.8400	3.4900	4.1300
爆破用六角空心钢	kg	0.0708	0.0975	0.1295	0.2006	0.3036
水	t	0.1621	0.1939	0.2164	0.4236	0.6182
合金钻头	支	0.0500	0.0710	0.0900	0.1300	0.2000
其他材料费	元	0.2200	0.2200	0.3300	0.4500	0.6000

定 额 编 号			XZYT1-98	XZYT1-99	XZYT1-100	XZYT1-101	XZYT1-102
项 目			基坑				
			极软岩	软岩	较软岩	较硬岩	坚硬岩
机械	气腿式风动凿岩机	台班	0.0545	0.0679	0.1167	0.2113	0.3020
	液压锻钎机 功率 11kW	台班	0.0022	0.0029	0.0038	0.0061	0.0092
	磨钎机	台班	0.0084	0.0098	0.0150	0.0237	0.0355
	电动空气压缩机 排气量 $10m^3/min$	台班	0.0251	0.0489	0.0576	0.1037	0.1464

1.4.2 推土机推渣

工作内容： 推渣、集渣、平整。

定 额 编 号			XZYT1-103	XZYT1-104	XZYT1-105
项 目			105kW 以内推土机		
			推距		
			30m 以内	60m 以内	100m 以内
单 位			m³	m³	m³
基 价（元）			9.26	16.82	33.03
其中	人 工 费（元）		0.61	0.61	0.61
	材 料 费（元）				
	机 械 费（元）		8.65	16.21	32.42
名 称		单位	数 量		
人工	建筑普通工	工日	0.0057	0.0057	0.0057
机械	履带式推土机 功率 105kW	台班	0.0072	0.0135	0.0270

定 额 编 号			XZYT1-106	XZYT1-107	XZYT1-108
项 目			165kW 以内推土机		
			推距		
			30m 以内	60m 以内	100m 以内
单 位			m³	m³	m³
基 价（元）			**9.84**	**17.75**	**33.73**
其中	人 工 费（元）		0.61	0.61	0.61
	材 料 费（元）				
	机 械 费（元）		9.23	17.14	33.12
名 称		单位	数 量		
人工	建筑普通工	工日	0.0057	0.0057	0.0057
机械	履带式推土机 功率 165kW	台班	0.0056	0.0104	0.0201

44

1.4.3 机械开挖石方

工作内容：1. 装卸机头、机械移动、破碎大石方、清理、坑边堆放。2. 风镐破碎石方、挖至坑边。

定　额　编　号			XZYT1-109	XZYT1-110	XZYT1-111	XZYT1-112	XZYT1-113	XZYT1-114
项　　　目			极软岩	软岩	较软岩	较硬岩	坚硬岩	风镐破碎石方　孤石
单　　　位			m³	m³	m³	m³	m³	m³
基　　价（元）			**37.66**	**43.43**	**49.93**	**107.69**	**153.40**	**356.75**
其中	人　工　费（元）		1.99	3.66	4.26	9.17	13.04	190.62
	材　料　费（元）							0.94
	机　械　费（元）		35.67	39.77	45.67	98.52	140.36	165.19
名　　　称		单位			数　　　量			
人工	建筑普通工	工日	0.0186	0.0342	0.0398	0.0857	0.1219	1.7815
计价材料	高压橡皮风管	m						0.0050
	爆破用六角空心钢	kg						0.0397
	合金钻头	支						0.0248
	其他材料费	元						0.0200
机械	履带式单斗液压挖掘机　斗容量　1m³	台班	0.0214	0.0225	0.0274	0.0591	0.0842	
	气腿式风动凿岩机	台班						2.1253
	电动空气压缩机　排气量　10m³/min	台班						0.3312
	液压锤　HM960	台班	0.0214	0.0296	0.0274	0.0591	0.0842	

1.4.4 机械挖渣、运渣

工作内容： 挖渣、装渣、运渣、卸渣、平整；工作面排水、挖方区与卸方区场内汽车行驶道路养护。

定 额 编 号		XZYT1-115	XZYT1-116
项 目		挖渣、运渣	
		运距 1km 以内	运距每增加 1km
单 位		m³	m³
基 价（元）		**31.73**	**3.54**
其中	人 工 费（元）	0.60	
	材 料 费（元）		
	机 械 费（元）	31.13	3.54
名 称	单位	数 量	
人工	建筑普通工	工日	0.0056	
机械	履带式推土机 功率 90kW	台班	0.0051	
	履带式单斗液压挖掘机 斗容量 1m³	台班	0.0051	
	自卸汽车 12t	台班	0.0187	0.0036

1.5 回　填

工作内容：1. 原土夯实：原土找平、夯实。2. 回填：回填土在 5m 以内取土、夯实；填料配比拌合、铺料、整平、洒水夯实（碾压）。

定　额　编　号			XZYT1-117	XZYT1-118	XZYT1-119	XZYT1-120	XZYT1-121
项　　目			人工原土夯实	人工回填土夯实	回填灰土	回填砂	回填砂石
单　　位			m²	m³	m³	m³	m³
基　价（元）			**1.34**	**15.33**	**110.59**	**119.94**	**157.53**
其中	人　工　费（元）		1.24	14.23	16.61	12.01	12.86
	材　料　费（元）			0.06	92.25	106.11	142.47
	机　械　费（元）		0.10	1.04	1.73	1.82	2.20
名　　称		单位	数　　量				
人工	建筑普通工	工日	0.0116	0.1330	0.1552	0.1122	0.1202
计价材料	中砂	m³				1.2530	0.4123
	碎石　40	m³					1.1619
	灰土　3：7	m³			1.1880		
	水	t		0.0280	0.0280	0.3000	0.1500
	其他材料费	元			1.3800	1.6500	2.4100
机械	电动夯实机　夯击能量　250N·m	台班	0.0036	0.0361	0.0598	0.0630	0.0759

定　额　编　号		XZYT1-122	XZYT1-123	XZYT1-124
项　　　目		机械原土碾压	机械填土碾压	机械石方碾压
单　　　位		m^2	m^3	m^3
基　价（元）		**0.14**	**7.93**	**11.86**
其中	人　工　费（元）	0.09	0.47	0.54
	材　料　费（元）		0.03	
	机　械　费（元）	0.05	7.43	11.32
名　　称	单位	数　　量		
人工 建筑普通工	工日	0.0008	0.0044	0.0050
计价材料 水	t		0.0150	
机械 履带式推土机　功率　75kW	台班		0.0008	0.0015
钢轮内燃压路机　工作质量　8t	台班	0.0001		
机械式振动压路机　工作质量　15t	台班		0.0054	0.0086
洒水车　4000L	台班		0.0009	0.0002
未计价材料 土　综合	m^3		1.1790	

工作内容：1. 耕植土过筛、挑拣：5m 以内取土、筛土，人工挑拣。2. 地基钎探：打拔钎子、标识、取料、探孔回填。

定　额　编　号			XZYT1-125	XZYT1-126
项　　　目			耕植土过筛、挑拣	地基钎探
单　　　位			m³	m²
基　　价（元）			**27.48**	**7.48**
其中	人　工　费（元）		27.48	5.96
	材　料　费（元）			1.52
	机　械　费（元）			
	名　　称	单位	数　　　　量	
人工	建筑普通工	工日	0.2568	0.0557
计价材料	中砂	m³		0.0184

1.6 平 整 场 地

工作内容： 标高在±30cm 以内的挖填平衡。

定　额　编　号			XZYT1-127	XZYT1-128
项　　　　　目			人工平整场地	机械平整场地
单　　　　　位			m²	m²
基　　价（元）			**2.43**	**0.79**
其中	人　工　费（元）		2.43	0.09
	材　料　费（元）			
	机　械　费（元）			0.70
名　　　称		单位	数　　　　量	
人工	建筑普通工	工日	0.0227	0.0008
机械	履带式推土机　功率　75kW	台班		0.0007

第 2 章 地基处理工程

说　明

1. 本章除水泥搅拌桩、冲击钻孔灌注桩、孔内深层强夯灰土挤密桩、人工挖孔桩、打钢管桩项目外，其余打桩工程按照Ⅰ级土编制的，如实际为Ⅱ级土时，其相应的人工数量、机械台班数量乘以1.35系数。打桩土质级别划分见附录G。

2. 打钢筋混凝土桩、静力压钢筋混凝土桩定额中包括钢筋混凝土成品桩购置费。当现场预制钢筋混凝土桩时，按照预制钢筋混凝土桩定额计算桩制作费，并根据第4章定额计算预制桩中的钢筋费用与桩运输费，同时扣减成品桩购置费。

3. 计算工程打试验桩费用时，相应定额的人工数量、机械台班数量乘以2.0系数。

4. 在打桩、打孔工程中，当桩间净距小于4倍桩径或桩边长时，相应定额中的人工数量、机械台班数量乘以1.13系数。

5. 钢结构桩定额是按钢结构桩靴（尖）制作、安装、机械打钢管桩、钢管桩内切割、送桩、接桩、管桩桩心填料设置。

6. 打桩工程按陆地打垂直桩编制。设计要求打斜桩时，斜度≤1∶6时，相应项目人工、机械乘以1.25系数；斜度>1∶6时，相应项目人工数量、机械台班数量乘以1.43系数。

打桩工程以平地（坡度≤15°）打桩为准，坡度>15°打桩时，按相应项目人工数量、机械台班数量乘以1.15系数。如在基坑内（基坑深度>1.5m，基坑面积≤500m²）打桩或在地坪上打坑槽内（坑槽深度>1m）桩时，按相应项目人工数量、机械台班数量乘以1.11系数。

7. 定额中灌注材料消耗量已包括表 2-1 充盈系数及材料损耗量表规定的充盈系数和材料损耗用量，工程实际用量与定额含量不同时，可以根据下表给定的充盈系数调整超出 ±10% 部分，±10% 以内部分不做调整。灌注砂石桩定额，除表 2-1 规定的充盈系数和材料损耗用量外，还包括级配密实 1.334 系数。

表 2-1　　　　　　　　　　　　　　　　　　　充盈系数及材料损耗量表

项目名称	充盈系数	损耗率（%）	项目名称	充盈系数	损耗率（%）
打孔灌注混凝土桩	1.2	1.5	打孔灌注碎石桩	1.3	3
钻孔灌注混凝土桩	1.25	1.5	打孔灰土挤密桩	1.08	2
打孔灌注砂桩	1.3	3	孔内深层强夯挤密桩	1.13	2
水泥搅拌桩	1.05	1.5	打孔灌注砂石桩	1.3	3

8. 若单位工程碎石桩、砂石桩的工程量≤60m³ 时，其相应项目的人工数量、机械台班数量乘以系数 1.25。

9. 冲击钻孔灌注混凝土桩定额按照孔深 20m 以内考虑，如孔深超过 20m 时，每超过 10m，按照 20m 以内定额人工数量、机械台班数量增加 28%，超过部分不足 10m 时按照插入法计算。

10. 冲击钻孔施工穿过中、微风化岩石层时，穿过中、微风化岩石层部分的人工与机械乘以 1.3 系数。定额中冲击钻孔泥浆排放按照就地排放考虑，如工程需要外运时费用另行计算。

11. 注浆桩。

（1）注浆地基所用的浆体材料用量应按照设计含量调整。

（2）废浆处理及外运执行本定额第 1 章相应定额子目。

12. 在桩间补桩或强夯后的地基打桩时，按照相应定额中的人工数量、机械台班数量乘以 1. 15 系数。

13. 人工挖孔桩定额，桩孔内垂直运输方式按照人工考虑。如挖孔深度超过 12m 时，深度在 16m 以内者，以深 12m 以内定额为基础人工费乘 1. 27 系数，并增加机械费 14. 85 元；深度在 20m 以内者，以深 12m 以内定额为基础人工费乘 1. 45 系数，并增加机械费 19. 48 元。

14. 当人工挖桩孔遇到流砂、淤泥、岩石、墓穴以及抽水时，费用另行计算。

15. 水泥搅拌桩。

（1）双轴水泥搅拌桩按照单轴水泥搅拌桩子目人工费、机械费乘以 0. 6 系数。

（2）三轴水泥搅拌桩按二搅二喷施工工艺考虑，设计不同时，每增（减）一搅一喷按相应项目人工和机械费增（减）40%计算。

（3）一次预搅下沉加一次提升喷浆搅拌计为一搅一喷，一次重复下沉搅拌加一次重复提升搅拌计为一次空搅。空搅部分的人工费按照相应定额的人工费乘以 0. 5 系数计算，机械费按照 57. 53 元/m³ 计算。

（4）水泥掺量不同时可以执行水泥搅拌桩水泥掺量增减 1%子目进行调整。

（5）三轴水泥搅拌桩设计要求全断面套打时，相应项目的人工费、机械费乘以 1. 5 系数。

16. 水泥浆旋喷桩工程实际水泥用量不同时，可以调整。

17. 孔内深层强夯灰土挤密桩，成孔方式按洛阳铲成孔考虑。

18. 凿桩头。

（1）本定额适应于凿桩头高度在设计超灌长度范围内桩头。

（2）预制钢筋混凝土管桩、方桩、灌注桩凿桩头的高度设定在 0.75m 以内，超过 0.75m 时应先截桩后凿桩。被截桩断面面积在 0.2m² 以内者，每截一个桩头人工费增加 48 元计算；被截桩断面面积在 0.2m² 以外者，每截一个桩头人工费增加 68 元计算。

（3）凿未浇注桩芯部分的混凝土护壁时，按照凿混凝土桩头定额基价乘以 0.8 系数计算。

（4）凿砂浆护壁、实心砖护壁时，按照凿混凝土桩头定额基价乘以 0.6 系数计算。

19. 换填定额子目中不包括被换填土方的开挖、运输费用，其费用按照第 1 章相应的定额另行计算。

20. 支挡土板定额综合考虑了不同间隔疏撑，执行定额时不作调整。

21. 强夯。

（1）强夯工程不分土壤类别，一律按照本定额执行。

（2）强夯定额中机械是综合取定的，工程实际与其不同时，不作调整。

（3）强夯定额中考虑了各类布点形式，执行定额时不作调整。布点排列按照不间隔连续依次夯击击数计算，若设计要求夯点分两遍间隔夯击时，相应定额基价增加 25%。

（4）设计要求在强夯过程中填充材料时，相应强夯定额中人工费、机械费乘以 1.2 系数。

（5）单位工程强夯面积小于 600m² 时，相应的强夯定额子目基价乘 1.25 系数。

（6）本定额未编制 400t·m、500t·m 及 800t·m 强夯定额子目。当工程采用 400t·m 夯能机械施工时，按照 600t·m 定额基价乘以 0.7 系数计算费用；当工程采用 500t·m 夯能机械施工时，按照 600t·m 定额基价乘以 0.85 系数计算费用；当工程采用 800t·m 夯能机械施工时，按照 600t·m 定额基价乘以 1.15 系数计算费用。

（7）本定额夯点间距是按照 4m 以内考虑的，如夯点间距大于 4m 小于 8m 时，其定额中"五击以内"及"每增一击"定额基价应乘以 0.75 系数。

22. 地下混凝土连续墙。

（1）导墙开挖定额综合考虑了机械挖土、人工挖土、浇筑槽底混凝土垫层等工作内容。

（2）挖土成槽定额中包括自卸汽车运土 1km，运距超出 1km 时按照第 1 章自卸汽车运土运距每增加 1km 定额计算。

（3）浇制地下连续墙定额中已综合考虑了垂直度、超挖深度、超灌量的损耗。

（4）锁口管吊拔、清底置换定额是按照"段"进行编制的，定额综合考虑了每段工程量的大小，工程实际与定额不同时不作调整。

23. 喷射混凝土支护定额中不包括钢筋网片的制作、安装、吊装费用，工程发生时按照钢筋笼、网定额另行计算。

24. 锚杆支护、土钉支护需要搭拆脚手架时，按照实际搭设长度乘以 2m 宽计算工程量，执行满堂脚手架定额子目。

25. 在钢筋笼、网制作定额中，综合考虑了不同的连接方式，工程实际与定额不同时不作调整。

26. 钢筋笼、网安装定额中包括其运输费用。

27. 旋挖桩、冲击钻孔桩灌注桩按照湿作业成孔考虑，采用干作业成孔工艺时，则扣除定额中黏土、水和机械中的泥浆泵。

28. 旋挖桩、螺旋桩、人工挖孔桩等干作业成孔桩的土石方场内、场外运输，执行本定额"第 1 章　土石方工程"中相应项目。

29. 本章定额内未包括泥浆池制作，实际发生时按本定额相应项目执行。

30. 本章定额内未包括泥浆场外运输，实际发生时执行本定额"第 1 章　土石方工程"中自卸汽车运淤泥、流砂相应项目。

工程量计算规则

1. 定额说明中调整单价部分的工程量仅为超出定额技术标准部分的工程量，不包括符合定额技术条件部分的工程量。

2. 预制钢筋混凝土桩工程量计算。

（1）预制钢筋混凝土桩体积按照设计桩长（包括桩尖，不扣除桩尖虚体积）乘以截面面积计算。

（2）管桩的空心体积应扣除。管桩空心部分如需要灌注混凝土或其他填充料时，另行计算。

（3）预制桩制作损耗量按照1.5%计算。

3. 打钢筋混凝土桩、静力压钢筋混凝土桩工程量计算。

（1）打或静力压预制钢筋混凝土桩按照预制桩体积计算工程量，不计算桩施工损耗量。

（2）钢筋混凝土桩电焊接桩根据设计要求按照接头个数计算工程量；硫磺胶泥接桩按照桩断面以平方米为单位计算工程量。

（3）送钢筋混凝土桩按照桩截面面积乘以送桩长度计算工程量。送桩长度从打桩架底计算至桩顶标高。

4. 钢结构桩工程量计算。

（1）钢管桩根据桩设计长度、分管径按照设计成品质量计算工程量，不计算焊条、油漆质量，设计长度从桩顶计算至桩底（不包括桩尖或桩靴长度）。

（2）桩尖（靴）按照设计成品质量计算工程量，不计算焊条、油漆质量。工程打桩不设置桩尖

（靴）时，不计算工程量。

（3）钢管桩内切割分直径按照桩根数计算工程量。

（4）钢管桩割焊盖帽、钢管桩电焊接头分直径按照个数计算工程量。

（5）送钢结构桩按照被送桩长质量以吨为单位计算工程量，被送桩长从打桩架底计算至桩顶标高。

（6）管桩桩心填料按照管桩内径乘以填料高度以体积计算工程量。

5. 灌注混凝土桩工程量计算。

（1）灌注混凝土桩按照体积计算工程量，不扣除桩尖虚体积。桩长＝设计桩长+设计超灌长度+桩尖长度。设计超灌长度按照图纸要求计算，图纸无要求时，按照设计桩长5%计算，超灌长度大于1m时按照1m计算。

（2）打孔灌注桩的体积按照桩长乘以钢管管箍外径截面面积计算工程量。

（3）打孔后先埋入预制钢筋混凝土桩尖再灌注混凝土时，桩尖单独计算，灌注桩长度不计算桩尖长度。

（4）钻孔、振冲成孔灌注桩按照桩长乘以设计桩截面面积计算工程量。

（5）人工挖孔桩工程量计算。

1）人工挖孔桩土方。

——人工挖孔桩土方量按照设计桩长加空桩长度乘以设计桩截面面积，以立方米为单位计算工程量。有护壁桩设计桩截面直径为桩护壁外直径，无护壁桩设计桩截面直径为桩芯混凝土直径。空桩长度从设计桩顶计算至挖孔地面标高。

——桩底部扩孔土方按照设计图示尺寸计算工程量，并入挖孔桩土方内。

2）护壁按照设计护壁高度乘以设计护壁截面面积，以立方米为单位计算工程量。

3）人工挖孔桩桩芯。

——桩芯混凝土体积按照桩长乘以设计桩截面面积计算工程量。

——桩头扩大部分体积以立方米为单位计算工程量，并入桩芯体积内。

（6）桩底入岩工程量按照设计图示尺寸以立方米为单位计算工程量。

（7）支盘桩分直径按照体积计算工程量，支盘桩中支与盘的工程量按照设计断面与长度计算工程量，并入支盘桩体积内。

6. 灌注混凝土桩的钢筋笼制作、安装，根据设计规定以吨为单位计算工程量。钢筋搭接用量、施工措施钢筋用量按照第 4 章钢筋工程量计算规定计算。

7. 钻孔压浆桩工程量按设计桩长计算工程量。

8. 灌注砂、石桩工程量计算。

（1）灌注砂、石桩按照体积计算工程量，不扣除桩尖虚体积。桩长＝设计桩长+0.25m+桩尖长度。

（2）打孔灌注砂桩、砂石桩、碎石桩的体积按照桩长乘以钢管管箍外径截面面积计算工程量。

（3）打孔后先埋入预制钢筋混凝土桩尖再灌注砂、石时，桩尖单独计算，灌注桩长度不计算桩尖长度。

9. 打孔灰土挤密桩、孔内深层强夯灰土挤密桩工程量按照设计桩长增加 0.25m 乘以设计成桩截面面积，以立方米为单位计算工程量。成桩直径按照设计桩直径计算。

10. 水泥浆旋喷桩、单轴水泥搅拌桩、三轴水泥搅拌桩，按照设计桩长增加 0.25m 乘以设计成桩外径截面面积，以体积计算工程量。

11. 凿桩头以凿桩长度（超灌长度）乘以设计桩截面面积，以立方米为单位计算工程量；凿人工挖孔桩护壁按照实际体积计算。截桩头按照被截桩根数计算。

12. 换填按照被换填材质的体积以立方体为单位计算工程量。

13. 挡土板按设计文件（或施工组织设计）规定的支挡范围，以面积计算，无规定按照沟槽、基坑垂直支撑面积计算工程量。

14. 强夯工程量计算

（1）强夯应区分夯击能量、夯点间距、夯击遍数以平方米为单位计算工程量。

（2）强夯面积以边缘夯点外边线计算，包括夯点面积和夯点间的面积。

（3）扣除夯点间面积大于 $64m^2$ 空地面积。

15. 声测管埋设，按照设计图示长度以米计算工程量。

16. 压密注浆钻孔数量按设计图示以钻孔深度计算。注浆数量按下列规定计算：

（1）设计图纸明确加固土体体积的，按设计图纸注明的体积计算。

（2）设计图纸以布点形式图示土体加固范围的，则按两孔间距的一半作为扩散半径，以布点边线各加扩散半径，形成计算平面，计算注浆体积。

（3）如果设计图纸注浆点在钻孔灌注桩之间，按两注浆孔的一半作为每孔的扩散半径，依此圆柱体积计算注浆体积。

17. 地下混凝土连续墙工程量计算：

（1）导墙土方工程量、导墙工程量根据批准的施工组织设计规定，按照体积计算。

（2）地下连续墙成槽土方量按照设计图示连续墙中心线长乘以墙厚度再乘以槽深，以体积计算。

（3）地下连续墙混凝土量按照设计图示连续墙中心线长乘以墙厚度再乘以设计墙高加 0.25m，以体积计算。

（4）锁口管吊拔、清底置换以"段"为计量单位，按照槽壁单元划分段数加 1 计算。

18. 边坡处理工程量计算：

（1）锚杆钻孔、灌浆按照锚杆入土长度以米为单位计算，锚杆入土长度为边坡外表面至锚杆端部的长度。

（2）锚杆制作、安装按照设计成品质量以吨为单位计算。

（3）土钉支护按照钉杆钢材长度，以米为单位计算。

2.1　钢筋混凝土预制桩

2.1.1　钢筋混凝土方桩制作

工作内容：清理地模、模板安拆；浇灌混凝土、捣固、养护；成品起模、堆放。桩尖校正、固定。

定　额　编　号			XZYT2-1	XZYT2-2	XZYT2-3
项　　　目			方桩制作	桩尖制作	桩尖安装
单　　　位			m³	m³	m³
基　价（元）			**567.31**	**712.35**	**299.81**
其中	人　工　费（元）		130.55	118.77	76.46
	材　料　费（元）		403.00	510.61	59.43
	机　械　费（元）		33.76	82.97	163.92
名　　称		单位	数　　量		
人工	建筑普通工	工日	0.7775	0.7263	0.3980
	建筑技术工	工日	0.3312	0.2871	0.2369
计价材料	平垫铁　综合	kg			2.9073
	板材红白松　二等	m³	0.0011	0.0710	
	现浇混凝土　C20-10　集中搅拌	m³	1.0090	1.0150	0.0957
	隔离剂	kg	0.0790		
	电焊条　J422　综合	kg			1.6841
	铁钉	kg	0.1120		
	聚氯乙烯塑料薄膜	m²	1.3800	0.2645	

续表

定 额 编 号			XZYT2-1	XZYT2-2	XZYT2-3
项 目			方桩制作	桩尖制作	桩尖安装
计价材料	水	t	1.0180	0.9050	
	通用钢模板	kg	3.3040		
	木模板	m³	0.0050		
	混凝土地模	m²	0.0550		
	其他材料费	元	6.5300	8.2200	0.9800
机械	汽车式起重机 起重量 5t	台班	0.0104	0.0138	0.0990
	门式起重机 起重量 20t	台班	0.0288	0.0748	
	载重汽车 5t	台班	0.0081	0.0345	0.1416
	混凝土振捣器（插入式）	台班	0.0897	0.1300	
	木工圆锯机 直径 φ500	台班	0.0023		
	交流弧焊机 容量 21kVA	台班			0.2767

64

2.1.2 机械打钢筋混凝土桩

工作内容： 打桩机具布置、移动打桩机及其轨道、桩吊装定位、安卸桩帽；校正、打桩。

定 额 编 号			XZYT2-4	XZYT2-5	XZYT2-6	XZYT2-7
项 目			轨道式柴油打桩机打方桩			
			桩长 12m 以内	桩长 18m 以内	桩长 30m 以内	桩长 30m 以外
单 位			m³	m³	m³	m³
基 价 （元）			**1494.98**	**1441.01**	**1373.26**	**1337.67**
其中	人 工 费 （元）		89.48	60.38	40.82	28.25
	材 料 费 （元）		1232.85	1232.85	1232.85	1232.85
	机 械 费 （元）		172.65	147.78	99.59	76.57
名 称		单位	数 量			
人工	建筑普通工	工日	0.6333	0.4274	0.2889	0.2000
	建筑技术工	工日	0.1519	0.1024	0.0693	0.0479
计价材料	加工铁件 综合	kg	0.2190	0.2190	0.2190	0.2190
	板材红白松 二等	m³	0.0020	0.0020	0.0020	0.0020
	预制钢筋混凝土方桩	m³	1.0100	1.0100	1.0100	1.0100
	其他材料费	元	20.9000	20.9000	20.9000	20.9000
机械	轨道式柴油打桩机 锤重 2.5t	台班	0.0886			
	轨道式柴油打桩机 锤重 3.5t	台班		0.0598	0.0403	0.0297
	履带式起重机 起重量 15t	台班		0.0598	0.0403	
	履带式起重机 起重量 25t	台班				0.0297
	汽车式起重机 起重量 5t	台班	0.0886			

65

定 额 编 号			XZYT2-8	XZYT2-9	XZYT2-10	XZYT2-11
项 目			履带式柴油打桩机打方桩			
			桩长 12m 以内	桩长 18m 以内	桩长 30m 以内	桩长 30m 以外
单 位			m³	m³	m³	m³
基 价（元）			**1474.74**	**1410.05**	**1361.18**	**1326.71**
其中	人 工 费（元）		89.48	60.38	40.82	28.25
	材 料 费（元）		1232.85	1232.85	1232.85	1232.85
	机 械 费（元）		152.41	116.82	87.51	65.61
名 称		单位	数 量			
人工	建筑普通工	工日	0.6333	0.4274	0.2889	0.2000
	建筑技术工	工日	0.1519	0.1024	0.0693	0.0479
计价材料	加工铁件 综合	kg	0.2190	0.2190	0.2190	0.2190
	板材红白松 二等	m³	0.0020	0.0020	0.0020	0.0020
	预制钢筋混凝土方桩	m³	1.0100	1.0100	1.0100	1.0100
	其他材料费	元	20.9000	20.9000	20.9000	20.9000
机械	履带式柴油打桩机 锤重 3.5t	台班	0.0753	0.0538	0.0403	0.0288
	履带式起重机 起重量 15t	台班		0.0538	0.0403	
	履带式起重机 起重量 25t	台班				0.0288
	汽车式起重机 起重量 5t	台班	0.0753			

定 额 编 号			XZYT2-12	XZYT2-13	XZYT2-14	XZYT2-15	XZYT2-16
项 目			轨道式柴油打桩机打管桩				
			桩长16m以内	桩长24m以内	桩长32m以内	桩长50m以内	桩长50m以外
单 位			m³	m³	m³	m³	m³
基 价 (元)			**1756.21**	**1727.33**	**1716.09**	**1698.30**	**1687.15**
其中	人 工 费 (元)		74.62	69.84	65.94	62.61	61.10
	材 料 费 (元)		1471.78	1471.78	1471.78	1471.78	1471.78
	机 械 费 (元)		209.81	185.71	178.37	163.91	154.27
名 称		单位	数 量				
人工	建筑普通工	工日	0.5281	0.4941	0.4667	0.4431	0.4326
	建筑技术工	工日	0.1267	0.1187	0.1119	0.1063	0.1036
计价材料	加工铁件 综合	kg	0.2890	0.2890	0.2890	0.2890	0.2890
	板材红白松 二等	m³	0.0040	0.0040	0.0040	0.0040	0.0040
	预制钢筋混凝土管桩	m³	1.0200	1.0200	1.0200	1.0200	1.0200
	其他材料费	元	24.9500	24.9500	24.9500	24.9500	24.9500
机械	轨道式柴油打桩机 锤重 2.5t	台班	0.1001	0.0886	0.0851	0.0782	0.0736
	履带式起重机 起重量 15t	台班	0.1001	0.0886	0.0851	0.0782	0.0736

定 额 编 号			XZYT2-17	XZYT2-18	XZYT2-19	XZYT2-20	XZYT2-21
项 目			履带式柴油打桩机打管桩				
			桩长 16m 以内	桩长 24m 以内	桩长 32m 以内	桩长 50m 以内	桩长 50m 以外
单 位			m³	m³	m³	m³	m³
基 价（元）			**1752.94**	**1710.12**	**1696.25**	**1687.39**	**1684.25**
其中	人 工 费（元）		73.80	63.55	59.67	58.19	57.65
	材 料 费（元）		1471.78	1471.78	1471.78	1471.78	1471.78
	机 械 费（元）		207.36	174.79	164.80	157.42	154.82
名 称		单位	数 量				
人工	建筑普通工	工日	0.5223	0.4497	0.4223	0.4118	0.4079
	建筑技术工	工日	0.1253	0.1079	0.1013	0.0988	0.0979
计价材料	加工铁件 综合	kg	0.2890	0.2890	0.2890	0.2890	0.2890
	板材红白松 二等	m³	0.0040	0.0040	0.0040	0.0040	0.0040
	预制钢筋混凝土管桩	m³	1.0200	1.0200	1.0200	1.0200	1.0200
	其他材料费	元	24.9500	24.9500	24.9500	24.9500	24.9500
机械	履带式柴油打桩机 锤重 3.5t	台班	0.0955	0.0805	0.0759	0.0725	0.0713
	履带式起重机 起重量 15t	台班	0.0955	0.0805	0.0759	0.0725	0.0713

68

2.1.3 静力压钢筋混凝土桩

工作内容：压桩机具布置、移动压桩机就位、捆桩身、吊桩定位、安卸桩帽；校正、压桩。

定 额 编 号		XZYT2-22	XZYT2-23	XZYT2-24	XZYT2-25
项 目		液压静力压方桩			
		桩长 12m 以内	桩长 18m 以内	桩长 30m 以内	桩长 30m 以外
单 位		m³	m³	m³	m³
基 价（元）		**1478.15**	**1475.14**	**1470.36**	**1447.84**
其中	人 工 费（元）	51.82	50.95	45.53	32.97
	材 料 费（元）	1255.90	1255.90	1255.90	1255.90
	机 械 费（元）	170.43	168.29	168.93	158.97
名 称	单位	数 量			
人工 建筑普通工	工日	0.3667	0.3588	0.3222	0.2334
建筑技术工	工日	0.0880	0.0878	0.0773	0.0559
计价材料 加工铁件 综合	kg	0.2390	0.2390	0.2390	0.2390
板材红白松 二等	m³	0.0130	0.0130	0.0130	0.0130
预制钢筋混凝土方桩	m³	1.0100	1.0100	1.0100	1.0100
橡胶板 3mm 以下	kg	0.0070	0.0070	0.0070	0.0070
其他材料费	元	21.2700	21.2700	21.2700	21.2700

定 额 编 号			XZYT2-22	XZYT2-23	XZYT2-24	XZYT2-25
项 目			液压静力压方桩			
			桩长 12m 以内	桩长 18m 以内	桩长 30m 以内	桩长 30m 以外
机械	静力压桩机　压力　1200kN	台班	0.0679			
	静力压桩机　压力　1600kN	台班		0.0587		
	静力压桩机　压力　2000kN	台班			0.0411	
	静力压桩机　压力　3000kN	台班				0.0357
	履带式起重机　起重量　15t	台班		0.0587	0.0483	0.0357
	汽车式起重机　起重量　12t	台班	0.0679			

定 额 编 号			XZYT2-26	XZYT2-27	XZYT2-28	XZYT2-29	XZYT2-30
项 目			液压静力压管桩				
			桩长 16m 以内	桩长 24m 以内	桩长 32m 以内	桩长 50m 以内	桩长 50m 以外
单 位			m³	m³	m³	m³	m³
基 价（元）			**1729. 70**	**1728. 51**	**1749. 37**	**1753. 10**	**1758. 32**
其中	人 工 费（元）		52. 27	48. 87	48. 62	46. 94	42. 81
	材 料 费（元）		1490. 19	1490. 19	1490. 19	1490. 19	1490. 19
	机 械 费（元）		187. 24	189. 45	210. 56	215. 97	225. 32
名 称		单位	数 量				
人工	建筑普通工	工日	0. 3698	0. 3459	0. 3445	0. 3324	0. 3029
	建筑技术工	工日	0. 0888	0. 0829	0. 0822	0. 0795	0. 0727
计价材料	加工铁件 综合	kg	0. 2390	0. 2390	0. 2390	0. 2390	0. 2390
	板材红白松 二等	m³	0. 0130	0. 0130	0. 0130	0. 0130	0. 0130
	预制钢筋混凝土管桩	m³	1. 0200	1. 0200	1. 0200	1. 0200	1. 0200
	橡胶板 3mm 以下	kg	0. 0070	0. 0070	0. 0070	0. 0070	0. 0070
	其他材料费	元	25. 2400	25. 2400	25. 2400	25. 2400	25. 2400
机械	静力压桩机 压力 1200kN	台班	0. 0746				
	静力压桩机 压力 1600kN	台班		0. 0668			
	静力压桩机 压力 2000kN	台班			0. 0507		
	静力压桩机 压力 3000kN	台班				0. 0485	0. 0506
	履带式起重机 起重量 15t	台班		0. 0645	0. 0620	0. 0485	0. 0506
	汽车式起重机 起重量 12t	台班	0. 0746				

2.1.4 送钢筋混凝土桩

工作内容： 安放送桩器、打拔送桩器、校正、送桩。

定 额 编 号			XZYT2-31	XZYT2-32
项 目			送方桩	送管桩
单 位			m³	m³
基 价（元）			**305.28**	**345.88**
其中	人 工 费（元）		125.19	140.27
	材 料 费（元）		5.69	10.33
	机 械 费（元）		174.40	195.28
名 称		单位	数 量	
人工	建筑普通工	工日	0.8860	0.9926
	建筑技术工	工日	0.2125	0.2382
计价材料	加工铁件 综合	kg	0.2190	0.2890
	板材红白松 二等	m³	0.0020	0.0040
	其他材料费	元	0.0900	0.1700
机械	轨道式柴油打桩机 锤重 2.5t	台班	0.1454	0.1628

72

2.1.5 接钢筋混凝土桩

工作内容：对接上下节桩、桩顶垫平、放置接桩；角钢、钢板焊制；安卸夹箍；校正、灌注胶泥、养护。

定　额　编　号			XZYT2-33	XZYT2-34	XZYT2-35
项　　　　目			电焊接桩		硫磺胶泥接桩
			包角钢	包钢板	
单　　　位			个	个	m²
基　　价（元）			**387.33**	**647.06**	**1555.27**
其中	人　工　费（元）		134.21	148.69	554.13
	材　料　费（元）		54.46	332.37	224.11
	机　械　费（元）		198.66	166.00	777.03
名　　称		单位	数　　　量		
人工	建筑普通工	工日	0.9499	1.0523	3.9216
	建筑技术工	工日	0.2278	0.2524	0.9407
计价材料	等边角钢　边长63以下	kg	8.0000		
	中厚钢板　12~20	kg		59.9000	
	平垫铁　综合	kg	0.1050	0.1050	
	板材红白松　二等	m³			0.0020
	电焊条　J422　综合	kg	2.2700	1.6500	
	硫磺胶泥	m³			0.0400
	其他材料费	元	0.8200	4.7700	4.2200

续表

定 额 编 号			XZYT2-33	XZYT2-34	XZYT2-35
项 目			电焊接桩		硫磺胶泥接桩
			包角钢	包钢板	
机械	履带式柴油打桩机 锤重 2.5t	台班			0.4025
	履带式柴油打桩机 锤重 3.5t	台班	0.0817	0.0690	
	履带式起重机 起重量 15t	台班	0.0817	0.0690	0.4025
	交流弧焊机 容量 21kVA	台班	0.3174	0.2415	

2.2 钢 结 构 桩

2.2.1 打钢管桩

工作内容: 打桩机具布置、移动打桩机、桩吊装就位、安卸桩帽、校正、打桩;测定标高、桩内排水、内切割钢管、截除钢管、就地安放;测定标高、划线整圆、桩内排水、精割、设箍、安装桩帽、清泥除锈、焊接桩帽。

定 额 编 号			XZYT2-36	XZYT2-37	XZYT2-38
项 目				打钢管桩 φ406	
			桩长 30m 以内	桩长 50m 以内	桩长 70m 以内
单 位			t	t	t
基 价(元)			**7404.97**	**7395.74**	**7357.76**
其中	人 工 费(元)		195.79	150.56	129.28
	材 料 费(元)		6957.20	6959.44	6960.93
	机 械 费(元)		251.98	285.74	267.55
名 称		单位		数 量	
人工	建筑普通工	工日	1.3856	1.0719	0.9150
	建筑技术工	工日	0.3324	0.2508	0.2194
计价材料	加工铁件 综合	kg	0.4570	0.7760	0.9890
	板材红白松 二等	m³	0.0020	0.0020	0.0020
	钢管桩	kg	1010.0000	1010.0000	1010.0000
	其他材料费	元	128.4300	128.4700	128.4900

定 额 编 号			XZYT2-36	XZYT2-37	XZYT2-38
项 目			打钢管桩 $\phi406$		
			桩长 30m 以内	桩长 50m 以内	桩长 70m 以内
机械	履带式柴油打桩机　锤重　2.5t	台班	0.1265		
	履带式柴油打桩机　锤重　5t	台班		0.0966	
	履带式柴油打桩机　锤重　7t	台班			0.0851
	履带式起重机　起重量　15t	台班	0.1288	0.0966	0.0851
	风割机	台班	0.1288	0.0966	0.0851

定 额 编 号		XZYT2-39	XZYT2-40	XZYT2-41
项 目		打钢管桩 ϕ609		
		桩长 30m 以内	桩长 50m 以内	桩长 70m 以内
单 位		t	t	t
基 价 (元)		**7364.99**	**7287.24**	**7249.12**
其中	人 工 费 (元)	146.84	119.69	96.96
	材 料 费 (元)	6962.88	6963.75	6966.00
	机 械 费 (元)	255.27	203.80	186.16
名 称	单位	数 量		
人工 建筑普通工	工日	1.0392	0.8325	0.6862
建筑技术工	工日	0.2493	0.2141	0.1646
计价材料 加工铁件 综合	kg	0.6740	0.7980	1.1200
板材红白松 二等	m³	0.0040	0.0040	0.0040
钢管桩	kg	1010.0000	1010.0000	1010.0000
其他材料费	元	128.5200	128.5400	128.5700
机械 履带式柴油打桩机 锤重 5t	台班	0.0863		
履带式柴油打桩机 锤重 7t	台班		0.0644	
履带式柴油打桩机 锤重 8t	台班			0.0575
履带式起重机 起重量 15t	台班	0.0863	0.0644	0.0575
风割机	台班	0.0863	0.0943	0.0575

工作内容： 准备机具，测定标高，钢管桩内排水，内切割钢管，截除钢管，就地安放。

定 额 编 号			XZYT2-42	XZYT2-43
项 目			钢管桩内切割	
			φ406 以内	φ609 以内
单 位			根	根
基 价（元）			**183.22**	**201.54**
其中	人 工 费（元）		76.68	84.85
	材 料 费（元）		30.91	31.54
	机 械 费（元）		75.63	85.15
名 称		单位	数 量	
人工	建筑普通工	工日	0.2451	0.2712
	建筑技术工	工日	0.3528	0.3904
计价材料	氧气	m³	3.1800	3.2500
	乙炔气	m³	1.3350	1.3600
	其他材料费	元	0.5800	0.5900
机械	履带式起重机 起重量 60t	台班	0.0334	0.0380
	潜水泵 出口直径 φ100	台班	0.1449	0.1449
	内切割机	台班	0.0955	0.1058

工作内容： 准备机具，测定标高划线，整圆，钢管桩内排水，精割，清泥，除锈，安放及焊接盖帽。

定 额 编 号		XZYT2-44	XZYT2-45
项 目		钢管桩割焊盖帽	
		φ406 以内	φ609 以内
单 位		个	个
基 价（元）		**343.29**	**461.76**
其中	人 工 费（元）	121.65	145.18
	材 料 费（元）	105.76	158.29
	机 械 费（元）	115.88	158.29
名 称	单位	数 量	
人工	建筑普通工	工日	0.3889	0.4641
	建筑技术工	工日	0.5597	0.6680
计价材料	钢桩帽 φ400	只	1.0000	
	钢桩帽 φ600	只		1.0000
	电焊条 J422 综合	kg	1.7200	2.5900
	氧气	m³	0.1040	0.1140
	乙炔气	m³	0.0450	0.0500
	其他材料费	元	1.6900	2.5300
机械	履带式起重机 起重量 15t	台班	0.0460	0.0667
	交流弧焊机 容量 21kVA	台班	0.8510	1.1615
	风割机	台班	0.0805	0.1150
	台式砂轮机 直径 φ250	台班	0.3634	0.4025

工作内容： 磨焊接头、对接上下节桩、放置接桩。

定　额　编　号			XZYT2-46	XZYT2-47
项　　　目			电焊接钢管桩	
			φ406 以内	φ609 以内
单　　　位			个	个
基　　价（元）			**255.93**	**293.78**
其中	人　工　费（元）		66.48	67.71
	材　料　费（元）		10.06	14.79
	机　械　费（元）		179.39	211.28
名　　　称		单位	数　　　量	
人工	建筑普通工	工日	0.2125	0.2190
	建筑技术工	工日	0.3059	0.3096
计价材料	电焊条　J422　综合	kg	1.7200	2.5800
	氧气	m³	0.0620	0.0620
	乙炔气	m³	0.0270	0.0270
	其他材料费	元	0.1800	0.2700
机械	履带式柴油打桩机　锤重　5t	台班	0.0483	
	履带式柴油打桩机　锤重　7t	台班		0.0587
	交流弧焊机　容量　21kVA	台班	0.7360	0.7360
	风割机	台班	0.7360	0.7360

工作内容：安放送桩器、打拔送桩器、校正、送桩。

定　额　编　号			XZYT2-48
项　　　　　目			送钢管桩
单　　　　　位			t
基　　　价（元）			**873.63**
其中	人　工　费（元）		347.66
	材　料　费（元）		
	机　械　费（元）		525.97
名　　　称		单位	数　　　量
人工	建筑普通工	工日	2.4605
	建筑技术工	工日	0.5901
机械	轨道式柴油打桩机　锤重　2.5t	台班	0.4385

2.2.2 钢结构桩靴（尖）制作与安装

工作内容： 放样、划线、下料、平直、钻孔、拼装、焊接；除锈、刷防锈漆一遍、成品编号、堆放；校正、安装。

定 额 编 号			XZYT2-49	XZYT2-50
项 目			钢结构桩靴（尖）	
			制作	安装
单 位			t	t
基 价（元）			**8585.08**	**982.94**
其中	人 工 费（元）		2109.28	873.51
	材 料 费（元）		5870.99	37.99
	机 械 费（元）		604.81	71.44
名 称		单位	数 量	
人工	建筑普通工	工日	6.7411	2.7925
	建筑技术工	工日	9.7062	4.0190
计价材料	等边角钢 边长63以下	kg	650.0000	
	圆钢 ϕ10以上	kg	205.0000	
	中厚钢板 12~20	kg	205.0000	
	圆木杉木	m³		0.0110
	板材红白松 二等	m³		0.0010
	电焊条 J422 综合	kg	25.8400	2.7600
	镀锌铁丝 综合	kg		0.2100

续表

定 额 编 号			XZYT2-49	XZYT2-50
项　　目			钢结构桩靴（尖）	
			制作	安装
计价材料	清洗剂	kg	3.0000	
	氧气	m³	13.5600	
	乙炔气	m³	4.5200	
	防锈漆	kg	7.5000	
	其他材料费	元	86.0200	0.6600
机械	履带式起重机　起重量　15t	台班	0.3071	
	汽车式起重机　起重量　8t	台班		0.0265
	载重汽车　8t	台班		0.0391
	摇臂钻床　钻孔直径　φ63	台班	0.1610	
	剪板机　厚度×宽度　40mm×3100mm	台班	0.0230	
	型钢剪断机　剪断宽度　500mm	台班	0.0805	
	钢板校平机　厚度×宽度　30mm×2600mm	台班	0.0230	
	交流弧焊机　容量　21kVA	台班	4.0250	0.3968

2.3 管桩桩心填料

工作内容：填灌砂、碎石、密实；填灌混凝土、捣固、养护。

定 额 编 号			XZYT2-51	XZYT2-52	XZYT2-53
项 目			管桩桩心填砂	管桩桩心填混凝土	管桩桩心填碎石
单 位			m³	m³	m³
基 价（元）			**141.20**	**372.22**	**154.60**
其中	人 工 费（元）		40.82	48.79	40.82
	材 料 费（元）		100.38	321.60	113.78
	机 械 费（元）			1.83	
名 称		单位	数 量		
人工	建筑普通工	工日	0.2889	0.3452	0.2889
	建筑技术工	工日	0.0693	0.0829	0.0693
计价材料	现浇混凝土 C20-40 集中搅拌	m³		1.0090	
	中砂	m³	1.1860		
	碎石 40	m³			1.2240
	水	t	0.2600		0.2600
	其他材料费	元	1.5600	5.3000	1.9800
机械	混凝土振捣器（插入式）	台班		0.1323	

84

2.4 钻孔压浆桩

工作内容： 准备机具，移动桩机，定位，钻孔，校测，浆液配制，压浆，投放石子骨料。

定 额 编 号			XZYT2-54	XZYT2-55	XZYT2-56
项 目			钻孔压浆桩		
			（主杆直径）		
			≤300mm	≤400mm	≤600mm
单 位			m	m	m
基 价（元）			**656.44**	**807.61**	**943.54**
其中	人 工 费（元）		169.16	186.06	189.56
	材 料 费（元）		350.13	464.51	584.18
	机 械 费（元）		137.15	157.04	169.80
名 称		单位	数 量		
人工	建筑普通工	工日	0.3971	0.4396	0.4723
	建筑技术工	工日	0.8858	0.9722	0.9722
计价材料	普通硅酸盐水泥 42.5	t	0.1510	0.2020	0.2540
	白石子	kg	0.0710	0.1300	0.2030
	黏土	m³	0.0500	0.0550	0.0600
	合金钢电焊条 低合金 综合	kg	0.7550	1.0000	1.2580
	高压胶管 DN25	m	3.1710	4.2000	5.2840
	水	t	0.2000	0.2500	0.3000

续表

定 额 编 号			XZYT2-54	XZYT2-55	XZYT2-56
项 目			钻孔压浆桩		
			（主杆直径）		
			≤300mm	≤400mm	≤600mm
计价材料	其他材料费	元	5.6800	7.5300	9.4800
机械	灰浆搅拌机　拌筒容量　200L	台班	0.0748	0.0863	0.0978
	电动多级离心清水泵　出口直径　φ100 扬程　120m 以下	台班	0.0920	0.1035	0.1150
	泥浆泵　出口直径　φ100	台班	0.0920	0.1035	0.1150
	液压注浆泵　HYB50-50-Ⅰ型	台班	0.0920	0.1035	0.1150
	交流弧焊机　容量　32kVA	台班	0.0575	0.0690	0.0081
	机动钻机　孔径　φ800/1300	台班	0.0748	0.0863	0.0978

2.5 灌注混凝土桩

2.5.1 柴油打桩机

工作内容： 打桩机具布置、移动打桩机及其轨道、桩位校正、沉管打孔；浇灌混凝土、捣固、养护；拔钢管、清理夯实。

定　额　编　号			XZYT2-57	XZYT2-58	XZYT2-59	XZYT2-60
项　　　　目			柴油打桩机			
			桩长			
			10m 以内	15m 以内	18m 以内	18m 以外
单　　　　位			m³	m³	m³	m³
基　　价（元）			**890.48**	**690.66**	**642.17**	**572.48**
其中	人　工　费（元）		280.23	160.90	126.36	83.14
	材　料　费（元）		403.71	403.71	403.71	403.71
	机　械　费（元）		206.54	126.05	112.10	85.63
名　　　称		单位	数　　　量			
人工	建筑普通工	工日	1.9832	1.1386	0.8943	0.5884
	建筑技术工	工日	0.4757	0.2732	0.2145	0.1411
计价材料	加工铁件　综合	kg	0.6000	0.6000	0.6000	0.6000
	板材红白松　一等	m³	0.0020	0.0020	0.0020	0.0020
	板材红白松　二等	m³	0.0030	0.0030	0.0030	0.0030
	现浇混凝土　C20-40　集中搅拌	m³	1.2180	1.2180	1.2180	1.2180

续表

定 额 编 号			XZYT2-57	XZYT2-58	XZYT2-59	XZYT2-60
项 目			柴油打桩机			
			桩长			
			10m 以内	15m 以内	18m 以内	18m 以外
计价材料	草绳	kg	0.5000	0.5000	0.5000	0.5000
	其他材料费	元	6.6500	6.6500	6.6500	6.6500
机械	轨道式柴油打桩机 锤重 2.5t	台班	0.1702	0.1035	0.0920	0.0702
	混凝土振捣器（插入式）	台班	0.1725	0.1380	0.1265	0.1035

2.5.2 螺旋钻孔机

工作内容：钻孔机具布置、移动钻孔机、桩位校正、钻孔；浇灌混凝土、捣固、养护；清理钻孔余土、运至场内指定地点。

定 额 编 号			XZYT2-61	XZYT2-62	XZYT2-63	XZYT2-64	XZYT2-65	XZYT2-66
项 目			履带式		汽车式		钻孔桩入岩	
			桩长				成桩直径	
			12m 以内	12m 以外	12m 以内	12m 以外	0.8m 以内	0.8m 以外
单 位			m³	m³	m³	m³	m³	m³
基 价（元）			**715.26**	**607.95**	**691.88**	**615.21**	**1201.79**	**723.22**
其中	人 工 费（元）		143.91	101.43	209.02	159.89	263.97	158.10
	材 料 费（元）		406.74	406.74	406.80	406.80		
	机 械 费（元）		164.61	99.78	76.06	48.52	937.82	565.12
名 称		单位	数 量					
人工	建筑普通工	工日	1.0185	0.7179	1.4345	1.0928	1.8680	1.1189
	建筑技术工	工日	0.2443	0.1721	0.3883	0.3004	0.4482	0.2684
计价材料	现浇混凝土 C20-40 集中搅拌	m³	1.2688	1.2688	1.2690	1.2690		
	水	t	1.0220	1.0220	1.0220	1.0220		
	其他材料费	元	6.7500	6.7500	6.7500	6.7500		
机械	汽车式钻机 孔径 400mm	台班			0.1160	0.0740		
	履带式钻孔机 孔径 φ700	台班	0.1725	0.1035			0.9982	0.6015
	混凝土振捣器（插入式）	台班	0.1840	0.1840	0.1160	0.0740		

89

2.5.3 冲击钻孔机

工作内容：钻孔机具布置、移动钻孔机、桩位校正、钻孔；浇灌混凝土、捣固、养护；清理钻孔余土、运至场内指定地点。

定 额 编 号			XZYT2-67	XZYT2-68	XZYT2-69	XZYT2-70
项 目			冲击钻孔机成孔		冲孔桩入岩	
			砂石黏土	砂砾石	成桩直径	
					0.8m 以内	0.8m 以外
单 位			m³	m³	m³	m³
基 价 （元）			**1099.56**	**921.15**	**1003.51**	**618.92**
其中	人 工 费 （元）		470.73	315.10	316.70	190.81
	材 料 费 （元）		411.81	404.86		
	机 械 费 （元）		217.02	201.19	686.81	428.11
名 称		单位	数 量			
人工	建筑普通工	工日	3.3314	2.2300	2.2412	1.3503
	建筑技术工	工日	0.7991	0.5349	0.5377	0.3240
计价材料	加工铁件 综合	kg	0.4633	0.4633		
	板材红白松 二等	m³	0.0067	0.0042		
	现浇混凝土 C20-40 集中搅拌	m³	1.2180	1.2180		
	黏土	m³	0.0540	0.0540		
	电焊条 J422 综合	kg	0.1450	0.0760		
	铁钉	kg	0.0390	0.0240		

续表

定 额 编 号			XZYT2-67	XZYT2-68	XZYT2-69	XZYT2-70
项 目			冲击钻孔机成孔		冲孔桩入岩	
			砂石黏土	砂砾石	成桩直径	
					0.8m 以内	0.8m 以外
计价材料	水	t	2.0219	1.4588		
	其他材料费	元	6.8700	6.7300		
机械	冲击成孔机	台班	0.2553	0.1852	1.1347	0.7073
	汽车式起重机 起重量 8t	台班	0.0518	0.0863		
	混凝土振捣器（插入式）	台班	0.1553	0.1553		
	交流弧焊机 容量 21kVA	台班	0.0472	0.0748		
	电动空气压缩机 排气量 10m^3/min	台班	0.0322	0.0219		

2.5.4 机械钻孔支盘

工作内容：成孔机具布置、移动钻孔机、桩位校正、钻孔、成支、成盘；浇灌混凝土、捣固、养护；清理钻孔余土、运至场内指定地点。

定 额 编 号			XZYT2-71	XZYT2-72	XZYT2-73
项 目			机械钻孔支盘桩		
			成桩直径		
			400mm 以内	600mm 以内	1000mm 以内
单 位			m³	m³	m³
基 价 （元）			**722.83**	**662.33**	**619.31**
其中	人 工 费 （元）		165.50	141.04	116.64
	材 料 费 （元）		407.15	407.15	407.15
	机 械 费 （元）		150.18	114.14	95.52
名 称		单位	数 量		
人工	建筑普通工	工日	1.1713	0.9983	0.8255
	建筑技术工	工日	0.2809	0.2393	0.1980
计价材料	现浇混凝土 C20-40 集中搅拌	m³	1.2690	1.2690	1.2690
	水	t	1.1753	1.1753	1.1753
	其他材料费	元	6.7600	6.7600	6.7600
机械	履带式长螺旋钻孔机	台班	0.1898	0.1420	0.1173
	挤扩专用设备 400~1000mm	台班	0.0575	0.0518	0.0489
	混凝土振捣器 （插入式）	台班	0.1886	0.1886	0.1886

2.5.5 旋挖钻孔

工作内容: 护筒埋设及拆除、钻机就位、钻孔、提钻、出渣、渣土清理堆放、造浆、压浆、清孔、预拌混凝土灌注,以及安、拆导管及漏斗。

定 额 编 号			XZYT2-74	XZYT2-75	XZYT2-76	XZYT2-77
项 目			旋挖钻孔灌注桩			
			直径			
			1000mm 以内	1500mm 以内	2000mm 以内	2000mm 以外
单 位			m³	m³	m³	m³
基 价 (元)			**969.48**	**924.30**	**899.61**	**853.42**
其中	人 工 费 (元)		207.95	189.88	182.82	178.08
	材 料 费 (元)		446.68	437.32	434.16	431.10
	机 械 费 (元)		314.85	297.10	282.63	244.24
名 称		单位	数 量			
人工	建筑普通工	工日	0.4862	0.4439	0.4273	0.4163
	建筑技术工	工日	1.0904	0.9957	0.9587	0.9338
计价材料	现浇混凝土 C20-40 集中搅拌	m³	1.2690	1.2690	1.2690	1.2690
	黏土	m³	0.0610	0.0510	0.0460	0.0380
	电焊条 J422 综合	kg	0.1120	0.0980	0.0798	0.0679
	水	t	1.9800	1.9400	1.8500	1.8100
	金属周转材料摊销	kg	5.2000	3.9000	3.5000	3.1000
	其他材料费	元	7.4400	7.2800	7.2300	7.1800

续表

定 额 编 号			XZYT2-74	XZYT2-75	XZYT2-76	XZYT2-77
项 目			旋挖钻孔灌注桩			
			直径			
			1000mm 以内	1500mm 以内	2000mm 以内	2000mm 以外
机械	履带式单斗液压挖掘机 斗容量 1m³	台班	0.0081	0.0081	0.0092	0.0115
	履带式起重机 起重量 40t	台班	0.0449	0.0311	0.0253	0.0207
	混凝土振捣器（插入式）	台班	0.1886	0.1886	0.1886	0.1886
	泥浆泵 出口直径 φ100	台班	0.0380	0.0253	0.0207	0.0173
	交流弧焊机 容量 21kVA	台班	0.0184	0.0161	0.0131	0.0112
	履带式旋挖钻机 孔径 φ1000	台班	0.0828			
	履带式旋挖钻机 孔径 φ1500	台班		0.0622		
	履带式旋挖钻机 孔径 φ2000	台班			0.0460	0.0391

94

2.5.6 人工挖孔桩

工作内容：挖土方、凿岩石、基岩处理；修整边、底、壁；土石方孔内垂直运输、土石方孔外水平运输100m以内；护壁模板安拆；抹砂浆护壁、砌砖护壁；浇灌混凝土、捣固、养护；孔内照明、通风、排水；施工材料孔内垂直运输；安全设施搭拆。

定 额 编 号			XZYT2-78	XZYT2-79	XZYT2-80
项 目			人工挖孔桩		
			Ⅰ、Ⅱ类土		
			深8m以内	深10m以内	深12m以内
单 位			m³	m³	m³
基 价（元）			**112.97**	**126.31**	**139.82**
其中	人 工 费（元）		106.08	119.39	132.70
	材 料 费（元）		1.60	1.63	1.83
	机 械 费（元）		5.29	5.29	5.29
名 称		单位	数 量		
人工	建筑普通工	工日	0.9914	1.1158	1.2402
计价材料	钢丝绳 φ15以下	kg	0.0250	0.0290	0.0540
	加工铁件 综合	kg	0.2000	0.2000	0.2000
	其他材料费	元	0.0300	0.0300	0.0300
机械	吹风机 能力 4m³/min	台班	0.0920	0.0920	0.0920

定 额 编 号		XZYT2-81	XZYT2-82	XZYT2-83
项 目		人工挖桩孔		
		Ⅲ、Ⅳ类土		
		深8m以内	深10m以内	深12m以内
单 位		m³	m³	m³
基 价（元）		**139.82**	**156.55**	**176.82**
其中	人 工 费（元）	132.93	149.63	166.17
	材 料 费（元）	1.60	1.63	5.36
	机 械 费（元）	5.29	5.29	5.29
名 称	单位	数 量		
人工	建筑普通工	工日	1.2423	1.3984	1.5530
计价材料	钢丝绳 φ15以下	kg	0.0250	0.0290	0.5000
	加工铁件 综合	kg	0.2000	0.2000	0.2000
	其他材料费	元	0.0300	0.0300	0.0800
机械	吹风机 能力 4m³/min	台班	0.0920	0.0920	0.0920

定 额 编 号		XZYT2-84	XZYT2-85	XZYT2-86	XZYT2-87	XZYT2-88
项 目		人工挖桩孔				
		入岩	现浇混凝土护壁	砂浆护壁	实心砖护壁	现浇混凝土桩芯
单 位		m³	m³	m³	m³	m³
基 价（元）		**675.61**	**1214.39**	**1119.35**	**526.97**	**470.84**
其中	人 工 费（元）	664.96	500.48	375.34	172.51	129.19
	材 料 费（元）	5.36	695.87	603.49	349.17	335.12
	机 械 费（元）	5.29	18.04	140.52	5.29	6.53
名 称	单位	数 量				
人工 建筑普通工	工日	4.7059	2.6417	1.9812	0.5515	0.1818
建筑技术工	工日	1.1289	1.5232	1.1423	0.7937	0.7674
计价材料 钢丝绳 φ15以下	kg	0.5000				
加工铁件 综合	kg	0.2000				
板材红白松 二等	m³		0.1460	0.1080		
水泥砂浆 1:3	m³			1.0500	0.2650	
现浇混凝土 C20-20 集中搅拌	m³		1.1231			
现浇混凝土 C20-40 集中搅拌	m³					1.0500
隔离剂	kg		0.7720	0.7720		
标准砖 240×115×53	千块				0.5860	
圆钉	kg		0.8530	0.6310		
镀锌铁丝 综合	kg		2.0440	1.8120		

続表

定 额 编 号			XZYT2-84	XZYT2-85	XZYT2-86	XZYT2-87	XZYT2-88
项 目			人工挖桩孔				
			入岩	现浇混凝土护壁	砂浆护壁	实心砖护壁	现浇混凝土桩芯
计价材料	聚氯乙烯塑料薄膜	m^2		1.8400			
	水	t		0.4000	1.2000	0.1380	0.2000
	其他材料费	元	0.0800	11.2500	9.6000	5.3100	5.5300
机械	载重汽车 6t	台班		0.0115	0.0115		
	混凝土喷射机 输送量 $5m^3/h$	台班			0.1898		
	混凝土振捣器（插入式）	台班		0.2300			0.0897
	木工圆锯机 直径 $\phi500$	台班		0.1228	0.1001		
	电动空气压缩机 排气量 $6m^3/min$	台班			0.1898		
	吹风机 能力 $4m^3/min$	台班	0.0920	0.0920	0.0920	0.0920	0.0920

98

2.6 钢筋笼制作与安装

工作内容：钢筋制作成型、场内运输至指定地点；焊接；吊装、就位。

定 额 编 号		XZYT2-89	XZYT2-90	XZYT2-91	XZYT2-92
项 目		钢筋笼制作	钢筋笼安装	管桩钢筋托（盖）盘制作	管桩钢筋托（盖）盘安装
单 位		t	t	t	t
基 价（元）		**6335.61**	**854.20**	**8149.08**	**1286.83**
其中	人 工 费（元）	966.31	291.05	1964.90	712.71
	材 料 费（元）	5264.57	62.78	5854.00	31.67
	机 械 费（元）	104.73	500.37	330.18	542.45
名 称	单位		数 量		
人工	建筑普通工	工日	2.6716	1.6095	6.2819	3.9404
	建筑技术工	工日	4.7584	0.8310	9.0401	2.0356
计价材料	槽钢 16 号以下	kg			79.8000	
	等边角钢 边长 63 以下	kg			105.0000	
	圆钢 φ10 以下	kg	154.5000			
	圆钢 φ10 以上	kg	875.5000		205.0000	
	中厚钢板 12~20	kg			649.5000	
	预埋铁件 综合	kg		8.9200		
	电焊条 J422 综合	kg	6.9300	1.2700	27.1000	4.0300

续表

定　额　编　号			XZYT2-89	XZYT2-90	XZYT2-91	XZYT2-92
项　　目			钢筋笼制作	钢筋笼安装	管桩钢筋托（盖）盘制作	管桩钢筋托（盖）盘安装
计价材料	镀锌铁丝　综合	kg	2.9200			0.0150
	清洗剂	kg			2.7250	
	氧气	m³			6.1600	1.0400
	乙炔气	m³			4.5000	0.3800
	防锈漆	kg			8.9300	
	其他材料费	元	82.5000	1.0500	85.7500	0.5800
机械	履带式起重机　起重量　50t	台班		0.1012		
	汽车式起重机　起重量　16t	台班		0.2415		0.4359
	载重汽车　6t	台班				0.0414
	平板拖车组　30t	台班		0.0302		
	钢筋切断机　直径　φ40	台班	0.0920			
	钢筋弯曲机　直径　φ40	台班	0.2070			
	摇臂钻床　钻孔直径　φ50	台班			0.1610	
	剪板机　厚度×宽度　6.3mm×2000mm	台班			0.0230	
	型钢剪断机　剪断宽度　500mm	台班			0.1265	
	钢板校平机　厚度×宽度　30mm×2600mm	台班			0.0230	
	交流弧焊机　容量　21kVA	台班	1.2225	0.2737	4.0250	0.7452
	对焊机　容量　75kVA	台班	0.1035			

100

2.7 声测管埋设

工作内容：声测管制作，焊接，埋设安装，清洗管道等全过程。

定 额 编 号		XZYT2-93
项 目		声测管埋设
		钢管
单 位		m
基 价（元）		**34.69**
其中	人 工 费（元）	1.04
	材 料 费（元）	33.65
	机 械 费（元）	
名 称	单位	数 量
人工 建筑普通工	工日	0.0024
建筑技术工	工日	0.0055
计价材料 焊接钢管 DN65	kg	6.0844
钢管卡子 DN70	个	0.1700
镀锌压盖 DN32	个	0.0400
镀锌铁丝 综合	kg	0.0392
橡胶密封圈 DN75	个	0.1500
其他材料费	元	0.5200

2.8 填 料 桩

2.8.1 振动打桩机打砂、石桩

工作内容： 打桩机具布置、移动打桩机、桩位校正、安放桩尖、沉管打孔；灌注砂石、密实；拔钢管、清理夯实。

定 额 编 号			XZYT2-94	XZYT2-95	XZYT2-96
项 目			打砂桩		
			桩长		
			10m 以内	15m 以内	15m 以外
单 位			m³	m³	m³
基 价（元）			**400.99**	**315.56**	**275.62**
其中	人 工 费（元）		133.93	87.75	66.48
	材 料 费（元）		125.60	125.60	125.60
	机 械 费（元）		141.46	102.21	83.54
名 称		单位	数 量		
人工	建筑普通工	工日	0.9478	0.6210	0.4706
	建筑技术工	工日	0.2274	0.1490	0.1128
计价材料	板材红白松 二等	m³	0.0020	0.0020	0.0020
	硬木 一等	m³	0.0030	0.0030	0.0030
	中砂	m³	1.3390	1.3390	1.3390
	打桩用钢套管	kg	0.6000	0.6000	0.6000

续表

定 额 编 号			XZYT2-94	XZYT2-95	XZYT2-96
项 目			打砂桩		
			桩长		
			10m 以内	15m 以内	15m 以外
计价材料	草绳	kg	0.5000	0.5000	0.5000
	其他材料费	元	1.9600	1.9600	1.9600
机械	振动沉拔桩机 激振力 400kN	台班	0.0955	0.0690	0.0564
	机动翻斗车 1t	台班	0.0955	0.0690	0.0564

定　额　编　号			XZYT2-97	XZYT2-98	XZYT2-99
项　　　目			打碎石桩		
			桩长		
			10m 以内	15m 以内	15m 以外
单　　　位			m³	m³	m³
基　　　价（元）			**419.52**	**332.24**	**290.59**
其中	人　工　费（元）		141.31	93.28	70.30
	材　料　费（元）		136.75	136.75	136.75
	机　械　费（元）		141.46	102.21	83.54
名　　　称		单位	数　　　量		
人工	建筑普通工	工日	1.0000	0.6602	0.4974
	建筑技术工	工日	0.2399	0.1583	0.1194
计价材料	板材红白松　二等	m³	0.0020	0.0020	0.0020
	硬木　一等	m³	0.0030	0.0030	0.0030
	碎石 40	m³	1.3390	1.3390	1.3390
	打桩用钢套管	kg	0.6000	0.6000	0.6000
	草绳	kg	0.5000	0.5000	0.5000
	其他材料费	元	2.3600	2.3600	2.3600
机械	振动沉拔桩机　激振力　400kN	台班	0.0955	0.0690	0.0564
	机动翻斗车　1t	台班	0.0955	0.0690	0.0564

定 额 编 号			XZYT2-100	XZYT2-101	XZYT2-102
项 目			打砂石桩		
			桩长		
			10m 以内	15m 以内	15m 以外
单 位			m³	m³	m³
基 价 (元)			**455.53**	**367.06**	**325.41**
其中	人 工 费 (元)		142.50	93.28	70.30
	材 料 费 (元)		171.57	171.57	171.57
	机 械 费 (元)		141.46	102.21	83.54
名 称		单位	数 量		
人工	建筑普通工	工日	1.0084	0.6602	0.4974
	建筑技术工	工日	0.2420	0.1583	0.1194
计价材料	板材红白松 二等	m³	0.0020	0.0020	0.0020
	硬木 一等	m³	0.0030	0.0030	0.0030
	中砂	m³	0.7710	0.7710	0.7710
	碎石 40	m³	1.0140	1.0140	1.0140
	打桩用钢套管	kg	0.6000	0.6000	0.6000
	草绳	kg	0.5000	0.5000	0.5000
	其他材料费	元	2.8400	2.8400	2.8400
机械	振动沉拔桩机 激振力 400kN	台班	0.0955	0.0690	0.0564
	机动翻斗车 1t	台班	0.0955	0.0690	0.0564

2.8.2 水泥搅拌桩

工作内容： 1. 水泥搅拌桩：桩机定位、预搅下沉、拌制水泥浆、提升喷浆搅拌、重复下沉和提升搅拌等。2. 水泥浆旋喷桩：桩机定位、钻进、喷浆、搅拌、提升等。

定 额 编 号			XZYT2-103	XZYT2-104	XZYT2-105	XZYT2-106	XZYT2-107
项　　目			单轴水泥搅拌桩	三轴水泥搅拌桩	水泥搅拌桩	水泥浆旋喷桩	
			水泥掺量13%	水泥掺量18%	水泥掺量增减1%	单管法	双管法
			二搅一喷	二搅二喷			
单　　位			m³	m³	m³	m³	m³
基　价（元）			**291.16**	**245.12**	**8.77**	**227.23**	**307.78**
其中	人　工　费（元）		37.66	20.67	8.77	35.97	43.06
	材　料　费（元）		114.04	172.57		131.55	158.25
	机　械　费（元）		139.46	51.88		59.71	106.47
名　　称		单位	数　　量				
人工	建筑普通工	工日	0.1137	0.0621		0.2108	0.2525
	建筑技术工	工日	0.1783	0.0981		0.0938	0.1122
计价材料	中厚钢板　12~20	kg	0.0571				
	普通硅酸盐水泥　42.5	t	0.2381	0.3453	0.0184	0.2387	0.2864
	高压胶管　DN25	m		0.0700			
	高效减水剂	kg				6.9230	8.4623

106

续表

定　额　编　号			XZYT2-103	XZYT2-104	XZYT2-105	XZYT2-106	XZYT2-107
项　　　目			单轴水泥搅拌桩	三轴水泥搅拌桩	水泥搅拌桩	水泥浆旋喷桩	
			水泥掺量13%	水泥掺量18%	水泥掺量增减1%	单管法	双管法
			二搅一喷	二搅二喷			
计价材料	水	t	0.1287	1.0000		0.1846	0.2308
	其他材料费	元	1.9000	2.9100	0.1500	2.2000	2.6400
机械	液压钻机　XU-100	台班				0.0308	0.0400
	粉喷桩机	台班	0.0230				
	单重管旋喷机	台班				0.0230	
	双重管旋喷机	台班					0.0400
	灰浆搅拌机　拌筒容量　400L	台班	0.0424	0.0150		0.0308	0.0400
	电动多级离心清水泵　出口直径　φ100　扬程　120m 以下	台班				0.0308	0.0400
	泥浆泵　出口直径　φ100	台班				0.0308	0.0400
	液压注浆泵　HYB50-50-I型	台班		0.0150		0.0308	0.0400
	电动空气压缩机　排气量　10m³/min	台班		0.0150			0.0299
	三轴式深层搅拌机	台班	0.0424	0.0150			

2.8.3 振冲成孔灌注碎石桩

工作内容：成孔机具布置、移动成孔机、桩位校正、冲孔沉管；灌注碎石、密实；拔钢管、夯实。

	定　额　编　号		XZYT2-108	XZYT2-109
	项　　　目		成桩直径 0.8m 以内	成桩直径 1.2m 以内
	单　　　位		m³	m³
	基　价（元）		**293.24**	**242.85**
其中	人　工　费（元）		99.73	79.03
	材　料　费（元）		135.83	130.82
	机　械　费（元）		57.68	33.00
	名　　　称	单位	数　　量	
人工	建筑普通工	工日	0.7059	0.5594
	建筑技术工	工日	0.1692	0.1341
计价材料	碎石　40	m³	1.3390	1.3390
	镀锌铁丝　综合	kg	0.2000	0.2000
	高压胶管　DN25	m	0.0570	0.0120
	硬聚氯乙烯塑料管　DN32	m	0.2030	0.0400
	水	t	2.0000	2.0000
	其他材料费	元	2.4300	2.3500
机械	轮胎式装载机　斗容量　1.5m³	台班	0.0253	0.0140
	汽车式起重机　起重量　20t	台班	0.0278	0.0156
	污水泵　出口直径　φ100	台班	0.0138	0.0138
	潜水泵　出口直径　φ150	台班	0.0278	0.0156

2.8.4 水泥粉煤灰碎石桩

工作内容：准备机具，移动钻机，钻孔，测量校正；拌和，灌注，提管移位，操作范围内料具搬运。

定 额 编 号			XZYT2-110	XZYT2-111
项 目			钻孔成孔	沉管成孔
			（桩径≤500mm）	（桩径≤400mm）
单 位			m³	m³
基 价（元）			**678.05**	**774.98**
其中	人 工 费（元）		170.12	212.62
	材 料 费（元）		290.03	290.03
	机 械 费（元）		217.90	272.33
名 称		单位	数 量	
人工	建筑普通工	工日	0.3983	0.4975
	建筑技术工	工日	0.8916	1.1146
计价材料	加工铁件 综合	kg	0.5522	0.5522
	普通硅酸盐水泥 42.5	t	0.2586	0.2586
	中砂	m³	0.6865	0.6865
	碎石 40	m³	0.9037	0.9037
	粉煤灰	m³	0.2256	0.2256
	水	t	0.3000	0.3000
	其他材料费	元	4.7700	4.7700

续表

定 额 编 号			XZYT2-110	XZYT2-111
项 目			钻孔成孔	沉管成孔
			（桩径≤500mm）	（桩径≤400mm）
机械	液压钻机 XU-100	台班	0.2076	0.2594
	履带式起重机 起重量 15t	台班	0.1038	0.1297
	机动翻斗车 1t	台班	0.1425	0.1783
	滚筒式混凝土搅拌机（电动式） 出料容量 250L	台班	0.0989	0.1236

2.8.5 灰土挤密桩

工作内容：机具布置、移动桩机、成孔、填充灰土、夯实（夯扩）。

定　额　编　号			XZYT2-112	XZYT2-113	XZYT2-114
项　　　　目			打孔灰土挤密桩	孔内深层强夯挤密桩	
			桩长 12m 以内		桩长 12m 以外
单　　　　位			m³	m³	m³
基　　价（元）			**248.51**	**207.70**	**200.54**
其中	人　工　费（元）		64.39	24.98	23.07
	材　料　费（元）		103.42	107.38	107.38
	机　械　费（元）		80.70	75.34	70.09
名　　　称		单位	数　　　量		
人工	建筑普通工	工日	0.4556	0.1423	0.1313
	建筑技术工	工日	0.1094	0.0682	0.0631
计价材料	加工铁件　综合	kg	0.4130	0.4130	0.4130
	板材红白松　二等	m³	0.0070	0.0070	0.0070
	灰土　3∶7	m³	1.1016	1.1526	1.1526
	水	t	0.2200	0.2200	0.2220
	其他材料费	元	1.5700	1.6300	1.6300
机械	履带式柴油打桩机　锤重 3.5t	台班	0.0633		
	电动单筒慢速卷扬机　50kN	台班		0.0842	0.0752
	电动单筒慢速卷扬机　200kN	台班		0.1162	0.1097

2.8.6 注浆桩

工作内容： 定位、钻孔、注护壁泥浆，配置浆液、插入注浆管，压密注浆，检测注浆效果。

定 额 编 号			XZYT2-115	XZYT2-116
项 目			压密注浆	
			钻孔	注浆
单 位			m	m³
基 价 （元）			**43.59**	**105.19**
其中	人 工 费 （元）		15.49	50.48
	材 料 费 （元）		9.24	41.90
	机 械 费 （元）		18.86	12.81
	名 称	单位	数 量	
人工	建筑普通工	工日	0.0464	0.1512
	建筑技术工	工日	0.0736	0.2399
计价材料	普通硅酸盐水泥 42.5	t		0.0800
	水玻璃	kg		0.8000
	膨润土	kg	9.9840	
	粉煤灰	m³		0.0260
	高压胶管 DN25	m	0.0570	
	水	t	0.1200	
	其他材料费	元	0.1500	0.6900

续表

定 额 编 号			XZYT2-115	XZYT2-116
项 目			压密注浆	
			钻孔	注浆
机械	液压钻机 XU-100	台班	0.0253	
	灰浆搅拌机 拌筒容量 200L	台班	0.0253	0.0403
	泥浆泵 出口直径 φ100	台班	0.0253	
	液压注浆泵 HYB50-50-Ⅰ型	台班		0.0403

2.9 凿 桩 头

工作内容: 凿桩头、钢筋修整、块体清理、运至坑外 50m 处理回填。

定 额 编 号			XZYT2-117	XZYT2-118	XZYT2-119	XZYT2-120	XZYT2-121
项 目			凿混凝土桩头	凿预制钢筋混凝土管桩桩头	凿钢筋混凝土桩头	凿水泥桩头、灰土桩头	凿灌注砂石桩头
单 位			m³	m³	m³	m³	m³
基 价 (元)			**471.02**	**529.19**	**421.16**	**353.27**	**296.45**
其中	人 工 费 (元)		471.02	529.19	421.16	353.27	296.45
	材 料 费 (元)						
	机 械 费 (元)						
名 称		单位	数 量				
人工	建筑普通工	工日	3.3334	3.7452	2.9805	2.5001	2.0981
	建筑技术工	工日	0.7996	0.8983	0.7150	0.5997	0.5032

2.10 换填加固

工作内容：换填土、砂、石、炉渣场内运输、回填、整平、夯实、碾压；换填混凝土浇灌、捣固、养护。

定额编号			XZYT2-122	XZYT2-123	XZYT2-124	XZYT2-125	XZYT2-126
项 目			换填土	换填灰土	换填砂	换填砂石	换填碎石
单 位			m³	m³	m³	m³	m³
基 价（元）			**24.99**	**117.18**	**126.84**	**171.21**	**133.82**
其中	人 工 费（元）		23.10	23.10	15.93	18.50	18.04
	材 料 费（元）			92.19	110.71	150.31	113.18
	机 械 费（元）		1.89	1.89	0.20	2.40	2.60
名 称		单位			数 量		
人工	建筑普通工	工日	0.1634	0.1634	0.1175	0.1309	0.1277
	建筑技术工	工日	0.0393	0.0393	0.0235	0.0314	0.0306
计价材料	中砂	m³			1.2910	0.4340	
	碎石 40	m³				1.2230	1.2240
	灰土 3：7	m³		1.1880			

115

定 额 编 号			XZYT2-122	XZYT2-123	XZYT2-124	XZYT2-125	XZYT2-126
项 目			换填土	换填灰土	换填砂	换填砂石	换填碎石
计价材料	水	t			0.9130	0.3069	
	其他材料费	元		1.3800	1.7500	2.5500	1.9600
机械	电动夯实机 夯击能量 250N·m	台班	0.0652	0.0652	0.0069	0.0828	0.0897
未计价材料	土 综合	m³	1.1790				

定 额 编 号			XZYT2-127	XZYT2-128	XZYT2-129	XZYT2-130	XZYT2-131
项 目			换填毛石混凝土	换填素混凝土	换填炉渣	换填浆砌块石	换填碎石土
单 位			m³	m³	m³	m³	m³
基 价 （元）			362.67	381.68	97.58	427.65	75.78
其中	人 工 费 （元）		36.40	36.04	18.50	209.18	18.50
	材 料 费 （元）		325.22	344.59	78.04	195.62	56.41
	机 械 费 （元）		1.05	1.05	1.04	22.85	0.87
名 称		单位	数 量				
人工	建筑普通工	工日	0.2576	0.2549	0.1309	0.6275	0.1309
	建筑技术工	工日	0.0618	0.0613	0.0314	0.9933	0.0314
计价材料	板材红白松 二等	m³	0.0140	0.0140			
	水泥砂浆 M5	m³				0.3930	
	现浇混凝土 C15-40 集中搅拌	m³	0.8630	1.0100			
	碎石 40	m³					0.6100
	毛石 70~190	m³	0.2720				
	块石	m³				1.0300	
	矿渣	m³			1.2180		
	水	t				0.7200	
	通用钢模板	kg	1.9600	1.9600			
	其他材料费	元	5.3000	5.6700	1.2100	2.9200	0.9800

续表

定 额 编 号			XZYT2-127	XZYT2-128	XZYT2-129	XZYT2-130	XZYT2-131
项 目			换填毛石混凝土	换填素混凝土	换填炉渣	换填浆砌块石	换填碎石土
机械	电动夯实机 夯击能量 250N·m	台班			0.0361		0.0299
	灰浆搅拌机 拌筒容量 200L	台班				0.1150	
	混凝土振捣器（插入式）	台班	0.0759	0.0759			
未计价材料	土 综合	m³					0.5895

2.11 强 夯

工作内容: 准备机具、布置锤位线、夯击、夯锤移位、夯坑平整、施工道路平整、资料记载。

定 额 编 号		XZYT2-132	XZYT2-133	XZYT2-134
项 目		强夯		
		200t·m 以内		
		五击以内	每增一击	低锤满夯
单 位		m²	m²	m²
基 价(元)		**25.43**	**4.35**	**21.72**
其中	人 工 费(元)	5.32	0.84	4.88
	材 料 费(元)			
	机 械 费(元)	20.11	3.51	16.84
名 称	单位	数 量		
人工 建筑普通工	工日	0.0378	0.0058	0.0345
建筑技术工	工日	0.0089	0.0015	0.0083
机械 履带式推土机 功率 75kW	台班	0.0086	0.0015	0.0072
强夯机械 夯击能量 2000kN·m	台班	0.0086	0.0015	0.0072

定 额 编 号		XZYT2-135	XZYT2-136	XZYT2-137
项 目		强夯		
		300t·m 以内		
		五击以内	每增一击	低锤满夯
单 位		m²	m²	m²
基 价（元）		**32.66**	**5.82**	**29.10**
其中	人 工 费（元）	6.95	1.31	4.71
	材 料 费（元）			
	机 械 费（元）	25.71	4.51	24.39
名 称	单位	数 量		
人工				
建筑普通工	工日	0.0492	0.0090	0.0333
建筑技术工	工日	0.0118	0.0024	0.0080
机械				
履带式推土机 功率 75kW	台班	0.0097	0.0017	0.0092
强夯机械 夯击能量 3000kN·m	台班	0.0097	0.0017	0.0092

定 额 编 号			XZYT2-138	XZYT2-139	XZYT2-140
项 目			强夯		
			600t·m 以内		
			五击以内	每增一击	低锤满夯
单 位			m²	m²	m²
基 价（元）			**72.52**	**11.46**	**65.24**
其中	人 工 费（元）		12.65	1.80	10.20
	材 料 费（元）				
	机 械 费（元）		59.87	9.66	55.04
名 称		单位	数 量		
人工	建筑普通工	工日	0.0895	0.0129	0.0722
	建筑技术工	工日	0.0215	0.0029	0.0173
机械	履带式推土机 功率 75kW	台班	0.0186	0.0030	0.0171
	强夯机械 夯击能量 6000kN·m	台班	0.0186	0.0030	0.0171

2.12 地下混凝土连续墙

工作内容： 1. 导墙：放样、挖运土方、清理底壁；浇制混凝土导墙、砌筑导墙；导墙拆除、清理、运至 50m 处理回填。2. 挖土成槽：机具定位、安放跑板导轨；泥浆制备输送；挖土、护壁、修整、测量、验槽；场内土方运输 1km、堆放。3. 锁口管吊拔：锁口管对接组装、入槽就位、锁口管移动、拔出拆卸、冲洗堆放。4. 清底置换：接缝清理、吹气搅拌吸泥、清底置换。5. 浇制混凝土墙：浇捣架就位、导管安拆、混凝土浇灌、吸泥浆入池、混凝土捣固养护。

定 额 编 号			XZYT2-141	XZYT2-142	XZYT2-143
项 目			导墙开挖	砌筑砖导墙	拆除砖导墙
单 位			m³	m³	m³
基 价（元）			**29.32**	**404.16**	**48.00**
其中	人 工 费（元）		15.34	110.66	48.00
	材 料 费（元）		12.23	293.50	
	机 械 费（元）		1.75		
名 称		单位	数 量		
人工	建筑普通工	工日	0.1086	0.3537	0.4486
	建筑技术工	工日	0.0260	0.5092	
计价材料	水泥砂浆 M5	m³		0.2250	
	现浇混凝土 C20-40 集中搅拌	m³	0.0383		

续表

定 额 编 号			XZYT2-141	XZYT2-142	XZYT2-143
项 目			导墙开挖	砌筑砖导墙	拆除砖导墙
计价材料	标准砖 240×115×53	千块		0.5400	
	水	t	0.0100	0.1060	
	其他材料费	元	0.2000	4.4300	
机械	履带式单斗液压挖掘机 斗容量 1m³	台班	0.0013		

123

定 额 编 号			XZYT2-144	XZYT2-145	XZYT2-146	XZYT2-147
项 目			浇制混凝土导墙	拆除混凝土导墙	履带式液压抓斗成槽	
					地墙深25m以内	地墙深40m以内
单 位			m³	m³	m³	m³
基 价 （元）			**493.46**	**74.91**	**506.73**	**626.56**
其中	人 工 费 （元）		143.00	67.98	89.38	101.02
	材 料 费 （元）		342.17	6.45	143.03	143.03
	机 械 费 （元）		8.29	0.48	274.32	382.51
名 称		单位	数 量			
人工	建筑普通工	工日	1.0120	0.6353	0.6325	0.7149
	建筑技术工	工日	0.2428		0.1518	0.1715
计价材料	泥浆箱	只			0.0030	0.0030
	方材红白松 二等	m³			0.0080	0.0080
	现浇混凝土 C20-40 集中搅拌	m³	1.0150			
	护壁泥浆	m³			0.7700	0.7700
	圆钉	kg	0.1920			
	氧气	m³		0.6800		
	乙炔气	m³		0.2720		
	水	t	0.1260			
	木模板	m³	0.0096			
	其他材料费	元	5.6700	0.1200	2.1200	2.1200
机械	手持式风动凿岩机	台班		0.0012		

124

续表

定 额 编 号			XZYT2-144	XZYT2-145	XZYT2-146	XZYT2-147
项 目			浇制混凝土导墙	拆除混凝土导墙	履带式液压抓斗成槽	
					地墙深25m以内	地墙深40m以内
机械	汽车式起重机 起重量 16t	台班			0.0009	0.0009
	载重汽车 5t	台班	0.0129			
	混凝土振捣器（插入式）	台班	0.1300			
	磁轮气割机 CGD-325	台班		0.0012		
	电动空气压缩机 排气量 0.3m³/min	台班		0.0012		
	履带式液压抓斗成槽机 KH180MHL-800	台班			0.0515	0.0735
	超声波测壁机	台班			0.0299	0.0299
	泥浆制作循环设备	台班			0.0518	0.0679

125

定　额　编　号		XZYT2-148	XZYT2-149	XZYT2-150	XZYT2-151
项　　　目		锁口管吊拔		清底置换	浇制混凝土墙
		地墙深25m以内	地墙深40m以内		
单　　　位		段	段	段	m³
基　　价（元）		**5828.53**	**7869.14**	**3591.09**	**501.71**
其中	人　工　费（元）	1862.97	2530.52	977.94	49.24
	材　料　费（元）	642.81	989.92	367.04	389.58
	机　械　费（元）	3322.75	4348.70	2246.11	62.89
名　　　称	单位	数　　　量			
人工	建筑普通工	工日	13.1844	17.9086	6.9209	0.3485
	建筑技术工	工日	3.1625	4.2958	1.6602	0.0836
计价材料	锁口管（钢制）	kg	86.5300	133.2540		
	现浇混凝土　C20-40　集中搅拌	m³				1.2180
	护壁泥浆	m³			2.5000	
	水	t				0.6000
	其他材料费	元	10.1100	15.5600	5.2400	6.4400
机械	履带式起重机　起重量　15t	台班	2.7255	3.5374	1.5295	0.0196
	混凝土振捣器（插入式）	台班				0.0897
	泥浆泵　出口直径　φ100	台班			3.0590	0.0288
	电动空气压缩机　排气量　1m³/min	台班			3.0590	
	地下墙混凝土浇捣架	台班				0.0288
	锁口管顶升机	台班	1.3570	1.8170		0.0541

126

2.13 边坡处理

2.13.1 锚杆支护

工作内容：钻孔机具安装、移动、拆除；定位、钻孔、清孔；安拔套管；锚杆制作、穿管锚固；砂浆制备、灌浆；围檩安装、拆除；作业面清理、修整。

定 额 编 号			XZYT2-152	XZYT2-153
项　　　目			锚杆钻孔、灌浆	
			土壤层	岩石层
单　　　位			m	m
基　　价（元）			**130.37**	**231.00**
其中	人　工　费（元）		53.97	67.43
	材　料　费（元）		36.28	42.49
	机　械　费（元）		40.12	121.08
名　　　称		单位	数　　　量	
人工	建筑普通工	工日	0.3820	0.4773
	建筑技术工	工日	0.0916	0.1144
计价材料	普通硅酸盐水泥 32.5	t	0.0236	0.0151
	速凝剂	kg	2.5000	1.6000
	电焊条 J422 综合	kg	0.1000	0.1000
	水	t	0.3640	0.3640
	金属周转材料摊销	kg	2.6900	4.4182

续表

定 额 编 号			XZYT2-152	XZYT2-153
项 目			锚杆钻孔、灌浆	
			土壤层	岩石层
计价材料	其他材料费	元	0.6100	0.7100
机械	锚杆钻孔机	台班	0.0175	0.0635
	灰浆搅拌机 拌筒容量 200L	台班	0.0225	0.0144
	预应力钢筋拉伸机 拉伸力 650kN	台班	0.0225	0.0144
	液压注浆泵 HYB50-50-Ⅰ型	台班	0.0225	0.0144
	交流弧焊机 容量 21kVA	台班	0.0069	0.0069

定 额 编 号		XZYT2-154	XZYT2-155	XZYT2-156
项 目		预应力锚杆制作		
		钢筋	钢绞线	钢管
单 位		t	t	t
基 价 （元）		**8603.95**	**13128.71**	**8035.08**
其中	人 工 费（元）	846.65	1037.14	521.51
	材 料 费（元）	6498.33	10733.07	6544.16
	机 械 费（元）	1258.97	1358.50	969.41
名 称	单位	数 量		
人工	建筑普通工	工日	5.9916	7.3399	3.6908
	建筑技术工	工日	1.4374	1.7606	0.8853
计价材料	圆钢 φ10 以上	kg	1110.0000		0.0500
	焊接钢管 DN20 以下	kg			1060.0000
	加工铁件 综合	kg	52.4600	155.8100	95.0000
	镀锌钢绞线 GJ-150	kg		1060.0000	
	张拉锚具	kg	80.6900	41.1500	33.9000
	其他材料费	元	102.2400	144.2900	101.8600
机械	钢筋切断机 直径 φ40	台班	1.5525	0.6670	0.7935
	预应力钢筋拉伸机 拉伸力 900kN	台班	4.5770	5.3820	3.7674
	高压油泵 压力 80MPa	台班	4.3240	5.3820	3.6467
	对焊机 容量 75kVA	台班	1.2535	0.4577	0.5371

129

定　额　编　号		XZYT2-157	XZYT2-158	XZYT2-159	XZYT2-160
项　　目		非预应力锚杆制作			围檩安装、拆除
		钢筋	钢绞线	钢管	
单　　位		t	t	t	t
基　价（元）		**5742.18**	**11334.41**	**6847.30**	**1497.86**
其中	人　工　费（元）	634.11	818.45	417.61	711.29
	材　料　费（元）	4881.79	10428.97	6327.14	615.23
	机　械　费（元）	226.28	86.99	102.55	171.34
名　　称	单位	数　　量			
人工	建筑普通工	工日	4.4877	5.7922	2.9555	4.6569
	建筑技术工	工日	1.0764	1.3894	0.7089	1.4895
计价材料	等边角钢　边长 63 以下	kg				86.0000
	圆钢　φ10 以下	kg				
	圆钢　φ10 以上	kg	0.0500		0.0500	
	Ⅱ级螺纹钢　φ10 以上	kg	1060.0000			
	焊接钢管　DN20 以下	kg			1060.0000	
	平垫铁　综合	kg				3.1000
	加工铁件　综合	kg	52.4600	150.0000	95.0000	
	板材红白松　二等	m³				0.0400
	合金钢电焊条　低合金　综合	kg				2.9900
	精制六角螺母　M12~16	个				
	镀锌铁丝　综合	kg				0.2300

130

续表

定 额 编 号			XZYT2-157	XZYT2-158	XZYT2-159	XZYT2-160
项 目			非预应力锚杆制作			围檩安装、拆除
			钢筋	钢绞线	钢管	
计价材料	镀锌钢绞线 GJ-150	kg		1060.0000		
	氧气	m³				0.7700
	乙炔气	m³				0.3200
	其他材料费	元	88.5400	139.3900	98.3700	9.2400
机械	汽车式起重机 起重量 8t	台班				0.0345
	载重汽车 4t	台班				0.2645
	钢筋切断机 直径 φ40	台班	1.5525	0.6670	0.7935	
	交流弧焊机 容量 32kVA	台班				0.1265
	对焊机 容量 75kVA	台班	1.2535	0.4577	0.5371	
	液压千斤顶 起重量 200t	台班				

2.13.2 土钉支护

工作内容：清理基面、布眼、钻孔、清眼；砂浆场内运输、灌浆；土钉制作、顶装土钉；作业面清理、修整。

	定 额 编 号		XZYT2-161	XZYT2-162
	项 目		土钉支护	土钉入岩增加
	单 位		m	m
	基 价（元）		**49.91**	**65.57**
其中	人 工 费（元）		15.52	15.52
	材 料 费（元）		28.37	31.20
	机 械 费（元）		6.02	18.85
	名 称	单位	数 量	
人工	建筑普通工	工日	0.0475	0.0475
	建筑技术工	工日	0.0730	0.0730
计价材料	锚杆铁件	kg	3.1290	3.1290
	硬木 一等	m³	0.0010	
	普通硅酸盐水泥 42.5	t	0.0031	
	水泥砂浆 1:1	m³		0.0200
	中砂	m³	0.0093	
	高压胶管 DN25	m		0.0150
	爆破用六角空心钢	kg	0.5890	
	水	t	0.0400	

续表

定 额 编 号			XZYT2-161	XZYT2-162
项 目			土钉支护	土钉入岩增加
计价材料	合金钻头	支	0.0300	0.0300
	其他材料费	元	0.4300	0.4800
机械	手持式风动凿岩机	台班	0.0380	0.0587
	液压锻钎机 功率 11kW	台班	0.0058	0.0115
	灰浆搅拌机 拌筒容量 400L	台班	0.0012	
	喷浆机 75L	台班	0.0035	0.0115
	电动空气压缩机 排气量 10m³/min	台班	0.0081	0.0299

2.13.3 喷射混凝土支护

工作内容：冲洗基面、混凝土运输、混凝土分层喷射、养护；作业面清理、修整。

定 额 编 号			XZYT2-163	XZYT2-164	XZYT2-165
项 目			初喷 50mm		每增减 10mm
			土层	岩层	
单 位			m²	m²	m²
基 价（元）			**67.59**	**122.32**	**11.78**
其中	人 工 费（元）		18.51	31.49	1.97
	材 料 费（元）		31.00	34.01	7.71
	机 械 费（元）		18.08	56.82	2.10
名 称		单位	数 量		
人工	建筑普通工	工日	0.1309	0.2231	0.0139
	建筑技术工	工日	0.0315	0.0533	0.0034
计价材料	喷射混凝土	m³	0.0510	0.0560	0.0127
	高压橡皮风管	m	0.0186	0.0200	0.0044
	水	t	0.1130	0.1130	0.0267
	其他材料费	元	0.5200	0.5700	0.1300
机械	轨道平车 10t	台班	0.0462		0.0058
	混凝土喷射机 输送量 5m³/h	台班	0.0121	0.0702	0.0013
	电动空气压缩机 排气量 10m³/min	台班	0.0112	0.0644	0.0012
	轴流通风机 功率 30kW	台班	0.0279		0.0036

2.14 支 挡 土 板

工作内容：挡土板制作、运输、安装、移位、修复、拆除。

定 额 编 号		XZYT2-166	XZYT2-167	XZYT2-168	XZYT2-169
项 目		木挡土板			
		密撑木支撑	密撑钢支撑	疏撑木支撑	疏撑钢支撑
单 位		m^2	m^2	m^2	m^2
基 价 （元）		**25.54**	**19.72**	**20.09**	**15.19**
其中	人 工 费 （元）	11.69	8.90	9.14	6.95
	材 料 费 （元）	13.85	10.82	10.95	8.24
	机 械 费 （元）				
名 称	单位	数 量			
人工	建筑普通工	工日	0.0828	0.0630	0.0646	0.0492
	建筑技术工	工日	0.0198	0.0151	0.0156	0.0118
计价材料	槽钢 16号以下	kg		0.2060		0.1561
	加工铁件 综合	kg		0.0257		0.0200
	圆木杉木	m^3	0.0023		0.0023	
	方材红白松 二等	m^3	0.0007	0.0006	0.0005	0.0005
	板材红白松 二等	m^3	0.0040	0.0040	0.0024	0.0026
	标准砖 240×115×53	千块			0.0019	0.0019
	其他材料费	元	0.2300	0.1700	0.1800	0.1300

定 额 编 号			XZYT2-170	XZYT2-171	XZYT2-172	XZYT2-173
项 目			钢挡土板			
			密撑木支撑	密撑钢支撑	疏撑木支撑	疏撑钢支撑
单 位			m²	m²	m²	m²
基 价（元）			**21.54**	**15.69**	**18.17**	**12.86**
其中	人 工 费（元）		11.69	8.90	9.14	6.95
	材 料 费（元）		9.85	6.79	9.03	5.91
	机 械 费（元）					
名 称		单位	数 量			
人工	建筑普通工	工日	0.0828	0.0630	0.0646	0.0492
	建筑技术工	工日	0.0198	0.0151	0.0156	0.0118
计价材料	槽钢 16号以下	kg		0.2006		0.1561
	加工铁件 综合	kg		0.0257		0.0200
	圆木杉木	m³	0.0023		0.0023	
	方材红白松 二等	m³	0.0007	0.0006	0.0006	0.0006
	标准砖 240×115×53	千块			0.0016	0.0016
	钢脚手平台	kg	0.9200	0.9200	0.6400	0.6400
	其他材料费	元	0.1700	0.1100	0.1500	0.0900

第 3 章 砌筑工程

说　　明

1. 定额中的砌筑砂浆是按照常用强度等级考虑，工程设计强度等级与定额不同时，按照附录 E 进行调整。

2. 砖砌体、砖块砌体、石砌体。

（1）定额中砖、砌块、石料按照标准或常用规格编制，设计规格与定额不同时，砌体材料和砌筑（粘结）材料用量应做调整换算。

（2）砖砌体包括原浆勾缝用工，加浆勾缝另行计算。

（3）砖墙定额中综合考虑了清水墙、混水墙等施工因素。

（4）砖砌井池不分圆形、矩形，均执行本定额。

（5）砖砌挡土墙，墙厚两砖以上执行砖基础定额，两砖以内执行外砖墙定额。

（6）零星砌体适用于厕所蹲台、小便池槽、各种砌砖腿、台阶、花台、花池等。

（7）砌块墙体定额中包括门窗洞孔边砌筑标准砖工程量，工程实际用量与定额不同时，不作调整。

（8）铸铁井盖定额包括其成品购置费、安装费。

（9）砖墙加固筋已综合考虑了制作、运输、安装。

3. 砌石。

（1）定额中粗料石、细料石砌体墙是按照 400mm×220mm×200mm 规格考虑，工程实际规格与定额不同时，可以换算。

（2）毛石护坡高度超过 4m 时，定额中的人工费乘以 1.14 系数。

（3）砌筑弧形基础、弧形墙时，相应砌石定额中的人工费乘以 1.09 系数。

4. 定额中各类砖、砌块的砌筑均按直形砌筑编制，如为圆弧形砌筑，按相应定额人工费乘以 1.1 系数，砂浆用量乘以 1.03 系数。

工程量计算规则

1. 标准砖规格为 240mm×115mm×53mm，砖墙标准厚度按照表 3-1 砖墙标准厚度计算表计算。

表 3-1   砖墙标准厚度计算表   单位：mm

墙厚度	$\frac{1}{4}$砖	$\frac{1}{2}$砖	$\frac{3}{4}$砖	1砖	$1\frac{1}{2}$砖	2砖	$2\frac{1}{2}$砖
计算厚度	53	115	180	240	365	490	615

2. 基础与墙（柱）划分。

（1）建筑物基础与墙采用同一种材料时，以室内设计地坪分界，以下为基础，以上为墙（柱）。

（2）建筑物基础与墙采用不同种材料时，材料界面位于设计室内地面±300mm 以内时，以不同材料界面分界，以上为墙（柱），以下为基础；材料界面超过设计室内地面±300mm 时，以设计室内地坪分界，以上为墙（柱），以下为基础。

（3）建筑物有地下室者，以地下室室内地坪分界。

（4）砖围墙以场地（室外）地坪分界，以下为基础，以上为围墙（柱）。

（5）石围墙内外地坪标高不同时，以较低的地坪标高分界，以下为基础，石围墙内外标高之差为挡土墙，较高标高地坪以上为石围墙。

（6）挡土墙不分基础与墙。

140

3. 基础工程量计算。

（1）基础根据设计图示尺寸按照体积计算工程量，附墙垛、扶壁柱基础宽出部分体积并入基础体积内。扣除地圈梁、构造柱所占体积；不扣除基础大放脚 T 形接头处的重复部分；不扣除嵌入基础内的钢筋、铁件、防潮层所占体积；不扣除单个面积 0.3m² 以内的孔洞所占体积；靠墙沟道的挑檐不计算体积。

（2）基础长度：外墙基础按照外墙中心线长度计算，内墙基础按照内墙基础净长计算。

（3）扣除单个面积 0.3m² 以上孔洞所占体积，其洞口上的钢筋混凝土过梁应单独计算。

4. 墙体工程量计算。

（1）砖墙、空心砖墙、砌块墙、石墙根据设计图示尺寸按照体积计算工程量。扣除门窗洞口、过人洞、空圈所占体积；扣除嵌入墙内的钢筋混凝土柱、梁、圈梁、过梁、挑梁、预埋块所占体积；扣除凹进墙内的壁龛、管槽、消火栓箱、配电箱等所占体积。不扣除梁头、板头、檩头、垫木、木砖、门窗走头、砖墙内加固钢筋、铁件及单个面积在 0.3m² 以内孔洞等所占体积。突出墙面的三皮砖以内腰线和挑檐、窗台线、窗台虎头砖、压顶线、门窗套等体积亦不增加。洞口上砖平碹、砖过梁不单独计算。

（2）砖垛、扶壁柱及三皮砖以上的腰线和挑檐体积，并入墙体工程量内。

（3）墙体长度：外墙按照外墙中心线长计算，内墙按照内墙净长计算。

（4）砖墙标准厚度按照表 3-1 规定计算；空心砖墙、砌块墙、石墙厚度按照设计尺寸计算。

（5）墙高度计算。

1）外墙高度：坡（斜）屋面无檐口天棚者，算至屋面板底；有屋架且室内外均有天棚者，算至屋架下弦底面另加 200mm；有屋架无天棚者，算至屋架下弦底加 300mm；平屋面算至梁底或板底。

2）内墙高度：位于屋架下弦者，算至屋架下弦底；无屋架有天棚者，算至天棚底加100mm；有钢筋混凝土楼板隔层者，算至板底。

3）内外山墙高度，按照其平均高度计算。

4）女儿墙高度从屋面板顶标高计算至女儿墙顶标高，当女儿墙设有混凝土压顶时，计算至混凝土压顶底标高。女儿墙并入外墙工程量。

（6）框架间砌体以框架间净空面积乘以墙厚计算工程量，框架面贴砌部分体积合并计算。

（7）空心砖墙按照体积以立方米为单位计算工程量，不扣除其空心部分体积。

（8）附墙通风道、垃圾道、电缆竖井等按照设计图示尺寸以体积计算工程量，并入所依附的墙体工程量内，不扣除横断面在0.1m²以内的单个孔洞所占体积。

5. 零星砌砖按照设计图示尺寸以立方米为单位计算工程量。

6. 砖砌体加筋按照设计长度乘以单位理论质量计算工程量。

7. 砖、石地沟不分墙基、墙身，合并以立方米为单位计算工程量。

8. 砖砌井池不分圆形、矩形按照实体积以立方米为单位计算工程量。

9. 墙面勾缝按照垂直投影面积计算工程量，扣除墙裙和墙面抹灰面所占面积，不扣除门窗洞口、门窗套、腰线等零星抹灰所占的面积，附墙柱和门窗洞口侧面的勾缝面积亦不增加。独立砖柱勾缝按照设计图示尺寸以平方米为单位计算工程量。

10. 砌体围墙按照设计中心线长度乘以围墙高度再乘以围墙厚度，以立方米为单位计算工程量。不扣除围墙上部空花墙中空洞体积，附墙柱计算体积并入围墙体积内。扣除围墙中混凝土柱、混凝土砌块所占体积，混凝土砌块、混凝土围墙柱另行计算。

3.1 砌砖、块

3.1.1 预制混凝土砖

工作内容：调运砂浆，运砖，浇砖，清理基础，砌砖，砌窗台虎头砖、腰线、门窗套；安放木砖；清理墙面，原浆勾缝。

定 额 编 号			XZYT3-1	XZYT3-2	XZYT3-3	XZYT3-4	XZYT3-5
项 目			砖基础	砖墙	砖围墙	砖地沟	零星砌砖
单 位			m³	m³	m³	m³	m³
基 价（元）			**552.47**	**596.85**	**661.98**	**579.93**	**668.76**
其中	人 工 费（元）		144.19	176.60	218.10	159.93	247.41
	材 料 费（元）		408.28	420.25	443.88	420.00	421.35
	机 械 费（元）						
名 称		单位	数 量				
人工	建筑普通工	工日	0.4620	0.5658	0.6988	0.5124	0.7930
	建筑技术工	工日	0.6626	0.8116	1.0023	0.7350	1.1368
计价材料	水泥砂浆　M5	m³	0.1680	0.1640	0.1720	0.1630	0.1510
	预制混凝土砖　290mm×190mm×190mm	块	85.0000	88.0000	93.0000	88.0000	89.0000
	水	t	0.1050	0.1130	0.1500	0.1100	0.1100
	其他材料费	元	7.8400	8.0800	8.5300	8.0700	8.1100

3.1.2 实心砖

工作内容：调运砂浆；运砖、浇砖、砌砖；安放木砖、垫块；清理砖面，原浆勾缝。

定 额 编 号			XZYT3-6	XZYT3-7	XZYT3-8	XZYT3-9	XZYT3-10
项 目			砖基础	墙	砖柱	围墙	零星砌砖
单 位			m³	m³	m³	m³	m³
基 价 （元）			**426.80**	**463.01**	**547.49**	**518.94**	**531.14**
其中	人 工 费（元）		137.63	168.59	250.43	208.19	236.25
	材 料 费（元）		289.17	294.42	297.06	310.75	294.89
	机 械 费（元）						
名 称		单位	数 量				
人工	建筑普通工	工日	0.4399	0.5389	0.8006	0.6655	0.7552
	建筑技术工	工日	0.6333	0.7757	1.1522	0.9579	1.0870
计价材料	水泥砂浆 M5	m³	0.2360	0.2430	0.2180	0.2410	0.2110
	标准砖 240×115×53	千块	0.5240	0.5320	0.5520	0.5700	0.5510
	水	t	0.1050	0.1070	0.1100	0.1500	0.1100
	其他材料费	元	4.3700	4.4500	4.4800	4.6900	4.4500

144

3.1.3 空心砖、砌块

工作内容：调运砂浆；运砖、运砌块、浇砖、浇砌块、砌砖、砌砌块；安放垫块；清理砖面，原浆勾缝。

定 额 编 号			XZYT3-11	XZYT3-12	XZYT3-13	XZYT3-14	XZYT3-15	XZYT3-16
项 目			烧结空心砖	加气 混凝土块	硅酸盐砌块	大砌块实体 围墙	清水砖砌体 围墙	大砌块 防火墙
单 位			m³	m³	m³	m³	m³	m³
基 价（元）			**345.70**	**429.87**	**406.00**	**421.03**	**875.73**	**431.92**
其中	人 工 费（元）		112.23	109.14	117.11	87.34	235.33	98.23
	材 料 费（元）		233.47	320.73	288.89	333.69	640.40	333.69
	机 械 费（元）							
名 称		单位	数 量					
人工	建筑普通工	工日	0.3595	0.3488	0.3744	0.2791	0.7540	0.3140
	建筑技术工	工日	0.5158	0.5022	0.5388	0.4019	1.0815	0.4520
计价材料	水泥砂浆 M10	m³	0.1760	0.0860	0.0810	0.0860	0.0860	0.0860
	加气混凝土块 600×240×150	块		43.8000				
	硅酸盐砌块 280×430×240	块			2.5250			
	硅酸盐砌块 430×430×240	块			0.8500			
	硅酸盐砌块 580×430×240	块			2.2000	17.5421		17.5421
	硅酸盐砌块 880×430×240	块			7.2400			
	标准砖 240×115×53	千块		0.0276	0.0280	0.0276		0.0276

145

续表

定　额　编　号			XZYT3-11	XZYT3-12	XZYT3-13	XZYT3-14	XZYT3-15	XZYT3-16
项　　　　目			烧结空心砖	加气混凝土块	硅酸盐砌块	大砌块实体围墙	清水砖砌体围墙	大砌块防火墙
计价材料	黏土空心砖　240×115×115	千块	0.2720					
	水	t	0.1090	0.1000	0.1000	0.1000	0.1000	0.1000
	清水砖	m³					1.1000	
	其他材料费	元	3.9400	4.7700	4.6100	5.3200	9.7100	5.3200

146

3.1.4 砌筑砖沟道、井池及其他

工作内容： 调运砂浆；运砖、浇砖、砌砖；安放木砖、垫块；清理砖面，原浆勾缝。井算购置、安装、固定；井盖购置、安装、固定。

定 额 编 号			XZYT3-17	XZYT3-18	XZYT3-19	XZYT3-20
项 目			地沟	砖检查井	铸铁井盖	砌体加筋
单 位			m³	m³	套	t
基 价 (元)			**422.04**	**494.46**	**320.87**	**7701.94**
其中	人 工 费 (元)		127.79	196.09	73.24	2536.58
	材 料 费 (元)		294.25	298.37	247.63	5159.34
	机 械 费 (元)					6.02
名 称		单位	数 量			
人工	建筑普通工	工日	0.4085	0.6269	0.2341	15.2986
	建筑技术工	工日	0.5880	0.9022	0.3370	6.2911
计价材料	圆钢 φ10 以上	kg				1020.0000
	铸铁井盖 (连座)	套			1.0000	
	板材红白松 二等	m³			0.0050	
	水泥砂浆 M5	m³	0.2280	0.2340		
	现浇混凝土 C20-10 集中搅拌	m³			0.0610	

147

定　额　编　号			XZYT3-17	XZYT3-18	XZYT3-19	XZYT3-20
项　　　　目			地沟	砖检查井	铸铁井盖	砌体加筋
计价材料	标准砖　240×115×53	千块	0.5400	0.5460		
	铁钉	kg			0.0400	
	水	t	0.1100	0.1100	0.1260	
	其他材料费	元	4.4400	4.5100	3.6700	80.7600
机械	钢筋切断机　直径　ϕ40	台班				0.1380

3.2 砌　石

工作内容： 打荒、运石、调运砂浆、清理基面；砌筑毛石、砌筑块石；安放垫块；洞口处石料加工；
　　　　　清理石面。

定　额　编　号		XZYT3-21	XZYT3-22	XZYT3-23
项　　　目		基础		墙
		毛石	粗料石	毛石
单　　　位		m³	m³	m³
基　价（元）		**313.28**	**309.12**	**395.57**
其中	人　工　费（元）	113.08	125.61	195.37
	材　料　费（元）	200.20	183.51	200.20
	机　械　费（元）			
名　　称	单位	数　　　量		
人工	建筑普通工	工日	0.3616	0.4016	0.6246
	建筑技术工	工日	0.5202	0.5779	0.8989
计价材料	水泥砂浆　M5	m³	0.3930	0.1930	0.3930
	毛石　70~190	m³	1.1220		1.1220
	毛石粗料石	m³		1.0400	
	水	t	0.0790	0.0800	0.0790
	其他材料费	元	3.0000	2.8700	3.0000

定 额 编 号			XZYT3-24	XZYT3-25
项 目			墙	
			粗料石	方整石
单 位			m³	m³
基 价（元）			**444.08**	**375.14**
其中	人 工 费（元）		278.86	163.71
	材 料 费（元）		165.22	211.43
	机 械 费（元）			
名 称		单位	数 量	
人工	建筑普通工	工日	0.8915	0.5234
	建筑技术工	工日	1.2830	0.7532
计价材料	水泥砂浆 M5	m³	0.1190	0.1410
	毛石细料石	m³		0.9620
	毛石粗料石	m³	1.0400	
	水	t	0.0700	0.0600
	其他材料费	元	2.5900	3.3100

工作内容：打荒、运石，调运砂浆；砌筑毛石、砌筑块石；安放垫块；壁底交叉处石料加工；清理沟壁与沟底。

定 额 编 号		XZYT3-26	XZYT3-27
项 目		地沟	
		毛石	粗料石
单 位		m³	m³
基 价（元）		**443.65**	**421.34**
其中	人 工 费（元）	224.32	250.33
	材 料 费（元）	219.33	171.01
	机 械 费（元）		
名 称	单位	数 量	
人工	建筑普通工	工日	0.7171	0.8003
	建筑技术工	工日	1.0321	1.1517
计价材料	水泥砂浆 M10	m³	0.3930	0.1190
	毛石 70~190	m³	1.1220	
	毛石粗料石	m³		1.0400
	水	t	0.0790	0.0700
	其他材料费	元	3.3100	2.6800

3.3 石 台 阶

工作内容：打荒、运石，调运砂浆、清理基面；砌筑毛石砌筑块石；石料加工、清理面层。

定 额 编 号		XZYT3-28	XZYT3-29
项　　　　目		毛石台阶	方整石台阶
单　　　　位		m³	m³
基　　价（元）		**496.27**	**467.56**
其中	人　工　费（元）	296.07	290.27
	材　料　费（元）	200.20	177.29
	机　械　费（元）		
名　　称	单位	数　　　　量	
人工	建筑普通工	工日	0.9465	0.9280
	建筑技术工	工日	1.3622	1.3355
计价材料	水泥砂浆　M5	m³	0.3930	0.1680
	毛石　70~190	m³	1.1220	
	毛石粗料石	m³		1.0400
	水	t	0.0790	0.0600
	其他材料费	元	3.0000	2.7700

3.4 砌 体 勾 缝

工作内容：剔缝、洗刷；调运砂浆、勾缝。

定 额 编 号			XZYT3-30	XZYT3-31	XZYT3-32
项 目			砌墙加浆勾缝	毛石墙凸缝	料石墙凹缝
单 位			m²	m²	m²
基 价（元）			**10.20**	**22.73**	**12.95**
其中	人 工 费（元）		9.47	19.61	11.96
	材 料 费（元）		0.73	3.12	0.99
	机 械 费（元）				
名 称		单位	数 量		
人工	建筑普通工	工日	0.0222	0.0460	0.0280
	建筑技术工	工日	0.0496	0.1027	0.0627
计价材料	水泥砂浆 M5	m³	0.0029		
	水泥砂浆 1：3	m³		0.0087	0.0025
	水	t	0.0041	0.0580	0.0580
	其他材料费	元	0.0100	0.0500	0.0200

第 **4** 章　混凝土与钢筋、铁件工程

说　明

1. 定额中模板综合考虑了钢模板、组合模板、复合模板、木模板及砖地模和混凝土地模，实际施工采用不同模板时，不作调整。定额综合考虑了现浇混凝土柱高度超过 6m、现浇混凝土梁板高度超过 3.6m、基础及地下墙（壁）埋深超过 3m 的模板支撑措施，执行定额时不再另行增加模板支撑费用。

2. 定额子目中所列的组合模板和复合模板，工程中采用何种模板，应根据批准的施工组织设计确定。

3. 当设计要求为清水混凝土时，执行相应复合模板项目，材料、机械不变，人工按表 4-1 清水混凝土模板增加工日表增加技术工工日。"防火墙　定型大钢模板"定额已考虑清水混凝土工艺，执行定额时不作调整。

表 4-1　　　　　　　　　　　清水混凝土模板增加工日表　　　　　　　　　　单位：m³

项目	基础	柱		梁		
		矩形柱	异形柱	矩形梁	异形梁	悬臂梁
工日	0.11	0.41	0.63	0.48	0.51	0.52
项目	板	墙、沟道或井池壁板		调相机基础框架	一般设备基础	复杂设备基础
工日	0.39	0.25		0.75	0.14	0.23

注　异形柱指截面几何形状为 L 形、T 形和十字形，且截面各肢的肢高肢厚比不大于 4 的柱，上下变径；异形梁指截面非规则矩形的梁。

4. 设备基础定额适用于转动、非转动机械设备及箱（罐）类设备基础工程。直流场轨道基础执行条形基础定额。

5. 毛石混凝土基础定额中毛石含量占混凝土体积 20%，设计要求配比含量不同时可以调整。

6. 一般设备基础是指外形方正、带台阶的基础；复杂设备基础是指外形不规则（圆形、多边形或其他复杂形状）并带有风道、孔洞（不包括螺栓孔）的基础；弧型基础适用于管道支座基础。

7. 复杂地坑是指带有顶板、设备基础、支墩、沟槽、隔墙、密闭门或人孔等不同结构的地坑，其余为一般地坑。

8. 端子箱基础包括土方开挖、回填、外运、垫层、基础。

9. 现浇框架分别执行相应的柱、梁定额。有梁板包括肋形板、密肋形板和井式梁板。

10. 二次灌浆，如灌浆材料与设计不同时可以换算灌注材料费；空心砖内灌注混凝土，执行小型构件定额。

11. 台阶按每平方米含 0.173m³ 混凝土综合编制，如设计含量不同时，可以换算；台阶包括了混凝土浇筑及养护内容，未包括基础夯实、垫层及面层装饰内容，发生时执行其他章节相应定额。

12. 油池铺填卵石定额仅用于油池中算子上安放卵石项目，油池上铺其他滤油材质时，卵石材料可替换，钢格栅另行计算。

13. 现浇零星构件包括压顶、雨篷板、挑檐、天沟等。预制小型构件包括体积在 0.1m³ 以内未列出定额项目的构件。

14. 预制角钢框混凝土盖板定额中包括钢筋及角钢用量，其含量与设计不同时可以调整。定额中包括角钢框刷油漆费用，如镀锌时其费用另行计算。

15. 外包钢现浇混凝土柱，混凝土部分执行矩形柱相应定额，外包钢骨架制作、安装执行金属结构相应定额。

16. 钢筋混凝土定额中不包括钢筋、铁件费用，其费用单独计算。钢筋按照机械加工、手工绑扎与焊接综合考虑，工程实际与定额不同时不作调整。

17. 钢筋定额适用于结构钢筋、构造钢筋、连接钢筋、措施钢筋。

（1）结构钢筋、构造钢筋、连接钢筋执行普通钢筋定额子目。

（2）措施钢筋（S 钢筋、马凳钢筋等）执行支撑钢筋、支撑型钢定额子目。

18. $\phi 10$ 以内钢筋按照Ⅰ级钢考虑，$\phi 10$ 以外钢筋按照Ⅰ～Ⅲ级钢考虑，除另有说明外不作调整。

19. 钢筋、铁件定额综合考虑了施工损耗率，工程实际施工与定额不同时不作调整。

20. 弧形钢筋（不分曲率大小）执行相应钢筋定额时，人工费与机械费乘 1.6 系数。

21. 锚头制作、安装、张拉、锁定定额子目适用于预应力钢筋制作。

22. 定额中预制构件包括砖地模、混凝土地模的铺设及拆除，地模费用见表 4-2。混凝土构件按照自然养护考虑，如采用蒸汽养护时另行计算养护费用。

23. 混凝土构件安装分现场预制构件安装和购置成品构件安装。现场预制构件安装定额中包括了 1km 场内运输，工程实际运距超过 1km 时，应增加构件运输费用。

表 4-2 　　　　　　　　地模费用计算表 　　　　　　　　　　　单位：m²

项　　　目		地模	
		混凝土地模	砖地模
基　　价（元）		184.50	62.49
其中	人　工　费（元）	97.08	32.36
	材　料　费（元）	86.88	30.07
	机　械　费（元）	0.54	0.06
名　　称	单位	数　　量	
人工	普通工	工日	0.5769	0.1923
	建筑技术工	工日	0.2472	0.0824
材料	普通硅酸盐水泥　32.5	t		0.0003
	水泥砂浆　1:2	m³	0.0400	
	素水泥浆	m³	0.0020	
	现浇混凝土　C15-40　现场搅拌	m³	0.1500	
	粗砂	m³	0.0400	0.0740
	碎石　40	m³	0.1800	0.0330
	石灰膏	m³		0.0020
	标准砖　240×115×53	千块		0.0450

项　　目			地模	
			混凝土地模	砖地模
材料	铁钉	kg	0.0500	
	聚氯乙烯塑料薄膜　0.5mm	m²	0.2200	
	水	t	0.1500	0.0800
	木模板	m³	0.0020	
机械	电动夯实机　夯击能量　250N·m	台班	0.0080	0.0020
	混凝土振捣器（插入式）	台班	0.0100	
	木工圆锯机　直径 φ500	台班	0.0060	

24. 定额中构件安装、装卸、水平运输机械是综合考虑的，工程施工中不得因机械配备而调整费用。

25. 构件安装包括表面清理、冲刷。混凝土构件表面需要凿毛时，应另行计算。

26. 预制钢筋混凝土板补浇板缝宽度（指下口宽度）大于 30mm 时，执行现浇平板定额。

27. 预制混凝土构件运输按≤30km 编制，运输距离在 30km 以内时，执行本定额运输费用标准。

28. 装配式建筑构件安装。装配式建筑构件按外购成品考虑，包括钢筋、铁件、卸车、堆放支架、安装费用。

工程量计算规则

1. 现浇和预制混凝土定额子目的计量单位，除注明按照水平投影面积计算外，均按照设计图纸尺寸以立方米为单位计算工程量，不扣除钢筋、铁件和螺栓所占体积。

2. 现浇钢筋混凝土工程量计算。

（1）基础工程量计算。

1）基础、底板、垫层工程量扣除伸入承台基础的桩头所占体积。

2）条形基础含有梁式和无梁式。凡有梁式条形基础其梁高（指基础扩大顶面至梁顶面的高度）A 超过 1.2m 时（条形基础工程量计算示意图见图 4-1），B 部分按照条形基础计算工程量，A 部分按照地下室混凝土墙计算工程量。

3）支架类独立基础短柱高度超过 1.2m 时，其基础短柱执行现浇柱定额。

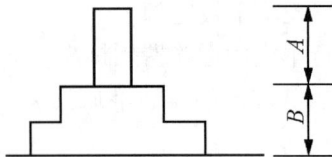

图 4-1　条形基础工程量
计算示意图

4）设备基础按照不同体积分别计算工程量。框架式设备基础应分别按照基础、柱、梁、板和墙的相应定额计算工程量。当一个设备基础部分为块体、部分为框架时，应分别计算工程量。

5）计算设备基础工程量时，不扣除地脚螺栓孔单个面积在 0.05m^2 以内孔洞所占体积。

6）布置在梁板上的设备基础，其体积并入依附的梁、板工程量内。

7）布置在坑、池底板上的设备基础，其体积并入依附的底板工程量内。

8）二次灌浆按照实际灌浆体积计算工程量。计算设备基础台面二次灌浆时，不扣除地脚螺栓孔单个面积在 $0.05m^2$ 以内孔洞所占体积。

9）端子箱基础以座为单位计算工程量，不计算垫层。

（2）电缆埋管外包混凝土，按照施工图外围尺寸以体积计算，扣除埋管所占体积，不计算井壁体积。

（3）柱工程量计算。

1）柱高度计算。

——有梁板柱按照柱基上表面至楼板上表面的高度计算。

——无梁板柱按照柱基上表面至柱帽下表面的高度计算。

——有楼板隔层的框架柱按照柱基上表面至柱顶的高度计算。

——构造柱按照全高计算，嵌入墙体部分（马牙槎）的体积并入构造柱中。

2）依附于柱上的混凝土结构牛腿工程量并入到柱工程量内计算。

3）柱帽工程量并入到柱工程量内计算。

（4）梁工程量计算。

1）梁高从梁底面计算至梁顶面。

2）梁长度计算。

——梁与柱连接时，梁长按照柱与柱之间的净距计算。

——次梁与柱和主梁连接时，次梁长度按照柱内侧面或主梁内侧面的净距计算。

——梁与砌体墙交接时，伸入墙内的梁头应计算梁的长度。

——梁与混凝土墙交接时，梁长度计算至墙内侧面。

——圈梁按照设计长度计算。

——过梁长度按照设计长度计算，设计无规定时，按照门、窗洞口宽度加 500mm 计算。

3）梁端支撑处如有浇制混凝土垫块者，其体积并入梁内计算。

（5）板工程量计算。

1）计算混凝土板工程量时，不扣除单个面积 0.3m² 以内孔洞所占体积，预留孔所需工料也不增加。

2）伸入砌体墙内的板头工程量并入板工程量内计算。

3）框架结构有梁板按照框架梁间净体积计算，非框架主梁、次梁、板体积一并计算工程量，不扣除板与柱交叉重复部分混凝土体积。

4）周边有梁的平板，梁与板应分别计算工程量。板的长度或宽度计算至梁内侧面。

（6）墙（壁）工程量计算。

1）计算墙、间壁墙、电梯井壁工程量时，应扣除门、窗洞口及单个面积 0.3m² 以上孔洞所占体积。

2）混凝土墙（壁）中的圈梁、过梁、暗梁、暗柱不单独计算工程量，其体积并入墙（壁）体积内计算。

3）混凝土墙（壁）与底板、顶板连接处"三角形"工程量并入墙（壁）体积内计算。

4）混凝土墙（壁）与底板以底板顶标高分界；混凝土墙（壁）与顶板以顶板底标高分界。

（7）整体楼梯工程量计算。

1）整体楼梯应分层按照其水平投影面积之和计算。楼梯水平投影面积包括踏步、斜梁、休息平台、平台梁及楼梯与楼板连接的梁。楼梯与楼板的划分界限以楼梯梁的外侧面分界；当整体楼梯与现浇楼板无梁连接时，以楼梯最后一个踏步外沿加 300mm 分界。

2）楼梯井宽度大于 300mm 时，其面积应扣除。

3）伸入墙内部分的混凝土体积已包括在定额中，不另行计算。

4）楼梯基础、栏杆、栏板、扶手单独计算工程量。

（8）混凝土台阶按照设计图示尺寸的水平投影面积计算，台阶梯带根据材质按照零星构件单独计算。台阶定额中不包括垫层及面层，应分别执行相应定额。当台阶与平台连接时，其分界线应以最上层踏步外沿加 300mm 计算，平台另行计算。

（9）挑檐与梁连接时，以梁外边线为分界线。

（10）混凝土倒角按照设计图示延长米计算。

（11）杯芯支撑按照设计图示数量，以个计算。

（12）螺栓孔按照设计图示数量，以个计算。

（13）二次灌浆按照设计图示需灌注的体积，以立方米计算。

（14）铺填油池卵石，按照钢格栅上实际铺卵石的体积以立方米计算工程量。

3. 预制钢筋混凝土工程量计算。

（1）空心板按照实体积计算工程量，扣除孔洞所占体积。

（2）混凝土蒸汽养护工程量按照混凝土构件体积计算。

（3）定额中未包括预制混凝土构件的制作、安装、运输损耗，应按照表4-3的损耗率系数分别计算。

表4-3   **预制混凝土构件制作、安装、运输损耗率表**

项　　目	损耗率（%）
9m以上桩、柱、框架	1.0
其他预制混凝土构件，钢筋混凝土桩	1.5

注　损耗系数由构件制作地点的堆放与运输损耗20%、构件场外运输损耗50%、构件安装损耗30%组成。

4. 钢筋工程量由设计用量、连接用量、施工措施用量组成。计算钢筋工程量时，不计算钢筋连接铁件、绑扎钢筋镀锌铁丝、焊条质量。

（1）钢筋设计用量计算。

1）按照设计长度乘以单位理论质量计算。

2）钢筋设计用量含有搭接长度时，不再单独计算连接用量。

3）钢筋设计长度与根数应根据构件尺寸和结构设计规范要求计算。

（2）钢筋连接用量计算。

1）按照施工图设计或规范要求计算。

2）当设计或规范无要求时，以单位工程施工图设计钢筋用量为计算基数，按照4%计算。

3）计算钢筋连接用量时，对焊、螺纹连接、冷挤压、植筋的钢筋工程量不作为计算连接用量基数。

4）螺纹连接、冷挤压连接的接头费用按照接头数量计算。

（3）钢筋施工措施用量按照设计图示（或施工验收规范要求）尺寸乘以单位理论质量计算，设计图纸或施工验收规范无要求，根据批准的施工组织设计计算。无批准的施工组织设计时，以单位工程施工图设计钢筋用量与连接用量之和为计算基数，建筑物按照1%计算，构筑物按照3.5%计算。

5. 钢筋植筋按实际数量，以根计算。

6. 锚头制作、安装、张拉、锁定按照设计图示以套计算。

7. 钢筋绝缘套按照设计图纸要求绝缘数量以套计算，包括绝缘绑扎带、绝缘垫片等，采用其他方式绝缘时，材料可以替换，人工不变。

8. 铁件工程量计算。

（1）铁件、设备螺栓固定架、穿墙钢套管按照设计图示尺寸、依据钢材单位理论质量计算工程量，不计算焊条质量。

（2）计算预埋螺栓工程量时，应包括螺头、螺杆、螺母质量。

9. 装配式建筑构件安装。

（1）装配式建筑构件工程量均按照设计图示尺寸以体积计算（除钢筋桁架楼承板、带槽口盖板按面积计算）。不扣除构件内钢筋、预埋铁件等所占体积。

（2）装配式墙、板安装，扣除单个面积 $0.3m^2$ 以上孔洞所占体积。

（3）铝镁锰板女儿墙压顶，按照设计图示延长米计算。

（4）混凝土电缆沟、混凝土水池按照构件实体体积计算工程量，计算电缆沟、水池的集水坑体积。

4.1 现浇混凝土

4.1.1 垫层

工作内容: 木模板制作与安装,模板拆除、运输、整理、堆放;混凝土浇筑、捣固、养护。

定 额 编 号			XZYT4-1	XZYT4-2	XZYT4-3
项 目			垫层面积 $10m^2$ 以内	垫层面积 $50m^2$ 以内	垫层面积 $50m^2$ 以外
单 位			m^3	m^3	m^3
基 价 (元)			**511.01**	**493.43**	**477.78**
其中	人 工 费 (元)		155.81	148.14	140.41
	材 料 费 (元)		352.70	342.99	335.24
	机 械 费 (元)		2.50	2.30	2.13
名 称		单位	数 量		
人工	建筑普通工	工日	0.8136	0.7751	0.7361
	建筑技术工	工日	0.4808	0.4560	0.4311
计价材料	现浇混凝土 C15-40 集中搅拌	m^3	1.0040	1.0040	1.0040
	隔离剂	kg	0.1501	0.1383	0.8580
	圆钉	kg	0.5000	0.3870	0.3010
	水	t	0.7500	0.7350	0.7125
	木模板	m^3	0.0250	0.0200	0.0150
	其他材料费	元	5.9200	5.7500	5.6000
机械	混凝土振捣器(平台式)	台班	0.0748	0.0748	0.0748
	木工圆锯机 直径 $\phi500$	台班	0.0357	0.0288	0.0230

4.1.2 基础

工作内容： 木模板制作与安装、复合模板制作、安装、钢模板组合与安装；模板刷隔离剂；模板拆除、
运输、整理、堆放；混凝土浇筑、捣固、养护。

定 额 编 号			XZYT4-4	XZYT4-5
项 目			毛石混凝土基础	条形基础
单 位			m³	m³
基 价（元）			**436.93**	**528.49**
其中	人 工 费（元）		103.57	144.54
	材 料 费（元）		327.12	374.31
	机 械 费（元）		6.24	9.64
名 称		单位	数 量	
人工	建筑普通工	工日	0.6377	0.8324
	建筑技术工	工日	0.2471	0.3879
计价材料	现浇混凝土 C15-40 集中搅拌	m³	0.8578	
	现浇混凝土 C25-40 集中搅拌	m³		1.0090
	隔离剂	kg	0.2035	0.2861
	毛石 70~190	m³	0.2720	
	对拉螺栓 M16	kg	0.4000	0.5340
	圆钉	kg	0.2160	0.2690
	聚氯乙烯塑料薄膜	m²	1.2680	0.9560
	水	t	0.7875	0.8820

续表

定　额　编　号			XZYT4-4	XZYT4-5
项　　　目			毛石混凝土基础	条形基础
计价材料	通用钢模板	kg	1.9600	3.8100
	木模板	m³	0.0140	0.0040
	其他材料费	元	5.4200	6.2300
机械	汽车式起重机　起重量　5t	台班	0.0023	0.0058
	载重汽车　5t	台班	0.0069	0.0081
	混凝土振捣器（插入式）	台班	0.0759	0.0886

定　额　编　号		XZYT4-6	XZYT4-7
项　　　　目		筏形基础	
		无梁式	有梁式
单　　　位		m³	m³
基　　价（元）		**420.36**	**470.83**
其中	人　工　费（元）	68.79	104.34
	材　料　费（元）	348.84	360.33
	机　械　费（元）	2.73	6.16
名　　　称	单位	数　　量	
人工	建筑普通工	工日	0.4495	0.6434
	建筑技术工	工日	0.1447	0.2482
计价材料	现浇混凝土　C25-40　集中搅拌	m³	1.0090	1.0090
	隔离剂	kg	0.6370	0.1295
	圆钉	kg	0.0150	0.0740
	镀锌铁丝　综合	kg	0.0520	0.2820
	聚氯乙烯塑料薄膜	m²	1.8500	1.8870
	水	t	0.9450	0.9450
	通用钢模板	kg	0.7680	2.4300
	木模板	m³	0.0010	0.0020
	其他材料费	元	5.7800	5.9800
机械	汽车式起重机　起重量　5t	台班	0.0012	0.0035
	载重汽车　5t	台班	0.0012	0.0046
	混凝土振捣器（插入式）	台班	0.0886	0.0886

定 额 编 号		XZYT4-8	XZYT4-9	XZYT4-10	XZYT4-11	XZYT4-12
项 目		箱形基础	独立基础 单个体积5m³ 以内	独立 单个体积5m³ 以外	杯形基础	桩承台
单 位		m³	m³	m³	m³	m³
基 价（元）		**514.61**	**492.98**	**473.55**	**480.24**	**488.06**
其中	人 工 费（元）	130.32	108.84	91.80	94.83	102.76
	材 料 费（元）	373.82	374.50	372.11	375.77	377.98
	机 械 费（元）	10.47	9.64	9.64	9.64	7.32
名 称	单位	数 量				
人工 建筑普通工	工日	0.7832	0.6483	0.5507	0.5624	0.6108
建筑技术工	工日	0.3253	0.2760	0.2299	0.2423	0.2616
计价材料 现浇混凝土 C25-40 集中搅拌	m³	1.0090	1.0090	1.0090	1.0090	1.0090
隔离剂	kg	0.1878	0.2142	0.1903	0.2342	0.1994
对拉螺栓 M16	kg		0.4600	0.4600		
圆钉	kg	0.1240	0.2160	0.2010	0.1080	0.0810
镀锌铁丝 综合	kg	0.4640			0.4600	0.4460
聚氯乙烯塑料薄膜	m²	1.8537	1.3040	1.2680	1.4680	1.4170
水	t	0.8381	0.9135	0.9135	0.9135	0.9030
通用钢模板	kg	3.9940	3.9600	3.5640	3.9600	4.8470
木模板	m³	0.0040	0.0040	0.0040	0.0053	0.0040
其他材料费	元	6.2100	6.2300	6.1900	6.2500	6.2800

续表

定 额 编 号			XZYT4-8	XZYT4-9	XZYT4-10	XZYT4-11	XZYT4-12
项 目			箱形基础	独立基础 单个体积5m³ 以内	独立 单个体积5m³ 以外	杯形基础	桩承台
机械	汽车式起重机 起重量 5t	台班	0.0069	0.0058	0.0058	0.0058	0.0035
	载重汽车 5t	台班	0.0081	0.0081	0.0081	0.0081	0.0069
	混凝土振捣器（插入式）	台班	0.0886	0.0886	0.0886	0.0886	0.0886

4.1.3 柱

工作内容： 木模板制作与安装、复合模板制作与安装、钢模板组合与安装；模板刷隔离剂；模板拆除、运输、整理、堆放；混凝土浇筑、捣固、养护。

定 额 编 号			XZYT4-13	XZYT4-14	XZYT4-15	XZYT4-16
项 目			矩形柱			
			周长 1.8 以内		周长 1.8 以外	
			组合模板	复合模板	组合模板	复合模板
单 位			m³	m³	m³	m³
基 价（元）			**1062.97**	**1097.70**	**927.23**	**941.28**
其中	人 工 费（元）		483.09	464.66	380.79	366.93
	材 料 费（元）		533.96	587.12	506.83	534.74
	机 械 费（元）		45.92	45.92	39.61	39.61
名 称		单位	数 量			
人工	建筑普通工	工日	2.6460	2.5531	2.1188	2.0491
	建筑技术工	工日	1.3984	1.3390	1.0775	1.0327
计价材料	现浇混凝土 C25-40 集中搅拌	m³	0.5550	0.5550	0.5550	0.5550
	现浇混凝土 C40-40 集中搅拌	m³	0.4541	0.4541	0.4541	0.4541
	隔离剂	kg	0.4411	0.4411	0.4312	0.4312
	圆钉	kg	0.2160	0.1890	0.2010	0.1760
	镀锌铁丝 综合	kg	2.0000	2.0102	1.4580	1.4654
	聚氯乙烯塑料薄膜	m²	0.4000	0.4000	0.4000	0.4000

续表

定 额 编 号			XZYT4-13	XZYT4-14	XZYT4-15	XZYT4-16
项 目			矩形柱			
			周长 1.8 以内		周长 1.8 以外	
			组合模板	复合模板	组合模板	复合模板
计价材料	水	t	0.9030	0.9030	0.9030	0.9030
	支撑钢管及扣件	kg	4.7820	5.4993	3.1100	3.5765
	通用钢模板	kg	18.4830		16.4200	
	复合木模板	m²		3.0080		2.1870
	木模板	m³	0.0150	0.0240	0.0130	0.0230
	其他材料费	元	8.9300	9.9100	8.4800	9.0200
机械	汽车式起重机 起重量 5t	台班	0.0311	0.0311	0.0265	0.0265
	载重汽车 5t	台班	0.0414	0.0414	0.0357	0.0357
	混凝土振捣器（插入式）	台班	0.1300	0.1300	0.1300	0.1300

定 额 编 号			XZYT4-17	XZYT4-18	XZYT4-19	XZYT4-20	XZYT4-21	XZYT4-22
项 目			构造柱	异形柱		钢管内灌混凝土柱	空心柱	
				组合模板	复合模板		定型模板	复合模板
单 位			m³	m³	m³	m³	m³	m³
基 价 （元）			**709.74**	**1211.81**	**1190.50**	**470.18**	**967.65**	**1077.79**
其中	人 工 费 （元）		270.73	609.76	536.43	124.16	378.23	419.85
	材 料 费 （元）		411.15	551.82	603.59	344.03	550.20	621.06
	机 械 费 （元）		27.86	50.23	50.48	1.99	39.22	36.88
名 称		单位	数 量					
人工	建筑普通工	工日	1.6324	3.2939	2.9242	0.8939	2.1265	2.3363
	建筑技术工	工日	0.6718	1.7994	1.5632	0.1994	1.0538	1.1879
计价材料	槽钢 16 号以下	kg					2.8780	4.0210
	扁钢 （3~5）×50mm 以下	kg						1.6670
	中厚钢板 12~20	kg						5.8970
	加工铁件 综合	kg						1.3580
	现浇混凝土 C25-40 集中搅拌	m³	1.0090	0.5550	1.0090	1.0240		
	现浇混凝土 C40-40 集中搅拌	m³		0.4541			1.0090	1.0090
	隔离剂	kg	0.3210	0.6350	0.6350		0.6210	0.6210
	电焊条 J422 综合	kg					0.0680	0.6800
	圆钉	kg	0.1210	0.2830			0.1870	0.3460
	镀锌铁丝 综合	kg	0.8580	2.0000	2.0102		0.1170	0.2710
	聚氯乙烯塑料薄膜	m²	0.4200	0.4000	0.5100	0.3600	0.4500	0.4500

174

续表

定 额 编 号			XZYT4-17	XZYT4-18	XZYT4-19	XZYT4-20	XZYT4-21	XZYT4-22
项　目			构造柱	异形柱		钢管内灌混凝土柱	空心柱	
				组合模板	复合模板		定型模板	复合模板
计价材料	清洗剂	kg						0.0130
	海绵胶条　δ10	m					2.6060	
	氧气	m³					0.0170	0.1410
	乙炔气	m³					0.0070	0.0500
	嵌缝膏	kg						1.4080
	水	t	0.8610	1.0080	1.0080	0.7350	0.7200	0.7200
	钢管脚手架　包括扣件	kg					0.5130	0.5130
	支撑钢管及扣件	kg		5.5480	6.3802			
	通用钢模板	kg	8.8630	20.1130			4.4000	
	专用钢模板空冷柱用	kg					10.5000	
	复合木模板	m²			3.8210			2.2030
	木模板	m³	0.0090	0.0170	0.0246		0.0130	0.0187
	内模定型加固圈	kg					0.9850	
	模板漆　BT-20	kg					0.3970	
	模板漆催干剂　BT-23	kg					0.0280	
	模板漆脱漆剂	kg					0.0330	
	砂轮片　φ150	片					0.1090	
	砂布	张					0.0780	

续表

定 额 编 号			XZYT4-17	XZYT4-18	XZYT4-19	XZYT4-20	XZYT4-21	XZYT4-22
项 目			构造柱	异形柱		钢管内灌混凝土柱	空心柱	
				组合模板	复合模板		定型模板	复合模板
计价材料	透明胶带 25mm×20m	盘					0.0590	
	其他材料费	元	6.8600	9.2400	10.2000	5.7000	9.0700	10.3300
机械	汽车式起重机 起重量 5t	台班	0.0184	0.0345	0.0347			
	汽车式起重机 起重量 16t	台班					0.0115	0.0115
	载重汽车 5t	台班	0.0242	0.0449	0.0451		0.0460	0.0127
	混凝土振捣器（插入式）	台班	0.1300	0.1300	0.1300	0.1438	0.1438	0.1438
	木工圆锯机 直径 φ500	台班	0.0035				0.0046	0.0069
	木工单面压刨床 刨削宽度 600mm	台班						0.0322
	交流弧焊机 容量 21kVA	台班					0.0230	0.2197

176

4.1.4 梁

工作内容：木模板制作与安装、复合模板制作与安装、钢模板组合与安装；模板刷隔离剂；模板拆除、运输、整理、堆放；混凝土浇筑、捣固、养护。

定 额 编 号			XZYT4-23	XZYT4-24	XZYT4-25	XZYT4-26
项　　　目			矩形梁			
			断面 0.25m² 以内		断面 0.25m² 以外	
			组合模板	复合模板	组合模板	复合模板
单　　　位			m³	m³	m³	m³
基　价（元）			**1074.06**	**1059.51**	**978.00**	**960.09**
其中	人　工　费（元）		526.66	465.99	451.06	397.92
	材　料　费（元）		484.92	530.94	475.59	510.82
	机　械　费（元）		62.48	62.58	51.35	51.35
名　　　称		单位	数　　　量			
人工	建筑普通工	工日	2.7660	2.4640	2.3775	2.1097
	建筑技术工	工日	1.6133	1.4150	1.3753	1.2041
计价材料	现浇混凝土 C25-40 集中搅拌	m³	0.5550	0.5550	0.5550	0.5550
	现浇混凝土 C40-40 集中搅拌	m³	0.4541	0.4541	0.4541	0.4541
	隔离剂	kg	0.4436	0.4436	0.4651	0.4651
	圆钉	kg	0.6370	0.6402	0.0420	0.0422
	镀锌铁丝　综合	kg	1.7340	1.7428	1.0600	1.0654
	聚氯乙烯塑料薄膜	m²	2.3800	2.3800	2.0010	2.0010

177

续表

定 额 编 号			XZYT4-23	XZYT4-24	XZYT4-25	XZYT4-26
项　　目			矩形梁			
			断面 0.25m² 以内		断面 0.25m² 以外	
			组合模板	复合模板	组合模板	复合模板
计价材料	水	t	1.0080	1.0080	1.0200	1.0200
	支撑钢管及扣件	kg	6.0430	6.0430	7.2954	7.2954
	通用钢模板	kg	11.4200		10.0870	
	复合木模板	m²		2.0630		2.0010
	木模板	m³	0.0040	0.0130	0.0036	0.0040
	其他材料费	元	8.0700	8.9200	7.9100	8.5500
机械	汽车式起重机　起重量　5t	台班	0.0426	0.0426	0.0276	0.0276
	载重汽车　5t	台班	0.0564	0.0564	0.0564	0.0564
	混凝土振捣器（插入式）	台班	0.1300	0.1300	0.1300	0.1300
	木工圆锯机　直径　φ500	台班	0.0138	0.0173	0.0173	0.0173

178

定 额 编 号		XZYT4-27	XZYT4-28	XZYT4-29	XZYT4-30
项 目		异形梁		悬臂梁	
		木模板	复合模板	组合模板	复合模板
单 位		m³	m³	m³	m³
基 价（元）		**1129.44**	**1154.54**	**1165.57**	**1162.20**
其中	人 工 费（元）	523.36	451.72	574.48	505.44
	材 料 费（元）	503.71	600.88	525.42	589.96
	机 械 费（元）	102.37	101.94	65.67	66.80
名 称	单位	数 量			
人工 建筑普通工	工日	2.7453	2.3843	3.0029	2.6549
建筑技术工	工日	1.6057	1.3748	1.7704	1.5480
计价材料 现浇混凝土 C25-40 集中搅拌	m³	1.0090	1.0090	1.0090	1.0090
隔离剂	kg	0.7349	0.7349	0.6531	0.6531
圆钉	kg	0.7640	0.7679	0.1240	0.6543
镀锌铁丝 综合	kg	2.0780	2.0886	1.7500	1.7589
聚氯乙烯塑料薄膜	m²	2.8920	2.8920	5.2870	5.2870
水	t	0.9180	0.9180	0.8610	0.8610
钢管脚手架 包括扣件	kg			5.8188	5.8188
支撑钢管及扣件	kg	8.0840	8.0840	6.9371	6.9371
通用钢模板	kg			13.8600	
复合木模板	m²		4.0113		3.0530
木模板	m³	0.0563	0.0090	0.0130	0.0130

179

定　额　编　号			XZYT4-27	XZYT4-28	XZYT4-29	XZYT4-30
项　　　目			异形梁		悬臂梁	
			木模板	复合模板	组合模板	复合模板
计价材料	其他材料费	元	8.4800	10.1100	8.7000	9.8600
机械	汽车式起重机　起重量 5t	台班	0.0702	0.0702	0.0449	0.0451
	载重汽车　5t	台班	0.0920	0.0920	0.0587	0.0590
	混凝土振捣器（插入式）	台班	0.1300	0.1300	0.1300	0.1300
	木工圆锯机　直径 ϕ500	台班	0.0587	0.0437	0.0242	0.0529

定　额　编　号			XZYT4-31	XZYT4-32	XZYT4-33
项　　　　目			圈梁	过梁	基础梁
单　　　　位			m³	m³	m³
基　　价（元）			**805. 18**	**1169. 62**	**742. 67**
其中	人　工　费（元）		256. 32	551. 48	308. 11
	材　料　费（元）		528. 11	563. 70	421. 33
	机　械　费（元）		20. 75	54. 44	13. 23
名　　　　称		单位	数　　　量		
人工	建筑普通工	工日	1. 4096	2. 9045	1. 6467
	建筑技术工	工日	0. 7377	1. 6832	0. 9225
计价材料	现浇混凝土　C25-40　集中搅拌	m³	1. 0090	1. 0090	1. 0090
	隔离剂	kg	0. 2351	0. 2312	0. 2102
	圆钉	kg	0. 2850	0. 4280	0. 2430
	镀锌铁丝　综合	kg			3. 0400
	聚氯乙烯塑料薄膜	m²	3. 3040	7. 4280	2. 4120
	水	t	0. 9675	1. 2390	1. 0080
	支撑钢管及扣件	kg		3. 2181	
	通用钢模板	kg	5. 3550	8. 5820	9. 7960
	木模板	m³	0. 0861	0. 0835	0. 0034
	其他材料费	元	9. 0100	9. 5900	7. 0000

续表

定 额 编 号			XZYT4-31	XZYT4-32	XZYT4-33
项 目			圈梁	过梁	基础梁
机械	汽车式起重机 起重量 5t	台班	0.0104	0.0322	0.0081
	载重汽车 5t	台班	0.0161	0.0506	0.0104
	混凝土振捣器（插入式）	台班	0.1300	0.1300	0.1300
	木工圆锯机 直径 ϕ500	台班	0.1051	0.1051	0.0046

182

4.1.5 板、墙

工作内容：木模板制作与安装、复合模板制作与安装、钢模板组合与安装；模板刷隔离剂；模板拆除、运输、整理、堆放；混凝土浇筑、捣固、养护。

定 额 编 号			XZYT4-34	XZYT4-35	XZYT4-36	XZYT4-37
项 目			有梁板			
			厚度10cm以内		厚度10cm以外	
			组合模板	复合模板	组合模板	复合模板
单 位			m³	m³	m³	m³
基 价（元）			**856.40**	**883.82**	**823.41**	**852.72**
其中	人 工 费（元）		325.86	287.07	289.43	255.33
	材 料 费（元）		492.25	558.34	506.04	569.45
	机 械 费（元）		38.29	38.41	27.94	27.94
名 称		单位	数 量			
人工	建筑普通工	工日	1.7302	1.5348	1.5434	1.3714
	建筑技术工	工日	0.9841	0.8591	0.8691	0.7594
计价材料	现浇混凝土 C25-20 集中搅拌	m³	1.0090	1.0090		
	现浇混凝土 C40-40 集中搅拌	m³			1.0090	1.0090
	隔离剂	kg	0.4322	0.4322	0.3890	0.3890
	圆钉	kg	0.3010	0.4322	0.2180	0.3116
	镀锌铁丝 综合	kg	2.5800	2.5932	1.8600	1.8695
	聚氯乙烯塑料薄膜	m²	5.2140	5.2140	4.1020	4.1020

续表

定 额 编 号			XZYT4-34	XZYT4-35	XZYT4-36	XZYT4-37
项 目			有梁板			
			厚度10cm以内		厚度10cm以外	
			组合模板	复合模板	组合模板	复合模板
计价材料	水	t	1.1907	1.1907	1.0464	1.0464
	钢管脚手架 包括扣件	kg	3.2461	3.2461	3.0114	3.0114
	支撑钢管及扣件	kg	4.2385	4.2385	4.0142	4.0142
	通用钢模板	kg	6.7158		5.3680	
	复合木模板	m²		2.2650		2.0460
	木模板	m³	0.0210	0.0210	0.0141	0.0141
	其他材料费	元	8.1300	9.2900	8.4300	9.5500
机械	汽车式起重机 起重量 5t	台班	0.0253	0.0254	0.0173	0.0173
	载重汽车 5t	台班	0.0322	0.0323	0.0242	0.0242
	混凝土振捣器（插入式）	台班	0.1300	0.1300	0.1300	0.1300
	木工圆锯机 直径 φ500	台班	0.0460	0.0460	0.0345	0.0345

184

定 额 编 号		XZYT4-38	XZYT4-39	XZYT4-40	XZYT4-41
项 目		平板		悬臂板	
		组合模板	复合模板	组合模板	复合模板
单 位		m³	m³	m³	m³
基 价 （元）		**818.77**	**839.73**	**949.06**	**974.61**
其中	人 工 费 （元）	309.79	273.46	423.74	372.36
	材 料 费 （元）	479.97	537.26	475.16	551.87
	机 械 费 （元）	29.01	29.01	50.16	50.38
名 称	单位	数 量			
人工 建筑普通工	工日	1.6559	1.4728	2.2342	1.9745
建筑技术工	工日	0.9273	0.8103	1.2915	1.1265
计价材料 现浇混凝土 C25-20 集中搅拌	m³	1.0090	1.0090	1.0090	1.0090
隔离剂	kg	0.3217	0.3217	0.4361	0.4383
圆钉	kg	0.1790	0.1799	0.3222	0.3222
镀锌铁丝 综合	kg	1.2480	1.2480	1.6970	1.6970
聚氯乙烯塑料薄膜	m²	6.7150	6.7150	5.7630	5.7630
水	t	1.1387	1.1387	1.1109	1.1109
钢管脚手架 包括扣件	kg	1.5431	1.5431	1.2731	1.2731
支撑钢管及扣件	kg	3.6927	3.6927	4.6776	4.6776
通用钢模板	kg	8.6970		8.1260	
复合木模板	m²		2.7680		2.6930
木模板	m³	0.0190	0.0080	0.0144	0.0144

续表

定 额 编 号			XZYT4-38	XZYT4-39	XZYT4-40	XZYT4-41
项 目			平板		悬臂板	
			组合模板	复合模板	组合模板	复合模板
计价材料	其他材料费	元	7.9400	8.9400	7.8400	9.2000
机械	汽车式起重机 起重量 5t	台班	0.0184	0.0184	0.0331	0.0332
	载重汽车 5t	台班	0.0253	0.0253	0.0455	0.0458
	混凝土振捣器 (插入式)	台班	0.1300	0.1300	0.1306	0.1306
	木工圆锯机 直径 $\phi500$	台班	0.0242	0.0242	0.0230	0.0230

定　额　编　号		XZYT4-42	XZYT4-43	XZYT4-44	XZYT4-45
项　　　　目		钢梁浇制混凝土板			地下建筑底板
		组合模板	复合模板	压型钢板底模	
单　　　位		m³	m³	m³	m³
基　　价（元）		**887.50**	**942.98**	**1335.63**	**402.04**
其中	人　工　费（元）	230.84	208.92	145.65	53.84
	材　料　费（元）	621.69	699.09	1167.10	345.12
	机　械　费（元）	34.97	34.97	22.88	3.08
名　　　称	单位	数　　量			
人工	建筑普通工　　　工日	1.2581	1.1286	0.8300	0.3568
	建筑技术工　　　工日	0.6729	0.6165	0.3975	0.1095
计价材料	复合压型钢板　1.2　kg			82.8400	
	硬木　一等　　　m³	0.0040	0.0040		
	现浇混凝土　C25-20　集中搅拌　m³	1.0090	1.0090	1.1390	
	水工现浇混凝土　C25-40　集中搅拌　m³				1.0090
	隔离剂　　　　　kg	0.3217	0.3233		
	普通六角螺栓　　kg	0.0100	0.0100	0.0080	
	对拉螺栓　M12　kg				0.1200
	自攻螺钉　　　　kg			0.1109	
	圆钉　　　　　　kg	0.3800	0.3819	0.1909	0.0340
	剪力钉95　　　　套	30.6000	30.6000	30.6000	
	抽芯铝铆钉　　　kg			0.0271	

续表

定 额 编 号			XZYT4-42	XZYT4-43	XZYT4-44	XZYT4-45
项 目			钢梁浇制混凝土板			地下建筑底板
			组合模板	复合模板	压型钢板底模	
计价材料	镀锌铁丝　综合	kg	2.1180	2.1180	1.9140	
	聚氯乙烯塑料薄膜	m²	4.8760	4.8760	4.8760	2.4667
	水	t	0.8120	0.8120	0.8120	1.0476
	钢管脚手架　包括扣件	kg	8.4690	8.4690	8.4690	
	支撑钢管及扣件	kg	6.7120	6.7120	6.7120	
	钢脚手板　50×250×4000	块	0.1180	0.1180	0.1180	
	通用钢模板	kg	8.6790			0.8140
	复合木模板	m²		2.7680		
	木模板	m³	0.0220	0.0222	0.0111	0.0010
	其他材料费	元	10.3900	11.7600	17.7800	5.7600
机械	履带式起重机　起重量　50t	台班	0.0012	0.0012		
	汽车式起重机　起重量　5t	台班	0.0196	0.0196	0.0192	0.0012
	载重汽车　5t	台班	0.0276	0.0276	0.0085	
	载重汽车　6t	台班				0.0012
	轨道平车　10t	台班	0.0035	0.0035		
	混凝土振捣器（插入式）	台班				0.0886
	混凝土振捣器（平台式）	台班	0.1426	0.1426	0.1816	
	木工圆锯机　直径　φ500	台班	0.0345	0.0345	0.0230	0.0115
	管子切断机　管径　φ150	台班	0.0048	0.0048		

188

工作内容： 木模板制作与安装、复合模板制作与安装、钢模板组合与安装；模板刷隔离剂；模板拆除、运输、整理、堆放；混凝土浇筑、捣固、养护。

定 额 编 号			XZYT4-46	XZYT4-47
项 目			地下建筑墙（壁）	
			组合模板	复合模板
单 位			m³	m³
基 价（元）			**697.82**	**728.42**
其中	人 工 费（元）		240.33	208.10
	材 料 费（元）		422.92	485.75
	机 械 费（元）		34.57	34.57
名 称		单位	数 量	
人工	建筑普通工	工日	1.3368	1.1732
	建筑技术工	工日	0.6804	0.5774
计价材料	水工现浇混凝土 C25-40 集中搅拌	m³	1.0090	1.0090
	隔离剂	kg	0.4321	0.4321
	圆钉	kg	0.1480	0.1517
	镀锌铁丝 综合	kg	1.2000	1.2276
	聚氯乙烯塑料薄膜	m²	0.4656	0.4658
	水	t	0.9060	0.9060
	支撑钢管及扣件	kg	2.1600	2.1600
	通用钢模板	kg	9.1480	
	复合木模板	m²		2.5000

定 额 编 号			XZYT4-46	XZYT4-47
项 目			地下建筑墙（壁）	
			组合模板	复合模板
计价材料	木模板	m³	0.0090	0.0092
	其他材料费	元	7.0700	8.1900
机械	汽车式起重机 起重量 5t	台班	0.0230	0.0230
	载重汽车 5t	台班	0.0299	0.0299
	混凝土振捣器（插入式）	台班	0.1300	0.1300
	木工圆锯机 直径 φ500	台班	0.0173	0.0173

定　额　编　号			XZYT4-48	XZYT4-49	XZYT4-50	XZYT4-51
项　　　目			地上建筑墙（壁）			
			厚250mm以内		厚250mm以外	
			组合模板	复合模板	组合模板	复合模板
单　　　位			m³	m³	m³	m³
基　　价（元）			**984.20**	**1034.19**	**810.57**	**851.98**
其中	人　工　费（元）		419.01	366.58	290.27	248.36
	材　料　费（元）		508.49	610.91	475.55	558.87
	机　械　费（元）		56.70	56.70	44.75	44.75
名　　　称		单位	数　　　量			
人工	建筑普通工	工日	2.2493	1.9852	1.5763	1.3637
	建筑技术工	工日	1.2471	1.0781	0.8504	0.7164
计价材料	现浇混凝土 C25-40 集中搅拌	m³	1.0090	1.0090	1.0090	1.0090
	隔离剂	kg	0.4551	0.4551	0.4412	0.4435
	圆钉	kg	0.4428	0.4428	0.2457	0.2470
	镀锌铁丝　综合	kg	2.6800	2.6800	1.9980	1.9980
	聚氯乙烯塑料薄膜	m²	0.7217	0.7217	0.5621	0.5621
	水	t	1.0494	1.0494	1.0040	1.0040
	钢管脚手架　包括扣件	kg	3.7148	3.7148	2.6924	2.6924
	支撑钢管及扣件	kg	3.4560	3.4560	2.8130	2.8130
	通用钢模板	kg	14.6368		12.1860	
	复合木模板	m²		4.0610		3.3335

定　额　编　号			XZYT4-48	XZYT4-49	XZYT4-50	XZYT4-51
项　　　目			地上建筑墙（壁）			
			厚 250mm 以内		厚 250mm 以外	
			组合模板	复合模板	组合模板	复合模板
计价材料	木模板	m³	0.0162	0.0162	0.0135	0.0136
	其他材料费	元	8.4700	10.2900	7.9200	9.4000
机械	汽车式起重机　起重量　5t	台班	0.0403	0.0403	0.0322	0.0322
	载重汽车　5t	台班	0.0478	0.0478	0.0361	0.0361
	混凝土振捣器（插入式）	台班	0.1300	0.1300	0.1300	0.1300
	木工圆锯机　直径　φ500	台班	0.0230	0.0230	0.0230	0.0230

定 额 编 号		XZYT4-52	XZYT4-53	XZYT4-54	XZYT4-55	XZYT4-56	XZYT4-57
项 目		防火墙			电梯井壁		电缆、通风竖井
		组合模板	复合模板	定型大钢模板	组合模板	复合模板	
单 位		m³	m³	m³	m³	m³	m³
基 价 (元)		**905.47**	**906.84**	**1202.18**	**1091.96**	**1067.60**	**1185.63**
其中	人 工 费 (元)	324.39	276.98	400.34	526.79	458.62	571.24
	材 料 费 (元)	523.69	583.39	610.95	510.17	553.73	560.46
	机 械 费 (元)	57.39	46.47	190.89	55.00	55.25	53.93
名 称	单位	数 量					
人工 建筑普通工	工日	1.7540	1.5136	1.9001	2.7923	2.4488	3.0162
建筑技术工	工日	0.9560	0.8044	1.3778	1.5945	1.3748	1.7378
计价材料 加工铁件 综合	kg	2.8190	2.8190	2.8190			
镀锌扁钢钩	个			0.4331			
现浇混凝土 C25-20 集中搅拌	m³	1.0090	1.0090		1.0090	1.0090	1.0090
现浇混凝土 C30-20 集中搅拌	m³			1.0090			
隔离剂	kg	0.6300	0.6300	0.6300	0.6210	0.6210	0.6210
电焊条 J422 综合	kg			0.1146			
对拉螺栓 M16	kg			0.0332			
圆钉	kg	0.2730	0.3730		0.2760	0.3174	0.2677
圆锥销	个			0.1547			
镀锌铁丝 综合	kg	2.5870	2.5870	1.5390	2.6170	2.6170	2.6370

193

续表

定 额 编 号			XZYT4-52	XZYT4-53	XZYT4-54	XZYT4-55	XZYT4-56	XZYT4-57
项 目			防火墙			电梯井壁		电缆、通风竖井
			组合模板	复合模板	定型大钢模板	组合模板	复合模板	
计价材料	聚氯乙烯塑料薄膜	m²	0.7026	0.7026	0.7026	0.9270	0.9270	1.4168
	防锈漆	kg			0.5073			
	普通调和漆	kg			0.6634			
	水	t	1.0045	1.0045	0.2036	1.0862	1.0862	1.1778
	钢管脚手架 包括扣件	kg	5.7168	5.7168				
	支撑钢管及扣件	kg	2.1680	2.1680	3.0175	2.7687	2.7687	3.8923
	钢脚手板 50×250×4000	块			0.0562			
	通用钢模板	kg	10.6810			15.7240		17.9130
	定型钢模板	kg			24.4800			
	复合木模板	m²		2.6170			2.8880	
	木模板	m³	0.0160	0.0160		0.0194	0.0194	0.0370
	其他材料费	元	8.6300	9.6900	10.2300	8.4700	9.2700	9.3600
机械	汽车式起重机 起重量 5t	台班	0.0380	0.0304		0.0368	0.0370	0.0357
	汽车式起重机 起重量 25t	台班			0.1395			
	载重汽车 5t	台班	0.0518	0.0414		0.0483	0.0485	0.0468
	混凝土振捣器（插入式）	台班	0.1300	0.1300	0.1300	0.1300	0.1300	0.1300
	木工圆锯机 直径 φ500	台班	0.0368	0.0368		0.0460	0.0460	0.0633
	交流弧焊机 容量 21kVA	台班			0.0382			

4.1.6 设备基础

工作内容：1. GIS基础：模板制作与安装、模板刷隔离剂、模板拆除、运输、整理堆放；混凝土浇筑、捣固、养护。2. 端子箱基础：挖土方、原土夯实、安拆模板、浇制混凝土垫层、浇制基础，回填土方，余土外运。3. 木模板制作与安装、复合模板制作与安装、钢模板组合与安装；模板刷隔离剂；模板拆除、运输、整理、堆放；混凝土浇筑、捣固、养护。

定额编号			XZYT4-58	XZYT4-59	XZYT4-60	XZYT4-61	XZYT4-62
项　　目			GIS（HGIS）基础	端子箱基础	调相机基础底板	调相机基础框架	
						组合模板	复合模板
单　　位			m³	座	m³	m³	m³
基　价（元）			**739.00**	**553.95**	**454.79**	**988.47**	**1037.05**
其中	人工费（元）		252.11	166.30	47.13	391.89	349.91
	材料费（元）		480.80	380.18	402.63	565.01	655.57
	机械费（元）		6.09	7.47	5.03	31.57	31.57
名　　称		单位	数　　量				
人工	建筑普通工	工日	1.3851	0.9104	0.3187	2.1531	1.9416
	建筑技术工	工日	0.7266	0.4817	0.0911	1.1294	0.9941
计价材料	管材　综合	kg	2.4820				
	现浇混凝土　C15-40　集中搅拌	m³		0.1250			
	现浇混凝土　C25-40　集中搅拌	m³	1.0090	0.7000			

续表

定额编号		XZYT4-58	XZYT4-59	XZYT4-60	XZYT4-61	XZYT4-62
项目		GIS（HGIS）基础	端子箱基础	调相机基础底板	调相机基础框架	
					组合模板	复合模板
计价材料	现浇混凝土 C30-40 集中搅拌 m³			1.0090	1.0090	1.0090
	隔离剂 kg			0.3253	0.6512	0.6512
	中砂 m³		0.0290			
	圆钉 kg	0.3200		0.0530	0.2080	0.2361
	镀锌铁丝 综合 kg	0.1800		0.3800	1.4550	1.1640
	聚氯乙烯塑料薄膜 m²	2.4600		1.1680	3.1381	3.1381
	清洗剂 kg	0.0200				
	防锈漆 kg	0.3300				
	水 t	1.2210	1.0100	0.2010	0.5821	0.5821
	钢管脚手架 包括扣件 kg				5.3762	5.3762
	支撑钢管及扣件 kg	0.1570			6.7135	6.7135
	通用钢模板 kg	7.6800	18.6900	1.0062	13.3000	
	复合木模板 m²					3.6670
	木模板 m³	0.0410		0.0180	0.0281	0.0281
	其他材料费 元	8.1500	6.3600	6.7300	9.4300	11.0400

196

续表

定 额 编 号			XZYT4-58	XZYT4-59	XZYT4-60	XZYT4-61	XZYT4-62
项 目			GIS（HGIS）基础	端子箱基础	调相机基础底板	调相机基础框架	
						组合模板	复合模板
机械	电动夯实机 夯击能量 250N·m	台班		0.0810			
	汽车式起重机 起重量 8t	台班			0.0023	0.0174	0.0174
	载重汽车 5t	台班	0.0090	0.0080			
	载重汽车 8t	台班			0.0023	0.0242	0.0242
	混凝土振捣器（插入式）	台班	0.1130	0.0800	0.0794	0.1300	0.1300
	木工圆锯机 直径 φ500	台班			0.0230	0.0403	0.0403

工作内容：木模板制作与安装、复合模板制作与安装、钢模板组合与安装；模板刷隔离剂；模板拆除、运输、整理、堆放；混凝土浇筑、捣固、养护。

定　额　编　号			XZYT4-63	XZYT4-64	XZYT4-65	XZYT4-66	XZYT4-67	XZYT4-68
项　　目			一般设备基础					
			5m³ 以内		50m³ 以内		50m³ 以外	
			组合模板	复合模板	组合模板	复合模板	组合模板	复合模板
单　　位			m³	m³	m³	m³	m³	m³
基　价（元）			**593.11**	**626.37**	**467.50**	**502.19**	**426.97**	**448.28**
其中	人　工　费（元）		162.63	152.93	89.68	73.95	59.02	43.29
	材　料　费（元）		408.42	451.38	365.82	416.24	359.04	396.08
	机　械　费（元）		22.06	22.06	12.00	12.00	8.91	8.91
名　　称		单位	数　　量					
人工	建筑普通工	工日	0.9146	0.9015	0.5384	0.4687	0.3780	0.3085
	建筑技术工	工日	0.4529	0.3949	0.2243	0.1664	0.1299	0.0719
计价材料	现浇混凝土 C20-40 集中搅拌	m³	1.0090	1.0090	1.0090	1.0090	1.0090	1.0090
	隔离剂	kg	0.4531	0.4531	0.3512	0.3512	0.3322	0.3322
	圆钉	kg	0.3790	0.3920	0.1680	0.1790	0.1210	0.1420
	镀锌铁丝　综合	kg	1.1440	1.1440	0.5480	0.5480	0.3120	0.3120
	聚氯乙烯塑料薄膜	m²	3.6780	3.6780	2.9075	2.9075	2.1022	2.1022
	水	t	0.9478	0.9478	0.7953	0.7953	0.7075	0.7075
	支撑钢管及扣件	kg	0.1210	0.1210	0.2690	0.2690	0.8470	0.8470
	通用钢模板	kg	9.8300		4.7140		3.4090	

续表

定 额 编 号			XZYT4-63	XZYT4-64	XZYT4-65	XZYT4-66	XZYT4-67	XZYT4-68
项 目			一般设备基础					
			5m³ 以内		50m³ 以内		50m³ 以外	
			组合模板	复合模板	组合模板	复合模板	组合模板	复合模板
计价材料	复合木模板	m²		2.1352		1.6520		1.1947
	木模板	m³	0.0090	0.0095	0.0040	0.0050	0.0040	0.0050
	其他材料费	元	6.8100	7.5800	6.0800	6.9700	5.9600	6.6100
机械	汽车式起重机 起重量 8t	台班	0.0138	0.0138	0.0069	0.0069	0.0046	0.0046
	载重汽车 5t	台班	0.0173	0.0173	0.0092	0.0092	0.0069	0.0069
	混凝土振捣器（插入式）	台班	0.0886	0.0886	0.0886	0.0886	0.0886	0.0886
	木工圆锯机 直径 $\phi500$	台班	0.0173	0.0173	0.0115	0.0115	0.0115	0.0115

199

定 额 编 号		XZYT4-69	XZYT4-70	XZYT4-71	XZYT4-72	XZYT4-73	XZYT4-74	XZYT4-75
项 目		复杂设备基础						管道弧形基础
		5m³ 以内		50m³ 以内		50m³ 以外		
		组合模板	复合模板	组合模板	复合模板	组合模板	复合模板	
单 位		m³	m³	m³	m³	m³	m³	m³
基 价 （元）		**678.73**	**736.72**	**539.96**	**598.56**	**482.06**	**511.21**	**615.22**
其中	人 工 费 （元）	203.58	187.83	109.51	93.72	70.12	54.37	161.81
	材 料 费 （元）	455.99	529.73	415.14	489.53	399.81	444.71	421.08
	机 械 费 （元）	19.16	19.16	15.31	15.31	12.13	12.13	32.33
名 称	单位	数 量						
人工 建筑普通工	工日	1.1289	1.0594	0.6451	0.5755	0.4403	0.3707	0.9087
建筑技术工	工日	0.5789	0.5208	0.2831	0.2248	0.1609	0.1028	0.4516
计价材料 现浇混凝土 C20-40 集中搅拌	m³	1.0090	1.0090	1.0090	1.0090	1.0090	1.0090	1.0090
隔离剂	kg	0.4867	0.4867	0.3678	0.3678	0.3322	0.3322	0.4218
圆钉	kg	0.3870	0.3998	0.2810	0.2936	0.2220	0.2456	0.4100
镀锌铁丝 综合	kg	1.1440	1.1440	0.9000	0.9000	0.7860	0.7860	0.9500
聚氯乙烯塑料薄膜	m²	4.7175	4.7175	3.7124	3.7124	2.9289	2.9289	4.2563
水	t	1.5150	1.5150	1.4775	1.4775	1.3065	1.3065	1.0800
支撑钢管及扣件	kg	0.1570	0.1570	0.3198	0.3198	1.0620	1.0620	0.1050
通用钢模板	kg	7.6500		3.6370		2.8130		3.8010
复合木模板	m²		2.0067		1.7215		1.2119	
木模板	m³	0.0410	0.0552	0.0320	0.0413	0.0250	0.0281	0.0350

续表

定 额 编 号			XZYT4-69	XZYT4-70	XZYT4-71	XZYT4-72	XZYT4-73	XZYT4-74	XZYT4-75
项 目			复杂设备基础						管道弧形基础
			5m³ 以内		50m³ 以内		50m³ 以外		
			组合模板	复合模板	组合模板	复合模板	组合模板	复合模板	
计价材料	其他材料费	元	7.7100	9.0300	7.0000	8.3100	6.7100	7.5100	7.0900
机械	汽车式起重机 起重量 5t	台班	0.0115	0.0115	0.0092	0.0092	0.0069	0.0069	0.0196
	载重汽车 5t	台班	0.0150	0.0150	0.0115	0.0115	0.0092	0.0092	0.0299
	混凝土振捣器（插入式）	台班	0.0886	0.0886	0.0886	0.0886	0.0886	0.0886	0.0794
	木工圆锯机 直径 $\phi500$	台班	0.0610	0.0610	0.0483	0.0483	0.0380	0.0380	0.0518

4.1.7 室内沟道、地坑

工作内容： 木模板制作与安装、复合模板制作与安装、钢模板组合与安装；模板刷隔离剂；模板拆除、运输、整理、堆放；混凝土浇筑、捣固、养护。

定 额 编 号			XZYT4-76	XZYT4-77	XZYT4-78	XZYT4-79	XZYT4-80	XZYT4-81	XZYT4-82
项 目			隧道	沟道	电缆埋管外包混凝土	复杂地坑		一般地坑	
						容积50m³以内	容积200m³以内	容积50m³以内	容积200m³以内
单 位			m³	m³	m³	m³	m³	m³	m³
基 价（元）			**803.37**	**842.42**	**438.50**	**830.98**	**760.92**	**754.52**	**695.66**
其中	人 工 费（元）		336.19	366.90	59.09	385.08	336.31	330.88	290.25
	材 料 费（元）		437.28	442.13	370.39	421.34	404.46	403.73	389.05
	机 械 费（元）		29.90	33.39	9.02	24.56	20.15	19.91	16.36
名 称		单位	数 量						
人工	建筑普通工	工日	1.8310	1.9857	0.3911	2.0775	1.8316	1.8043	1.5995
	建筑技术工	工日	0.9809	1.0799	0.1206	1.1384	0.9813	0.9638	0.8329
计价材料	现浇混凝土 C20-40 集中搅拌	m³	1.0090	1.0090	1.0090	1.0090	1.0090	1.0090	1.0090
	隔离剂	kg	0.6177	0.6023	0.3121	0.6311	0.6519	0.4125	0.4012
	圆钉	kg	0.3310	0.1410	0.2190	0.1820	0.1456	0.1440	0.1152
	镀锌铁丝 综合	kg	1.2500	1.4000	0.3600	1.0840	0.8672	0.8600	0.6880
	聚氯乙烯塑料薄膜	m²	2.0460	1.6830	1.9808	3.1760	2.4782	2.8980	2.0485

202

续表

定 额 编 号			XZYT4-76	XZYT4-77	XZYT4-78	XZYT4-79	XZYT4-80	XZYT4-81	XZYT4-82
项 目			隧道	沟道	电缆埋管外包混凝土	复杂地坑		一般地坑	
						容积 50m³ 以内	容积 200m³ 以内	容积 50m³ 以内	容积 200m³ 以内
计价材料	水	t	1.0860	1.0271	0.7240	0.9740	1.2546	0.7520	0.8160
	支撑钢管及扣件	kg	3.0480	2.1381	0.4780	2.0370	1.8765	2.0370	1.8765
	通用钢模板	kg	12.9400	14.5130	3.0940	8.6710	7.0020	8.8990	7.1192
	木模板	m³	0.0070	0.0080	0.0120	0.0150	0.0120	0.0060	0.0048
	其他材料费	元	7.2900	7.3800	6.1700	7.0400	6.7600	6.7100	6.4700
机械	汽车式起重机 起重量 5t	台班	0.0196	0.0219	0.0058	0.0161	0.0129	0.0127	0.0101
	载重汽车 5t	台班	0.0253	0.0288	0.0058	0.0196	0.0156	0.0161	0.0129
	混凝土振捣器（插入式）	台班	0.1438	0.1438	0.0667	0.1300	0.1300	0.1300	0.1300
	木工圆锯机 直径 φ500	台班	0.0173	0.0173	0.0288	0.0288	0.0288	0.0173	0.0173

4.1.8 杯芯支撑、螺栓孔

工作内容：杯芯支撑制作、安装、刷隔离剂、拆除；螺栓孔芯支撑制作、安装、刷隔离剂、拆除。

定 额 编 号			XZYT4-83	XZYT4-84	XZYT4-85
项 目			杯芯支撑	现浇地脚螺栓	
				孔深<1m	孔深>1m
单 位			个	个	个
基 价 （元）			**116.59**	**28.42**	**56.36**
其中	人 工 费（元）		57.49	6.73	11.26
	材 料 费（元）		59.10	21.69	45.10
	机 械 费（元）				
	名 称	单位	数 量		
人工	建筑普通工	工日	0.1838	0.0216	0.0360
	建筑技术工	工日	0.2645	0.0309	0.0518
计价材料	板材红白松 二等	m³	0.0260	0.0100	0.0210
	圆钉	kg	0.0200	0.0400	0.0650
	镀锌铁丝 综合	kg	0.8730	0.1160	0.1870
	其他材料费	元	0.9400	0.3500	0.7200

4.1.9 二次灌浆

工作内容：木模板制作与安装、刷隔离剂；模板拆除、运输、整理、堆放；细石混凝土浇筑、捣固、养护；高强灌浆料浇筑、密实、养护。

定　额　编　号			XZYT4-86	XZYT4-87	XZYT4-88
项　　目　目			基础灌细石混凝土	设备基础灌高强灌浆料	柱灌高强灌浆料
单　　　　位			m³	m³	m³
基　　价（元）			**734.09**	**5520.58**	**6126.38**
其中	人　工　费（元）		336.35	365.57	406.16
	材　料　费（元）		393.74	5120.93	5689.98
	机　械　费（元）		4.00	34.08	30.24
名　　称		单位	数　　量		
人工	建筑普通工	工日	2.3803	2.5871	2.8744
	建筑技术工	工日	0.5710	0.6206	0.6895
计价材料	高强灌浆料	kg		1980.0000	2200.0000
	现浇混凝土　C20-20　集中搅拌	m³	1.0140		
	隔离剂	kg	0.1813	0.1130	0.1480
	圆钉	kg	0.6180	0.3960	0.4400
	水	t	0.6420	0.5589	0.6210
	木模板	m³	0.0296	0.0360	0.0400
	其他材料费	元	6.5400	95.9100	106.5600

续表

定 额 编 号			XZYT4-86	XZYT4-87	XZYT4-88
项 目			基础灌细石混凝土	设备基础灌高强灌浆料	柱灌高强灌浆料
机械	载重汽车 5t	台班	0.0012	0.0104	0.0012
	混凝土振捣器（插入式）	台班	0.1725	0.1725	0.0115
	木工圆锯机 直径 $\phi500$	台班	0.0345	0.0518	0.0598
	电动空气压缩机 排气量 $6m^3/min$	台班		0.1035	0.1150

206

4.1.10 楼梯及其他

工作内容: 木模板制作与安装、复合模板制作与安装、钢模板组合与安装；模板刷隔离剂；模板拆除、运输、整理、堆放；混凝土浇筑、捣固、养护。

定 额 编 号			XZYT4-89	XZYT4-90	XZYT4-91	XZYT4-92	XZYT4-93
项 目			整体楼梯	混凝土台阶	门窗框	混凝土保护帽	现浇零星构件
单 位			m^2	m^2	m^3	m^3	m^3
基 价(元)			**421.58**	**149.50**	**1066.25**	**1285.29**	**1623.45**
其中	人 工 费(元)		253.25	77.59	550.50	495.93	775.38
	材 料 费(元)		161.38	69.42	489.45	772.38	801.20
	机 械 费(元)		6.95	2.49	26.30	16.98	46.87
名 称		单位	数 量				
人工	建筑普通工	工日	1.3450	0.4478	2.9058	2.5221	4.0866
	建筑技术工	工日	0.7646	0.2075	1.6754	1.5809	2.3644
计价材料	现浇混凝土 C20-20 集中搅拌	m^3			1.0090	1.0140	1.0090
	现浇混凝土 C15-40 集中搅拌	m^3		0.1730			
	现浇混凝土 C25-40 集中搅拌	m^3	0.2500				
	隔离剂	kg	0.2040	0.0500	0.0150	0.1813	0.3221
	圆钉	kg	0.1950	0.1480	0.6211	0.6180	3.0910
	镀锌铁丝 综合	kg	0.2340	0.1160	0.8060		1.2360
	聚氯乙烯塑料薄膜	m^2	1.2580	0.8880	0.7810		4.2890
	水	t	0.2040	0.1960	0.9396	0.6420	2.2162

定 额 编 号			XZYT4-89	XZYT4-90	XZYT4-91	XZYT4-92	XZYT4-93
项 目			整体楼梯	混凝土台阶	门窗框	混凝土保护帽	现浇零星构件
计价材料	木模板	m³	0.0410	0.0080	0.0810	0.2416	0.2416
	其他材料费	元	2.7900	1.1700	8.2800	13.4200	13.9600
机械	汽车式起重机 起重量 5t	台班	0.0012	0.0012	0.0184		0.0207
	载重汽车 5t	台班				0.0012	
	载重汽车 6t	台班	0.0058	0.0012	0.0196		0.0299
	混凝土振捣器（插入式）	台班	0.0460	0.0115	0.1300	0.1725	0.1300
	混凝土振捣器（平台式）	台班	0.0161	0.0242			
	木工圆锯机 直径 φ500	台班	0.0713	0.0115	0.0173	0.4796	0.4796

工作内容：卵石挑拣、堆放、整理；格栅购置、打孔、安装。

定　额　编　号		XZYT4-94	XZYT4-95
项　　目		铺填油池卵石	油池铸铁格栅
单　　位		m³	t
基　　价（元）		**454.75**	**5984.49**
其中	人　工　费（元）	136.20	1788.60
	材　料　费（元）	318.55	4186.64
	机　械　费（元）		9.25
名　　称	单位	数　　　量	
人工	建筑普通工　　工日	0.6862	5.2115
	建筑技术工　　工日	0.4390	8.6082
计价材料	铸铁格栅　　t		1.0600
	卵石（滤油）　　m³	1.0600	
	其他材料费　　元	5.7300	82.0900
机械	交流弧焊机　容量　21kVA　台班		0.1380

工作内容：橡胶压条切割、安装；定位、弹线、清理基层、选截材料、打磨、刷清油、钉子固定、清理表面等全部过程。

定 额 编 号			XZYT4-96	XZYT4-97
项 目			橡胶压条	混凝土倒角
单 位			m	m
基 价（元）			**8.78**	**14.86**
其中	人 工 费（元）		6.32	9.55
	材 料 费（元）		2.46	5.31
	机 械 费（元）			
名 称		单位	数 量	
人工	建筑普通工	工日	0.0591	0.0145
	建筑技术工	工日		0.0559
计价材料	PVC 阴阳角线 30×30	m		1.0100
	圆钉	kg	0.0195	0.0560
	橡皮条	m	1.0500	
	水	t		0.0023
	电	kW·h		0.1530
	砂轮片 $\phi100$	片		0.0336
	石料切割锯片 $\phi150$	片		0.0237
	其他材料费	元	0.0500	0.1000

4.2 预制混凝土构件制作

4.2.1 预制柱、支架、梁

工作内容：清理地模、木模板制作与安装、复合模板制作与安装、钢模板组合与安装；模板刷隔离剂；
模板拆除、运输、整理、堆放；混凝土浇筑、捣固、养护；成品起模、运输、堆放。

定 额 编 号			XZYT4-98	XZYT4-99	XZYT4-100	XZYT4-101	XZYT4-102	XZYT4-103
项 目			矩形柱		支架		矩形梁	
			组合模板	复合模板	组合模板	复合模板	组合模板	复合模板
单 位			m³	m³	m³	m³	m³	m³
基 价（元）			**638.49**	**638.41**	**695.56**	**668.90**	**828.58**	**780.47**
其中	人 工 费（元）		155.78	144.95	198.50	183.07	299.58	274.38
	材 料 费（元）		463.85	474.60	466.49	455.26	495.13	472.22
	机 械 费（元）		18.86	18.86	30.57	30.57	33.87	33.87
名 称		单位	数 量					
人工	建筑普通工	工日	0.8939	0.8392	1.1093	1.0315	1.6215	1.4946
	建筑技术工	工日	0.4205	0.3857	0.5581	0.5084	0.8817	0.8004
计价材料	水泥砂浆 1:2	m³	0.0010	0.0010	0.0015	0.0015	0.0020	0.0020
	现浇混凝土 C30-40 集中搅拌	m³	1.0040	1.0040	1.0040	1.0040	1.0040	1.0040
	隔离剂	kg	0.7990	0.7990	0.9760	0.9760	1.0290	1.0290
	圆钉	kg	0.4270	0.4270	0.5470	0.5470	0.7260	0.7260
	镀锌铁丝 综合	kg	2.0660	2.0660	2.4330	2.4330	2.3670	2.3670

续表

定 额 编 号			XZYT4-98	XZYT4-99	XZYT4-100	XZYT4-101	XZYT4-102	XZYT4-103
项 目			矩形柱		支架		矩形梁	
			组合模板	复合模板	组合模板	复合模板	组合模板	复合模板
计价材料	聚氯乙烯塑料薄膜	m²	3.0800	3.0800	2.6910	2.6910	2.2400	2.2400
	水	t	0.1550	0.1550	0.2000	0.2000	0.1800	0.1800
	通用钢模板	kg	2.8960	1.2480	3.8765		6.6370	1.1180
	复合木模板	m²		0.4400		0.2280		0.1720
	木模板	m³	0.0180	0.0180	0.0250	0.0250	0.0310	0.0310
	砖地模	m²	0.5902	0.5902	0.2976	0.2976	0.3280	0.3280
	其他材料费	元	7.6400	7.8300	7.7500	7.5600	8.2400	7.8600
机械	汽车式起重机　起重量　5t	台班	0.0092	0.0092	0.0138	0.0138	0.0184	0.0184
	门式起重机　起重量　20t	台班	0.0046	0.0046	0.0069	0.0069	0.0058	0.0058
	载重汽车　8t	台班	0.0115	0.0115	0.0230	0.0230	0.0230	0.0230
	混凝土振捣器（插入式）	台班	0.1438	0.1438	0.1438	0.1438	0.1438	0.1438
	木工圆锯机　直径　ϕ500	台班	0.0023	0.0023	0.0023	0.0023	0.0242	0.0242

定 额 编 号		XZYT4-104	XZYT4-105	XZYT4-106
项 目		混凝土过梁	吊车梁	
			组合模板	复合模板
单 位		m³	m³	m³
基 价（元）		**771.25**	**955.51**	**911.82**
其中	人 工 费（元）	234.91	385.45	354.46
	材 料 费（元）	503.03	491.40	478.62
	机 械 费（元）	33.31	78.66	78.74
名 称	单位	数 量		
人工	建筑普通工	工日	1.3128	2.1178	1.9617
	建筑技术工	工日	0.6604	1.1108	1.0109
计价材料	水泥砂浆 1：2	m³	0.0010	0.0010	0.0010
	现浇混凝土 C30-40 集中搅拌	m³	1.0040	1.0040	1.0040
	隔离剂	kg	1.5280	1.2140	1.2140
	圆钉	kg	0.7220	0.7160	0.7160
	镀锌铁丝 综合	kg	0.4000	2.6200	2.6200
	聚氯乙烯塑料薄膜	m²	4.1800	3.2480	3.2480
	水	t	0.2510	0.2300	0.2300
	通用钢模板	kg		5.0980	1.0980
	复合木模板	m²			0.2090
	木模板	m³	0.0455	0.0301	0.0301
	砖地模	m²	0.7600	0.3910	0.3910

续表

定 额 编 号			XZYT4-104	XZYT4-105	XZYT4-106
项 目			混凝土过梁	吊车梁	
				组合模板	复合模板
计价材料	其他材料费	元	8.3400	8.1600	7.9500
机械	汽车式起重机 起重量 5t	台班	0.0207	0.0150	0.0151
	门式起重机 起重量 20t	台班		0.0728	0.0728
	载重汽车 8t	台班	0.0242	0.0208	0.0208
	混凝土振捣器（插入式）	台班	0.1438	0.1438	0.1438
	木工圆锯机 直径 $\phi500$	台班	0.0644	0.0483	0.0483

4.2.2 预制板及其他

工作内容： 清理地模、木模板制作与安装、复合模板制作与安装、钢模板组合与安装；模板刷隔离剂；
模板拆除、运输、整理、堆放；混凝土浇筑、捣固、养护；成品起模、运输、堆放。

定 额 编 号			XZYT4-107	XZYT4-108	XZYT4-109	XZYT4-110
项 目			轻骨料混凝土墙板		大型屋面板	槽肋型板
			组合模板	复合模板		
单 位			m³	m³	m³	m³
基 价 （元）			**791.38**	**790.18**	**938.48**	**1051.93**
其中	人 工 费 （元）		65.07	61.99	393.36	499.04
	材 料 费 （元）		631.51	633.33	440.05	446.20
	机 械 费 （元）		94.80	94.86	105.07	106.69
名 称		单位	数 量			
人工	建筑普通工	工日	0.4198	0.4041	1.9933	2.6077
	建筑技术工	工日	0.1409	0.1311	1.2593	1.5386
计价材料	水泥砂浆 1：2	m³	0.0020	0.0020	0.0020	0.0020
	陶粒混凝土	m³	1.0090	1.0090		
	现浇混凝土 C30-10 集中搅拌	m³			1.0090	1.0090
	隔离剂	kg	1.5040	1.5040	1.4140	1.5810
	圆钉	kg	0.2120	0.2120	0.2890	0.2760
	镀锌铁丝 综合	kg	0.0300	0.0300	0.0310	0.0360
	聚氯乙烯塑料薄膜	m²	3.2410	3.2410	5.9290	5.1870

续表

定 额 编 号			XZYT4-107	XZYT4-108	XZYT4-109	XZYT4-110
项 目			轻骨料混凝土墙板		大型屋面板	槽肋型板
			组合模板	复合模板		
计价材料	水	t	0.2890	0.2890	0.5090	0.5090
	通用钢模板	kg	0.3980		3.0970	3.5810
	复合木模板	m²		0.0890		
	木模板	m³	0.0020	0.0020	0.0030	0.0050
	砖地模	m²	0.1640	0.1640	0.1820	0.1850
	其他材料费	元	11.1800	11.2100	6.8600	6.9700
机械	汽车式起重机 起重量 5t	台班	0.0092	0.0092	0.0115	0.0138
	门式起重机 起重量 20t	台班	0.1093	0.1093	0.1162	0.1162
	载重汽车 8t	台班	0.0115	0.0116	0.0173	0.0173
	混凝土振捣器（平台式）	台班	0.1438	0.1438	0.1438	0.1438
	木工圆锯机 直径 $\phi500$	台班	0.0115	0.0115	0.0207	0.0173

定　额　编　号			XZYT4-111	XZYT4-112	XZYT4-113	XZYT4-114	XZYT4-115
项　　　　　目			平板	地沟盖板	成品复合盖板	角钢框混凝土盖板	小型预制构件
单　　　　　位			m³	m³	m²	m³	m³
基　　价　（元）			**613. 45**	**615. 78**	**422. 78**	**4034. 74**	**1520. 51**
其中	人　工　费（元）		96. 35	134. 35	6. 32	1427. 40	569. 50
	材　料　费（元）		421. 35	420. 59	416. 46	2393. 62	832. 04
	机　械　费（元）		95. 75	60. 84		213. 72	118. 97
名　　　　称		单位	数　　　　量				
人工	建筑普通工	工日	0. 5785	0. 8193	0. 0591	4. 8143	3. 0477
	建筑技术工	工日	0. 2409	0. 3265		6. 3795	1. 7021
计价材料	等边角钢　边长50以下	kg				369. 0000	
	预埋铁件　综合	kg					5. 0000
	水泥砂浆　1：2	m³	0. 0020				
	现浇混凝土　C25-10　集中搅拌	m³	1. 0090	1. 0090		1. 0090	1. 0090
	隔离剂	kg	1. 7190	0. 4019			0. 3871
	电焊条　J422　综合	kg		2. 0600		8. 6720	1. 3100
	圆钉	kg	0. 2470	0. 0560			1. 9870
	镀锌铁丝　综合	kg	0. 0360				
	聚氯乙烯塑料薄膜	m²	4. 2390	6. 7380		7. 2990	4. 8175
	清洗剂	kg				1. 3700	
	氧气	m³				0. 6900	

续表

定 额 编 号			XZYT4-111	XZYT4-112	XZYT4-113	XZYT4-114	XZYT4-115
项 目			平板	地沟盖板	成品复合盖板	角钢框混凝土盖板	小型预制构件
计价材料	乙炔气	m³				0.2900	
	防锈漆	kg				1.9000	
	水	t	0.4180	0.7650		0.7870	0.8030
	通用钢模板	kg	0.4120	0.0874			
	木模板	m³	0.0080	0.0040			0.1950
	砖地模	m²	0.1280	0.1170		0.1170	0.6380
	复合沟盖板	m²			1.0200		
	其他材料费	元	6.7900	6.8000	7.9600	34.9500	14.0900
机械	汽车式起重机 起重量 5t	台班	0.0092	0.0092			0.0104
	门式起重机 起重量 20t	台班	0.1035				0.0805
	载重汽车 5t	台班		0.0127		0.0127	0.0460
	载重汽车 8t	台班	0.0207				
	混凝土振捣器（平台式）	台班	0.1300	0.1300		0.1300	0.1300
	木工圆锯机 直径 φ500	台班	0.0138	0.0115			0.1794
	交流弧焊机 容量 21kVA	台班				2.4840	
	点焊机 容量 50kVA	台班		0.4232		0.3634	0.2151

218

4.3 钢　　筋

工作内容： 钢筋加工、绑扎、焊接、安装；预应力钢筋加工、对焊、张拉、放张、切断；预应力钢筋加工、穿筋、张拉、孔道灌浆、锚固、张放、切割、清理。

定 额 编 号			XZYT4-116	XZYT4-117	XZYT4-118	XZYT4-119	XZYT4-120	XZYT4-121	XZYT4-122
项　　　　　目			钢筋		支撑钢筋	支撑型钢	预应力钢筋	锚头制作、安装、张拉、锁定	冷拔低碳钢丝
			φ10以内	φ10以外	（铁马）				
单　　　　　位			t	t	t	t	t	套	t
基　　　价（元）			6783.01	6277.90	6901.75	10002.54	7560.09	860.32	8883.46
其中	人 工 费（元）		1148.06	692.03	1198.27	1767.28	811.59	720.03	2662.41
	材 料 费（元）		5209.31	5227.12	5238.91	7897.03	6207.86	62.34	6029.89
	机 械 费（元）		425.64	358.75	464.57	338.23	540.64	77.95	191.16
名　　称		单位	数　　量						
人工	建筑普通工	工日	3.6683	2.2141	3.9535	0.5914	2.5981	4.7386	15.5995
	建筑技术工	工日	5.2836	3.1827	5.4213	11.9161	3.7314	1.4895	6.9459
计价材料	槽钢 16 号以下	kg					31.8000		
	等边角钢 边长63以下	kg						0.3498	

续表

定 额 编 号			XZYT4-116	XZYT4-117	XZYT4-118	XZYT4-119	XZYT4-120	XZYT4-121	XZYT4-122
项 目			钢筋		支撑钢筋	支撑型钢	预应力钢筋	锚头制作、安装、张拉、锁定	冷拔低碳钢丝
			φ10以内	φ10以外	(铁马)				
计价材料	圆钢 φ10以下	kg	1020.0000					0.0061	
	圆钢 φ10以上	kg		1030.0000	1030.0000				
	预应力钢筋 φ10以上	kg					1060.0000		
	钢丝 φ1.6以下	kg							1020.0000
	加工铁件 综合	kg				1100.0000			
	电焊条 J422 综合	kg		0.9610		36.0000			
	合金钢电焊条 低合金 综合	kg						2.8000	
	镀锌半圆头螺栓 综合	套					6.7500		
	精制六角螺母 M12~16	个						2.0400	
	镀锌铁丝 综合	kg	8.8000	2.0500	5.1043			0.2000	
	氧气	m³					1.3200		
	乙炔气	m³					0.4600	0.1700	
	水	t		0.1200					
	张拉锚具	kg					26.3600		
	其他材料费	元	81.5400	81.8400	82.0100	130.4500	96.4200	1.1600	106.7500

220

续表

定　额　编　号			XZYT4-116	XZYT4-117	XZYT4-118	XZYT4-119	XZYT4-120	XZYT4-121	XZYT4-122
项　　　目			钢筋		支撑钢筋	支撑型钢	预应力钢筋	锚头制作、安装、张拉、锁定	冷拔低碳钢丝
			φ10以内	φ10以外	（铁马）				
机械	汽车式起重机　起重量　8t	台班	0.0242	0.0242	0.0242		0.0242	0.0690	
	载重汽车　5t	台班	0.0403	0.0403	0.0403				
	载重汽车　6t	台班	0.5175		0.5175		0.5175		
	电动单筒慢速卷扬机　50kN	台班	0.3680		0.3680		0.6900		
	钢筋切断机　直径　φ40	台班	0.1380	0.1035	0.1391		0.0920		0.2070
	钢筋弯曲机　直径　φ40	台班	0.7487	0.1955	0.7489				
	预应力钢筋拉伸机　拉伸力　650kN	台班					0.7590		
	交流弧焊机　容量　21kVA	台班		0.3289	0.3299	5.0485			
	交流弧焊机　容量　32kVA	台班						0.1610	
	对焊机　容量　150kVA	台班		0.1265	0.1277		0.4485		
	点焊机　容量　50kVA	台班							1.7250
	液压千斤顶　起重量　200t	台班						0.2300	

221

工作内容：套筒：刻划钢筋套入长度标记、套筒套入钢筋、安装连接机、开动液压泵、加压套筒至接头成型、卸下连接机、接头外形检查；螺纹接头：钢筋就位、拧下钢筋保护帽、接头拧紧、做标记、施工检验。

定 额 编 号			XZYT4-123	XZYT4-124	XZYT4-125	XZYT4-126
项 目			钢筋连接			
			套筒冷压接头	螺纹接头 φ20 以内	螺纹接头 φ25 以内	螺纹接头 φ32 以内
单 位			t	t	t	t
基 价 （元）			**12.92**	**18.09**	**21.89**	**27.15**
其中	人 工 费 （元）		4.02	7.89	10.72	13.61
	材 料 费 （元）		8.90	9.40	10.11	12.24
	机 械 费 （元）			0.80	1.06	1.30
名 称		单位	数 量			
人工	建筑普通工	工日	0.0285	0.0557	0.0760	0.0962
	建筑技术工	工日	0.0068	0.0135	0.0181	0.0232
计价材料	挤压套筒	个	1.0020			
	钢筋螺纹连接套筒 φ20 以内	套		1.0100		
	钢筋螺纹连接套筒 φ25 以内	套			1.0100	
	钢筋螺纹连接套筒 φ30 以内	套				1.0100
	塑料保护帽	个		1.1000	1.1000	1.1000
	塑料密封帽	个		1.1000	1.1000	1.1000
	其他材料费	元	0.1700	0.1700	0.1900	0.2200
机械	钢筋切断机 直径 φ40	台班		0.0184	0.0242	0.0299

222

工作内容：定位、放线、钻孔、清孔、钢筋切断、注射强力胶、种植钢筋、检查验收。

定 额 编 号		XZYT4-127	XZYT4-128
项 目		钢筋植筋	
		ϕ22 以内	ϕ32 以内
单 位		根	根
基 价（元）		**82.67**	**123.49**
其中	人 工 费（元）	24.50	31.44
	材 料 费（元）	16.44	23.91
	机 械 费（元）	41.73	68.14
名 称	单位	数 量	
人工	建筑普通工	工日	0.1442	0.2193
	建筑技术工	工日	0.0634	0.0558
计价材料	圆钢 ϕ10 以上	kg	0.8940	1.1550
	丙酮 95%	kg	0.9000	1.2600
	强力植筋胶	kg	0.2400	0.3840
	合金钻头 ϕ25	支	0.0430	
	合金钻头 ϕ35	支		0.0610
	电动钢刷片	支	0.1000	0.1000
	棉纱头	kg	0.1400	0.1400
	其他材料费	元	0.2700	0.3900
机械	载重汽车 6t	台班	0.0046	0.0006
	钢筋切断机 直径 ϕ40	台班	0.0144	0.0170
	轻便钻机 XJ-100	台班	0.1725	0.2990

工作内容：清理、绑扎尼龙轧带、放绝缘垫片、固定。

定　额　编　号		XZYT4-129
项　　　目		钢筋绝缘套
单　　　位		套
基　　价（元）		**4.85**
其中	人　工　费（元）	3.65
	材　料　费（元）	1.20
	机　械　费（元）	
名　　称	单位	数　　量
人工 建筑普通工	工日	0.0245
建筑技术工	工日	0.0072
计价材料 尼龙扎带　L=400mm	根	1.0100
塑料护口　100	个	1.0100
其他材料费	元	0.0200

4.4 铁件、螺栓

工作内容：下料、制作、除锈、刷防锈漆，安装埋设；螺栓购置、安装埋设、焊接固定。

定　额　编　号			XZYT4-130	XZYT4-131	XZYT4-132	XZYT4-133	XZYT4-134
项　　　　目			角钢边框	预埋铁件制作安装	预埋铁件安装	预埋高强螺栓	设备螺栓固定架
单　　　　位			t	t	t	t	t
基　　价　（元）			**8963.18**	**9086.44**	**1148.69**	**14251.74**	**8647.45**
其中	人　工　费（元）		2303.05	2709.31	796.00	704.94	2562.64
	材　料　费（元）		6281.40	5676.77	106.86	13534.35	5734.30
	机　械　费（元）		378.73	700.36	245.83	12.45	350.51
名　　称		单位	数　　量				
人工	建筑普通工	工日	13.4924	11.4072	4.5974	4.1888	7.4905
	建筑技术工	工日	6.0095	10.4108	2.1264	1.7954	12.3158
计价材料	型钢　综合	kg					791.2800
	镀锌角钢　边长 50 以下	kg	1010.0000				
	铁件　钢筋	kg		220.0000			
	铁件　型钢	kg		880.0000			
	薄钢板　4mm 以下	kg					248.4000
	预埋铁件　综合	kg					3.7000
	电焊条　J422　综合	kg	14.9680	47.2000	14.4000		27.4970

续表

定　额　编　号			XZYT4-130	XZYT4-131	XZYT4-132	XZYT4-133	XZYT4-134
项　　目			角钢边框	预埋铁件 制作安装	预埋铁件安装	预埋高强螺栓	设备螺栓 固定架
计价材料	电焊条　J507　综合	kg				0.6590	
	高强螺栓　综合	kg				1010.0000	
	氧气	m³		6.3900			5.0700
	乙炔气	m³		2.7800			2.4150
	防锈漆	kg		2.1620	2.1620		1.2090
	其他材料费	元	94.2000	75.4100	1.8300	246.5100	84.6300
机械	汽车式起重机　起重量　5t	台班		0.0180	0.0207		0.0180
	载重汽车　8t	台班		0.0360	0.0414		0.0360
	摇臂钻床　钻孔直径　φ50	台班		0.0575			0.0100
	剪板机　厚度×宽度　40mm×3100mm	台班		0.0023			0.0020
	型钢剪断机　剪断宽度　500mm	台班	0.2530	0.0127			0.0110
	型钢调直机	台班	0.2530				
	交流弧焊机　容量　21kVA	台班	3.7420	9.8337	3.0820		4.6440
	交流弧焊机　容量　32kVA	台班				0.1263	

工作内容：下料、制作、除锈、刷防锈漆，安装埋设；螺栓购置、安装埋设、焊接固定；清理、就位、弹簧隔震装置安装。

定　额　编　号			XZYT4-135
项　　　　　　目			穿墙钢套管埋件安装
单　　　　　　位			t
基　　价（元）			**804.70**
其中	人　工　费（元）		740.66
	材　料　费（元）		11.18
	机　械　费（元）		52.86
名　　　称		单位	数　　　量
人工	建筑普通工	工日	4.4671
	建筑技术工	工日	1.8369
计价材料	电焊条　J422　综合	kg	1.2690
	防锈漆	kg	0.3276
	其他材料费	元	0.1900
机械	汽车式起重机　起重量　5t	台班	0.0186
	载重汽车　8t	台班	0.0393
	交流弧焊机　容量　21kVA	台班	0.2432

227

4.5 预制混凝土构件运输

工作内容：设置运输支架、装车、运输、卸车、堆放，支垫稳固。

定 额 编 号			XZYT4-136	XZYT4-137
项 目			预制混凝土构件运输	
			运距 1km	运距每增加 1km
单 位			m³	m³
基 价（元）			**140.56**	**10.12**
其中	人 工 费（元）		15.54	
	材 料 费（元）		3.33	
	机 械 费（元）		121.69	10.12
名 称		单位	数 量	
人工	建筑普通工	工日	0.1452	
计价材料	槽钢 16号以下	kg	0.1598	
	钢丝绳 φ8以下	kg	0.0233	
	板材红白松 二等	m³	0.0008	
	镀锌铁丝 综合	kg	0.1125	
	其他材料费	元	0.0500	
机械	汽车式起重机 起重量 12t	台班	0.0440	
	平板拖车组 30t	台班	0.0587	0.0075

4.6 预制混凝土构件安装

4.6.1 现场制作混凝土构件安装

工作内容：构件翻身、起吊、就位、临时加固、校正、焊接，接头二次浇灌、养护。

定 额 编 号			XZYT4-138	XZYT4-139	XZYT4-140	XZYT4-141	XZYT4-142
项 目			柱	支架	矩形梁	过梁	吊车梁
单 位			m³	m³	m³	m³	m³
基 价（元）			**449.25**	**302.21**	**124.71**	**257.40**	**331.24**
其中	人 工 费（元）		208.13	160.54	55.35	73.29	111.31
	材 料 费（元）		78.00	57.90	32.07	36.39	48.35
	机 械 费（元）		163.12	83.77	37.29	147.72	171.58
名 称		单位	数 量				
人工	建筑普通工	工日	1.4730	1.1361	0.3918	0.5187	0.7877
	建筑技术工	工日	0.3533	0.2726	0.0939	0.1244	0.1890
计价材料	槽钢 16 号以下	kg	0.2130	0.3259			0.3150
	加工铁件 综合	kg					2.2900
	现浇混凝土 C30-10 集中搅拌	m³	0.0730	0.0810	0.0550	0.0680	0.0380
	电焊条 J422 综合	kg	6.3160	1.8180	0.4250		2.8760
	圆钉	kg	0.0870	0.0780	0.0500	0.0300	
	镀锌铁丝 综合	kg	0.2400	0.2400	0.1180	0.1010	
	聚氯乙烯塑料薄膜	m²	0.1230	0.1690	0.1010	0.1260	

续表

定　额　编　号			XZYT4-138	XZYT4-139	XZYT4-140	XZYT4-141	XZYT4-142
项　　　　目			柱	支架	矩形梁	过梁	吊车梁
计价材料	水	t	0.0418	0.0510	0.0320	0.0350	0.0210
	木模板	m³	0.0065	0.0070	0.0040	0.0050	
	其他材料费	元	1.3300	0.9600	0.5200	0.5900	0.8000
机械	履带式起重机　起重量　15t	台班			0.0357	0.1645	
	履带式起重机　起重量　25t	台班	0.0495	0.0506			
	履带式起重机　起重量　50t	台班					0.0610
	木工圆锯机　直径　φ500	台班	0.0092	0.0138	0.0069	0.0081	
	交流弧焊机　容量　21kVA	台班	1.6894	0.4865	0.0759		0.9384

230

定 额 编 号			XZYT4-143	XZYT4-144	XZYT4-145	XZYT4-146	XZYT4-147
项 目			大型屋面板	槽肋型板、空心板	平板	地沟盖板	小型构件
单 位			m³	m³	m³	m³	m³
基 价 （元）			**298.31**	**246.55**	**250.47**	**88.28**	**388.09**
其中	人 工 费 （元）		196.89	151.35	149.85	58.03	102.82
	材 料 费 （元）		60.52	63.82	67.97	19.01	93.91
	机 械 费 （元）		40.90	31.38	32.65	11.24	191.36
名 称		单位	数 量				
人工	建筑普通工	工日	1.3933	1.0710	1.0605	0.2685	0.7277
	建筑技术工	工日	0.3343	0.2570	0.2544	0.2049	0.1745
计价材料	槽钢 16 号以下	kg	0.3150	0.3188	0.3150	0.2835	
	平垫铁 综合	kg					2.6430
	加工铁件 综合	kg	0.8390	0.4433	0.4380		
	方材红白松 二等	m³				0.0013	0.0100
	现浇混凝土 C25-10 集中搅拌	m³					0.0600
	现浇混凝土 C30-10 集中搅拌	m³	0.0720	0.0800	0.0870	0.0360	
	电焊条 J422 综合	kg	0.7390	0.3864	0.3860		1.5310
	圆钉	kg	0.1630	0.1860	0.2010		0.1940
	镀锌铁丝 综合	kg	0.2300	0.1443	0.1300	0.1183	1.5120
	聚氯乙烯塑料薄膜	m²	0.2150	0.2200	0.2370	0.1050	0.2050
	水	t	0.0500	0.0600	0.0700	0.0100	0.0720

231

续表

定　额　编　号			XZYT4-143	XZYT4-144	XZYT4-145	XZYT4-146	XZYT4-147
项　　　　目			大型屋面板	槽肋型板、空心板	平板	地沟盖板	小型构件
计价材料	木模板	m³	0.0102	0.0131	0.0139		0.0095
	其他材料费	元	1.0100	1.0600	1.1300	0.2900	1.5700
机械	履带式起重机　起重量　15t	台班		0.0069	0.0150		
	履带式起重机　起重量　25t	台班	0.0058	0.0104	0.0058		
	履带式起重机　起重量　50t	台班	0.0092				
	汽车式起重机　起重量　5t	台班				0.0150	0.1047
	载重汽车　8t	台班					0.1587
	木工圆锯机　直径　φ500	台班	0.0173	0.0219	0.0230		0.0173
	交流弧焊机　容量　21kVA	台班	0.2714	0.2107	0.1898		0.3140

4.6.2 成品混凝土构件安装

工作内容：构件购置、运输、现场堆放；构件翻身、起吊、就位、临时加固、校正、焊接，接头二次浇灌、养护。

定 额 编 号			XZYT4-148	XZYT4-149	XZYT4-150
项 目			过梁	吊车梁	薄腹梁
单 位			m³	m³	m³
基 价（元）			**1548.81**	**2486.02**	**2700.71**
其中	人 工 费（元）		80.63	111.31	116.85
	材 料 费（元）		1320.46	2203.13	2443.16
	机 械 费（元）		147.72	171.58	140.70
名 称		单位	数 量		
人工	建筑普通工	工日	0.5706	0.7877	0.8270
	建筑技术工	工日	0.1369	0.1890	0.1983
计价材料	槽钢 16号以下	kg	0.3000	0.3150	0.3150
	加工铁件 综合	kg		2.2900	2.8760
	板材红白松 二等	m³	0.0070	0.0140	0.0040
	现浇混凝土 C30-10 集中搅拌	m³	0.0680	0.0380	
	预制钢筋混凝土过梁	m³	1.0100		
	预制钢筋混凝土吊车梁	m³		1.0100	
	预制钢筋混凝土薄腹梁	m³			1.0100
	电焊条 J422 综合	kg		2.8760	3.0270

续表

定　额　编　号			XZYT4-148	XZYT4-149	XZYT4-150
项　　　目			过梁	吊车梁	薄腹梁
计价材料	圆钉	kg	0.0300		
	镀锌铁丝　综合	kg	0.1010	0.0500	0.9460
	聚氯乙烯塑料薄膜	m²	0.1260	0.1070	
	水	t	0.0350	0.0210	0.0320
	木模板	m³	0.0050		
	其他材料费	元	21.4600	35.8200	39.7400
机械	履带式起重机　起重量　15t	台班	0.1645		
	履带式起重机　起重量　25t	台班			0.0748
	履带式起重机　起重量　50t	台班		0.0610	
	木工圆锯机　直径　φ500	台班	0.0081		
	交流弧焊机　容量　21kVA	台班		0.9384	0.9798

定 额 编 号		XZYT4-151	XZYT4-152	XZYT4-153
项 目		空心板	平板	地沟盖板
单 位		m³	m³	m³
基 价 （元）		**1648.76**	**1533.85**	**1480.56**
其中	人 工 费 （元）	158.91	149.85	49.33
	材 料 费 （元）	1460.51	1351.35	1419.99
	机 械 费 （元）	29.34	32.65	11.24
名 称	单位	数 量		
人工 建筑普通工	工日	1.1247	1.0605	0.1872
建筑技术工	工日	0.2697	0.2544	0.2049
计价材料 槽钢 16号以下	kg	0.3150	0.3150	0.2520
加工铁件 综合	kg	0.3010	0.4380	
板材红白松 二等	m³			0.0010
现浇混凝土 C30-10 集中搅拌	m³	0.0800	0.0870	0.0420
预制钢筋混凝土空心板	m³	1.0100		
预制钢筋混凝土平板	m³		1.0100	
预制钢筋混凝土地沟盖板	m³			1.0100
电焊条 J422 综合	kg	0.2121	0.3860	
圆钉	kg	0.1860	0.2010	
镀锌铁丝 综合	kg	0.1443	0.1300	0.1183
聚氯乙烯塑料薄膜	m²	0.2200	0.2370	0.1050
水	t	0.0500	0.0700	0.0100

235

续表

定 额 编 号			XZYT4-151	XZYT4-152	XZYT4-153
项 目			空心板	平板	地沟盖板
计价材料	木模板	m³	0.0131	0.0139	
	其他材料费	元	20.3600	22.8400	23.9900
机械	履带式起重机 起重量 15t	台班	0.0069	0.0150	
	履带式起重机 起重量 25t	台班	0.0104	0.0058	
	汽车式起重机 起重量 5t	台班			0.0150
	木工圆锯机 直径 φ500	台班	0.0219	0.0230	
	交流弧焊机 容量 21kVA	台班	0.1803	0.1898	

4.7 装配式建筑构件安装

工作内容：构件吊装、校正、螺栓固定、预埋铁件、搭设及拆除钢支撑等。

定 额 编 号			XZYT4-154	XZYT4-155	XZYT4-156	XZYT4-157
项 目			钢筋混凝土基础	钢筋混凝土柱	钢筋混凝土梁	钢筋混凝土板
单 位			m³	m³	m³	m³
基 价（元）			**2717.85**	**3414.34**	**3186.79**	**2910.28**
其中	人 工 费（元）		88.66	190.06	82.24	189.60
	材 料 费（元）		2429.11	3052.47	2936.84	2563.27
	机 械 费（元）		200.08	171.81	167.71	157.41
名 称		单位	数 量			
人工	建筑普通工	工日	0.6276	0.4450	0.1926	0.0699
	建筑技术工	工日	0.1504	0.9961	0.4310	1.2736
计价材料	槽钢 16号以下	kg	0.2112	0.3250	0.3250	0.3150
	焊接钢管 DN50	kg		0.3250	0.1331	
	挤压套筒	个		0.2355		
	预埋铁件 综合	kg	0.0017	0.0028	0.0028	0.0025
	板材红白松 二等	m³	0.0011	0.0015	0.0011	0.0150
	现浇混凝土 C30-10 集中搅拌	m³	0.0380	0.0680	0.0680	0.0780
	电焊条 J422 综合	kg	1.1231	2.8760	2.8760	2.8760
	镀锌六角螺栓 M20×80	个		0.0505	0.0505	

237

续表

定 额 编 号			XZYT4-154	XZYT4-155	XZYT4-156	XZYT4-157
项 目			钢筋混凝土基础	钢筋混凝土柱	钢筋混凝土梁	钢筋混凝土板
计价材料	木模板	m^3	0.0030	0.0050	0.0050	0.0102
	装配式预制混凝土基础	m^3	1.0050			
	装配式预制混凝土柱	m^3		1.0050		
	装配式预制混凝土梁	m^3			1.0050	
	装配式预制混凝土板	m^3				1.0050
	其他材料费	元	34.6800	43.6400	42.6500	36.7500
机械	履带式起重机　起重量　25t	台班	0.1645			0.0090
	履带式起重机　起重量　50t	台班		0.0610	0.0587	0.0477
	木工圆锯机　直径　ϕ500	台班	0.0040	0.0081	0.0081	0.0173
	交流弧焊机　容量　21kVA	台班	0.5210	0.9384	0.9384	0.9384

238

定 额 编 号		XZYT4-158	XZYT4-159	XZYT4-160
项 目		钢筋混凝土空调板	钢筋混凝土外墙板	钢筋混凝土内墙板
单 位		m³	m³	m³
基 价 （元）		**3052. 86**	**3050. 21**	**2655. 86**
其中	人 工 费 （元）	185. 58	75. 78	72. 74
	材 料 费 （元）	2681. 47	2776. 55	2392. 52
	机 械 费 （元）	185. 81	197. 88	190. 60
名 称	单位	数 量		
人工	建筑普通工	工日	0. 4344	0. 1775	0. 1702
	建筑技术工	工日	0. 9727	0. 3971	0. 3813
计价材料	槽钢 16号以下	kg	0. 2150	0. 3150	0. 3150
	预埋铁件 综合	kg	0. 0018	0. 0026	0. 0024
	板材红白松 二等	m³	0. 0015	0. 0150	0. 0150
	现浇混凝土 C30-10 集中搅拌	m³	0. 0461	0. 0780	0. 0780
	电焊条 J422 综合	kg	0. 9390	1. 3250	1. 2260
	装配式预制混凝土空调板	m³	1. 0050		
	装配式预制混凝土外墙板	m³		1. 0050	
	装配式预制混凝土内墙板	m³			1. 0050
	其他材料费	元	39. 3400	40. 7900	33. 2800
机械	履带式起重机 起重量 25t	台班	0. 1512	0. 1087	0. 1050
	履带式起重机 起重量 50t	台班		0. 0254	0. 0251
	木工圆锯机 直径 φ500	台班	0. 0173	0. 0186	0. 0186
	交流弧焊机 容量 21kVA	台班	0. 5014	0. 6419	0. 5967

工作内容：构件翻身、起吊、就位（包括临时加固）、校正、焊接，接头二次浇灌、养护。

定 额 编 号			XZYT4-161	XZYT4-162	XZYT4-163	XZYT4-164
项 目			钢筋混凝土女儿墙	钢筋混凝土压顶	钢筋混凝土柱帽	钢筋混凝土电缆沟
单 位			m³	m³	m³	m³
基 价 （元）			**2410.61**	**2756.00**	**2884.73**	**3039.62**
其中	人 工 费 （元）		94.29	185.25	174.96	151.36
	材 料 费 （元）		2248.69	2380.19	2540.91	2642.96
	机 械 费 （元）		67.63	190.56	168.86	245.30
名 称		单位	数 量			
人工	建筑普通工	工日	0.2207	0.4336	0.4096	1.0711
	建筑技术工	工日	0.4942	0.9710	0.9170	0.2570
计价材料	槽钢 16 号以下	kg	0.2676			0.3150
	平垫铁 综合	kg	1.9975	2.6123	2.6123	
	预埋铁件 综合	kg	0.0018			0.0839
	板材红白松 二等	m³	0.0019	0.0090	0.0090	0.0150
	现浇混凝土 C30-10 集中搅拌	m³	0.0065	0.0058	0.0058	0.0780
	电焊条 J422 综合	kg	0.4590	1.4980	1.4980	0.3860
	圆钉	kg		0.2300	0.2300	
	镀锌铁丝 综合	kg		1.4890	1.4890	
	聚氯乙烯塑料薄膜	m²		0.2110	0.2110	
	水	t		0.0750	0.0750	
	木模板	m³		0.0088	0.0088	

240

续表

定 额 编 号			XZYT4-161	XZYT4-162	XZYT4-163	XZYT4-164
项 目			钢筋混凝土女儿墙	钢筋混凝土压顶	钢筋混凝土柱帽	钢筋混凝土电缆沟
计价材料	定型组合钢模连接卡具	kg	0.7097			
	装配式预制混凝土女儿墙	m³	1.0050			
	装配式预制混凝土压顶	m³		1.0050		
	装配式预制混凝土电缆沟	m³				1.0050
	装配式混凝土柱帽	m³			1.0050	
	其他材料费	元	32.1100	34.1000	39.1700	37.7600
机械	履带式起重机 起重量 15t	台班	0.0605			
	汽车式起重机 起重量 5t	台班		0.0897	0.0794	
	汽车式起重机 起重量 25t	台班				0.1535
	汽车式起重机 起重量 50t	台班				0.0092
	载重汽车 8t	台班		0.1771	0.1547	
	木工圆锯机 直径 φ500	台班	0.0230	0.0253	0.0150	0.0173
	交流弧焊机 容量 21kVA	台班	0.1898	0.3082	0.2965	0.1898

定 额 编 号			XZYT4-165	XZYT4-166	XZYT4-167	XZYT4-168
项 目			钢筋混凝土水池	钢筋混凝土围墙板	钢筋混凝土预制板	蒸压轻质加气预制板
					防火墙	
单 位			m³	m³	m³	m³
基 价 (元)			**3058.83**	**2817.63**	**3211.00**	**3739.15**
其中	人 工 费 (元)		166.84	86.84	149.85	152.88
	材 料 费 (元)		2731.59	2567.86	2916.89	3448.25
	机 械 费 (元)		160.40	162.93	144.26	138.02
名 称		单位	数 量			
人工	建筑普通工	工日	1.1808	0.4375	1.0605	1.0817
	建筑技术工	工日	0.2832	0.2799	0.2544	0.2597
计价材料	槽钢 16 号以下	kg	0.3150	0.3150	0.3150	0.3150
	加工铁件 综合	kg	0.3010	0.3010	0.4380	0.4380
	板材红白松 二等	m³	0.0131	0.0198	0.0145	0.0145
	现浇混凝土 C30-10 集中搅拌	m³	0.0800	0.0800	0.0870	0.0870
	电焊条 J422 综合	kg	0.2121	0.2121	0.3860	0.3860
	圆钉	kg	0.1860	0.1976	0.2010	0.2010
	镀锌铁丝 综合	kg	0.1443	0.1443	0.1300	0.1300
	聚氯乙烯塑料薄膜	m²	0.2200	0.2200	0.2200	0.2200
	水	t	0.0500	0.0500	0.0500	0.0500
	装配式预制混凝土水池	m³	1.0050			

242

续表

定 额 编 号			XZYT4-165	XZYT4-166	XZYT4-167	XZYT4-168
项 目			钢筋混凝土水池	钢筋混凝土围墙板	钢筋混凝土预制板	蒸压轻质加气预制板
					防火墙	
计价材料	装配式预制混凝土围墙板	m³		1.0050		
	装配式预制混凝土防火墙（普通）	m³			1.0050	
	装配式预制混凝土防火墙（蒸压轻质加气）	m³				1.0050
	其他材料费	元	39.0300	36.7200	41.6800	67.3400
机械	履带式起重机 起重量 15t	台班	0.0405	0.0370	0.0498	0.0406
	履带式起重机 起重量 25t	台班	0.1110	0.0797	0.0866	0.0886
	载重汽车 5t	台班		0.0737		
	木工圆锯机 直径 φ500	台班	0.0219	0.0219	0.0219	0.0219
	交流弧焊机 容量 21kVA	台班	0.1803	0.1803	0.1803	0.1803

工作内容：铝镁锰板压顶：场内运输、放料、下料、弹线、安装。

定 额 编 号		XZYT4-169	XZYT4-170	XZYT4-171
项 目		钢筋桁架楼承板	带槽口盖板	铝镁锰板
				女儿墙压顶
单 位		m²	m²	m
基 价（元）		**459.29**	**373.93**	**174.40**
其中	人 工 费（元）	21.84	4.34	15.77
	材 料 费（元）	432.29	361.35	157.73
	机 械 费（元）	5.16	8.24	0.90
名 称	单位	数 量		
人工 建筑普通工	工日	0.1245	0.0165	0.0414
建筑技术工	工日	0.0596	0.0180	0.0793
计价材料 槽钢 16 号以下	kg		0.0222	
板材红白松 二等	m³		0.0001	
现浇混凝土 C30-10 集中搅拌	m³		0.0037	
粘结剂 乳胶	kg			0.0800
普通六角螺栓	kg	0.0012		
自攻螺钉	kg	0.0166		0.0520
圆钉	kg	0.0286		
剪力钉 95	套	4.5900		
抽芯铝铆钉	kg	0.0041		
紫铜铆钉 M2.5~6	100 个			0.0003

续表

定 额 编 号			XZYT4-169	XZYT4-170	XZYT4-171
项 目			钢筋桁架楼承板	带槽口盖板	铝镁锰板
					女儿墙压顶
计价材料	镀锌铁丝 综合	kg	0.2871	0.0104	
	聚氯乙烯塑料薄膜	m²	0.7314	0.0092	
	密封条	m			1.0050
	水	t	0.0609	0.0009	
	钢管脚手架 包括扣件	kg	1.2704		
	支撑钢管及扣件	kg	1.0068		
	钢脚手板 50×250×4000	块	0.0177		
	木模板	m³	0.0017		
	铝镁锰复合板	m²			0.4422
	带槽口盖板	m²		1.0100	
	钢筋桁架楼承板	m²	1.0200		
	其他材料费	元	7.6400	6.3900	2.8600
机械	汽车式起重机 起重量 5t	台班	0.0049	0.0110	0.0012
	载重汽车 5t	台班	0.0017		
	混凝土振捣器（平台式）	台班	0.0273		
	木工圆锯机 直径 φ500	台班	0.0035		

245

4.8 混凝土蒸汽养护

工作内容：设施安装、运行；锅炉供汽；设备与管道维护。

定 额 编 号			XZYT4-172
项 目			混凝土蒸汽养护
单 位			m³
基 价（元）			**225.59**
其中	人 工 费（元）		68.10
	材 料 费（元）		101.25
	机 械 费（元）		56.24
名 称		单位	数 量
人工	建筑普通工	工日	0.4836
	建筑技术工	工日	0.1144
计价材料	煤	kg	138.0000
	水	t	1.3120
	电	kW·h	4.6120
	其他材料费	元	2.0300
机械	工业锅炉 蒸发量 2t/h	台班	0.0230
	蒸汽养护设备	台班	0.0460

246

第 5 章　金属结构工程

说　　明

1. 本定额中金属构件现场加工制作，也适用于施工企业加工厂加工制作。钢结构制作定额中包括一般钢结构加工场地、组合平台的摊销费。

2. 定额中金属构件制作是按照焊接和螺栓连接考虑，未考虑铆接。

3. 构件制作定额中包括分段制作和整体预装配的费用。整体预装配用的螺栓及锚固杆件的螺栓，已经包括在定额内，不另行计算。

4. 定额除注明者外，均包括场内材料运输、下料、加工、组装、焊接及成品堆放等工作内容。

5. 金属构件制作定额中，不包括除锈、刷防锈漆、刷油漆费用，应按照第 11 章相应定额另行计算。

6. 钢屋架单榀质量在 0.5t 以下者，执行轻型屋架定额。

7. 外包钢结构为混凝土柱断面四角所包的角钢构件。定额中不包括混凝土柱配制的钢筋质量，发生时执行第 4 章钢筋定额。

8. 钢栏杆定额子目不适用于楼梯木扶手下钢栏杆、窗防护格栅、围墙钢格栅、围墙钢格栅大门中钢栏杆工程。

9. 不锈钢结构制作定额适用于所有建筑物、构筑物工程。不锈钢结构安装执行相应的现场制作金属结构安装定额。

10. 金属构件制作子目中不包括镀锌费，发生时执行相应定额。

11. 成品金属结构安装定额包括金属结构成品购置费及安装费。

12. 钢屋架（包括拱形屋架）安装定额已综合考虑了支撑、天窗架、屋架的拼装组合工作内容。

13. 沉降观测标及沉降观测标保护盒包括成品购置费及安装费。

14. 工程设计的金属墙板或金属屋面板的板材规格、材质及保温层厚度，当与定额不同时允许换算材料费，定额中的人工费与机械费不作调整。

15. 金属结构安装定额分现场制作构件安装和成品构件安装。现场制作构件安装定额中包括了1km场内运输，工程实际运距超出 1km 时，应增加构件运输费用。

16. 金属结构构件运输按≤30km 编制，运输距离在 30km 以内时，执行本定额运输费用标准。

工程量计算规则

1. 金属结构制作根据设计图示尺寸按照成品质量以吨为单位计算工程量，计算组装、拼装连接螺栓的质量。不计算安装螺栓、焊条质量，不计算下料、加工等损耗量。高强螺栓按个单独计算。

2. 墙架工程量包括墙架柱、梁及连接系杆质量；钢柱工程量包括依附于柱上的牛腿及悬臂梁的质量。

3. 金属结构安装、运输工程量同制作工程量，定额已综合考虑了焊条、油漆等质量对安装、运输的影响，油漆质量不计算。

4. 钢网架按照设计图示尺寸的杆件以吨为单位计算工程量，支撑点钢板及屋面找坡顶管等质量并入网架工程量内计算。

5. 沉降观测标及沉降观测标保护盒，按照设计图示数量以套计算工程量。

6. 金属墙板工程量计算。

（1）金属墙板工程量分有保温墙板和无保温墙板分别计算。

（2）按照设计图示尺寸以安装面积计算工程量，扣除门窗洞口及单个面积在 $0.3m^2$ 以上孔洞所占面积。

（3）包角、包边、窗台泛水、接缝、附加层等不另增加面积。

（4）突出墙面柱子侧面、墙垛侧面、女儿墙压顶、女儿墙里侧的墙板面积计算工程量，并入金属墙板工程量中。

250

7. 金属屋面板工程量计算。

（1）金属屋面板工程量按有保温屋面板和无保温屋面板分别计算。

（2）平屋顶按照屋面水平投影面积计算工程量，扣除天窗洞口、屋顶通风器洞口及单个面积在 $0.3m^2$ 以上孔洞所占面积。

（3）坡屋顶按照垂直坡屋面投影面积计算工程量，扣除天窗洞口、屋顶通风器洞口及单个面积在 $0.3m^2$ 以上孔洞所占面积。

（4）包角、包边、女儿墙根部泛水、接缝、盖缝、附加层等不计算面积。

（5）当屋面与外墙交叉处设置屋面裙板时，按照裙板高度乘以外墙外边线长度计算面积，根据裙板材质执行相应的墙板定额。

8. 墙面板铝镁锰复合板、纤维复合板，按照设计图示尺寸以安装面积计算工程量，扣除门窗洞口及单个面积在 $0.3m^2$ 以上孔洞所占面积。

9. 不锈钢天沟按照面积计算工程量。

5.1 钢结构现场制作

5.1.1 钢柱、钢支架、钢架
工作内容：材料放样、划线、下料；平直、钻孔、拼装、焊接；成品校正、成品编号、堆放。

定 额 编 号			XZYT5-1	XZYT5-2	XZYT5-3	XZYT5-4	XZYT5-5	XZYT5-6	XZYT5-7	XZYT5-8
项　　　　目			钢柱			支架			钢架	
			钢管结构	型钢组合结构	H型钢结构	钢管结构	型钢组合结构	H型钢结构	型钢组合结构	H型钢结构
单　　　位			t	t	t	t	t	t	t	t
基　　价（元）			**7701.22**	**7919.60**	**6996.57**	**7662.90**	**7849.35**	**7165.69**	**7849.93**	**7296.66**
其中	人　工　费（元）		770.88	915.91	559.53	877.70	942.61	703.31	1060.29	784.77
	材　料　费（元）		5908.63	5935.46	5680.29	5868.73	5800.89	5675.88	5771.62	5702.28
	机　械　费（元）		1021.71	1068.23	756.75	916.47	1105.85	786.50	1018.02	809.61
名　　　称		单位	数　　　量							
人工	建筑普通工	工日	2.3568	2.7669	1.6453	2.6984	2.8748	2.1051	3.2107	2.3655
	建筑技术工	工日	3.6273	4.3346	2.6817	4.1187	4.4406	3.3431	5.0122	3.7179
计价材料	H型钢　综合	kg			909.2000			919.7200		925.2400
	等边角钢　边长63以下	kg	2.0000	3.0000	2.8000	4.5500	853.1000	2.8000	856.4000	6.2000
	中厚钢板　12~20	kg		1052.0000	148.8000		213.0000	141.2800	203.0000	129.1400
	焊接钢管　DN150	kg	451.6600			399.7600				
	焊接钢管　DN300	kg	605.3400			659.1100				

续表

定额编号		XZYT5-1	XZYT5-2	XZYT5-3	XZYT5-4	XZYT5-5	XZYT5-6	XZYT5-7	XZYT5-8
		钢柱			支架			钢架	
项目		钢管结构	型钢组合结构	H型钢结构	钢管结构	型钢组合结构	H型钢结构	型钢组合结构	H型钢结构
计价材料	电焊条 J422 综合 kg	28.1200	21.8700	11.8400	22.4000	28.0000	11.8400	20.7800	13.8700
	普通六角螺栓 kg	5.4600	9.7640	8.7980	3.1310	4.0120	6.2180	10.6240	7.6180
	氧气 m³	6.3000	6.9900	2.7960	4.9280	6.1600	2.7960	6.1600	5.5440
	乙炔气 m³	2.4470	2.4470	0.9788	1.7248	2.1560	0.9788	2.1560	1.9404
	其他材料费 元	91.9100	85.5400	94.3300	91.1000	83.3200	94.3400	82.9400	94.9800
机械	门式起重机 起重量 10t 台班	0.3450	0.3450	0.3795	0.3450				
	门式起重机 起重量 20t 台班		0.1288	0.1173	0.0920	0.4140	0.3910	0.4842	0.3910
	平板拖车组 10t 台班	0.3220	0.3220	0.3220	0.2576	0.3220	0.3105	0.3335	0.3335
	摇臂钻床 钻孔直径 φ50 台班	0.1162	0.1610	0.1610	0.0989	0.1610	0.1725	0.1725	0.1725
	剪板机 厚度×宽度 40mm×3100mm 台班	0.1265	0.1265		0.0184	0.0230		0.0242	0.0219
	型钢剪断机 剪断宽度 500mm 台班			0.0587	0.1012	0.1265	0.1150	0.1150	0.1150
	型钢调直机 台班				0.1012	0.1265		0.1150	0.1150
	钢板校平机 厚度×宽度 30mm×2600mm 台班	0.1265	0.1265		0.0184	0.0230		0.0230	0.0115
	交流弧焊机 容量 30kVA 台班	4.1745			3.6708		1.6698		
	交流弧焊机 容量 40kVA 台班		2.5404	0.9522		3.0096		1.8929	0.8427
	电动空气压缩机 排气量 6m³/min 台班	0.0920	0.0920	0.0920	0.0920	0.0920	0.0840	0.0920	0.0920

5.1.2 钢梁、钢檩条

工作内容：材料放样、划线、下料；平直、钻孔、拼装、焊接；成品校正、成品编号、堆放。

定 额 编 号			XZYT5-9	XZYT5-10	XZYT5-11
项 目			钢梁		
			型钢组合结构	型钢结构	H 型钢结构
单 位			t	t	t
基 价 （元）			**7996.82**	**7197.95**	**6992.67**
其中	人 工 费 （元）		1005.52	525.48	481.35
	材 料 费 （元）		5945.23	5751.32	5715.41
	机 械 费 （元）		1046.07	921.15	795.91
名 称		单位	数 量		
人工	建筑普通工	工日	3.0355	1.5186	1.3955
	建筑技术工	工日	4.7603	2.5384	2.3219
计价材料	型钢 综合	kg	106.0000	428.0000	
	H 型钢 综合	kg			918.6000
	等边角钢 边长 63 以下	kg	3.0000	357.6000	3.000
	中厚钢板 12~20	kg	953.7000	279.2000	140.2000
	电焊条 J422 综合	kg	24.8000	16.5000	13.8000
	普通六角螺栓	kg	7.3170	5.2190	8.2430
	氧气	m³	6.1600	6.1600	6.1600
	乙炔气	m³	2.1560	2.1560	1.7248
	其他材料费	元	86.0000	84.0400	95.1000

254

定 额 编 号			XZYT5-9	XZYT5-10	XZYT5-11
项 目			钢梁		
			型钢组合结构	型钢结构	H 型钢结构
机械	门式起重机 起重量 10t	台班	0.3680	0.3450	0.3588
	门式起重机 起重量 20t	台班	0.1725		0.1679
	平板拖车组 10t	台班	0.3220	0.3450	0.3450
	剪板机 厚度×宽度 40mm×3100mm	台班	0.1035	0.0920	
	型钢剪断机 剪断宽度 500mm	台班	0.0575	0.0460	0.1265
	交流弧焊机 容量 30kVA	台班	3.5650	3.5650	
	交流弧焊机 容量 40kVA	台班			0.8016
	电动空气压缩机 排气量 6m³/min	台班	0.0690	0.0690	0.0690

定 额 编 号	XZYT5-12	XZYT5-13	XZYT5-14	XZYT5-15	XZYT5-16	XZYT5-17	XZYT5-18
项 目	钢梁	钢制动（车挡）梁	钢梁		钢檩条		
	钢吊车梁		单轨钢吊车梁		型钢组合结构	型钢结构	H型钢结构
			直型	弯型			
单 位	t	t	t	t	t	t	t
基 价（元）	**7990.18**	**7465.61**	**7296.80**	**7650.42**	**7391.94**	**7209.02**	**7074.06**
其中 人 工 费（元）	922.74	966.09	793.73	1122.41	851.15	539.02	518.77
材 料 费（元）	6001.12	5822.14	5708.81	5720.07	5697.95	5770.40	5725.70
机 械 费（元）	1066.32	677.38	794.26	807.94	842.84	899.60	829.59

名 称	单位	数 量						
人工 建筑普通工	工日	2.7706	2.9059	2.3584	3.6421	2.6045	1.6820	1.6406
建筑技术工	工日	4.3796	4.5815	3.7859	5.1238	4.0033	2.5108	2.4002
计价材料 型钢 综合	kg			1033.0000	983.0000	516.8000	439.0000	
H型钢 综合	kg							904.5000
等边角钢 边长63以下	kg		487.0000	11.0000	9.0000	414.2000	318.0000	8.0000
中厚钢板 12~20	kg	1059.2000	573.0000	23.0000	75.0000	136.0000	310.0000	157.5000
电焊条 J422 综合	kg	26.8400	12.9280	19.9920	19.9920	13.1700	19.5922	13.1700
普通六角螺栓	kg	11.8780		3.0140	3.0140	3.0140	3.0140	3.0140
清洗剂	kg		3.0000					
氧气	m³	6.9900	6.1600	6.1600	6.1600	6.1600	6.1600	6.1600
乙炔气	m³	2.4470	2.1560	2.1560	2.1560	2.1560	2.1560	2.1560
防锈漆	kg		6.2000					

续表

定 额 编 号			XZYT5-12	XZYT5-13	XZYT5-14	XZYT5-15	XZYT5-16	XZYT5-17	XZYT5-18
项 目			钢梁	钢制动（车挡）梁	钢梁		钢檩条		
			钢吊车梁		单轨钢吊车梁		型钢组合结构	型钢结构	H型钢结构
					直型	弯型			
计价材料	其他材料费	元	86.6300	83.3400	85.6600	85.6500	83.4400	84.3600	94.9000
机械	汽车式起重机 起重量 16t	台班		0.1960					
	门式起重机 起重量 10t	台班	0.4773		0.3565	0.3623	0.3450	0.2657	0.2783
	门式起重机 起重量 20t	台班	0.1737					0.1288	0.0920
	载重汽车 10t	台班		0.1610					
	平板拖车组 10t	台班	0.3220		0.3220	0.3220	0.3220	0.3255	0.3105
	摇臂钻床 钻孔直径 φ50	台班	0.1610	0.1610	0.1610	0.1610	0.1610	0.1725	0.1495
	剪板机 厚度×宽度 40mm×3100mm	台班	0.1265	0.1270	0.0115	0.0115	0.0115	0.0230	0.0115
	型钢剪断机 剪断宽度 500mm	台班	0.0230	0.0230	0.0920	0.0920	0.1265	0.1265	0.1265
	型钢调直机	台班				0.0575	0.1265	0.1265	0.0575
	钢板校平机 厚度×宽度 30mm×2600mm	台班	0.1265	0.1270			0.0230	0.0115	
	交流弧焊机 容量 21kVA	台班		3.2320					
	交流弧焊机 容量 30kVA	台班			2.7370	2.7370	2.8635	2.8520	2.7370
	交流弧焊机 容量 40kVA	台班	1.7204						
	电动空气压缩机 排气量 6m³/min	台班	0.0726		0.0593	0.0593	0.0576	0.0593	0.0593

257

5.1.3 钢屋架、钢桁架

工作内容：材料放样、划线、下料；平直、钻孔、拼装、焊接；成品校正、成品编号、堆放。

定 额 编 号			XZYT5-19	XZYT5-20	XZYT5-21	XZYT5-22
项 目			轻型屋架	钢屋架	钢桁架	钢托架
单 位			t	t	t	t
基 价（元）			**8761.06**	**8302.31**	**8291.66**	**7964.58**
其中	人 工 费（元）		1721.45	1423.11	1423.11	1215.10
	材 料 费（元）		5813.99	5756.57	5756.57	5843.12
	机 械 费（元）		1225.62	1122.63	1111.98	906.36
名 称		单位		数 量		
人工	建筑普通工	工日	5.3238	4.3703	4.3703	3.8832
	建筑技术工	工日	8.0546	6.6817	6.6817	5.5916
计价材料	等边角钢 边长63以下	kg	866.0000	1006.0000	1006.0000	857.0000
	中厚钢板 12~20	kg	198.1300	64.0000	64.0000	203.0000
	电焊条 J422 综合	kg	30.4000	27.2000	27.2000	18.3560
	普通六角螺栓	kg	5.8700			
	清洗剂	kg				3.0000
	氧气	m³	6.1600	6.1600	6.1600	6.1600
	乙炔气	m³	2.1560	2.1560	2.1560	2.1560
	防锈漆	kg				11.6000
	其他材料费	元	83.6100	82.5200	82.5200	83.6800
机械	汽车式起重机 起重量 20t	台班				0.3360

258

续表

定 额 编 号			XZYT5-19	XZYT5-20	XZYT5-21	XZYT5-22
项 目			轻型屋架	钢屋架	钢桁架	钢托架
机械	门式起重机 起重量 20t	台班	0.5175	0.4899	0.4750	
	载重汽车 10t	台班				0.1610
	平板拖车组 10t	台班	0.3738	0.3220	0.3220	
	摇臂钻床 钻孔直径 φ50	台班	0.1610	0.1610	0.1610	0.1610
	剪板机 厚度×宽度 40mm×3100mm	台班	0.0230	0.0230	0.0230	0.0230
	型钢剪断机 剪断宽度 500mm	台班	0.1265	0.1265	0.1265	0.1270
	型钢调直机	台班	0.1265	0.1265	0.1265	0.1270
	钢板校平机 厚度×宽度 30mm×2600mm	台班	0.0230	0.0230	0.0230	0.0230
	交流弧焊机 容量 21kVA	台班				4.5890
	交流弧焊机 容量 30kVA	台班	4.2895	3.9100	3.9100	
	电动空气压缩机 排气量 6m³/min	台班	0.0920	0.0920	0.0920	

5.1.4 钢支撑、钢墙架

工作内容：材料放样、划线、下料；平直、钻孔、拼装、焊接；成品校正、成品编号、堆放。

定 额 编 号			XZYT5-23	XZYT5-24	XZYT5-25	XZYT5-26
项 目			钢支撑	钢天窗架	钢挡风架	钢墙架
单 位			t	t	t	t
基 价（元）			**7996.50**	**7535.13**	**7667.38**	**8460.61**
其中	人 工 费 （元）		1279.73	1190.73	993.00	1423.67
	材 料 费 （元）		5751.28	5544.05	5708.89	5751.14
	机 械 费 （元）		965.49	800.35	965.49	1285.80
名 称		单位	数 量			
人工	建筑普通工	工日	3.9119	3.6272	2.9953	4.3720
	建筑技术工	工日	6.0221	5.6127	4.7028	6.6844
计价材料	槽钢 16 号以下	kg				945.0000
	等边角钢 边长 63 以下	kg	827.0000	854.0000	1051.4000	39.0000
	中厚钢板 12~20	kg	238.0000	181.0000	16.0000	54.0000
	电焊条 J422 综合	kg	19.9920	17.9928	19.9920	36.8300
	普通六角螺栓	kg	3.2830		2.1740	2.8370
	氧气	m³	6.1600	5.5440	6.1600	6.1600
	乙炔气	m³	2.1560	1.9404	2.1560	2.1560
	其他材料费	元	82.4300	79.3100	81.7400	82.7600
机械	门式起重机 起重量 10t	台班	0.5175	0.4140	0.5175	0.5175
	平板拖车组 10t	台班	0.3220	0.2254	0.3220	0.3220

260

续表

定 额 编 号			XZYT5-23	XZYT5-24	XZYT5-25	XZYT5-26
项 目			钢支撑	钢天窗架	钢挡风架	钢墙架
机械	摇臂钻床　钻孔直径　$\phi50$	台班	0.1610	0.1578	0.1610	0.1610
	剪板机　厚度×宽度　40mm×3100mm	台班	0.0230	0.0230	0.0230	0.0230
	型钢剪断机　剪断宽度　500mm	台班	0.1265	0.1139	0.1265	0.1265
	型钢调直机	台班	0.1265	0.1139	0.1265	0.1265
	钢板校平机　厚度×宽度　30mm×2600mm	台班	0.0230	0.0230	0.0230	0.0230
	交流弧焊机　容量　30kVA	台班	2.8635	2.7203	2.8635	6.4285
	电动空气压缩机　排气量　10m³/min	台班	0.0920	0.0920	0.0920	0.0920

5.1.5 钢平台、梯子、栏杆

工作内容：材料放样、划线、下料；平直、钻孔、拼装、焊接；成品校正、成品编号、堆放。

定 额 编 号			XZYT5-27	XZYT5-28	XZYT5-29	XZYT5-30	XZYT5-31	XZYT5-32	XZYT5-33
项 目			钢平台	钢走道平台	钢格栅板	钢梯		钢栏杆	
						踏步式	爬式	型钢为主	钢管为主
单 位			t	t	t	t	t	t	t
基 价（元）			**8234.64**	**8076.55**	**8463.06**	**8754.06**	**8263.47**	**8383.10**	**9121.50**
其中		人 工 费（元）	1156.33	1289.93	1490.35	1818.88	1762.61	1851.51	2281.65
		材 料 费（元）	6076.55	5792.09	6119.95	6086.47	5718.63	5693.21	5984.05
		机 械 费（元）	1001.76	994.53	852.76	848.71	782.23	838.38	855.80
名 称		单位	数 量						
人工	建筑普通工	工日	3.5353	3.9622	4.5850	5.9575	5.3656	5.6504	7.0254
	建筑技术工	工日	5.4409	6.0558	6.9913	8.2617	8.3111	8.7197	10.6988
计价材料	槽钢　16 号以下	kg	397.0000	470.0000		275.0000	256.0000		
	等边角钢　边长 63 以下	kg		295.0000	230.0000	19.0000	197.0000	367.0000	
	圆钢　φ10 以下	kg						517.0000	
	薄钢板　4mm 以下	kg	671.0000		845.0000	776.0000	577.0000	186.0000	470.0000
	花纹钢板　综合	kg		303.0000					
	焊接钢管　DN32	kg							600.0000
	电焊条　J422　综合	kg	23.9680	22.3680	20.3200	19.9920	12.7100	18.6700	18.6700
	普通六角螺栓	kg	2.1570	2.1570					
	氧气	m³	6.1600	6.1600	6.1600	6.1600	3.0800	3.0800	3.0800

定 额 编 号			XZYT5-27	XZYT5-28	XZYT5-29	XZYT5-30	XZYT5-31	XZYT5-32	XZYT5-33
项 目			钢平台	钢走道平台	钢格栅板	钢梯		钢栏杆	
						踏步式	爬式	型钢为主	钢管为主
计价材料	乙炔气	m³	2.1560	2.1560	2.1560	2.1560	1.0780	1.0780	1.0780
	其他材料费	元	85.4500	80.3200	85.4900	85.1800	80.1600	84.6800	88.3000
机械	门式起重机 起重量 10t	台班	0.5175	0.5175	0.4140	0.4140	0.4140	0.4140	0.4140
	平板拖车组 10t	台班	0.3220	0.3220	0.2760	0.2760	0.2760	0.2760	0.2760
	摇臂钻床 钻孔直径 φ50	台班	0.1610	0.1610					
	剪板机 厚度×宽度 40mm×3100mm	台班	0.0230	0.0230	0.0230	0.0230	0.0230	0.0230	0.0230
	型钢剪断机 剪断宽度 500mm	台班	0.1265	0.1265	0.1265	0.1265	0.1265	0.1265	0.1265
	型钢调直机	台班	0.1265	0.1265	0.1518	0.1265	0.1265	0.1265	0.1265
	钢板校平机 厚度×宽度 30mm×2600mm	台班	0.0230	0.0230	0.0230				0.0230
	交流弧焊机 容量 30kVA	台班	3.4500	3.3695	3.1280	2.9900	2.3426	2.8750	2.9670
	电动空气压缩机 排气量 6m³/min	台班	0.0920	0.0920		0.0920	0.0575	0.0920	0.0920

5.1.6 其他金属结构

工作内容：材料放样、划线、下料；平直、钻孔、拼装、焊接；成品校正、成品编号、堆放。

定 额 编 号			XZYT5-34	XZYT5-35	XZYT5-36
项 目			零星构件制作	外包钢结构	组合平台摊销
					钢屋（桁）架、钢托架
单 位			t	t	t
基 价 （元）			**9193.68**	**8705.30**	**329.11**
其中	人 工 费 （元）		2334.05	2062.17	135.42
	材 料 费 （元）		5972.77	5911.54	59.79
	机 械 费 （元）		886.86	731.59	133.90
名 称		单位	数 量		
人工	建筑普通工	工日	7.3359	6.5745	0.4096
	建筑技术工	工日	10.8329	9.5014	0.6405
计价材料	槽钢 16 号以下	kg			10.8000
	等边角钢 边长 63 以下	kg	439.0000	629.0000	
	薄钢板 4mm 以下	kg	621.0000	431.0000	
	电焊条 J422 综合	kg	22.4000	30.8000	0.1100
	普通六角螺栓	kg	1.9200		
	氧气	m³	6.3900	6.0400	0.2530
	乙炔气	m³	2.7800	2.3900	0.0890
	其他材料费	元	84.0700	83.7500	0.8600
机械	汽车式起重机 起重量 5t	台班			0.1035

续表

定 额 编 号			XZYT5-34	XZYT5-35	XZYT5-36
项 目			零星构件制作	外包钢结构	组合平台摊销
					钢屋（桁）架、钢托架
机械	汽车式起重机 起重量 8t	台班		0.2415	
	门式起重机 起重量 10t	台班	0.5175		
	门式起重机 起重量 20t	台班	0.1955		
	载重汽车 6t	台班	0.0345		
	载重汽车 8t	台班		0.0460	0.0920
	摇臂钻床 钻孔直径 φ63	台班	0.1610		
	剪板机 厚度×宽度 40mm×3100mm	台班	0.0230	0.0115	
	型钢剪断机 剪断宽度 500mm	台班	0.1265	0.1035	
	型钢调直机	台班		0.1725	
	钢板校平机 厚度×宽度 30mm×2600mm	台班	0.0230	0.0115	
	交流弧焊机 容量 30kVA	台班	4.0250	4.4735	0.0345
	电动空气压缩机 排气量 6m³/min	台班	0.0920	0.0920	0.0012

265

5.2 不锈钢结构制作

工作内容：材料放样、划线、下料；平直、钻孔、拼装、焊接；成品校正、编号、堆放。

定 额 编 号			XZYT5-37	XZYT5-38	XZYT5-39	XZYT5-40
项 目			不锈钢栏杆		不锈钢格栅板	不锈钢盖板
			竖条式	其他式		
单 位			t	t	t	t
基 价 (元)			**23026.55**	**22611.58**	**24215.17**	**23438.72**
其中	人 工 费 (元)		2519.61	2546.99	2475.67	1716.14
	材 料 费 (元)		20166.42	19716.03	21429.55	21419.59
	机 械 费 (元)		340.52	348.56	309.95	302.99
名 称		单位	数 量			
人工	建筑普通工	工日	8.0548	8.1422	7.9143	5.4862
	建筑技术工	工日	11.5926	11.7187	11.3905	7.8959
计价材料	不锈钢板 9 以上	kg			1065.0000	1065.0000
	不锈钢管 φ45×2.5	kg	214.0000	171.2000		
	不锈钢管 φ60×2	kg	374.5000	310.3000		
	不锈钢管 φ32×1.5	kg	471.5000	578.5000		
	不锈钢气焊丝 综合	kg	7.8900	7.9300	7.8600	7.8600
	钨极棒	g	44.2200	47.8200	43.6400	41.7200
	氩气	m³	22.1100	23.9100	21.8200	20.8600

续表

定额编号			XZYT5-37	XZYT5-38	XZYT5-39	XZYT5-40
项目			不锈钢栏杆		不锈钢格栅板	不锈钢盖板
			竖条式	其他式		
计价材料	环氧树脂 6101 号	kg	9.2800	9.3300	8.7500	8.9830
	其他材料费	元	342.7600	343.3600	339.0500	338.8400
机械	载重汽车 6t	台班	0.0460	0.0460	0.0460	0.0460
	金属面抛光机	台班	2.1266	2.4334	2.0575	2.1498
	管子切断机 管径 $\phi 60$	台班	6.7620	6.7505	6.7390	6.7045
	氩弧焊机 电流 500A	台班	1.3651	1.3651	1.0925	1.0074

5.3 金属结构运输

工作内容：设置运输支架、装车、运输、卸车、堆放，支垫稳固。

定 额 编 号			XZYT5-41	XZYT5-42
项 目			金属结构构件	
			运距1km	运距每增加1km
单 位			t	t
基 价（元）			**71.00**	**4.99**
其中	人 工 费（元）		9.10	
	材 料 费（元）		6.06	
	机 械 费（元）		55.84	4.99
名 称		单位	数 量	
人工	建筑普通工	工日	0.0850	
计价材料	槽钢 16号以下	kg	0.1185	
	钢丝绳 φ8以下	kg	0.0135	
	板材红白松 二等	m³	0.0022	
	镀锌铁丝 综合	kg	0.1343	
	其他材料费	元	0.1000	
机械	汽车式起重机 起重量 16t	台班	0.0182	
	平板拖车组 30t	台班	0.0268	0.0037

5.4 金属结构安装

5.4.1 现场制作金属结构安装

工作内容：构件组装、起吊、就位、临时加固、校正、螺栓连接、焊接；补漆。

定 额 编 号			XZYT5-43	XZYT5-44	XZYT5-45	XZYT5-46	XZYT5-47	XZYT5-48
项 目			钢管柱	型钢柱	钢管支架	型钢支架	钢架	钢梁
单 位			t	t	t	t	t	t
基 价（元）			**626.29**	**631.37**	**541.12**	**577.33**	**610.42**	**617.18**
其中	人 工 费（元）		136.09	138.87	155.52	177.77	212.49	165.64
	材 料 费（元）		79.54	81.84	81.04	88.34	85.60	66.23
	机 械 费（元）		410.66	410.66	304.56	311.22	312.33	385.31
名 称		单位	数 量					
人工	建筑普通工	工日	0.4350	0.4440	0.4972	0.5683	0.6792	0.5295
	建筑技术工	工日	0.6262	0.6389	0.7155	0.8179	0.9777	0.7621
计价材料	槽钢 16号以下	kg	0.0800	0.0800	0.0800	0.0800	0.0800	0.0800
	加工铁件 综合	kg	4.2750	4.5000	4.5000	4.5000	4.5000	2.1680
	方材红白松 二等	m³	0.0080	0.0080	0.0080	0.0110	0.0097	0.0080
	电焊条 J422 综合	kg	0.8000	0.8000	0.8000	0.8500	0.8400	0.6400
	普通六角螺栓	kg	1.5170	1.6280	1.5170	1.6280	1.6280	1.8460
	镀锌铁丝 综合	kg	0.4300	0.4000	0.4000	0.4000	0.4000	0.7200
	氧气	m³	0.6800	0.7000	0.7000	0.7000	0.7000	0.5000

定 额 编 号			XZYT5-43	XZYT5-44	XZYT5-45	XZYT5-46	XZYT5-47	XZYT5-48
项 目			钢管柱	型钢柱	钢管支架	型钢支架	钢架	钢梁
计价材料	乙炔气	m³	0.2450	0.2450	0.2450	0.2450	0.2460	0.1750
	环氧云铁漆	kg	0.4130	0.4130	0.4130	0.4130	0.4130	0.4130
	其他材料费	元	1.3400	1.3800	1.3700	1.4900	1.4400	1.1200
机械	履带式起重机 起重量 25t	台班	0.0207	0.0207	0.1794	0.1806	0.1817	0.0207
	履带式起重机 起重量 50t	台班			0.0207	0.0219	0.0219	
	履带式起重机 起重量 150t	台班	0.0537	0.0537				0.0490
	门式起重机 起重量 20t	台班	0.0092	0.0092	0.0207	0.0219	0.0219	0.0092
	门式起重机 起重量 40t	台班	0.0115	0.0115				0.0115
	平板拖车组 20t	台班	0.0184	0.0184	0.0414	0.0426	0.0426	0.0184
	平板拖车组 40t	台班	0.0230	0.0230				0.0230
	交流弧焊机 容量 30kVA	台班	0.2645	0.2645	0.2645	0.2760	0.2760	0.2645

定　额　编　号		XZYT5-49	XZYT5-50	XZYT5-51
项　　目		钢吊车梁	屋架、托架	支撑、挡风架、墙架
单　　位		t	t	t
基　价（元）		**752.53**	**932.47**	**927.35**
其中	人　工　费（元）	229.74	368.62	416.61
	材　料　费（元）	81.23	88.58	97.19
	机　械　费（元）	441.56	475.27	413.55
名　　称	单位	数　　　量		
人工 建筑普通工	工日	0.7345	1.1784	1.3320
建筑技术工	工日	1.0570	1.6960	1.9167
计价材料 槽钢　16号以下	kg	0.0800		
等边角钢　边长30以下	kg		0.0800	0.0800
加工铁件　综合	kg	3.1740	2.7800	0.6140
圆木杉木	m³	0.0050		
方材红白松　二等	m³	0.0080		
板材红白松　二等	m³		0.0080	0.0080
电焊条　J422　综合	kg	0.5800	2.3900	0.3630
普通六角螺栓	kg	1.7620		7.6830
镀锌铁丝　综合	kg	0.7200	4.7600	1.5000
氧气	m³	0.5000	1.3400	0.1760
乙炔气	m³	0.1750	0.4690	0.0960
环氧云铁漆	kg	0.4130		0.4020

续表

定 额 编 号			XZYT5-49	XZYT5-50	XZYT5-51
项 目			钢吊车梁	屋架、托架	支撑、挡风架、墙架
计价材料	其他材料费	元	1.3700	1.4700	1.6900
机械	履带式起重机 起重量 25t	台班	0.0288	0.0207	0.0207
	履带式起重机 起重量 50t	台班			0.0999
	履带式起重机 起重量 150t	台班	0.0246	0.0675	0.0248
	汽车式起重机 起重量 8t	台班	0.2369		
	门式起重机 起重量 20t	台班		0.0207	0.0253
	门式起重机 起重量 40t	台班		0.0414	
	载重汽车 8t	台班			0.0276
	平板拖车组 20t	台班	0.0207		
	平板拖车组 40t	台班	0.0207		0.0241
	交流弧焊机 容量 21kVA	台班		0.4531	0.1461
	交流弧焊机 容量 30kVA	台班	0.2645		

定 额 编 号			XZYT5-52	XZYT5-53
项 目			桁架	轻型屋架
单 位			t	t
基 价（元）			**822.32**	**1068.73**
其中	人 工 费（元）		173.91	405.48
	材 料 费（元）		77.40	298.56
	机 械 费（元）		571.01	364.69
名 称		单位	数 量	
人工	建筑普通工	工日	0.5560	1.2969
	建筑技术工	工日	0.8001	1.8651
计价材料	槽钢 16 号以下	kg	2.0000	
	平垫铁 综合	kg		6.3500
	加工铁件 综合	kg	1.0200	
	板材红白松 二等	m³	0.0110	0.0910
	木楔	m³		0.0140
	电焊条 J422 综合	kg	0.6870	1.2410
	普通六角螺栓	kg	1.5720	2.3840
	镀锌铁丝 综合	kg	1.8640	2.1340
	氧气	m³	0.2710	0.5310
	乙炔气	m³	0.1030	0.1750
	环氧云铁漆	kg	0.4130	0.4560
	其他材料费	元	1.2700	4.9300

续表

定 额 编 号			XZYT5-52	XZYT5-53
项 目			桁架	轻型屋架
机械	履带式起重机 起重量 15t	台班		0.1679
	履带式起重机 起重量 25t	台班	0.0207	0.0955
	履带式起重机 起重量 50t	台班	0.2507	
	汽车式起重机 起重量 12t	台班		0.0207
	门式起重机 起重量 20t	台班	0.0207	
	载重汽车 8t	台班		0.0219
	平板拖车组 40t	台班	0.0414	0.0242
	交流弧焊机 容量 30kVA	台班	0.2749	0.5382

274

定　额　编　号			XZYT5-54	XZYT5-55	XZYT5-56	XZYT5-57
项　　　　　目			钢梯、平台、钢格栅	栏杆	钢油箅子	钢零星构件
单　　　　　位			t	t	t	t
基　　价（元）			**682.63**	**1435.44**	**354.53**	1132.78
其中	人　工　费（元）		199.39	886.63	182.18	540.52
	材　料　费（元）		105.30	109.08	81.15	125.17
	机　械　费（元）		377.94	439.73	91.20	467.09
名　　称		单位	数　　量			
人工	建筑普通工	工日	0.6374	2.8345	0.5824	1.7280
	建筑技术工	工日	0.9174	4.0793	0.8382	2.4869
计价材料	钢丝绳　φ8 以下	kg			0.0200	0.0200
	加工铁件　综合	kg	1.3200		1.2100	
	圆木杉木	m³	0.0040	0.0040	0.0100	0.0110
	方材红白松　二等	m³	0.0110	0.0110	0.0100	0.0100
	电焊条　J422　综合	kg	1.8700	4.5000	1.8700	5.0000
	普通六角螺栓	kg	3.2710	3.2710		2.8170
	镀锌铁丝　综合	kg	2.3800	1.5800	1.9600	1.9600
	氧气	m³	0.6870	1.0400	0.6870	1.0900
	乙炔气	m³	0.2430	0.3640	0.2430	0.4080
	环氧云铁漆	kg	0.6030	0.6030	0.3020	0.7510
	其他材料费	元	1.7900	1.8900	1.3600	2.1600
机械	履带式起重机　起重量　15t	台班	0.1622	0.1622		0.1748

275

续表

定 额 编 号			XZYT5-54	XZYT5-55	XZYT5-56	XZYT5-57
项 目			钢梯、平台、钢格栅	栏杆	钢油箅子	钢零星构件
机械	履带式起重机 起重量 60t	台班	0.0828	0.0828		0.0897
	汽车式起重机 起重量 8t	台班			0.0276	
	门式起重机 起重量 20t	台班	0.0207	0.0207	0.0173	0.0207
	载重汽车 8t	台班	0.0414	0.0414	0.0380	0.0391
	交流弧焊机 容量 30kVA	台班	0.3749	1.0626	0.3749	1.1075

5.4.2 成品金属结构安装

工作内容：构件购置、运输、现场堆放；构件组装、起吊、就位、临时加固、校正、螺栓连接、焊接；补漆。

定 额 编 号			XZYT5-58	XZYT5-59	XZYT5-60	XZYT5-61	XZYT5-62	XZYT5-63
项 目			钢管柱	型钢柱	钢管支架	型钢支架	钢架	钢梁
单 位			t	t	t	t	t	t
基 价 （元）			**8873.15**	**8915.10**	**8764.21**	**9100.02**	**8222.06**	**8702.51**
其中	人 工 费 （元）		136.09	138.87	155.52	177.77	212.49	165.64
	材 料 费 （元）		8334.87	8374.04	8323.79	8631.79	7718.00	8160.02
	机 械 费 （元）		402.19	402.19	284.90	290.46	291.57	376.85
名 称		单位			数 量			
人工	建筑普通工	工日	0.4350	0.4440	0.4972	0.5683	0.6792	0.5295
	建筑技术工	工日	0.6262	0.6389	0.7155	0.8179	0.9777	0.7621
计价材料	钢管柱（成品）	t	1.0050					
	型钢柱（成品）	t		1.0050				
	钢管支架（成品）	t			1.0050			
	钢架（成品）	t					1.0050	
	钢梁（成品）	t						1.0050
	型钢支架（成品）	t				1.0050		
	槽钢　16号以下	kg	0.0800	0.0800	0.0800	0.0800	0.0800	0.0800
	加工铁件　综合	kg	4.2750	4.5000	4.5000	4.5000	4.5000	2.1680

续表

定 额 编 号			XZYT5-58	XZYT5-59	XZYT5-60	XZYT5-61	XZYT5-62	XZYT5-63
项 目			钢管柱	型钢柱	钢管支架	型钢支架	钢架	钢梁
计价材料	方材红白松 二等	m³	0.0080	0.0080	0.0080	0.0110	0.0097	0.0080
	电焊条 J422 综合	kg	0.8000	0.8000	0.8000	0.8500	0.8400	0.6400
	普通六角螺栓	kg						1.8460
	镀锌铁丝 综合	kg	0.4300	0.4000	0.4000	0.4000	0.4000	0.7200
	氧气	m³	0.6800	0.7000	0.7000	0.7000	0.7000	0.5000
	乙炔气	m³						0.1750
	环氧云铁漆	kg	0.4130	0.4130	0.4130	0.4130	0.4130	0.4130
	其他材料费	元	141.3700	141.1900	141.1900	141.2900	128.0700	135.4200
机械	履带式起重机 起重量 25t	台班	0.0207	0.0207	0.1794	0.1806	0.1817	0.0207
	履带式起重机 起重量 50t	台班	0.0092	0.0092	0.0207	0.0219	0.0219	0.0092
	履带式起重机 起重量 150t	台班	0.0537	0.0537				0.0490
	平板拖车组 20t	台班	0.0166	0.0166	0.0373	0.0383	0.0383	0.0166
	平板拖车组 40t	台班	0.0207	0.0207				0.0207
	交流弧焊机 容量 30kVA	台班	0.2645	0.2645	0.2645	0.2760	0.2760	0.2645

定 额 编 号			XZYT5-64	XZYT5-65	XZYT5-66	XZYT5-67	XZYT5-68
项 目			钢吊车梁	单轨钢吊车梁	钢檩条	钢网架安装	轻型屋架
单 位			t	t	t	t	t
基 价（元）			**9164.10**	**8964.31**	**7767.49**	**7702.13**	**8325.82**
其中	人 工 费（元）		229.74	225.13	199.38	566.61	405.48
	材 料 费（元）		8538.49	8491.94	7190.88	6791.83	7572.53
	机 械 费（元）		395.87	247.24	377.23	343.69	347.81
名 称		单位	数 量				
人工	建筑普通工	工日	0.7345	0.7197	0.6374	1.8113	1.2969
	建筑技术工	工日	1.0570	1.0358	0.9173	2.6070	1.8651
计价材料	钢吊车梁（成品）	t	1.0050				
	单轨钢吊车梁（成品）	t		1.0050			
	钢檩条（成品）	t			1.0050		
	轻型屋架（成品）	t					1.0050
	槽钢 16号以下	kg	0.0800		0.0800		
	平垫铁 综合	kg					6.3500
	加工铁件 综合	kg	3.1740	0.0900	0.5600	1.2000	
	球节点钢网架	t				1.0050	
	圆木杉木	m³	0.0050	0.0050		0.0350	0.0140
	方材红白松 二等	m³	0.0080	0.0050	0.0080	0.0080	0.0910
	木楔	m³					0.0140
	电焊条 J422 综合	kg	0.5800	0.5800	0.6400	5.1300	1.2410

定 额 编 号			XZYT5-64	XZYT5-65	XZYT5-66	XZYT5-67	XZYT5-68
项 目			钢吊车梁	单轨钢吊车梁	钢檩条	钢网架安装	轻型屋架
计价材料	普通六角螺栓	kg	1.7620		0.8210		2.3840
	镀锌铁丝 综合	kg	0.7200	0.4400	0.7200	2.0600	2.1340
	氧气	m³	0.5000	0.5000	0.2400	2.0600	0.5310
	乙炔气	m³	0.1750	0.1750	0.0840	0.7180	0.1750
	环氧云铁漆	kg	0.4130	0.2180	0.3650	0.4560	0.4560
	其他材料费	元	139.7900	139.0100	109.5000	123.2000	124.0100
机械	履带式起重机 起重量 15t	台班			0.1150		0.1679
	履带式起重机 起重量 25t	台班	0.0288	0.0199	0.0207	0.0265	0.0955
	履带式起重机 起重量 150t	台班	0.0246		0.0314	0.0323	
	汽车式起重机 起重量 8t	台班	0.1895	0.2190			
	汽车式起重机 起重量 12t	台班			0.0166	0.0166	0.0166
	载重汽车 8t	台班					0.0197
	平板拖车组 20t	台班	0.0186	0.0290	0.0373	0.0373	0.0217
	平板拖车组 40t	台班	0.0186				
	交流弧焊机 容量 30kVA	台班	0.2645	0.0920	0.2645	0.9200	0.5382

定 额 编 号			XZYT5-69	XZYT5-70	XZYT5-71	XZYT5-72
项 目			钢屋架	钢桁架	钢支撑、钢系杆	钢墙架、钢挡风架
单 位			t	t	t	t
基 价 (元)			**7655.72**	**7929.55**	**8261.98**	**8807.24**
其中	人 工 费 (元)		368.61	173.91	416.66	191.32
	材 料 费 (元)		6817.38	6937.34	7312.08	8045.83
	机 械 费 (元)		469.73	818.30	533.24	570.09
名 称		单位	数 量			
人工	建筑普通工	工日	1.1783	0.5560	1.3319	0.6117
	建筑技术工	工日	1.6960	0.8001	1.9171	0.8802
计价材料	钢屋架（成品）	t	1.0050			
	钢桁架（成品）	t		1.0050		
	钢支撑（成品）	t			1.0050	
	钢墙架（成品）	t				1.0050
	槽钢 16 号以下	kg	0.0800	2.0000	0.0800	0.0800
	加工铁件 综合	kg	2.7800	1.0200	0.6140	
	方材红白松 二等	m³	0.0080	0.0110	0.0080	0.0080
	电焊条 J422 综合	kg	0.9560	0.6870	0.3630	0.6970
	普通六角螺栓	kg	1.9290	1.5720	7.6830	1.6180
	镀锌铁丝 综合	kg	1.9150	1.8640	1.5000	1.5000
	氧气	m³	0.3470	0.2710	0.1760	0.2860
	乙炔气	m³	0.1180	0.1030	0.0960	0.1090

定 额 编 号			XZYT5-69	XZYT5-70	XZYT5-71	XZYT5-72
项 目			钢屋架	钢桁架	钢支撑、钢系杆	钢墙架、钢挡风架
计价材料	环氧云铁漆	kg	0.4130	0.4130	0.4020	0.4130
	其他材料费	元	133.3500	135.7700	116.2200	127.7700
机械	履带式起重机 起重量 25t	台班	0.0207	0.0207	0.0207	0.0207
	履带式起重机 起重量 50t	台班		0.2507	0.0999	
	履带式起重机 起重量 150t	台班	0.0675		0.0248	0.0292
	载重汽车 8t	台班			0.0248	
	平板拖车组 20t	台班	0.0373	0.2749	0.1461	0.3071
	交流弧焊机 容量 30kVA	台班	0.4531	0.2749	0.1461	0.3071

定 额 编 号			XZYT5-73	XZYT5-74	XZYT5-75
项 目			钢油箅子	钢沟盖板安装	钢平台、钢走道板
单 位			t	t	t
基 价 （元）			**7778.61**	**5073.40**	**8862.75**
其中	人 工 费 （元）		182.18	220.45	199.39
	材 料 费 （元）		7519.79	4811.99	8302.58
	机 械 费 （元）		76.64	40.96	360.78
名 称		单位	数 量		
人工	建筑普通工	工日	0.5824	0.7047	0.6374
	建筑技术工	工日	0.8382	1.0143	0.9174
计价材料	钢油箅子（成品）	t	1.0050		
	钢平台（成品）	t			1.0050
	钢丝绳 φ8 以下	kg	0.0200		
	铸铁沟盖板（制品）	t		1.0050	
	圆木杉木	m³	0.0100		0.0040
	方材红白松 二等	m³	0.0100	0.0030	0.0110
	电焊条 J422 综合	kg	1.8700		1.8700
	普通六角螺栓	kg			3.2710
	镀锌铁丝 综合	kg	1.9600		2.3800
	氧气	m³	0.6870		0.6870
	乙炔气	m³	0.2430		0.2430
	环氧云铁漆	kg	0.3020		0.6030

续表

定 额 编 号			XZYT5-73	XZYT5-74	XZYT5-75
项 目			钢油箅子	钢沟盖板安装	钢平台、钢走道板
计价材料	其他材料费	元	126.4600	78.9400	139.6500
机械	履带式起重机 起重量 15t	台班			0.1622
	履带式起重机 起重量 60t	台班			0.0828
	汽车式起重机 起重量 8t	台班	0.0276	0.0242	
	载重汽车 8t	台班	0.0342	0.0357	0.0373
	交流弧焊机 容量 30kVA	台班	0.3749		0.3749

定 额 编 号			XZYT5-76	XZYT5-77	XZYT5-78	XZYT5-79	XZYT5-80	XZYT5-81
项 目			钢格栅板	钢梯	钢栏杆	直型钢轨	弧型钢轨	零星钢构件
单 位			t	t	t	t	t	t
基 价 （元）			**9755.09**	**9419.81**	**9759.23**	**7363.06**	**8045.84**	**9293.53**
其中	人 工 费 （元）		219.33	513.51	886.63	225.13	270.19	540.52
	材 料 费 （元）		8420.80	7785.32	7697.96	6657.87	7290.55	8443.99
	机 械 费 （元）		1114.96	1120.98	1174.64	480.06	485.10	309.02
名 称		单位			数 量			
人工	建筑普通工	工日	0.7011	1.6417	2.8345	0.7197	0.8637	1.7280
	建筑技术工	工日	1.0092	2.3626	4.0793	1.0358	1.2432	2.4869
计价材料	钢格栅板（成品）	t	1.0050					
	钢梯（成品）	t		1.0050				
	钢栏杆（成品）	t			1.0050			
	零星钢构件（成品）	t						1.0050
	直型钢轨（成品）	t				1.0050		
	弧型钢轨（成品）	t					1.0050	
	钢丝绳 φ8以下	kg						0.0200
	加工铁件 综合	kg	1.3200	1.5700		16.4610	16.4610	
	圆木杉木	m³	0.0030		0.0040	0.0032	0.0034	0.0110
	方材红白松 二等	m³	0.0110	0.0110	0.0110	0.0088	0.0094	0.0100
	电焊条 J422 综合	kg	1.8700	1.5100	4.5000	3.8250	3.9600	5.0000
	普通六角螺栓	kg	1.1870	3.2710	3.2710	2.8131	2.9439	2.8170

续表

定 额 编 号			XZYT5-76	XZYT5-77	XZYT5-78	XZYT5-79	XZYT5-80	XZYT5-81
项 目			钢格栅板	钢梯	钢栏杆	直型钢轨	弧型钢轨	零星钢构件
计价材料	镀锌铁丝 综合	kg	2.3800	2.3800	1.5800			1.9600
	氧气	m³	2.3800	0.5290	1.0400	0.9880	1.0088	1.0900
	乙炔气	m³	0.6870	0.2090	0.3640	0.3458	0.3494	0.4080
	环氧云铁漆	kg	0.6030	0.6030	0.6030			0.7510
	其他材料费	元	137.9000	125.8500	126.1000	109.0800	119.4300	138.3200
机械	履带式起重机 起重量 15t	台班	0.1622	0.1622	0.1622	0.0197	0.0199	0.0175
	履带式起重机 起重量 50t	台班	0.4232	0.4271	0.4227			
	履带式起重机 起重量 60t	台班	0.0828	0.0828	0.0828			0.0897
	汽车式起重机 起重量 8t	台班				0.4141	0.4184	
	载重汽车 8t	台班	0.0373	0.0373	0.0352	0.0393	0.0398	0.0352
	交流弧焊机 容量 30kVA	台班	0.3749	0.3646	1.0626	1.0095	1.0201	1.1075

定 额 编 号			XZYT5-82	XZYT5-83	XZYT5-84
项 目			沉降观测标	沉降观测标保护盒	剪力钉
单 位			套	套	个
基 价（元）			**213.29**	**339.21**	**3.97**
其中	人 工 费（元）		113.50	102.18	1.80
	材 料 费（元）		91.78	230.57	2.17
	机 械 费（元）		8.01	6.46	
名 称		单位	数 量		
人工	建筑普通工	工日	0.0342	0.0309	0.0057
	建筑技术工	工日	0.7681	0.6914	0.0083
计价材料	剪力钉95	套			1.0200
	合金钻头 φ16	支	0.0800	0.0500	
	不锈钢沉降观测标	套	1.0050		
	不锈钢沉降观测标保护盒	套		1.0050	
	其他材料费	元	1.6200	4.1300	0.0400
机械	轻便钻机 XJ-100	台班	0.0357	0.0288	

定 额 编 号			XZYT5-85	XZYT5-86	XZYT5-87	XZYT5-88
项 目			压型钢板墙板		墙面板	纤维复合板 外墙面板
			有保温	无保温	铝镁锰复合板	
单 位			m²	m²	m²	m²
基 价 （元）			**204.50**	**113.52**	**384.68**	**328.29**
其中	人 工 费（元）		13.49	8.11	13.14	19.05
	材 料 费（元）		182.31	102.45	363.30	301.25
	机 械 费（元）		8.70	2.96	8.24	7.99
名 称		单位	数 量			
人工	建筑普通工	工日	0.0431	0.0259	0.0407	0.0290
	建筑技术工	工日	0.0621	0.0373	0.0614	0.1115
计价材料	压型保温墙板 0.8mm/0.5mm－100mm（成品）	m²	1.0200			
	压型无保温墙板 1mm（成品）	m²		1.0200		
	阳角铝	m				1.0551
	粘结剂 乳胶	kg				0.0105
	膨胀螺栓 M12	套	1.2800	1.0800	1.2500	
	自攻螺钉	kg	0.0022	0.0110	0.0017	
	自攻螺钉 5×100	个				0.0025
	抽芯铝铆钉	kg	0.0010	0.0060	0.0020	
	镀锌铁丝 综合	kg	0.5810	0.4060	0.5500	
	铝镁锰复合板	m²			1.0200	

288

续表

定 额 编 号			XZYT5-85	XZYT5-86	XZYT5-87	XZYT5-88
项 目			压型钢板墙板		墙面板	纤维复合板外墙面板
			有保温	无保温	铝镁锰复合板	
计价材料	纤维复合板	m²				1.1000
	其他材料费	元	2.4800	1.4000	6.5900	5.7900
机械	汽车式起重机 起重量 8t	台班	0.0012	0.0012	0.0014	0.0013
	载重汽车 6t	台班	0.0046	0.0012	0.0046	0.0045
	载重汽车 8t	台班	0.0092	0.0023	0.0081	0.0079

定 额 编 号			XZYT5-89	XZYT5-90	XZYT5-91	XZYT5-92
项 目			压型钢板屋面板		钢警卫室	不锈钢天沟
			有保温	无保温		
单 位			m²	m²	m²	m²
基 价 （元）			**254. 94**	**110. 55**	**4009. 34**	**165. 27**
其中	人 工 费 （元）		12. 35	5. 62	162. 09	6. 92
	材 料 费 （元）		233. 89	101. 97	3470. 31	152. 05
	机 械 费 （元）		8. 70	2. 96	376. 94	6. 30
名 称		单位	数	量		
人工	建筑普通工	工日	0. 0395	0. 0179	0. 2043	0. 0162
	建筑技术工	工日	0. 0568	0. 0259	0. 9806	0. 0363
计价材料	压型无保温墙板　1mm（成品）	m²		1. 0200		
	压型保温屋面板　1mm/0.5mm – 120mm（成品）	m²	1. 0200			
	不锈钢板　1.0	kg				7. 8500
	彩钢扣板　综合	m				0. 3055
	加工铁件　综合	kg	0. 2260	0. 2260	0. 2260	
	不锈钢电焊条　综合	kg				0. 2400
	自攻螺钉	kg	0. 0220	0. 0110	0. 0110	
	抽芯铝铆钉	kg	0. 0050	0. 0030	0. 0030	
	镀锌铁丝　综合	kg	0. 4130	0. 3170	0. 3170	
	玻璃胶	kg				0. 0145

续表

定 额 编 号			XZYT5-89	XZYT5-90	XZYT5-91	XZYT5-92
项 目			压型钢板屋面板		钢警卫室	不锈钢天沟
			有保温	无保温		
计价材料	钢警卫室	m²			1.0200	
	其他材料费	元	3.1800	1.3900	61.2600	2.5900
机械	汽车式起重机　起重量　8t	台班	0.0012	0.0012	0.2875	
	载重汽车　6t	台班	0.0046	0.0012	0.2559	
	载重汽车　8t	台班	0.0092	0.0023	0.0023	
	剪板机　厚度×宽度　40mm×3100mm	台班				0.0059
	氩弧焊机　电流　500A	台班				0.0226

5.5 金属墙板制作与安装

工作内容：放样、划线、下料；平直、钻孔、拼装、焊接；墙板固定、包边、收口。

定 额 编 号		XZYT5-93	XZYT5-94	XZYT5-95	XZYT5-96
项 目		压型钢板墙板		彩钢夹芯板墙板	
		有保温	无保温	50mm 以内	100mm 以内
单 位		m²	m²	m²	m²
基 价（元）		**190.31**	**87.63**	**161.00**	**231.43**
其中	人 工 费（元）	45.29	20.12	26.53	29.48
	材 料 费（元）	136.32	64.55	125.77	192.55
	机 械 费（元）	8.70	2.96	8.70	9.40
名 称	单位	数 量			
人工	建筑普通工	工日	0.1448	0.0643	0.0848	0.0943
	建筑技术工	工日	0.2084	0.0926	0.1221	0.1356
计价材料	镀锌钢板 0.5 以下	kg	3.3000			
	压型钢板 0.8	kg	7.4100	7.4100		
	彩钢夹芯板 δ50	m²			1.0650	
	彩钢夹芯板 δ120	m²				1.0650
	工字铝 综合	m			1.8000	1.8000
	槽型铝 50	m			1.1700	
	槽型铝 100	m				1.1700

292

续表

定 额 编 号			XZYT5-93	XZYT5-94	XZYT5-95	XZYT5-96
项 目			压型钢板墙板		彩钢夹芯板墙板	
			有保温	无保温	50mm 以内	100mm 以内
计价材料	阳角铝	m			1.3100	1.3100
	膨胀螺栓　M12	套			1.0800	1.0800
	自攻螺钉	kg	0.0678	0.0110		
	铝铆钉	kg			0.0620	0.0620
	抽芯铝铆钉	kg	0.0054	0.0030		
	镀锌铁丝　综合	kg	1.0821	0.8260	0.4130	0.3170
	岩棉板　150kg/m³	m³	0.0840			
	聚氯乙烯塑料薄膜	m²	1.2500			
	塑料海绵封条波形	m	0.3200	0.3200		
	玻璃胶	kg			0.3500	0.3500
	密封条	m	2.3540	2.3540	2.3540	2.3540
	其他材料费	元	2.0400	0.9100	2.2000	3.8900
机械	汽车式起重机　起重量　8t	台班	0.0012	0.0012	0.0012	0.0012
	载重汽车　6t	台班	0.0046	0.0012	0.0046	0.0046
	载重汽车　8t	台班	0.0092	0.0023	0.0092	0.0104

5.6 金属屋面板制作与安装

工作内容：放样、划线、下料；平直、钻孔、拼装、焊接；屋面板固定、包边、收口。

定　额　编　号		XZYT5-97	XZYT5-98	XZYT5-99	XZYT5-100
项　　　目		压型钢板屋面板		彩钢夹芯板屋面板	
		有保温	无保温	50mm以内	100mm以内
单　　　位		m²	m²	m²	m²
基　　价（元）		**173.45**	**83.03**	**141.89**	**188.78**
其中	人　工　费（元）	41.28	18.78	26.53	29.48
	材　料　费（元）	123.47	61.29	106.66	149.90
	机　械　费（元）	8.70	2.96	8.70	9.40
名　　　称	单位	数　　量			
人工	建筑普通工	工日	0.1320	0.0600	0.0848	0.0943
	建筑技术工	工日	0.1899	0.0864	0.1221	0.1356
计价材料	镀锌钢板　0.5以下	kg	2.0590			
	压型钢板　0.8	kg	7.4100	7.4100		
	彩钢夹芯板　δ50	m²			1.0500	
	彩钢夹芯板　δ120	m²				1.0500
	彩钢扣板　综合	m			0.8900	0.8900
	工字铝　综合	m			0.8900	0.8900
	槽型铝　50	m			0.3900	

续表

定额编号			XZYT5-97	XZYT5-98	XZYT5-99	XZYT5-100
项目			压型钢板屋面板		彩钢夹芯板屋面板	
			有保温	无保温	50mm 以内	100mm 以内
计价材料	槽型铝 100	m				0.3900
	自攻螺钉	kg	0.0220	0.0110		
	铝铆钉	kg			0.0620	0.0620
	抽芯铝铆钉	kg	0.0050	0.0030		
	镀锌铁丝 综合	kg	0.3870	0.3060	0.3060	0.2470
	岩棉板 150kg/m³	m³	0.0840			
	聚氯乙烯塑料薄膜	m²	1.1500			
	塑料海绵封条波形	m	0.3200	0.3200		
	玻璃胶	kg			0.2340	0.2340
	密封条	m	2.1557	2.1557	1.1770	1.1770
	其他材料费	元	1.8500	0.8600	1.9100	2.9400
机械	汽车式起重机 起重量 8t	台班	0.0012	0.0012	0.0012	0.0012
	载重汽车 6t	台班	0.0046	0.0012	0.0046	0.0046
	载重汽车 8t	台班	0.0092	0.0023	0.0092	0.0104

第 6 章　隔墙与天棚吊顶工程

说　　明

1. 隔墙定额适用于建筑物、构筑物内非砌体、非混凝土浇制的安装类隔墙。

2. 定额综合考虑了木龙骨规格、木材种类、加工制作方式、木材表面刨光等因素，执行定额时不作调整。

3. 成品隔墙安装定额中包括隔墙购置费与安装费。

4. 天棚吊顶定额中吊筋与龙骨及面板的规格、间距、型号等是按照常用标准考虑的，工程设计与定额不同时，可以调整材料费用，但定额中人工费与机械费不变。

5. 天棚吊顶面层在同一标高者为平面天棚，天棚吊顶面层不在同一标高者为跌级天棚。施工跌级天棚面层时，人工费乘1.1系数。

6. 天棚吊顶不包括灯光槽制作与安装，包括天棚检查孔的制作与安装。吊顶面板需要开照明孔时，面层定额子目人工费乘以1.05系数。

7. 天棚吊顶高度超过3.6m时，按照第13章定额规定计算满堂脚手架费用；天棚吊顶高度在3.6m以内所需脚手架综合在建筑物或构筑物综合脚手架内，不单独计算。

8. 隔墙、天棚吊顶定额中包括安装后填缝、收边、压条等工作内容。不包括安装装饰线，需要时按照相应的定额另行计算。

9. 隔墙、天棚吊顶定额中不包括面层抹灰、油漆、饰面，应根据工程设计标准执行第11章相应的定额另行计算。

10. 本章定额中包括基层、底层防腐处理。

工程量计算规则

1. 隔墙按照主墙净长乘以净高以平方米为单位计算工程量，扣除门窗洞口及单个面积 $0.3m^2$ 以上孔洞所占面积。

2. 石膏板墙基层按照实铺面积以平方米为单位计算工程量，扣除门窗洞口及单个面积 $0.3m^2$ 以上孔洞所占面积。

3. 玻璃隔墙按照上横档顶面至下横档底面之间的高度乘以两边立挺外边线之间宽度以平方米为单位计算工程量。

4. 浴厕隔断按照上横档顶面至下横档底面之间的高度乘以设计图示长度以平方米为单位计算工程量。同种材质门扇面积并入隔断面积内计算。

5. 天棚吊顶龙骨按照主墙间净面积计算工程量，不扣除间壁墙、检查孔、电缆竖井口、通风道、墙垛、独立柱、管道等所占面积，但顶棚中的折线、跌落线、圆弧线、高低吊灯槽等面积不展开计算。

6. 天棚吊顶面层按照主墙间净面积计算工程量，不扣除间壁墙、检查孔、墙垛、管道等所占面积。扣除单个面积 $0.3m^2$ 以上孔洞所占面积；扣除独立柱、电缆竖井、通风道、灯槽、与天棚连接的窗帘盒等所占面积。

7. 顶棚中的折线、跌落线、圆弧线、高低吊灯槽、其他艺术形式的顶棚面层等按照展开面积计算工程量，根据其材质并入相应的天棚吊顶面层工程量中。

8. 板式楼梯底面装饰工程量按照水平投影面积乘 1.15 系数计算工程量；梁式楼梯底面装饰工程量按照展开面积计算工程量。

9. 送风口、回风口安装按照风口数量，以个为单位计算。

6.1 隔　墙

6.1.1 隔墙制作与安装

工作内容：定位、弹线、安装楞木、刷防腐油；安装立柱、横梁；钉面层、安装面板；挂钢丝网、安装玻璃。

定　额　编　号			XZYT6-1	XZYT6-2	XZYT6-3	XZYT6-4	XZYT6-5	XZYT6-6
项　　目			胶合板隔墙		铝合金隔墙		全玻璃隔断	木隔断
			单面	双面	半玻	全玻	钢化玻璃	
单　　位			m²	m²	m²	m²	m²	m²
基　　价（元）			**60.92**	**80.74**	**244.16**	**226.79**	**180.43**	**149.10**
其中	人　工　费（元）		10.24	14.75	59.77	56.80	13.75	50.86
	材　料　费（元）		50.03	65.34	173.66	159.26	155.95	95.44
	机　械　费（元）		0.65	0.65	10.73	10.73	10.73	2.80
名　　称		单位	数　　　量					
人工	建筑普通工	工日	0.0239	0.0345	0.1399	0.1330	0.0312	0.1190
	建筑技术工	工日	0.0537	0.0773	0.3133	0.2977	0.0728	0.2666
计价材料	等边角钢　边长50以下	kg					4.3623	
	加工铁件　综合	kg			0.0296	0.0296		0.3160
	方材红白松　二等	m³	0.0155	0.0155				0.0155
	板材红白松　一等	m³	0.0007	0.0007				0.0131
	胶合板三层　3mm	m²	1.0500	2.1000				0.6870

续表

定 额 编 号		XZYT6-1	XZYT6-2	XZYT6-3	XZYT6-4	XZYT6-5	XZYT6-6
项 目		胶合板隔墙		铝合金隔墙		全玻璃隔断	木隔断
		单面	双面	半玻	全玻	钢化玻璃	
计价材料 水泥砂浆 1:3	m³						0.0120
平板玻璃 5mm	m²			0.7453	1.0750		
钢化玻璃 8mm	m²					1.0810	
铝合金墙体龙骨	kg			3.9264	3.7476		
铝合金扣板	m²			0.3174			
膨胀螺栓 M6	套			2.0370	2.0370		
木螺钉 各种规格	个						8.5000
自攻螺钉 4×20	个			0.2100	0.2100	0.1940	
圆钉	kg	0.1099	0.1280				0.0212
抽芯铝铆钉	kg			0.5140	0.4280	0.4708	
橡胶板 3mm 以下	kg						0.0010
橡胶定型条	m			4.4890	5.9417	6.5359	

续表

定　额　编　号			XZYT6-1	XZYT6-2	XZYT6-3	XZYT6-4	XZYT6-5	XZYT6-6
项　　　目			胶合板隔墙		铝合金隔墙		全玻璃隔断	木隔断
			单面	双面	半玻	全玻	钢化玻璃	
计价材料	玻璃胶	kg			0.1126	0.1628	0.1791	
	密封油膏	kg			0.0680	0.0495	0.0545	
	环氧树脂　6101 号	kg						0.0180
	环氧沥青漆	kg	0.0273	0.0273				1.2400
	其他材料费	元	0.7800	1.0000	3.0300	2.8000	2.8600	1.5800
机械	木工圆锯机　直径　ϕ500	台班	0.0058	0.0058				0.0115
	木工三面压刨床　刨削宽度　400mm	台班	0.0069	0.0069				0.0357
	半自动切割机　厚度　100mm	台班			0.1081	0.1081	0.1081	

302

定 额 编 号		XZYT6-7	XZYT6-8	XZYT6-9	XZYT6-10
项 目		木龙骨石膏板隔墙		轻钢龙骨石膏板隔墙	
		单面	双面	单面	双面
单 位		m²	m²	m²	m²
基 价 （元）		**69.14**	**102.24**	**76.47**	**106.16**
其中	人 工 费 （元）	17.38	26.56	21.41	27.39
	材 料 费 （元）	51.59	75.51	55.06	78.77
	机 械 费 （元）	0.17	0.17		
名 称	单位	数 量			
人工 建筑普通工	工日	0.0407	0.0622	0.0501	0.0642
建筑技术工	工日	0.0911	0.1392	0.1122	0.1435
计价材料 小木方材 54cm² 以下	m³	0.0123	0.0125		
石膏粉	kg	0.4200	0.8400	0.4200	0.8400
沥青油毡 350g	m²	1.0800	1.0800		
轻钢大龙骨 U60×30×1.5	m			2.9000	2.9000
石膏板 12mm	m²	1.0500	2.1000	1.0500	2.1000
膨胀螺栓 M8	套	3.2100	3.2100		
射钉	个			1.5100	3.0200
沥青油	kg	0.2558	0.2558		
其他材料费	元	0.9700	1.4400	0.9900	1.4500
机械 木工圆锯机 直径 φ500	台班	0.0058	0.0058		

工作内容： 1. 基层清理、面层铺贴、嵌缝等全过程。2. 基层清理、安放超细玻璃棉。

定 额 编 号			XZYT6-11	XZYT6-12
项 目			石膏板墙基层	防火岩棉
			每增加一层	
单 位			m²	m²
基 价（元）			**37.70**	**13.68**
其中	人 工 费（元）		9.44	4.95
	材 料 费（元）		28.26	8.73
	机 械 费（元）			
名 称		单位	数 量	
人工	建筑普通工	工日	0.0127	0.0076
	建筑技术工	工日	0.0565	0.0289
计价材料	石膏板 12mm	m²	1.0600	
	自攻螺钉 5×100	个	20.1166	
	圆钉	kg		0.0169
	超细玻璃棉	kg		1.5750
	腻子	kg	0.1050	
	其他材料费	元	0.5100	0.1500

6.1.2 成品隔墙安装

工作内容：定位、弹线、成品隔断安装等全部操作过程。

定 额 编 号			XZYT6-13	XZYT6-14	XZYT6-15	XZYT6-16	XZYT6-17	XZYT6-18	XZYT6-19
项 目			GRC 轻质墙板		高强轻质板		高密板 厚度 18mm	玻璃板 玻璃厚度 8mm	卫生间 隔断
			厚度 90mm 以内	厚度 90mm 以外	厚度 80mm 以内	厚度 80mm 以外			
单 位			m²	m²	m²	m²	m²	m²	m²
基 价（元）			**94.37**	**124.96**	**88.30**	**117.55**	**72.36**	**145.05**	**218.12**
其中	人 工 费（元）		17.30	18.20	8.37	8.37	20.78	35.81	32.22
	材 料 费（元）		77.07	106.76	79.93	109.18	51.31	109.24	185.90
	机 械 费（元）						0.27		
名 称		单位	数 量						
人工	建筑普通工	工日	0.0405	0.0426	0.0196	0.0196	0.0487	0.0838	0.0753
	建筑技术工	工日	0.0907	0.0954	0.0439	0.0439	0.1089	0.1877	0.1690
计价材料	预埋铁件 综合	kg	0.1282	0.1419					
	方材红白松 二等	m³	0.0003	0.0003	0.0001	0.0001	0.0008		
	中密度板 18mm	m²					1.0500		
	木压条 15×40	m			0.8500	0.8500	0.3180		
	普通硅酸盐水泥 32.5	t	0.0296	0.0391					
	现浇混凝土 C15-20 集中搅拌	m³	0.0021	0.0028					
	钢化玻璃 8mm	m²						1.0200	

续表

定 额 编 号			XZYT6-13	XZYT6-14	XZYT6-15	XZYT6-16	XZYT6-17	XZYT6-18	XZYT6-19
项 目			GRC 轻质墙板		高强轻质板		高密板厚度18mm	玻璃板玻璃厚度8mm	卫生间隔断
			厚度 90mm 以内	厚度 90mm 以外	厚度 80mm 以内	厚度 80mm 以外			
计价材料	轻质墙板 GRC90mm	m²	1.0300						
	轻质墙板 GRC120mm	m²		1.0300					
	AC 标准板 75mm	m²			1.0500				
	AC 标准板 100mm	m²				1.0500			
	网格布	m	4.1123	4.1123					
	隔断五金配件	套					0.6000		
	粘结剂 107 胶	kg	0.7699	1.0152					
	膨胀螺栓 综合	套						2.1828	
	自攻螺钉 5×100	个			4.9500	4.9500		13.7660	
	射钉	个	2.2300	2.2300					
	门窗密封橡胶条	m						6.2684	
	玻璃胶	kg						0.0523	0.0575
	卫生间隔断	m²							1.1000
	其他材料费	元	1.4200	2.0200	1.5100	2.0800	0.9200	2.1000	3.2300
机械	木工圆锯机 直径 φ500	台班					0.0092		

6.2 天棚吊顶

6.2.1 龙骨安装

工作内容: 定位、弹线、钻孔、安装膨胀螺栓、吊件加工及安装;安装龙骨、横撑、预留孔洞;临时加固、校正;设置灯箱与风口龙骨、封边;木龙骨制作、安装、刷防腐油。

定 额 编 号		XZYT6-20	XZYT6-21	XZYT6-22	XZYT6-23	XZYT6-24
项 目		铝合金龙骨		轻钢龙骨		方木顶棚龙骨
		上人型	不上人型	上人型	不上人型	吊在混凝土板下或梁下双层木楞
单 位		m²	m²	m²	m²	m²
基 价 (元)		54.88	42.77	66.19	57.68	56.73
其中	人 工 费 (元)	20.34	17.67	17.82	16.79	11.72
	材 料 费 (元)	30.05	20.61	44.21	36.84	42.81
	机 械 费 (元)	4.49	4.49	4.16	4.05	2.20
名 称	单位	数 量				
人工 建筑普通工	工日	0.0476	0.0414	0.0417	0.0393	0.0275
建筑技术工	工日	0.1066	0.0926	0.0934	0.0880	0.0614
计价材料 圆钢 φ10 以上	kg	0.6200	0.6200	0.5200	0.5200	
加工铁件 综合	kg	0.0871	0.0871	0.0714	0.0727	0.0702
方材红白松 一等	m³					0.0186

续表

定 额 编 号		XZYT6-20	XZYT6-21	XZYT6-22	XZYT6-23	XZYT6-24
项 目		铝合金龙骨		轻钢龙骨		方木顶棚龙骨
		上人型	不上人型	上人型	不上人型	吊在混凝土板下或梁下双层木楞
计价材料	轻钢吊顶龙骨 U38×12×1.2 m		1.3376			
	轻钢吊顶大龙骨 U50×15×1.5 m				1.2636	
	轻钢吊顶中龙骨 U50×20×0.6 m			4.8249	4.8249	
	轻钢大龙骨 U60×30×1.5 m	1.3376		1.2636	0.0880	
	轻钢龙骨主接件 个	0.5800	0.5800	0.5200		
	轻钢龙骨次接件 个			0.6400		
	轻钢大龙骨垂直吊挂件 个	1.5600	1.5600	1.3300		
	轻钢中龙骨垂直吊挂件 个			2.5500		
	轻钢中龙骨平面连接件 个			8.1600		
	铝合金吊顶中龙骨 T30.5 m	2.3031	1.9166			
	铝合金吊顶龙骨次接件 个	0.3400	0.2800			
	铝合金吊顶中龙骨垂直吊挂件 个	5.4900	4.5600			
	铝合金吊顶中龙骨平面连接件 个	0.6900	0.5800			
	电焊条 J422 综合 kg	0.0128	0.0128	0.0128	0.0113	0.0091
	普通六角螺栓 kg	0.0357	0.0357	0.0307	0.0307	
	膨胀螺栓 M8 套	1.5800	1.5800	1.3400	1.3400	

续表

定 额 编 号			XZYT6-20	XZYT6-21	XZYT6-22	XZYT6-23	XZYT6-24
项 目			铝合金龙骨		轻钢龙骨		方木顶棚龙骨
			上人型	不上人型	上人型	不上人型	吊在混凝土板下或梁下双层木楞
计价材料	自攻螺钉 4×20	个	0.0549	0.0456			
	圆钉	kg					0.0889
	镀锌铁丝 综合	kg					0.0531
	环氧沥青漆	kg					0.0058
	冲击钻头	支	0.0198	0.0198			
	其他材料费	元	0.5300	0.3700	0.7400	0.6300	0.7100
机械	木工圆锯机 直径 φ500	台班					0.0012
	交流弧焊机 容量 21kVA	台班	0.0010	0.0010	0.0010	0.0009	0.0007
	砂轮切割机 直径 φ400	台班	0.0397	0.0397	0.0343	0.0325	
	冲击钻	台班	0.0304	0.0304	0.0302	0.0302	0.0302

6.2.2 面板安装

工作内容： 面板下料、安装、封口、封边、清理。

定额编号			XZYT6-25	XZYT6-26	XZYT6-27	XZYT6-28	XZYT6-29	XZYT6-30	XZYT6-31
项　　目			铝合金方板	铝合金条板	铝塑板	PVC复合板	石膏板	矿棉板	细木工板
单　　位			m²	m²	m²	m²	m²	m²	m²
基　价（元）			**156.67**	**129.06**	**121.60**	**41.12**	**34.52**	**44.04**	**52.96**
其中	人工费（元）		16.57	27.02	16.95	17.50	10.95	11.49	11.16
	材料费（元）		140.10	102.04	104.51	23.51	23.57	32.55	41.80
	机械费（元）				0.14	0.11			
名　称		单位	数　　量						
人工	建筑普通工	工日	0.0387	0.0633	0.0397	0.0410	0.0256	0.0268	0.0261
	建筑技术工	工日	0.0869	0.1416	0.0888	0.0917	0.0574	0.0603	0.0585
计价材料	细木工板	m²							1.0500
	石膏粉	kg					0.0412		
	铝合金天棚方板　0.8	m²	1.0076						
	铝合金靠墙方板　0.8	m	0.8480						
	铝合金天棚条板　0.5	m²		0.8777					
	铝合金靠墙条板　0.5	m		0.6111					
	铝合金插缝板　0.5	m²		0.4653					
	铝合金条板插接件	个		3.3700					
	铝塑板双面　1220×2440×3	m²			1.0750				

定　额　编　号			XZYT6-25	XZYT6-26	XZYT6-27	XZYT6-28	XZYT6-29	XZYT6-30	XZYT6-31
项　　　目			铝合金方板	铝合金条板	铝塑板	PVC复合板	石膏板	矿棉板	细木工板
计价材料	石膏板　12mm	m²					1.0500		
	PVC条形天花板　宽180mm	m²				1.0750			
	PVC阴阳角线　30×30	m				1.1612			
	矿棉板	m²						1.0500	
	自攻螺钉　4×16	个		12.3000		8.6000	10.6000		
	圆钉	kg							0.0308
	万能胶	kg			0.7091				
	密封胶	kg			0.3024	0.0032			
	防腐油	kg				0.0081			
	其他材料费	元	2.6000	1.9600	2.0400	0.4000	0.4600	0.6300	0.7300
机械	木工多用机床	台班			0.0058	0.0046			

定　额　编　号			XZYT6-32	XZYT6-33	XZYT6-34
项　　目			胶合板	不锈钢板	吸音板
单　　位			m²	m²	m²
基　价（元）			**30.59**	**168.05**	**69.21**
其中	人　工　费（元）		6.74	14.41	9.30
	材　料　费（元）		23.85	153.64	59.91
	机　械　费（元）				
	名　　称	单位	数　　　量		
人工	建筑普通工	工日	0.0158	0.0219	0.0143
	建筑技术工	工日	0.0353	0.0844	0.0543
计价材料	不锈钢板　1.0	kg		8.2425	
	胶合板五层　5mm	m²	1.0500		
	吸音板　12mm	m²			1.0500
	圆钉	kg	0.0180	0.0111	
	密封胶	kg		0.3255	0.3255
	其他材料费	元	0.3400	2.6000	1.1700

6.2.3 送风口、回风口安装

工作内容：对口、号眼、安装木柜条、过滤网及风口校正、上螺钉、固定。

定 额 编 号			XZYT6-35	XZYT6-36	XZYT6-37	XZYT6-38
项 目			铝合金送风口	铝合金回风口	硬木送风口	硬木回风口
单 位			个	个	个	个
基 价 （元）			**187.48**	**187.48**	**126.42**	**126.42**
其中	人 工 费 （元）		8.49	8.49	8.49	8.49
	材 料 费 （元）		178.99	178.99	117.93	117.93
	机 械 费 （元）					
	名 称	单位	数 量			
人工	建筑普通工	工日	0.0123	0.0123	0.0123	0.0123
	建筑技术工	工日	0.0502	0.0502	0.0502	0.0502
计价材料	铝合金送风口	个	1.0500			
	铝合金回风口	个		1.0500		
	硬木送风口	个			1.0500	
	硬木回风口	个				1.0500
	其他材料费	元	3.1100	3.1100	2.0100	2.0100

第 7 章　门窗与木作工程

说　　明

1. 本章木材用量以自然干燥条件下的含水率为标准编制，不考虑现场人工干燥。

2. 定额中木材加工是按照机械和手工操作综合编制，执行定额时不得因操作方法调整定额。

3. 现场制作门窗所安装玻璃的种类、厚度，当与定额不同时，可以调整玻璃材料费，定额中人工费与机械费不作调整。

4. 成品门窗安装定额包括成品门窗的购置、运输、安装、油漆、五金、配件、填缝、嵌固等工作内容。

5. 现场制作门窗安装五金与配件的配置见表7-1与表7-2。定额中不包括门镜、门启闭器、门磁吸装置等材料费、安装费，工程需要时其费用单独计算。定额中门窗五金与配件是按照常规标准配置，工程实际与定额不同时，按照实际价格处理。

6. 玻璃幕墙适用于外墙，玻璃隔断墙执行第6章相应的定额。玻璃幕墙定额包括幕墙墙架的制作与安装、镶挂玻璃等工作内容。工程设计采用的材质、规格与定额不同时按照价差处理。

表7-1　　　　　　　　　　　　　　　　现场制作门五金、配件表　　　　　　　　　　　　　　　　单位：套

项　　　目		镶板门	胶合板门	普通纱门
材　料　费（元）		76.53	76.53	30.88
名　称	单位	数　　量		
材料 门窗铰链　75mm	个			2
门窗铰链　100mm	个	2	2	

续表

项 目			镶板门	胶合板门	普通纱门
材料	门锁 单向	把	0.5	0.5	
	门锁 双向	把	0.5	0.5	
	铁插销 100mm	对	2	2	2
	风钩	个	1.66	1.66	1.2
	拉手 30以内	对	1	1	1
	木螺丝 各种规格	个	34	34	20
	不锈钢螺丝 M5×12	个	24	24	20

表 7-2   现场制作窗五金、配件表   单位：套

项 目			木窗	无框木窗	普通纱窗
材 料 费（元）			40.13	27.36	39.78
名 称		单位	数 量		
材料	门窗铰链 75mm	个	4	2	4
	铁插销 100mm	对	1	1	1
	风钩	个	2.1	2.1	2.1
	拉手 30以内	对	1	1	1
	木螺丝 各种规格	个	28	18	16
	不锈钢螺丝 M5×12	个	16		16

　　7. 扶手栏杆定额中包括栏杆、扶手的制作、购置、运输、安装等工作内容。

　　8. 现场制作的门窗、木扶手、木制品定额中不包括木材面刷油漆，应根据设计标准执行第 11 章相应的定额。

工程量计算规则

1. 各类门窗制作、安装按照门窗洞口面积计算。

2. 卷闸门宽度按照设计图示宽度、高度按照洞口高度增加 600mm，以面积计算。

3. 玻璃幕墙按照外墙垂直投影面积计算工程量，扣除门窗洞口及单个面积 $0.3m^2$ 以上孔洞所占面积。

4. 暖气罩按照边框外围尺寸以平方米为单位计算，侧面计算工程量。

5. 窗帘盒按照设计图示尺寸以延长米为单位计算。当设计无规定时可按窗洞口宽度加 300mm 计算。

6. 门窗套、木线条按照设计图示尺寸以展开面积计算。

7. 扶手栏杆按照延长米计算工程量（不包括伸入墙内的长度部分），其斜长部分按照水平投影长度乘 1.17 系数计算。

8. 电动门按照门面积以平方米为单位计算工程量。门的长度按照柱间净长计算。

9. 卷闸门电动装置、电子感应装置按照设计图示数量，以套为单位计算。

7.1 木门、窗

7.1.1 木门制作与安装

工作内容：木门框制作、安装；木门扇制作、安装；门亮子制作、安装；装配纱扇；安装五金、配件、玻璃；周边塞口、清理。

定　额　编　号			XZYT7-1	XZYT7-2	XZYT7-3	XZYT7-4
项　　　目			镶板门	胶合板门	普通纱门	保温隔声门
单　　　位			m²	m²	m²	m²
基　　价（元）			**231.52**	**219.86**	**75.32**	**263.42**
其中	人　工　费（元）		51.01	44.16	20.10	23.82
	材　料　费（元）		176.84	170.46	53.79	239.12
	机　械　费（元）		3.67	5.24	1.43	0.48
名　　　称		单位	数　　　量			
人工	建筑普通工	工日	0.1195	0.0964	0.0471	0.0621
	建筑技术工	工日	0.2673	0.2367	0.1053	0.1201
计价材料	加工铁件　综合	kg				0.2524
	方材红白松　一等	m³	0.0519	0.0401	0.0040	0.0327
	板材红白松　一等	m³	0.0080	0.0030	0.0100	0.0181
	胶合板三层　3mm	m²		2.0136		1.9010
	木楔	m³	0.0001	0.0001	0.0003	
	木线　100×12	m				0.0001

318

续表

定 额 编 号			XZYT7-1	XZYT7-2	XZYT7-3	XZYT7-4
项 目			镶板门	胶合板门	普通纱门	保温隔声门
计价材料	石灰麻刀砂浆	m³	0.0023	0.0028	0.0007	
	石油沥青 30 号	kg				5.0514
	木门五金、配件 镶板门	套	0.5000			
	木门五金、配件 胶合板门	套		0.5000		
	木门五金、配件 普通纱门	套			0.5000	
	粘结剂 乳胶	kg	0.0714	0.1249	0.0995	0.0608
	镀锌半圆头螺栓 综合	套				0.0486
	木螺钉	kg				0.0897
	圆钉	kg	0.0880	0.1660	0.0123	0.1825
	矿渣棉制品 矿渣棉	m³				0.5000
	橡胶板 3mm 以下	kg				0.2219
	橡胶定型条	m				2.4700
	塑料窗纱	m²			0.7226	
	清洗剂	kg				0.0172
	普通清漆	kg				0.0298
	环氧沥青漆	kg	0.2426	0.3083	0.1188	
	麻丝	kg				1.3619
	木柴	kg				1.3620
	其他材料费	元	2.9500	2.7800	0.9500	4.1200

续表

定 额 编 号			XZYT7-1	XZYT7-2	XZYT7-3	XZYT7-4
项 目			镶板门	胶合板门	普通纱门	保温隔声门
机械	木工圆锯机 直径 φ500	台班	0.0120	0.0099	0.0068	0.0123
	木工平刨床 刨削宽度 450mm	台班	0.0228	0.0267	0.0067	0.0058
	木工三面压刨床 刨削宽度 400mm	台班	0.0220	0.0253	0.0067	
	木工开榫机 榫头长度 160mm	台班	0.0147	0.0347	0.0084	
	木工打眼机 榫槽宽度 16mm	台班	0.0185	0.0375	0.0084	
	木工裁口机 宽度 多面400mm	台班	0.0092	0.0109	0.0025	

7.1.2 成品木门安装

工作内容: 门购置、运输、现场堆放;现场搬运、安装框扇;安装五金、配件、玻璃;周边塞口、清理。

定 额 编 号			XZYT7-5	XZYT7-6	XZYT7-7	XZYT7-8	XZYT7-9
项 目			木门	普通纱门	钢木大门		保温隔声门
					两面板	防寒两面板	
单 位			m²	m²	m²	m²	m²
基 价(元)			**339.95**	**114.20**	**231.34**	**273.07**	**322.15**
其中	人 工 费(元)		19.53	13.11	27.68	32.61	18.94
	材 料 费(元)		320.42	101.09	203.66	240.46	303.21
	机 械 费(元)						
名 称		单位	数 量				
人工	建筑普通工	工日	0.0475	0.0302	0.0638	0.0764	0.0523
	建筑技术工	工日	0.1010	0.0691	0.1458	0.1709	0.0933
计价材料	方材红白松 一等	m³					0.0032
	硬木 一等	m³			0.0005	0.0005	
	油灰	kg			0.0242	0.3041	
	成品木门	m²	1.0000				
	成品普通纱门	m²		1.0000			
	成品钢木大门(两面板)	m²			1.0000		
	成品钢木大门(防寒两面板)	m²				1.0000	

续表

定 额 编 号			XZYT7-5	XZYT7-6	XZYT7-7	XZYT7-8	XZYT7-9
项 目			木门	普通纱门	钢木大门		保温隔声门
					两面板	防寒两面板	
计价材料	成品保温隔音门	m²					1.0000
	圆钉	kg		0.0148		0.0011	0.0289
	橡胶板 3mm 以下	kg			0.0499	0.2852	
	橡胶定型条	m					2.3159
	防腐油	kg					2.5477
	麻丝	kg					0.7074
	其他材料费	元	5.9000	1.7000	3.9900	4.7000	5.6200

322

7.1.3 木窗制作与安装

工作内容：木窗框制作、安装；木窗扇制作、安装；安装纱网；安装五金、配件、玻璃；周边塞口、清理。

定 额 编 号		XZYT7-10	XZYT7-11	XZYT7-12
项 目		木窗	无框木窗	普通纱窗
单 位		m²	m²	m²
基 价（元）		**217.46**	**167.71**	**90.38**
其中	人 工 费（元）	68.82	55.06	23.03
	材 料 费（元）	145.48	110.08	65.38
	机 械 费（元）	3.16	2.57	1.97
名 称	单位	数 量		
人工	建筑普通工	工日	0.1611	0.1289	0.0589
	建筑技术工	工日	0.3607	0.2886	0.1170
计价材料	方材红白松 一等	m³	0.0413	0.0291	0.0060
	板材红白松 一等	m³	0.0092	0.0037	0.0130
	混合砂浆 M5	m³	0.0036	0.0034	
	油灰	kg	0.7340	1.0114	
	平板玻璃 3mm	m²	0.7141	0.8629	
	木窗五金、配件 木窗	套	0.4000		
	木窗五金、配件 无框木窗	套		0.6000	
	木窗五金、配件 普通纱窗	套			0.4000

续表

定 额 编 号			XZYT7-10	XZYT7-11	XZYT7-12
项 目			木窗	无框木窗	普通纱窗
计价材料	粘结剂　乳胶	kg	0.0584	0.0584	0.0650
	圆钉	kg	0.1064	0.1418	0.0020
	塑料窗纱	m²			1.1780
	防腐油	kg	0.3515	0.3274	
	其他材料费	元	2.4800	1.9000	1.1400
机械	木工圆锯机　直径　φ500	台班	0.0076	0.0066	0.0040
	木工平刨床　刨削宽度　450mm	台班	0.0189	0.0168	0.0121
	木工双面压刨床　刨削宽度　600mm	台班	0.0189	0.0168	0.0121
	木工开榫机　榫头长度　160mm	台班	0.0163	0.0112	0.0125
	木工打眼机　榫槽宽度　16mm	台班	0.0296	0.0199	0.0076
	木工裁口机　宽度　多面400mm	台班	0.0083	0.0075	0.0045

7.1.4 成品木窗安装

工作内容：窗购置、运输、现场堆放；现场搬运、安装框扇；安装五金、配件、玻璃；周边塞口、清理。

定 额 编 号			XZYT7-13	XZYT7-14	XZYT7-15	XZYT7-16
项 目			成品木窗	成品无框木窗	成品纱窗	成品百叶窗
单 位			m²	m²	m²	m²
基 价（元）			**346.58**	**303.13**	**131.98**	**232.97**
其中	人 工 费（元）		33.06	28.10	11.08	15.99
	材 料 费（元）		313.50	275.01	120.90	216.98
	机 械 费（元）		0.02	0.02		
名 称		单位	数 量			
人工	建筑普通工	工日	0.0775	0.0658	0.0259	0.0374
	建筑技术工	工日	0.1732	0.1473	0.0581	0.0838
计价材料	方材红白松 一等	m³	0.0004	0.0002		
	混合砂浆 M5	m³	0.0036	0.0034		
	成品木窗	m²	1.0000			
	成品无框木窗	m²		1.0000		
	成品纱窗	m²			1.0000	
	圆钉	kg	0.0941	0.0960	0.0020	
	发泡软填料	kg				0.5577
	防腐油	kg	0.3515	0.3274		

续表

定　额　编　号			XZYT7-13	XZYT7-14	XZYT7-15	XZYT7-16
项　　　　　目			成品木窗	成品无框木窗	成品纱窗	成品百叶窗
计价材料	成品固定木百叶窗	m²				1.0000
	其他材料费	元	6.0500	5.3900	2.1800	4.0700
机械	木工圆锯机　直径 $\phi500$	台班	0.0007	0.0007		

7.2 钢门、窗

7.2.1 成品钢门安装

工作内容：钢门购置、运输、现场堆放；钢门框校正、稳固铁件、安装框扇；安装五金、配件、玻璃；周边塞口、清理。

定 额 编 号			XZYT7-17	XZYT7-18	XZYT7-19	XZYT7-20	XZYT7-21
项 目			普通钢门（单层）	厂、库房大门	钢折叠门	带地轨钢大门（无框）	钢防火门
单 位			m²	m²	m²	m²	m²
基 价 （元）			**162.70**	**387.00**	**759.60**	**272.82**	**499.84**
其中	人 工 费 （元）		29.56	78.03	151.37	58.96	40.49
	材 料 费 （元）		132.41	305.66	604.77	210.40	458.62
	机 械 费 （元）		0.73	3.31	3.46	3.46	0.73
名 称		单位	数 量				
人工	建筑普通工	工日	0.0691	0.1722	0.3335	0.1300	0.0947
	建筑技术工	工日	0.1550	0.4168	0.8090	0.3150	0.2123
计价材料	加工铁件 综合	kg		1.7700		2.9100	
	水泥砂浆 1:2	m³	0.0025		0.0020	0.0020	0.0025
	现浇混凝土 C20-20 集中搅拌	m³	0.0020	0.0020	0.0018	0.0060	0.0020
	折叠门 成品钢	m²			1.0000		
	成品钢木大门（防寒两面板）	m²		1.0000			

续表

定 额 编 号			XZYT7-17	XZYT7-18	XZYT7-19	XZYT7-20	XZYT7-21
项 目			普通钢门（单层）	厂、库房大门	钢折叠门	带地轨钢大门（无框）	钢防火门
计价材料	成品全钢板门	m²	1.0000			1.0000	
	成品防火门	m²					1.0000
	钢门五金、配件 全钢板门	套		0.5000	0.5000	0.5000	
	电焊条 J422 综合	kg	0.0294	0.1200	0.1200	0.1200	0.0313
	膨胀螺栓 M10	套					4.4888
	其他材料费	元	2.4400	5.7900	11.6900	3.7400	8.6500
机械	汽车式起重机 起重量 5t	台班		0.0020	0.0022	0.0022	
	交流弧焊机 容量 21kVA	台班	0.0109	0.0270	0.0270	0.0270	0.0109

328

定 额 编 号			XZYT7-22	XZYT7-23	XZYT7-24	XZYT7-25	XZYT7-26	XZYT7-27
项 目			成品玻璃钢板门	成品平开防盗门	成品半截百叶钢板门	成品防射线门	屏蔽门	不锈钢电动伸缩门
单 位			m²	m²	m²	m²	m²	樘
基 价（元）			**200.77**	**392.17**	**234.19**	**454.26**	**484.59**	**8315.17**
其中	人 工 费（元）		32.21	29.56	26.06	38.43	30.08	360.10
	材 料 费（元）		167.92	361.97	205.70	415.19	453.78	7955.07
	机 械 费（元）		0.64	0.64	2.43	0.64	0.73	
名 称		单位			数 量			
人工	建筑普通工	工日	0.0796	0.0691	0.0613	0.0899	0.0704	0.7699
	建筑技术工	工日	0.1657	0.1550	0.1364	0.2015	0.1577	1.9421
计价材料	钢轨 6kg/m	m						10.0000
	水泥砂浆 1∶2	m³	0.0025	0.0025	0.0008	0.0025	0.0025	
	现浇混凝土 C20-20 集中搅拌	m³	0.0020	0.0020	0.0020	0.0020	0.0020	
	不锈钢电动伸缩门	m²						5.0000
	不锈钢电动伸缩门自动装置	套						1.0000
	成品钢板玻璃门	m²	1.0000					
	成品平开防盗门	m²		1.0000				
	成品半截百叶钢板门	m²			1.0000			
	成品防射线门	m²				1.0000		
	屏蔽门	m²					1.0000	
	钢门五金、配件 玻璃钢板门	套	0.5000					

续表

定 额 编 号			XZYT7-22	XZYT7-23	XZYT7-24	XZYT7-25	XZYT7-26	XZYT7-27
项 目			成品玻璃钢板门	成品平开防盗门	成品半截百叶钢板门	成品防射线门	屏蔽门	不锈钢电动伸缩门
计价材料	钢门五金、配件 平开防盗门	套		0.5000				
	钢门五金、配件 半截百叶门	套			0.5000			
	钢门五金、配件 防射线门	套				0.5000		
	电焊条 J422 综合	kg	0.0294	0.0294	0.0840	0.0294	0.0313	
	膨胀螺栓 M10	套					4.8300	
	其他材料费	元	3.0500	6.9100	3.7400	6.4600	8.8800	153.7800
机械	交流弧焊机 容量 21kVA	台班	0.0095	0.0095	0.0363	0.0095	0.0109	

7.2.2 成品钢窗安装

工作内容：钢窗购置、运输、现场堆放；钢窗框校正、稳固铁件、安装框扇；安装五金、配件、玻璃；周边塞口、清理。

定额编号			XZYT7-28	XZYT7-29	XZYT7-30	XZYT7-31	XZYT7-32	XZYT7-33
项　　目			单层钢窗	钢纱窗	屏蔽窗	钢质防火窗	窗防护格栅	
							钢结构	不锈钢结构
单　　位			m²	m²	m²	m²	m²	m²
基　　价（元）			212.11	202.57	416.49	628.86	105.50	312.01
其中	人　工　费（元）		28.45	12.95	31.40	29.88	6.01	6.01
	材　料　费（元）		183.19	115.66	385.09	598.51	99.49	306.00
	机　械　费（元）		0.47	73.96		0.47		
名　称		单位			数　量			
人工	建筑普通工	工日	0.0666	0.0304	0.0735	0.0700	0.0141	0.0141
	建筑技术工	工日	0.1491	0.0678	0.1646	0.1566	0.0315	0.0315
计价材料	水泥砂浆　1:2	m³	0.0018		0.0028	0.0018		
	现浇混凝土　C20-10　集中搅拌	m³	0.0020		0.0030	0.0020		
	成品单层钢窗	m²	1.0000					
	成品钢纱窗	m²		1.0000				
	成品窗防护格栅（钢）	m²					1.0000	
	成品窗防护格栅（不锈钢）	m²						1.0000
	屏蔽窗	m²			1.0000			

续表

定 额 编 号			XZYT7-28	XZYT7-29	XZYT7-30	XZYT7-31	XZYT7-32	XZYT7-33
项 目			单层钢窗	钢纱窗	屏蔽窗	钢质防火窗	窗防护格栅	
							钢结构	不锈钢结构
计价材料	电焊条 J422 综合	kg	0.0309	0.0332	0.0400	0.0309		
	门窗密封橡胶条	m		2.5500				
	钢质防火窗	m²				1.0000		
	其他材料费	元	3.5900	2.1100	7.5400	11.2300	1.9000	6.0000
机械	交流弧焊机 容量 21kVA	台班	0.0070	1.1040		0.0070		

7.3 铝合金门、窗

7.3.1 成品铝合金门安装

工作内容：铝合金门购置、运输、现场堆放；门框校正、稳固铁件、安装框扇；安装五金、配件、玻璃；周边塞口、清理。

定 额 编 号		XZYT7-34	XZYT7-35	XZYT7-36	XZYT7-37	XZYT7-38
项 目		单扇全玻地弹门	双扇全玻地弹门	铝合金门		隔热断桥铝合金门
				平开门	推拉门	
单 位		m²	m²	m²	m²	m²
基 价（元）		**344.93**	**380.77**	**325.80**	**357.24**	**568.62**
其中	人 工 费（元）	34.25	35.94	34.25	66.17	30.70
	材 料 费（元）	310.68	344.83	291.55	291.07	537.92
	机 械 费（元）					
名 称	单位	数 量				
人工 建筑普通工	工日	0.0801	0.0841	0.0801	0.0912	0.0703
建筑技术工	工日	0.1796	0.1884	0.1796	0.3945	0.1621
计价材料 推拉门 铝合金	m²				1.0200	
成品铝合金门	m²			1.0000		
成品单扇全玻地弹门	m²	1.0000				
成品双扇全玻地弹门	m²		1.0000			
膨胀螺栓 M10	套	10.4300	8.4600		9.9560	4.4591

续表

定 额 编 号			XZYT7-34	XZYT7-35	XZYT7-36	XZYT7-37	XZYT7-38
项 目			单扇全玻地弹门	双扇全玻地弹门	铝合金门		隔热断桥铝合金门
					平开门	推拉门	
计价材料	射钉	个	48.0000	48.0000	48.0000		
	发泡软填料	kg	0.6671	0.6671	0.6671	0.3975	0.6671
	玻璃胶	kg	0.3500	0.3500	0.3500	0.5020	0.6671
	隔热断桥铝合金门	m²					1.0000
	其他材料费	元	5.9600	6.6200	5.4300	5.6700	10.0200

7.3.2 成品铝合金窗安装

工作内容：铝合金窗购置、运输、现场堆放；窗框校正、稳固铁件、安装框扇；安装五金、配件、玻璃；周边塞口、清理。

定 额 编 号		XZYT7-39	XZYT7-40	XZYT7-41	XZYT7-42	XZYT7-43	XZYT7-44
项 目		铝合金窗					隔热断桥铝合金窗
		固定窗	推拉窗	平开窗	纱窗扇	百叶窗	
单 位		m²	m²	m²	m²	m²	m²
基 价（元）		**249.27**	**280.07**	**286.79**	**116.10**	**344.95**	**465.97**
其中	人 工 费（元）	16.04	24.24	22.28	11.60	16.83	18.89
	材 料 费（元）	233.23	255.83	264.51	104.50	328.12	447.08
	机 械 费（元）						
名 称	单位	数 量					
人工	建筑普通工	工日	0.0375	0.0568	0.0521	0.0304	0.0394	0.0442
	建筑技术工	工日	0.0841	0.1270	0.1168	0.0584	0.0882	0.0990
计价材料	铝合金窗 固定式	m²	1.0000					
	铝合金窗 平开式	m²			1.0000			
	铝合金窗 推拉式	m²		1.0000				
	铝合金窗 纱窗扇	m²				1.0000		
	成品固定铝合金百叶窗	m²					1.0000	

续表

定 额 编 号			XZYT7-39	XZYT7-40	XZYT7-41	XZYT7-42	XZYT7-43	XZYT7-44
项 目			铝合金窗					隔热断桥铝合金窗
			固定窗	推拉窗	平开窗	纱窗扇	百叶窗	
计价材料	射钉	个	24.0000	18.0000	12.0000	12.0000	36.0000	
	发泡软填料	kg	0.6671	0.3975	0.3200		0.5870	0.5870
	玻璃胶	kg	0.3500	0.3000	0.3000		0.3500	1.0224
	隔热断桥铝合金窗	m²						1.0000
	其他材料费	元	4.5300	5.0700	4.8600	2.0000	6.4200	8.5400

7.4 塑钢门、窗

7.4.1 成品塑钢门安装

工作内容：塑钢门购置、运输、现场堆放；门框校正、稳固铁件、安装框扇；安装五金、配件、玻璃；周边塞口、清理。

定　额　编　号		XZYT7-45	XZYT7-46
项　　　　　目		塑钢门	
		单玻	双玻
单　　　　　位		m²	m²
基　　价（元）		**328.08**	**362.10**
其中	人　工　费（元）	38.61	42.44
	材　料　费（元）	289.47	319.66
	机　械　费（元）		
名　　称	单位	数　　量	
人工	建筑普通工	工日	0.0903	0.0994
	建筑技术工	工日	0.2024	0.2224
计价材料	成品塑钢门（单层玻璃）	m²	1.0000	
	成品塑钢门（双层玻璃）	m²		1.0000
	木螺钉　各种规格	个	6.0000	6.0000
	不锈钢螺钉　M5×12	个	7.0000	7.0000
	发泡软填料	kg	0.2600	0.3000

续表

定　额　编　号			XZYT7-45	XZYT7-46
项　　　　目			塑钢门	
			单玻	双玻
计价材料	门窗密封橡胶条	m	1.0300	1.2000
	密封油膏	kg	0.4200	0.4400
	氯丁腻子　JN-10	kg	0.0800	0.1000
	冲击钻头	支	0.0800	0.0800
	其他材料费	元	5.4600	6.0300

338

7.4.2 成品塑钢窗安装

工作内容： 塑钢窗购置、运输、现场堆放；窗框校正、稳固铁件、安装框扇；安装五金、配件、玻璃；周边塞口、清理。

定 额 编 号			XZYT7-47	XZYT7-48
项　　目			塑钢窗	
			单玻	双玻
单　　位			m²	m²
基　价（元）			**282.23**	**314.20**
其中	人　工　费（元）		33.64	37.02
	材　料　费（元）		248.59	277.18
	机　械　费（元）			
名　　称		单位	数　　量	
人工	建筑普通工	工日	0.0788	0.0866
	建筑技术工	工日	0.1763	0.1941
计价材料	成品塑钢窗（单层玻璃）	m²	1.0000	
	成品塑钢窗（双层玻璃）	m²		1.0000
	木螺钉　各种规格	个	6.0000	6.0000
	不锈钢螺钉　M5×12	个	7.0000	7.0000

续表

定 额 编 号			XZYT7-47	XZYT7-48
项 目			塑钢窗	
			单玻	双玻
计价材料	发泡软填料	kg	0.2600	0.3000
	门窗密封橡胶条	m	4.2800	4.2800
	密封油膏	kg	0.4200	0.4400
	冲击钻头	支	0.0800	0.0800
	其他材料费	元	4.8600	5.3800

7.5 成品卷帘门安装

工作内容：卷帘门购置、运输、现场堆放；门框校正、安装铁件、焊接连接件；安装卷闸与电动装置、调试；安装五金、配件；周边塞口、清理。

定 额 编 号			XZYT7-49	XZYT7-50	XZYT7-51	XZYT7-52	XZYT7-53	XZYT7-54
项 目			镀锌薄钢板卷闸门	铝合金卷闸门	彩钢板卷闸门	不锈钢卷闸门	卷闸门电动装置	活动小门
单 位			m²	m²	m²	m²	套	m²
基 价（元）			**201.08**	**262.22**	**286.59**	**284.96**	**1826.44**	**326.77**
其中	人 工 费（元）		40.88	40.88	40.88	40.88	84.61	70.47
	材 料 费（元）		158.83	219.97	244.34	242.71	1741.83	256.30
	机 械 费（元）		1.37	1.37	1.37	1.37		
名 称		单位	数 量					
人工	建筑普通工	工日	0.0958	0.0958	0.0958	0.0958	0.1980	0.1074
	建筑技术工	工日	0.2142	0.2142	0.2142	0.2142	0.4435	0.4124
计价材料	平开门 铝合金	m²						1.0000
	卷闸镀锌薄钢板门	m²	1.0000					
	卷闸铝合金门	m²		1.0000				
	卷闸电动装置	套					1.0000	

续表

定　额　编　号			XZYT7-49	XZYT7-50	XZYT7-51	XZYT7-52	XZYT7-53	XZYT7-54
项　　　　目			镀锌薄钢板卷闸门	铝合金卷闸门	彩钢板卷闸门	不锈钢卷闸门	卷闸门电动装置	活动小门
计价材料	电焊条　J422　综合	kg	0.0950	0.0950	0.0950	0.0950		
	卷闸彩钢板门	m²			1.1670			
	卷闸不锈钢门	m²				1.1670		
	其他材料费	元	2.8000	3.9100	4.5800	4.5500	34.1500	5.0300
机械	交流弧焊机　容量　21kVA	台班	0.0205	0.0205	0.0205	0.0205		

7.6 成品不锈钢门、窗安装

工作内容：不锈钢门窗购置、运输、现场堆放；校正框扇、安装门窗；安装五金、配件、玻璃；安装感应装置、调试；周边塞口、清理。

定 额 编 号			XZYT7-55	XZYT7-56	XZYT7-57	XZYT7-58	XZYT7-59	XZYT7-60	XZYT7-61
项 目			不锈钢					电子感应门	电子感应装置
			固定玻璃窗	百叶窗	普通门	防火门	玻璃地弹门		
单 位			m²	m²	m²	m²	m²	m²	套
基 价（元）			**592.21**	**630.62**	**802.44**	**1531.61**	**743.90**	**647.55**	**2033.75**
其中	人 工 费（元）		38.75	17.67	31.06	42.52	69.92	116.88	80.11
	材 料 费（元）		553.46	612.95	770.65	1488.36	673.98	530.67	1945.70
	机 械 费（元）				0.73	0.73			7.94
名 称		单位	数 量						
人工	建筑普通工	工日	0.0907	0.0414	0.0727	0.0995	0.1638	0.2736	0.1875
	建筑技术工	工日	0.2031	0.0926	0.1628	0.2229	0.3664	0.6126	0.4199
计价材料	水泥砂浆 1:2	m³			0.0025	0.0025			
	现浇混凝土 C20-20 集中搅拌	m³			0.0020	0.0020			
	成品不锈钢双扇全玻地弹门	m²					1.0000		
	成品门电子感应门	m²						1.0000	
	成品不锈钢固定玻璃窗	m²	1.0000						

续表

定 额 编 号			XZYT7-55	XZYT7-56	XZYT7-57	XZYT7-58	XZYT7-59	XZYT7-60	XZYT7-61
项 目			不锈钢					电子感应门	电子感应装置
			固定玻璃窗	百叶窗	普通门	防火门	玻璃地弹门		
计价材料	门电子感应装置	套							1.0000
	电焊条 J422 综合	kg			0.0294	0.0313			0.5150
	膨胀螺栓 M10	套				4.4888	8.4600		
	射钉	个	24.0000	36.0000			24.0000	24.0000	
	发泡软填料	kg	0.8691	0.5870			0.6671	0.3219	
	玻璃胶	kg	0.3500	0.3500			0.3500	0.1870	0.5000
	不锈钢百叶窗	m²		1.0000					
	不锈钢普通门	m²			1.0000				
	不锈钢防火门	m²				1.0000			
	其他材料费	元	10.8300	11.4900	14.7200	28.3200	13.1800	10.4000	36.8500
机械	交流弧焊机 容量 21kVA	台班			0.0109	0.0109			0.1185

7.7 其他门安装

工作内容：门购置、运输、现场堆放；门框校正、稳固铁件、安装框扇；安装五金、配件、玻璃；周
边塞口、清理。

定 额 编 号			XZYT7-62	XZYT7-63
项 目			隔声门	保温门
单 位			m²	m²
基 价（元）			**583.35**	**439.50**
其中	人 工 费（元）		25.31	74.61
	材 料 费（元）		557.22	364.07
	机 械 费（元）		0.82	0.82
名 称		单位	数 量	
人工	建筑普通工	工日	0.0593	0.1747
	建筑技术工	工日	0.1326	0.3910
计价材料	加工铁件 综合	kg		1.0500
	电焊条 J422 综合	kg	0.2600	0.2550
	隔声门	m²	1.0000	
	保温门	m²		1.0000
	其他材料费	元	10.4500	6.8100
机械	交流弧焊机 容量 21kVA	台班	0.0123	0.0123

7.8 玻璃幕墙

工作内容：放样、划线、下料；钻孔、组装焊接、安装龙骨；装配玻璃、配件；周边嵌胶、清理。

定 额 编 号		XZYT7-64	XZYT7-65	XZYT7-66
项 目		铝合金框玻璃幕墙	不锈钢框玻璃幕墙	全玻璃幕墙
单 位		m²	m²	m²
基 价 （元）		**648.63**	**733.89**	**217.53**
其中	人 工 费 （元）	166.87	171.06	23.41
	材 料 费 （元）	400.58	472.75	191.81
	机 械 费 （元）	81.18	90.08	2.31
名 称	单位	数 量		
人工 建筑普通工	工日	0.3907	0.4004	0.0549
建筑技术工	工日	0.8746	0.8966	0.1226
计价材料 不锈钢型材	kg		13.7800	
镀锌钢板 1.0以下	kg			2.2600
白水泥	t			0.0004
水泥膏浆 白水泥浆	m³			0.0041
钢化镀膜玻璃 6mm	m²	0.9806	0.9806	
钢化玻璃 12mm	m²			1.0300
铝合金型材	kg	10.6000		
双面胶	m	3.8800	3.8800	2.1720

346

续表

定 额 编 号			XZYT7-64	XZYT7-65	XZYT7-66
项 目			铝合金框玻璃幕墙	不锈钢框玻璃幕墙	全玻璃幕墙
计价材料	电焊条 J422 综合	kg	0.3500		0.1580
	不锈钢气焊丝 综合	kg		0.3105	
	膨胀螺栓 M12	套			5.1200
	不锈钢螺栓	套	1.2322	1.2322	
	不锈钢螺钉 M5×12	个	13.7600	15.8700	
	射钉	个	9.0000		
	镀锌铁件	kg	2.4388	2.4388	4.1870
	门窗密封橡胶条	m	1.4420	1.4420	
	硅胶	kg	2.3378	2.3378	2.5600
	海绵胶条 δ10	m	2.1230	2.1230	0.8760
	合金钻头	支		0.0420	
	其他材料费	元	6.6200	8.0000	3.5300
机械	交流弧焊机 容量 21kVA	台班	0.0920	0.0920	0.0345
	氩弧焊机 电流 500A	台班		0.0856	
	砂轮切割机 直径 φ400	台班	0.1587	0.1587	
	双组份挤胶系统	台班	0.1955	0.1955	

347

7.9 木制作、扶手栏杆

7.9.1 木制作

工作内容：木构件制作、拼装、组装、安装、固定、面清理。

定　额　编　号			XZYT7-67	XZYT7-68	XZYT7-69	XZYT7-70	XZYT7-71
项　　　目			暖气罩	窗帘盒安装		门窗套	木线条
			制作与安装	单轨	双轨	制作与安装	
单　　　位			m²	m	m	m²	m²
基　　价（元）			**150.41**	**54.35**	**72.56**	**194.58**	**133.71**
其中	人　工　费（元）		45.63	12.48	13.85	53.35	21.41
	材　料　费（元）		103.43	41.34	58.23	140.56	112.26
	机　械　费（元）		1.35	0.53	0.48	0.67	0.04
名　　　称		单位	数　　　量				
人工	建筑普通工	工日	0.1068	0.0292	0.0324	0.1248	0.0507
	建筑技术工	工日	0.2392	0.0654	0.0726	0.2797	0.1118
计价材料	加工铁件　综合	kg		0.2960	0.2960		
	板材红白松　一等	m³	0.0350			0.0310	
	胶合板三层　3mm	m²				1.4800	0.0500
	胶合板五层　5mm	m²	0.9490				
	细木工板	m²		0.4853	0.4853		
	胶合饰面板（泰柚）	m²				1.1200	

348

续表

定 额 编 号			XZYT7-67	XZYT7-68	XZYT7-69	XZYT7-70	XZYT7-71
项 目			暖气罩	窗帘盒安装		门窗套	木线条
			制作与安装	单轨	双轨	制作与安装	
计价材料	木线 100×12	m					10.0500
	铝合金窗帘轨	m		1.1200	2.2400		
	粘结剂 乳胶	kg				0.6440	0.5410
	膨胀螺栓 M6	套		1.1000			
	膨胀螺栓 M12	套			1.1000		
	镀锌半圆头螺栓 综合	套		3.3000	3.3000		
	木螺钉 各种规格	个	8.9100	2.1000	2.1000		
	圆钉	kg	0.0950	0.0260	0.0286	0.0800	0.0420
	射钉	个				15.8000	10.6800
	镀锌铁丝网丝径 φ1.6以下	m²	0.5470				
	防锈漆	kg		0.0019	0.0020		
	其他材料费	元	1.6700	0.6600	0.9000	2.3500	2.1000
机械	木工圆锯机 直径 φ500	台班	0.0138	0.0081	0.0009	0.0012	0.0012
	木工三面压刨床 刨削宽度 400mm	台班	0.0138	0.0043	0.0066	0.0092	

7.9.2 扶手栏杆

工作内容：木扶手购置、加工、安装、面清理；钢栏杆制作、安装；不锈钢栏杆制作、安装。

	定 额 编 号		XZYT7-72	XZYT7-73	XZYT7-74
	项 目		硬木扶手		
			型钢栏杆	靠墙扶手	不锈钢栏杆
	单 位		m	m	m
	基 价（元）		**155.12**	**111.68**	**231.31**
其中	人 工 费（元）		27.02	15.28	43.36
	材 料 费（元）		112.93	96.32	172.40
	机 械 费（元）		15.17	0.08	15.55
	名 称	单位	数 量		
人工	建筑普通工	工日	0.0633	0.0360	0.1015
	建筑技术工	工日	0.1416	0.0799	0.2273
计价材料	扁钢（3~5）×50mm 以下	kg	4.7800	0.1470	
	不锈钢管 φ32×1.5	kg			4.6330
	镀锌钢管 DN25	kg		0.7080	
	不锈钢法兰座 φ59	个			0.5771
	镀锌法兰 DN50	副		1.1110	
	硬木扶手 90×60	m	1.0500	1.0500	1.0500
	现浇混凝土 C20-10 集中搅拌	m³		0.0010	
	电焊条 J422 综合	kg	0.2500	0.0110	
	不锈钢气焊丝 综合	kg			0.1070

续表

定 额 编 号			XZYT7-72	XZYT7-73	XZYT7-74
项 目			硬木扶手		
			型钢栏杆	靠墙扶手	不锈钢栏杆
计价材料	钨极棒	g			4.7600
	镀锌六角螺栓 综合	kg		0.0110	
	木螺钉 各种规格	个	1.1000	1.1000	
	氧气	m³	0.5660	0.4830	
	乙炔气	m³	0.1980	0.1690	
	氩气	m³			0.3370
	环氧树脂 6101 号	kg			0.1500
	其他材料费	元	1.9100	1.7400	3.2200
机械	金属面抛光机	台班			0.0230
	管子切断机 管径 φ60	台班			0.1093
	管子切断机 管径 φ150	台班	0.0955		
	交流弧焊机 容量 21kVA	台班	0.1760	0.0012	
	氩弧焊机 电流 500A	台班			0.1254

定 额 编 号			XZYT7-75	XZYT7-76	XZYT7-77	XZYT7-78
项 目			不锈钢栏板		不锈钢栏杆	
			半玻璃栏板	全玻璃栏板	不锈钢扶手	塑料扶手
单 位			m	m	m	m
基 价（元）			**209.92**	**220.46**	**160.08**	**178.23**
其中	人 工 费（元）		98.58	98.58	52.03	43.36
	材 料 费（元）		103.37	113.91	92.50	119.32
	机 械 费（元）		7.97	7.97	15.55	15.55
名 称		单位	数 量			
人工	建筑普通工	工日	0.2308	0.2308	0.1218	0.1015
	建筑技术工	工日	0.5167	0.5167	0.2727	0.2273
计价材料	不锈钢管 $\phi32\times1.5$	kg	1.0293	1.0293	4.6330	4.6330
	不锈钢管 $\phi89\times2.5$	kg	0.1210	0.1210		
	不锈钢法兰座 $\phi59$	个	1.1540	1.1540	0.5771	0.5771
	不锈钢卡子	个	3.4976	3.4976		
	有机玻璃 6mm	m²	0.6370	0.8240		
	不锈钢气焊丝 综合	kg	0.0170	0.0170	0.1070	0.1070
	钨极棒	g	2.0100	2.0100	4.7600	4.7600
	不锈钢螺栓	套	3.4976	3.4976		
	玻璃胶	kg	0.0210	0.0210		
	氩气	m³	0.0840	0.0840	0.3370	0.3370
	环氧树脂 6101 号	kg	0.0300	0.0300	0.1500	0.1500

352

续表

定 额 编 号			XZYT7-75	XZYT7-76	XZYT7-77	XZYT7-78
项 目			不锈钢栏板		不锈钢栏杆	
			半玻璃栏板	全玻璃栏板	不锈钢扶手	塑料扶手
计价材料	塑料扶手	m				1.0500
	其他材料费	元	1.8300	2.0200	1.7800	2.2900
机械	金属面抛光机	台班	0.0621	0.0621	0.0230	0.0230
	管子切断机 管径 φ60	台班	0.0805	0.0805	0.1093	0.1093
	氩弧焊机 电流 500A	台班	0.0472	0.0472	0.1254	0.1254

第 8 章　地面与楼地面工程

说　明

1. 本章定额中的砂浆、混凝土等配合比，当设计与定额不同时，可以根据附录 D、E 换算。

2. 地面填土垫层定额中不包括土的材料费，工程实际发生费用时另行计算。

3. 混凝土垫层定额是按照无筋编制的，当工程设计配置钢筋时，其钢筋部分按照第 4 章钢筋定额另行计算。垫层定额中包括原土夯实工作内容。

4. 找平层的细石混凝土厚度≤60mm 时，执行本章定额，厚度>60mm 时，执行第 4 章垫层子目。

5. 防潮、防水定额子目适用于建筑物、构筑物除屋面防水以外的防潮、防水工程。包括楼地面、墙、基础、沟道等防潮、防水工程。定额中包括转角处或交叉处的附加层以及防潮防水层的接头、接缝、收头等工作内容。地下防潮、防水层的保护层根据材质另行计算。

6. 地面整体面层与块料面层定额中包括地面找平层、结合层、面层。面层根据工程设计的材质与规格可以调整价差，找平层与结合层除定额规定允许调整外，不得调整。

7. 镶贴块料是按规格考虑的，如需现场倒角、磨边者，按照所需磨边长度每米增加技术工 0.16 工日。

8. 块料楼地面需做分格、分色的，按相应定额人工费乘 1.1 系数。

9. 弧形踢脚线、楼梯段踢脚线按相应定额人工费、机械费乘 1.15 系数。

10. 圆弧形等不规则楼地面镶贴面层、饰面面层按相应定额人工费乘 1.15 系数，块料消耗量按实际调整。

11. 水泥砂浆地面定额中包括了水泥砂浆踢脚线的费用。其他面层地面定额中不包括踢脚线费用，踢脚线根据材质单独计算。

12. 定额中水泥砂浆地面面层厚度是按照 20mm 编制，工程设计与定额中厚度不同时，可以执行水泥砂浆找平层每增减 5mm 定额子目进行调整。

13. 定额中块料踢脚线的高度是按照 150mm 编制的，工程设计超过 150mm 小于 300mm 时材料用量可以调整，定额中人工费与机械费不变。当踢脚线高度>300mm 时执行相应的墙或柱面定额。

14. 石材指大理石、花岗岩等，实际采用不同材质按价差调整。

工程量计算规则

1. 地面垫层按照室内主墙间净面积乘以设计厚度以立方米为单位计算。扣除凸出地面的构筑物、设备基础、室内地沟等所占体积，不扣除间壁墙及单个面积在 $0.3m^2$ 以内的柱、垛、附墙竖井、通风道、孔洞等所占的体积。

2. 防潮、防水工程量计算。

（1）地面防潮、防水层按照主墙间净面积计算。扣除凸出地面的构筑物、设备基础等所占的面积，不扣除间壁墙及单个面积 $0.3m^2$ 以内的柱、垛、附墙竖井、通风道、孔洞等所占面积。

（2）地面与墙面连接处高度在 500mm 以内的防潮、防水层按照展开面积计算，并入地面工程量内；高度超过 500mm 时，全部按照立面防潮、防水层计算。

（3）墙平面防潮层根据墙宽度乘以长度按照面积计算，外墙长度按照中心线计算，内墙长度按照净长线计算。

（4）立面防潮、防水层按照设计图示尺寸垂直投影面积以平方米为单位计算。扣除门窗洞口及单个面积大于 $0.3m^2$ 孔洞所占面积，柱、梁、垛、附墙竖井、通风道等按照展开面积计算，并入立面防潮、防水工程量内。门窗洞口侧面、孔洞四周侧面不计算面积。

（5）卷材防水按照铺设一遍编制，当工程设计每增加一遍时，定额人工费增加80%，卷材、粘结剂增加100%。

3. 各类伸缩缝分材质按照设计图示尺寸以延长米为单位计算。当墙体伸缩缝需要双侧填缝时，工程量乘 2 系数。

4. 找平层、整体面层按照主墙间净面积以平方米为单位计算。扣除凸出地面的构筑物、设备基础、室内管道、地沟等所占面积，不扣除间壁墙及单个面积在 0.3m² 以内的柱、垛、附墙竖井、通风道、孔洞所占的面积。不计算门洞、空圈、暖气包槽、壁龛等开口部分面积。

5. 块料面层、地板按照设计图示尺寸的实铺面积以平方米为单位计算。门洞、空圈、暖气包槽、壁龛等开口部分并入相应的面层内。

6. 楼梯面层工程量计算。

（1）楼梯面层按照设计图示尺寸水平投影面积计算，包括踏步、休息平台、平台梁投影面积。

（2）扣除宽度大于 300mm 楼梯井所占面积。

（3）楼梯与楼面相连，楼梯面积计算至楼梯平台梁外则边沿；无楼梯平台梁时，楼梯面积计算至最上一层踏步边沿加 300mm。

（4）楼梯与地面分界。

1）有楼梯平台梁时，楼梯面积计算至楼梯平台梁外则边沿。

2）有楼梯基础时，楼梯面积计算至楼梯基础外则边沿。

3）楼梯与地面混凝土浇成一体时，楼梯面积计算至第一个踏步边沿加 300mm。

（5）楼梯面层工程量不包括楼梯间踢脚线、楼梯梁板侧面及底面抹灰，应另行计算，执行相应定额。

7. 阳台、挑台、外檐廊地面按照伸出墙外水平投影面积计算，执行地面相应定额。

8. 沟道、井池、地坑底板面层及构筑物底板面层按照净面积计算工程量。凸出底板上的支墩、隔墙高度在 500mm 以内的面层按照展开面积计算，并入地面工程量内；高度超过 500mm 时，全部按照墙面工程量计算，执行第 11 章相应定额。

9. 卫生间便池侧面计算工程量，并入相应材质面层地面工程量内。

10. 台阶面层按照设计图示尺寸水平投影面积计算工程量。台阶宽度计算到最上一个踏步边沿加 300mm。台阶梯带按照展开面积计算工程量，根据材质执行第 11 章相应的零星项目定额。

11. 防滑条按照设计图示尺寸以长度计算工程量。设计无规定时按照踏步两端距离减 300mm 计算。

12. 散水、坡道按照设计图示尺寸以平方米为单位计算工程量。计算散水面积时，扣除台阶、坡道、花台等所占面积。

13. 踢脚线按照设计图示尺寸按延长米计算工程量。

8.1 垫 层

工作内容： 基底夯实；铺设垫层、灌浆、找平、密实。

定 额 编 号			XZYT8-1	XZYT8-2	XZYT8-3	XZYT8-4	XZYT8-5	XZYT8-6	XZYT8-7
项 目			素土	灰土	砂	人工级配 砂石	砂砾石	毛石干铺	毛石灌浆
单 位			m^3	m^3	m^3	m^3	m^3	m^3	m^3
基 价 （元）			**51.24**	**126.20**	**148.77**	**217.38**	**167.25**	**220.68**	**317.77**
其中	人 工 费 （元）		49.12	59.54	50.54	92.62	77.30	83.64	138.69
	材 料 费 （元）		0.46	65.20	97.70	123.96	89.15	135.25	177.29
	机 械 费 （元）		1.66	1.46	0.53	0.80	0.80	1.79	1.79
名 称		单位	数 量						
人工	建筑普通工	工日	0.2475	0.3000	0.2546	0.4667	0.3894	0.4214	0.6988
	建筑技术工	工日	0.1583	0.1919	0.1629	0.2985	0.2492	0.2696	0.4470
计价材料	混合砂浆 M2.5	m^3							0.2690
	中砂	m^3			1.1530	0.4640		0.2720	
	天然砂砾	m^3					1.1670		
	碎石 40	m^3				0.9110			
	毛石 70~190	m^3						1.2240	1.2240
	灰土 2：8	m^3		1.1580					
	水	t	0.2000		0.3000	0.3000	0.2500		0.1000

续表

定 额 编 号			XZYT8-1	XZYT8-2	XZYT8-3	XZYT8-4	XZYT8-5	XZYT8-6	XZYT8-7
项 目			素土	灰土	砂	人工级配砂石	砂砾石	毛石干铺	毛石灌浆
计价材料	其他材料费	元	0.0200	0.9800	1.5200	2.0900	1.4200	1.9800	2.6300
机械	电动夯实机 夯击能量 250N·m	台班	0.0575	0.0506	0.0184	0.0276	0.0276	0.0619	0.0619
未计价材料	土 综合	m³	1.4400						

定　额　编　号		XZYT8-8	XZYT8-9	XZYT8-10	XZYT8-11
项　　目		碎石		无筋混凝土	水泥炉渣垫层
		干铺	灌浆		
单　　位		m³	m³	m³	m³
基　　价（元）		**205.62**	**255.80**	**435.65**	**372.09**
其中	人　工　费（元）	77.52	83.56	141.28	140.42
	材　料　费（元）	127.23	171.37	292.91	231.67
	机　械　费（元）	0.87	0.87	1.46	
名　　称	单位	数　　量			
人工	建筑普通工	工日	0.3905	0.3760	0.7118	0.7075
	建筑技术工	工日	0.2499	0.3030	0.4554	0.4526
计价材料	混合砂浆　M2.5	m³		0.2840		
	现浇混凝土　C10-40　集中搅拌	m³			1.0100	
	中砂	m³	0.2900			
	碎石　40	m³	1.1120	1.1120		
	水泥炉渣　1:6	m³				1.0100
	水	t		0.1000	0.5000	0.2000
	其他材料费	元	2.1600	2.8400	4.8500	3.4900
机械	电动夯实机　夯击能量　250N·m	台班	0.0299	0.0299		
	混凝土振捣器（平台式）	台班			0.0748	

8.2 防潮、防水

8.2.1 防水砂浆

工作内容：清理基层、抹灰、养护。

定 额 编 号		XZYT8-12	XZYT8-13
项 目		平面	立面
单 位		m²	m²
基 价（元）		**18.66**	**24.12**
其中	人 工 费（元）	9.81	15.27
	材 料 费（元）	8.85	8.85
	机 械 费（元）		
名 称	单位	数 量	
人工	建筑普通工	工日	0.0460	0.0735
	建筑技术工	工日	0.0342	0.0518
计价材料	防水砂浆	m³	0.0204	0.0204
	水	t	0.0380	0.0380
	其他材料费	元	0.1400	0.1400

8.2.2 卷材防水

工作内容：清理基层、涂刷基层处理剂；铺附加层、铺贴卷材、卷材接缝、收头。

定 额 编 号			XZYT8-14	XZYT8-15
项　　目			氯化聚乙烯橡胶	
			平面	立面
单　　位			m²	m²
基　　价（元）			**58.21**	**64.08**
其中	人　工　费（元）		22.28	28.15
	材　料　费（元）		35.93	35.93
	机　械　费（元）			
名　　称		单位	数　　量	
人工	建筑普通工	工日	0.1121	0.1419
	建筑技术工	工日	0.0719	0.0907
计价材料	橡胶卷材氯化聚乙烯橡胶 1mm	m²	1.2453	1.2453
	粘结剂　通用	kg	0.4040	0.4040
	聚氨酯甲料	kg	0.0997	0.0997
	聚氨酯乙料	kg	0.2177	0.2177
	建筑油膏 CSPE 油膏	kg	0.1500	0.1500
	其他材料费	元	0.6200	0.6200

工作内容：涂刷基层处理剂；铺附加层、铺贴卷材、卷材接缝、收头。

定 额 编 号			XZYT8-16	XZYT8-17	XZYT8-18	XZYT8-19	XZYT8-20	XZYT8-21
项 目			三元乙丙橡胶		再生橡胶		改性沥青卷材	
			平面	立面	平面	立面	平面	立面
单 位			m²	m²	m²	m²	m²	m²
基 价 （元）			**68.86**	**74.73**	**60.26**	**66.13**	**61.38**	**67.25**
其中	人 工 费 （元）		22.28	28.15	22.28	28.15	22.28	28.15
	材 料 费 （元）		46.58	46.58	37.98	37.98	39.10	39.10
	机 械 费 （元）							
名 称		单位			数 量			
人工	建筑普通工	工日	0.1121	0.1419	0.1121	0.1419	0.1121	0.1419
	建筑技术工	工日	0.0719	0.0907	0.0719	0.0907	0.0719	0.0907
计价材料	冷底子油（kg）3：7	m³					0.2856	0.2856
	玻纤胎改性沥青卷材（页岩片）4mm	m²					1.2420	1.2420
	橡胶卷材三元乙丙橡胶 1mm	m²	1.2420	1.2420				
	橡胶卷材再生橡胶 1mm	m²			1.2420	1.2420		
	粘结剂 通用	kg	0.4040	0.4040				
	橡胶粘结剂氯丁胶	kg			0.6400	0.6400		
	改性沥青粘结剂	kg					0.5060	0.5060
	改性沥青嵌缝油膏	kg					0.1220	0.1220
	改性沥青乳胶	kg					0.3000	0.3000
	石油液化气	m³					0.1225	0.1225

续表

定 额 编 号			XZYT8-16	XZYT8-17	XZYT8-18	XZYT8-19	XZYT8-20	XZYT8-21
项 目			三元乙丙橡胶		再生橡胶		改性沥青卷材	
			平面	立面	平面	立面	平面	立面
计价材料	聚氨酯甲料	kg	0.0997	0.0997	0.0997	0.0997	0.0540	0.0540
	聚氨酯乙料	kg	0.2177	0.2177	0.2177	0.2177	0.0810	0.0810
	建筑油膏 CSPE 油膏	kg	0.1500	0.1500	0.1500	0.1500		
	其他材料费	元	0.7900	0.7900	0.6600	0.6600	0.6600	0.6600

8.2.3 涂膜防水

工作内容：涂刷底胶、涂刷附加层、刷涂料、贴布、做保护层。

定 额 编 号		XZYT8-22	XZYT8-23	XZYT8-24	XZYT8-25
项 目		聚氨酯涂膜		刷冷底子油	
		二遍	每增加一遍	第一遍	第二遍
单 位		m²	m²	m²	m²
基 价（元）		**47.08**	**18.34**	**4.10**	**3.50**
其中	人 工 费（元）	7.66	2.90	2.02	1.89
	材 料 费（元）	39.42	15.44	2.08	1.61
	机 械 费（元）				
名 称	单位	数 量			
人工	建筑普通工	工日	0.0386	0.0147	0.0102	0.0095
	建筑技术工	工日	0.0247	0.0093	0.0065	0.0061
计价材料	中砂	m³	0.0021			
	二甲苯	kg	0.1300	0.0485		
	聚氨酯甲料	kg	1.0760	0.4272		
	聚氨酯乙料	kg	1.6840	0.6605		
	冷底子油 3：7	kg			0.4850	0.3640
	木柴	kg			0.1650	0.2000
	其他材料费	元	0.7300	0.2900	0.0400	0.0300

定　额　编　号			XZYT8-26	XZYT8-27	XZYT8-28	XZYT8-29
项　　　　目			混凝土抹灰面刷石油沥青一遍		混凝土抹灰面刷石油沥青每增加一遍	
			平面	立面	平面	立面
单　　　　位			m²	m²	m²	m²
基　　价（元）			**12. 37**	**13. 30**	**7. 34**	**8. 44**
其中	人　工　费（元）		2. 15	2. 58	1. 03	1. 32
	材　料　费（元）		10. 22	10. 72	6. 31	7. 12
	机　械　费（元）					
名　　　称		单位	数　　　　　量			
人工	建筑普通工	工日	0. 0109	0. 0130	0. 0052	0. 0066
	建筑技术工	工日	0. 0069	0. 0083	0. 0033	0. 0043
计价材料	石油沥青　30 号	kg	1. 8660	1. 9822	1. 4443	1. 6324
	冷底子油　3：7	kg	0. 4850	0. 4850		
	木柴	kg	0. 8690	0. 9130	0. 5720	0. 6160
	其他材料费	元	0. 1900	0. 2000	0. 1200	0. 1300

定 额 编 号		XZYT8-30	XZYT8-31
项 目		沥青卷材二毡三油	
		平面	立面
单 位		m²	m²
基 价（元）		**46.96**	**51.59**
其中	人 工 费（元）	9.58	12.47
	材 料 费（元）	37.38	39.12
	机 械 费（元）		
名 称	单位	数 量	
人工	建筑普通工	工日	0.0456	0.0591
	建筑技术工	工日	0.0329	0.0430
计价材料	石油沥青 30 号	kg	5.6500	6.0500
	沥青油毡 350g	m²	2.3980	2.3980
	冷底子油 3：7	kg	0.4800	0.4800
	木柴	kg	2.1100	2.2500
	其他材料费	元	0.6400	0.6700

定　额　编　号			XZYT8-32	XZYT8-33	XZYT8-34	XZYT8-35
项　　　　目			乳化沥青聚酯布			
			一布二涂	每增加一布一涂	一布二涂	每增加一布一涂
			平面		立面	
单　　　　位			m²	m²	m²	m²
基　　价（元）			**32.77**	**25.82**	**37.37**	**26.53**
其中	人　工　费（元）		8.05	4.29	12.65	5.00
	材　料　费（元）		24.72	21.53	24.72	21.53
	机　械　费（元）					
名　　　称		单位	数　　量			
人工	建筑普通工	工日	0.0405	0.0215	0.0638	0.0251
	建筑技术工	工日	0.0260	0.0139	0.0407	0.0162
计价材料	普通硅酸盐水泥 32.5	t	0.0002		0.0002	
	阴离子合成乳胶化沥青	kg	2.0800	1.5600	2.0800	1.5600
	聚酯布 100g/m²	kg	1.2491	1.1813	1.2491	1.1813
	其他材料费	元	0.4200	0.3700	0.4200	0.3700

8.3 伸 缩 缝

8.3.1 填缝

工作内容：填缝材料制备、清理缝、填缝；止水带下料、连接、安装。

定 额 编 号		XZYT8-36	XZYT8-37	XZYT8-38	XZYT8-39	XZYT8-40
项 目		油浸麻丝	油浸木丝板	沥青砂浆	玛蹄脂	建筑油膏
单 位		m	m	m	m	m
基 价（元）		**23.74**	**15.33**	**16.92**	**30.39**	**9.89**
其中	人 工 费（元）	10.77	6.11	7.58	7.66	6.38
	材 料 费（元）	12.97	9.22	9.34	22.73	3.51
	机 械 费（元）					
名 称	单位			数 量		
人工 建筑普通工	工日	0.0543	0.0308	0.0382	0.0386	0.0322
建筑技术工	工日	0.0347	0.0197	0.0244	0.0247	0.0205
计价材料 水泥木丝板 25mm	m²		0.1570			
沥青砂浆 1：2：6	m³			0.0045		
石油沥青 30 号	kg	2.0400	1.6324			
石油沥青玛蹄脂	m³				0.0046	
建筑油膏（伸缩缝用）	kg					0.8777
麻丝	kg	0.5459				
木柴	kg	0.5535	0.4500	1.9800	1.9800	0.2700
其他材料费	元	0.2300	0.1700	0.1700	0.4200	0.0600

定　额　编　号		XZYT8-41	XZYT8-42	XZYT8-43	XZYT8-44	XZYT8-45
项　　　目		橡胶止水带	塑料止水带	钢板止水带	紫铜板止水带	氯丁胶片止水带
单　　　位		m	m	m	m	m
基　　价（元）		**68.98**	**43.57**	**80.24**	**578.50**	**56.87**
其中	人　工　费（元）	12.66	12.66	19.42	16.15	5.37
	材　料　费（元）	56.32	30.91	59.98	561.51	51.50
	机　械　费（元）			0.84	0.84	
名　　　称	单位			数　量		
人工 建筑普通工	工日	0.0638	0.0638	0.0454	0.0454	0.0126
建筑技术工	工日	0.0408	0.0408	0.1018	0.0790	0.0281
计价材料 薄钢板　4mm 以下	kg			9.8910		
紫铜板　1.0 以上	kg				8.4105	
普通硅酸盐水泥　42.5	t					0.0001
合金钢电焊条　低合金　综合	kg			0.2072		
铜焊条	kg				0.1430	
橡胶止水带　普通型	m	1.0500				
塑料止水带 651 型	m		1.0500			
乙酸乙酯	kg					0.2300

372

续表

定 额 编 号			XZYT8-41	XZYT8-42	XZYT8-43	XZYT8-44	XZYT8-45
项 目			橡胶止水带	塑料止水带	钢板止水带	紫铜板止水带	氯丁胶片止水带
计价材料	橡胶粘结剂氯丁胶	kg					0.6058
	环氧树脂 E44	kg	0.0304	0.0304			
	泡沫防潮纸	m²					0.0591
	氯丁胶片止水带	m					1.0500
	其他材料费	元	1.1000	0.6000	0.8500	8.7300	0.9600
机械	氩弧焊机 电流 500A	台班			0.0081	0.0081	

8.3.2 盖缝

工作内容：盖缝材料制备；清理缝、盖缝；连接、固定、面清理。

定 额 编 号		XZYT8-46	XZYT8-47	XZYT8-48	XZYT8-49	XZYT8-50	XZYT8-51	XZYT8-52	XZYT8-53
项 目		铁皮		木板		钢板		不锈钢板	
		平面	立面	平面	立面	平面	立面	平面	立面
单 位		m	m	m	m	m	m	m	m
基 价（元）		**59.25**	**34.25**	**18.22**	**38.42**	**27.34**	**16.74**	**46.36**	**23.90**
其中	人 工 费（元）	15.43	12.18	4.49	14.01	5.87	4.86	5.87	4.86
	材 料 费（元）	43.82	22.07	13.73	24.41	21.47	11.88	40.49	19.04
	机 械 费（元）								
名 称	单位	数 量							
人工	建筑普通工	工日	0.0778	0.0613	0.0226	0.0707	0.0296	0.0244	0.0296	0.0244
	建筑技术工	工日	0.0497	0.0393	0.0145	0.0451	0.0189	0.0157	0.0189	0.0157
计价材料	镀锌钢板 0.5以下	kg	2.4550	2.0800						
	不锈钢板 1.0	kg							2.2100	1.0428
	花纹钢板 综合	kg					2.2000	1.0428		
	板材红白松 一等	m³	0.0115	0.0030	0.0061	0.0109				
	粘结剂 乳胶	kg			0.0152					
	焊锡	kg	0.0406	0.0344						

374

续表

定 额 编 号			XZYT8-46	XZYT8-47	XZYT8-48	XZYT8-49	XZYT8-50	XZYT8-51	XZYT8-52	XZYT8-53
项 目			铁皮		木板		钢板		不锈钢板	
			平面	立面	平面	立面	平面	立面	平面	立面
计价材料	圆钉	kg	0.0210	0.0070		0.0181				
	水泥钉	根					0.0210	0.0030	0.0210	0.0030
	铝铆钉	kg					0.3000	0.2000		
	玻璃胶	kg					0.0560	0.0230	0.0560	0.0230
	防腐油	kg	0.0676	0.0531	0.0540	0.0500	0.1100	0.0340	0.1100	0.0340
	其他材料费	元	0.7000	0.3400	0.2300	0.4100	0.3300	0.1900	0.6900	0.3200

8.4 找 平 层

工作内容：清理底层；找平、压光；细石混凝土浇筑、密实、养护。

定 额 编 号		XZYT8-54	XZYT8-55	XZYT8-56	XZYT8-57	XZYT8-58
项 目		水泥砂浆			细石混凝土	
		在填充料上	在混凝土或硬基层上	厚度每增减5mm	厚度30mm	厚度每增加5mm
		厚度20mm				
单 位		m²	m²	m²	m²	m²
基 价 （元）		**17.90**	**16.50**	**3.36**	**19.56**	**3.21**
其中	人 工 费 （元）	9.21	9.00	1.64	9.38	1.60
	材 料 费 （元）	8.69	7.50	1.72	10.14	1.60
	机 械 费 （元）				0.04	0.01
名 称	单位	数 量				
人工 建筑普通工	工日	0.0464	0.0454	0.0082	0.0472	0.0080
建筑技术工	工日	0.0297	0.0290	0.0053	0.0303	0.0052
计价材料 水泥砂浆 1:3	m³	0.0253	0.0202	0.0050		
素水泥浆	m³		0.0010		0.0010	
现浇混凝土 C15-20 集中搅拌	m³				0.0300	0.0050
水	t	0.0060	0.0060		0.0060	0.0020
其他材料费	元	0.1400	0.1200	0.0300	0.1700	0.0300
机械 混凝土振捣器（平台式）	台班				0.0023	0.0005

8.5 整体面层

8.5.1 水泥砂浆面层

工作内容： 清理底层；刷素水泥浆；水泥砂浆抹面、压光。

定 额 编 号			XZYT8-59	XZYT8-60	XZYT8-61	XZYT8-62	XZYT8-63	XZYT8-64
项 目			地面	楼梯	台阶	加浆抹光	防滑坡道	水泥自流平地坪
						（5mm）		3~5mm
单 位			m²	m²	m²	m²	m²	m²
基 价（元）			**21.89**	**58.61**	**46.23**	**11.35**	**55.71**	**10.21**
其中	人 工 费（元）		12.35	47.54	34.01	8.64	39.58	4.76
	材 料 费（元）		9.54	11.07	12.22	2.71	16.13	5.45
	机 械 费（元）							
名 称		单位	数 量					
人工	建筑普通工	工日	0.0582	0.2350	0.1662	0.0435	0.1972	0.0240
	建筑技术工	工日	0.0428	0.1566	0.1135	0.0279	0.1292	0.0153
计价材料	水泥砂浆 1：1	m³				0.0051	0.0323	
	水泥砂浆 1：2.5	m³	0.0237	0.0270	0.0299			

续表

定 额 编 号			XZYT8-59	XZYT8-60	XZYT8-61	XZYT8-62	XZYT8-63	XZYT8-64
项 目			地面	楼梯	台阶	加浆抹光	防滑坡道	水泥自流平地坪
						（5mm）		3~5mm
计价材料	素水泥浆	m³	0.0010	0.0013	0.0015		0.0016	
	水泥自流坪混合料	kg						4.2000
	聚氯乙烯塑料薄膜	m²	0.3350	0.4870	0.4620	0.3350	0.3870	
	水	t	0.0380	0.0510	0.0560	0.0380	0.0760	
	其他材料费	元	0.1500	0.1800	0.1900	0.0400	0.2600	0.0900

378

8.5.2 水磨石面层

工作内容：清理底层；刷素水泥砂浆，嵌条、抹面找平；磨光、清洗、打蜡、养护。

定 额 编 号			XZYT8-65	XZYT8-66	XZYT8-67
项 目			普通地面（15mm）	高级地面（20mm）	楼梯及台阶
单 位			m²	m²	m²
基 价 （元）			**98.52**	**120.08**	**293.77**
其中	人 工 费 （元）		81.24	81.24	264.30
	材 料 费 （元）		13.15	28.10	23.05
	机 械 费 （元）		4.13	10.74	6.42
	名 称	单位	数 量		
人工	建筑普通工	工日	0.4092	0.4092	1.3317
	建筑技术工	工日	0.2619	0.2619	0.8518
计价材料	水泥砂浆 1:2.5	m³			0.0210
	水泥白石子浆 1:2	m³	0.0170		
	白水泥石子浆 1:2	m³		0.0250	0.0240
	素水泥浆	m³	0.0010	0.0010	0.0010
	金刚石 200×75×50	块	0.0300	0.0500	0.0900
	金刚石三角形 100×100×50	块	0.3000	0.4500	
	平板玻璃 3mm	m²	0.0540		
	金属防滑条	m		0.2100	
	石蜡	kg	0.0270	0.0270	0.0360
	渗透剂	kg	0.0400	0.0400	0.0550

续表

定 额 编 号			XZYT8-65	XZYT8-66	XZYT8-67
项 目			普通地面（15mm）	高级地面（20mm）	楼梯及台阶
计价材料	清洗剂	kg	0.0050	0.0050	0.0070
	草酸	kg	0.0100	0.0100	0.0140
	色粉	kg		0.0070	0.0070
	普通清漆	kg	0.0050	0.0050	0.0070
	水	t	0.0560	0.0890	0.0760
	油石 250×70	块		0.6300	
	其他材料费	元	0.2200	0.4900	0.3800
机械	平面水磨石机 功率 3kW	台班	0.1242	0.3232	0.1932

380

定 额 编 号		XZYT8-68	XZYT8-69
项 目		防滑条	
		金属条	金刚砂
单 位		m	m
基 价 (元)		**20.25**	**5.27**
其中	人 工 费 (元)	10.01	3.18
	材 料 费 (元)	10.24	2.09
	机 械 费 (元)		
名 称	单位	数 量	
人工	建筑普通工	工日	0.0505	0.0161
	建筑技术工	工日	0.0322	0.0102
计价材料	金刚砂	kg		0.4290
	金属防滑条	m	1.0600	
	木螺钉	kg	0.0150	
	其他材料费	元	0.1900	0.0300

8.5.3 混凝土面层

工作内容：清理底层；混凝土浇筑、密实、养护，水泥砂浆抹面、压光。

定 额 编 号			XZYT8-70	XZYT8-71	XZYT8-72	XZYT8-73
项 目			混凝土地面		混凝土散水、坡道	
			厚 40mm	每增减 5mm	厚 60mm	每增（减）10mm
单 位			m²	m²	m²	m²
基 价 （元）			**27.85**	**3.23**	**36.93**	**5.03**
其中	人 工 费 （元）		11.73	1.52	14.05	1.60
	材 料 费 （元）		16.03	1.69	22.88	3.43
	机 械 费 （元）		0.09	0.02		
名 称		单位	数 量			
人工	建筑普通工	工日	0.0590	0.0077	0.0708	0.0080
	建筑技术工	工日	0.0379	0.0049	0.0453	0.0052
计价材料	板材红白松 二等	m³			0.0004	0.0001
	水泥砂浆 1:1	m³			0.0050	
	水泥砂浆 1:2.5	m³	0.0050			
	素水泥浆	m³	0.0010			
	现浇混凝土 C20-20 集中搅拌	m³	0.0404	0.0051		
	现浇混凝土 C20-40 集中搅拌	m³			0.0609	0.0101
	聚氯乙烯塑料薄膜	m²	0.3350		0.3870	
	水	t	0.0050		0.0060	0.0008
	其他材料费	元	0.2600	0.0300	0.3700	0.0600
机械	混凝土振捣器（平台式）	台班	0.0046	0.0012		

8.5.4 环氧类面层

工作内容：基层清理；涂抹面层、养护、清理。

定 额 编 号			XZYT8-74	XZYT8-75	XZYT8-76
项 目			环氧砂浆耐磨面层	环氧砂浆	环氧树脂自流平地坪
			厚度 5mm	厚度每增减 1mm	
单 位			m²	m²	m²
基 价（元）			**127.79**	**21.09**	**59.95**
其中	人 工 费（元）		48.31	7.59	13.06
	材 料 费（元）		79.48	13.50	46.89
	机 械 费（元）				
名 称		单位	数 量		
人工	建筑普通工	工日	0.2434	0.0383	0.0658
	建筑技术工	工日	0.1557	0.0244	0.0421
计价材料	环氧砂浆 1：0.07：2.4	m³	0.0051	0.0010	
	环氧树脂打底料 1：1：0.07：0.15	m³	0.0003		
	环氧树脂自流平底漆	kg			0.2200
	环氧树脂自流平面漆	kg			0.9900
	环氧树脂自流平中漆	kg			0.9350
	其他材料费	元	0.2500	0.0100	0.8100

8.6 块料面层

工作内容：清理基层；刷素水泥浆；锯板磨边、贴块料地面；清理净面。

定额编号		XZYT8-77	XZYT8-78	XZYT8-79	XZYT8-80
项　目		地砖		镶贴彩釉砖	饰面砖
		地面	楼梯及台阶	地面	
单　位		m²	m²	m²	m²
基　价（元）		**114.54**	**189.95**	**155.80**	**124.76**
其中	人　工　费（元）	33.58	75.34	40.88	33.58
	材　料　费（元）	80.96	114.61	114.92	91.18
	机　械　费（元）				
名　称	单位	数　量			
人工	建筑普通工	工日	0.1692	0.3796	0.0566	0.1692
	建筑技术工	工日	0.1082	0.2428	0.2435	0.1082
计价材料	白水泥	t	0.0001	0.0001	0.1000	0.0001
	水泥砂浆　1∶1	m³	0.0200	0.0280		0.0200
	水泥砂浆　1∶2.5	m³			0.0100	
	素水泥浆	m³	0.0010	0.0010	0.0010	0.0010

定　额　编　号			XZYT8-77	XZYT8-78	XZYT8-79	XZYT8-80
项　　　目			地砖		镶贴彩釉砖	饰面砖
			地面	楼梯及台阶	地面	
计价材料	彩釉砖　300×300	m²			1.0206	
	瓷质抛光砖　600×600	m²				1.0250
	瓷质耐磨地砖　300×300	m²	1.0200	1.4500		
	粘结剂　107胶	kg			0.0040	
	水	t	0.0240	0.0260	0.0260	0.0240
	其他材料费	元	1.5500	2.1900	2.0600	1.7500

定 额 编 号		XZYT8-81	XZYT8-82
项 目		水磨石板	
		地面	楼梯及台阶
单 位		m²	m²
基 价（元）		**82.33**	**151.36**
其中	人 工 费（元）	31.99	79.38
	材 料 费（元）	50.34	71.98
	机 械 费（元）		
名 称	单位	数 量	
人工	建筑普通工	工日	0.1612	0.4001
	建筑技术工	工日	0.1031	0.2557
计价材料	白水泥	t	0.0001	0.0001
	水泥砂浆 1：2.5	m³	0.0200	0.0280
	水磨石板 400×400×8	m²	1.0100	1.4500
	水	t	0.0260	0.0360
	其他材料费	元	0.8400	1.2100

定 额 编 号		XZYT8-83	XZYT8-84
项 目		石材	
		地面	楼梯及台阶
单 位		m²	m²
基 价（元）		274.38	420.94
其中	人 工 费（元）	28.75	70.52
	材 料 费（元）	245.63	350.42
	机 械 费（元）		
名 称	单位	数 量	
人工	建筑普通工	工日	0.1448	0.3553
	建筑技术工	工日	0.0927	0.2273
计价材料	白水泥	t	0.0001	0.0001
	水泥砂浆 1：2.5	m³	0.0200	0.0280
	素水泥浆	m³	0.0010	0.0010
	石材 30	m²	1.0150	1.4500
	水	t	0.0260	0.0360
	其他材料费	元	4.7900	6.8300

工作内容：喷草酸、打蜡、磨光、成品保护。

定 额 编 号			XZYT8-85
项 目			块料面层酸洗打蜡
单 位			m²
基 价（元）			**5.27**
其中	人 工 费（元）		5.07
	材 料 费（元）		0.20
	机 械 费（元）		
名 称		单位	数 量
人工	建筑普通工	工日	0.0076
	建筑技术工	工日	0.0298
计价材料	石蜡	kg	0.0282
	草酸	kg	0.0106
	普通清漆	kg	0.0057

8.7 地　板

工作内容：清理底层；涂刷粘结剂、铺贴面层、收边；铺设基层、安装木地板；清理净面。

定　额　编　号		XZYT8-86	XZYT8-87	XZYT8-88	XZYT8-89	XZYT8-90
项　目		橡胶地板		塑胶地板		铺地毯
		卷材	块料	卷材	块料	
单　位		m²	m²	m²	m²	m²
基　价（元）		**62.00**	**63.64**	**38.35**	**57.22**	**84.20**
其中	人　工　费（元）	13.79	27.56	13.79	27.56	26.24
	材　料　费（元）	48.21	36.08	24.56	29.66	57.96
	机　械　费（元）					
名　称	单位	数　量				
人工	建筑普通工	工日	0.0695	0.1389	0.0695	0.1389	0.0400
	建筑技术工	工日	0.0444	0.0888	0.0444	0.0888	0.1536
计价材料	木线 100×12	m					1.0900
	双飞粉	kg	0.0140	0.0140	0.0140	0.0140	
	滑石粉	kg	0.1390	0.1395	0.1390	0.1385	
	石膏粉	kg	0.0210		0.0210		
	橡胶地板块料	m²		1.0200			
	橡胶地板卷材 3.0	m²	1.1000				
	光蜡	kg	0.0230	0.0230	0.0230	0.0230	

续表

定额编号			XZYT8-86	XZYT8-87	XZYT8-88	XZYT8-89	XZYT8-90
项　目			橡胶地板		塑胶地板		铺地毯
			卷材	块料	卷材	块料	
计价材料	粘结剂　乳胶	kg	0.0170	0.0170	0.0170	0.0170	
	精制六角带帽螺栓　M8×（14~75）	套					0.0020
	铁钉	kg					0.0106
	羧甲基纤维素	kg	0.0034	0.0034	0.0034	0.0034	
	塑胶地板卷材　1.5mm	m²			1.1000		
	塑胶地板块料	m²				1.0200	
	粘结剂　通用	kg	0.4500	0.4500	0.4500	0.4500	
	橡胶粘结剂氯丁胶	kg					0.0729
	砂纸	张	0.0600		0.0600		
	铝合金角线	m					0.0977
	地毯	m²					1.0500
	其他材料费	元	0.7900	0.5900	0.4100	0.4900	1.0900

定 额 编 号		XZYT8-91	XZYT8-92	XZYT8-93	XZYT8-94	XZYT8-95	XZYT8-96
项 目		木地板 粘贴在水泥面上	木地板			复合地板	
			木楞	基层板	地板面层	铺在水泥地面上	铺在木楞上
单 位		m²	m²	m²	m²	m²	m²
基 价（元）		**233.41**	**53.14**	**34.29**	**196.20**	**116.98**	**147.42**
其中	人 工 费（元）	45.57	20.32	5.88	23.40	19.00	23.05
	材 料 费（元）	181.02	32.75	28.31	172.70	97.98	124.17
	机 械 费（元）	6.82	0.07	0.10	0.10		0.20
名 称	单位	数 量					
人工 建筑普通工	工日	0.0625	0.1024	0.0297	0.0360	0.0290	0.0351
建筑技术工	工日	0.2719	0.0655	0.0189	0.1367	0.1112	0.1349
计价材料 预埋铁件 综合	kg		0.5001				0.5001
胶合板三层 3mm	m²			1.0500			
小木方材 54cm² 以下	m³		0.0153				0.0142
实木地板	m²	1.0500			1.0500		
复合地板	m²					1.0500	1.0500
粘结剂 乳胶	kg					0.1100	
圆钉	kg		0.1587	0.0215	0.0794	0.1587	
射钉	个		8.0000				
镀锌铁丝 综合	kg		0.3031				0.3013
渗透剂	kg			0.0260			

续表

定 额 编 号			XZYT8-91	XZYT8-92	XZYT8-93	XZYT8-94	XZYT8-95	XZYT8-96
项 目			木地板 粘贴 在水泥面上	木地板			复合地板	
				木楞	基层板	地板面层	铺在水泥 地面上	铺在木楞上
计价材料	粘结剂 通用	kg	0.7000					
	木制品粘结剂 地板胶	kg	0.1600					
	防腐油	kg		0.2842	0.1316			
	防腐剂（氯化钠）	kg		0.2450	0.1134			
	白棉纱	kg			0.0046		0.0046	0.0100
	泡沫防潮纸	m²			1.0800		1.1000	1.1000
	其他材料费	元	3.1000	0.6200	0.5300	2.9500	1.8200	2.3200
机械	木工圆锯机 直径 φ500	台班		0.0023	0.0035	0.0033		0.0069
	电动打磨机	台班	0.2145					

定 额 编 号		XZYT8-97
项 目		防静电活动地板安装
单 位		m²
基 价（元）		**345.24**
其中	人 工 费（元）	72.25
	材 料 费（元）	272.99
	机 械 费（元）	
名 称	单位	数 量
人工		
建筑普通工	工日	0.3640
建筑技术工	工日	0.2329
计价材料		
镀锌扁钢 综合	kg	5.0900
铸铁托架（活动地板用）	副	1.4880
防静电地板 500×500×30	m²	1.0200
白棉纱	kg	0.0100
其他材料费	元	4.7600

8.8 踢 脚 线

工作内容： 清理基层、底层抹灰、面层铺贴、净面。

定 额 编 号			XZYT8-98	XZYT8-99	XZYT8-100	XZYT8-101
项 目			面砖	水磨石板	石材	橡胶板
单 位			m	m	m	m
基 价（元）			**20.38**	**28.79**	**45.93**	**11.18**
其中	人 工 费（元）		8.32	6.40	9.15	5.79
	材 料 费（元）		12.06	22.39	36.78	5.39
	机 械 费（元）					
名　　称		单位	数　　量			
人工	建筑普通工	工日	0.0419	0.0089	0.0461	0.0076
	建筑技术工	工日	0.0268	0.0381	0.0295	0.0348
计价材料	白水泥	t	0.0001	0.0200	0.0001	
	水泥砂浆　1:1	m³	0.0131			
	水泥砂浆　1:2	m³		0.0020		
	水泥砂浆　1:2.5	m³			0.0030	
	素水泥浆	m³	0.0010	0.0002		
	水磨石板　400×400×8	m²		0.1523		
	石材　30	m²			0.1520	

续表

定 额 编 号			XZYT8-98	XZYT8-99	XZYT8-100	XZYT8-101
项 目			面砖	水磨石板	石材	橡胶板
计价材料	双飞粉	kg				0.0022
	滑石粉	kg				0.0210
	石膏粉	kg				0.0030
	彩釉砖　300×300	m²	0.1520			
	粘结剂　107胶	kg			0.0120	
	粘结剂　乳胶	kg				0.0026
	羧甲基纤维素	kg				0.0005
	橡胶板　3mm以下	kg				0.4830
	粘结剂　通用	kg				0.0820
	水	t	0.0260	0.0039		
	白棉纱	kg	0.0100			
	其他材料费	元	0.2100	0.3800	0.7200	0.0900

工作内容：清理基层、安装踢脚线。

定 额 编 号		XZYT8-102	XZYT8-103	XZYT8-104	XZYT8-105
项 目		木踢脚线	塑料	金属	防静电
			踢脚线		
单 位		m	m	m	m
基 价（元）		**29.79**	**8.83**	**45.21**	**19.16**
其中	人 工 费（元）	4.57	4.46	4.92	4.57
	材 料 费（元）	25.15	4.37	40.29	14.59
	机 械 费（元）	0.07			
名 称	单位	数 量			
人工	建筑普通工	工日	0.0232	0.0060	0.0066	0.0232
	建筑技术工	工日	0.0146	0.0267	0.0295	0.0146
计价材料	方材红白松 二等	m³	0.0032			
	木踢脚线	m	1.0500			
	防静电踢脚线	m				1.0200
	圆钉	kg	0.0121			
	射钉	个	1.1000			
	渗透剂	kg	0.0039			
	塑料粘结剂	kg		0.0594		
	防腐油	kg	0.0039			
	白棉纱	kg	0.0030			
	塑料踢脚线	m²		0.1575		

396

定 额 编 号			XZYT8-102	XZYT8-103	XZYT8-104	XZYT8-105
项 目			木踢脚线	塑料	金属	防静电
				踢脚线		
计价材料	金属踢脚线	m²			0.1575	
	其他材料费	元	0.4000	0.0800	0.7600	0.2700
机械	木工圆锯机 直径 φ500	台班	0.0025			

第 9 章　屋面工程

说　明

1. 本章保温、隔热定额适用于建筑物、构筑物的屋面、楼面绝热工程。

2. 定额中保温与隔热层材料是按照常用标准考虑，当工程设计与定额不同时可以换算，其他工料与机械不作调整。

3. 预制板架空隔热层定额中包括预制板制作、运输、安装及砖支墩的砌筑等工作内容。当工程设计的支墩、隔热板与定额不同时，执行其他定额另行计算。

4. 瓦屋面定额中包括成品瓦的购置、运输、铺设等工作内容，铺设瓦屋面包括铺设屋脊、铺设端头瓦、挂角、收边、封檐等。工程设计瓦屋面材料与定额不同时可以换算，其他工料与机械不作调整。

5. 屋面砂浆找平层、保护面层、隔气层执行第8章地面与楼地面相应定额。

6. 卷材屋面定额综合考虑了满铺、条铺、点铺、空铺等铺设形式，执行定额时不得因铺设方式而调整。

7. 卷材屋面定额中包括刷冷底子油一遍，执行定额时，应根据工程设计标准按照第8章相应的定额进行调整。

8. 卷材屋面定额中包括接缝、收头、找平层嵌缝等工作内容。

9. 铺设卷材屋面坡度超过15°时，人工费乘1.23系数。

10. 三元乙丙橡胶冷贴、氯丁橡胶冷贴、橡胶卷材、改性沥青卷材定额按照铺设一遍编制，当工程设计每增加一遍时，定额人工费增加80%，卷材、粘结剂增加100%。

11. 铁皮排水定额中包括咬口和搭接的工料。工程设计铁皮厚度与定额不同时可以换算，其他工料与机械不作调整。

12. 刚性屋面定额中包括钢筋网费用，工程设计钢筋网用量与定额不同时，按照第 4 章钢筋相应定额进行调整。

13. 采光屋面适用于室外阳光板雨篷、阳光板屋面等，包括铝合金龙骨、面板，面板材质不同时，按价差处理。不包括钢结构支架，按照第 5 章另行计算。

工程量计算规则

1. 屋面保温、隔热层按照设计图示尺寸面积乘以平均厚度以立方米为单位计算工程量。扣除水箱间、电梯井、天窗、屋顶通风器、屋顶设备等所占体积，不扣除凸出屋面的排气管及单个面积在 $0.3m^2$ 以内的通风道、孔洞所占的体积。

2. 瓦屋面按照设计图示尺寸面积以平方米为单位计算工程量。不扣除凸出屋面的排气管及单个面积在 $0.3m^2$ 以内的通风道、孔洞、屋面小气窗、斜沟等所占面积，屋面小气窗出檐部分的面积亦不增加。坡屋面按照水平投影面积乘以屋面坡度延尺系数或隅延尺系数计算工程量。

3. 琉璃瓦檐口线按照檐口线轮廓长度乘以檐口线斜宽（高）以平方米为单位计算工程量。

4. 卷材屋面工程量计算。

（1）按照设计图示尺寸面积以平方米为单位计算工程量。

（2）坡屋面按照水平投影面积乘以屋面坡度延尺系数或隅延尺系数计算工程量。

（3）扣除水箱间、电梯井、天窗、屋顶通风器、屋顶设备等所占面积，其出檐部分重叠的面积按照设计图示尺寸另行计算工程量。

（4）不扣除凸出屋面的排气管及单个面积在 $0.3m^2$ 以内的通风道、孔洞、屋面小气窗、斜沟等所占面积，其根部弯起部分面积亦不增加。

（5）天窗出檐部分重叠的面积按照设计图示尺寸另行计算工程量。

（6）屋面与女儿墙、屋面上墙、伸缩缝、天窗交叉处弯起部分，按照设计图示尺寸以平方米为单位计算工程量，并入卷材屋面工程量内。如图纸未注明尺寸，伸缩缝、女儿墙、屋面上墙根部弯起部分按照250mm计算，天窗根部弯起部分按照500mm计算。

（7）卷材屋面的附加层、接缝、收头、找平层的嵌缝、冷底子油已计入定额内，不另行计算。

（8）水泥基渗透结晶型防水涂料按照设计图示尺寸面积以平方米为单位计算工程量。

5. 铁皮排水根据设计图示尺寸按照展开面积以平方米为单位计算工程量。如图纸未注明尺寸，可按表9-1铁皮排水部件工程量折算表计算。咬口和搭接部分不计算工程量。

表9-1　　　　　　　　　　　铁皮排水部件工程量折算表

名　称	单位	水落管 φ100	檐沟	水斗	雨水口	下水口	天沟	斜沟天窗窗台泛水	通风道泛水	通气管泛水	滴水檐口	滴水
		1m	1m	1个	1个	1个	1m	1m	1m	1m	1m	1m
铁皮排水	m²	0.32	0.3	0.4	0.16	0.45	1.3	0.5	0.8	0.22	0.24	0.11

6. 钢制、UPVC雨水管根据直径按照设计图示尺寸以延长米为单位计算工程量。

7. 钢制、UPVC雨水口、雨水斗、弯头根据直径按照设计布置以个或套为单位计算工程量。

8. 刚性屋面、种植屋面排水按照设计图示尺寸面积以平方米为单位计算工程量。不扣除凸出屋面的排气管及单个面积在0.3m²以内的通风道、孔洞、屋面小气窗等所占面积，扣除水箱间、电梯井、天窗、屋顶通风器、屋顶设备等所占面积。坡屋面可以按照水平投影面积乘以屋面坡度延尺系数或隅延尺系数计算工程量。

9. 采光屋面按照设计实铺面积计算工程量，坡屋面时，参考屋面坡度系数表（见表9-2）。

10. 屋面坡度系数见表9-2，屋面坡度系数示意图见图9-1。

表 9-2 屋面坡度系数表

坡度 B（A=1）	坡度 B/2A	坡度角度（α）	延长系数 C（A=1）	隔延尺系数 D（A=1）
1	$\frac{1}{2}$	45°	1.4142	1.7321
0.75		36°52′	1.25	1.6008
0.7		35°	1.2207	1.5779
0.666	$\frac{1}{3}$	33°40′	1.2015	1.562
0.65		33°01′	1.1926	1.5564
0.6		30°58′	1.1662	1.5362
0.577		30°	1.1547	1.527
0.55		28°49′	1.1403	1.517
0.5	$\frac{1}{4}$	26°34′	1.118	1.5
0.45		24°14′	1.0966	1.4839
0.4	$\frac{1}{5}$	21°48′	1.077	1.4697
0.35		19°17′	1.0594	1.4569
0.3		16°42′	1.044	1.4457

403

坡度 B（A=1）	坡度 B/2A	坡度角度（α）	延长系数 C（A=1）	隔延尺系数 D（A=1）
0.25		14°02′	1.0308	1.4362
0.2	$\frac{1}{10}$	11°19′	1.0198	1.4283
0.15		8°32′	1.0112	1.4221
0.125		7°8′	1.0078	1.4191
0.1	$\frac{1}{20}$	5°42′	1.0050	1.4177
0.083		4°45′	1.0035	1.4166
0.066	$\frac{1}{30}$	3°49′	1.0022	1.4157

注　1. A 为四坡或两坡屋面 $\frac{1}{2}$ 宽边长度。

　　2. B 为坡屋面脊高。

　　3. C 为延尺系数。

　　4. D 为隔延尺系数。

　　5. α 为坡度夹角。

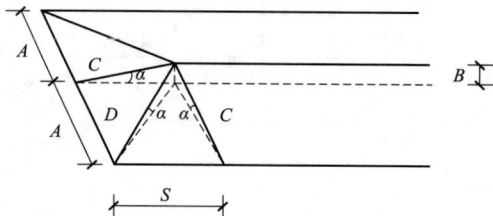

图 9-1　屋面坡度系数示意图

9.1 保温层及隔热层

工作内容：清理底层；铺设保温层；混凝土浇筑、养护；砌筑砖腿、安装架空隔热板。

定 额 编 号		XZYT9-1	XZYT9-2	XZYT9-3	XZYT9-4
项 目		泡沫混凝土块	水泥蛭石	珍珠岩	
				现浇	干铺
单 位		m³	m³	m³	m³
基 价 (元)		**266.29**	**304.05**	**315.64**	**255.57**
其中	人 工 费 (元)	37.93	43.59	55.37	35.01
	材 料 费 (元)	228.36	260.46	260.27	220.56
	机 械 费 (元)				
名 称	单位	数 量			
人工	建筑普通工	工日	0.1910	0.2196	0.2791	0.1764
	建筑技术工	工日	0.1223	0.1405	0.1784	0.1128
计价材料	泡沫混凝土块	m³	1.0700			
	水泥蛭石 1:10	m³		1.0500		
	水泥珍珠岩 1:10	m³			1.0400	
	水泥珍珠岩板	m³				1.0500
	其他材料费	元	3.6500	3.8800	3.9500	3.7300

定额编号			XZYT9-5	XZYT9-6	XZYT9-7	XZYT9-8
项目			聚苯乙烯挤塑板（XPS）	炉（矿）渣混凝土	预制板架空隔热	保温层 排气管安装
单位			m³	m³	m²	m
基价（元）			**655.16**	**142.35**	**36.93**	**23.18**
其中	人工费（元）		52.74	40.44	10.39	5.55
	材料费（元）		602.42	101.91	26.54	17.63
	机械费（元）					
名称		单位	数量			
人工	建筑普通工	工日	0.2657	0.2037	0.0525	0.0130
	建筑技术工	工日	0.1700	0.1304	0.0334	0.0291
计价材料	水泥砂浆 M10	m³			0.0010	
	混合砂浆 M5	m³			0.0020	
	炉渣混凝土 CL5.0	m³		1.0400		
	混凝土隔热板 500×500×30	块			4.0500	
	标准砖 240×115×53	千块			0.0066	
	挤塑聚苯乙烯板（XPS） 20~100mm	m³	1.0200			
	硬聚氯乙烯塑料管 DN50	m				1.0150
	塑料管接头 DN50	个				0.1000
	塑料弯头 DN50	个				0.1000
	热熔密封胶聚氯乙烯	kg				0.0100
	其他材料费	元	9.1200	1.7000	0.4400	0.3200

9.2 瓦 屋 面

工作内容： 清理基层；安装挂瓦钉、铺设屋面瓦；安装瓦脊、封檐；清理面层。

定 额 编 号		XZYT9-9	XZYT9-10	XZYT9-11	XZYT9-12
项 目		玻璃钢波纹瓦	琉璃瓦	釉面瓦	琉璃瓦檐口线
单 位		m²	m²	m²	m²
基 价 （元）		**74.96**	**274.08**	**224.59**	**115.17**
其中	人 工 费 （元）	15.58	62.79	62.79	31.75
	材 料 费 （元）	59.38	211.29	161.80	83.42
	机 械 费 （元）				
名 称	单位	数 量			
人工 建筑普通工	工日	0.0523	0.3163	0.3163	0.1600
建筑技术工	工日	0.0698	0.2024	0.2024	0.1023
计价材料 水泥砂浆 1:2	m³	0.0030	0.0220	0.0220	0.0040
琉璃瓦片	块		48.6000		
琉璃瓦筒	块		23.1000		
釉面瓦片	块			11.6700	
釉面瓦筒	块			4.7290	
琉璃满面瓦	块				4.9290
琉璃满面筒	块				4.3371
镀锌瓦钩	套	2.0120			

续表

定 额 编 号			XZYT9-9	XZYT9-10	XZYT9-11	XZYT9-12
项 目			玻璃钢波纹瓦	琉璃瓦	釉面瓦	琉璃瓦檐口线
计价材料	镀锌铁丝 综合	kg		0.1440	0.1440	
	玻璃钢波纹瓦 综合	m²	1.2510			
	玻璃钢脊瓦	m²	0.1200			
	水	t	0.0100	0.0320	0.0320	0.0030
	其他材料费	元	1.1500	4.1100	3.1400	1.6300

408

9.3 卷 材 屋 面

工作内容：填缝材料制备、清理缝、填缝。

定 额 编 号		XZYT9-13	XZYT9-14
项 目		\多row伸缩缝	
		靠墙屋面	不靠墙屋面
单 位		m	m
基 价（元）		**44.82**	**81.19**
其中	人 工 费（元）	25.79	39.87
	材 料 费（元）	19.03	41.32
	机 械 费（元）		
名 称	单位	数 量	
人工	建筑普通工	工日	0.1249	0.1933
	建筑技术工	工日	0.0869	0.1342
计价材料	镀锌钢板 0.5以下	kg	0.8648	1.1656
	方材红白松 二等	m³	0.0025	0.0119
	水泥砂浆 M5	m³	0.0147	0.0155
	石油沥青 30号	kg	0.0027	0.0055
	沥青油毡 350g	m²	0.6200	0.5600
	环氧沥青漆	kg	0.1200	0.1800
	其他材料费	元	0.2900	0.6500

409

工作内容：清扫基层；刷冷底子油；沥青玛蹄脂制备、铺贴卷材、做保护层。

定 额 编 号		XZYT9-15	XZYT9-16	XZYT9-17	XZYT9-18	XZYT9-19	XZYT9-20	XZYT9-21
项 目		玻璃布一布二油	三元乙丙橡胶冷贴		氯丁橡胶冷贴		氯化聚乙烯橡胶	
			满铺	条铺	满铺	条铺	满铺	条铺
单 位		m²	m²	m²	m²	m²	m²	m²
基 价（元）		**28.73**	**51.30**	**46.78**	**46.14**	**39.16**	**41.29**	**36.76**
其中	人 工 费（元）	2.66	7.11	5.63	7.11	5.63	7.11	5.63
	材 料 费（元）	26.07	44.19	41.15	39.03	33.53	34.18	31.13
	机 械 费（元）							
名 称	单位	数 量						
人工 建筑普通工	工日	0.0134	0.0357	0.0283	0.0357	0.0283	0.0357	0.0283
建筑技术工	工日	0.0086	0.0230	0.0182	0.0230	0.0182	0.0230	0.0182
计价材料 石油沥青玛蹄脂	m³	0.0033						
沥青玻璃布油毡	m²	1.2000						
橡胶卷材三元乙丙橡胶 1mm	m²		1.1608	1.1608				
橡胶卷材氯化聚乙烯橡胶 1mm	m²						1.1608	1.1608
橡胶卷材氯丁橡胶 1mm	m²				1.1608	1.1608		
粘结剂 通用	kg		0.4040	0.2693	0.0365	0.0243	0.4040	0.2693

410

续表

定　额　编　号			XZYT9-15	XZYT9-16	XZYT9-17	XZYT9-18	XZYT9-19	XZYT9-20	XZYT9-21
项　　目			玻璃布一布二油	三元乙丙橡胶冷贴		氯丁橡胶冷贴		氯化聚乙烯橡胶	
				满铺	条铺	满铺	条铺	满铺	条铺
计价材料	聚氨酯甲料	kg		0.0997	0.0665			0.0997	0.0665
	聚氨酯乙料	kg		0.2177	0.1451	0.2840	0.0365	0.2177	0.1451
	氯丁橡胶沥青漆	kg				0.6360	0.4242		
	冷底子油 3:7	kg	0.4848						
	建筑油膏 CSPE 油膏	kg	0.1500	0.1500	0.1500	0.1500	0.1500	0.1500	0.1500
	木柴	kg	2.7200						
	其他材料费	元	0.4900	0.7600	0.7000	0.6200	0.5200	0.5900	0.5300

定 额 编 号		XZYT9-22	XZYT9-23	XZYT9-24	XZYT9-25	XZYT9-26
项 目		改性沥青卷材（粘贴）		改性沥青卷材（热熔）	氯丁冷胶	
		满铺	条铺		二布三涂	每增加一布一涂
单 位		m²	m²	m²	m²	m²
基 价 （元）		**39.58**	**37.37**	**36.49**	**41.83**	**15.73**
其中	人 工 费 （元）	4.64	4.08	4.64	7.27	3.88
	材 料 费 （元）	34.94	33.29	31.85	34.56	11.85
	机 械 费 （元）					
名 称	单位	数 量				
人工 建筑普通工	工日	0.0233	0.0204	0.0233	0.0365	0.0194
建筑技术工	工日	0.0150	0.0133	0.0150	0.0235	0.0126
计价材料 冷底子油（kg） 3：7	m³			0.5712		
细砂	m³				0.0031	
玻纤胎改性沥青卷材（页岩片） 4mm	m²	1.1608	1.1608			
玻纤胎改性沥青卷材 铝箔	m²			1.1608		
聚酯布 100g/m²	kg				0.2364	0.1128
改性沥青嵌缝油膏	kg	0.0506	0.0506	0.0506		

续表

定 额 编 号			XZYT9-22	XZYT9-23	XZYT9-24	XZYT9-25	XZYT9-26
项 目			改性沥青卷材（粘贴）		改性沥青卷材（热熔）	氯丁冷胶	
			满铺	条铺		二布三涂	每增加一布一涂
计价材料	改性沥青乳胶	kg	0.3000	0.2000	0.3000		
	石油液化气	m³	0.1225	0.1225	0.2450		
	聚氨酯甲料	kg	0.0997	0.0665	0.0832		
	聚氨酯乙料	kg	0.2177	0.1451	0.1248		
	氯丁橡胶沥青漆	kg				3.6360	1.2120
	其他材料费	元	0.6000	0.5700	0.5900	0.6000	0.2000

定　额　编　号			XZYT9-27	XZYT9-28
项　　　目			干铺无纺聚酯纤维布	铝箔复合防水层
单　　　位			m²	m²
基　　价（元）			**13.42**	**16.30**
其中	人　工　费（元）		4.23	3.23
	材　料　费（元）		9.19	13.07
	机　械　费（元）			
名　　称		单位	数　　量	
人工	建筑普通工	工日	0.0216	0.0076
	建筑技术工	工日	0.0134	0.0169
计价材料	粘结剂　XY401胶	kg	0.4040	
	冷底子油　3∶7	kg		0.4848
	无纺布	m²	1.1055	
	铝箔改性沥青防水卷材	m²		1.1564
	其他材料费	元	0.1900	0.2500

414

工作内容：清理基层，调配及涂刷涂料。

定 额 编 号			XZYT9-29	XZYT9-30
项 目			水泥基渗透结晶型防水涂料	
			1mm 厚	每增减 0.5mm 厚
单 位			m²	m²
基 价 （元）			**19.91**	**6.30**
其中	人 工 费 （元）		2.28	0.90
	材 料 费 （元）		17.63	5.40
	机 械 费 （元）			
名 称	单位		数 量	
人工	建筑普通工	工日	0.0053	0.0021
	建筑技术工	工日	0.0120	0.0047
计价材料	水	t	0.0004	0.0001
	水泥基渗透结晶型防水涂料	kg	1.3700	0.4200
	其他材料费	元	0.3300	0.1000

9.4 刚性屋面防水

工作内容：清理基层；钢筋网制作、铺设；混凝土浇筑、抹平、密实；刷素水泥浆、压光、养护。

定 额 编 号		XZYT9-31	XZYT9-32
项 目		细石混凝土	
		厚度	
		4cm	每增减1cm
单 位		m²	m²
基 价（元）		**31.63**	**5.57**
其中	人 工 费（元）	9.23	1.94
	材 料 费（元）	22.40	3.63
	机 械 费（元）		
名 称	单位	数 量	
人工	建筑普通工	工日	0.0428	0.0098
	建筑技术工	工日	0.0325	0.0062
计价材料	圆钢 φ10以下	kg	1.3700	
	素水泥浆	m³	0.0020	
	现浇混凝土 C20-10 集中搅拌	m³	0.0404	0.0102
	其他材料费	元	0.3600	0.0600

9.5 屋 面 排 水

工作内容：铁皮排水零 件制作、安装；埋设管卡，成品水落管安装。

定 额 编 号			XZYT9-33	XZYT9-34	XZYT9-35	XZYT9-36	XZYT9-37	XZYT9-38	XZYT9-39	XZYT9-40
项 目			铁皮雨水管	铁皮泛水	钢制雨水管		钢制雨水口		钢制雨水斗	
					DN100	DN150	DN100	DN150	DN100	DN150
					以内					
单 位			m²	m²	m	m	个	个	个	个
基 价（元）			**52.95**	**39.52**	**83.78**	**112.16**	**145.95**	**150.03**	**61.15**	**73.96**
其中	人 工 费（元）		22.22	11.18	26.28	29.20	33.78	34.92	28.13	29.09
	材 料 费（元）		30.73	28.34	56.73	82.19	112.17	115.11	33.02	44.87
	机 械 费（元）				0.77	0.77				
名 称		单位	数 量							
人工	建筑普通工	工日	0.1118	0.0532	0.1324	0.1471	0.1702	0.1760	0.1417	0.1466
	建筑技术工	工日	0.0717	0.0384	0.0847	0.0941	0.1089	0.1125	0.0907	0.0937
计价材料	镀锌低碳钢丝 φ2.5~4	kg			0.0077	0.0077				
	镀锌钢板 0.5以下	kg	4.1020	4.1016						
	焊接钢管 DN100	kg			7.2988					
	焊接钢管 DN150	kg				10.6496				
	铁制三通 DN100×50	只			0.3610					
	铁制三通 DN150×50	只				0.3610				

续表

定额编号		XZYT9-33	XZYT9-34	XZYT9-35	XZYT9-36	XZYT9-37	XZYT9-38	XZYT9-39	XZYT9-40
项目		铁皮雨水管	铁皮泛水	钢制雨水管		钢制雨水口		钢制雨水斗	
				DN100	DN150	DN100	DN150	DN100	DN150
				以内					
计价材料 铁制落水斗 DN100	个							1.0100	
铁制落水斗 DN150	个								1.0100
铁制雨水口 DN100	个					1.0470			
铁制雨水口 DN150	个						1.0100		
铸铁算子板 460×280	个					1.0100	1.0100		
镀锌管卡子 DN100	个			0.2860					
镀锌管卡子 DN150	个				0.3140				
加工铁件 综合	kg	0.4915		0.6500	0.7780			1.0830	1.1770
石油沥青 30号	kg			0.0700	0.0950				
石油沥青玛蹄脂	m³					0.0010	0.0010		
电焊条 J422 综合	kg			0.0310	0.0360				
焊锡	kg		0.0210						
圆钉	kg	0.0040	0.0300						
氧气	m³			0.0490	0.0670				
乙炔气	m³			0.0280	0.0280				
其他材料费	元	0.4700	0.4300	0.9100	1.3100	1.6500	1.6900	0.5600	0.7600
机械 交流弧焊机 容量 21kVA	台班			0.0115	0.0115				

定 额 编 号		XZYT9-41
项 目		钢制弯头
单 位		个
基 价（元）		**53.94**
其中	人 工 费（元）	29.20
	材 料 费（元）	24.74
	机 械 费（元）	
名 称	单位	数 量
人工	建筑普通工	工日	0.1471
	建筑技术工	工日	0.0941
计价材料	铁制弯头 DN100	只	1.0100
	加工铁件 综合	kg	0.2420
	其他材料费	元	0.4000

定 额 编 号		XZYT9-42	XZYT9-43
项 目		玻璃钢雨水管	玻璃钢弯头
		ϕ100	
		以内	
单 位		m	个
基 价 （元）		**38.76**	**15.67**
其中	人 工 费（元）	22.29	10.08
	材 料 费（元）	16.47	5.59
	机 械 费（元）		
名 称	单位	数 量	
人工 建筑普通工	工日	0.1122	0.0508
建筑技术工	工日	0.0719	0.0325
计价材料 排水管检查口 100	套	0.1110	
排水管伸缩节 100	个	0.1010	
加工铁件 综合	kg	0.4900	
膨胀螺栓 M8	套	0.7140	
玻璃钢管雨水管	m	1.0700	
玻璃钢管件弯头	个		1.0100
密封胶	kg	0.0120	0.0100
其他材料费	元	0.3000	0.1100

420

定 额 编 号			XZYT9-44	XZYT9-45	XZYT9-46	XZYT9-47	XZYT9-48	XZYT9-49	XZYT9-50
项 目			UPVC 塑料雨水管		UPVC 塑料雨水口	UPVC 塑料雨水斗		UPVC 塑料弯头	UPVC 塑料虹吸装置
			φ75	φ100	φ100 以内	φ75	φ100	φ100 以内	DN100 以内
单 位			m	m	个	个	个	个	套
基 价（元）			**29.39**	**39.04**	**58.47**	**29.15**	**37.56**	**25.41**	**115.59**
其中	人 工 费（元）		16.57	21.28	4.25	15.15	19.47	10.08	7.79
	材 料 费（元）		12.82	17.76	54.22	14.00	18.09	15.33	107.80
	机 械 费（元）								
名 称		单位				数 量			
人工	建筑普通工	工日	0.0760	0.1073	0.0214	0.0694	0.0980	0.0508	0.0393
	建筑技术工	工日	0.0590	0.0685	0.0137	0.0540	0.0628	0.0325	0.0251
计价材料	铸铁算子板 460×280	个			1.0100				
	管卡带膨胀螺栓	套	0.7140	0.7140					
	圆钉	kg				0.0200	0.0200		
	UPVC 排水管 φ75×2.3	m	1.0450						
	UPVC 排水管 φ100×2.6	m		1.0520					
	UPVC 排水管雨水斗 φ75	个				1.0100			
	UPVC 排水管雨水斗 φ100	个					1.0100		
	UPVC 塑料雨水口 φ100	个			1.0000				

续表

定 额 编 号			XZYT9-44	XZYT9-45	XZYT9-46	XZYT9-47	XZYT9-48	XZYT9-49	XZYT9-50
项 目			UPVC 塑料雨水管		UPVC 塑料雨水口	UPVC 塑料雨水斗		UPVC 塑料弯头	UPVC 塑料虹吸装置
			φ75	φ100	φ100 以内	φ75	φ100	φ100 以内	DN100 以内
计价材料	塑料弯头 DN100	个						1.0000	
	UPVC 塑料虹吸装置 DN100	个							1.0000
	密封胶	kg	0.0100	0.0120		0.0170	0.0310		
	塑料粘结剂	kg			0.1000			0.1000	
	其他材料费	元	0.2500	0.3300	0.9200	0.2700	0.3500	0.3000	2.1100

工作内容： 基层清理，铺设防水层，收口等全部操作。

定 额 编 号		XZYT9-51	XZYT9-52
项 目		种植屋面排水	
		土工布过滤层	陶粒排水层
单 位		m²	m²
基 价（元）		**9.82**	**69.13**
其中	人 工 费（元）	1.32	4.87
	材 料 费（元）	8.50	64.26
	机 械 费（元）		
名 称	单位	数 量	
人工	建筑普通工	工日	0.0031	0.0162
	建筑技术工	工日	0.0069	0.0219
计价材料	陶粒	m³		0.1827
	圆钉	kg	0.0109	
	土工布 400g	m²	1.1150	
	其他材料费	元	0.1400	1.2600

9.6 采光屋面安装

工作内容： 龙骨制作与安装、面板下料、安装、封口、封边、清理。

定 额 编 号			XZYT9-53	XZYT9-54	XZYT9-55
项 目			阳光板	中空玻璃	钢化玻璃
			铝合金龙骨上安装	采光板	
				铝合金龙骨上安装	轻钢龙骨上安装
单 位			m²	m²	m²
基 价（元）			**286.81**	**332.27**	**214.82**
其中	人 工 费（元）		66.28	92.73	78.90
	材 料 费（元）		220.53	239.54	131.87
	机 械 费（元）				4.05
名 称		单位	数 量		
人工	建筑普通工	工日	0.1552	0.2195	0.1846
	建筑技术工	工日	0.3474	0.4842	0.4136
计价材料	圆钢　φ10 以上	kg			0.5200
	加工铁件　综合	kg	0.7465		0.0727
	钢化玻璃　8mm	m²			1.0917
	轻钢吊顶大龙骨　U50×15×1.5	m			1.2636
	轻钢吊顶中龙骨　U50×20×0.6	m			4.8249
	轻钢大龙骨　U60×30×1.5	m			0.0880

424

续表

定 额 编 号			XZYT9-53	XZYT9-54	XZYT9-55
项　　目			阳光板	中空玻璃	钢化玻璃
				采光板	
			铝合金龙骨上安装	铝合金龙骨上安装	轻钢龙骨上安装
计价材料	铝合金型材	kg	5.0237	5.0237	
	电焊条　J422　综合	kg			0.0113
	普通六角螺栓	kg			0.0307
	镀锌六角螺栓　M12×40	个	10.9500	10.9500	
	膨胀螺栓　M8	套			1.3400
	橡胶定型条	m	4.9268		
	塑料海绵封条波形	m	1.6981	1.6981	
	密封胶	kg	0.0683	0.0683	
	阳光板	m²	1.0700		
	中空玻璃	m²		0.9700	
	其他材料费	元	3.6600	4.1400	2.5000
机械	交流弧焊机　容量　21kVA	台班			0.0009
	砂轮切割机　直径　φ400	台班			0.0325
	冲击钻	台班			0.0302

第 10 章　防腐、绝热、耐磨、屏蔽与隔声工程

说　　明

1. 本章定额适用于建筑物、构筑物因使用要求对其构件或部件进行功能性处理的项目工程，与其他章节定额配套使用。凡是在其他章节已经设定了功能性定额子目，不执行本章定额子目。

2. 定额中隔热层材料当工程设计与定额不同时可以换算，其他工料与机械不作调整。

3. 防腐。

（1）防腐整体面层和块料面层定额综合考虑了不同的部位、施工方法、作业环境等因素，执行定额时不作调整。定额适用于地面、楼面、平台、墙面、墙裙、沟道、地坑、井池等各类平面与立面的防腐面层工程。

（2）涂布防腐定额中包括接缝、附加层、收头等工作内容。

4. 绝热。

（1）定额中只包括绝热材料的铺贴费用，不包括隔气、防潮、保护层、衬墙等费用，工程设计需要时，应执行相应定额另行计算。绝热材料不同时，主材可以换算，其他不变。

（2）绝热定额综合考虑了不同的部位、施工方法、作业环境等因素，执行定额时不作调整。定额适用于地面、楼面、墙面、沟道、地坑、井池等各类平面与立面绝热工程。

（3）绝热定额中包括在基层上涂热沥青一遍工作内容。

5. 屏蔽定额适用于建筑物、构筑物中不同部位的屏蔽项目工程。定额中包括屏蔽网铺设、附加层铺设、接缝、收头、封关等工作内容，不包括与电气间的连线、屏蔽检测费用。

6. 隔声墙安装定额包括隔声板、吸音板的购置、安装、测试等工作内容。不包括隔声板钢结构支（墙）架、基础、土方、砌体等工程，如工程设计时，执行相应的定额。隔声板安装所需的脚手架执行第 13 章相应的定额。

工程量计算规则

1. 屋面隔热层工程量按照设计图示尺寸面积乘以平均厚度，以立方米计算。扣除水箱间、电梯井、天窗、屋顶通风器、屋顶设备等所占体积，不扣除凸出屋面的排气管及面积在 $0.3m^2$ 以内的通风道、孔洞所占的体积。

2. 防腐工程量计算。

防腐根据材料种类及其厚度按照设计实铺面积以平方米计算工程量。扣除单个面积 $0.3m^2$ 以上孔洞、凸出防腐面的物体所占的面积。凸出防腐面的建筑部件需要做防腐时应按照其展开面积计算，并入防腐工程量内。

3. 绝热工程量计算。

（1）绝热根据材料种类按照设计图示尺寸成品体积以立方米计算工程量。扣除单个面积 $0.3m^2$ 以上孔洞、凸出绝热面的物体所占的体积。凸出绝热面的建筑部件需要做绝热时应按照其展开面积乘以厚度计算，并入绝热工程量内。

（2）绝热层的厚度按照绝热体材料的设计成品净厚度（不包括胶结材料）尺寸计算。

4. 屏蔽工程量计算。

（1）地面屏蔽按照主墙间净空面积计算工程量。扣除凸出地面的构筑物、设备基础等所占的面积，不扣除间壁墙及单个面积 $0.3m^2$ 以内的柱、垛、附墙竖井、通风道、孔洞等所占面积。凸出地面的构筑物、设备基础等需要做屏蔽时按照其展开面积计算，并入屏蔽工程量内。

（2）立面屏蔽按照设计图示尺寸垂直投影面积以平方米计算工程量。扣除门窗洞口及单个面积大于 $0.3m^2$ 孔洞所占面积，柱、梁、垛、附墙竖井、通风道、门窗洞口、孔洞四周按照展开面积计算，并入屏蔽工程量内。

（3）屏蔽网，按照铺设屏蔽网面积计算工程量，扣除门窗及单个大于 $1m^2$ 洞口所占的面积。水平面与垂直面相交重叠部分不重复计算面积。

5. 隔声工程量计算。

隔声工程按照设计图示尺寸外围面积以平方米计算工程量。长度按照结构外边线长计算，高度从隔声板、屏边框结构顶标高计算至隔声板、屏边框结构底标高。

10.1 防　腐

10.1.1 整体面层

工作内容： 清理基层；底层刷胶泥；铺设砂浆；刷防腐漆、贴布；混凝土浇筑、抹平、密实、养护；
表面压实抹光、酸化处理。

定　额　编　号			XZYT10-1	XZYT10-2
项　　　　目			铁屑砂浆抹面	地面
			厚 30mm	软聚氯乙烯塑料
单　　　　位			m²	m²
基　　价（元）			**62.25**	**124.80**
其中	人　工　费（元）		11.12	61.27
	材　料　费（元）		51.13	62.84
	机　械　费（元）			0.69
名　　称		单位	数　　量	
人工	建筑普通工	工日	0.0497	0.2912
	建筑技术工	工日	0.0406	0.2106
计价材料	方材红白松　二等	m³		0.0040
	板材红白松　二等	m³		0.0010
	钢屑砂浆　1：0.3：1.5	m³	0.0306	
	粘结剂　XY401 胶	kg		0.9000
	硬聚氯乙烯焊条	kg		0.0220

续表

定 额 编 号			XZYT10-1	XZYT10-2
项 目			铁屑砂浆抹面	地面
			厚 30mm	软聚氯乙烯塑料
计价材料	木螺钉	kg		0.0130
	圆钉	kg		0.0110
	聚氯乙烯塑料板 软 3mm	kg		4.2840
	聚氯乙烯塑料薄膜	m²		0.0100
	清洗剂	kg		0.3530
	环氧沥青漆	kg		0.0680
	水	t	0.0840	
	砂布	张		0.7000
	白布	m²		0.0320
	其他材料费	元	0.8600	1.2100
机械	轴流通风机 功率 7.5kW	台班		0.0150

定 额 编 号			XZYT10-3	XZYT10-4	XZYT10-5	XZYT10-6
项 目			环氧玻璃钢			
			底漆一层	刮腻子	贴布一层	面漆一层
单 位			m²	m²	m²	m²
基 价（元）			**8.27**	**4.90**	**45.60**	**6.42**
其中	人 工 费（元）		4.08	2.55	33.91	2.62
	材 料 费（元）		3.66	1.51	9.06	3.27
	机 械 费（元）		0.53	0.84	2.63	0.53
名 称		单位	数 量			
人工	建筑普通工	工日	0.0204	0.0129	0.1708	0.0133
	建筑技术工	工日	0.0133	0.0082	0.1093	0.0084
计价材料	石英粉	kg	0.0240	0.0720	0.0360	0.0080
	中碱玻璃丝布宽 1000mm	m²			1.1500	
	邻苯二甲酸二丁酯	kg	0.0190	0.0040	0.0180	0.0120
	丙酮 95%	kg	0.0970	0.0320	0.0610	0.0430
	乙二胺	kg	0.0080	0.0030	0.0130	0.0080
	环氧树脂 6101 号	kg	0.1200	0.0360	0.1790	0.1200
	砂布	张		0.4000	0.2000	
	其他材料费	元	0.0600	0.0200	0.1400	0.0600
机械	轴流通风机 功率 7.5kW	台班	0.0115	0.0184	0.0575	0.0115

定 额 编 号		XZYT10-7	XZYT10-8	XZYT10-9
项 目		沥青砂浆		
		在填充材料上	在混凝土或硬基层上	厚度每增减 0.5cm
		厚度2cm		
单 位		m²	m²	m²
基 价（元）		**56.36**	**66.15**	**13.24**
其中	人 工 费（元）	12.12	12.23	2.28
	材 料 费（元）	44.24	53.92	10.96
	机 械 费（元）			
名 称	单位	数 量		
人工	建筑普通工	工日	0.0610	0.0616	0.0114
	建筑技术工	工日	0.0391	0.0394	0.0074
计价材料	沥青砂浆 1：2：6	m³	0.0202	0.0253	0.0051
	冷底子油 3：7	kg		0.4800	
	木柴	kg	12.6500	10.2500	2.8600
	其他材料费	元	0.8100	0.9900	0.2000

434

定 额 编 号			XZYT10-10	XZYT10-11
项 目			石材	环氧胶泥勾缝
			水玻璃耐酸砂浆	
单 位			m²	m²
基 价（元）			**401.54**	**48.96**
其中	人 工 费（元）		109.35	14.91
	材 料 费（元）		291.14	34.05
	机 械 费（元）		1.05	
	名 称	单位	数 量	
人工	建筑普通工	工日	0.5509	0.0751
	建筑技术工	工日	0.3525	0.0481
计价材料	水玻璃耐酸砂浆 1：0.17：1.1：1：2.6	m³	0.0260	
	水玻璃耐酸胶泥 1：0.15：0.5：0.5	m³	0.0020	
	环氧树脂胶泥 1：0.1：0.08：2	m³		0.0020
	石材 20	m²	1.0100	
	水	t	0.0800	
	其他材料费	元	5.4400	0.5700
机械	轴流通风机 功率 7.5kW	台班	0.0230	

10.1.2 防腐层

工作内容：清理基层；刷防腐漆、贴布。

定 额 编 号			XZYT10-12	XZYT10-13
项　　　　目			过氯乙烯防腐漆	
			五遍成活	每增减一遍面漆
单　　　　位			m²	m²
基　　价（元）			**31.48**	**4.84**
其中	人　工　费（元）		12.22	1.87
	材　料　费（元）		19.26	2.97
	机　械　费（元）			
名　　称		单位	数　　　量	
人工	建筑普通工	工日	0.0591	0.0093
	建筑技术工	工日	0.0412	0.0061
计价材料	纤维素	kg	0.0030	
	滑石粉	kg	0.1390	
	粘结剂　乳胶	kg	0.0160	
	过氯乙烯稀释剂	kg	0.3530	0.0430
	过氯乙烯漆　综合	kg	1.0450	0.1690
	过氯乙烯腻子	kg	0.0100	
	其他材料费	元	0.2200	0.0300

定 额 编 号			XZYT10-14	XZYT10-15	XZYT10-16	XZYT10-17
项 目			混凝土面防水、防腐			
			高效防水漆	高强膨胀砂浆	高强涂渗剂	环氧沥青
单 位			m²	m²	m²	m²
基 价（元）			**52.81**	**33.85**	**24.07**	**62.25**
其中	人 工 费（元）		15.01	21.29	9.44	4.43
	材 料 费（元）		37.80	12.56	14.63	57.82
	机 械 费（元）					
名 称		单位	数 量			
人工	建筑普通工	工日	0.0755	0.1074	0.0476	0.0104
	建筑技术工	工日	0.0485	0.0685	0.0304	0.0232
计价材料	水泥砂浆 1:2	m³		0.0240		
	膨胀剂	kg		1.5000		
	高性能界面剂	kg		0.8000		0.0610
	高强涂渗剂	kg			0.6000	
	高效防水漆抗压 60MPa	kg	1.1240			
	丁醇	kg	0.0900			
	环氧沥青漆	kg				4.0500
	冷底子油 3:7	kg				0.4800
	水	t		0.0270	0.0050	
	其他材料费	元	0.6500	0.1900	0.2500	1.1100

10.2 绝 热 层

工作内容：木框架制作、安装；铺贴绝热板；清理面层。

定 额 编 号			XZYT10-18	XZYT10-19	XZYT10-20	XZYT10-21	XZYT10-22
项 目			聚苯乙烯泡沫塑料板			水泥珍珠岩板	挤塑板（EPS）
			聚氨酯		石油沥青	石油沥青	聚氨酯
			墙、柱体	楼地面		墙体隔热	
单 位			m³	m³	m³	m³	m³
基 价（元）			**655.54**	**640.91**	**1408.98**	**1044.17**	**946.27**
其中	人 工 费（元）		98.60	83.97	672.33	433.13	98.26
	材 料 费（元）		556.94	556.94	736.65	611.04	848.01
	机 械 费（元）						
名 称		单位	数 量				
人工	建筑普通工	工日	0.4968	0.4219	3.2603	2.1037	0.4951
	建筑技术工	工日	0.3178	0.2715	2.2621	1.4548	0.3167
计价材料	加工铁件 综合	kg			4.5450		
	方材红白松 二等	m³			0.0750		
	石油沥青 30号	kg			68.9000	94.5000	
	圆钉	kg	0.0600	0.0600	0.0600	0.0600	0.0600
	水泥珍珠岩板	m³				1.0500	

438

续表

定 额 编 号			XZYT10-18	XZYT10-19	XZYT10-20	XZYT10-21	XZYT10-22
项 目			聚苯乙烯泡沫塑料板			水泥珍珠岩板	挤塑板（EPS）
			聚氨酯		石油沥青	石油沥青	聚氨酯
			墙、柱体	楼地面		墙体隔热	
计价材料	石棉粉	kg			3.5120		
	泡沫塑料板聚苯乙烯	m³	1.0500	1.0500	1.0500		
	聚苯板（EPS） 30mm 18kg/m³	m³					1.0500
	聚氨酯甲料	kg	10.1000	10.1000			10.1000
	聚氨酯乙料	kg	12.4000	12.4000			12.4000
	环氧沥青漆	kg			1.1330		
	其他材料费	元	9.3700	9.3700	12.1900	11.0100	14.6400

439

工作内容：木框架制作、安装；铺贴绝热板；清理面层。

定 额 编 号		XZYT10-23	XZYT10-24
项 目		水泥珍珠岩板	玻璃纤维网
		聚氨酯	
单 位		m³	m²
基 价 （元）		**641.76**	**10.95**
其中	人 工 费 （元）	109.57	5.27
	材 料 费 （元）	532.19	5.68
	机 械 费 （元）		
名 称	单位	数 量	
人工 建筑普通工	工日	0.5520	0.0265
建筑技术工	工日	0.3532	0.0170
计价材料 镀锌膨胀螺栓 M6×80	套		0.4500
圆钉	kg	0.0600	
水泥珍珠岩板	m³	1.0500	
玻璃纤维网	m²		1.1000
聚氨酯甲料	kg	10.1000	
聚氨酯乙料	kg	12.4000	
其他材料费	元	9.5800	0.1000

10.3 耐 磨

工作内容：清理基层、铺铺设砂浆、压光、面层清理。

定 额 编 号			XZYT10-25	XZYT10-26
项 目			重晶石砂浆	
			厚度30mm	厚度每增减5mm
单 位			m²	m²
基 价（元）			**63.37**	**14.64**
其中	人 工 费（元）		11.12	5.93
	材 料 费（元）		52.25	8.71
	机 械 费（元）			
名 称		单位	数 量	
人工	建筑普通工	工日	0.0497	0.0295
	建筑技术工	工日	0.0406	0.0194
计价材料	重晶石英砂浆 1：4：0.8	m³	0.0306	0.0051
	水	t	0.0840	0.0140
	其他材料费	元	0.9600	0.1600

10.4 屏　蔽

工作内容： 材料下料、平直、安装、焊接、测试。

定　额　编　号			XZYT10-27	XZYT10-28
项　　目			钢板网	屏蔽网
单　　位			m²	m²
基　价（元）			**65.68**	**73.47**
其中	人　工　费（元）		26.53	26.53
	材　料　费（元）		36.84	44.63
	机　械　费（元）		2.31	2.31
名　　称		单位	数　　　量	
人工	建筑普通工	工日	0.1337	0.1337
	建筑技术工	工日	0.0855	0.0855
计价材料	等边角钢　边长63以下	kg	3.9600	3.9600
	加工铁件　综合	kg	0.3500	0.2800
	电焊条　J422　综合	kg	0.2700	0.2700
	屏蔽网	m²		1.0500
	钢板网　综合	m²	1.0500	
	氧气	m³	0.0120	0.0120
	乙炔气	m³	0.0052	0.0052
	其他材料费	元	0.5800	0.7100
机械	交流弧焊机　容量　21kVA	台班	0.0345	0.0345

10.5 隔 声

工作内容：材料下料、平直、安装、连接、测试。

	定 额 编 号		XZYT10-29	XZYT10-30
	项 目		隔声屏障安装	隔声板安装
	单 位		m²	m²
	基 价（元）		**292.78**	**98.00**
其中	人 工 费（元）		17.27	17.27
	材 料 费（元）		270.12	75.34
	机 械 费（元）		5.39	5.39
	名 称	单位	数 量	
人工	建筑普通工	工日	0.0708	0.0708
	建筑技术工	工日	0.0678	0.0678
计价材料	吸音板 12mm	m²		1.0500
	隔声屏	m²	1.0200	
	镀锌六角螺栓 M20×80	个	4.6600	4.6600
	防水自攻螺钉	kg	0.9270	0.9270
	抽芯铝铆钉	kg	0.0086	0.0086
	其他材料费	元	5.2600	1.4400
机械	汽车式起重机 起重量 12t	台班	0.0044	0.0044
	载重汽车 6t	台班	0.0022	0.0022

第 11 章　装饰工程

说　　明

1. 本章定额以面层材质为标准设置子目，定额中包括基层处理、打底抹灰、面层装饰等工作内容，除定额另有说明外，一律不作调整。

2. 定额不分内墙与外墙，按照装饰材质标准执行相应的定额。内外墙裙装饰按照墙面装饰定额执行，墙裙高度小于 0.3m 时执行踢脚板定额。

3. 石灰砂浆抹灰定额中不分级别，一律执行本定额。天棚面抹灰综合考虑了现浇和预制顶棚的抹灰。

4. 墙面抹灰定额包括阴角、阳角的护角线抹灰；天棚抹灰定额包括小圆角抹灰。

5. 带密肋小梁及井字梁混凝土天棚抹灰时，每平方米增加 0.05 个技术工日。

6. 柱面抹灰定额综合考虑了矩形、圆形、多边形、格构式柱抹灰，执行定额时不作调整。

7. 涂料工程不包括批腻子，设计要求批腻子时，执行批腻子定额。

8. 真石漆定额包括底漆和罩面漆。

9. 天棚顶需要做抹灰涂料高度超过 3.6m 时，按照第 13 章定额规定计算满堂脚手架费用，只计算一次；天棚顶高度在 3.6m 以内所需脚手架综合在建筑物或构筑物综合脚手架内，不单独计算。

10. 块料面层种类与定额不同时可以换算主材费用，其他费用不变。本章定额石材面层指大理石、花岗岩等不同石制材料面层，实际采用不同石材面层时按照价差处理。

11. 油漆、镀锌。

（1）木材面油漆定额按照油漆材质及木作构件类别进行编制，定额综合考虑了不同的施工方法与施工遍数，工程实际与定额不同时不作调整。

（2）金属面油漆、抹灰面油漆定额按照油漆材质进行编制，定额综合考虑了不同的施工方法与施工遍数，工程实际与定额不同时不作调整。工程油漆干膜厚度超过定额干膜厚度±15%时，超出部分按照定额比例调整。

（3）钢结构镀锌定额中包括除锈、双程运输等工作内容。

12. 钢结构喷砂除锈定额按照 $Sa_{2.5}$ 清洁度标准编制。工程采用 Sa_2 清洁度标准时，定额乘以 0.85 系数；工程采用 Sa_3 清洁度标准时，定额乘以 1.15 系数。

13. 金属面防火涂料喷涂定额是按照耐火极限 1h 编制。工程设计与定额不同时可以调整，按照每增减耐火极限 0.5h，定额基价相应增减 0.5 系数。

14. 金属面 919 防腐油漆是按照工厂刷油漆考虑，当采用施工现场刷油漆时，按照相应定额乘 1.2 系数。

15. 壁纸种类与定额不同时可以换算，其他费用不变。

16. 零星项目装饰是指挑檐、天沟、腰线、栏杆、扶手、门窗套、压顶、内窗台、外窗台、水槽、砖支墩等工程项目装饰。零星项目刷涂料根据所在位置分别执行内外墙刷涂料定额。

17. 木饰面定额包括饰面材料的购置、下料、制作、安装、补漆、收口、嵌缝等工作内容。

18. 界面处理定额适用于不同部位、不同工序间接触面的特殊处理工程。各章节定额中已包括正常界面处理费用，不再执行界面处理定额。当设计要求界面间采用界面剂处理或要求混凝土面凿毛时，方可执行界面处理定额。

19. 藏式装饰条综合考虑了定位、清理基层、选截材料、固定、清洁整理等全部工作内容。

工程量计算规则

1. 贴挂防开裂网按照实贴或实挂面积计算。扣除单个面积 0.3m² 以上孔洞所占面积。

2. 天棚抹灰工程量计算。

（1）天棚抹灰面层按照主墙间净面积计算工程量，不扣除间壁墙、检查孔、墙垛、管道等所占面积。扣除单个面积 0.3m² 以上孔洞所占面积；扣除独立柱、电缆竖井、通风道等所占面积。带梁天棚，梁的两侧抹灰面积并入天棚抹灰工程量内。

（2）有坡度及拱顶的天棚、密肋梁和井字梁天棚，按照主墙间水平投影净面积乘 1.5 系数计算工程量。坡度及拱顶不再计算表面积，密肋梁和井字梁不再计算展开面积。

（3）雨篷板、挑檐板、挑檐、阳台、天沟的底面按照水平投影面积计算工程量，有梁者将梁的侧面面积并入其中，执行天棚抹灰相应的定额。

3. 内墙面抹灰工程量计算。

（1）内墙按照主墙间净长乘以抹灰高度以平方米为单位计算工程量。其抹灰高度确定如下：

1）无墙裙的抹灰高度按照室内地面或楼面计算至天棚底面，不扣除踢脚板高度。

2）有墙裙的抹灰高度按照墙裙顶计算至天棚底面。

3）墙裙的高度按照室内地面或楼面计算至墙裙顶面，不扣除踢脚板高度。

4）吊顶天棚的内墙面抹灰，其高度按照室内地面或楼面计算至天棚底面加 100mm。

（2）内墙抹灰应扣除门窗洞口和空圈所占的面积。不扣除踢脚板、挂镜线、单个面积 0.3m² 以内的孔洞和墙与构件交接处的面积，不计算洞口四周面积，附墙垛、壁柱的侧面抹灰面积并入内墙面抹灰工程量内。突出墙面的混凝土构件其侧面抹灰计算工程量，并入内墙面工程量。

（3）隔墙抹灰根据工程设计要求分别计算内、外两面工程量。单面工程量计算规则同隔墙。

4. 外墙面抹灰工程量计算。

（1）外墙按照外墙面的垂直投影面积以平方米为单位计算工程量。扣除门窗洞口、外墙裙和单个面积大于 $0.3m^2$ 孔洞所占的面积，不计算洞口四周面积，附墙垛、壁柱的侧面抹灰面积并入外墙面抹灰工程量内。突出墙面的混凝土构件，其侧面抹灰计算工程量，并入外墙面工程内。

（2）栏板抹灰根据工程设计要求分别计算内、外两面工程量。根据抹灰面材质分别执行墙体装饰相应定额。

（3）女儿墙内侧抹灰按照女儿墙内侧周长乘以抹灰高度以平方米为单位计算工程量，执行相应的墙体抹灰定额。女儿墙有混凝土压顶者抹灰高度计算至压顶底标高，女儿墙混凝土压顶按照零星项目抹灰展开面积单独计算工程量；女儿墙无压顶者抹灰高度计算至女儿墙顶加女儿墙宽度。

5. 零星项目抹灰工程量计算。

（1）挑檐、天沟、腰线、雨篷、栏杆、门窗套、窗台线、压顶、扶手、水池、砖支墩等按照展开面积以平方米为单位计算工程量。

（2）计算展开面积时，不计算雨篷板、挑檐板、挑檐、阳台、天沟的底面工程量。

6. 涂料、批腻子工程量计算。

（1）涂料、批腻子工程量计算规则同抹灰工程量计算规则。

（2）预制混凝土构件刷涂料工程量按照表 11-1 数据计算。

表 11-1 　　　　　　　　　　　　　　　　　预制混凝土构件刷涂料工程量折算表

项目	每立方米构件折算面积（m²）
F 形板、双 T 形板、梁式板、槽形板 8m 以内	30
F 形板、双 T 形板、梁式板、槽形板 8m 以外	23
吊车梁	11

7. 混凝土保护液喷涂按照设计尺寸实际涂刷的面积以平方米计算工程量。

8. 块料面层按照设计图示尺寸的实贴（挂）面积以平方米为单位计算工程量。门窗洞口、孔洞等开口部分的侧面面积并入墙体装饰工程量内（不扣除门窗框厚度）。

9. 独立的梁、柱面装饰单独计算工程量，执行相应的梁柱装饰定额；嵌入墙体中的混凝土过梁、圈梁、连梁、框架梁、构造柱、框架柱、排架柱、门框等混凝土构件不单独计算装饰面积，合并在墙体中，执行相应的墙装饰定额。

10. 油漆工程量计算。

（1）木材面油漆。

1）木门窗及木作工程油漆按照其制作或安装工程量乘以表 11-2 木材面油漆工程量计算系数表中相应系数计算工程量。

2）木踢脚板按照面积计算工程量，执行其他木材面油漆相应定额。

3）成品门窗包括油漆费用，油漆不单独计算。

（2）金属面油漆。

1）金属面除锈、油漆按照其制作或安装工程量乘以表11-3金属面油漆工程量计算系数表中相应系数计算工程量。

2）当购置的成品金属结构包括油漆费用时，不计算金属结构除锈、油漆工程量。

3）施工现场加工金属结构需要镀锌时，按照其制作工程量计算镀锌费用，不计算金属结构除锈、油漆工程量。

4）施工现场加工金属结构需要现场冷喷锌时，按照其制作工程量计算除锈、冷喷锌费用，不计算金属结构油漆工程量。

5）购置的镀锌钢结构成品不计算金属结构除锈、油漆工程量。

（3）抹灰面油漆工程量计算规则同抹灰工程量计算规则。

11. 贴壁纸工程量计算规则同抹灰工程量计算规则，不计算接缝、收口、封边工程量。

12. 木饰面按照设计图示尺寸的实贴（铺）面积以平方米为单位计算工程量。门窗洞口、孔洞等开口部分的侧面面积并入饰面工程量内（不扣除门窗框厚度）。

13. 界面处理按照工程设计要求处理的面积以平方米为单位计算工程量。

14. 藏式装饰条按设计图示长度以米为单位计算工程量。

表 11-2　　　　　　　　　　　　　　　　木材面油漆工程量计算系数表

项　　目	系　　数
单层木门窗、组合窗、特种门、库房大门	1
胶合板墙、木隔断	1

续表

项　目	系　数
双层木窗（包括一玻一纱窗）	1.6
木百叶窗	1.5
单层半玻璃门、全玻璃门、门纱扇	0.85
全百叶门、半截百叶门	1.6
木扶手（不带托板）、木栏杆、木线	1
带托板木扶手	2.6
木地板	1
木踢脚板	0.16
窗帘盒	2.04
细木工板天棚、胶合板天棚、木墙裙	1
暖气罩、门窗套	1.28

表 11-3　　　　　　　　　　　　金属面油漆工程量计算系数表

项　目	系　数
单层钢窗、玻璃钢板门、钢纱窗	1
双层钢窗、全钢板门	1.48

续表

项　　目	系　　数
防射线门，钢百叶门窗	3
屏蔽门窗，钢半截百叶门窗	2.3
钢丝网大门	0.65
钢屋架、天窗架、挡风架、屋架梁、支撑、钢桁架、系杆、钢支架、钢吊车梁、钢墙架	1
钢梁、钢柱、钢走道板、钢平台、车挡、檩条、单轨吊车梁	0.65
铁栅栏门、栏杆、窗栅、钢油箅子、钢格栅板	1.71
直型钢轨、弧型钢轨	0.25
钢爬梯、踏步式钢扶梯	1.2
轻型屋架、零星铁件	1.42

11.1 贴挂防开裂网

工作内容：基层清理、胶贴玻纤网格布；挂钢丝网。

定 额 编 号		XZYT11-1	XZYT11-2
项 目		贴玻纤网格布	挂钢丝网
单 位		m²	m²
基 价（元）		**11.72**	**15.43**
其中	人 工 费（元）	4.62	5.27
	材 料 费（元）	7.10	10.16
	机 械 费（元）		
名 称	单位	数 量	
人工	建筑普通工	工日	0.0070	0.0081
	建筑技术工	工日	0.0271	0.0308
计价材料	粘结剂 乳胶	kg	0.3300	
	钢丝网	m²		1.0500
	玻璃纤维网	m²	1.0500	
	其他材料费	元	0.1300	0.1800

11.2 石 灰 砂 浆

工作内容：清理基层、补堵墙眼、湿润基层；找平、抹灰、罩面压光；天棚小圆角抹光；门窗洞口侧壁抹护角线；抹阴阳角、装饰线；清理面层。

定 额 编 号			XZYT11-3	XZYT11-4	XZYT11-5	XZYT11-6	XZYT11-7	XZYT11-8
项 目			墙面		混凝土梁柱	砖柱面	天棚面	零星项目
			砖	混凝土				
单 位			m²	m²	m²	m²	m²	m²
基 价（元）			**23.43**	**28.05**	**31.92**	**30.48**	**25.87**	**56.76**
其中	人 工 费（元）		19.11	23.01	26.46	25.10	19.37	46.21
	材 料 费（元）		4.32	5.04	5.46	5.38	6.50	10.55
	机 械 费（元）							
名 称		单位	数 量					
人工	建筑普通工	工日	0.0447	0.0539	0.0619	0.0503	0.0459	0.1082
	建筑技术工	工日	0.1002	0.1206	0.1387	0.1379	0.1011	0.2422
计价材料	板材红白松 二等	m³	0.0001	0.0001			0.0002	0.0020
	水泥砂浆 1:2	m³			0.0010	0.0026		
	混合砂浆 1:0.5:1	m³					0.0090	
	混合砂浆 1:1:6	m³						0.0200
	混合砂浆 1:3:9	m³					0.0062	
	石灰砂浆 1:3	m³	0.0180	0.0185	0.0200	0.0193		

续表

定　额　编　号			XZYT11-3	XZYT11-4	XZYT11-5	XZYT11-6	XZYT11-7	XZYT11-8
项　　　目			墙面		混凝土梁柱	砖柱面	天棚面	零星项目
			砖	混凝土				
计价材料	麻刀砂浆	m³	0.0022	0.0022	0.0021	0.0021	0.0020	0.0022
	素水泥浆	m³		0.0011	0.0010		0.0010	0.0011
	粘结剂 107 胶	kg					0.0276	
	水	t	0.0070	0.0070	0.0080	0.0072	0.0020	0.0080
	其他材料费	元	0.0700	0.0800	0.0900	0.0800	0.1000	0.1700

455

11.3 混合砂浆

工作内容： 清理基层、补堵墙眼、湿润基层；找平、抹灰、罩面压光；天棚小圆角抹光；门窗洞口侧壁抹护角线；抹阴阳角、装饰线；清理面层。

定 额 编 号			XZYT11-9	XZYT11-10	XZYT11-11	XZYT11-12	XZYT11-13	XZYT11-14
项 目			天棚	砖墙、砌块墙面	混凝土墙面	混凝土梁柱面	轻质墙	零星砌体
单 位			m²	m²	m²	m²	m²	m²
基 价 (元)			**19.74**	**26.90**	**32.17**	**35.88**	**26.94**	**53.94**
其中	人 工 费 (元)		15.97	20.18	24.65	28.34	20.22	47.03
	材 料 费 (元)		3.77	6.72	7.52	7.54	6.72	6.91
	机 械 费 (元)							
名 称		单位	数 量					
人工	建筑普通工	工日	0.0374	0.0472	0.0577	0.0663	0.0473	0.1101
	建筑技术工	工日	0.0837	0.1058	0.1292	0.1486	0.1060	0.2465
计价材料	板材红白松 二等	m³	0.0002	0.0001	0.0001	0.0001	0.0001	0.0002
	混合砂浆 1:1:4	m³		0.0069	0.0094	0.0110	0.0069	0.0070
	混合砂浆 1:1:6	m³	0.0110	0.0162	0.0139	0.0119	0.0162	0.0160

续表

定 额 编 号			XZYT11-9	XZYT11-10	XZYT11-11	XZYT11-12	XZYT11-13	XZYT11-14
项 目			天棚	砖墙、砌块墙面	混凝土墙面	混凝土梁柱面	轻质墙	零星砌体
计价材料	麻刀砂浆	m³	0.0020					
	素水泥浆	m³			0.0011	0.0011		
	粘结剂 107胶	kg	0.0280		0.0248	0.0640		
	水	t	0.0020	0.0070	0.0070	0.0070	0.0070	0.0080
	其他材料费	元	0.0600	0.1100	0.1200	0.1200	0.1100	0.1100

457

11.4 水泥砂浆

工作内容：清理基层、补堵墙眼、湿润基层；找平、抹灰、刷浆、罩面压光；护角、外墙分格；清理面层。

定 额 编 号			XZYT11-15	XZYT11-16	XZYT11-17	XZYT11-18	XZYT11-19	XZYT11-20	XZYT11-21	XZYT11-22
项 目			天棚	砖墙、砌块墙面	混凝土墙面	混凝土梁柱面	轻质墙	零星砌体	预制板底勾缝	刷素水泥浆 一道
单 位			m²	m²	m²	m²	m²	m²	m²	m²
基 价 （元）			**30.88**	**28.25**	**30.50**	**33.74**	**28.56**	**55.24**	**5.84**	**3.67**
其中	人 工 费 （元）		21.72	19.93	21.51	24.75	20.34	45.79	5.03	3.00
	材 料 费 （元）		9.16	8.32	8.99	8.99	8.22	9.45	0.81	0.67
	机 械 费 （元）									
名 称		单位	数 量							
人工	建筑普通工	工日	0.0508	0.0467	0.0504	0.0580	0.0476	0.1072	0.0107	0.0123
	建筑技术工	工日	0.1139	0.1044	0.1127	0.1297	0.1066	0.2400	0.0272	0.0118
计价材料	板材红白松 二等	m³	0.0002	0.0001	0.0001	0.0001	0.0001	0.0002		
	水泥砂浆 1:2.5	m³	0.0069	0.0070	0.0092	0.0092	0.0069	0.0078	0.0007	
	水泥砂浆 1:3	m³	0.0162	0.0162	0.0139	0.0139	0.0160	0.0162		
	素水泥浆	m³	0.0011		0.0011	0.0011		0.0011	0.0010	0.0011
	粘结剂 107胶	kg	0.0280		0.0248	0.0248		0.0160		0.0248
	水	t	0.0070	0.0070	0.0070	0.0070	0.0070	0.0027	0.0020	0.0050
	其他材料费	元	0.1400	0.1300	0.1400	0.1400	0.1300	0.1500	0.0100	0.0100

11.5 涂 料

工作内容：清理基层、补小孔洞、磨砂纸；遮盖、喷涂料；清理被喷污处。

定 额 编 号			XZYT11-23	XZYT11-24	XZYT11-25
项 目			外墙刷丙烯酸漆	内墙、天棚刷乳胶漆	外墙刷氟碳漆
单 位			m²	m²	m²
基 价（元）			24.80	16.72	71.14
其中	人 工 费（元）		13.49	13.49	49.14
	材 料 费（元）		8.54	3.23	22.00
	机 械 费（元）		2.77		
名 称		单位	数 量		
人工	建筑普通工	工日	0.0552	0.0552	0.2012
	建筑技术工	工日	0.0530	0.0530	0.1931
计价材料	普通硅酸盐水泥 32.5	t	0.0030	0.0030	0.0020
	乳胶漆	kg		0.2781	
	丙烯酸漆	kg	0.3400		
	粘结剂 乳胶	kg		0.0230	
	氟碳漆	kg			0.2800
	水	t	0.0050	0.0050	0.0050
	其他材料费	元	0.1600	0.0600	0.4100
机械	电动空气压缩机 排气量 6m³/min	台班	0.0115		

定 额 编 号		XZYT11-26	XZYT11-27	XZYT11-28	XZYT11-29	XZYT11-30
项 目		墙面 真石漆	内墙、天棚刷氟碳漆	外墙刷粉质涂料	内墙、天棚喷刷可赛银	抹灰面刷白水泥
单 位		m²	m²	m²	m²	m²
基 价（元）		**44.23**	**56.37**	**5.15**	**3.03**	**2.70**
其中	人 工 费（元）	10.52	37.51	2.92	2.53	2.14
	材 料 费（元）	31.30	18.86	2.23	0.50	0.56
	机 械 费（元）	2.41				
名 称	单位			数 量		
人工 建筑普通工	工日	0.0327	0.1536	0.0119	0.0104	0.0088
建筑技术工	工日	0.0491	0.1474	0.0115	0.0099	0.0084
计价材料 白水泥	t					0.0004
双飞粉	kg				0.1390	
粘结剂 107胶	kg					0.0890
粘结剂 乳胶	kg				0.0050	
粘结剂 骨胶	kg				0.0030	
羧甲基纤维素	kg			0.0092	0.0050	
色粉	kg			0.3675		0.0160
可赛银	kg				0.2370	
美纹纸胶带 30-40mm	m	8.7500				
氟碳漆	kg		0.2500			
水	t		0.0050	0.0050		
真石漆	kg	3.9290				
其他材料费	元	0.6100	0.3500	0.0400	0.0100	0.0100
机械 电动空气压缩机 排气量 6m³/min	台班	0.0100				

工作内容：清理基层、补小孔洞、磨砂纸；遮盖、涂料拌制、喷涂料；清理被喷污处。

	定 额 编 号		XZYT11-31	XZYT11-32
	项 目		仿瓷涂料三遍	混凝土保护液喷涂
	单 位		m²	m²
	基 价（元）		**23.49**	**62.83**
其中	人 工 费（元）		12.34	31.97
	材 料 费（元）		11.15	28.45
	机 械 费（元）			2.41
	名 称	单位	数 量	
人工	建筑普通工	工日	0.0599	0.1250
	建筑技术工	工日	0.0415	0.1300
计价材料	涂料 仿瓷	kg	1.2700	
	氟碳罩光漆	kg		0.2033
	混凝土保护液	kg		0.4167
	水	t		0.0050
	其他材料费	元	0.2200	0.5600
机械	电动空气压缩机 排气量 6m³/min	台班		0.0100

11.6 批 腻 子

工作内容：清扫、打磨、满刮腻子二遍等全部操作过程。

定 额 编 号		XZYT11-33	XZYT11-34
项 目		刮腻子	
		满刮二遍	每增减一遍
单 位		m²	m²
基 价（元）		**19.57**	**8.87**
其中	人 工 费（元）	9.92	4.05
	材 料 费（元）	9.65	4.82
	机 械 费（元）		
名 称	单位	数 量	
人工	建筑普通工	工日	0.0151	0.0062
	建筑技术工	工日	0.0581	0.0237
计价材料	腻子	kg	2.0412	1.0206
	水	t	0.0010	0.0005
	砂纸	张	0.0400	0.0200
	其他材料费	元	0.1800	0.0900

11.7 镶 贴 面 层

11.7.1 粘结剂结合层

工作内容： 清理修补基层、打底抹灰；切割、磨光块料；粘贴面层、粘贴阴阳角；修补缝隙、清理面层、养护。

定 额 编 号		XZYT11-35	XZYT11-36	XZYT11-37
项 目		内墙面砖		
		墙面	独立梁柱面	零星项目
单 位		m²	m²	m²
基 价（元）		**106.34**	**113.41**	**136.65**
其中	人 工 费（元）	51.61	56.44	76.64
	材 料 费（元）	54.73	56.97	60.01
	机 械 费（元）			
名 称	单位	数 量		
人工	建筑普通工	工日	0.1208	0.1322	0.1793
	建筑技术工	工日	0.2705	0.2958	0.4018
计价材料	白水泥	t	0.0002	0.0002	0.0002
	水泥砂浆 1:2.5	m³	0.0173	0.0179	0.0185
	素水泥浆	m³	0.0010	0.0011	0.0011
	内墙面砖	m²	1.0200	1.0600	1.1200
	粘结剂 107 胶	kg	0.0221	0.0232	0.0245

续表

定 额 编 号			XZYT11-35	XZYT11-36	XZYT11-37
项 目			内墙面砖		
			墙面	独立梁柱面	零星项目
计价材料	干粉型粘合剂	kg	4.2000	4.4100	4.6620
	水	t	0.0067	0.0083	0.0110
	石料切割锯片 φ150	片	0.0096	0.0101	0.0107
	其他材料费	元	1.0500	1.0900	1.1500

定 额 编 号		XZYT11-38	XZYT11-39	XZYT11-40
项 目		外墙面砖		
		墙面	独立梁柱面	零星项目
单 位		m²	m²	m²
基 价（元）		**117.36**	**124.86**	**185.52**
其中	人 工 费（元）	51.61	56.44	113.41
	材 料 费（元）	65.75	68.42	72.11
	机 械 费（元）			
名 称	单位	数 量		
人工	建筑普通工	工日	0.1208	0.1322	0.2655
	建筑技术工	工日	0.2705	0.2958	0.5944
计价材料	白水泥	t	0.0002	0.0002	0.0002
	水泥砂浆 1：2.5	m³	0.0173	0.0179	0.0185
	素水泥浆	m³	0.0010	0.0011	0.0011
	外墙面砖	m²	1.0200	1.0600	1.1200
	粘结剂 107 胶	kg	0.0221	0.0232	0.0245
	干粉型粘合剂	kg	4.2000	4.4100	4.6620
	水	t	0.0067	0.0083	0.0110
	石料切割锯片 φ150	片	0.0096	0.0101	0.0107
	其他材料费	元	1.2600	1.3100	1.3900

定　额　编　号			XZYT11-41	XZYT11-42	XZYT11-43
项　　　目			镶贴石材		
			墙面	独立梁柱面	零星项目
单　　　位			m²	m²	m²
基　　价（元）			**304.70**	**322.73**	**331.65**
其中	人　工　费（元）		52.98	65.89	69.58
	材　料　费（元）		251.72	256.84	262.07
	机　械　费（元）				
名　　称		单位	数　　量		
人工	建筑普通工	工日	0.1240	0.1543	0.1629
	建筑技术工	工日	0.2777	0.3453	0.3647
计价材料	白水泥	t	0.0002	0.0002	0.0002
	水泥砂浆　1:2.5	m³	0.0202	0.0219	0.0202
	素水泥浆	m³	0.0011	0.0011	0.0011
	石材　20	m²	1.0200	1.0400	1.0600
	干粉型粘合剂	kg	6.8250	6.8250	7.5758
	水	t	0.0059	0.0059	0.0063
	石料切割锯片　φ150	片	0.0421	0.0421	0.0421
	其他材料费	元	4.9000	5.0000	5.1000

466

定　额　编　号			XZYT11-44	XZYT11-45
项　　　目			仿石外墙砖	
			勒脚	零星项目
单　　　位			m²	m²
基　价（元）			147.38	170.91
其中	人　工　费（元）		66.05	85.28
	材　料　费（元）		81.33	85.63
	机　械　费（元）			
名　称		单位	数　量	
人工	建筑普通工	工日	0.1546	0.1996
	建筑技术工	工日	0.3462	0.4470
计价材料	白水泥	t	0.0002	0.0002
	水泥砂浆　1：2.5	m³	0.0233	0.0259
	素水泥浆	m³	0.0011	0.0012
	麻面仿石砖　200×75	m²	1.0300	1.0600
	干粉型粘合剂	kg	4.2000	4.9875
	水	t	0.0113	0.0129
	其他材料费	元	1.5600	1.6400

11.7.2 干挂

工作内容: 清理基层、钻孔成槽，安装挂件；挂块料、封口磨边、灌胶密封；清理、打蜡。

定 额 编 号			XZYT11-46
项 目			石材
单 位			m²
基 价（元）			**350.18**
其中	人 工 费（元）		101.39
	材 料 费（元）		248.79
	机 械 费（元）		
名 称	单位		数 量
人工	建筑普通工	工日	0.2374
	建筑技术工	工日	0.5314
计价材料	石材 20	m²	1.0200
	不锈钢角挂件	套	5.6100
	松节油	kg	0.0060
	石蜡	kg	0.0265
	渗透剂	kg	0.0400
	草酸	kg	0.0100
	硅胶	kg	0.1283
	密封胶	kg	0.0915
	水	t	0.0140
	其他材料费	元	4.8300

11.7.3 装饰台面及盖缝

工作内容：铁件制作、安装；铺钢板网、抹水泥砂浆；铺块料面板、磨边、水泥砂浆嵌缝；清理面层、养护。缝隙清理、贴纸胶带、打胶填缝、赶平、撕纸胶带。

定 额 编 号		XZYT11-47	XZYT11-48	XZYT11-49	XZYT11-50
项 目		石材洗漱台板	石材窗台板	水磨石窗台板	密封胶
单 位		m²	m²	m²	m
基 价（元）		**590. 11**	**319. 19**	**136. 46**	**28. 98**
其中	人 工 费（元）	203. 45	75. 36	75. 36	6. 15
	材 料 费（元）	376. 81	243. 83	61. 10	22. 83
	机 械 费（元）	9. 85			
名 称	单位	数 量			
人工 建筑普通工	工日	0. 4763	0. 1764	0. 1764	0. 0251
建筑技术工	工日	1. 0663	0. 3950	0. 3950	0. 0242
计价材料 等边角钢 边长50以下	kg	21. 0700			
水泥砂浆 1:2.5	m³	0. 0263	0. 0210	0. 0210	
白水泥水磨石块窗台板	m²			1. 0500	
石材 20	m²	1. 0500	1. 0500		
电焊条 J422 综合	kg	0. 5679			
膨胀螺栓 M8	套	7. 8450			
钢板网 综合	m²	1. 0739			
美纹纸胶带 30-40mm	m				2. 1496

469

定 额 编 号			XZYT11-47	XZYT11-48	XZYT11-49	XZYT11-50
项 目			石材洗漱台板	石材窗台板	水磨石窗台板	密封胶
计价材料	中性耐候密封胶	kg				0.6133
	防锈漆	kg	0.0885			
	石料切割锯片 φ150	片		0.0035	0.0035	
	其他材料费	元	6.7100	4.7500	1.0700	0.4500
机械	交流弧焊机 容量 21kVA	台班	0.1470			

11.8 石材、瓷砖开槽

工作内容：开槽、清理。

定 额 编 号			XZYT11-51	XZYT11-52	XZYT11-53
项 目			开槽		
			断面面积		
			$\leq 30mm^2$	$\leq 100mm^2$	$\leq 200mm^2$
单 位			m	m	m
基 价 （元）			**8.13**	**26.51**	**29.72**
其中	人 工 费 （元）		6.41	19.19	22.40
	材 料 费 （元）		1.72	0.01	0.01
	机 械 费 （元）			7.31	7.31
名 称		单位	数 量		
人工	建筑普通工	工日	0.0098	0.0293	0.0341
	建筑技术工	工日	0.0375	0.1123	0.1311
计价材料	水	t	0.0023	0.0023	0.0023
	石料切割锯片 $\phi150$	片	0.0352		
	其他材料费	元	0.0300		
机械	开槽机	台班		0.0230	0.0230

11.9 石材、瓷砖开孔

工作内容：切割、清理。

定 额 编 号			XZYT11-54	XZYT11-55	XZYT11-56
项 目			开孔		
			周长		
			≤400mm	≤800mm	≤1000mm
单 位			个	个	个
基 价（元）			**4.99**	**9.98**	**12.47**
其中	人 工 费（元）		4.47	8.94	11.18
	材 料 费（元）		0.52	1.04	1.29
	机 械 费（元）				
名 称		单位	数 量		
人工	建筑普通工	工日	0.0068	0.0137	0.0171
	建筑技术工	工日	0.0262	0.0523	0.0654
计价材料	水	t	0.0023	0.0023	0.0023
	电	kW·h	0.0612	0.1224	0.1530
	石料切割锯片 φ150	片	0.0095	0.0190	0.0237
	其他材料费	元	0.0100	0.0200	0.0200

11.10 油　漆

11.10.1 金属面油漆

工作内容： 1. 清扫、磨砂纸、刷油漆、清理表面。2. 挂件、喷砂、除尘、回收砂；清理现场、修理工具。3. 清扫、配料、喷锌、清理面层。4. 装运、酸洗、镀锌。

定　额　编　号			XZYT11-57	XZYT11-58	XZYT11-59	XZYT11-60
项　　　目			防锈漆　33μm	环氧富锌漆　50μm	水性无机富锌底漆 50μm	环氧云铁漆　100μm
单　　　位			t	t	t	t
基　　价　（元）			**220.84**	**460.07**	**642.79**	**576.51**
其中	人　工　费（元）		149.53	174.38	200.54	295.34
	材　料　费（元）		63.12	275.94	357.24	265.13
	机　械　费（元）		8.19	9.75	85.01	16.04
名　　称		单位	数　　　量			
人工	建筑普通工	工日	0.4780	0.4082	0.4695	0.6914
	建筑技术工	工日	0.6880	0.9140	1.0511	1.5480
计价材料	清洗剂	kg	0.4800			
	防锈漆	kg	4.6500			
	水性无机富锌底漆	kg			13.8200	
	环氧富锌漆	kg		11.3400		
	环氧云铁漆	kg				12.3750

473

续表

定 额 编 号			XZYT11-57	XZYT11-58	XZYT11-59	XZYT11-60
项 目			防锈漆 33μm	环氧富锌漆 50μm	水性无机富锌底漆 50μm	环氧云铁漆 100μm
计价材料	砂纸	张	3.0000	3.0000	3.0000	3.0000
	其他材料费	元	0.9300	4.5000	5.2400	4.4900
机械	电动空气压缩机 排气量 3m³/min	台班	0.0605	0.0720	0.6279	0.1185

定 额 编 号			XZYT11-61	XZYT11-62	XZYT11-63	XZYT11-64
项 目			氟碳漆 100μm	调和漆 100μm	磁漆 100μm	沥青漆 100μm
单 位			t	t	t	t
基 价（元）			**1436.68**	**508.62**	**513.90**	**597.63**
其中	人 工 费（元）		546.91	359.90	359.90	449.36
	材 料 费（元）		863.61	130.19	135.47	125.06
	机 械 费（元）		26.16	18.53	18.53	23.21
名 称		单位	数 量			
人工	建筑普通工	工日	1.2804	0.8413	0.8413	1.0520
	建筑技术工	工日	2.8665	1.8873	1.8873	2.3552
计价材料	松节油	kg		2.2280		
	醇酸漆稀释剂	kg			2.4900	
	清洗剂	kg				4.4800
	催干剂	kg		0.1100		
	醇酸磁漆	kg			6.9500	
	酚醛调和漆	kg		8.6180		
	氟碳漆	kg	11.4260			
	沥青清漆	kg				13.0800
	砂纸	张	3.0000	3.0000	3.0000	3.0000
	其他材料费	元	16.1400	2.2400	2.2000	2.1700
机械	电动空气压缩机 排气量 3m³/min	台班	0.1932	0.1369	0.1369	0.1714

475

定 额 编 号			XZYT11-65	XZYT11-66	XZYT11-67	XZYT11-68
项 目			防腐漆 180μm	防腐底漆 35μm	防腐中间漆 40μm	防腐面漆 35μm
单 位			t	t	t	t
基 价 （元）			**1810.44**	**406.96**	**355.50**	**358.70**
其中	人 工 费 （元）		1043.66	226.58	204.38	204.38
	材 料 费 （元）		726.08	171.76	144.05	146.13
	机 械 费 （元）		40.70	8.62	7.07	8.19
名 称		单位	数 量			
人工	建筑普通工	工日	2.4437	0.5304	0.4780	0.4780
	建筑技术工	工日	5.4698	1.1876	1.0716	1.0716
计价材料	过氯乙烯稀释剂	kg	8.8160	2.2300	2.8880	2.8880
	过氯乙烯漆 综合	kg	41.6580	9.8520	7.8870	8.0160
	过氯乙烯腻子	kg	0.3900			
	其他材料费	元	8.1000	1.9200	1.6400	1.6600
机械	电动空气压缩机 排气量 3m³/min	台班	0.3006	0.0637	0.0522	0.0605

定 额 编 号		XZYT11-69	XZYT11-70	XZYT11-71	XZYT11-72
项 目		银粉漆 100μm	防火漆	防火涂料	金属面919防腐油漆
			120μm	1h	35μm
单 位		t	t	t	t
基 价（元）		**495.33**	**590.85**	**1237.88**	**448.68**
其中	人 工 费（元）	397.65	400.89	513.62	204.40
	材 料 费（元）	80.70	168.47	369.05	236.09
	机 械 费（元）	16.98	21.49	355.21	8.19
名 称	单位	数 量			
人工 建筑普通工	工日	1.0922	0.9384	1.2023	0.4781
建筑技术工	工日	1.9635	2.1013	2.6921	1.0716
计价材料 松节油	kg	5.2380			
催干剂	kg		0.2200		
银粉漆	kg	0.8540			
普通清漆	kg	2.6100	0.8800		
防火漆	kg		8.1190		
钢结构防火涂料	kg			17.6260	
919防腐油漆	kg				14.1008
其他材料费	元	1.5300	2.8600	6.4100	4.2300
机械 电动空气压缩机 排气量 3m³/min	台班	0.1254	0.1587	2.6236	0.0605

11.10.2 金属面除锈

工作内容： 喷砂除锈：清扫、喷砂、除尘、回收砂。手工除锈：清扫、磨砂纸、清理表面。化学除锈：清扫、酸洗。

定 额 编 号			XZYT11-73	XZYT11-74	XZYT11-75
项 目			喷砂除锈	手工除锈	化学除锈
单 位			t	t	t
基 价（元）			**1572.86**	**475.66**	**279.78**
其中	人 工 费（元）		776.35	453.13	158.27
	材 料 费（元）		229.80	22.53	103.45
	机 械 费（元）		566.71		18.06
名 称		单位	数 量		
人工	建筑普通工	工日	3.9118	1.4486	0.5097
	建筑技术工	工日	2.5020	2.0848	0.7254
计价材料	石英砂	kg	268.0000		
	喷砂用胶管　DN40	m	0.9600		
	丁晴胶管　φ28 以下	m			3.7610
	硫酸 38%	kg			3.9600
	氢氧化钠（烧碱）99.5%	kg			1.8000
	水	t			1.0500
	喷砂嘴	只	0.1200		
	砂布	张		21.8000	
	铁砂布	张		1.2910	
	木柴	kg	20.1600		
	金属结构酸洗设施摊销	kg			3.0500

478

续表

定　额　编　号			XZYT11-73	XZYT11-74	XZYT11-75
项　　目			喷砂除锈	手工除锈	化学除锈
计价材料	其他材料费	元	3.6100	0.3300	1.8800
机械	电动空气压缩机　排气量　3m³/min	台班			0.1334
	电动空气压缩机　排气量　10m³/min	台班	1.0799		
	鼓风机　能力　50m³/min	台班	0.9292		
	喷砂除锈机　能力　3m³/min	台班	1.0799		

工作内容：清扫、配料、喷锌或镀锌、清理面层。

定 额 编 号			XZYT11-76	XZYT11-77
项 目			钢结构喷锌	钢结构镀锌
单 位			t	t
基 价（元）			**1116.82**	**1861.93**
其中	人 工 费（元）		210.56	13.57
	材 料 费（元）		780.29	1657.00
	机 械 费（元）		125.97	191.36
名 称		单位	数 量	
人工	建筑普通工	工日	0.6731	0.1268
	建筑技术工	工日	0.9688	
计价材料	方材红白松　二等	m³		0.0060
	镀锌铁丝　综合	kg		0.3580
	钢管脚手架　包括扣件	kg	3.0190	
	镀锌（建筑）	t		1.0000
	冷喷锌	t	1.0000	
	其他材料费	元	13.3300	31.6100
机械	汽车式起重机　起重量　16t	台班		0.0242
	平板拖车组　30t	台班		0.1224
	电动空气压缩机　排气量　3m³/min	台班	0.9304	

11.10.3 木材面油漆

工作内容：清扫、磨砂纸、刮腻子；刷油漆；清理面层。

定 额 编 号			XZYT11-78	XZYT11-79	XZYT11-80
项 目			调和漆二遍		
			单层木门	单层木窗	木扶手
单 位			m²	m²	m
基 价（元）			**29.89**	**27.47**	**18.05**
其中	人 工 费（元）		21.14	20.10	17.09
	材 料 费（元）		8.28	6.90	0.80
	机 械 费（元）		0.47	0.47	0.16
名 称		单位	数 量		
人工	建筑普通工	工日	0.0495	0.0471	0.1232
	建筑技术工	工日	0.1108	0.1053	0.0273
计价材料	石膏粉	kg	0.0504	0.0420	0.0048
	桐油熟	kg	0.0425	0.0354	0.0041
	乙醇	kg	0.0043	0.0036	0.0004
	清洗剂	kg	0.1114	0.0928	0.0107
	催干剂	kg	0.0103	0.0086	0.0010
	普通调和漆	kg	0.2496	0.2080	0.0239
	酚醛调和漆	kg	0.2201	0.1834	0.0211
	普通清漆	kg	0.0175	0.0146	0.0017
	漆片甲级	kg	0.0007	0.0006	0.0001

续表

定　额　编　号			XZYT11-78	XZYT11-79	XZYT11-80
项　　　目			调和漆二遍		
			单层木门	单层木窗	木扶手
计价材料	砂纸	张	0.4200	0.3500	0.0400
	白布	m²	0.0023	0.0023	0.0005
	其他材料费	元	0.1400	0.1100	0.0100
机械	电动空气压缩机　排气量　3m³/min	台班	0.0035	0.0035	0.0012

定 额 编 号		XZYT11-81	XZYT11-82	XZYT11-83	XZYT11-84
项 目		调和漆二遍			木地板漆
		门、窗套	木线条	其他木材	底漆一遍面漆二遍
单 位		m²	m²	m²	m²
基 价 （元）		**25.68**	**24.28**	**25.06**	**23.12**
其中	人 工 费 （元）	19.34	18.27	18.81	18.65
	材 料 费 （元）	5.80	5.47	5.63	3.85
	机 械 费 （元）	0.54	0.54	0.62	0.62
名 称	单位	数 量			
人工　建筑普通工	工日	0.0452	0.0427	0.0440	0.0436
建筑技术工	工日	0.1014	0.0958	0.0986	0.0978
计价材料　石膏粉	kg	0.0353	0.0333	0.0343	0.0221
桐油熟	kg	0.0298	0.0281	0.0289	0.0261
乙醇	kg	0.0030	0.0028	0.0029	0.0004
清洗剂	kg	0.0780	0.0735	0.0758	0.0516
催干剂	kg	0.0072	0.0068	0.0070	0.0012
普通调和漆	kg	0.1747	0.1647	0.1697	
酚醛调和漆	kg	0.1541	0.1453	0.1497	
普通清漆	kg	0.0123	0.0116	0.0119	
树脂清漆地板漆	kg				0.2918
漆片甲级	kg	0.0005	0.0005	0.0005	
砂纸	张	0.2940	0.2772	0.2856	0.1800

483

续表

定 额 编 号			XZYT11-81	XZYT11-82	XZYT11-83	XZYT11-84
项 目			调和漆二遍			木地板漆
			门、窗套	木线条	其他木材	底漆一遍面漆二遍
计价材料	白布	m²	0.0016	0.0015	0.0015	
	其他材料费	元	0.1000	0.0900	0.0900	0.0600
机械	电动空气压缩机 排气量 3m³/min	台班	0.0040	0.0040	0.0046	0.0046

484

定 额 编 号		XZYT11-85	XZYT11-86	XZYT11-87
项 目		聚氨酯清漆三遍		
		单层木门	单层木窗	木扶手
单 位		m²	m²	m
基 价 （元）		**62.30**	**54.51**	**13.08**
其中	人 工 费（元）	44.84	40.35	11.21
	材 料 费（元）	16.81	13.51	1.64
	机 械 费（元）	0.65	0.65	0.23
名 称	单位	数 量		
人工 建筑普通工	工日	0.1050	0.0946	0.0263
建筑技术工	工日	0.2350	0.2114	0.0587
计价材料 石膏粉	kg	0.0530	0.0420	0.0051
桐油熟	kg	0.0689	0.0354	0.0066
乙醇	kg	0.0043	0.0036	0.0004
清洗剂	kg	0.1260	0.0928	0.0107
催干剂	kg	0.0103	0.0086	0.0010
漆片甲级	kg	0.0007	0.0006	0.0001
聚氨酯漆	kg	0.6228	0.5190	0.0613

续表

定 额 编 号			XZYT11-85	XZYT11-86	XZYT11-87
项 目			聚氨酯清漆三遍		
			单层木门	单层木窗	木扶手
计价材料	聚氨酯漆稀释剂	kg	0.0775	0.0646	0.0071
	砂纸	张	0.4200	0.3500	0.0400
	白布	m²	0.0023	0.0023	0.0005
	其他材料费	元	0.2000	0.1600	0.0200
机械	电动空气压缩机 排气量 3m³/min	台班	0.0048	0.0048	0.0017

486

定 额 编 号		XZYT11-88	XZYT11-89	XZYT11-90	XZYT11-91
项 目		聚氨酯清漆三遍			
		门、窗套	木线条	木地板	其他木材面
单 位		m²	m²	m²	m²
基 价（元）		**40. 42**	**38. 18**	**41. 74**	**38. 37**
其中	人 工 费（元）	28. 22	26. 63	32. 14	29. 21
	材 料 费（元）	11. 35	10. 70	8. 67	8. 23
	机 械 费（元）	0. 85	0. 85	0. 93	0. 93
名 称	单位	数 量			
人工 建筑普通工	工日	0. 0661	0. 0623	0. 0752	0. 0684
建筑技术工	工日	0. 1479	0. 1396	0. 1685	0. 1531
计价材料 双飞粉	kg			0. 0778	
石膏粉	kg	0. 0353	0. 0333	0. 0221	0. 0254
桐油熟	kg	0. 0298	0. 0281	0. 0250	0. 0214
乙醇	kg	0. 0030	0. 0028	0. 0004	0. 0022
清洗剂	kg	0. 0780	0. 0735	0. 0643	0. 0625
催干剂	kg	0. 0072	0. 0068	0. 0034	0. 0074
漆片甲级	kg	0. 0005	0. 0005		0. 0004
聚氨酯漆	kg	0. 4360	0. 4110	0. 3297	0. 3140

续表

定　额　编　号			XZYT11-88	XZYT11-89	XZYT11-90	XZYT11-91
项　　目			聚氨酯清漆三遍			
			门、窗套	木线条	木地板	其他木材面
计价材料	聚氨酯漆稀释剂	kg	0.0543	0.0512	0.0411	0.0391
	砂纸	张	0.2940	0.2772	0.2300	0.2400
	白布	m²	0.0016	0.0015		0.0018
	其他材料费	元	0.1400	0.1300	0.1000	0.1000
机械	电动空气压缩机　排气量　3m³/min	台班	0.0063	0.0063	0.0069	0.0069

定 额 编 号			XZYT11-92	XZYT11-93	XZYT11-94
项 目			防火漆		
			木线条	木地板	其他木材面
单 位			m²	m²	m²
基 价（元）			**24.98**	**32.97**	**37.36**
其中	人 工 费（元）		19.54	27.35	31.89
	材 料 费（元）		4.59	4.69	4.54
	机 械 费（元）		0.85	0.93	0.93
名 称		单位	数 量		
人工	建筑普通工	工日	0.0458	0.0641	0.0747
	建筑技术工	工日	0.1024	0.1433	0.1671
计价材料	石膏粉	kg	0.0257	0.0181	0.0254
	桐油熟	kg	0.0248	0.0276	0.0246
	松节油	kg	0.0574	0.0406	0.0568
	防火漆	kg	0.1794	0.1869	0.1776
	清油 综合	kg	0.0181	0.0188	0.0179
	其他材料费	元	0.0800	0.0800	0.0800
机械	电动空气压缩机 排气量 3m³/min	台班	0.0063	0.0069	0.0069

11.10.4 抹灰面油漆

工作内容：清理基层、磨砂纸、刮腻子、刷油漆、清理面层。

定 额 编 号			XZYT11-95	XZYT11-96	XZYT11-97	XZYT11-98	XZYT11-99
项 目			调和漆 100μm	防腐漆 180μm	防腐底漆 35μm	防腐中间漆 40μm	防腐面漆 35μm
单 位			m²	m²	m²	m²	m²
基 价（元）			**13.91**	**42.44**	**9.48**	**7.70**	**8.45**
其中	人 工 费（元）		9.38	20.06	4.65	4.01	4.01
	材 料 费（元）		3.74	21.13	4.55	3.49	4.21
	机 械 费（元）		0.79	1.25	0.28	0.20	0.23
名 称		单位	数 量				
人工	建筑普通工	工日	0.0219	0.0451	0.0122	0.0110	0.0110
	建筑技术工	工日	0.0492	0.1065	0.0234	0.0198	0.0198
计价材料	纤维素	kg	0.0031	0.0031			
	滑石粉	kg	0.1388	0.1386			
	石膏粉	kg	0.0299				
	粘结剂 乳胶	kg	0.0155	0.0155			
	桐油熟	kg	0.0218				
	过氯乙烯稀释剂	kg		0.4750	0.0995	0.0598	0.1280
	清洗剂	kg	0.0751				
	普通调和漆	kg	0.1854				
	普通清漆	kg	0.0155				

490

续表

定　额　编　号			XZYT11-95	XZYT11-96	XZYT11-97	XZYT11-98	XZYT11-99
项　　　　目			调和漆　100μm	防腐漆　180μm	防腐底漆 35μm	防腐中间漆 40μm	防腐面漆 35μm
计价材料	过氯乙烯漆　综合	kg		1.1160	0.2463	0.1950	0.2142
	过氯乙烯腻子	kg			0.0103		
	其他材料费	元	0.0600	0.2500	0.0500	0.0400	0.0500
机械	电动空气压缩机　排气量　3m³/min	台班	0.0058	0.0092	0.0021	0.0015	0.0017

11.10.5 钢门、钢窗油漆

工作内容： 清扫、磨砂纸、刷油漆、清理表面。

定 额 编 号			XZYT11-100	XZYT11-101	XZYT11-102	XZYT11-103
项 目			防锈漆 33μm	环氧富锌漆 50μm	调和漆 100μm	磁漆 100μm
单 位			m²	m²	m²	m²
基 价 （元）			**8.72**	**13.34**	**15.57**	**16.88**
其中	人 工 费 （元）		6.02	5.66	11.57	12.25
	材 料 费 （元）		2.42	7.25	3.15	3.78
	机 械 费 （元）		0.28	0.43	0.85	0.85
名 称		单位	数 量			
人工	建筑普通工	工日	0.0142	0.0224	0.0326	0.0208
	建筑技术工	工日	0.0315	0.0228	0.0565	0.0701
计价材料	醇酸漆稀释剂	kg				0.0228
	清洗剂	kg	0.0172		0.0238	
	催干剂	kg			0.0041	
	防锈漆	kg	0.1652			
	醇酸磁漆	kg				0.2114
	酚醛调和漆	kg			0.2246	

续表

定 额 编 号			XZYT11-100	XZYT11-101	XZYT11-102	XZYT11-103
项 目			防锈漆 33μm	环氧富锌漆 50μm	调和漆 100μm	磁漆 100μm
计价材料	环氧富锌漆	kg		0.3000		
	砂布	张	0.2700			
	砂纸	张			0.1200	0.1100
	其他材料费	元	0.0400	0.1200	0.0500	0.0600
机械	电动空气压缩机 排气量 3m³/min	台班	0.0021	0.0032	0.0063	0.0063

定 额 编 号			XZYT11-104	XZYT11-105	XZYT11-106	XZYT11-107
项 目			防腐漆 180μm	防腐底漆 35μm	防腐中间漆 40μm	防腐面漆 35μm
单 位			m²	m²	m²	m²
基 价（元）			**67.53**	**13.47**	**12.10**	**14.30**
其中	人 工 费（元）		43.70	9.29	7.85	8.62
	材 料 费（元）		22.41	3.87	4.02	5.40
	机 械 费（元）		1.42	0.31	0.23	0.28
名 称		单位	数 量			
人工	建筑普通工	工日	0.1020	0.0217	0.0180	0.0203
	建筑技术工	工日	0.2293	0.0487	0.0414	0.0451
计价材料	过氯乙烯稀释剂	kg	0.4440	0.0651	0.0579	0.1525
	过氯乙烯漆 综合	kg	1.2192	0.2164	0.2282	0.2791
	过氯乙烯腻子	kg	0.0180			
	其他材料费	元	0.2600	0.0400	0.0500	0.0600
机械	电动空气压缩机 排气量 3m³/min	台班	0.0105	0.0023	0.0017	0.0021

494

11.11 贴 壁 纸

工作内容：清扫、撕缝、粘贴壁纸、对花。

定 额 编 号		XZYT11-108	XZYT11-109	XZYT11-110
项 目		贴壁纸		
		墙面	柱面	天棚
单 位		m²	m²	m²
基 价（元）		**50.38**	**53.85**	**58.71**
其中	人 工 费（元）	29.81	32.20	38.14
	材 料 费（元）	20.57	21.65	20.57
	机 械 费（元）			
名 称	单位	数 量		
人工 建筑普通工	工日	0.0698	0.0753	0.0893
建筑技术工	工日	0.1562	0.1688	0.1999
计价材料 纤维素	kg	0.0165	0.0165	0.0165
双飞粉	kg	0.2350	0.2350	0.2350
壁纸	m²	1.1579	1.2285	1.1579
粘结剂 乳胶	kg	0.2510	0.2510	0.2510
清洗剂	kg	0.0300	0.0300	0.0300
酚醛清漆	kg	0.0700	0.0700	0.0700
其他材料费	元	0.3500	0.3700	0.3500

11.12 木 饰 面

工作内容： 下料、贴面层、封边、嵌缝、清理面层。

定 额 编 号		XZYT11-111	XZYT11-112	XZYT11-113	XZYT11-114	XZYT11-115
项 目		胶合板面层	油面板面层	吸音板面层	木质装饰板面层	纤维复合板面层
单 位		m²	m²	m²	m²	m²
基 价 （元）		**35.04**	**62.58**	**67.60**	**34.49**	**320.30**
其中	人 工 费 （元）	11.14	14.92	8.62	15.73	19.05
	材 料 费 （元）	23.90	47.57	58.98	18.76	301.25
	机 械 费 （元）		0.09			
名 称	单位	数 量				
人工 建筑普通工	工日	0.0261	0.0349	0.0203	0.0369	0.0290
建筑技术工	工日	0.0584	0.0782	0.0451	0.0824	0.1115
计价材料 阳角铝	m					1.0551
胶合板五层 5mm	m²	1.0500				
胶合板（榉木） 3mm	m²				1.1000	
胶合饰面板（泰柚）	m²		1.1500			
吸音板 12mm	m²			1.0500		
粘结剂 乳胶	kg		0.3060		0.4119	0.0105
自攻螺钉 5×100	个			20.0000		0.0025
圆钉	kg	0.0269			0.0269	

定　额　编　号			XZYT11-111	XZYT11-112	XZYT11-113	XZYT11-114	XZYT11-115
项　　　目			胶合板面层	油面板面层	吸音板面层	木质装饰板面层	纤维复合板面层
计价材料	纤维复合板	m²					1.1000
	其他材料费	元	0.3500	0.8500	1.1100	0.2700	5.7900
机械	木工圆锯机　直径 ϕ500	台班		0.0030			

11.13 界面处理

工作内容：清理基层、调制界面剂、涂抹界面剂。

定　额　编　号		XZYT11-116	XZYT11-117	XZYT11-118
项　　目		界面处理剂		混凝土面凿毛
		混凝土面	加气混凝土砌块	
单　位		m²	m²	m²
基　价（元）		**7.44**	**8.96**	**49.71**
其中	人　工　费（元）	3.35	3.96	49.71
	材　料　费（元）	4.09	5.00	
	机　械　费（元）			
名　称	单位	数　量		
人工 建筑普通工	工日	0.0137	0.0162	0.4646
建筑技术工	工日	0.0132	0.0156	
计价材料 加气混凝土界面剂	kg		2.9973	
混凝土界面处理剂	kg	2.4926		
水	t	0.0025	0.0030	
其他材料费	元	0.0600	0.0500	

11.14　藏式装饰条

工作内容：装饰条的安装，工作面清理等。

定 额 编 号			XZYT11-119
项　　　　目			预制混凝土巴卡装饰条
			宽　350mm
单　　　　位			m
基　　价（元）			**94.32**
其中	人　工　费（元）		34.48
	材　料　费（元）		51.61
	机　械　费（元）		8.23
名　　称		单位	数　　量
人工	建筑普通工	工日	0.1203
	建筑技术工	工日	0.1511
计价材料	圆钢　φ10 以下	kg	1.3019
	水泥砂浆　1：3	m³	0.0062
	预制混凝土巴卡装饰条（成品）宽 350mm	m	1.0200
	电焊条　J422　综合	kg	0.1562
	膨胀螺栓　M8	套	4.9268
	水	t	0.0040
	冲击钻头　φ8	支	0.0430

续表

定 额 编 号			XZYT11-119
项　　　目			预制混凝土巴卡装饰条
			宽　350mm
计价材料	石料切割锯片　φ150	片	0.0370
	其他材料费	元	0.9600
机械	汽车式起重机　起重量　5t	台班	0.0070
	液压注浆泵　HYB50-50-Ⅰ型	台班	0.0035
	交流弧焊机　容量　21kVA	台班	0.0346
	岩石切割机　能力　3kW	台班	0.0031

定 额 编 号			XZYT11-120
项 目			GRC 巴苏装饰条
			截面 150mm×150mm
单 位			m
基 价（元）			**110.34**
其中	人 工 费（元）		32.65
	材 料 费（元）		71.07
	机 械 费（元）		6.62
名 称		单位	数 量
人工	建筑普通工	工日	0.1337
	建筑技术工	工日	0.1283
计价材料	圆钢 ϕ10 以下	kg	0.2035
	水泥砂浆 1：3	m³	0.0380
	GRC 巴苏装饰条（成品） 150mm×150mm	m	1.0200
	电焊条 J422 综合	kg	0.1562
	膨胀螺栓 M8	套	5.3158
	水	t	0.0274
	冲击钻头 ϕ8	支	0.0430
	石料切割锯片 ϕ150	片	0.0370
	其他材料费	元	1.3200

续表

定 额 编 号			XZYT11-120
项 目			GRC 巴苏装饰条
			截面 150mm×150mm
机械	汽车式起重机 起重量 5t	台班	0.0051
	液压注浆泵 HYB50-50-Ⅰ型	台班	0.0036
	交流弧焊机 容量 21kVA	台班	0.0354

定 额 编 号		XZYT11-121	XZYT11-122	XZYT11-123
项 目		GRC 巴苏装饰块		
		截面 200mm×200mm	截面 150mm×150mm	截面 75mm×75mm
单 位		m	m	m
基 价（元）		**97.67**	**117.73**	**146.76**
其中	人 工 费（元）	15.99	16.63	29.59
	材 料 费（元）	80.37	100.05	115.09
	机 械 费（元）	1.31	1.05	2.08
名 称	单位	数 量		
人工	建筑普通工	工日	0.0626	0.0645	0.1124
	建筑技术工	工日	0.0650	0.0680	0.1228
计价材料	圆钢 φ10 以下	kg	0.0100	0.0080	0.0158
	水泥砂浆 1：2	m³	0.0102	0.0078	0.0015
	GRC 巴苏装饰块（成品） 150mm×150mm	块		4.0400	
	GRC 巴苏装饰块（成品） 75mm×75mm	块			8.0800
	GRC 巴苏装饰块（成品） 200mm×200mm	块	2.5250		
	电焊条 J422 综合	kg	0.0781	0.0625	0.1248

续表

定 额 编 号			XZYT11-121	XZYT11-122	XZYT11-123
项　　　目			GRC巴苏装饰块		
			截面200mm×200mm	截面150mm×150mm	截面75mm×75mm
计价材料	膨胀螺栓　M8	套	5.0500	4.0400	8.0800
	水	t	0.0074	0.0057	0.0001
	冲击钻头　φ8	支	0.0215	0.0172	0.0343
	其他材料费	元	1.5500	1.9400	2.2300
机械	液压注浆泵　HYB50-50-Ⅰ型	台班	0.0010	0.0008	0.0015
	交流弧焊机　容量　21kVA	台班	0.0178	0.0142	0.0284

第 12 章　构筑物工程

说　　明

本章定额是按照构筑物项目进行子目划分与设置，与本册定额其他章节子目配套使用。

1. 道路与场地地坪。

（1）本定额适用于站区围墙内的道路与场地地坪工程。

（2）路床土方定额中包括路基土方开挖、基底碾压、路床试验等工作内容，土方开挖不分人工与机械施工，均执行本定额。

（3）水泥稳定土基层水泥含量按照5%考虑，水泥含量超过5%时，含量每增加1%，水泥消耗量增加4kg/m³，人工费增加1.18元。

（4）路面设有钢筋、铁件时，执行第4章相应的定额子目单独计算。

（5）路面伸缩缝采用硅酮密封胶封闭时，可参考第11章相应的定额子目。

2. 围墙、围墙大门。

（1）本定额适用于站区内外的围墙与围墙大门工程。

（2）钢围栅定额按照现场制作考虑；其他钢结构围栅、围栏按照购置成品安装考虑，定额中包括成品购置费。

（3）钢格栅大门的制作、安装参照钢围栅定额执行。

（4）不锈钢大门按照购置成品安装考虑，定额中包括成品购置费。

（5）电动门电动装置安装定额中包括购置电动装置的设备费、材料费及安装费。

（6）土方、基础、墙体、柱、装饰等工程执行其他章节相应的定额。

3. 室外混凝土沟道、井池。

（1）本定额适用于室外钢筋混凝土单孔、多孔的地下沟道、隧道工程；适用于室外钢筋混凝土封闭、敞口的地下水池、油池、井等工程。

（2）定额是按照土方大开挖、明排水、现浇混凝土施工编制。地下降水、排地下水费用按照批准的施工组织设计另行计算。

（3）定额中不包括土方、伸缩缝、脚手架、垂直运输工作内容，按照相应的章节另行计算。

（4）埋深小于 4m 的室外沟道、室外井池工程不单独计算垂直运输费，其费用在相应定额中综合考虑。

4. 护坡、挡土墙。

（1）护坡高度超过 4m 时，定额中人工费乘以 1.14 系数。

（2）预制混凝土块护坡按照边长为 250mm 的正方形混凝土预制块考虑，工程实际采用不同型号规格按价差调整。

（3）定额中不包括脚手架、垂直运输工作内容，按照相应章节另行计算。

5. HDPE 管道安装。

（1）定额中 HDPE 管道按照购置成品考虑，包括成品管道购置、管道连接、安装各阶段水压试验、管道消毒、管道场内运输等工作内容。

（2）管道安装定额中，不包括土方、垫层、底板、支墩、垫块、弧形基础、包角、管道弯头、连接件等工作内容。

（3）定额中包括管道场内运输、安装损耗费用。

6. 变、配电构支架安装。

（1）本定额适用于35~1000kV变电站、开闭所、换流站的离心杆、型钢、钢管、格构式钢管构支架的安装工程。

（2）定额按照构支架材质、安装高度、综合不同电压等级编制。定额中包括构支架场内运输、安装损耗费用。

（3）构架、支架、钢梁、附件、避雷针（塔）安装均包括成品购置、现场拼装、组装、吊装、补漆等工作内容。

（4）变、配电构支架附件包括爬梯、地线柱（地线支架）、走道板、连接设备支架间型钢（支架梁）。离心杆构支架中的柱头铁件、组成A型构架的连接件、组成带端撑A型构架的连接件不属于变、配电构支架附件，其费用综合在离心杆构支架安装定额中，不单独计算。

（5）变、配电构支架组装、安装定额综合考虑了螺栓连接与焊接，工程实际与定额不同时，不作调整。定额中的螺栓是按照普通螺栓考虑，当设计采用高强螺栓连接时，允许调整螺栓单价。

（6）构件组装、拼装、吊装所需加固、垫用的木材、木楔等已综合考虑在板方材用量内。

（7）变、配电构支架安装定额中不含二次浇灌内容，按照相应章节另行计算。钢管端部灌混凝土执行相应二次灌浆定额。

（8）现场制作避雷针（塔）定额中包括制作、除锈、刷防锈漆、刷防腐漆、安装等工作内容。

工程量计算规则

本章钢筋混凝土中钢筋、铁件工程量计算规则同第 4 章中的有关钢筋、铁件工程量计算规则；钢结构工程量（围墙、围墙大门除外）计算规则同第 5 章中的有关钢结构工程量计算规则。

1. 道路与场地地坪工程量计算。

(1) 路床土方按照设计图示尺寸以自然方体积计算工程量，开挖起点为场地平整标高。不计算放坡、工作面、超挖的土方体积。

(2) 计算道路、地坪工程量时，不扣除路面上的雨水井、给排水井、消火栓井等所占面积，道路由此增加的工料不另计，路面上各种井按照相应定额另行计算费用。

(3) 道路基层、底层、面层按照设计图示尺寸，以体积计算工程量。

(4) 水泥稳定土基层、水泥稳定碎石基层按照图示尺寸，以体积计算工程量。

(5) 土工格栅按照设计图示敷设面积计算，计算包边、返边面积，不计算搭接重叠部分面积。

(6) 块料地坪、硬化地坪按照设计图示尺寸，以面积计算工程量。

(7) 路缘石、伸缩缝、切缝按照设计图示尺寸，以延长米为单位计算工程量。

(8) 路面锯纹按照设计图示尺寸，以路面面积平方米为单位计算工程量。

2. 围墙、围墙大门工程量计算。

(1) 钢围栅、铁丝网围栅、铁艺围栅按照设计图示外轮廓尺寸，以平方米为单位计算工程量。

(2) 钢管框铁丝网大门、钢格栅大门、不锈钢大门按照设计图示外轮廓尺寸，以平方米为单位计算工程量。

（3）角铁柱铁刺网按照面积计算工程量。长度按照挂铁刺网围墙中心线长计算，扣除大门、边门及大门柱所占长度；高度从围墙顶计算至角钢柱顶。

（4）围墙电动伸缩门按照面积计算工程量。长度按照大门柱间净长计算。

3. 室外混凝土沟道、混凝土井池工程量计算。

（1）室外混凝土沟道、井池按照设计图示尺寸以立方米为单位计算工程量，不扣除钢筋、铁件和螺栓所占体积，扣除单个面积 0.3m² 以上洞孔所占体积。

（2）室外混凝土沟道、井池内混凝土隔墙计算体积，并入混凝土侧壁工程量内；混凝土柱单独计算工程量，柱高从底板顶标高计算至顶板底标高，执行第 4 章相应定额。

（3）室外混凝土沟道、井池内砌体墙或柱体积单独计算工程量，执行第 3 章相应定额。

4. 护坡工程量计算。

（1）护坡按照设计图示尺寸以立方米为单位计算工程量，不扣除泄水孔、伸缩缝所占体积，泄水孔、伸缩缝等单独计算工程量，执行相应的定额。

（2）高强植基毯边坡、植草皮、预制混凝土块护坡按照设计图示尺寸以平方米为单位计算工程量。

5. HDPE 管道安装工程量计算。

HDPE 管道安装按照管道中心线长以米为单位计算工程量，不扣除管道接头所占长度。扣除管道弯头、管道连接段、阀门所占长度。

6. 变、配电构支架安装工程量计算。

（1）构架、支架、钢梁、附件应根据安装高度分别计算工程量。

（2）离心杆构支架按照安装后成品外轮廓体积以立方米为单位计算工程量。离心杆长度包括插入基础部分长度。

（3）钢结构构支架按照图示质量以吨为单位计算工程量。

7. 避雷针（塔）按照安装后成品质量以吨为单位计算工程量。避雷针根据设计图纸划分单独计算工程量，执行相应的定额。

12.1 道路、地坪

12.1.1 基层

工作内容：路床土方开挖、运输、碾压、检验；放样、清理路床、取料、运料、摊铺、灌缝、找平、碾压。

定 额 编 号			XZYT12-1	XZYT12-2	XZYT12-3	XZYT12-4
项 目			路床土方	2：8灰土基层	粉煤灰基层	块石基层
单 位			m³	m³	m³	m³
基 价 （元）			**21.72**	**96.67**	**141.22**	**266.86**
其中	人 工 费 （元）		14.90	29.40	32.98	75.63
	材 料 费 （元）		0.37	57.99	96.10	185.46
	机 械 费 （元）		6.45	9.28	12.14	5.77
名 称		单位	数 量			
人工	建筑普通工	工日	0.0976	0.1029	0.1700	0.5352
	建筑技术工	工日	0.0312	0.1286	0.1034	0.1284
计价材料	毛石粗料石	m³				1.3260
	块石	m³				0.1325
	灰土 2：8	m³		1.0300		
	粉煤灰	m³			1.0300	
	水	t	0.1600		0.2005	
	其他材料费	元	0.0100	0.8700	1.3800	2.8900

续表

定 额 编 号			XZYT12-1	XZYT12-2	XZYT12-3	XZYT12-4
项 目			路床土方	2：8灰土基层	粉煤灰基层	块石基层
机械	履带式推土机　功率　105kW	台班	0.0039	0.0039	0.0059	0.0032
	钢轮内燃压路机　工作质量　12t	台班	0.0012	0.0038	0.0041	0.0017
	钢轮内燃压路机　工作质量　15t	台班	0.0015	0.0033	0.0037	0.0013

工作内容：1. 水泥稳定土基层：清理底层、放样摊铺、路拌水泥土、碾压、薄膜覆盖养护、清理场地。2. 水泥稳定碎石基层：放样、摊铺整平、人工洒水、碾压、初期养护、清理场地。3. 土工格栅：清平路基、填筑压实、挖填锚固沟、铺土工格栅、缝合锚固、分层填筑压实、场内取运料等。

定 额 编 号			XZYT12-5	XZYT12-6	XZYT12-7	XZYT12-8	XZYT12-9
项 目			碎石基层	砂基层	水泥稳定土基层	水泥稳定碎石基层	土工格栅
					水泥含量5%		
单 位			m³	m³	m³	m³	m²
基 价（元）			**164.40**	**145.62**	**69.12**	**204.78**	**9.30**
其中	人 工 费（元）		35.50	33.41	8.25	4.46	6.02
	材 料 费（元）		120.84	103.67	42.28	145.43	3.28
	机 械 费（元）		8.06	8.54	18.59	54.89	
名 称		单位	数 量				
人工	建筑普通工	工日	0.2512	0.2365	0.0061	0.0033	0.0045
	建筑技术工	工日	0.0603	0.0567	0.0531	0.0287	0.0387
计价材料	普通硅酸盐水泥 32.5	t			0.0850	0.0825	
	中砂	m³		1.2240			
	碎石 40	m³	1.1870			1.0300	
	石屑	m³	0.1325				

续表

定 额 编 号			XZYT12-5	XZYT12-6	XZYT12-7	XZYT12-8	XZYT12-9
项 目			碎石基层	砂基层	水泥稳定土基层 水泥含量5%	水泥稳定碎石基层	土工格栅
计价材料	铁钉	kg					0.0334
	聚氯乙烯塑料薄膜	m²			4.8700		
	水	t		0.3000	0.3000	0.3395	
	土工布 400g	m²				1.7500	
	土工格栅	m²					1.1384
	其他材料费	元	2.0500	1.6200	0.6900	2.4900	0.0600
机械	履带式推土机 功率 105kW	台班	0.0039	0.0039	0.0022		
	履带式单斗液压挖掘机 斗容量 1m³	台班			0.0060		
	钢轮内燃压路机 工作质量 12t	台班	0.0041	0.0035	0.0037	0.0016	
	钢轮内燃压路机 工作质量 15t	台班	0.0013	0.0025	0.0064	0.0046	
	机械式振动压路机 工作质量 15t	台班				0.0383	
	沥青混凝土自动找平摊铺机 装载质量 8t	台班				0.0016	
	洒水车 4000L	台班				0.0076	
	滚筒式混凝土搅拌机（电动式） 出料容量 500L	台班			0.0043	0.0067	

12.1.2 面层

工作内容：混凝土浇筑、密实、抹光、养护；沥青混凝土摊铺、找平、碾压、养护；配料拌合、分层铺装、找平、洒水、压实、养护；放样、运料、摊平、夯实、铺块料地坪、灌缝、扫缝；清理地坪、撒硬化剂、撒养护液。

定　额　编　号			XZYT12-10	XZYT12-11	XZYT12-12	XZYT12-13	XZYT12-14
项　　　　目			混凝土路面	沥青混凝土		混凝土路面二次铺筑	泥结碎石路面
				人工摊铺	机械摊铺		
单　　　　位			m³	m³	m³	m³	m³
基　　价（元）			**566.22**	**837.71**	**791.41**	**607.19**	**215.41**
其中	人　工　费（元）		134.67	58.69	9.05	163.76	55.74
	材　料　费（元）		350.92	761.82	751.59	362.68	117.77
	机　械　费（元）		80.63	17.20	30.77	80.75	41.90
名　　　称		单位	数　　　量				
人工	建筑普通工	工日	0.9531	0.4153	0.0641	1.1591	0.3945
	建筑技术工	工日	0.2286	0.0997	0.0153	0.2779	0.0946
计价材料	加工铁件　综合	kg	0.3667				
	板材红白松　一等	m³	0.0027			0.0038	
	沥青混凝土　中粒式	m³		1.0400	1.0400		
	现浇混凝土　C25-40　集中搅拌	m³	1.0200			1.0540	
	中砂	m³					0.3210
	碎石　40	m³					0.9720

续表

定 额 编 号			XZYT12-10	XZYT12-11	XZYT12-12	XZYT12-13	XZYT12-14
项 目			混凝土路面	沥青混凝土		混凝土路面二次铺筑	泥结碎石路面
				人工摊铺	机械摊铺		
计价材料	圆钉	kg	0.0133				
	柴油 0 号	kg		0.0031	0.0031	0.0210	
	水	t	0.6870			0.8760	0.3870
	木柴	kg		16.6400			
	其他材料费	元	5.8100	12.3900	12.2200	6.0100	2.0000
机械	履带式推土机 功率 105kW	台班					0.0078
	轮胎式装载机 斗容量 2m³	台班	0.0866			0.0866	
	钢轮内燃压路机 工作质量 8t	台班		0.0181	0.0128		
	钢轮内燃压路机 工作质量 15t	台班		0.0109	0.0128		
	机械式振动压路机 工作质量 15t	台班					0.0288
	轮胎压路机 工作质量 9t	台班		0.0022	0.0128		
	沥青混凝土自动找平摊铺机 装载质量 8t	台班			0.0128		
	混凝土振捣器（平台式）	台班	0.1196			0.1256	

定 额 编 号		XZYT12-15	XZYT12-16	XZYT12-17	XZYT12-18	XZYT12-19	XZYT12-20	XZYT12-21
项 目		预制块路面	绝缘操作地坪	彩色预制块 水泥砂浆结合层	卵石地坪	广场砖 砂结合层	硬化地坪面层	方整石地面砂结合层
单 位		m²	m²	m²	m²	m²	m²	m²
基 价 （元）		**53.09**	**241.70**	**88.36**	**90.81**	**80.18**	**28.41**	**104.76**
其中	人 工 费 （元）	11.46	38.12	20.87	63.75	24.11	9.78	25.79
	材 料 费 （元）	37.23	203.12	63.72	23.29	52.30	14.86	74.99
	机 械 费 （元）	4.40	0.46	3.77	3.77	3.77	3.77	3.98

	名 称	单位	数 量						
人工	建筑普通工	工日	0.0675	0.2233	0.1044	0.3979	0.1215	0.0692	0.1330
	建筑技术工	工日	0.0296	0.0995	0.0678	0.1481	0.0777	0.0166	0.0808
计价材料	板材红白松　一等	m³		0.0007					
	水泥砂浆　1：1	m³			0.0073				
	水泥砂浆　1：2.5	m³				0.0360			0.0060
	水泥砂浆　1：3	m³			0.0216				
	素水泥浆	m³			0.0010	0.0010	0.0010		
	石油沥青混凝土	m³		0.1010					
	现浇混凝土　C25-40　集中搅拌	m³		0.2040					
	彩色预制块	m²			1.0200				
	广场砖　100×100×18	m²					1.0100		

518

续表

定 额 编 号			XZYT12-15	XZYT12-16	XZYT12-17	XZYT12-18	XZYT12-19	XZYT12-20	XZYT12-21
项 目			预制块路面	绝缘操作地坪	彩色预制块 水泥砂浆结合层	卵石地坪	广场砖 砂结合层	硬化地坪面层	方整石地面 砂结合层
计价材料	方整石 厚120	m²							1.0500
	混凝土预制块 250×250×55	块	16.5000						
	中砂	m³	0.0461				0.1370		0.0860
	卵石综合	m³				0.1080			
	圆钉	kg		0.0020					
	柴油0号	kg		0.1000					
	硬化剂	kg						6.1800	
	养护液	L						0.0340	
	煤	kg		0.2600					
	水	t	0.0300	0.2400	0.0300	0.0500	0.0400		0.0260
	草袋	个		0.6679					
	木柴	kg		0.0640					
	其他材料费	元	0.6400	3.6200	1.0800	0.3800	0.8700	0.2500	1.2600

519

续表

定 额 编 号			XZYT12-15	XZYT12-16	XZYT12-17	XZYT12-18	XZYT12-19	XZYT12-20	XZYT12-21
项　　　　目			预制块路面	绝缘操作地坪	彩色预制块 水泥砂浆结合层	卵石地坪	广场砖 砂结合层	硬化地坪面层	方整石地面砂结合层
机械	钢轮内燃压路机　工作质量　12t	台班	0.0035		0.0035	0.0035	0.0035	0.0035	
	钢轮内燃压路机　工作质量　15t	台班							0.0040
	电动夯实机　夯击能量　250N·m	台班	0.0575		0.0575	0.0575	0.0575	0.0575	
	机动翻斗车　1t	台班	0.0026						
	混凝土振捣器（平台式）	台班		0.0237					
	岩石切割机　能力　3kW	台班							0.0145

12.1.3 路缘石

工作内容：放样、运料、开槽；整平、安砌、勾缝；清理、养护。

定　额　编　号		XZYT12-22	XZYT12-23
项　　　目		安砌侧石	安砌平石
单　　　位		m	m
基　　价（元）		**37. 02**	**36. 94**
其中	人　工　费（元）	14. 43	5. 72
	材　料　费（元）	22. 40	31. 03
	机　械　费（元）	0. 19	0. 19
名　　　称	单位	数　　　　　量	
人工 建筑普通工	工日	0. 1021	0. 0405
建筑技术工	工日	0. 0245	0. 0097
计价材料 水泥砂浆　M10	m³	0. 0030	0. 0040
水泥砂浆　1：2. 5	m³		0. 0004
现浇混凝土　C10-40　集中搅拌	m³	0. 0403	0. 0685
混凝土侧石	m	1. 0300	
混凝土平石	m		1. 0300
水	t		0. 0176
其他材料费	元	0. 3700	0. 5200
机械 岩石切割机　能力　3kW	台班	0. 0023	0. 0023

12.1.4 伸缩缝及其他

工作内容： 放样、备料；锯缝、上料灌缝；搓浆、锯纹；清理、养护。

定 额 编 号		XZYT12-24	XZYT12-25	XZYT12-26
项 目		伸缩缝 油浸麻丝	混凝土路面锯纹	混凝土路面切缝
单 位		m	m²	m
基 价（元）		**20.25**	**2.10**	**3.92**
其中	人 工 费（元）	7.20	1.03	3.24
	材 料 费（元）	13.05	0.28	0.11
	机 械 费（元）		0.79	0.57
名 称	单位	数 量		
人工 建筑普通工	工日	0.0363	0.0072	0.0229
建筑技术工	工日	0.0232	0.0018	0.0055
计价材料 石油沥青 30 号	kg	2.0600		
水	t		0.1226	0.0486
麻丝	kg	0.5459		
木柴	kg	0.5535		
其他材料费	元	0.2400	0.0100	
机械 混凝土路面刻槽机	台班		0.0063	
混凝土切缝机 功率 7.5kW	台班			0.0144
电动空气压缩机 排气量 0.6m³/min	台班			0.0012

12.2 围墙、围墙大门

工作内容：钢结构围墙制作、除锈、刷防锈漆，购置，安装、校正、固定；钢结构大门制作、除锈、刷防锈漆，购置，安装、校正、固定；大门轨道安装。

定 额 编 号		XZYT12-27	XZYT12-28	XZYT12-29	XZYT12-30
项 目		钢围栅制作、安装	钢柱钢丝网围栅制作、安装	铁艺围栏安装	钢隔栏安装
单 位		m²	m²	m²	m²
基 价（元）		**419.65**	**330.60**	**138.54**	**127.72**
其中	人 工 费（元）	131.05	148.69	57.62	55.57
	材 料 费（元）	225.40	137.67	47.01	40.25
	机 械 费（元）	63.20	44.24	33.91	31.90
名 称	单位	数 量			
人工 建筑普通工	工日	0.4837	1.0523	0.4077	0.3933
建筑技术工	工日	0.5545	0.2524	0.0979	0.0943
计价材料 等边角钢 边长30以下	kg	16.6000			
扁钢（3~5）×50mm 以下	kg	8.1600	1.3000		
方钢 综合	kg	8.2400			
钢板网围栅	m²		1.0500		
钢隔栏	m²				1.0500
薄钢板 4mm 以下	kg	1.7200			

续表

定 额 编 号			XZYT12-27	XZYT12-28	XZYT12-29	XZYT12-30
项 目			钢围栅制作、安装	钢柱钢丝网围栅制作、安装	铁艺围栏安装	钢隔栏安装
计价材料	中厚钢板 20~30	kg	2.7300	5.2600		
	焊接钢管 DN50	kg		10.5500		
	铁艺围栏	m²			1.0500	
	预埋铁件 综合	kg	1.7950		1.2630	0.8760
	加工铁件 综合	kg		2.7200	2.0000	1.5400
	电焊条 J422 综合	kg	1.8659	0.4860	0.6759	0.3960
	清洗剂	kg	0.0500			
	催干剂	kg	0.0100			
	氧气	m³	0.0280			
	乙炔气	m³	0.0120			
	防锈漆	kg	0.3200			
	其他材料费	元	3.3700	2.1800	0.7700	0.7000
机械	汽车式起重机 起重量 8t	台班	0.0322	0.0224	0.0173	0.0173
	载重汽车 8t	台班	0.0426	0.0340	0.0242	0.0207
	型钢剪断机 剪断宽度 500mm	台班	0.0023	0.0012		
	交流弧焊机 容量 21kVA	台班	0.1610	0.0805	0.0805	0.0805

定 额 编 号			XZYT12-31	XZYT12-32	XZYT12-33	XZYT12-34	XZYT12-35
项 目			钢管框铁丝网大门安装	不锈钢围栅安装	铝合金围栅安装	不锈钢大门安装	角铁柱铁刺网安装
单 位			m²	m²	m²	m²	m²
基 价 （元）			**210.20**	**430.88**	**278.85**	**943.51**	**103.50**
其中	人 工 费 （元）		56.90	45.43	44.64	59.79	38.46
	材 料 费 （元）		115.09	348.51	197.27	843.97	52.36
	机 械 费 （元）		38.21	36.94	36.94	39.75	12.68
名 称		单位	数 量				
人工	建筑普通工	工日	0.4028	0.3078	0.3004	0.4230	0.2720
	建筑技术工	工日	0.0965	0.0874	0.0874	0.1016	0.0654
计价材料	钢管框铁丝网大门	m²	1.0500				
	铁刺网	m²					1.0650
	铝合金围栅	m²			1.0500		
	不锈钢围栅	m²		1.0500			
	预埋铁件 综合	kg	1.8760	1.2630	1.2630	1.9698	4.9518
	加工铁件 综合	kg	1.1290	2.0000	2.0000	1.1855	
	电焊条 J422 综合	kg	0.4860	0.6759	0.6759		0.4680
	不锈钢电焊条 综合	kg				0.4732	
	不锈钢普通门	m²				1.0500	
	其他材料费	元	2.1400	6.7600	3.7900	16.0700	0.9000
机械	汽车式起重机 起重量 5t	台班					0.0069

定 额 编 号			XZYT12-31	XZYT12-32	XZYT12-33	XZYT12-34	XZYT12-35
项　　　　　目			钢管框铁丝网大门安装	不锈钢围栅安装	铝合金围栅安装	不锈钢大门安装	角铁柱铁刺网安装
机械	汽车式起重机　起重量　8t	台班	0.0224	0.0150	0.0150	0.0236	
	载重汽车　6t	台班					0.0023
	载重汽车　8t	台班	0.0242	0.0210	0.0210	0.0242	
	型钢剪断机　剪断宽度　500mm	台班		0.0234	0.0234		
	交流弧焊机　容量　21kVA	台班	0.0805	0.0700	0.0700	0.0884	0.0942

定 额 编 号		XZYT12-36	XZYT12-37	XZYT12-38
项 目		电动伸缩门	电动门电动装置安装	汽车限行栏杆
单 位		m²	套	套
基 价 （元）		**1090.95**	**2951.36**	**3057.36**
其中	人 工 费 （元）	28.84	125.66	55.68
	材 料 费 （元）	1023.56	2825.70	2993.74
	机 械 费 （元）	38.55		7.94
名 称	单位	数 量		
人工	建筑普通工	工日	0.1594	0.2942	0.2942
	建筑技术工	工日	0.0824	0.6586	0.1692
计价材料	钢轨 6kg/m	m	1.6200		
	预埋铁件 综合	kg	4.4016		5.6400
	不锈钢电动伸缩门	m²	0.9800		
	不锈钢电动伸缩门自动装置	套		1.0000	
	汽车限行栏杆（含电动装置）	套			1.0000
	电焊条 J422 综合	kg	0.1160		0.2850
	其他材料费	元	19.8700	53.8900	44.5000
机械	汽车式起重机 起重量 5t	台班	0.0460		
	交流弧焊机 容量 21kVA	台班	0.0610		0.1185

527

12.3 室外混凝土沟道、混凝土池井

12.3.1 室外混凝土沟道

工作内容：木模板制作与安装、复合模板制作与安装、钢模板组合与安装；模板刷隔离剂；模板拆除、运输、整理、堆放；混凝土浇筑、捣固、养护。

定　额　编　号		XZYT12-39	XZYT12-40	XZYT12-41
项　　　目		底板	壁板	顶板
单　　　位		m³	m³	m³
基　　价　（元）		**459.96**	**768.74**	**707.19**
其中 人　工　费　（元）		70.99	284.74	236.13
材　料　费　（元）		382.45	463.15	454.19
机　械　费　（元）		6.52	20.85	16.87
名　　　称	单位	数　　　量		
人工 建筑普通工	工日	0.4061	1.5763	1.2966
建筑技术工	工日	0.1926	0.8117	0.6811
计价材料 现浇混凝土 C30-40 集中搅拌	m³	1.0090	1.0090	1.0090
隔离剂	kg	0.2326	0.6874	0.4321
圆钉	kg	0.0453	0.1380	0.1450
镀锌铁丝　综合	kg		1.3160	1.1031
聚氯乙烯塑料薄膜	m²	2.5640	0.4653	2.5870
水	t	0.2980	0.1510	0.3024

续表

定 额 编 号			XZYT12-39	XZYT12-40	XZYT12-41
项 目			底板	壁板	顶板
计价材料	支撑钢管及扣件	kg		2.3870	3.0460
	通用钢模板	kg	1.0863	11.0950	7.1690
	木模板	m³	0.0070	0.0100	0.0150
	其他材料费	元	6.3700	7.7200	7.5800
机械	汽车式起重机　起重量　8t	台班	0.0035	0.0127	0.0092
	载重汽车　6t	台班	0.0035	0.0150	0.0127
	混凝土振捣器（插入式）	台班	0.0897	0.1323	0.1323
	木工圆锯机　直径　ϕ500	台班	0.0173	0.0173	0.0230

12.3.2 室外混凝土池井

工作内容： 木模板制作与安装、复合模板制作与安装、钢模板组合与安装；模板刷隔离剂；模板拆除、运输、整理、堆放；混凝土浇筑、捣固、养护。

定 额 编 号			XZYT12-42	XZYT12-43	XZYT12-44	XZYT12-45	XZYT12-46	XZYT12-47
项 目			底板		壁板		顶板	
			矩形	圆形	矩形	圆形	矩形	圆形
单 位			m³	m³	m³	m³	m³	m³
基 价（元）			**448.14**	**479.80**	**669.50**	**811.24**	**682.73**	**868.74**
其中	人 工 费（元）		62.46	78.07	198.66	298.03	211.89	294.83
	材 料 费（元）		381.88	397.43	449.90	471.83	454.05	477.77
	机 械 费（元）		3.80	4.30	20.94	41.38	16.79	96.14
名 称		单位	数 量					
人工	建筑普通工	工日	0.3572	0.4464	1.1100	1.6651	1.1664	1.6158
	建筑技术工	工日	0.1695	0.2119	0.5587	0.8382	0.6090	0.8527
计价材料	现浇混凝土 C30-40 集中搅拌	m³	1.0090	1.0090	1.0090	1.0090	1.0090	1.0090
	隔离剂	kg	0.3182	0.3362	0.5729	0.7136	0.4076	0.5182
	圆钉	kg	0.0380	0.0650	0.1301	0.1782	0.1450	0.1896
	镀锌铁丝 综合	kg		0.3200	1.3200	1.5181	0.8000	1.0260
	聚氯乙烯塑料薄膜	m²	2.0360	2.2370	0.3816	0.4043	2.1009	2.2670
	水	t	0.2371	0.2390	0.1463	0.1502	0.3001	0.3186
	钢管脚手架 包括扣件	kg	0.0580	0.0620	0.4129	0.4003	0.7831	0.7621

续表

定 额 编 号			XZYT12-42	XZYT12-43	XZYT12-44	XZYT12-45	XZYT12-46	XZYT12-47
项 目			底板		壁板		顶板	
			矩形	圆形	矩形	圆形	矩形	圆形
计价材料	支撑钢管及扣件	kg			2.3176	2.4173	3.3869	3.4932
	通用钢模板	kg	1.0052	0.4120	8.9200	5.7432	6.4371	5.1186
	木模板	m³	0.0070	0.0163	0.0085	0.0294	0.0150	0.0310
	其他材料费	元	6.3500	6.6300	7.4900	7.9000	7.5700	8.0100
机械	汽车式起重机 起重量 8t	台班	0.0012	0.0012	0.0127	0.0251	0.0092	0.0182
	载重汽车 6t	台班	0.0023	0.0023	0.0150	0.0296	0.0127	0.0251
	机动翻斗车 1t	台班						0.2596
	混凝土振捣器（插入式）	台班	0.0782	0.0782	0.1265	0.2505	0.1265	0.2505
	木工圆锯机 直径 φ500	台班	0.0173	0.0345	0.0230	0.0460	0.0230	0.0460

12.4 护 坡

工作内容：打荒、运石，调运砂浆、清理基面；砌筑毛石砌筑块石；石料加工、清理面层；测量放样、调制砂浆、运料、铺砌、灌缝、勾缝、检查、清理。

定 额 编 号			XZYT12-48	XZYT12-49	XZYT12-50	XZYT12-51
项 目			毛石护坡		钢筋混凝土井字架护坡	高强植基毯边坡
			浆砌	干砌		
单 位			m³	m³	m³	m²
基 价（元）			**311.72**	**202.52**	**827.48**	**54.75**
其中	人 工 费（元）		97.45	63.33	416.51	21.48
	材 料 费（元）		214.27	139.19	380.60	26.83
	机 械 费（元）				30.37	6.44
名 称		单位	数 量			
人工	建筑普通工	工日	0.3116	0.2024	2.8872	0.1113
	建筑技术工	工日	0.4483	0.2914	0.7523	0.0669
计价材料	方材红白松 二等	m³		0.0001		
	板材红白松 二等	m³			0.0040	
	水泥砂浆 M5	m³	0.4310			0.0042
	水泥砂浆 1：2.5	m³				0.0004
	水泥砂浆 1：3	m³				0.0008
	素水泥浆	m³				0.0001

续表

定 额 编 号			XZYT12-48	XZYT12-49	XZYT12-50	XZYT12-51
项 目			毛石护坡		钢筋混凝土井字架护坡	高强植基毯边坡
			浆砌	干砌		
计价材料	现浇混凝土 C20-40 现场搅拌	m³			1.0150	
	现浇混凝土 C25-10 集中搅拌	m³				0.0107
	隔离剂	kg				0.0039
	中砂	m³		0.3720		
	毛石 70~190	m³	1.1730	1.1730		
	标准砖 240×115×53	千块				0.0110
	粘结剂 107 胶	kg				0.0008
	电焊条 J422 综合	kg				0.0248
	对拉螺栓 M16	kg			0.6400	
	圆钉	kg				0.0218
	镀锌铁丝 综合	kg				0.0151
	聚氯乙烯塑料薄膜	m²			0.2908	0.6560
	水	t	0.0790		1.0056	0.0411
	通用钢模板	kg			5.5000	
	木模板	m³				0.0020
	砖地模	m²				0.0064
	绿化草皮	m²				1.0500
	其他材料费	元	3.2100	2.0400	6.2100	0.4700

533

续表

定 额 编 号			XZYT12-48	XZYT12-49	XZYT12-50	XZYT12-51
项 目			毛石护坡		钢筋混凝土井字架护坡	高强植基毯边坡
			浆砌	干砌		
机械	汽车式起重机 起重量 5t	台班			0.0080	0.0012
	门式起重机 起重量 20t	台班				0.0008
	载重汽车 5t	台班			0.0140	0.0005
	载重汽车 6t	台班				0.0063
	载重汽车 8t	台班				0.0016
	皮带运输机 10m×0.5m	台班			0.0450	
	混凝土振捣器（插入式）	台班			0.1270	0.0013
	木工圆锯机 直径 $\phi500$	台班				0.0020
	交流弧焊机 容量 21kVA	台班				0.0031
	点焊机 容量 50kVA	台班				0.0022

534

定　额　编　号		XZYT12-52	XZYT12-53	XZYT12-54	XZYT12-55	XZYT12-56
项　　　目		毛石混凝土护坡	混凝土护坡	格构式护坡	植草皮	预制混凝土块护坡
单　　　位		m³	m³	m³	m²	m²
基　　价（元）		**479.28**	**758.04**	**814.76**	**18.48**	**77.58**
其中	人　工　费（元）	135.21	208.07	308.11	3.76	26.17
	材　料　费（元）	337.83	449.64	493.42	11.44	44.79
	机　械　费（元）	6.24	100.33	13.23	3.28	6.62
名　　　称	单位	数　　　　量				
人工 建筑普通工	工日	0.7998	1.5857	1.6467	0.0095	0.1358
建筑技术工	工日	0.3471	0.2685	0.9225	0.0192	0.0814
计价材料 方材红白松　二等	m³		0.0199			
水泥砂浆　M5	m³					0.0309
现浇混凝土　C25-10　集中搅拌	m³		1.0300	1.0090		
现浇混凝土　C15-40　集中搅拌	m³	0.8578				
隔离剂	kg	0.3072	1.7190	0.2102		
混凝土预制块　250×250×55	块					16.5000
中砂	m³					0.0461
毛石　70~190	m³	0.2720				
对拉螺栓　M16	kg	0.4647				
圆钉	kg	0.2010	0.2470	0.2430		
镀锌铁丝　综合	kg		0.1850	3.0400		

续表

定 额 编 号			XZYT12-52	XZYT12-53	XZYT12-54	XZYT12-55	XZYT12-56
项 目			毛石混凝土护坡	混凝土护坡	格构式护坡	植草皮	预制混凝土块护坡
计价材料	聚氯乙烯塑料薄膜	m²	12.4932	3.8001	31.4946		
	水	t	0.3150	1.0020	0.2100	0.0300	
	通用钢模板	kg	2.2771	0.4690	9.7960		
	木模板	m³	0.0137		0.0034		
	绿化草皮	m²				1.0500	
	其他材料费	元	5.5500	7.2600	7.9300	0.2200	0.7500
机械	汽车式起重机 起重量 5t	台班	0.0023	0.0787	0.0081		0.0052
	载重汽车 5t	台班	0.0069	0.0787	0.0104		
	载重汽车 6t	台班				0.0063	0.0052
	混凝土振捣器（插入式）	台班	0.0759	0.1294	0.1300		
	木工圆锯机 直径 φ500	台班			0.0046		
	砂轮切割机 直径 φ400	台班					0.0003

536

12.5 挡 土 墙

工作内容：打荒、运石，调运砂浆、清理基面；砌筑毛石砌筑块石；石料加工、清理面层。混凝土挡
土墙：支、拆模板，调制、运输、浇制混凝土，投放毛石，养护、清理。

定 额 编 号			XZYT12-57	XZYT12-58	XZYT12-59	XZYT12-60
项 目			毛石	粗料石	毛石混凝土	钢筋混凝土
单 位			m³	m³	m³	m³
基 价（元）			**335.19**	**347.84**	**598.37**	**1596.56**
其中	人 工 费（元）		134.99	182.62	243.71	774.03
	材 料 费（元）		200.20	165.22	320.09	551.79
	机 械 费（元）				34.57	270.74
名 称		单位	数 量			
人工	建筑普通工	工日	0.4314	0.5838	1.3784	2.3443
	建筑技术工	工日	0.6212	0.8402	0.6729	3.6587
计价材料	板材红白松 二等	m³				0.0150
	水泥砂浆 M5	m³	0.3930	0.1190	0.0290	
	现浇混凝土 C25-40 集中搅拌	m³			0.8340	1.0150
	毛石 70~190	m³	1.1220		0.2710	
	毛石粗料石	m³		1.0400		
	对拉螺栓 M16	kg				2.2200
	圆钉	kg				0.2730

定 额 编 号			XZYT12-57	XZYT12-58	XZYT12-59	XZYT12-60
项 目			毛石	粗料石	毛石混凝土	钢筋混凝土
计价材料	聚氯乙烯塑料薄膜	m²				0.9560
	水	t	0.0790	0.0700	0.8100	1.3200
	通用钢模板	kg			1.3720	28.9000
	其他材料费	元	3.0000	2.5900	5.2500	9.2300
机械	汽车式起重机 起重量 5t	台班			0.0230	0.0390
	汽车式起重机 起重量 8t	台班				0.1610
	载重汽车 5t	台班			0.0299	0.0520
	机动翻斗车 1t	台班				0.1340
	皮带运输机 10m×0.5m	台班				0.0650
	双卧轴式混凝土搅拌机 出料容量 400L	台班				0.0650
	混凝土振捣器（插入式）	台班			0.1300	0.1290
	木工圆锯机 直径 φ500	台班			0.0173	

538

工作内容：取料、拌料、铺筑、拍实。

定 额 编 号		XZYT12-61
项 目		滤水层
单 位		m³
基 价（元）		**173.05**
其中	人 工 费（元）	53.89
	材 料 费（元）	109.71
	机 械 费（元）	9.45
名 称	单位	数 量
人工	建筑普通工	工日	0.1650
	建筑技术工	工日	0.2534
计价材料	中砂	m³	0.2040
	砾石 20~50mm	m³	1.0240
	其他材料费	元	2.0800
机械	机动翻斗车 1t	台班	0.0390

12.6 HDPE 管道安装

工作内容：挂线、清扫基座、成品管场内运输、铺管。

定 额 编 号			XZYT12-62	XZYT12-63	XZYT12-64	XZYT12-65
项 目			HDPE 管安装			
			DN400 以内	DN600 以内	DN800 以内	DN1200 以内
单 位			m	m	m	m
基 价（元）			**189.97**	**393.81**	**595.66**	**1220.29**
其中	人 工 费（元）		6.54	8.12	11.07	14.11
	材 料 费（元）		171.22	367.37	571.85	1191.65
	机 械 费（元）		12.21	18.32	12.74	14.53
名 称		单位	数 量			
人工	建筑普通工	工日	0.0049	0.0061	0.0083	0.0105
	建筑技术工	工日	0.0421	0.0522	0.0712	0.0908
计价材料	HDPE 管 DN400	m	1.0050			
	HDPE 管 DN600	m		1.0050		
	HDPE 管 DN800	m			1.0050	
	HDPE 管 DN1200	m				1.0050
	其他材料费	元	3.3100	7.1000	11.0600	23.0400
机械	汽车式起重机 起重量 5t	台班	0.0163	0.0164	0.0170	0.0194
	电动单筒慢速卷扬机 50kN	台班		0.0250		

12.7 变电构架安装

12.7.1 离心杆构支架安装

工作内容： 拼装、连接、接头补漆；起吊、就位、校正、固定。

定 额 编 号		XZYT12-66	XZYT12-67	XZYT12-68	XZYT12-69	XZYT12-70
项 目		构架			设备支架	
		高度				
		10m 以内	20m 以内	20m 以外	6m 以内	6m 以外
单 位		m³	m³	m³	m³	m³
基 价（元）		**3764.93**	**2832.15**	**2488.42**	**4126.36**	**3064.85**
其中	人 工 费（元）	264.51	173.50	179.13	258.83	194.14
	材 料 费（元）	3273.74	2531.49	2160.62	3651.70	2708.88
	机 械 费（元）	226.68	127.16	148.67	215.83	161.83
名 称	单位	数 量				
人工	建筑普通工	工日	1.5953	0.9176	1.0803	1.5612	1.1709
	建筑技术工	工日	0.6560	0.5267	0.4443	0.6418	0.4815
计价材料	离心杆连接件（成品）	t	0.2160	0.1240	0.0750	0.2560	0.1380
	圆木杉木	m³	0.0001	0.0002	0.0003	0.0002	0.0003
	方材红白松 二等	m³	0.0190	0.0092	0.0098	0.0451	0.0338
	混凝土离心杆	m³	1.0100	1.0100	1.0100	1.0100	1.0100
	电焊条 J422 综合	kg	4.9300	2.9520	3.5725	6.5287	4.8965

续表

定 额 编 号			XZYT12-66	XZYT12-67	XZYT12-68	XZYT12-69	XZYT12-70
项 目			构架			设备支架	
			高度				
			10m 以内	20m 以内	20m 以外	6m 以内	6m 以外
计价材料	普通六角螺栓	kg	0.3270	0.1308	0.1185	0.4460	0.3890
	镀锌铁丝 综合	kg				0.7431	0.5573
	防锈漆	kg	0.5600	0.3360	0.4058	0.7431	0.5573
	其他材料费	元	57.8900	44.5100	37.8000	64.6000	47.6000
机械	汽车式起重机 起重量 8t	台班	0.0667	0.0331	0.0383	0.1954	0.1465
	汽车式起重机 起重量 25t	台班	0.0184	0.0179	0.0208		
	汽车式起重机 起重量 50t	台班	0.0368	0.0179	0.0208		
	交流弧焊机 容量 21kVA	台班	0.5750	0.3450	0.4166	0.7630	0.5722

12.7.2 型钢构支架安装

工作内容：型钢构件排杆、组装、拼装、连接；紧固、绑扎、起吊、就位、校正、固定、补漆。

定 额 编 号			XZYT12-71	XZYT12-72	XZYT12-73	XZYT12-74	XZYT12-75
项 目			构架			设备支架	
			高度				
			20m 以内	30m 以内	30m 以外	10m 以内	10m 以外
单 位			t	t	t	t	t
基 价 (元)			**9318.20**	**9369.04**	**9451.67**	**9377.39**	**9000.19**
其中	人 工 费 (元)		258.43	271.33	284.27	248.40	198.73
	材 料 费 (元)		8652.79	8650.76	8651.48	8749.64	8700.59
	机 械 费 (元)		406.98	446.95	515.92	379.35	100.87
名 称		单位	数 量				
人工	建筑普通工	工日	1.5587	1.6364	1.7145	1.4982	1.1986
	建筑技术工	工日	0.6409	0.6730	0.7050	0.6160	0.4929
计价材料	型钢构架（成品）	t	1.0010	1.0010	1.0010	1.0010	1.0010
	圆木杉木	m³	0.0017	0.0017	0.0017	0.0020	0.0020
	方材红白松 二等	m³	0.0092	0.0098	0.0100	0.0260	0.0300
	板材红白松 二等	m³	0.0200	0.0207	0.0214	0.0650	0.0300
	电焊条 J422 综合	kg	2.9870	2.3160	2.0440	1.5500	1.2400
	普通六角螺栓	kg	2.1480	1.5900	0.9800	1.8140	1.2660
	镀锌铁丝 综合	kg	0.9333	0.9333	0.9333		
	氧气	m³	0.6670	0.6670	0.6670	0.2500	0.5000

续表

定 额 编 号			XZYT12-71	XZYT12-72	XZYT12-73	XZYT12-74	XZYT12-75
项 目			构架			设备支架	
			高度				
			20m 以内	30m 以内	30m 以外	10m 以内	10m 以外
计价材料	乙炔气	m³	0.2333	0.2333	0.2333	0.0880	0.1750
	环氧底漆	kg	0.6400	0.7500	0.8900	0.2800	0.8300
	银粉漆	kg	0.4120	0.4500	0.5340	0.1700	0.5100
	其他材料费	元	141.7100	141.6700	141.6800	143.2000	142.4600
机械	汽车式起重机 起重量 8t	台班	0.1331	0.1478	0.1730	0.3738	0.0334
	汽车式起重机 起重量 16t	台班				0.0207	0.0291
	汽车式起重机 起重量 25t	台班	0.0353	0.0392	0.0459		
	汽车式起重机 起重量 50t	台班	0.0705	0.0783	0.0917		
	载重汽车 8t	台班	0.0583	0.0583	0.0583	0.0583	0.0583
	交流弧焊机 容量 21kVA	台班	0.1254	0.1196	0.1150	0.1242	0.1150

12.7.3 钢管构支架安装

工作内容： 钢管构件排杆、组装、拼装、连接；紧固、绑扎、起吊、就位、校正、固定、补漆。

定 额 编 号			XZYT12-76	XZYT12-77	XZYT12-78	XZYT12-79	XZYT12-80
项 目			构架			设备支架	
			高度				
			20m 以内	30m 以内	30m 以外	10m 以内	10m 以外
单 位			t	t	t	t	t
基 价 （元）			**9844.14**	**9979.82**	**10768.37**	**9653.06**	**9739.53**
其中	人 工 费 （元）		249.47	295.13	390.33	187.85	262.99
	材 料 费 （元）		9146.63	9192.60	9214.83	9084.01	9091.01
	机 械 费 （元）		448.04	492.09	1163.21	381.20	385.53
名 称		单位	数 量				
人工	建筑普通工	工日	1.5045	1.7799	2.3541	1.1331	1.5862
	建筑技术工	工日	0.6188	0.7320	0.9681	0.4658	0.6522
计价材料	圆木杉木	m³	0.0050	0.0160	0.0160	0.0200	0.0200
	方材红白松 二等	m³	0.0600	0.0680	0.0760	0.0260	0.0300
	电焊条 J422 综合	kg	2.4690	2.2170	2.0760	2.4690	2.2400
	普通六角螺栓	kg	1.7130	1.5160	1.3960	0.8420	0.6880
	镀锌铁丝 综合	kg	2.8000	4.5000	5.2000		
	镀锌钢管构架（成品）	t	1.0010	1.0010	1.0010	1.0010	1.0010
	氧气	m³	0.7010	0.7000	0.5000	0.5200	0.5000
	乙炔气	m³	0.2500	0.2500	0.2100	0.2100	0.2100

续表

定　额　编　号			XZYT12-76	XZYT12-77	XZYT12-78	XZYT12-79	XZYT12-80
项　　　　目			构架			设备支架	
			高度				
			20m 以内	30m 以内	30m 以外	10m 以内	10m 以外
计价材料	环氧底漆	kg	0.6400	0.7500	0.8900	0.8000	0.8300
	银粉漆	kg	0.4120	0.4500	0.5340	0.4870	0.5100
	其他材料费	元	137.4400	138.1900	138.5500	136.4700	136.5700
机械	汽车式起重机　起重量　8t	台班	0.1443	0.1603	0.1843	0.3738	0.0334
	汽车式起重机　起重量　16t	台班				0.0207	0.2910
	汽车式起重机　起重量　25t	台班	0.0393	0.0437	0.5026		
	汽车式起重机　起重量　50t	台班	0.0789	0.0876	0.1007		
	载重汽车　8t	台班	0.0575	0.0575	0.0575	0.0575	0.0575
	交流弧焊机　容量　21kVA	台班	0.1587	0.1484	0.1346	0.1587	0.1472

12.7.4 格构式钢管构支架安装

工作内容：钢管构件排杆、组装、拼装、连接；紧固、绑扎、起吊、就位、校正、固定、补漆。

定 额 编 号			XZYT12-81	XZYT12-82	XZYT12-83	XZYT12-84	XZYT12-85
项 目			构架			设备支架	
			高度				
			30m 以内	45m 以内	45m 以外	15m 以内	15m 以外
单 位			t	t	t	t	t
基 价（元）			**9672.88**	**9919.38**	**10200.20**	**9329.85**	**9368.94**
其中	人 工 费（元）		384.89	498.51	544.13	302.55	334.19
	材 料 费（元）		8731.76	8763.40	8768.46	8647.02	8649.99
	机 械 费（元）		556.23	657.47	887.61	380.28	384.76
名 称		单位	数 量				
人工	建筑普通工	工日	2.3215	3.0067	3.2818	1.8247	2.0156
	建筑技术工	工日	0.9545	1.2363	1.3495	0.7504	0.8288
计价材料	格构式钢管构架（成品）	t	1.0010	1.0010	1.0010	1.0010	1.0010
	圆木杉木	m³	0.0050	0.0160	0.0160	0.0200	0.0200
	方材红白松 二等	m³	0.0600	0.0680	0.0760	0.0260	0.0300
	电焊条 J422 综合	kg	2.0220	1.5880	1.1090	2.2160	2.0200
	普通六角螺栓	kg	2.8420	2.0740	1.3860	0.7160	0.5730
	镀锌铁丝 综合	kg	2.8000	4.5000	5.2000		
	氧气	m³	0.5600	0.3600	0.2400	0.6400	0.5000
	乙炔气	m³	0.1800	0.1200	0.0800	0.3200	0.1750

续表

定 额 编 号			XZYT12-81	XZYT12-82	XZYT12-83	XZYT12-84	XZYT12-85
项 目			构架			设备支架	
			高度				
			30m 以内	45m 以内	45m 以外	15m 以内	15m 以外
计价材料	环氧底漆	kg	0.6400	0.5130	0.3060	0.2800	0.2470
	银粉漆	kg	0.4120	0.3210	0.1970	0.1700	0.1590
	其他材料费	元	142.9700	143.4700	143.5100	141.6000	141.6300
机械	汽车式起重机 起重量 8t	台班	0.1634	0.1961	0.2206	0.3738	0.0334
	汽车式起重机 起重量 16t	台班				0.0207	0.2910
	汽车式起重机 起重量 25t	台班	0.0524	0.0629	0.1858		
	汽车式起重机 起重量 50t	台班	0.1050	0.1260	0.1418		
	载重汽车 8t	台班	0.0575	0.0575	0.0575	0.0575	0.0575
	交流弧焊机 容量 21kVA	台班	0.1357	0.1116	0.0978	0.1449	0.1357

12.7.5 钢梁、附件安装

工作内容：构件排杆、组装、拼装、连接；紧固、绑扎、起吊、就位、校正、固定、补漆。

定 额 编 号			XZYT12-86	XZYT12-87	XZYT12-88	XZYT12-89	XZYT12-90
项　　目			钢梁				
			安装高度				
			10m 以内	20m 以内	30m 以内	45m 以内	45m 以外
单　　位			t	t	t	t	t
基　　价（元）			**8813.99**	**8768.86**	**8890.69**	**8985.92**	**9072.10**
其中	人　工　费（元）		213.97	218.23	220.35	228.54	245.59
	材　料　费（元）		8147.49	8147.49	8147.49	8147.49	8147.49
	机　械　费（元）		452.53	403.14	522.85	609.89	679.02
名　　称		单位	数　　　量				
人工	建筑普通工	工日	1.2905	1.3162	1.3291	1.3876	1.4185
	建筑技术工	工日	0.5307	0.5412	0.5464	0.5599	0.6560
计价材料	钢梁（成品）	t	1.0010	1.0010	1.0010	1.0010	1.0010
	方材红白松　二等	m³	0.0250	0.0250	0.0250	0.0250	0.0250
	电焊条　J422　综合	kg	1.5800	1.5800	1.5800	1.5800	1.5800
	普通六角螺栓	kg	1.5950	1.5950	1.5950	1.5950	1.5950
	氧气	m³	0.5000	0.5000	0.5000	0.5000	0.5000
	乙炔气	m³	0.1750	0.1750	0.1750	0.1750	0.1750
	环氧底漆	kg	0.2800	0.2800	0.2800	0.2800	0.2800
	银粉漆	kg	0.1700	0.1700	0.1700	0.1700	0.1700

定 额 编 号			XZYT12-86	XZYT12-87	XZYT12-88	XZYT12-89	XZYT12-90
项 目			钢梁				
			安装高度				
			10m 以内	20m 以内	30m 以内	45m 以内	45m 以外
计价材料	其他材料费	元	135.2200	135.2200	135.2200	135.2200	135.2200
机械	汽车式起重机 起重量 8t	台班	0.1496	0.1320	0.1760	0.1971	0.1971
	汽车式起重机 起重量 25t	台班	0.0411	0.0362	0.0483	0.0580	0.0676
	汽车式起重机 起重量 50t	台班	0.0821	0.0725	0.0966	0.1159	0.1352
	载重汽车 8t	台班	0.0219	0.0219	0.0219	0.0219	0.0219
	交流弧焊机 容量 21kVA	台班	0.2898	0.2898	0.2323	0.2323	0.2323

定 额 编 号		XZYT12-91	XZYT12-92	XZYT12-93	XZYT12-94	XZYT12-95
项 目		附件				
		安装高度				
		10m 以内	20m 以内	30m 以内	45m 以内	45m 以外
单 位		t	t	t	t	t
基 价 （元）		**8542.88**	**8641.80**	**8802.69**	**9031.21**	**9296.71**
其中	人 工 费 （元）	157.30	160.22	176.63	188.62	194.42
	材 料 费 （元）	8176.89	8176.89	8176.89	8176.89	8176.89
	机 械 费 （元）	208.69	304.69	449.17	665.70	925.40
名 称	单位	数 量				
人工 建筑普通工	工日	0.9486	0.9715	1.0087	1.0415	1.0737
建筑技术工	工日	0.3902	0.3935	0.4804	0.5397	0.5562
计价材料 构支架附件（成品）	t	1.0010	1.0010	1.0010	1.0010	1.0010
板材红白松 二等	m³	0.0060	0.0060	0.0060	0.0060	0.0060
电焊条 J422 综合	kg	1.3000	1.3000	1.3000	1.3000	1.3000
环氧底漆	kg	0.2800	0.2800	0.2800	0.2800	0.2800
银粉漆	kg	0.1700	0.1700	0.1700	0.1700	0.1700
其他材料费	元	133.8600	133.8600	133.8600	133.8600	133.8600
机械 汽车式起重机 起重量 8t	台班	0.0679	0.1018	0.1527	0.2290	0.3206
汽车式起重机 起重量 25t	台班	0.0184	0.0276	0.0414	0.0621	0.0869
汽车式起重机 起重量 50t	台班	0.0380	0.0569	0.0854	0.1281	0.1793
交流弧焊机 容量 21kVA	台班	0.2392	0.2392	0.2392	0.2392	0.2392

551

定 额 编 号		XZYT12-96	XZYT12-97
项 目		钢横梁、托架及附件	钢步道及操作平台
单 位		t	t
基 价（元）		**962. 64**	**464. 12**
其中	人 工 费 （元）	324. 94	238. 17
	材 料 费 （元）	110. 16	17. 72
	机 械 费 （元）	527. 54	208. 23
名 称	单位	数 量	
人工	建筑普通工	工日	0. 4660	0. 3395
	建筑技术工	工日	1. 9236	1. 4115
计价材料	板材红白松 二等	m³	0. 0250	0. 0060
	电焊条 J422 综合	kg	1. 1600	0. 9560
	普通六角螺栓	kg	5. 3160	
	氧气	m³	0. 5000	
	乙炔气	m³	0. 1750	
	环氧底漆	kg	0. 2800	
	银粉漆	kg	0. 1700	
	其他材料费	元	1. 8900	0. 2900

续表

定 额 编 号			XZYT12-96	XZYT12-97
项 目			钢横梁、托架及附件	钢步道及操作平台
机械	汽车式起重机 起重量 8t	台班	0.1760	0.0680
	汽车式起重机 起重量 25t	台班	0.0480	0.0180
	汽车式起重机 起重量 50t	台班	0.0970	0.0380
	载重汽车 8t	台班	0.0220	
	交流弧焊机 容量 21kVA	台班	0.2900	0.2390

12.8 避雷针（塔）制作与安装

工作内容：材料放样、下料；平直、钻孔、拼装、焊接；成品校正、除锈、刷防锈漆、刷防腐油漆；
成品编号、堆放；运输、安装、校正、固定。

定 额 编 号			XZYT12-98	XZYT12-99	XZYT12-100
项　　　　目			避雷针（塔）现场制作	现场制作避雷针（塔）安装	成品避雷针（塔）安装
单　　　　位			t	t	t
基　　价（元）			**7937.03**	**834.22**	**9023.68**
其中	人　工　费（元）		1057.53	293.32	313.16
	材　料　费（元）		5996.34	91.99	8289.94
	机　械　费（元）		883.16	448.91	420.58
名　　称		单位	数　　量		
人工	建筑普通工	工日	3.3808	1.7689	1.8938
	建筑技术工	工日	4.8656	0.7276	0.7729
计价材料	避雷针塔（成品）	t			1.0010
	等边角钢　边长63以下	kg	842.0000		
	中厚钢板　12~20	kg	203.0000		
	板材红白松　二等	m³		0.0300	0.0300
	电焊条　J422　综合	kg	18.9600	0.8530	0.8500
	普通六角螺栓	kg	15.2700	1.2670	1.2670
	镀锌铁丝　综合	kg		0.2000	0.2000

554

续表

定 额 编 号			XZYT12-98	XZYT12-99	XZYT12-100
项 目			避雷针（塔）现场制作	现场制作避雷针（塔）安装	成品避雷针（塔）安装
计价材料	清洗剂	kg	2.4100		
	氧气	m³	4.9280		
	乙炔气	m³	1.7248		
	银粉漆	kg		0.2160	0.2160
	环氧富锌漆	kg	11.6000	0.3700	0.3700
	其他材料费	元	86.7800	1.5200	135.7000
机械	汽车式起重机 起重量 8t	台班		0.1093	0.0874
	汽车式起重机 起重量 25t	台班	0.2484	0.1254	0.1254
	汽车式起重机 起重量 50t	台班		0.0449	0.0449
	平板拖车组 10t	台班	0.2484	0.0426	0.0322
	摇臂钻床 钻孔直径 φ50	台班	0.1610		
	剪板机 厚度×宽度 40mm×3100mm	台班	0.0230		
	型钢剪断机 剪断宽度 500mm	台班	0.1265		
	型钢调直机	台班	0.1265		
	钢板校平机 厚度×宽度 30mm×2600mm	台班	0.0230		
	交流弧焊机 容量 21kVA	台班	2.9820	0.2645	0.2645
	电动空气压缩机 排气量 6m³/min	台班	0.0920		

555

第 13 章　措施项目

说　　明

1. 定额考虑了泵类明排、轻型井点、喷射井点、大口径井点四类降排水施工方法。大口径井点降水不论采用何种井管类型均不调整，井点范围外的排水沟渠或排水管道应另行计算。

2. 打钢管桩、钢板桩工程包括桩制作、桩运输及现场堆放、机具准备、打桩、接桩、轨道铺设、打桩架调角移位等工作内容。按照桩周转使用编制的。定额综合考虑了桩维修、桩占用时间，执行定额时不作调整。

3. 本定额综合脚手架、单项脚手架是按照钢管材质编制，执行定额时其他材质不作调整。

4. 脚手架定额中包括上料平台、斜道、上料口、防护栏杆、尼龙编织布等安装与拆除。

5. 综合脚手架定额适用于能够计算建筑体积的建筑物与构筑物工程。凡按照"电力工程建筑体积计算规则"能够计算建筑体积的建筑工程，均执行综合脚手架定额。不适用于执行综合脚手架定额的构筑物工程，执行单项脚手架相应定额。

6. 综合脚手架定额综合了施工过程中各分部分项工程应搭设脚手架的全部因素。除室内高度大于3.6m天棚吊顶、抹灰、刷涂料应单独计算满堂脚手架外，执行综合脚手架定额的工程，不再计算其他单项脚手架。

7. 综合脚手架定额综合考虑了结构的层高因素，执行定额时不作调整。

8. 综合脚手架的建筑高度是指建筑物或构筑物的室外地坪至主体建筑屋面顶面高度。突出主体建筑屋顶的电梯间、楼梯间、水箱间、提物间、通风间等的建筑面积大于主体屋顶面积$\frac{1}{3}$时计算建筑高度，小于等于$\frac{1}{3}$时不计算建筑高度；突出屋顶的隔热架空层、天窗及支架、通风设备及支架、排气管、挡风架、装饰灯架、电气与通信设备天线架（塔）等不计算高度。建筑物、构筑物的建筑高度根据建筑特点分别确定：

——设有檐口板时，建筑高度计算至檐口板顶标高。

——设有挑檐时，建筑高度计算至挑檐反檐板顶标高。

——设有女儿墙时，建筑高度计算至女儿墙顶标高。

——坡屋面建筑，建筑高度计算至屋脊顶标高。

——前后檐高不同时，以高者为准。

——裙房建筑、高低跨联合建筑分别计算高度。

——墙板、幕墙封檐建筑，建筑高度计算至墙板、幕墙封檐顶标高。

9. 砌筑高度大于 1.2m 小于等于 3.6m 的围墙、挡土墙、防火墙、柱、支架、支墩、突出室外地坪的室外独立设备基础、突出室外地坪的室外沟道、突出室外地坪的室外井池等执行里脚手架；砌筑高度大于 3.6m 的围墙、挡土墙、防火墙、柱、支架、突出室外地坪的室外沟道、突出室外地坪的室外井池等执行单排外脚手架。围墙、挡土墙、防火墙等双面抹灰时，增加一面脚手架。

10. 浇制混凝土高度大于 1.2m 小于等于 3.6m 的围墙、挡土墙、防火墙、柱、支架、突出室外地坪的室外独立设备基础、突出室外地坪的室外沟道、突出室外地坪的室外井池等执行单排外脚手架；

浇制混凝土高度大于3.6m的围墙、挡土墙、防火墙、柱、支架等执行双排外脚手架。围墙、防火墙等双面抹灰时，增加一面脚手架。

11. 埋置深度大于1.5m小于等于3m的现浇混凝土结构室外沟道、室外设备基础、室外井池、室外独立基础、室外条形基础、室外筏形基础等执行满堂脚手架；埋置深度大于3m时，执行双排外脚手架。

12. 埋置深度大于1.5m小于等于3m的砌体结构室外沟道、室外设备基础、室外井池、室外独立基础、室外条形基础等执行满堂脚手架；埋置深度大于3m时，执行单排外脚手架。

13. 室内高度大于3.6m小于等于5.2m的天棚吊顶、天棚抹灰、涂料应计算满堂脚手架，室内高度大于5.2m时，天棚吊顶、天棚抹灰、涂料应计算满堂脚手架增加层。

14. 室外混凝土管道埋深大于2m时计算里脚手架。

15. 垂直运输的工作内容包括单位工程在合理工期内完成垂直运输采取的全部施工措施。垂直运输机械布置及采取的措施在定额中已经综合考虑，工程实际与其不同时，不作调整。

16. 垂直运输费中不包括混凝土预制构件与钢结构构件吊装费。

17. 超高费包括由于建筑高度的增加产生的人工与机械降效费、垂直运输影响费、超高施工增加措施费等工作内容。

18. 能够计算建筑体积的单位工程建筑垂直运输费用，根据建筑结构和建筑高度以建筑体积为计量单位计算其费用；不能够计算建筑体积的单位工程建筑垂直运输费用，根据建筑结构和建筑高度以构筑物实体工程量为计量单位计算其费用。

19. 建筑高度的计算规则同脚手架工程中的建筑高度计算规则。

20. 建筑高度在 3.6m 以内的工程不计算垂直运输费用。

21. 同一建筑多种结构，按照不同结构分别计算建筑体积。

22. 同一建筑高度不同，按照不同高度分别计算建筑体积。

23. 建筑高度 20m 以上，地下深度超过-10m 的工程计算超高费，以±0.00 为基准点。

24. 超高费以单位工程定额人工费、机械费为基数采用费率方式计算。人工费、机械费包括零米以下工程、脚手架工程、垂直运输工程、水平运输工程中的人工费与机械费，超高费费率见表 13-1。增加的超高费用构成相应工程人工工日与机械台班消耗量。

表 13-1   超 高 费 费 率 表   单位:%

项目	建筑高度		
	30m 以内	40m 以内	50m 以内
人工增加费	2.33	4.2	6.3
机械增加费	1.67	3	4.5

工程量计算规则

1. 施工降水、排水工程量计算。

（1）井管安拆根据降水管井类型、深度以根为单位计算工程量。

（2）施工降水、排水运行按照使用套·天计算工程量，使用套·天从降水、排水系统运行之日起至降水、排水系统结束之日止。

1）基坑明排水降水系统每套由排水泵、基坑排水管、排水辅助设施组成，计算套数时按照运行的排水泵台数计算，每台运行的排水泵计算一套，备用排水泵不计算运行工程量。

2）轻型井点降水系统每套由排水泵房、排水泵、水平管网、弯联管、井点管、滤管、排水辅助设施组成。轻型井点50根为一套，井管根数根据施工组织设计确定，施工组织设计无规定时，按照1.4m/根计算。

3）喷射井点降水系统每套由排水泵房、排水泵、喷射井管、高压水泵、排水管路、排水辅助设施组成。喷射井点30根为一套，井管根数根据施工组织设计确定，施工组织设计无规定时，按照2.5m/根计算。

4）大口径井点降水系统每套由排水泵房、排水泵、井点管、沉砂管、滤网、吸水器、缓冲水箱、排水辅助设施组成。大口径井点1根为一套，井管根数根据施工组织设计确定。

2. 打拔钢板桩、钢管桩按照设计成品质量，以吨为单位计算工程量。

3. 综合脚手架按照建筑物、构筑物的建筑体积以立方米为单位计算工程量。建筑体积计算规则执行本定额附录 B "电力建设工程建筑体积计算规则"。

4. 单项脚手架工程量计算。

（1）单项脚手架按照面积以平方米为单位计算工程量。

（2）外脚手架、里脚手架按照垂直投影面积计算工程量，其高度从室外地坪计算至构筑物顶。

（3）独立柱或支架按照柱断面外围周长加 3.6m 乘柱高计算工程量。

（4）满堂脚手架按照水平投影面积计算工程量。

（5）天棚吊顶、天棚抹灰、涂料搭拆满堂脚手架按照室内地面面积计算工程量，不扣除踢脚板、墙垛、柱、隔断墙所占的面积。

（6）基础、沟道、井池等搭拆满堂脚手架按照基础或底板水平投影面积 $\frac{1}{2}$ 计算工程量。

（7）深基础、沟道、井池等搭拆单排或双排外脚手架时，按照基础或底板周长乘以埋深计算工程量。

（8）天棚吊顶高度大于 3.6m 小于等于 5.2m 时搭拆满堂脚手架基本层，高度超过 5.2m 时每增加 1.2m 计算一个增加层，增加高度在 0.6m 以内不计算增加层，增加高度大于 0.6m 计算一个增加层。

（9）围墙脚手架的高度按照场地平整标高计算至围墙顶，长度按照围墙中心线长度计算，不扣除大门与边门面积，墙柱和独立门柱的脚手架不单独计算。围墙上安装的铁刺网不计算高度。

（10）室外混凝土管道安装搭拆脚手架按照面积计算工程量。高度从管道底标高计算至场地平整标高；长度按照管道中心线计算，扣除各种井所占长度。

（11）挑脚手架，按照实际搭设长度以延长米为单位计算工程量。

（12）悬空脚手架，按照其水平投影面积以平方米为单位计算工程量。

5. 垂直运输按照建筑物、构筑物的建筑体积以立方米为单位计算工程量。建筑体积计算规则执行本定额附录 B "电力建设工程建筑体积计算规则"。

6. 不能够计算建筑体积的构筑物按照构筑物实体工程量计算垂直运输工程量。实体工程量计算规则执行相应章节工程量计算规则。

7. 深度大于 4m 沟道、井池垂直运输工程量按照其结构外围轮廓体积计算。集水坑、人孔计算轮廓体积并入工程量内；垫层、外护壁、覆盖层不计算工程量。

8. 建筑超高工程量是指建筑高度 20m 以上、地下深度−10m 以下的建筑体积或构筑物实体工程量。根据建筑的结构、高度分别计算超高工程量。

13.1 施 工 降 水

13.1.1 明排水

工作内容： 挖排水沟、挖集水坑；安拆设备与管道、场内搬运、降排水设施运行维护。

定 额 编 号			XZYT13-1	XZYT13-2	XZYT13-3	XZYT13-4
项 目			离心水泵出口直径			
			50mm	100mm	150mm	200mm
单 位			套·天	套·天	套·天	套·天
基 价（元）			**232.38**	**338.68**	**463.20**	**537.81**
其中	人 工 费（元）		111.46	111.46	111.46	111.46
	材 料 费（元）					
	机 械 费（元）		120.92	227.22	351.74	426.35
名 称		单位	数 量			
人工	建筑普通工	工日	1.0417	1.0417	1.0417	1.0417
机械	电动单级离心清水泵　出口直径　φ50	台班	3.4500			
	电动单级离心清水泵　出口直径　φ100	台班		3.4500		
	电动单级离心清水泵　出口直径　φ150	台班			3.4500	
	电动单级离心清水泵　出口直径　φ200	台班				3.4500

13.1.2 轻型井点降水

工作内容：井点系统布置装配、打拔井点管、安拆设备与管道、井点连接抽水试验、场内运输、降排水设施运行维护、填井点坑。

定　额　编　号			XZYT13-5	XZYT13-6	XZYT13-7
项　　目			轻型井点		
			安装	拆除	运行
单　　位			根	根	套·天
基　　价（元）			**238.88**	**66.94**	**1062.79**
其中	人　工　费（元）		105.57	25.13	284.48
	材　料　费（元）		45.78	0.45	45.21
	机　械　费（元）		87.53	41.36	733.10
名　　称		单位	数　　量		
人工	建筑普通工	工日	0.6366	0.1515	1.7157
	建筑技术工	工日	0.2619	0.0624	0.7056
计价材料	中砂	m³	0.3958		
	水	t	4.9400		
	井点管　DN50	kg	0.0970		5.8180
	井点管总管　DN100	kg	0.0115		0.6890
	棕皮	kg	0.0820	0.0820	
	其他材料费	元	0.9400	0.0100	0.7700
机械	汽车式起重机　起重量　5t	台班	0.0646	0.0552	

565

续表

定 额 编 号			XZYT13-5	XZYT13-6	XZYT13-7
项 目			轻型井点		
			安装	拆除	运行
机械	电动多级离心清水泵　出口直径　$\phi150$ 扬程　180m 以下	台班	0.0646		
	泥浆泵　出口直径　$\phi100$	台班	0.0656		
	真空泵　抽气速度　204m³/h	台班			3.4500
	井点喷射泵　喷射速度　40m³/h	台班			3.4500

13.1.3 喷射井点降水

工作内容： 井点系统布置装配、打拔井点管、安拆设备与管道、井点连接抽水试验、场内运输、降排水设施运行维护、填井点坑。

定 额 编 号			XZYT13-8	XZYT13-9	XZYT13-10
项 目			喷射井点深 15m		
			安装	拆除	运行
单 位			根	根	套·天
基 价 （元）			**1294.17**	**405.13**	**2052.12**
其中	人 工 费 （元）		462.60	167.64	500.67
	材 料 费 （元）		384.05	22.70	267.06
	机 械 费 （元）		447.52	214.79	1284.39
名 称		单位	数 量		
人工	建筑普通工	工日	2.7901	1.0110	3.0196
	建筑技术工	工日	1.1473	0.4158	1.2418
计价材料	平焊法兰 PN1.6 DN100	片	0.0010		0.0400
	水箱	kg	0.0370		1.1200
	中砂	m³	2.8020	0.0540	
	水	t	20.2000	5.9000	
	井点管用连接件	kg	0.0020		0.0700
	喷射井管	kg	8.5600		24.7500
	喷射井管 总管	kg	2.8200		6.7400

567

续表

定 额 编 号			XZYT13-8	XZYT13-9	XZYT13-10
项 目			喷射井点深15m		
			安装	拆除	运行
计价材料	射喷嘴 $\phi21\sim26$	只	0.0060		0.1800
	滤网	只	0.0050		0.1400
	棕皮	kg	2.2070	0.8540	
	其他材料费	元	7.0600	0.6400	4.8200
机械	汽车式起重机 起重量 12t	台班	0.2197	0.2226	
	电动多级离心清水泵 出口直径 $\phi150$ 扬程 180m 以下	台班	0.2197		3.4500
	泥浆泵 出口直径 $\phi100$	台班	0.4382		
	电动空气压缩机 排气量 $6m^3/min$	台班	0.2197		

568

定 额 编 号		XZYT13-11	XZYT13-12	XZYT13-13
项 目		喷射井点深20m		
		安装	拆除	运行
单 位		根	根	套·天
基 价 （元）		**1625.89**	**534.18**	**2201.98**
其中	人 工 费 （元）	599.87	213.46	500.67
	材 料 费 （元）	538.91	29.97	416.92
	机 械 费 （元）	487.11	290.75	1284.39
名 称	单位	数 量		
人工 建筑普通工	工日	3.6180	1.2873	3.0196
建筑技术工	工日	1.4877	0.5295	1.2418
计价材料 平焊法兰 PN1.6 DN100	片	0.0010		0.0400
水箱	kg	0.0370		1.1200
中砂	m³	3.8860	0.0770	
水	t	23.6000	7.8100	
井点管用连接件	kg	0.0030		0.0800
喷射井管	kg	13.2100		41.2000
喷射井管 总管	kg	5.0100		8.7560
射喷嘴 φ21～26	只	0.0070		0.2100
滤网	只	0.0050		0.1400
棕皮	kg	2.7150	1.0310	
其他材料费	元	9.7100	0.8400	7.4200

定　额　编　号			XZYT13-11	XZYT13-12	XZYT13-13
项　　　目			喷射井点深20m		
			安装	拆除	运行
机械	履带式起重机　起重量　15t	台班	0.2473	0.3243	
	电动多级离心清水泵　出口直径　ϕ150 扬程　180m 以下	台班	0.2473		3.4500
	泥浆泵　出口直径　ϕ100	台班	0.4945		
	电动空气压缩机　排气量　6m^3/min	台班	0.2473		

定 额 编 号		XZYT13-14	XZYT13-15	XZYT13-16
项 目		喷射井点深30m		
		安装	拆除	运行
单 位		根	根	套·天
基 价（元）		**2157.54**	**714.36**	**2392.19**
其中	人 工 费（元）	739.56	315.94	500.67
	材 料 费（元）	828.73	42.67	607.13
	机 械 费（元）	589.25	355.75	1284.39
名 称	单位	数 量		
人工 建筑普通工	工日	4.4605	1.9055	3.0196
建筑技术工	工日	1.8342	0.7836	1.2418
计价材料 平焊法兰 PN1.6 DN100	片	0.0010		0.0400
水箱	kg	0.0370		1.1200
中砂	m³	6.0190		
水	t	31.2000	15.4000	
井点管用连接件	kg	0.0030		0.0900
喷射井管	kg	20.6900		61.3200
喷射井管 总管	kg	8.4800		11.0700
射喷嘴 φ21~26	只	0.0130		0.4000
滤网	只	0.0090		0.2800
棕皮	kg	4.1240	1.3690	
其他材料费	元	14.7000	1.3900	10.7200

续表

定 额 编 号			XZYT13-14	XZYT13-15	XZYT13-16
项 目			喷射井点深30m		
			安装	拆除	运行
机械	履带式起重机 起重量 15t	台班	0.2990	0.3968	
	电动多级离心清水泵 出口直径 $\phi150$ 扬程 180m 以下	台班	0.2990		3.4500
	泥浆泵 出口直径 $\phi100$	台班	0.5992		
	电动空气压缩机 排气量 6m^3/min	台班	0.2990		

13.1.4 大口径井点降水

工作内容：钻机钻孔、安拆井管、井底和井壁填碎石、洗井、安拆设备与管道、抽水试验、导入明沟；
场内运输、降排水设施运行维护、填井点坑。

定 额 编 号			XZYT13-17	XZYT13-18	XZYT13-19
项 目			大口径井安装	大口径井拆除	大口径井运行
			直径 600mm 以内		
			井深 15m 以内		
单 位			根	根	套·天
基 价 （元）			**3847.14**	**2108.68**	**228.20**
其中	人 工 费 （元）		1284.59	327.46	31.36
	材 料 费 （元）		768.22	41.08	72.40
	机 械 费 （元）		1794.33	1740.14	124.44
名 称		单位	数 量		
人工	建筑普通工	工日	7.7477	1.9750	0.0670
	建筑技术工	工日	3.1859	0.8121	0.1692
计价材料	水箱	kg	0.0370		0.0300
	大口径井点总管 $\phi600$	m	0.0050		0.0500
	大口径井管 $\phi600 \times 15m$	根	0.0010		0.0300
	中砂	m³	7.7900		
	水	t	48.0000	18.0000	
	吸水器	只	0.0010		0.0100

续表

定　额　编　号			XZYT13-17	XZYT13-18	XZYT13-19
项　　　　目			大口径井安装	大口径井拆除	大口径井运行
			直径 600mm 以内		
			井深 15m 以内		
计价材料	其他材料费	元	14.1200	1.4800	1.1800
机械	潜水钻机　孔径　φ1500	台班	0.7648		
	履带式起重机　起重量　15t	台班	0.7648	1.5295	
	电动单筒慢速卷扬机　50kN	台班		1.5295	
	电动多级离心清水泵　出口直径　φ150 扬程　180m 以下	台班	0.8637		
	泥浆泵　出口直径　φ100	台班	0.7648		
	潜水泵　出口直径　φ100	台班			3.4500

574

13.2 围护桩

13.2.1 打、拔钢板桩

工作内容：打桩机具布置、移动打桩机、桩吊装就位、校正、打桩。

定额编号			XZYT13-20	XZYT13-21	XZYT13-22	XZYT13-23
项　　目			打钢板桩			
			桩长 6m 以内	桩长 10m 以内	桩长 15m 以内	桩长 20m 以内
单　　位			t	t	t	t
基　　价（元）			**2076.66**	**1946.39**	**1887.90**	**1845.02**
其中	人　工　费（元）		208.83	143.70	102.05	80.92
	材　料　费（元）		1591.16	1591.16	1591.16	1591.16
	机　械　费（元）		276.67	211.53	194.69	172.94
名　　称		单位	数　　量			
人工	建筑普通工	工日	1.4778	1.0170	0.7223	0.5726
	建筑技术工	工日	0.3546	0.2439	0.1732	0.1374
计价材料	加工铁件　综合	kg	4.8100	4.8100	4.8100	4.8100
	方材红白松　二等	m³	0.0020	0.0020	0.0020	0.0020
	木楔	m³	0.0040	0.0040	0.0040	0.0040
	钢板桩	kg	208.0000	208.0000	208.0000	208.0000
	其他材料费	元	27.1700	27.1700	27.1700	27.1700
机械	轨道式柴油打桩机　锤重　2.5t	台班	0.1610	0.1265	0.1150	0.1012
	履带式起重机　起重量　15t	台班	0.0932	0.0667	0.0633	0.0575

工作内容：安拆导向夹具、系桩，拔桩；场内临时堆放。

定　额　编　号		XZYT13-24	XZYT13-25	XZYT13-26	XZYT13-27
项　　　　　目		拔钢板桩			
		桩长 6m 以内	桩长 10m 以内	桩长 15m 以内	桩长 20m 以内
单　　　　　位		t	t	t	t
基　　价（元）		**501.13**	**382.07**	**348.97**	**332.33**
其中	人　工　费（元）	153.85	106.02	87.17	84.78
	材　料　费（元）	10.84	10.84	10.84	10.84
	机　械　费（元）	336.44	265.21	250.96	236.71
名　　　　　称	单位	数　　　　　量			
人工	建筑普通工　　　　　工日	1.0889	0.7503	0.6170	0.5999
	建筑技术工　　　　　工日	0.2611	0.1800	0.1479	0.1440
计价材料	钢丝绳　φ8 以下　　kg	0.0570	0.0570	0.0570	0.0570
	板材红白松　二等　　m³	0.0050	0.0050	0.0050	0.0050
	其他材料费　　　　　元	0.1700	0.1700	0.1700	0.1700
机械	振动沉拔桩机　激振力　400kN　台班	0.1725	0.1150	0.1035	0.0920
	履带式起重机　起重量　15t　台班	0.0667	0.0667	0.0667	0.0667
	载重汽车　8t　　　台班	0.1093	0.1093	0.1093	0.1093

13.2.2 打、拔钢管桩

工作内容: 打桩机具布置、移动打桩机、桩吊装就位、安卸桩帽、校正、打桩。

定额编号			XZYT13-28	XZYT13-29	XZYT13-30	XZYT13-31
项　　目			打钢管桩			
			桩长 6m 以内	桩长 10m 以内	桩长 15m 以内	桩长 20m 以内
单　　位			t	t	t	t
基　价（元）			**1875.74**	**1752.00**	**1697.69**	**1657.12**
其中	人　工　费（元）		187.93	129.33	91.86	72.81
	材　料　费（元）		1423.49	1423.49	1423.49	1423.49
	机　械　费（元）		264.32	199.18	182.34	160.82
名　　称		单位	数　　　量			
人工	建筑普通工	工日	1.3300	0.9153	0.6500	0.5153
	建筑技术工	工日	0.3190	0.2195	0.1560	0.1236
计价材料	加工铁件　综合	kg	3.7500	3.7500	3.7500	3.7500
	方材红白松　二等	m³	0.0035	0.0035	0.0035	0.0035
	钢管桩	kg	202.0000	202.0000	202.0000	202.0000
	其他材料费	元	26.2100	26.2100	26.2100	26.2100
机械	轨道式柴油打桩机　锤重　2.5t	台班	0.1507	0.1162	0.1047	0.0911
	履带式起重机　起重量　15t	台班	0.0932	0.0667	0.0633	0.0575

工作内容：安拆导向夹具、系桩，拔桩；场内临时堆放。

定　额　编　号		XZYT13-32	XZYT13-33	XZYT13-34	XZYT13-35
项　　　　目		拔钢管桩			
		桩长 6m 以内	桩长 10m 以内	桩长 15m 以内	桩长 20m 以内
单　　　　位		t	t	t	t
基　　　价（元）		**440.72**	**342.11**	**307.61**	**295.51**
其中	人　工　费（元）	123.08	84.81	69.76	67.82
	材　料　费（元）	4.61	4.61	4.61	4.61
	机　械　费（元）	313.03	252.69	233.24	223.08
名　　称	单位	数　　　量			
人工	建筑普通工　　工日	0.8711	0.6002	0.4936	0.4800
	建筑技术工　　工日	0.2089	0.1440	0.1185	0.1151
计价材料	钢丝绳　φ8 以下　kg	0.0570	0.0570	0.0570	0.0570
	板材红白松　二等　m³	0.0020	0.0020	0.0020	0.0020
	其他材料费　　元	0.0700	0.0700	0.0700	0.0700
机械	振动沉拔桩机　激振力　400kN　台班	0.1536	0.1049	0.0892	0.0810
	履带式起重机　起重量　15t　台班	0.0667	0.0667	0.0667	0.0667
	载重汽车　8t　台班	0.1093	0.1093	0.1093	0.1093

13.3 脚手架工程

13.3.1 综合脚手架

工作内容：场内外材料搬运、搭设、拆除；斜道、上料平台搭拆；施工期间加固、维修；脚手杆堆放、绑扎、场内运输。

定 额 编 号			XZYT13-36	XZYT13-37	XZYT13-38	XZYT13-39	XZYT13-40
项 目			建筑高度				
			10m 以内	20m 以内	30m 以内	40m 以内	50m 以内
单 位			m³	m³	m³	m³	m³
基 价（元）			**9.33**	**12.71**	**15.50**	**19.43**	**24.84**
其中	人 工 费（元）		4.73	5.64	6.80	8.92	10.69
	材 料 费（元）		3.77	6.13	7.66	9.47	13.00
	机 械 费（元）		0.83	0.94	1.04	1.04	1.15
名 称		单位	数 量				
人工	建筑普通工	工日	0.0310	0.0369	0.0446	0.0584	0.0698
	建筑技术工	工日	0.0099	0.0118	0.0142	0.0187	0.0225
计价材料	镀锌铁丝　综合	kg	0.0528	0.0772	0.0871	0.0964	0.1069
	清洗剂	kg	0.0046	0.0052	0.0067	0.0103	0.0127
	防锈漆	kg	0.0389	0.0461	0.0590	0.0864	0.1123
	钢管脚手架　包括扣件	kg	0.3498	0.5838	0.7561	0.9319	1.4245
	钢脚手板　50×250×4000	块	0.0070	0.0125	0.0181	0.0238	0.0294

续表

定 额 编 号			XZYT13-36	XZYT13-37	XZYT13-38	XZYT13-39	XZYT13-40
项 目			建筑高度				
			10m 以内	20m 以内	30m 以内	40m 以内	50m 以内
计价材料	木脚手板	m^3	0.0002	0.0005	0.0005	0.0005	0.0005
	尼龙编织布	m^2	0.0886	0.1160	0.1327	0.1638	0.1940
	其他材料费	元	0.0600	0.1000	0.1200	0.1500	0.2000
机械	载重汽车 6t	台班	0.0016	0.0018	0.0020	0.0020	0.0022

13.3.2 单项脚手架

工作内容：场内外材料搬运、搭设、拆除；斜道、上料平台搭拆；施工期间加固、维修；脚手杆堆放、绑扎、场内运输。

定 额 编 号		XZYT13-41	XZYT13-42	XZYT13-43	XZYT13-44
项 目		单排外脚手架	双排外脚手架		
		10m 以内		20m 以内	30m 以内
单 位		m²	m²	m²	m²
基 价（元）		**11.89**	**15.67**	**18.70**	**25.53**
其中	人 工 费（元）	5.89	7.24	8.79	12.43
	材 料 费（元）	5.17	7.49	8.76	11.64
	机 械 费（元）	0.83	0.94	1.15	1.46
名 称	单位	数 量			
人工 建筑普通工	工日	0.0386	0.0475	0.0577	0.0814
建筑技术工	工日	0.0123	0.0151	0.0183	0.0260
计价材料 镀锌铁丝 综合	kg	0.0541	0.0578	0.0742	0.0886
清洗剂	kg	0.0058	0.0072	0.0088	0.0118
防锈漆	kg	0.0449	0.0641	0.0758	0.1044
钢管脚手架 包括扣件	kg	0.5784	0.8336	0.9838	1.3290
钢脚手板 50×250×4000	块	0.0090	0.0108	0.0126	0.0178

续表

定 额 编 号			XZYT13-41	XZYT13-42	XZYT13-43	XZYT13-44
项 目			单排外脚手架	双排外脚手架		
			10m 以内		20m 以内	30m 以内
计价材料	木脚手板	m³	0.0004	0.0005	0.0005	0.0006
	尼龙编织布	m²	0.0060	0.1020	0.1260	0.1500
	其他材料费	元	0.0800	0.1200	0.1400	0.1800
机械	载重汽车 6t	台班	0.0016	0.0018	0.0022	0.0028

13.3.3 其他脚手架

工作内容：材料运输，脚手架、斜道、上料平台搭拆，施工期间加固、维修，拆除。

定 额 编 号			XZYT13-45	XZYT13-46	XZYT13-47	XZYT13-48	XZYT13-49
项 目			满堂脚手架		里脚手架	挑脚手架	悬空脚手架
			层高 3.6m	每增高 1.2m	层高 3.6m		
单 位			m²	m²	m²	m	m²
基 价（元）			**10.41**	**3.00**	**4.58**	**1.84**	**6.74**
其中	人 工 费（元）		7.01	2.69	4.11	1.33	5.67
	材 料 费（元）		2.98	0.26	0.37	0.46	0.76
	机 械 费（元）		0.42	0.05	0.10	0.05	0.31
名 称		单位	数 量				
人工	建筑普通工	工日	0.0460	0.0177	0.0268	0.0049	0.0372
	建筑技术工	工日	0.0146	0.0056	0.0087	0.0056	0.0118
计价材料	镀锌铁丝 综合	kg	0.2896		0.0086	0.0007	0.0296
	清洗剂	kg	0.0014	0.0005	0.0001	0.0001	0.0001
	防锈漆	kg	0.0125	0.0042	0.0014	0.0001	0.0001
	钢管脚手架 包括扣件	kg	0.1409	0.0372	0.0188	0.0026	0.0347
	钢脚手板 50×250×4000	块	0.0048		0.0011	0.0001	0.0049
	木脚手板	m³	0.0001		0.0001	0.0001	0.0001
	尼龙编织布	m²				0.0696	
	其他材料费	元	0.0500		0.0100	0.0100	0.0100
机械	载重汽车 6t	台班	0.0008	0.0001	0.0002	0.0001	0.0006

13.4 垂 直 运 输 工 程

13.4.1 混合结构

工作内容： 人员、工具、材料垂直运输；通信联络。

定 额 编 号			XZYT13-50	XZYT13-51
项　　　　目			混合结构	
			建筑高度	
			13m 以内	22m 以内
单　　　　位			m³	m³
基　　价（元）			**8.90**	**18.43**
其中	人　工　费（元）		0.26	0.51
	材　料　费（元）			
	机　械　费（元）		8.64	17.92
名　　　称		单位	数　　量	
人工	建筑普通工	工日	0.0011	0.0021
	建筑技术工	工日	0.0010	0.0020
机械	塔式起重机　起重力矩　200kN·m	台班		0.0069
	电动单筒快速卷扬机　10kN	台班	0.0350	0.0332
	卷扬机架（单笼5t以内）　架高　40m以内	台班	0.0350	0.0332

13.4.2 排架结构

工作内容：人员、工具、材料垂直运输；通信联络。

定 额 编 号			XZYT13-52	XZYT13-53
项 目			排架结构	
			建筑高度	
			15m 以内	25m 以内
单 位			m³	m³
基 价（元）			**6.24**	**11.94**
其中	人 工 费（元）		0.20	0.43
	材 料 费（元）			
	机 械 费（元）		6.04	11.51
名 称		单位	数 量	
人工	建筑普通工	工日	0.0008	0.0017
	建筑技术工	工日	0.0008	0.0017
机械	汽车式起重机 起重量 8t	台班	0.0026	0.0061
	电动单筒快速卷扬机 10kN	台班	0.0156	0.0258
	卷扬机架（单笼5t以内） 架高 40m 以内	台班	0.0156	0.0258

13.4.3 框架结构

工作内容：人员、工具、材料垂直运输；通信联络。

定 额 编 号			XZYT13-54	XZYT13-55	XZYT13-56	XZYT13-57	XZYT13-58	XZYT13-59
项 目			框架结构					
			建筑高度					
			13m 以内	22m 以内	30m 以内	40m 以内	50m 以内	60m 以内
单 位			m^3	m^3	m^3	m^3	m^3	m^3
基 价 (元)			**9.83**	**9.93**	**14.96**	**18.89**	**22.31**	**25.08**
其中	人 工 费 (元)		0.33	0.59	0.84	1.17	1.17	2.07
	材 料 费 (元)							
	机 械 费 (元)		9.50	9.34	14.12	17.72	21.14	23.01
名 称		单位	数 量					
人工	建筑普通工	工日	0.0013	0.0023	0.0034	0.0048	0.0048	0.0081
	建筑技术工	工日	0.0013	0.0024	0.0033	0.0046	0.0046	0.0084
机械	履带式起重机 起重量 40t	台班				0.0006	0.0008	
	履带式起重机 起重量 60t	台班						0.0007
	履带式起重机 起重量 150t	台班				0.0003		
	履带式起重机 起重量 250t	台班					0.0003	0.0003
	汽车式起重机 起重量 8t	台班	0.0002	0.0007				
	汽车式起重机 起重量 25t	台班			0.0002	0.0003	0.0003	0.0003
	塔式起重机 起重力矩 1500kN·m	台班		0.0015				
	塔式起重机 起重力矩 2500kN·m	台班			0.0021	0.0024	0.0028	0.0031

续表

定额编号			XZYT13-54	XZYT13-55	XZYT13-56	XZYT13-57	XZYT13-58	XZYT13-59
项目			框架结构					
			建筑高度					
			13m 以内	22m 以内	30m 以内	40m 以内	50m 以内	60m 以内
机械	电动单筒快速卷扬机 10kN	台班	0.0378	0.0098	0.0093	0.0059	0.0051	0.0048
	单笼施工电梯 提升质量（t）1 提升高度 75m	台班			0.0020	0.0024	0.0032	
	单笼施工电梯 提升质量（t）1 提升高度 100m	台班						0.0037
	卷扬机架（单笼 5t 以内） 架高 40m 以内	台班	0.0378	0.0098	0.0093			
	卷扬机架（单笼 5t 以内） 架高 70m 以内	台班				0.0059	0.0051	
	卷扬机架（单笼 5t 以内） 架高 100m 以内	台班						0.0048

13.4.4 钢结构

工作内容：人员、工具、材料垂直运输；通信联络。

定 额 编 号			XZYT13-60	XZYT13-61	XZYT13-62	XZYT13-63	XZYT13-64	XZYT13-65
项　　　目			钢结构					
			建筑高度					
			13m 以内	22m 以内	30m 以内	40m 以内	50m 以内	60m 以内
单　　　位			m³	m³	m³	m³	m³	m³
基　　价（元）			**6.17**	**10.05**	**11.55**	**15.93**	**22.74**	**25.78**
其中	人　工　费（元）		0.26	0.55	0.75	0.99	1.37	1.53
	材　料　费（元）							
	机　械　费（元）		5.91	9.50	10.80	14.94	21.37	24.25
名　　　称		单位	数　　量					
人工	建筑普通工	工日	0.0011	0.0022	0.0031	0.0040	0.0053	0.0060
	建筑技术工	工日	0.0010	0.0022	0.0029	0.0039	0.0056	0.0062
机械	履带式起重机　起重量　40t	台班				0.0006	0.0007	
	履带式起重机　起重量　60t	台班						0.0007
	履带式起重机　起重量　150t	台班				0.0003		
	履带式起重机　起重量　250t	台班					0.0003	0.0003
	汽车式起重机　起重量　8t	台班	0.0037	0.0029				
	汽车式起重机　起重量　25t	台班		0.0040	0.0002	0.0003	0.0003	0.0003
	自升式塔式起重机　起重力矩　30000kN·m	台班					0.0002	0.0003
	塔式起重机　起重力矩　2500kN·m	台班			0.0017	0.0021	0.0028	0.0031

续表

定 额 编 号			XZYT13-60	XZYT13-61	XZYT13-62	XZYT13-63	XZYT13-64	XZYT13-65
项 目			钢结构					
			建筑高度					
			13m 以内	22m 以内	30m 以内	40m 以内	50m 以内	60m 以内
机械	电动单筒快速卷扬机 10kN	台班	0.0113	0.0069	0.0052	0.0024	0.0028	0.0025
	单笼施工电梯 提升质量（t）1 提升高度 75m	台班			0.0013	0.0014	0.0015	
	单笼施工电梯 提升质量（t）1 提升高度 100m	台班						0.0025
	卷扬机架（单笼 5t 以内） 架高 40m 以内	台班	0.0113	0.0069	0.0052			
	卷扬机架（单笼 5t 以内） 架高 70m 以内	台班				0.0024	0.0028	
	卷扬机架（单笼 5t 以内） 架高 100m 以内	台班						0.0016

13.4.5 混凝土构筑物

工作内容： 工具、材料垂直运输；通信联络。

定　额　编　号			XZYT13-66
项　　　　　目			混凝土构筑物
			深度大于4m沟道、井池
单　　　　　位			m³
基　　价（元）			**8.60**
其中	人　工　费（元）		0.13
	材　料　费（元）		
	机　械　费（元）		8.47
名　　　称		单位	数　　量
人工	建筑普通工	工日	0.0005
	建筑技术工	工日	0.0005
机械	汽车式起重机　起重量　8t	台班	0.0041
	机动翻斗车　1t	台班	0.0207

13.4.6 单体建筑

工作内容：工具、材料垂直运输；通信联络。

定额编号			XZYT13-67	XZYT13-68	XZYT13-69
项　　　目			单体建筑		
			高度大于 3.6m		
			独立隔声墙	混凝土柱、支架	防火墙
单　　　位			m²	m³	m³
基　　价（元）			**45.94**	**99.74**	**64.48**
其中	人　工　费（元）		11.97	29.94	17.95
	材　料　费（元）				
	机　械　费（元）		33.97	69.80	46.53
名　　　称		单位	数　　量		
人工	建筑普通工	工日	0.0491	0.1226	0.0735
	建筑技术工	工日	0.0470	0.1176	0.0705
机械	汽车式起重机　起重量　8t	台班	0.0403	0.0828	0.0552

附录 A 电力建设工程建筑面积计算规则

1 规则说明

1.1 为规范电力建设工程建筑面积的计算，统一计算方法，制定本规则。

1.2 本规则适用于新建、扩建、改建的电力工程建筑面积的计算。

1.3 建筑面积计算应遵循科学、合理的原则。

1.4 建筑面积计算除应遵循本规则，尚应符合国家现行的有关标准规范的规定。

2 本规则中的术语

2.1 层高

上下两层楼面或楼面与地面之间的垂直距离。

2.2 自然层

按照楼板、地板结构分层的楼层。

2.3 架空层

建筑物深基础或坡地建筑吊脚架空部位不回填土石方形成的建筑空间。

2.4 走廊

建筑物的水平交通空间。

2.5 挑廊

挑出建筑物外墙的水平空间。

2.6 檐廊

设置在建筑物底层出檐下的水平交通空间。

2.7 回廊

在建筑物门厅、大厅内设置二层或二层以上的回形走廊。

2.8 门斗

在建筑物出入口设置的起分隔、挡风、御寒等作用的建筑过渡空间。

2.9 建筑物通道

由于交通等原因穿过建筑物，在建筑物内形成的建筑空间。

2.10 架空走廊

建筑物与建筑物之间，在二层或二层以上专门为水平交通设置的走廊。

2.11 勒脚

建筑物外墙与室外地面或散水接触部位墙体加厚的部分。

2.12 围护结构

围合建筑空间四周的墙体、门、窗等。

2.13 围护性幕墙

直接作为外墙起围护作用的幕墙。

2.14 装饰性幕墙

设置在建筑物墙体外起装饰作用的幕墙。

2.15 落地橱窗

突出外墙面坐落在地面上的橱窗。

2.16 阳台

突出或凹进外墙供使用者进行活动的建筑空间。

2.17 眺望间

设置在建筑物顶层或挑出房间的供人们远眺或观察周围情况的建筑空间。

2.18 雨篷

设置在建筑物进出口上部的遮雨、遮阳篷。

2.19 地下室

房间地面低于室外地坪面的高度超过该房间净高的$\frac{1}{2}$的建筑空间。

2.20 半地下室

房间地面低于室外地坪面的高度超过该房间净高的$\frac{1}{3}$，且不超过$\frac{1}{2}$的建筑空间。

2.21 变形缝

伸缩缝（温度缝）、沉降缝和抗震缝的总称。

2.22 永久性顶盖

经规划批准设计的永久使用的顶盖。

2.23 天桥

建筑物与建筑物之间，利用支架（柱）架空的水平交通廊道。

2.24 建筑

临时建筑与永久建筑的统称；建筑物与构筑物的统称。

3 计算建筑面积的规定

3.1 单层建筑物的建筑面积，应按照其外墙勒脚以上结构外围水平面积计算，并应符合下列规定：

单层建筑物高度在2.20m及以上者应计算全面积；高度不足2.20m者应计算$\frac{1}{2}$面积。

3.2 利用坡屋顶内空间时，净高超过2.10m的部位应计算全面积；净高在1.20~2.10m之间的部位应计算$\frac{1}{2}$面积；净高不足1.20m的部位不应计算建筑面积。

3.3 单层建筑物内设有局部楼层者，局部楼层的二层及以上楼层，有围护结构的应按照其围护结构外围水平面积计算，无围护结构的应按照其结构底板水平面积计算。层高在2.20m及以上者应计算全面积；层高不足2.20m者应计算$\frac{1}{2}$面积。

3.4 多层建筑物首层应按照其外墙勒脚以上结构外围水平面积计算；二层及以上楼层应按照其外墙结构外围水平面积计算。层高在2.20m及以上者应计算全面积；层高不足2.20m者应计算$\frac{1}{2}$

面积。

3.5 多层建筑坡屋顶内，当设计加以利用时净高超过 2.10m 的部位应计算全面积；净高在 1.20~ 2.10m 的部位应计算 $\frac{1}{2}$ 面积；当设计不利用或室内净高不足 1.20m 时不应计算建筑面积。

3.6 地下室、半地下室、有永久性顶盖的出入口，应按照其外墙上口（不包括采光井、外墙防潮层及其保护墙）外边线所围水平面积计算。层高在 2.20m 及以上者应计算全面积；层高不足 2.20m 者应计算 $\frac{1}{2}$ 面积。

3.7 坡地的建筑物吊脚架空层、深基础架空层，设计加以利用并有围护结构的，层高在 2.20m 及以上的部位应按照其结构外围水平面积计算全面积；层高不足 2.20m 的部位应按照其结构外围水平面积计算 $\frac{1}{2}$ 面积。设计加以利用、无围护结构的建筑吊脚架空层、深基础架空层，应按照其利用部位结构外围水平面积计算 $\frac{1}{2}$ 面积；设计不利用的深基础架空层、坡地吊脚架空层的空间不应计算建筑面积。

3.8 建筑物的门厅、大厅按照一层计算建筑面积。门厅、大厅内设有回廊时，应按照其结构外围水平面积计算。层高在 2.20m 及以上者应计算全面积；层高不足 2.20m 者应计算 $\frac{1}{2}$ 面积。

3.9 建筑物间有围护结构的架空走廊，应按其围护结构外围水平面积计算。层高在 2.20m 及以上者应计算全面积；层高不足 2.20m 者应计算 $\frac{1}{2}$ 面积。有永久性顶盖无围护结构的应按照其结构底板水平面积计算 $\frac{1}{2}$ 面积。

3.10 建筑物外有围护结构的落地橱窗、门斗、挑廊、走廊、檐廊，应按照其围护结构外围水平面积计算。层高在 2.20m 及以上者应计算全面积；层高不足 2.20m 者应计算 $\frac{1}{2}$ 面积。有永久性顶盖无围护结构的应按照其永久顶盖水平投影面积计算 $\frac{1}{2}$ 面积。

3.11 建筑物顶部有围护结构的楼梯间、水箱间、电梯机房等，层高在 2.20m 及以上者应计算全面积；层高不足 2.20m 者应计算 $\frac{1}{2}$ 面积。

3.12 设有围护结构不垂直于水平面而超出底板外沿的建筑物，应按照其底板面的外围水平面积计算。层高在 2.20m 及以上者应计算全面积；层高不足 2.20m 者应计算 $\frac{1}{2}$ 面积。

3.13 建筑物内的楼梯间、电梯井、观光电梯井、提物井、管道井、电缆竖井、通风排气竖井、垃圾道应按照建筑物的自然层计算。

3.14 雨篷结构的外边线至外墙结构外边线的宽度超过 2.10m 者，应按照雨篷结构板的水平投影面积计算 $\frac{1}{2}$ 面积。

3.15　有永久性顶盖的室外楼梯，应按照建筑物自然层的水平投影面积计算$\frac{1}{2}$面积。

3.16　建筑物的阳台按照其水平投影面积计算$\frac{1}{2}$面积。

3.17　有永久性顶盖无围护结构的车棚、货棚、站台等，应按照其顶盖水平投影面积计算$\frac{1}{2}$面积。

3.18　高低联跨的建筑物，应以高跨结构外边线分界分别计算建筑面积；其高低跨内部连通时，其变形缝应计算在低跨面积内。

3.19　以幕墙作为围护结构的建筑物，应按照幕墙外边线计算建筑面积。

3.20　建筑物外墙外侧有保温隔热层的，应按照保温隔热层外边线计算建筑面积。

3.21　建筑物内的变形缝，应按照其自然层合并在建筑物面积内计算。

3.22　天桥面积不分高度按照天桥水平长度计算。

4　不应计算建筑面积的项目

4.1　建筑物通道。

4.2　建筑物内分隔的单层房间。

4.3　建筑物内操作平台、上料平台、安装箱或罐体平台。

4.4　勒脚、附墙柱、垛、台阶、墙面抹灰、装饰面、镶贴块料面层、装饰性幕墙、空调机外机搁板（箱）、构件、配件、宽度在 2.10m 及以内的雨篷。

598

4.5 无永久性顶盖的架空走廊、室外楼梯；用于检修、消防的室外钢楼梯、爬梯。

4.6 室外沟道、油池、水池、井、设备基础、箱罐基础。

4.7 水渠、截洪沟。

4.8 防火墙。

4.9 围墙、地坪、道路、支架、挡土墙、绿化等。

附录 B 电力建设工程建筑体积计算规则

1 规则说明

1.1 为规范电力建设工程建筑体积的计算，统一计算方法，制定本规则。

1.2 本规则适用于新建、扩建、改建的电力工程建筑体积的计算。

1.3 建筑体积计算应遵循科学、合理的原则。

1.4 建筑体积计算除应遵循本规则，尚应符合国家现行的有关标准规范的规定。

2 本规则中的术语

2.1 层高

上下两层楼面或楼面与地面之间的垂直距离。

2.2 自然层

按照楼板、地板结构分层的楼层。

2.3 架空层

建筑物深基础或坡地建筑吊脚架空部位不回填土石方形成的建筑空间。

2.4 走廊

建筑物的水平交通空间。

2.5 挑廊

挑出建筑物外墙的水平空间。

2.6 檐廊

设置在建筑物底层出檐下的水平交通空间。

2.7 回廊

在建筑物门厅、大厅内设置二层或二层以上的回形走廊。

2.8 门斗

在建筑物出入口设置的起分隔、挡风、御寒等作用的建筑过渡空间。

2.9 建筑物通道

由于交通等原因穿过建筑物，在建筑物内形成的建筑空间。

2.10 架空走廊

建筑物与建筑物之间，在二层或二层以上专门为水平交通设置的走廊。

2.11 勒脚

建筑物外墙与室外地面或散水接触部位墙体加厚的部分。

2.12 围护结构

围合建筑空间四周的墙体、门、窗等。

2.13 围护性幕墙

直接作为外墙起围护作用的幕墙。

2.14 装饰性幕墙

设置在建筑物墙体外起装饰作用的幕墙。

2.15 落地橱窗

突出外墙面坐落在地面上的橱窗。

2.16 阳台

突出或凹进外墙供使用者进行活动的建筑空间。

2.17 眺望间

设置在建筑物顶层或挑出房间的供人们远眺或观察周围情况的建筑空间。

2.18 雨篷

设置在建筑物进出口上部的遮雨、遮阳篷。

2.19 地下室

房间地面低于室外地坪面的高度超过该房间净高的$\frac{1}{2}$的建筑空间。

2.20 半地下室

房间地面低于室外地坪面的高度超过该房间净高的$\frac{1}{3}$，且不超过$\frac{1}{2}$的建筑空间。

2.21 变形缝

伸缩缝（温度缝）、沉降缝和抗震缝的总称。

2.22 永久性顶盖

经规划批准设计的永久使用的顶盖。

2.23　天桥

建筑物与建筑物之间，利用支架（柱）架空的水平交通廊道。

2.24　建筑

临时建筑与永久建筑的统称；建筑物与构筑物的统称。

2.25　建筑高度

建筑物室外地坪至其檐口或屋面面层的垂直距离。

2.26　建筑物高度

建筑物高度泛指建筑物整体高度、或部位高度、或部件高度。是指建筑物上某标高相对室内地面、或相对室外地坪、或相对指定标高间的垂直距离。

3　计算建筑体积的规定

3.1　单层建筑物的建筑体积，应按照其外墙勒脚以上结构外围水平面积乘以建筑物高度计算，不同高度建筑物应分别计算。高低联跨的建筑物，应以高跨结构外边线分界分别计算建筑体积；其高低跨内部连通时，其变形缝应计算在低跨体积内。

结构找坡或建筑找坡的平屋面、单坡或双坡或四坡的坡屋面单层建筑物高度从其室内地面计算至屋面面层间的平均标高。女儿墙、挑檐、屋顶架空隔热层不计算建筑物高度。

3.2　多层建筑物首层应按照其外墙勒脚以上结构外围水平面积乘以首层建筑物高度计算，首层建筑物高度从室内地面计算至二层楼板建筑顶面；二层及以上楼层应按照其外墙结构外围水平面积乘以二层及以上楼层建筑物高度计算，二层及以上楼层建筑物高度从其室内地面计算至上层楼板建筑顶面；顶层应按照其外墙结构外围水平面积乘以顶层建筑物高度计算，顶层建筑物高度从室内地面计算至屋面面层间的平均标高。女儿墙、挑檐、屋顶架空隔热层不计算建筑物高度。

3.3 突出主体建筑屋顶有维护结构的电梯间、楼梯间、水箱间、提物间、通风间等按照顶层建筑物计算建筑体积。无围护结构的应按照其体积的 $\frac{1}{2}$ 计算。

3.4 地下室、半地下室、有永久性顶盖的出入口，应按照其外墙上口（不包括采光井、外墙防潮层及其保护墙）外边线所围水平面积乘以建筑物高度计算。地下室、半地下室建筑物高度从其底板结构底标高计算至首层建筑地面；有永久性顶盖的出入口建筑物高度从其底板结构底标高计算至出口顶板建筑顶面。独立的电梯坑、提物间坑不计算建筑体积。

3.5 坡地吊脚架空层、深基础架空层，设计加以利用并有围护结构的部位按照其结构外围水平面积乘以建筑物高度计算。坡地吊脚架空层、深基础架空层建筑物高度从其底板结构底标高计算至首层建筑地面；设计加以利用、无围护结构的坡地吊脚架空层、深基础架空层，应按照其利用部位体积的 $\frac{1}{2}$ 计算；设计不利用的深基础架空层、坡地吊脚架空层的空间不应计算建筑体积。

3.6 建筑物间有围护结构的架空走廊，应按其围护结构外围水平面积乘以建筑物高度计算。架空走廊建筑物高度从走廊底板结构底标高计算至走廊顶板建筑顶标高。有永久性顶盖无围护结构的应按照其体积的 $\frac{1}{2}$ 计算。

3.7 建筑物外有围护结构的落地橱窗、门斗、挑廊、走廊、檐廊，应按照其围护结构外围体积计算。有永久性顶盖无围护结构的应按照其体积的 $\frac{1}{2}$ 计算。

3.8　建筑物内的楼梯间、电梯井、观光电梯井、提物井、管道井、电缆竖井、通风排气竖井、垃圾道、附墙烟囱应计算建筑体积，并入建筑物体积内。

3.9　有永久性顶盖的室外楼梯，应按照楼梯结构水平投影面积 $\frac{1}{2}$ 乘以建筑物高度计算。室外楼梯建筑物高度从室外地坪标高计算至永久性顶盖建筑顶面。

3.10　建筑物的阳台按照其水平投影面积的 $\frac{1}{2}$ 乘以建筑物高度计算。阳台建筑物高度从阳台地面底板结构底标高计算至阳台顶板建筑顶面或上一层阳台地面建筑顶面。

3.11　有柱雨篷按照其水平投影面积的 $\frac{1}{2}$ 乘以建筑物高度计算。雨篷建筑物高度从雨篷地面标高（台阶上平台标高）计算至雨篷板建筑顶面。

3.12　有永久性顶盖无围护结构的车棚、货棚、站台等，应按照其顶盖水平投影面积的 $\frac{1}{2}$ 乘以建筑物高度计算。车棚、货棚、站台等建筑物高度从其地坪标高计算至车棚、货棚、站台等顶板建筑顶面平均标高。

3.13　以幕墙作为围护结构的建筑物，应按照幕墙外边线计算建筑体积。

3.14　建筑物外墙外侧有保温隔热层的，应按照保温隔热层外边线计算建筑体积。

3.15　建筑物内的变形缝计算体积，合并在建筑物体积内。

3.16　天桥体积按照结构外轮廓尺寸计算，长度按照水平长计算，天桥建筑物高度从天桥底板结构底标高计算至天桥顶板建筑顶面。

4　不应计算建筑体积的项目

4.1　建筑物通道。

4.2　勒脚、附墙柱、垛、台阶、墙面抹灰、装饰面、镶贴块料面层、装饰性幕墙、空调机外机搁板（箱）。

4.3　无柱雨篷。

4.4　无永久性顶盖的架空走廊、室外楼梯和用于检修、消防等的室外钢楼梯、爬梯。

4.5　室外沟道、油池、水池、井、设备基础、箱罐基础。

4.6　水渠、截洪沟。

4.7　防火墙。

4.8　围墙、地坪、道路、支架、挡土墙、护坡、护岸、绿化等。

附录 C 材料取定表

材料取定表

编号	组合材料名称	单位	组合比例
1	圆钢 φ10 以内	t	Ⅰ级 φ6　25%，Ⅰ级 φ8　35%，Ⅰ级 φ10　30%，Ⅱ级 φ12　10%
2	圆钢 φ10 以外	t	Ⅰ级 φ12　15%，Ⅱ级 φ16　15%，Ⅱ级 φ20　20%
			Ⅱ级 φ25　25%，Ⅱ级 φ28　10%，Ⅲ级 φ25　15%
3	薄钢板	t	热轧厚 0.5　15%，热轧厚 1.2　35%，热轧厚 2　25%，热轧厚 3.5　25%
4	中厚钢板	t	热轧厚 5　12%，热轧厚 10　20%，热轧厚 20　25%，热轧厚 30　25%，Q345 结构厚 50　18%
5	花纹钢板	t	厚 5
6	镀锌薄钢板	t	厚 0.5　25%，厚 1　25%，厚 1.2　25%，厚 2　25%
7	扁钢	t	热轧 3×25　50%，热轧 5×50　50%
8	角钢	t	热轧等边 50×5　30%，热轧等边 63×5　30%，热轧等边 75×8　20%，热轧等边 110×12　20%
9	工字钢	t	热轧 12 号　20%，热轧 18 号　30%，热轧 24 号　30%，热轧 32 号　20%

续表

编号	组合材料名称	单位	组合比例
10	槽钢	t	热轧 6 号　15%，热轧 8 号　25%，热轧 12 号　20%，热轧 20 号　20%，热轧 24 号　20%
11	镀锌成品铁件	t	水泥杆钢抱箍、水泥杆柱头连接铁件
12	钢支撑	t	钢支撑90%，连接扣件10%，回库维修计算在推销量内
13	通用钢模板	t	钢模板70%，卡具配件30%，回库维修计算在推销量内
14	木模板	m³	包括模板、支撑。白松二等板材50%，落叶松板材50%
15	复合木模板	m²	包括模板、支撑。竹胶板46%，细木工板12mm 46%，白松二等板材8%
16	水泥 32.5	t	普通硅酸盐水泥散装40%，矿渣硅酸盐水泥散装60%
17	水泥 42.5	t	普通硅酸盐水泥散装40%，矿渣硅酸盐水泥散装60%
18	水泥 52.5	t	普通硅酸盐水泥袋装100%
19	混凝土离心杆	m³	$\phi300\times4.5m$　0.13 根；$\phi300\times9m$　0.4 根；$\phi400\times4.5m$　0.62 根；$\phi400\times6m$　0.47 根

附录 D 混 凝 土 制 备

1. 混凝土制备费用中包括混凝土材料费、制备所需的人工费、制备所需的机械费、制备所需的辅助材料费、搅拌地至地面操作点水平运输费、混凝土制备材料损耗费、混凝土搅拌与水平运输损耗费。

2. 定额中混凝土配合比仅供编制预算时确定材料用量，同标号、同骨料、同粒径混凝土工程实际配比与定额配比不同时，不作调整。

3. 混凝土配合比材料用量以凝固的密实体积计算，包括混凝土配合比材料用量、搅拌混凝土原材料损耗量、混凝土搅拌损耗量、混凝土由搅拌地至地面操作点水平运输损耗量。

4. 混凝土配合比表中碎石规格指最大粒径。中砂用量以干砂（含水率为零）计算。砂的膨胀系数和过筛损耗已包括在定额中。

5. 混凝土配合比中不包括外加剂，泵送混凝土配合比中包括高效减水剂与泵送剂。

现浇混凝土制备表—现场搅拌机搅拌　　　　　单位：m³

材料编号		C09031601	C09031602	C09031603	C09031604	C09031605
项　目		现浇混凝土				
		C20−10	C25−10	C30−10	C35−10	C40−10
材料基价（元）		**360.77**	**386.6**	**394.70**	**403.06**	**424.64**
人工费（元）		24.38	24.38	24.38	24.38	24.38
材料费（元）		300.92	326.75	334.85	343.21	364.79
机械费（元）		35.47	35.47	35.47	35.47	35.47
名　称	单位	数　量				
人工	建筑普通工	工日	0.1449	0.1449	0.1449	0.1449	0.1449
	建筑技术工	工日	0.0621	0.0621	0.0621	0.0621	0.0621
材料	普通硅酸盐水泥 32.5	t	0.397	0.465			
	普通硅酸盐水泥 42.5	t			0.445	0.465	0.515
	中砂	m³	0.5	0.47	0.46	0.46	0.45
	碎石 10	m³	0.86	0.85	0.86	0.85	0.84
	水	t	0.4	0.4	0.4	0.4	0.4
机械	机动翻斗车 1t	台班	0.08	0.08	0.08	0.08	0.08
	滚筒式混凝土搅拌机（电动式）出料容量 400L	台班	0.062	0.062	0.062	0.062	0.062

续表

单位：m³

材料编号			C09031611	C09031612	C09031613	C09031614	C09031615
项目			现浇混凝土				
			C15-20	C20-20	C25-20	C30-20	C35-20
材料基价（元）			**324.84**	**336.03**	**354.1**	**379.55**	**393.7**
人工费（元）			24.38	24.38	24.38	24.38	24.38
材料费（元）			264.99	276.18	294.25	319.7	333.85
机械费（元）			35.47	35.47	35.47	35.47	35.47
名称		单位	数量				
人工	建筑普通工	工日	0.1449	0.1449	0.1449	0.1449	0.1449
	建筑技术工	工日	0.0621	0.0621	0.0621	0.0621	0.0621
材料	普通硅酸盐水泥 32.5	t	0.311	0.343	0.389		
	普通硅酸盐水泥 42.5	t				0.416	0.45
	中砂	m³	0.56	0.54	0.53	0.51	0.5
	碎石 20	m³	0.88	0.87	0.86	0.86	0.85
	水	t	0.4	0.4	0.4	0.4	0.4
机械	机动翻斗车 1t	台班	0.08	0.08	0.08	0.08	0.08
	滚筒式混凝土搅拌机（电动式）出料容量 400L	台班	0.062	0.062	0.062	0.062	0.062

611

单位：m³

材 料 编 号		C09031616	C09031617	C09031618	C09031619	C09031620
项 目		现浇混凝土				
		C40-20	C45-20	C50-20	C55-20	C60-20
材 料 基 价 （元）		**415.92**	**430.88**	**446.17**	**465.55**	**479.46**
人 工 费 （元）		24.38	24.38	24.38	24.38	24.38
材 料 费 （元）		356.07	371.03	386.32	405.7	419.61
机 械 费 （元）		35.47	35.47	35.47	35.47	35.47
名 称	单位	数 量				
人工 建筑普通工	工日	0.1449	0.1449	0.1449	0.1449	0.1449
建筑技术工	工日	0.0621	0.0621	0.0621	0.0621	0.0621
材料 普通硅酸盐水泥 42.5	t	0.505	0.541			
普通硅酸盐水泥 52.5	t			0.541	0.58	0.608
中砂	m³	0.48	0.48	0.48	0.48	0.48
碎石 20	m³	0.83	0.81	0.81	0.81	0.81
水	t	0.4	0.4	0.4	0.4	0.4
机械 机动翻斗车 1t	台班	0.08	0.08	0.08	0.08	0.08
滚筒式混凝土搅拌机（电动式）出料容量 400L	台班	0.062	0.062	0.062	0.062	0.062

续表

材　料　编　号		C09031631	C09031632	C09031633	C09031634	C09031635
项　　　目		现浇混凝土				
		C10−40	C15−40	C20−40	C25−40	C30−40
材　料　基　价（元）		**295.12**	**307.62**	**324.48**	**339.52**	**361.97**
人　工　费（元）		24.38	24.38	24.38	24.38	24.38
材　料　费（元）		235.27	247.77	264.63	279.67	302.12
机　械　费（元）		35.47	35.47	35.47	35.47	35.47
名　称	单位	数　　量				
人工 建筑普通工	工日	0.1449	0.1449	0.1449	0.1449	0.1449
建筑技术工	工日	0.0621	0.0621	0.0621	0.0621	0.0621
材料 普通硅酸盐水泥　32.5	t	0.238	0.271	0.322	0.363	
普通硅酸盐水泥　42.5	t					0.386
中砂	m³	0.57	0.56	0.52	0.51	0.51
碎石　40	m³	0.93	0.92	0.9	0.88	0.86
水	t	0.4	0.4	0.4	0.4	0.4
机械 机动翻斗车　1t	台班	0.08	0.08	0.08	0.08	0.08
滚筒式混凝土搅拌机（电动式）出料容量　400L	台班	0.062	0.062	0.062	0.062	0.062

单位：m³

材 料 编 号			C09031636
项　　目			现浇混凝土
			C35-40
材 料 基 价（元）			**374.76**
人 工 费（元）			24.38
材 料 费（元）			314.91
机 械 费（元）			35.47
名　　称		单位	数　　量
人工	建筑普通工	工日	0.1449
	建筑技术工	工日	0.0621
材料	普通硅酸盐水泥　42.5	t	0.417
	中砂	m³	0.5
	碎石　40	m³	0.85
	水	t	0.4
机械	机动翻斗车　1t	台班	0.08
	滚筒式混凝土搅拌机（电动式）　出料容量　400L	台班	0.062

续表

单位：m³

材 料 编 号		C09031637	C09031638	C09031639	C09031640	C09031641
项 目		现浇混凝土				
		C40－40	C45－40	C50－40	C55－40	C60－40
材 料 基 价 （元）		**395.07**	**405.33**	**421.17**	**437.56**	**453.46**
人 工 费 （元）		24.38	24.38	24.38	24.38	24.38
材 料 费 （元）		335.22	345.48	361.32	377.71	393.61
机 械 费 （元）		35.47	35.47	35.47	35.47	35.47
名 称	单位	数 量				
人工 建筑普通工	工日	0.1449	0.1449	0.1449	0.1449	0.1449
建筑技术工	工日	0.0621	0.0621	0.0621	0.0621	0.0621
材料 普通硅酸盐水泥 42.5	t	0.466	0.49			
普通硅酸盐水泥 52.5	t			0.494	0.527	0.559
中砂	m³	0.49	0.5	0.5	0.5	0.5
碎石 40	m³	0.83	0.81	0.81	0.81	0.81
水	t	0.4	0.4	0.4	0.4	0.4
机械 机动翻斗车 1t	台班	0.08	0.08	0.08	0.08	0.08
滚筒式混凝土搅拌机（电动式）出料容量 400L	台班	0.062	0.062	0.062	0.062	0.062

附表 D-2　　　　　　　　　　　　　预制混凝土制备表—现场搅拌机搅拌　　　　　　　　　　单位：m³

材　料　编　号		C09031701	C09031702	C09031703	C09031704	C09031705
项　　　　目		预制混凝土				
		C20-20	C25-20	C30-20	C35-20	C40-20
材　料　基　价（元）		**330.13**	**343.31**	**359.92**	**382.04**	**404.63**
人　工　费（元）		24.38	24.38	24.38	24.38	24.38
材　料　费（元）		265.43	278.61	295.22	317.34	339.93
机　械　费（元）		40.32	40.32	40.32	40.32	40.32
名　　称	单位	数　　量				
人工	建筑普通工	工日	0.1449	0.1449	0.1449	0.1449	0.1449
	建筑技术工	工日	0.0621	0.0621	0.0621	0.0621	0.0621
材料	普通硅酸盐水泥　32.5	t	0.323	0.353			
	普通硅酸盐水泥　42.5	t			0.366	0.415	0.467
	中砂	m³	0.55	0.53	0.51	0.5	0.49
	碎石　20	m³	0.84	0.86	0.85	0.85	0.84
	水	t	0.35	0.35	0.35	0.35	0.35
机械	机动翻斗车　1t	台班	0.1	0.1	0.1	0.1	0.1
	滚筒式混凝土搅拌机（电动式）出料容量　400L	台班	0.062	0.062	0.062	0.062	0.062

材 料 编 号			C09031711	C09031712	C09031713	C09031714	C09031715
项 目			预制混凝土				
			C20-40	C25-40	C30-40	C35-40	C40-40
材 料 基 价 （元）			**317.15**	**330.9**	**344.64**	**361.17**	**385.7**
人 工 费 （元）			24.38	24.38	24.38	24.38	24.38
材 料 费 （元）			257.3	271.05	284.79	301.32	325.85
机 械 费 （元）			35.47	35.47	35.47	35.47	35.47
名 称		单位	数 量				
人工	建筑普通工	工日	0.1449	0.1449	0.1449	0.1449	0.1449
	建筑技术工	工日	0.0621	0.0621	0.0621	0.0621	0.0621
材料	普通硅酸盐水泥 32.5	t	0.305	0.343			
	普通硅酸盐水泥 42.5	t			0.349	0.388	0.446
	中砂	m³	0.52	0.51	0.51	0.5	0.49
	碎石 40	m³	0.9	0.88	0.86	0.85	0.83
	水	t	0.4	0.4	0.4	0.4	0.4
机械	机动翻斗车 1t	台班	0.08	0.08	0.08	0.08	0.08
	滚筒式混凝土搅拌机（电动式）出料容量 400L	台班	0.062	0.062	0.062	0.062	0.062

附表 D-3　　　　　　　　　　　　水工现浇混凝土制备表—现场搅拌机搅拌　　　　　　　单位：m³

材 料 编 号		C09031801	C09031802	C09031803	C09031804	C09031805
项 目		水工现浇混凝土				
		C20-20	C25-20	C30-20	C35-20	C40-20
材 料 基 价（元）		**337.53**	**355.72**	**383.35**	**399.67**	**415.57**
人 工 费（元）		24.38	24.38	24.38	24.38	24.38
材 料 费（元）		277.68	295.87	323.5	339.82	355.72
机 械 费（元）		35.47	35.47	35.47	35.47	35.47
名 称	单位	数 量				
人工	建筑普通工	工日	0.1449	0.1449	0.1449	0.1449	0.1449
	建筑技术工	工日	0.0621	0.0621	0.0621	0.0621	0.0621
材料	普通硅酸盐水泥 32.5	t	0.363				
	普通硅酸盐水泥 42.5	t		0.371	0.432		
	普通硅酸盐水泥 52.5	t				0.441	0.473
	中砂	m³	0.58	0.58	0.58	0.61	0.61
	碎石 20	m³	0.76	0.77	0.76	0.73	0.73
	水	t	0.4	0.4	0.4	0.4	0.4
机械	机动翻斗车 1t	台班	0.08	0.08	0.08	0.08	0.08
	滚筒式混凝土搅拌机（电动式）出料容量 400L	台班	0.062	0.062	0.062	0.062	0.062

续表

单位：m³

材 料 编 号			C09031811	C09031812	C09031813	C09031814	C09031815
项 目			水工现浇混凝土				
			C20-40	C25-40	C30-40	C35-40	C40-40
材 料 基 价 （元）			**321.32**	**335.75**	**366.09**	**381.35**	**392.2**
人 工 费 （元）			24.38	24.38	24.38	24.38	24.38
材 料 费 （元）			261.47	275.9	306.24	321.5	332.35
机 械 费 （元）			35.47	35.47	35.47	35.47	35.47
名 称		单位	数 量				
人工	建筑普通工	工日	0.1449	0.1449	0.1449	0.1449	0.1449
	建筑技术工	工日	0.0621	0.0621	0.0621	0.0621	0.0621
材料	普通硅酸盐水泥 32.5	t	0.334				
	普通硅酸盐水泥 42.5	t		0.342	0.405		
	普通硅酸盐水泥 52.5	t				0.413	0.435
	中砂	m³	0.54	0.53	0.54	0.56	0.57
	碎石 40	m³	0.79	0.78	0.78	0.76	0.75
	水	t	0.4	0.4	0.4	0.4	0.4
机械	机动翻斗车 1t	台班	0.08	0.08	0.08	0.08	0.08
	滚筒式混凝土搅拌机（电动式）出料容量 400L	台班	0.062	0.062	0.062	0.062	0.062

619

附表 D-4　　　　　　　　　水工预制混凝土制备表—现场搅拌机搅拌　　　　　　单位：m³

材　料　编　号		C09031901	C09031902	C09031903	C09031904	C09031905
项　　　　目		水工预制混凝土				
		C20-20	C25-20	C30-20	C35-20	C40-20
材　料　基　价（元）		**328.68**	**352.08**	**380.54**	**389.89**	**405.12**
人　工　费（元）		24.38	24.38	24.38	24.38	24.38
材　料　费（元）		268.83	292.23	320.69	330.04	345.27
机　械　费（元）		35.47	35.47	35.47	35.47	35.47
名　称	单位	数　　量				
人工 建筑普通工	工日	0.1449	0.1449	0.1449	0.1449	0.1449
建筑技术工	工日	0.0621	0.0621	0.0621	0.0621	0.0621
材料 普通硅酸盐水泥 32.5	t	0.343				
普通硅酸盐水泥 42.5	t		0.366	0.427		
普通硅酸盐水泥 52.5	t				0.422	0.451
中砂	m³	0.52	0.53	0.54	0.56	0.57
碎石 20	m³	0.81	0.8	0.79	0.77	0.77
水	t	0.4	0.4	0.4	0.4	0.4
机械 机动翻斗车 1t	台班	0.08	0.08	0.08	0.08	0.08
滚筒式混凝土搅拌机（电动式）出料容量 400L	台班	0.062	0.062	0.062	0.062	0.062

单位：m³

材 料 编 号		C09031911	C09031912	C09031913	C09031914	C09031915
项 目		水工预制混凝土				
		C20-40	C25-40	C30-40	C35-40	C40-40
材 料 基 价 （元）		**309.12**	**325.05**	**346.52**	**360.57**	**387.4**
人 工 费 （元）		24.38	24.38	24.38	24.38	24.38
材 料 费 （元）		249.27	265.2	286.67	300.72	327.55
机 械 费 （元）		35.47	35.47	35.47	35.47	35.47
名 称	单位	数 量				
人工	建筑普通工	工日	0.1449	0.1449	0.1449	0.1449	0.1449
	建筑技术工	工日	0.0621	0.0621	0.0621	0.0621	0.0621
材料	普通硅酸盐水泥 32.5	t	0.309				
	普通硅酸盐水泥 42.5	t		0.319	0.365		
	普通硅酸盐水泥 52.5	t				0.371	0.425
	中砂	m³	0.49	0.52	0.53	0.55	0.55
	碎石 40	m³	0.82	0.79	0.78	0.77	0.77
	水	t	0.4	0.4	0.4	0.4	0.4
机械	机动翻斗车 1t	台班	0.08	0.08	0.08	0.08	0.08
	滚筒式混凝土搅拌机（电动式）出料容量 400L	台班	0.062	0.062	0.062	0.062	0.062

现浇混凝土制备表—集中搅拌站搅拌 单位：m³

材 料 编 号		C09032001	C09032002	C09032003	C09032004	C09032005
项 目		现浇混凝土				
		C20-10	C25-10	C30-10	C35-10	C40-10
材 料 基 价（元）		**349.77**	**375.6**	**383.70**	**392.06**	**413.64**
人 工 费（元）		6.56	6.56	6.56	6.56	6.56
材 料 费（元）		300.92	326.75	334.85	343.21	364.79
机 械 费（元）		42.29	42.29	42.29	42.29	42.29
名 称	单位	数 量				
人工 建筑普通工	工日	0.0149	0.0149	0.0149	0.0149	0.0149
建筑技术工	工日	0.0347	0.0347	0.0347	0.0347	0.0347
材料 普通硅酸盐水泥 32.5	t	0.397	0.465			
普通硅酸盐水泥 42.5	t			0.445	0.465	0.515
中砂	m³	0.5	0.47	0.46	0.46	0.45
碎石 10	m³	0.86	0.85	0.86	0.85	0.84
水	t	0.4	0.4	0.4	0.4	0.4
机械 混凝土搅拌输送车 搅动容量 6m³	台班	0.017	0.017	0.017	0.017	0.017
混凝土搅拌站 生产率 50m³/h	台班	0.007	0.007	0.007	0.007	0.007

续表

单位：m³

材 料 编 号			C09032011	C09032012	C09032013	C09032014	C09032015
项 目			现浇混凝土				
			C15-20	C20-20	C25-20	C30-20	C35-20
材 料 基 价（元）			**313.84**	**325.03**	**343.1**	**368.55**	**382.7**
人 工 费（元）			6.56	6.56	6.56	6.56	6.56
材 料 费（元）			264.99	276.18	294.25	319.7	333.85
机 械 费（元）			42.29	42.29	42.29	42.29	42.29
名 称		单位	数 量				
人工	建筑普通工	工日	0.0149	0.0149	0.0149	0.0149	0.0149
	建筑技术工	工日	0.0347	0.0347	0.0347	0.0347	0.0347
材料	普通硅酸盐水泥 32.5	t	0.311	0.343	0.389		
	普通硅酸盐水泥 42.5	t				0.416	0.45
	中砂	m³	0.56	0.54	0.53	0.51	0.5
	碎石 20	m³	0.88	0.87	0.86	0.86	0.85
	水	t	0.4	0.4	0.4	0.4	0.4
机械	混凝土搅拌输送车 搅动容量 6m³	台班	0.017	0.017	0.017	0.017	0.017
	混凝土搅拌站 生产率 50m³/h	台班	0.007	0.007	0.007	0.007	0.007

623

续表

材　料　编　号			C09032016	C09032017	C09032018	C09032019	C09032020
项　　　目			现浇混凝土				
			C40−20	C45−20	C50−20	C55−20	C60−20
材　料　基　价（元）			**404.92**	**419.88**	**435.17**	**454.55**	**468.46**
人　工　费（元）			6.56	6.56	6.56	6.56	6.56
材　料　费（元）			356.07	371.03	386.32	405.7	419.61
机　械　费（元）			42.29	42.29	42.29	42.29	42.29
名　　称		单位	数　　量				
人工	建筑普通工	工日	0.0149	0.0149	0.0149	0.0149	0.0149
	建筑技术工	工日	0.0347	0.0347	0.0347	0.0347	0.0347
材料	普通硅酸盐水泥　42.5	t	0.505	0.541			
	普通硅酸盐水泥　52.5	t			0.541	0.58	0.608
	中砂	m³	0.48	0.48	0.48	0.48	0.48
	碎石　20	m³	0.83	0.81	0.81	0.81	0.81
	水	t	0.4	0.4	0.4	0.4	0.4
机械	混凝土搅拌输送车　搅动容量　6m³	台班	0.017	0.017	0.017	0.017	0.017
	混凝土搅拌站　生产率　50m³/h	台班	0.007	0.007	0.007	0.007	0.007

续表

单位：m³

材 料 编 号			C09032031	C09032032	C09032033	C09032034	C09032035
项 目			现浇混凝土				
			C10-40	C15-40	C20-40	C25-40	C30-40
材 料 基 价（元）			**284. 12**	**296. 62**	**313. 48**	**328. 52**	**350. 97**
人 工 费（元）			6. 56	6. 56	6. 56	6. 56	6. 56
材 料 费（元）			235. 27	247. 77	264. 63	279. 67	302. 12
机 械 费（元）			42. 29	42. 29	42. 29	42. 29	42. 29
名 称		单位	数 量				
人工	建筑普通工	工日	0. 0149	0. 0149	0. 0149	0. 0149	0. 0149
	建筑技术工	工日	0. 0347	0. 0347	0. 0347	0. 0347	0. 0347
材料	普通硅酸盐水泥 32.5	t	0. 238	0. 271	0. 322	0. 363	
	普通硅酸盐水泥 42.5	t					0. 386
	中砂	m³	0. 57	0. 56	0. 52	0. 51	0. 51
	碎石 40	m³	0. 93	0. 92	0. 9	0. 88	0. 86
	水	t	0. 4	0. 4	0. 4	0. 4	0. 4
机械	混凝土搅拌输送车 搅动容量 6m³	台班	0. 017	0. 017	0. 017	0. 017	0. 017
	混凝土搅拌站 生产率 50m³/h	台班	0. 007	0. 007	0. 007	0. 007	0. 007

625

材　料　编　号			C09032036
项　　　目			现浇混凝土
			C35-40
材料基价（元）			**363.76**
人　工　费（元）			6.56
材　料　费（元）			314.91
机　械　费（元）			42.29
名　　称		单位	数　　量
人工	建筑普通工	工日	0.0149
	建筑技术工	工日	0.0347
材料	普通硅酸盐水泥　42.5	t	0.417
	中砂	m³	0.5
	碎石　40	m³	0.85
	水	t	0.4
机械	混凝土搅拌输送车　搅动容量　6m³	台班	0.017
	混凝土搅拌站　生产率　50m³/h	台班	0.007

续表

材 料 编 号		C09032037	C09032038	C09032039	C09032040	C09032041
项 目		现浇混凝土				
		C40-40	C45-40	C50-40	C55-40	C60-40
材 料 基 价（元）		**384.07**	**394.33**	**410.17**	**426.56**	**442.46**
人 工 费（元）		6.56	6.56	6.56	6.56	6.56
材 料 费（元）		335.22	345.48	361.32	377.71	393.61
机 械 费（元）		42.29	42.29	42.29	42.29	42.29
名 称	单位	数 量				
人工 建筑普通工	工日	0.0149	0.0149	0.0149	0.0149	0.0149
建筑技术工	工日	0.0347	0.0347	0.0347	0.0347	0.0347
材料 普通硅酸盐水泥 42.5	t	0.466	0.49			
普通硅酸盐水泥 52.5	t			0.494	0.527	0.559
中砂	m³	0.49	0.5	0.5	0.5	0.5
碎石 40	m³	0.83	0.81	0.81	0.81	0.81
水	t	0.4	0.4	0.4	0.4	0.4
机械 混凝土搅拌输送车 搅动容量 6m³	台班	0.017	0.017	0.017	0.017	0.017
混凝土搅拌站 生产率 50m³/h	台班	0.007	0.007	0.007	0.007	0.007

附表 D-6 预制混凝土制备表—集中搅拌站搅拌 单位：m³

材 料 编 号			C09032101	C09032102	C09032103	C09032104	C09032105
项 目			预制混凝土				
			C20-20	C25-20	C30-20	C35-20	C40-20
材 料 基 价（元）			**314.28**	**327.46**	**344.07**	**366.19**	**388.78**
人 工 费（元）			6.56	6.56	6.56	6.56	6.56
材 料 费（元）			265.43	278.61	295.22	317.34	339.93
机 械 费（元）			42.29	42.29	42.29	42.29	42.29
名 称		单位	数 量				
人工	建筑普通工	工日	0.0149	0.0149	0.0149	0.0149	0.0149
	建筑技术工	工日	0.0347	0.0347	0.0347	0.0347	0.0347
材料	普通硅酸盐水泥 32.5	t	0.323	0.353			
	普通硅酸盐水泥 42.5	t			0.366	0.415	0.467
	中砂	m³	0.55	0.53	0.51	0.5	0.49
	碎石 20	m³	0.84	0.86	0.85	0.85	0.84
	水	t	0.35	0.35	0.35	0.35	0.35
机械	混凝土搅拌输送车 搅动容量 6m³	台班	0.017	0.017	0.017	0.017	0.017
	混凝土搅拌站 生产率 50m³/h	台班	0.007	0.007	0.007	0.007	0.007

续表

材 料 编 号			C09032111	C09032112	C09032113	C09032114	C09032115
项 目			预制混凝土				
			C20-40	C25-40	C30-40	C35-40	C40-40
材 料 基 价（元）			**306.15**	**319.9**	**333.64**	**350.17**	**374.7**
人 工 费（元）			6.56	6.56	6.56	6.56	6.56
材 料 费（元）			257.3	271.05	284.79	301.32	325.85
机 械 费（元）			42.29	42.29	42.29	42.29	42.29
名 称		单位	数 量				
人工	建筑普通工	工日	0.0149	0.0149	0.0149	0.0149	0.0149
	建筑技术工	工日	0.0347	0.0347	0.0347	0.0347	0.0347
材料	普通硅酸盐水泥 32.5	t	0.305	0.343			
	普通硅酸盐水泥 42.5	t			0.349	0.388	0.446
	中砂	m³	0.52	0.51	0.51	0.5	0.49
	碎石 40	m³	0.9	0.88	0.86	0.85	0.83
	水	t	0.4	0.4	0.4	0.4	0.4
机械	混凝土搅拌输送车 搅动容量 6m³	台班	0.017	0.017	0.017	0.017	0.017
	混凝土搅拌站 生产率 50m³/h	台班	0.007	0.007	0.007	0.007	0.007

水工现浇混凝土制备表—集中搅拌站搅拌

单位：m³

材料编号		C09032201	C09032202	C09032203	C09032204	C09032205
项目		水工现浇混凝土				
		C20-40	C25-40	C30-40	C35-40	C40-40
材料基价（元）		**326.53**	**344.72**	**372.35**	**388.67**	**404.57**
人工费（元）		6.56	6.56	6.56	6.56	6.56
材料费（元）		277.68	295.87	323.5	339.82	355.72
机械费（元）		42.29	42.29	42.29	42.29	42.29
名称	单位	数量				
人工 建筑普通工	工日	0.0149	0.0149	0.0149	0.0149	0.0149
建筑技术工	工日	0.0347	0.0347	0.0347	0.0347	0.0347
材料 普通硅酸盐水泥 32.5	t	0.363				
普通硅酸盐水泥 42.5	t		0.371	0.432		
普通硅酸盐水泥 52.5	t				0.441	0.473
中砂	m³	0.58	0.58	0.58	0.61	0.61
碎石 20	m³	0.76	0.77	0.76	0.73	0.73
水	t	0.4	0.4	0.4	0.4	0.4
机械 混凝土搅拌输送车 搅动容量 6m³	台班	0.017	0.017	0.017	0.017	0.017
混凝土搅拌站 生产率 50m³/h	台班	0.007	0.007	0.007	0.007	0.007

单位：m³

材 料 编 号		C09032211	C09032212	C09032213	C09032214	C09032215
项 目		水工现浇混凝土				
		C20−40	C25−40	C30−40	C35−40	C40−40
材 料 基 价（元）		**310.32**	**324.75**	**355.09**	**370.35**	**381.2**
人 工 费（元）		6.56	6.56	6.56	6.56	6.56
材 料 费（元）		261.47	275.9	306.24	321.5	332.35
机 械 费（元）		42.29	42.29	42.29	42.29	42.29
名 称	单位	数 量				
人工 建筑普通工	工日	0.0149	0.0149	0.0149	0.0149	0.0149
建筑技术工	工日	0.0347	0.0347	0.0347	0.0347	0.0347
材料 普通硅酸盐水泥 32.5	t	0.334				
普通硅酸盐水泥 42.5	t		0.342	0.405		
普通硅酸盐水泥 52.5	t				0.413	0.435
中砂	m³	0.54	0.53	0.54	0.56	0.57
碎石 40	m³	0.79	0.78	0.78	0.76	0.75
水	t	0.4	0.4	0.4	0.4	0.4
机械 混凝土搅拌输送车 搅动容量 6m³	台班	0.017	0.017	0.017	0.017	0.017
混凝土搅拌站 生产率 50m³/h	台班	0.007	0.007	0.007	0.007	0.007

　　　　　　　水工预制混凝土制备表—集中搅拌站搅拌　　　　　　　单位：m³

材　料　编　号			C09032301	C09032302	C09032303	C09032304	C09032305
项　　　目			水工预制混凝土				
			C20－20	C25－20	C30－20	C35－20	C40－20
材　料　基　价（元）			**317. 68**	**341. 08**	**369. 54**	**378. 89**	**394. 12**
人　工　费（元）			6. 56	6. 56	6. 56	6. 56	6. 56
材　料　费（元）			268. 83	292. 23	320. 69	330. 04	345. 27
机　械　费（元）			42. 29	42. 29	42. 29	42. 29	42. 29
名　　称		单位	数　　　量				
人工	建筑普通工	工日	0. 0149	0. 0149	0. 0149	0. 0149	0. 0149
	建筑技术工	工日	0. 0347	0. 0347	0. 0347	0. 0347	0. 0347
材料	普通硅酸盐水泥　32. 5	t	0. 343				
	普通硅酸盐水泥　42. 5	t		0. 366	0. 427		
	普通硅酸盐水泥　52. 5	t				0. 422	0. 451
	中砂	m³	0. 52	0. 53	0. 54	0. 56	0. 57
	碎石　20	m³	0. 81	0. 8	0. 79	0. 77	0. 77
	水	t	0. 4	0. 4	0. 4	0. 4	0. 4
机械	混凝土搅拌输送车　搅动容量　6m³	台班	0. 017	0. 017	0. 017	0. 017	0. 017
	混凝土搅拌站　生产率　50m³/h	台班	0. 007	0. 007	0. 007	0. 007	0. 007

单位：m³

材 料 编 号			C09032311	C09032312	C09032313	C09032314	C09032315
项 目			水工预制混凝土				
			C20-40	C25-40	C30-40	C35-40	C40-40
材 料 基 价 （元）			**298.12**	**314.05**	**335.52**	**349.57**	**376.4**
人 工 费 （元）			6.56	6.56	6.56	6.56	6.56
材 料 费 （元）			249.27	265.2	286.67	300.72	327.55
机 械 费 （元）			42.29	42.29	42.29	42.29	42.29
名 称		单位	数 量				
人工	建筑普通工	工日	0.0149	0.0149	0.0149	0.0149	0.0149
	建筑技术工	工日	0.0347	0.0347	0.0347	0.0347	0.0347
材料	普通硅酸盐水泥 32.5	t	0.309				
	普通硅酸盐水泥 42.5	t		0.319	0.365		
	普通硅酸盐水泥 52.5	t				0.371	0.425
	中砂	m³	0.49	0.52	0.53	0.55	0.55
	碎石 40	m³	0.82	0.79	0.78	0.77	0.77
	水	t	0.4	0.4	0.4	0.4	0.4
机械	混凝土搅拌输送车 搅动容量 6m³	台班	0.017	0.017	0.017	0.017	0.017
	混凝土搅拌站 生产率 50m³/h	台班	0.007	0.007	0.007	0.007	0.007

附表 D-9　　　　　　　　　　　　泵送混凝土制备表　　　　　　　　　　　　单位：m³

材料编号		C09032401	C09032402	C09032403	C09032404	C09032405
项　　目		泵送混凝土				
		C15-20	C20-20	C25-20	C30-20	C35-20
材料基价（元）		**328.23**	**341.82**	**363.69**	**391.55**	**407.91**
人工费（元）		6.56	6.56	6.56	6.56	6.56
材料费（元）		280.71	294.3	316.17	344.03	360.39
机械费（元）		40.96	40.96	40.96	40.96	40.96
名　称	单位	数　　量				
人工 建筑普通工	工日	0.0149	0.0149	0.0149	0.0149	0.0149
建筑技术工	工日	0.0347	0.0347	0.0347	0.0347	0.0347
材料 普通硅酸盐水泥　32.5	t	0.336	0.37	0.421		
普通硅酸盐水泥　42.5	t				0.45	0.486
中砂	m³	0.64	0.631	0.622	0.6	0.58
碎石　20	m³	0.746	0.731	0.72	0.715	0.715
高效减水剂	kg	1.68	1.85	2.11	2.25	2.43
泵送剂（液体）	kg	2.35	2.59	2.95	3.15	3.4
水	t	0.5	0.5	0.5	0.5	0.5
机械 混凝土搅拌输送车　搅动容量　6m³	台班	0.016	0.016	0.016	0.016	0.016
混凝土搅拌站　生产率　50m³/h	台班	0.007	0.007	0.007	0.007	0.007

单位：m³

材料编号			C09032406	C09032407	C09032408	C09032409	C09032410
项 目			泵送混凝土				
			C40-20	C45-20	C50-20	C55-20	C60-20
材料基价（元）			**436.67**	**456.04**	**470.64**	**491.8**	**508.71**
人 工 费（元）			6.56	6.56	6.56	6.56	6.56
材 料 费（元）			389.15	408.52	423.12	444.28	461.19
机 械 费（元）			40.96	40.96	40.96	40.96	40.96
名 称		单位	数 量				
人工	建筑普通工	工日	0.0149	0.0149	0.0149	0.0149	0.0149
	建筑技术工	工日	0.0347	0.0347	0.0347	0.0347	0.0347
材料	普通硅酸盐水泥 42.5	t	0.546	0.585			
	普通硅酸盐水泥 52.5	t			0.585	0.625	0.657
	中砂	m³	0.568	0.568	0.556	0.556	0.556
	碎石 20	m³	0.712	0.71	0.7	0.7	0.7
	高效减水剂	kg	2.73	2.93	2.93	3.13	3.29
	泵送剂（液体）	kg	3.82	4.1	4.1	4.38	4.6
	水	t	0.5	0.5	0.5	0.5	0.5
机械	混凝土搅拌输送车 搅动容量 6m³	台班	0.016	0.016	0.016	0.016	0.016
	混凝土搅拌站 生产率 50m³/h	台班	0.007	0.007	0.007	0.007	0.007

续表

材 料 编 号		C09032421	C09032422	C09032423	C09032424	C09032425
项 目		泵送混凝土				
		C10-40	C15-40	C20-40	C25-40	C30-40
材 料 基 价 （元）		**293.32**	**304.46**	**326.81**	**346.77**	**373.39**
人 工 费 （元）		6.56	6.56	6.56	6.56	6.56
材 料 费 （元）		245.8	256.94	279.29	299.25	325.87
机 械 费 （元）		40.96	40.96	40.96	40.96	40.96
名 称	单位	数 量				
人工 建筑普通工	工日	0.0149	0.0149	0.0149	0.0149	0.0149
建筑技术工	工日	0.0347	0.0347	0.0347	0.0347	0.0347
材料 普通硅酸盐水泥 32.5	t	0.257	0.293	0.348	0.392	
普通硅酸盐水泥 42.5	t					0.417
中砂	m³	0.66	0.626	0.61	0.616	0.61
碎石 40	m³	0.78	0.75	0.73	0.72	0.72
高效减水剂	kg	1.29	1.47	1.74	1.96	2.09
泵送剂（液体）	kg	1.8	2.05	2.44	2.74	2.92
水	t	0.5	0.5	0.5	0.5	0.5
机械 混凝土搅拌输送车 搅动容量 6m³	台班	0.016	0.016	0.016	0.016	0.016
混凝土搅拌站 生产率 50m³/h	台班	0.007	0.007	0.007	0.007	0.007

单位：m³

材　料　编　号		C09032426
项　　　目		泵送混凝土
		C35-40
材　料　基　价（元）		**389.76**
人　工　费（元）		6.56
材　料　费（元）		342.24
机　械　费（元）		40.96
名　称	单位	数　量
人工　建筑普通工	工日	0.0149
建筑技术工	工日	0.0347
材料　普通硅酸盐水泥　42.5	t	0.451
中砂	m³	0.602
碎石　40	m³	0.72
高效减水剂	kg	2.26
泵送剂（液体）	kg	3.16
水	t	0.5
机械　混凝土搅拌输送车　搅动容量　6m³	台班	0.016
混凝土搅拌站　生产率　50m³/h	台班	0.007

续表

材　料　编　号		C09032427	C09032428	C09032429	C09032430	C09032431
项　　　　目		泵送混凝土				
		C40-40	C45-40	C50-40	C55-40	C60-40
材　料　基　价　（元）		**413.05**	**424.6**	**441.93**	**460.44**	**478.96**
人　工　费　（元）		6.56	6.56	6.56	6.56	6.56
材　料　费　（元）		365.53	377.08	394.41	412.92	431.44
机　械　费　（元）		40.96	40.96	40.96	40.96	40.96
名　称	单位	数　　量				
人工　建筑普通工	工日	0.0149	0.0149	0.0149	0.0149	0.0149
建筑技术工	工日	0.0347	0.0347	0.0347	0.0347	0.0347
材料　普通硅酸盐水泥 42.5	t	0.503	0.529			
普通硅酸盐水泥 52.5	t			0.534	0.569	0.604
中砂	m³	0.58	0.57	0.57	0.57	0.57
碎石 40	m³	0.71	0.703	0.7	0.7	0.7
高效减水剂	kg	2.52	2.65	2.67	2.85	3.02
泵送剂（液体）	kg	3.52	3.7	3.74	3.98	4.23
水	t	0.5	0.5	0.5	0.5	0.5
机械　混凝土搅拌输送车 搅动容量 6m³	台班	0.016	0.016	0.016	0.016	0.016
混凝土搅拌站 生产率 50m³/h	台班	0.007	0.007	0.007	0.007	0.007

附录 E 砂 浆 制 备 表

1. 砂浆制备费用中包括砂浆材料费、制备所需的人工费、制备所需的机械费、制备所需的辅助材料费、搅拌地至地面操作点水平运输费、砂浆制备材料损耗费、砂浆搅拌与水平运输损耗费。

2. 定额中砂浆配合比仅供编制预算时确定材料用量。同标号、同种类砂浆工程实际配比与定额配比不同时，不作调整。

3. 砂浆配合比材料用量以凝固、固化的密实体积计算，包括砂浆配合比材料用量、搅拌砂浆原材料损耗量、砂浆搅拌损耗量、砂浆由搅拌地至地面操作点水平运输损耗量。

4. 砂浆配合比表中砂的用量以干砂（含水率为零）计算。砂的膨胀系数和过筛损耗已包括在定额中。

5. 石灰膏按照成品考虑，现场进行生石灰熟化时，发生的费用不作调整。

砌筑砂浆制备表

单位：m³

材料编号			C09020202	C09020203	C09020204	C09020205	C09020206
项目			混合砂浆				
			M10	M7.5	M5	M2.5	M1
材料基价（元）			**296.81**	**281.47**	**266.26**	**236.84**	**215.6**
人工费（元）			25.25	25.25	25.25	25.25	25.25
材料费（元）			244.34	229	213.79	184.37	163.13
机械费（元）			27.22	27.22	27.22	27.22	27.22
名称		单位	数量				
人工	建筑普通工	工日	0.1769	0.1769	0.1769	0.1769	0.1769
	建筑技术工	工日	0.0442	0.0442	0.0442	0.0442	0.0442
材料	普通硅酸盐水泥 32.5	t	0.315	0.256	0.205	0.117	0.05
	中砂	m³	1.12	1.12	1.12	1.12	1.12
	石灰膏	m³	0.085	0.143	0.182	0.231	0.275
	水	t	0.4	0.4	0.4	0.4	0.4
机械	灰浆搅拌机 拌筒容量 200L	台班	0.137	0.137	0.137	0.137	0.137

续表

材　料　编　号		C09020111	C09020112	C09020113	C09020114	C09020115
项　　　　目		水泥砂浆				
		M15	M10	M7.5	M5	M2.5
材　料　基　价（元）		**338.4**	**290.95**	**263.78**	**243.07**	**209.43**
人　工　费（元）		25.25	25.25	25.25	25.25	25.25
材　料　费（元）		285.93	238.48	211.31	190.6	156.96
机　械　费（元）		27.22	27.22	27.22	27.22	27.22
名称	单位	数　　量				
人工 建筑普通工	工日	0.1769	0.1769	0.1769	0.1769	0.1769
建筑技术工	工日	0.0442	0.0442	0.0442	0.0442	0.0442
材料 普通硅酸盐水泥　32.5	t	0.441	0.331	0.268	0.22	0.142
中砂	m^3	1.15	1.15	1.15	1.15	1.15
水	t	0.2	0.2	0.2	0.2	0.2
机械 灰浆搅拌机　拌筒容量　200L	台班	0.137	0.137	0.137	0.137	0.137

附表 E-2 抹灰砂浆制备表 单位: m³

材 料 编 号		C09020414	C09020404	C09020405	C09020413	C09020412
项 目		混合砂浆				
		1:1:2	1:1:4	1:1:6	1:2:1	1:2:8
材 料 基 价 (元)		**334.78**	**300.84**	**266.66**	**325.33**	**252.64**
人 工 费 (元)		25.25	25.25	25.25	25.25	25.25
材 料 费 (元)		282.31	248.37	214.19	272.86	200.17
机 械 费 (元)		27.22	27.22	27.22	27.22	27.22
名称	单位	数 量				
人工 建筑普通工	工日	0.1769	0.1769	0.1769	0.1769	0.1769
建筑技术工	工日	0.0442	0.0442	0.0442	0.0442	0.0442
材料 普通硅酸盐水泥 32.5	t	0.382	0.278	0.204	0.34	0.151
中砂	m³	0.73	1.03	1.15	0.33	1.12
石灰膏	m³	0.32	0.24	0.17	0.56	0.235
水	t	0.6	0.6	0.6	0.6	0.6
机械 灰浆搅拌机 拌筒容量 200L	台班	0.137	0.137	0.137	0.137	0.137

单位：m³

材 料 编 号		C09020406	C09020411
项　　目		混合砂浆	
		1：3：9	1：1：1
材 料 基 价（元）		**255.9**	**358.75**
人 工 费（元）		25.25	25.25
材 料 费（元）		203.43	306.28
机 械 费（元）		27.22	27.22
名称	单位	数　　量	
人工	建筑普通工	工日	0.1769	0.1769
	建筑技术工	工日	0.0442	0.0442
材料	普通硅酸盐水泥　32.5	t	0.13	0.465
	中砂	m³	1.09	0.44
	石灰膏	m³	0.32	0.39
	水	t	0.6	0.6
机械	灰浆搅拌机　拌筒容量　200L	台班	0.137	0.137

单位：m³

材　料　编　号		C09020403	C09020410	C09020409	C09020408	C09020407
项　　　　目		混合砂浆				
		1：0.5：1	1：0.5：2	1：0.5：3	1：0.5：4	1：0.5：5
材 料 基 价（元）		**387.01**	**352.7**	**325.27**	**303.69**	**276.02**
人 工 费（元）		25.25	25.25	25.25	25.25	25.25
材 料 费（元）		334.54	300.23	272.8	251.22	223.55
机 械 费（元）		27.22	27.22	27.22	27.22	27.22
名称	单位	数　　量				
人工	建筑普通工	工日	0.1769	0.1769	0.1769	0.1769	0.1769
	建筑技术工	工日	0.0442	0.0442	0.0442	0.0442	0.0442
材料	普通硅酸盐水泥　32.5	t	0.583	0.453	0.371	0.306	0.248
	中砂	m³	0.48	0.85	1.03	1.15	1.16
	石灰膏	m³	0.241	0.19	0.15	0.13	0.11
	水	t	0.6	0.6	0.6	0.6	0.6
机械	灰浆搅拌机　拌筒容量　200L	台班	0.137	0.137	0.137	0.137	0.137

单位：m³

材 料 编 号			C09020402	C09020401
项 目			混合砂浆	
			1：0.3：3	1：0.2：2
材 料 基 价 （元）			**330.13**	**366.41**
人 工 费 （元）			25.25	25.25
材 料 费 （元）			277.66	313.94
机 械 费 （元）			27.22	27.22
名称		单位	数 量	
人工	建筑普通工	工日	0.1769	0.1769
	建筑技术工	工日	0.0442	0.0442
材料	普通硅酸盐水泥 32.5	t	0.389	0.51
	中砂	m³	1.1	0.95
	石灰膏	m³	0.1	0.08
	水	t	0.6	0.6
机械	灰浆搅拌机 拌筒容量 200L	台班	0.137	0.137

续表

单位：m³

材 料 编 号			C09020301	C09020302	C09020303	C09020304	C09020305
项 目			水泥砂浆				
			1：1	1：1.5	1：2	1：2.5	1：3
材 料 基 价（元）			**448.56**	**414.53**	**380.37**	**357.27**	**337.64**
人 工 费（元）			25.25	25.25	25.25	25.25	25.25
材 料 费（元）			396.09	362.06	327.9	304.8	285.17
机 械 费（元）			27.22	27.22	27.22	27.22	27.22
名称		单位	数 量				
人工	建筑普通工	工日	0.1769	0.1769	0.1769	0.1769	0.1769
	建筑技术工	工日	0.0442	0.0442	0.0442	0.0442	0.0442
材料	普通硅酸盐水泥 32.5	t	0.765	0.665	0.557	0.49	0.408
	中砂	m³	0.79	0.9	1.05	1.12	1.31
	水	t	0.3	0.3	0.3	0.3	0.3
机械	灰浆搅拌机 拌筒容量 200L	台班	0.137	0.137	0.137	0.137	0.137

单位：m³

材 料 编 号			C09020306	C09020307	C09020308	C09020309
项 目			水泥防水砂浆			
			1：1	1：2	1：2.5	1：3
材 料 基 价（元）			**503.24**	**416.82**	**388.51**	**364.64**
人 工 费（元）			25.25	25.25	25.25	25.25
材 料 费（元）			450.77	364.35	336.04	312.17
机 械 费（元）			27.22	27.22	27.22	27.22
名称		单位	数 量			
人工	建筑普通工	工日	0.1769	0.1769	0.1769	0.1769
	建筑技术工	工日	0.0442	0.0442	0.0442	0.0442
材料	普通硅酸盐水泥 32.5	t	0.765	0.557	0.49	0.408
	中砂	m³	0.79	1.05	1.12	1.31
	防水粉	kg	40.75	27.16	23.28	20.12
	水	t	0.3	0.3	0.3	0.3
机械	灰浆搅拌机 拌筒容量 200L	台班	0.137	0.137	0.137	0.137

单位：m³

材 料 编 号		C09021203	C09021202	C09021201	C09021303	C09021304
项 目		石灰砂浆			麻刀纸筋浆	
		1：2	1：2.5	1：3	麻刀石灰浆	水泥石灰麻刀浆
材 料 基 价（元）		**217.5**	**210.45**	**205.14**	**283.94**	**247.19**
人 工 费（元）		25.25	25.25	25.25	25.25	25.25
材 料 费（元）		165.03	157.98	152.67	231.47	194.72
机 械 费（元）		27.22	27.22	27.22	27.22	27.22
名称	单位	数 量				
人工 建筑普通工	工日	0.1769	0.1769	0.1769	0.1769	0.1769
建筑技术工	工日	0.0442	0.0442	0.0442	0.0442	0.0442
材料 普通硅酸盐水泥 32.5	t					0.134
中砂	m³	1.03	1.05	1.07		1.198
石灰膏	m³	0.45	0.4	0.36	1.01	0.21
麻刀	kg				14.6	
水	t	0.6	0.6	0.6	0.5	0.5
机械 灰浆搅拌机 拌筒容量 200L	台班	0.137	0.137	0.137	0.137	0.137

单位：m³

材　料　编　号			C09021305	
项　　　　　目			麻刀纸筋浆	
			石膏纸筋浆	
材　料　基　价（元）			**229.5**	
人　工　费（元）			25.25	
材　料　费（元）			177.03	
机　械　费（元）			27.22	
名称		单位	数　　量	
人工	建筑普通工	工日	0.1769	
	建筑技术工	工日	0.0442	
材料	石灰膏	m³	1.01	
	水	t	0.5	
机械	灰浆搅拌机　拌筒容量　200L	台班	0.137	

单位：m³

材 料 编 号		C09022101	C09022102	C09022103	C09022104	C09022105
项 目		水泥膏浆				
		水泥膏	白水泥膏	白水泥浆	素水泥浆	素石膏浆
材 料 基 价 （元）		**867.96**	**1447.4**	**1184.64**	**707.99**	**952.87**
人 工 费 （元）		25.25	25.25	25.25	25.25	25.25
材 料 费 （元）		815.49	1394.93	1132.17	655.52	900.4
机 械 费 （元）		27.22	27.22	27.22	27.22	27.22
名称	单位	数 量				
人工	建筑普通工	工日	0.1769	0.1769	0.1769	0.1769	0.1769
	建筑技术工	工日	0.0442	0.0442	0.0442	0.0442	0.0442
材料	普通硅酸盐水泥 32.5	t	1.888			1.517	
	白水泥	t		1.888	1.532		
	石膏粉	kg					867
	水	t	0.5	0.5	0.53	0.53	0.6
机械	灰浆搅拌机 拌筒容量 200L	台班	0.137	0.137	0.137	0.137	0.137

附表 E-3　　　　　　　　　　　　　　　其他砂浆制备表　　　　　　　　　　　　　　　单位：m³

材料编号		C09022201	C09022202	C09022203	C09022204	C09022205
项　　目		水磨石子浆				
		1：1	1：1.25	1：1.5	1：2	1：2.5
材 料 基 价（元）		**456.32**	**413.65**	**370.97**	**334.78**	**285.2**
人 工 费（元）		25.25	25.25	25.25	25.25	25.25
材 料 费（元）		403.85	361.18	318.5	282.31	232.73
机 械 费（元）		27.22	27.22	27.22	27.22	27.22
名称	单位	数　　量				
人工　建筑普通工	工日	0.1769	0.1769	0.1769	0.1769	0.1769
建筑技术工	工日	0.0442	0.0442	0.0442	0.0442	0.0442
材料　普通硅酸盐水泥 32.5	t	0.934	0.835	0.736	0.652	0.537
白石子	kg	1.188	1.296	1.404	1.558	1.678
水	t	0.3	0.3	0.3	0.3	0.3
机械　灰浆搅拌机　拌筒容量　200L	台班	0.137	0.137	0.137	0.137	0.137

续表

单位：m³

材 料 编 号		C09021602	C09021603	C09021604	C09021601	C09021605
项 目		白水泥石子浆				
		1：1	1：1.25	1：1.5	1：2	1：2.5
材 料 基 价 （元）		**742.97**	**669.91**	**596.85**	**534.88**	**450.01**
人 工 费 （元）		25.25	25.25	25.25	25.25	25.25
材 料 费 （元）		690.5	617.44	544.38	482.41	397.54
机 械 费 （元）		27.22	27.22	27.22	27.22	27.22
名 称	单位	数 量				
人工 建筑普通工	工日	0.1769	0.1769	0.1769	0.1769	0.1769
人工 建筑技术工	工日	0.0442	0.0442	0.0442	0.0442	0.0442
材料 白水泥	t	0.934	0.835	0.736	0.652	0.537
材料 白石子	kg	1.188	1.296	1.404	1.558	1.678
材料 水	t	0.3	0.3	0.3	0.3	0.3
机械 灰浆搅拌机 拌筒容量 200L	台班	0.137	0.137	0.137	0.137	0.137

652

材 料 编 号		C09020702	C09020701	C09020703
项 目		TG 胶浆	TG 砂浆	水泥豆石浆
		1：1.5：4	1：0.2：6	
材 料 基 价（元）		**713.61**	**392.59**	**626.5**
人 工 费（元）		25.25	25.25	25.25
材 料 费（元）		663.52	340.12	574.03
机 械 费（元）		24.84	27.22	27.22
名称	单位	数 量		
人工 建筑普通工	工日	0.1769	0.1769	0.1769
建筑技术工	工日	0.0442	0.0442	0.0442
材料 普通硅酸盐水泥 32.5	t	0.3	0.264	1.135
胶浆 TG 胶浆	kg	200	53	
中砂	m³		1.02	
小豆石	m³			0.69
水	t	0.78	0.3	0.3
机械 灰浆搅拌机 拌筒容量 200L	台班	0.125	0.137	0.137

续表

材料编号			C09021002	C09021003	C09021001	C09040201	C09040301
项　　目			水玻璃耐酸砂浆			水玻璃耐酸胶泥	
			1：1.5：0.12：0.8	1：3：0.1：0.5	1：0.17：1.1：1：2.6	1：0.18：1.2：1.1	1：0.15：0.5：0.5
材　料　基　价（元）			**2078.87**	**1876.59**	**2227.95**	**2314.74**	**2501.26**
人　工　费（元）			26.02	26.02	26.02	26.02	26.02
材　料　费（元）			2025.63	1823.35	2174.71	2261.5	2448.02
机　械　费（元）			27.22	27.22	27.22	27.22	27.22
名称		单位	数　　量				
人工	建筑普通工	工日	0.1822	0.1822	0.1822	0.1822	0.1822
	建筑技术工	工日	0.0456	0.0456	0.0456	0.0456	0.0456
材料	水玻璃	kg	504	338	412	636	911
	石英砂	kg	954	1170	1082		
	石英粉	kg	630	605	458	770	460
	铸石粉	kg			416	708	460
	氟硅酸钠　98%	kg	75.3	50	70	115	137
机械	灰浆搅拌机　拌筒容量　200L	台班	0.137	0.137	0.137	0.137	0.137

耐酸、防腐及特种砂浆制备表

单位：m^3

材料 编号		C09020801	C09020901	C09020902	C09040121	C09040122
项 目		沥青砂浆	耐酸沥青砂浆		耐酸沥青胶泥	
		1：2：6	12：26：74	12：13：35	1：0.3：0.05	1：0.8：0.05
材 料 基 价（元）		**1771.16**	**2552.72**	**2937.08**	**4343.11**	**3903.46**
人 工 费（元）		26.02	26.02	26.02	26.02	26.02
材 料 费（元）		1717.92	2499.48	2883.84	4289.87	3850.22
机 械 费（元）		27.22	27.22	27.22	27.22	27.22
名称	单位	数 量				
人工 建筑普通工	工日	0.1822	0.1822	0.1822	0.1822	0.1822
建筑技术工	工日	0.0456	0.0456	0.0456	0.0456	0.0456
材料 中砂	m^3	1.02				
石英砂	kg		1547	1239		
滑石粉	kg	530				
石英粉	kg		543	460	293	665
石油沥青 30 号	kg	275	280	439	1013	862
石棉粉	kg				49	42
机械 灰浆搅拌机 拌筒容量 200L	台班	0.137	0.137	0.137	0.137	0.137

单位：m³

材 料 编 号			C09040123	C09040124	C09040125
项 目			耐酸沥青胶泥		
			1：1：0.05	1：2：0.05	1：0.3
材料基价（元）			**3746.66**	**3223.85**	**4499.79**
人 工 费（元）			26.02	26.02	26.02
材 料 费（元）			3693.42	3170.61	4446.55
机 械 费（元）			27.22	27.22	27.22
名称		单位	数 量		
人工	建筑普通工	工日	0.1822	0.1822	0.1822
	建筑技术工	工日	0.0456	0.0456	0.0456
材料	石英粉	kg	783	1220	
	石油沥青 30 号	kg	810	631	1029
	石棉粉	kg	39	31	299
机械	灰浆搅拌机 拌筒容量 200L	台班	0.137	0.137	0.137

单位：m³

材料编号			C09040401	C09040402	C09040403	C09040404
项目			环氧树脂胶泥 1：0.1：0.08：2	酚醛树脂胶泥 1：0.06：0.08：1.8	环氧煤焦油砂浆 0.1：2：4：0.04	环氧酚醛胶泥 0.7：0.3：0.06：0.05：1.7
材料基价（元）			**16741.77**	**9516.4**	**5870.98**	**4196.9**
人工费（元）			26.02	26.02	26.02	26.02
材料费（元）			16688.53	9463.16	5817.74	4143.66
机械费（元）			27.22	27.22	27.22	27.22
名称		单位	数量			
人工	建筑普通工	工日	0.1822	0.1822	0.1822	0.1822
	建筑技术工	工日	0.0456	0.0456	0.0456	0.0456
材料	石英砂	kg			1310	
	石英粉	kg	1294	1158	655	1231
	煤焦油	kg			166	
	乙醇	kg		39		
	丙酮 95%	kg	65		14	29
	乙二胺	kg	52		14	34
	二甲苯	kg			33	
	苯磺酰氯	kg		52		
	环氧树脂 6101号	kg	652		165	
	酚醛树脂	kg		649		205
机械	灰浆搅拌机 拌筒容量 200L	台班	0.137	0.137	0.137	0.137

续表

材 料 编 号		C09040502	C09040503	C09040504	C09040501
项 目		环氧呋喃胶泥 0.7：0.3： 0.06：0.05：1.7	环氧煤焦油胶泥 0.5：0.5： 0.04：2.2	硫磺胶泥 6：4： 0.15	环氧树脂打底料 1：1：0.07： 0.15
材 料 基 价 （元）		**14861.06**	**9180.06**	**5647.97**	**34797.06**
人 工 费 （元）		26.02	26.02	26.02	26.02
材 料 费 （元）		14807.82	9126.82	5594.73	34743.82
机 械 费 （元）		27.22	27.22	27.22	27.22
名称	单位	数 量			
人工 建筑普通工	工日	0.1822	0.1822	0.1822	0.1822
人工 建筑技术工	工日	0.0456	0.0456	0.0456	0.0456
材料 石英粉	kg	1190	1337	864	175
材料 硫化橡胶	kg			45	
材料 煤焦油	kg		306		
材料 丙酮 95%	kg		25		1174
材料 乙二胺	kg	35	25		82
材料 二甲苯	kg		61		
材料 硫磺粉	kg			1909	
材料 环氧树脂 6101号	kg	495	308		1174
材料 呋喃树脂	kg	212			
机械 灰浆搅拌机 拌筒容量 200L	台班	0.137	0.137	0.137	0.137

658

单位：m³

材料编号			C09031001	C09031002	C09031101
项　目			耐酸沥青混凝土 中粒式	石油沥青混凝土	水玻璃耐酸 混凝土
材料基价（元）			**2055.52**	**1267.51**	**1954.9**
人工费（元）			24.49	24.49	24.49
材料费（元）			1995.56	1207.55	1894.94
机械费（元）			35.47	35.47	35.47
名称		单位	数　量		
人工	建筑普通工	工日	0.1715	0.1715	0.1715
	建筑技术工	工日	0.0429	0.0429	0.0429
材料	水玻璃	kg			284
	中砂	m³		0.65	
	石英砂	kg	854		705
	碎石　40	m³		0.78	
	石英石	kg	1067		934
	滑石粉	kg		427	
	石英粉	kg	213		259
	铸石粉	kg			287
	石油沥青　30号	kg	187	164	
	氟硅酸钠　98%	kg			45
机械	机动翻斗车　1t	台班	0.08	0.08	0.08
	滚筒式混凝土搅拌机（电动式）出料容量　400L	台班	0.062	0.062	0.062

659

续表

材料 编 号		C09040701	C09040703	C10080201	C09021401	C09021402
项 目		冷底子油（kg）		石油沥青玛蹄脂	钢屑砂浆	重晶石砂浆
		3：7	5：5		1：0.3：1.5	1：4
材料基价（元）		**9.72**	**8.22**	**4589.1**	**1636.78**	**3245.82**
人 工 费（元）		0.07	0.07	26.02	26.02	26.02
材 料 费（元）		9.15	7.76	4535.86	1583.54	3192.58
机 械 费（元）		0.13	0.13	27.22	27.22	27.22
名称	单位	数 量				
人工 建筑普通工	工日	0.0005	0.0005	0.1822	0.1822	0.1822
建筑技术工	工日	0.0001	0.0001	0.0456	0.0456	0.0456
材料 普通硅酸盐水泥 32.5	t				1.085	0.478
中砂	m³				0.21	
滑石粉	kg			255		
金属屑	kg				1650	
重晶石粉	t					1.924
石油沥青 30 号	kg	0.32	0.53	1058		
汽油 92 号	kg	0.77	0.55			
水	t				0.4	0.4
机械 灰浆搅拌机 拌筒容量 200L	台班			0.137	0.137	0.137
搅拌器	台班	0.0005	0.0005			

续表

材 料 编 号			C09021403	C09021404	C09021405
项　　　目			重晶石砂浆		膨胀水泥砂浆
			1：2：1	1：0.25：4	1：1
材 料 基 价 （元）			**1955.34**	**3098.92**	**1000.22**
人 工 费 （元）			26.02	26.02	26.02
材 料 费 （元）			1902.1	3045.68	946.98
机 械 费 （元）			27.22	27.22	27.22
名称		单位	数　　　量		
人工	建筑普通工	工日	0.1822	0.1822	0.1822
	建筑技术工	工日	0.0456	0.0456	0.0456
材料	普通硅酸盐水泥　32.5	t	0.537	0.458	
	膨胀水泥	t			0.8195
	中砂	m³	0.43		0.8081
	石灰膏	m³		0.097	
	重晶石粉	t	1.053	1.824	
	水	t	0.4	0.4	0.3
机械	灰浆搅拌机　拌筒容量　200L	台班	0.137	0.137	0.137

附表 E-5　　　　　　　　　　　　　　　　絶热材料制备表　　　　　　　　　　　　　　单位：m³

材　料　编　号			C17010404	C17010402	C17010403	C17020105	C17020102
项　　　目			水泥蛭石			水泥珍珠岩	
			1：8	1：10	1：12	1：8	1：10
材料基价（元）			**247.65**	**244.36**	**242.54**	**249.77**	**246.46**
人　工　费（元）			25.25	25.25	25.25	25.25	25.25
材　料　费（元）			195.18	191.89	190.07	197.3	193.99
机　械　费（元）			27.22	27.22	27.22	27.22	27.22
名称		单位	数　　量				
人工	建筑普通工	工日	0.1769	0.1769	0.1769	0.1769	0.1769
	建筑技术工	工日	0.0442	0.0442	0.0442	0.0442	0.0442
材料	普通硅酸盐水泥　32.5	t	0.175	0.149	0.131	0.168	0.143
	膨胀蛭石粉	m³	1.2	1.28	1.34		
	珍珠岩	m³				1.16	1.23
	水	t	0.4	0.4	0.4	0.4	0.4
机械	灰浆搅拌机　拌筒容量　200L	台班	0.137	0.137	0.137	0.137	0.137

单位：m³

材 料 编 号		C17020106	C10061111	C09031201
项 目		水泥珍珠岩	水泥炉渣	陶粒混凝土
		1：12	1：06	
材 料 基 价 （元）		**246. 61**	**225. 48**	**589. 72**
人 工 费 （元）		25. 25	24. 49	24. 49
材 料 费 （元）		194. 14	164. 74	527. 42
机 械 费 （元）		27. 22	36. 25	37. 81
名称	单位	数 量		
人工 建筑普通工	工日	0. 1769	0. 1715	0. 1715
建筑技术工	工日	0. 0442	0. 0429	0. 0429
材料 普通硅酸盐水泥 32.5	t	0. 126	0. 21	0. 386
中砂	m³			0. 62
陶粒	m³			0. 893
炉渣	m³		1. 2	
珍珠岩	m³	1. 3		
水	t	0. 4	0. 2	0. 735
机械 机动翻斗车 1t	台班		0. 08	0. 08
滚筒式混凝土搅拌机（电动式） 出料容量 400L	台班		0. 065	0. 071
灰浆搅拌机 拌筒容量 200L	台班	0. 137		

灰土、三合土制备表

单位：m³

材料编号		C10060201	C10060202	C10060301	C10060302	C10060303
项　　目		灰土		碎石三合土		石棉水泥
		2：8	3：7	1：3：6	1：4：8	C25
材料基价（元）		**55.46**	**76.44**	**175.42**	**174.05**	**2806.62**
人工费（元）		3.83	3.83	6.12	6.12	25.25
材料费（元）		42.4	63.38	159.35	157.98	2754.15
机械费（元）		9.23	9.23	9.95	9.95	27.22
名称	单位	数　　量				
人工　建筑普通工	工日	0.0268	0.0268	0.0429	0.0429	0.1769
建筑技术工	工日	0.0067	0.0067	0.0107	0.0107	0.0442
材料　普通硅酸盐水泥 32.5	t					1.26
中砂	m³			0.52	0.53	
碎石 40	m³			1.03	1.06	
生石灰	kg	162	243	85	66	
土　综合	m³	(1.31)	(1.15)			
石棉绒	kg					540
水	t	0.2	0.2	0.3	0.3	0.44
机械　履带式推土机　功率 75kW	台班	0.0015	0.0015	0.0018	0.0018	
轮胎式装载机　斗容量 1m³	台班	0.002	0.002	0.0026	0.0026	
自卸汽车 8t	台班	0.009	0.009	0.009	0.009	
灰浆搅拌机　拌筒容量 200L	台班					0.137
刨毛机	台班	0.0018	0.0018	0.0018	0.0018	

附录 F 土石方松实系数表

土石方松实系数表

土石名称	自然密实体积	松散体积	密实后体积
土方	1	1.33	0.85
石方	1	1.53	1.31
砂	1	1.07	0.94
混合料	1	1.19	0.88
块方	1	1.75	1.43

附录 G　打桩土质鉴别表

打桩土质鉴别表

内　　容		土壤级别	
		一级土	二级土
砂夹层	砂层连续厚度（m）	<1	>1
	砂层中卵石含量		<15%
物理性能	压缩系数	>0.02	<0.02
	孔隙比	>0.70	<0.70
力学性能	静力触探值	<50	>50
	动力触探系数 n	<12	>12
每米纯沉桩时间平均值（min）		<2	>2
说明		桩经外力作用较易沉入的土。土壤中夹有较薄的砂层	桩经外力作用较难沉入的土，土壤中夹有不超过3m的连续厚度砂层

西藏地区电网工程预算定额

（2023 年版）

第一册 建筑工程（下册）

国家能源局　发布

中国电力出版社
CHINA ELECTRIC POWER PRESS

图书在版编目（CIP）数据

西藏地区电网工程预算定额：2023 年版．第一册．建筑工程．下册/国家能源局发布．—北京：中国电力出版社，2024.6

ISBN 978 - 7 - 5198 - 8818 - 3

Ⅰ.①西…　Ⅱ.①国…　Ⅲ.①电网—电力工程—预算定额—西藏②电网—建筑工程—预算定额—西藏　Ⅳ.①F426.61

中国国家版本馆 CIP 数据核字（2024）第 074337 号

出版发行：中国电力出版社	印　　刷：三河市百盛印装有限公司
地　　址：北京市东城区北京站西街 19 号（邮政编码 100005）	版　　次：2024 年 6 月第一版
网　　址：http://www.cepp.sgcc.com.cn	印　　次：2024 年 6 月北京第一次印刷
责任编辑：张　瑶（010 - 63412503）	开　　本：850 毫米×1188 毫米　32 开本
责任校对：黄　蓓　王海南　常燕昆	印　　张：37.75
装帧设计：赵丽媛	字　　数：1005 千字
责任印制：石　雷	定　　价：278.00 元（全 2 册）

国家能源局关于颁布《西藏地区电网工程定额和费用计算规定（2023年版）》的通知

国能发电力〔2024〕17号

各有关单位：

为适应西藏等高海拔地区电网工程管理发展的实际需要，合理确定和有效控制电网工程造价，进一步统一和规范电网建设工程的计价行为，国家能源局委托中国电力企业联合会组织编制完成《西藏地区电网工程建设预算编制与计算规定》《西藏地区电网工程概算定额（建筑工程、电气设备安装工程、架空线路工程、电缆线路工程、调试工程、通信工程）》《西藏地区电网工程预算定额（建筑工程、电气设备安装工程、架空线路工程、电缆线路工程、调试工程、通信工程)》（以上3项统称《西藏地区电网工程定额和费用计算规定（2023年版）》）。现予以颁布实施，请遵照执行。

《西藏地区电网工程定额和费用计算规定（2023年版）》由中国电力企业联合会组织中国电力出版社出版发行。

国家能源局（印）

2024年3月9日

前　　言

　　《西藏地区电网工程概预算定额（2023 年版）》（以下简称"本套定额"）是《西藏地区电网工程定额和费用计算规定（2023 年版）》的主要组成内容。

　　本套定额是根据《国家能源局关于印发〈电力工程定额与造价工作管理办法〉的通知》（国能电力〔2013〕501 号）文件的要求，围绕西藏等高海拔地区电网建设面临的新形势和新要求，按照国家及电力行业有关标准规范，结合电网工程建设与管理特点制定。

　　本套定额在《西藏地区电网工程概预算定额（2013 年版）》的基础上，合理继承和沿用了原定额的总体框架和形式，根据 2013 年以来电网建设工程有关的新政策要求、新技术发展、项目管理新模式以及新设备、新材料、新工艺的应用状况，对定额专业划分、子目设置、计算规则、编制内容、价格水平等进行了补充、优化和调整。

　　本套定额在修订过程中，按照国家关于定额编制的程序和要求，经过广泛征求各方意见和建议，对定额各项内容进行了认真调研和反复推敲、测算，保证了定额的适用性、时效性和公正性。

　　本套定额由国家能源局批准并颁布，由电力工程造价与定额管理总站负责编制和解释。

编制领导小组	安洪光	潘跃龙	张天光	董士波	张 宁	李庆江	
编 制 人 员	田进步	王美玲	张致海	张 昉	文上勇	万正东	包权宗
	赵晓芳	余光秀	赵维波	张 跃	于雪薇	余菊芳	宋军辉
	肖丁文	孙希胜	王荷芳	扈燕博	欧阳普英	王少卿	施 念
	张 嵘	刘馨阳	郭瑞真	才海多杰			
审 查 专 家	左宏斌	于 超	姜 楠	胡晋岚	雷 征	章 齐	刘景玉
	屠庆波	昌兴艳	万明勇	谢 珉			

总　说　明

一、《西藏地区电网工程预算定额（2023年版）》（简称定额）共六册，包括：

第一册　建筑工程（上册、下册）　　　　　第二册　电气设备安装工程

第三册　架空线路工程　　　　　　　　　　第四册　电缆线路工程

第五册　调试工程　　　　　　　　　　　　第六册　通信工程

二、本册为《第一册　建筑工程（下册）》（简称本定额），共6章，包括给水与排水工程、照明与防雷接地工程、消防工程、通风与空调工程、采暖工程、防腐与绝热工程。

三、本定额适用于西藏地区1000kV及以下交流输配电（串联补偿）站、±800kV及以下直流换流站建筑工程。青海省玉树州、果洛州、海西州，四川省甘孜州、阿坝州、凉山州，甘肃省甘南州，云南省迪庆州、怒江州，新疆克州、喀什地区塔什库尔干县等地区的工程参照使用。

四、本定额是编制施工图预算的依据，是编制初步设计概算的基础，也是编制最高投标限价的基础依据，同时还是投标报价、工程结算和调解处理工程建设经济纠纷的参考依据。

五、本定额主要编制依据。

1. GB 50014—2021　室外排水设计标准。

2. GB 50151—2021　泡沫灭火系统技术标准。

3. GB/T 50185—2019　工业设备及管道绝热工程施工质量验收标准。

4. GB 50013—2018　室外给水设计标准。

5. GB 50084—2017　自动喷水灭火系统设计规范。

6. GB 50261—2017　自动喷水灭火系统施工及验收规范。

7. GB 50243—2016　通风与空调工程施工质量验收规范。

8. GB 50019—2015　工业建筑供暖通风与空气调节设计规范。

9. GB 50303—2015　建筑电气工程施工质量验收规范。

10. GB/T 50218—2014　工程岩体分级标准。

11. GB 50254—2014　电气装置安装工程低压电器施工及验收规范。

12. GB 50034—2013　建筑照明设计标准。

13. GB 50300—2013　建筑工程施工质量验收统一标准。

14. GB/T 50353—2013　建筑工程建筑面积计算规范。

15. GB 50009—2012　建筑结构荷载规范。

16. GB 50193—2010　二氧化碳灭火系统设计规范。

17. GB 50060—2008　3~110kV 高压配电装置设计规范。

18. GB 50263—2007　气体灭火系统施工及验收规范。

19. GB 50242—2002　建筑给水排水及采暖工程施工质量验收规范。

20. GB 50021—2001　岩土工程勘察规范。

21. DL/T 5210.1—2021　电力建设施工质量验收规程　第 1 部分：土建工程。

22. DL/T 5352—2018　高压配电装置设计规范。

23. DL 5009.3—2013　电力建设安全工作规程　第 3 部分：变电站。

24. LD/T 72.1~11—2008　建设工程劳动定额　建筑工程。

25. 电力建设工程工期定额（2022年版）。

26. 电力建设工程预算定额（2018年版）　第一册　建筑工程（上册、下册）。

27. 中国电力建设工法汇编（2015年度）。

28. 输变电工程质量监督检查大纲（2014年版）。

29. 西藏地区电网工程预算定额（2013年版）　第一册　建筑工程（上册、下册）。

30. 现行有关变电工程建筑、结构、装饰、水工建筑、水工结构等设计规范。

31. 现行有关建筑工程设计、施工、质量、安全、环保等规程与规范。

32. 西藏地区电网工程典型设计、施工图及施工组织方案等。

六、本定额是完成规定计量单位子目工程所需人工、材料、施工机械台班的消耗量标准，反映了西藏地区电网工程建筑施工技术与管理水平。除定额规定可以调整外，不因工程实际施工组织、施工方法、劳动力组织与水平、材料消耗种类与数量、施工机械规格与配置等不同调整。

七、本定额中包括的施工工作内容，除各章节已说明的工作内容外，均包括从施工准备、场内运输、施工操作到完工清理全部过程所有的施工工序。

八、本定额包括建筑设备单体调试。

九、人工、材料和机械。

（一）关于人工。

1. 本定额人工分为建筑普通工和建筑技术工，建筑普通工单价为107元/工日，建筑技术工单价为143元/工日，每个工日为8小时。

2. 本定额人工单价以拉萨市为标准取定，3500m<海拔 H≤3750m 以外地区的人工费按照表 0-1 调整。

表 0-1 　　　　　　3500m<海拔 H≤3750m 以外地区的人工费、机械费调整系数

海拔 H（m）	人工费调整系数	机械费调整系数
H≤2000	0.797	0.897
2000<H≤2500	0.824	0.922
2500<H≤3000	0.891	0.960
3000<H≤3250	0.924	0.971
3250<H≤3500	0.957	0.984
3500<H≤3750	1.000	1.000
3750<H≤4000	1.049	1.018
4000<H≤4250	1.105	1.039
4250<H≤4500	1.168	1.061
4500<H≤4750	1.237	1.087
4750<H≤5000	1.312	1.114
5000<H≤5250	1.395	1.145
5250<H≤5500	1.483	1.177
H>5500	1.579	1.212

（二）关于材料。

1. 本定额材料消耗量包括施工中消耗的主要材料、辅助材料、周转材料和其他材料，包括了合理的施工损耗量、施工现场堆放损耗量、场内运输损耗量。周转性材料在定额中按照摊销量计列。用量少、低值易耗的零星材料，列为其他材料费。

2. 本定额包括材料和成品从存放仓库或堆放地点运至施工加工地点的场内运输。

3. 本定额中材料单价按照 2023 年西藏定额材料库价格取定，为除税后单价。

（三）关于机械。

1. 本定额施工机械台班消耗量包括基本消耗量、必要间歇时间消耗量和机械幅度差。

2. 本定额施工机械台班单价按照 2023 年西藏定额施工机械台班库价格取定，$3500\mathrm{m} <$ 海拔 $H \leqslant 3750\mathrm{m}$ 以外地区的机械费按照表 0-1 调整。

3. 不构成固定资产的小型机械或仪表的购置、摊销和维护费用等，未计入定额，包括在《西藏地区电网工程预算编制与计算规定（2023 年版）》的施工工具用具使用费中。

十、脚手架与超高安装。

1. 材料或设备安装高度距离楼面或地面 5m 以上的工程，计算超高安装增加费。超高安装增加费按照相应建筑安装人工费的 15% 计算，其中人工费 65%，材料费 30%，机械费 5%。

2. 本定额脚手架搭拆费按照单位建筑安装工程人工费 5% 计算，其中人工费 40%，材料费 50%，机械费 10%。

3. 在建筑高度大于 20m 的建筑物内进行材料或设备安装时，应计算建筑超高安装增加费。建筑超高安装增加费以单位建筑安装工程人工费为基数进行计算，计算比例见表 0-2，其中人工费 65%，材料费 20%，机械费 15%。

表 0-2   建筑超高安装增加费计算表

建筑高度（m）	30	40	50	60
计算比例（%）	2	3	4	6

十一、本定额中凡注明"××以内""××以下"者，均包括本身，注明"××以外""××以上"者，均不包括本身。

目　　录

上　　册

第2章　地基处理工程

第8章 地面与楼地面工程

下　　册

第 16 章 消 防 工 程

第17章　通风与空调工程

第18章 采暖工程

第19章　防腐与绝热工程

第14章 给水与排水工程

说　　明

本章定额适用于室内外管道、管道支架、法兰、套管、伸缩器、阀门、水表及卫生洁具等安装工程。

1. 室内外管道、管道支架、法兰、伸缩器安装。

（1）本章定额适用于室内外生活给水、生活排水、雨水、采暖管道、常规水消防、法兰、套管、伸缩器等的安装工程。

（2）界线划分。

1）给水管道。

——室内外管道以建筑物外墙外 1m 分界，管道进建筑物入口处设有阀门者以阀门分界。

——与外接工业水源管道以水表井分界。无水表井者，以与外接工业水源管道接头点分界。

2）排水管道。

——室内外管道以出户第一个排水检查井分界。

——室外管道与外接工业管道以污水流量计分界。无污水流量计者，以与外接工业管道接头点分界。

3）采暖管道。

——室内外管道以管道进建筑物入口阀门分界。无入口阀门者，以建筑物外墙外 1m 分界。

——室内采暖管道以采暖系统与供热管道接头点分界。

（3）管道安装定额包括以下工作内容：

1）管道及管件制作或购置、安装。

2）水压试验。

3）室内 DN32 以内钢管管卡及托钩制作或购置与安装。

4）铸铁排水管、雨水管及塑料排水管的管卡、检查口、托吊支架、臭气帽、雨水漏斗制作或购置与安装。

5）镀锌铁皮套管安装。

（4）管道安装定额不包括以下内容：

1）室内外管沟土方挖填及管道基础，发生时执行上册相应定额。

2）法兰、阀门及伸缩器的制作或购置与安装。

3）DN32 以上钢管支架的制作或购置与安装。

4）镀锌铁皮套管的制作或购置。

2. 阀门安装。

（1）螺纹阀门安装定额适用于各种内外螺纹连接的阀门安装工程。

（2）法兰阀门安装定额适用于各种法兰连接的阀门安装工程。工程为一侧法兰连接时，定额中的法兰、带帽螺栓及垫圈用量减半，其余不变。

（3）连接法兰的垫片按照石棉橡胶板考虑。工程采用其他材料时，定额不作调整。

（4）自动排气阀安装定额，包括了其支架制作与安装工作内容。

3. 卫生洁具。

（1）卫生器具安装定额参照《全国通用给水排水标准图集》中有关标准编制，执行定额时，除另有说明外，均不作调整。

（2）成组安装的卫生器具定额中，包括了给水、排水管道连接的安装费用。

（3）洗脸盆、洗手盆、洗涤盆安装定额适用于各种不同型号与规格的盆类安装工程。

4. 其他。

（1）安装管道间、管廊内的管道、阀门、法兰、支架时，按相应定额人工费乘以 1.3 系数。

（2）执行定额时，主体结构为全框架的工程，人工费乘以 1.05 系数；主体结构为内框架的工程，人工费乘以 1.03 系数。

（3）给水、排水工程不计算调试费。

5. 本章定额中包括被安装的主要材料、阀门、法兰、洁具等材料费，不包括电热水器、电开水炉、太阳能热水器、烘手机、饮水机等设备费。

6. 管道的适用范围：

（1）塑料管安装适用于 UPVC、PVC、PP-C、PP-R、PE、PB 管等塑料管安装。

（2）复合管安装适用于内涂塑、内外涂塑、内衬塑、外覆塑内衬塑、钢塑复合管道、铝塑复合等管道安装。

（3）定额中的无缝钢管适用于常规水消防。

（4）本章的无缝钢管定额包括管件及法兰安装，但管件、法兰数量应按设计用量另行计算，螺栓按设计用量加 3% 损耗计算。若设计或规范要求钢管镀锌，其镀锌及场外运输另行计算。

7. 刚性穿墙套管和柔性穿墙套管安装项目中，包括防水套管，配合预留孔洞及浇筑混凝土工作内容。

8. 套管安装项目已包含制作、堵洞工作内容。

9. 套管内填料按油麻编制，如与设计不符时，可按工程要求调整换算填料。

10. 泵类安装包括设备开箱检验、基础处理、垫铁设置、泵设备本体及附件（底座、电动机、联轴器、皮带等）吊装就位、找平找正、垫铁点焊、单机试车、配合检查验收。

工程量计算规则

1. 各种管道均按照设计图示尺寸中心线长度以米为单位计算工程量，不扣除阀门、管件、减压器、疏水器、水表、伸缩器等所占长度。

2. 镀锌铁皮套管制作以个为单位计算工程量。

3. 伸缩器制作与安装以个为单位计算工程量。方形伸缩器的两臂，按照臂长的两倍计算工程量，合并在管道长度内。

4. 阀门、法兰、水表、减压器、疏水器，按照设计图示个数计算工程量，不计算随设备、卫生器具成套供货安装的阀门、法兰、水表、减压器、疏水器数量。

5. 管道消毒、冲洗、水压试验，按照管道长度以米为单位计算工程量，不扣除阀门、管件、减压器、疏水器、水表、伸缩器等所占长度。

6. 刚性、柔性穿墙套管，按管道的公称直径，分规格以米为计量单位。

7. 支架制作与安装按照设计成品质量以千克为单位计算工程量，计算支架生根部分、连接件、螺栓质量。

8. 卫生洁具安装以组为单位计算工程量。

9. 电热水器、电开水炉、太阳能热水器、烘手机、饮水机安装，按照台计算工程量。

10. 通用泵类安装按照不同功率以台计算工程量。

14.1 室 外 管 道

14.1.1 镀锌钢管——螺纹连接

工作内容：切管、套丝、安装零件、调直、管道安装、水压试验。

定 额 编 号		XZYT14-1	XZYT14-2	XZYT14-3	XZYT14-4	XZYT14-5
项 目		镀锌钢管				
		DN20	DN25	DN32	DN40	DN50
单 位		m	m	m	m	m
基 价（元）		**19.11**	**24.11**	**29.01**	**34.42**	**43.27**
其中	人 工 费（元）	8.37	8.11	8.37	9.16	10.68
	材 料 费（元）	10.61	15.84	20.52	25.14	32.36
	机 械 费（元）	0.13	0.16	0.12	0.12	0.23
名 称	单位	数 量				
人工 建筑普通工	工日	0.0268	0.0259	0.0268	0.0293	0.0341
建筑技术工	工日	0.0385	0.0373	0.0385	0.0421	0.0492
计价材料 镀锌钢管 DN20 以下	kg	1.7210				
镀锌钢管 DN25	kg		2.5580			
镀锌钢管 DN32	kg			3.3040		
镀锌钢管 DN40	kg				4.0540	
镀锌钢管 DN50	kg		0.0060			5.2010
镀锌铁丝 综合	kg	0.0050	0.0080	0.0080	0.0080	0.0090

续表

定　额　编　号			XZYT14-1	XZYT14-2	XZYT14-3	XZYT14-4	XZYT14-5
项　　　目			镀锌钢管				
			DN20	DN25	DN32	DN40	DN50
计价材料	镀锌钢管接头零件　DN20 以下	个	0.1920				
	镀锌钢管接头零件　DN25	个		0.1920			
	镀锌钢管接头零件　DN32	个			0.1920		
	镀锌钢管接头零件　DN40	个				0.1860	
	镀锌钢管接头零件　DN50	个					0.1850
	聚四氟乙烯生料带　加厚	卷		0.0010			
	水	t	0.0060	0.0380	0.0100	0.0130	0.0160
	钢锯条　各种规格	根	0.0420	0.0120	0.0470	0.0640	0.0320
	其他材料费	元	0.2100	0.3100	0.4000	0.4900	0.6300
机械	管子切断机　管径 ϕ150	台班	0.0015	0.0023	0.0012	0.0012	0.0035
	管子切断套丝机　管径 ϕ159	台班	0.0033	0.0035	0.0035	0.0035	0.0046

定 额 编 号		XZYT14-6	XZYT14-7	XZYT14-8	XZYT14-9	XZYT14-10
项　　　　目		镀锌钢管				
		DN65	DN80	DN100	DN125	DN150
单　　位		m	m	m	m	m
基　价（元）		**56.06**	**68.97**	**89.40**	**127.03**	**145.06**
其中	人　工　费（元）	11.42	12.35	14.79	21.62	23.28
	材　料　费（元）	44.48	56.43	74.42	95.91	110.21
	机　械　费（元）	0.16	0.19	0.19	9.50	11.57
名　　　　称	单位	数　　　量				
人工 建筑普通工	工日	0.0366	0.0395	0.0473	0.0417	0.0448
建筑技术工	工日	0.0525	0.0568	0.0680	0.1200	0.1293
计价材料 薄钢板　4mm 以下	kg				0.0073	0.0110
镀锌钢管　DN65	kg	7.0750				
镀锌钢管　DN80	kg		8.8880			
镀锌钢管　DN100	kg			11.5610		
镀锌钢管　DN150	kg					18.8529
电焊条　J422　综合	kg				0.0003	0.0003
普通六角螺栓	kg				0.0008	0.0012
镀锌铁丝　综合	kg	0.0100	0.0120	0.0130	0.0107	0.0112
镀锌钢管接头零件　DN65	个	0.1760				
镀锌钢管接头零件　DN80	个		0.1720			
镀锌钢管接头零件　DN100	个			0.1630		

续表

定 额 编 号		XZYT14-6	XZYT14-7	XZYT14-8	XZYT14-9	XZYT14-10
项 目		镀锌钢管				
		DN65	DN80	DN100	DN125	DN150
计价材料	橡胶板 3mm 以下 kg				0.0014	0.0016
	聚四氟乙烯生料带 加厚 卷	0.0010	0.0010	0.0010	0.0010	0.0010
	机械油 5~7 号 kg				0.0106	0.0121
	水 t	0.0220	0.0250	0.0310	0.0547	0.0764
	镀锌钢管 DN125 kg				15.9213	
	室外镀锌丝接管件 综合 DN125 个				0.0182	
	室外镀锌丝接管件 综合 DN150 个					0.0182
	其他材料费 元	0.8700	1.1100	1.4600	1.8800	2.1600
机械	汽车式起重机 起重量 8t 台班				0.0095	0.0114
	载重汽车 5t 台班				0.0018	0.0025
	管子切断机 管径 φ150 台班	0.0023	0.0023	0.0023	0.0021	0.0025
	管子切断套丝机 管径 φ159 台班	0.0035	0.0046	0.0046	0.0196	0.0231
	电动单级离心清水泵 出口直径 φ100 台班				0.0003	0.0006
	试压泵 压力 30MPa 台班				0.0003	0.0003
	交流弧焊机 容量 40kVA 台班				0.0002	0.0002

14.1.2 焊接钢管——螺纹连接

工作内容：切管、套丝、安装零件、调直、管道安装、水压试验。

定 额 编 号		XZYT14-11	XZYT14-12	XZYT14-13	XZYT14-14
项　　　目		焊接钢管			
		DN20	DN25	DN32	DN40
单　　　位		m	m	m	m
基　　价（元）		**17.52**	**22.02**	**26.10**	**30.92**
其中	人 工 费（元）	8.37	8.37	8.37	9.16
	材 料 费（元）	9.15	13.55	17.61	21.64
	机 械 费（元）	0.10	0.10	0.12	0.12
名　　称	单位	数　　　量			
人工 建筑普通工	工日	0.0268	0.0268	0.0268	0.0293
建筑技术工	工日	0.0385	0.0385	0.0385	0.0421
计价材料 焊接钢管 DN20 以下	kg	1.6550			
焊接钢管 DN25	kg		2.4560		
焊接钢管 DN32	kg			3.1770	
焊接钢管 DN40	kg				3.8980
镀锌铁丝 综合	kg	0.0050	0.0060	0.0070	0.0080
焊接钢管接头零件 DN20 以下	个	0.1920			
焊接钢管接头零件 DN25	个		0.1920		
焊接钢管接头零件 DN32	个			0.1920	
焊接钢管接头零件 DN40	个				0.1860

续表

定 额 编 号			XZYT14-11	XZYT14-12	XZYT14-13	XZYT14-14
项 目			焊接钢管			
			DN20	DN25	DN32	DN40
计价材料	水	t	0.0060	0.0080	0.0100	0.0130
	钢锯条 各种规格	根	0.0420	0.0380	0.0470	0.0640
	其他材料费	元	0.1800	0.2700	0.3500	0.4200
机械	管子切断机 管径 ϕ150	台班		0.0012	0.0012	0.0012
	管子切断套丝机 管径 ϕ159	台班		0.0023	0.0035	0.0035

定 额 编 号			XZYT14-15	XZYT14-16	XZYT14-17	XZYT14-18
项　　目			焊接钢管			
			DN50	DN65	DN80	DN100
单　　位			m	m	m	m
基　　价（元）			**38.39**	**49.60**	**60.48**	**78.02**
其中	人　工　费（元）		10.68	11.42	12.35	14.79
	材　料　费（元）		27.56	38.02	47.94	63.15
	机　械　费（元）		0.15	0.16	0.19	0.08
名　　称		单位	数　　量			
人工	建筑普通工	工日	0.0341	0.0366	0.0395	0.0473
	建筑技术工	工日	0.0492	0.0525	0.0568	0.0680
计价材料	焊接钢管　DN50	kg	4.9530			
	焊接钢管　DN65	kg		6.7400		
	焊接钢管　DN80	kg			8.4650	
	焊接钢管　DN100	kg				11.0130
	镀锌铁丝　综合	kg	0.0090			
	焊接钢管接头零件　DN50	个	0.1850			
	焊接钢管接头零件　DN65	个		0.1760		
	焊接钢管接头零件　DN80	个			0.1720	
	焊接钢管接头零件　DN100	个				0.1630
	聚四氟乙烯生料带　加厚	卷		0.0010	0.0010	0.0010
	水	t	0.0160	0.0220	0.0250	0.0310

续表

定 额 编 号			XZYT14-15	XZYT14-16	XZYT14-17	XZYT14-18
项 目			焊接钢管			
			DN50	DN65	DN80	DN100
计价材料	钢锯条　各种规格	根	0.0320			
	其他材料费	元	0.5400	0.7500	0.9400	1.2400
机械	管子切断机　管径 $\phi150$	台班	0.0012	0.0023	0.0023	0.0023
	管子切断套丝机　管径 $\phi159$	台班	0.0046	0.0035	0.0046	

14.1.3 焊接钢管——焊接

工作内容： 切管、坡口、调直、煨弯、对口、焊接、管道及管件安装、水压试验。

定 额 编 号			XZYT14-19	XZYT14-20	XZYT14-21	XZYT14-22	XZYT14-23
项 目			焊接钢管				
			DN32	DN40	DN50	DN65	DN80
单 位			m	m	m	m	m
基 价（元）			**27.31**	**31.07**	**38.67**	**53.79**	**64.92**
其中	人 工 费（元）		9.76	9.62	11.15	12.50	14.48
	材 料 费（元）		17.27	21.17	27.24	37.77	46.92
	机 械 费（元）		0.28	0.28	0.28	3.52	3.52
名 称		单位	数 量				
人工	建筑普通工	工日	0.0312	0.0308	0.0356	0.0400	0.0463
	建筑技术工	工日	0.0449	0.0442	0.0513	0.0575	0.0666
计价材料	薄钢板 4mm 以下	kg	0.0090	0.0090	0.0090	0.0100	0.0100
	焊接钢管 DN32	kg	3.1770				
	焊接钢管 DN40	kg		3.8980			
	焊接钢管 DN50	kg			4.9530		
	焊接钢管 DN65	kg				6.7400	
	焊接钢管 DN80	kg					8.4650
	压制弯头 PN2.5 DN65	只				0.0390	
	压制弯头 PN2.5 DN80	只					0.0220
	电焊条 J507 综合	kg				0.0390	0.0430

续表

定 额 编 号			XZYT14-19	XZYT14-20	XZYT14-21	XZYT14-22	XZYT14-23
项 目			焊接钢管				
			DN32	DN40	DN50	DN65	DN80
计价材料	碳钢气焊丝 综合	kg	0.0010	0.0010	0.0020		
	镀锌铁丝 综合	kg	0.0080	0.0080	0.0080	0.0080	0.0080
	石棉橡胶板 低压 6 以下	kg				0.0010	0.0010
	氧气	m³	0.0070	0.0100	0.0510	0.0550	0.0500
	乙炔气	m³	0.0030	0.0030	0.0170	0.0190	0.0170
	水	t	0.0040	0.0040	0.0060	0.0090	0.0090
	电	kW·h			0.0250	0.0590	0.0590
	钢锯条 各种规格	根	0.0180	0.0220	0.0280		
	尼龙砂轮片 φ100	片	0.0070	0.0110	0.0140	0.0320	0.0300
	砂轮切割片 φ400	片				0.0030	0.0030
	棉纱头	kg	0.0010	0.0010	0.0020	0.0080	0.0100
	其他材料费	元	0.3400	0.4200	0.5300	0.7400	0.9200
机械	弯管机 WC27~108	台班	0.0035	0.0035	0.0035	0.0035	0.0035
	管子切断机 管径 φ150	台班				0.0012	0.0012
	逆变多功能焊机 D7-500	台班				0.0207	0.0207

定 额 编 号			XZYT14-24	XZYT14-25	XZYT14-26	XZYT14-27	XZYT14-28	XZYT14-29
项 目			焊接钢管					
			DN100	DN125	DN150	DN200	DN250	DN300
单 位			m	m	m	m	m	m
基 价 (元)			**80.43**	**109.62**	**130.76**	**215.73**	**291.46**	**348.37**
其中	人 工 费 (元)		15.56	19.23	21.98	24.26	28.69	33.42
	材 料 费 (元)		61.16	86.79	103.80	167.51	229.78	278.68
	机 械 费 (元)		3.71	3.60	4.98	23.96	32.99	36.27
名 称		单位	数 量					
人工	建筑普通工	工日	0.0497	0.0626	0.0703	0.0776	0.0917	0.1068
	建筑技术工	工日	0.0716	0.0876	0.1011	0.1116	0.1320	0.1538
计价材料	等边角钢 边长63以下	kg				0.0240	0.0210	0.0280
	薄钢板 4mm以下	kg	0.0100	0.0140	0.0140	0.0210	0.0210	0.0300
	焊接钢管 DN100	kg	11.0130					
	焊接钢管 DN125	kg		15.2660				
	焊接钢管 DN150	kg			18.0770			
	焊接钢管 DN200	kg				29.2520		
	焊接钢管 DN250	kg					40.4280	
	焊接钢管 DN300	kg						48.3040
	压制弯头 PN2.5 DN100	只	0.0260					
	压制弯头 PN2.5 DN125	只		0.0550				
	压制弯头 PN2.5 DN150	只			0.0570			

续表

定 额 编 号			XZYT14-24	XZYT14-25	XZYT14-26	XZYT14-27	XZYT14-28	XZYT14-29
项 目			焊接钢管					
			DN100	DN125	DN150	DN200	DN250	DN300
计价材料	压制弯头 PN2.5 DN200	只				0.0560		
	压制弯头 PN2.5 DN250	只					0.0370	
	压制弯头 PN2.5 DN300	只						0.0350
	电焊条 J507 综合	kg	0.0480	0.0810	0.1010	0.1760	0.3040	0.3590
	镀锌铁丝 综合	kg	0.0080	0.0080	0.0080	0.0080	0.0080	0.0080
	石棉橡胶板 低压 6以下	kg	0.0040	0.0060	0.0070	0.0090	0.0100	0.0100
	氧气	m³	0.0630	0.0760	0.0970	0.1470	0.2020	0.2280
	乙炔气	m³	0.0210	0.0250	0.0330	0.0490	0.0670	0.0750
	水	t	0.0150	0.0200	0.0250	0.0450	0.0500	0.0700
	电	kW·h	0.0680	0.0850	0.1100	0.1690	0.2110	0.2450
	尼龙砂轮片 φ100	片	0.0400	0.0330	0.0420	0.0690	0.0910	0.1080
	砂轮切割片 φ400	片	0.0030	0.0040				
	棉纱头	kg	0.0230	0.0260	0.0350	0.0060	0.0070	0.0090
	其他材料费	元	1.2000	1.7000	2.0400	3.2800	4.5100	5.4600

684

续表

定 额 编 号			XZYT14-24	XZYT14-25	XZYT14-26	XZYT14-27	XZYT14-28	XZYT14-29
项 目			焊接钢管					
			DN100	DN125	DN150	DN200	DN250	DN300
机械	汽车式起重机 起重量 5t	台班				0.0058	0.0092	0.0092
	汽车式起重机 起重量 12t	台班				0.0058	0.0092	0.0092
	载重汽车 5t	台班				0.0023	0.0023	0.0035
	弯管机 WC27~108	台班	0.0058					
	管子切断机 管径 φ150	台班	0.0012	0.0012				
	试压泵 压力 30MPa	台班				0.0023	0.0023	0.0023
	逆变多功能焊机 D7-500	台班	0.0207	0.0230	0.0322	0.0828	0.1035	0.1208

685

14.1.4 承插球墨管

工作内容：切管、上胶圈、接口、管道及管件安装、灌水试验。

定 额 编 号		XZYT14-30	XZYT14-31	XZYT14-32	XZYT14-33	XZYT14-34	XZYT14-35	XZYT14-36
项 目		承插球墨管安装						
		DN80	DN100	DN125	DN150	DN200	DN250	DN300
单 位		m	m	m	m	m	m	m
基 价 （元）		**118.02**	**134.55**	**160.57**	**193.17**	**276.87**	**337.66**	**376.59**
其中	人 工 费 （元）	18.25	19.71	21.65	25.33	30.17	37.69	45.25
	材 料 费 （元）	95.44	107.99	131.43	158.84	233.32	283.20	306.37
	机 械 费 （元）	4.33	6.85	7.49	9.00	13.38	16.77	24.97
名 称	单位	数 量						
人工 建筑普通工	工日	0.0353	0.0381	0.0418	0.0488	0.0582	0.0727	0.0873
建筑技术工	工日	0.1012	0.1093	0.1201	0.1406	0.1674	0.2092	0.2511
计价材料 镀锌铁丝 综合	kg	0.0083	0.0101	0.0111	0.0112	0.0131	0.0164	0.0246
橡胶密封圈 DN75	个	0.7220						
橡胶密封圈 DN100	个		0.7360					
橡胶密封圈 DN125	个			0.7360				
橡胶密封圈 DN150	个				0.7490			
橡胶密封圈 DN250	个					0.7580	0.9475	
橡胶密封圈 DN300	个							1.4213
水	t	0.0033	0.0132	0.0145	0.0287	0.0505	0.0631	0.0947
油麻	kg	0.0400	0.0880	0.0968	0.1260	0.1770	0.2213	0.3319

续表

定 额 编 号			XZYT14-30	XZYT14-31	XZYT14-32	XZYT14-33	XZYT14-34	XZYT14-35	XZYT14-36
项 目			承插球墨管安装						
			DN80	DN100	DN125	DN150	DN200	DN250	DN300
计价材料	球墨铸铁管 DN80	m	1.0000						
	球墨铸铁管 DN100	m		1.0000					
	球墨铸铁管 DN125	m			1.0000				
	球墨铸铁管 DN150	m				1.0000			
	球墨铸铁管 DN200	m					1.0000		
	球墨铸铁管 DN250	m						1.0000	
	球墨铸铁管 DN300	m							1.0000
	其他材料费	元	1.8700	2.1200	2.5800	3.1100	4.5700	5.5500	6.0100
机械	汽车式起重机 起重量 8t	台班	0.0046	0.0071	0.0078	0.0091	0.0127	0.0159	0.0237
	载重汽车 5t	台班	0.0005	0.0013	0.0014	0.0021	0.0046	0.0058	0.0086
	液压弯管机 管径 φ108	台班	0.0005	0.0005	0.0005	0.0006	0.0008	0.0010	0.0015
	电动单级离心清水泵 出口直径 φ100	台班	0.0001	0.0002	0.0002	0.0006	0.0007	0.0009	0.0013

14.1.5 塑料管

工作内容：切管、调直、对口粘接、管道及管件安装、水压试验。

定　额　编　号			XZYT14-37	XZYT14-38	XZYT14-39	XZYT14-40	XZYT14-41	XZYT14-42
项　　　目			塑料管					
			DN20	DN25	DN32	DN40	DN50	DN65
单　　　位			m	m	m	m	m	m
基　　价　（元）			**9.90**	**11.90**	**16.38**	**23.41**	**33.27**	**70.22**
其中	人　工　费（元）		4.32	4.32	4.32	4.59	4.59	6.07
	材　料　费（元）		5.58	7.58	12.06	18.82	28.68	64.15
	机　械　费（元）							
名　　称		单位	数　　量					
人工	建筑普通工	工日	0.0139	0.0139	0.0139	0.0147	0.0147	0.0194
	建筑技术工	工日	0.0198	0.0198	0.0198	0.0211	0.0211	0.0279
计价材料	塑料给水管　DN20	m	1.0200					
	塑料给水管　DN25	m		1.0200				
	塑料给水管　DN32	m			1.0200			
	塑料给水管　DN40	m				1.0200		
	塑料给水管　DN50	m					1.0200	
	塑料给水管　DN70	m						1.0200
	塑料管接头　DN20	个	0.2800					
	塑料管接头　DN25	个		0.2800				
	塑料管接头　DN32	个			0.2800			

续表

定 额 编 号			XZYT14-37	XZYT14-38	XZYT14-39	XZYT14-40	XZYT14-41	XZYT14-42
项 目			塑料管					
			DN20	DN25	DN32	DN40	DN50	DN65
计价材料	塑料管接头 DN40	个				0.2500		
	塑料管接头 DN50	个					0.2400	
	塑料管接头 DN70	个						0.2200
	水	t	0.0060	0.0080	0.0100	0.0130	0.0160	0.0220
	其他材料费	元	0.1100	0.1500	0.2400	0.3700	0.5600	1.2600

689

定 额 编 号			XZYT14-43	XZYT14-44	XZYT14-45	XZYT14-46	XZYT14-47	XZYT14-48
项 目			塑料管					
			DN80	DN100	DN150	DN400	DN500	DN600
单 位			m	m	m	m	m	m
基 价 （元）			**84.42**	**105.69**	**160.24**	**320.91**	**442.96**	**523.29**
其中	人 工 费 （元）		7.07	7.78	13.25	26.49	35.02	36.02
	材 料 费 （元）		77.35	97.91	146.99	294.42	407.94	487.27
	机 械 费 （元）							
名 称		单位	数 量					
人工	建筑普通工	工日	0.0226	0.0249	0.0423	0.1336	0.1764	0.1816
	建筑技术工	工日	0.0325	0.0358	0.0610	0.0853	0.1129	0.1160
计价材料	塑料给水管　DN80	m	1.0200					
	塑料给水管　DN100	m		1.0200				
	塑料给水管　DN150	m			1.0200			
	塑料管接头　DN80	个	0.2200					
	塑料管接头　DN100	个		0.2200				
	塑料管接头　DN150	个			0.2200			
	水	t	0.0250	0.0310	0.0470	0.2560	0.4800	0.5760
	硬聚氯乙烯塑料管　DN400	m				1.0200		
	硬聚氯乙烯塑料管　DN500	m					1.0200	
	硬聚氯乙烯塑料管　DN600	m						1.0200
	其他材料费	元	1.5200	1.9200	2.8800	5.7700	8.0000	9.5500

690

14.1.6　钢骨架塑料复合管——电熔连接

工作内容：切管、打磨、组对、熔接，管道及管件安装，水压试验及水冲洗。

定　额　编　号			XZYT14-49	XZYT14-50	XZYT14-51	XZYT14-52
项　　目			钢骨架塑料复合管			
			DN32	DN40	DN50	DN63
单　　位			m	m	m	m
基　价（元）			**32.36**	**35.74**	**40.35**	**45.72**
其中	人　工　费（元）		8.16	8.85	9.76	10.73
	材　料　费（元）		24.08	26.74	30.42	34.81
	机　械　费（元）		0.12	0.15	0.17	0.18
名　　称		单位	数　　量			
人工	建筑普通工	工日	0.0248	0.0268	0.0296	0.0325
	建筑技术工	工日	0.0385	0.0418	0.0461	0.0507
计价材料	中厚钢板　6~12	kg	0.0034	0.0037	0.0039	0.0042
	焊接钢管　DN20以下	kg	0.0015	0.0016	0.0016	0.0017
	截止阀　J11T-16　DN20	只	0.0004	0.0005	0.0005	0.0005
	弹簧压力表　1.6MPa	只	0.0020	0.0002	0.0002	0.0003
	电焊条　J422　综合	kg	0.0002	0.0002	0.0002	0.0002
	橡胶板　3mm以下	kg	0.0008	0.0009	0.0010	0.0010
	钢骨架塑料复合管　DN32	m	1.0200			
	钢骨架塑料复合管　DN40	m		1.0200		
	钢骨架塑料复合管　DN50	m			1.0200	

续表

定　额　编　号			XZYT14-49	XZYT14-50	XZYT14-51	XZYT14-52
项　　　　目			钢骨架塑料复合管			
			DN32	DN40	DN50	DN63
计价材料	钢骨架塑料复合管　DN63	m				1.0200
	钢骨架塑料复合管管件　DN32	个	0.2830			
	钢骨架塑料复合管管件　DN40	个		0.2960		
	钢骨架塑料复合管管件　DN50	个			0.2860	
	钢骨架塑料复合管管件　DN63	个				0.2810
	氧气	m³	0.0003	0.0006	0.0006	0.0006
	乙炔气	m³	0.0001	0.0002	0.0002	0.0002
	水	t	0.0023	0.0040	0.0053	0.0088
	尼龙砂轮片　φ400	片	0.0008	0.0001	0.0014	0.0017
	铁砂布	张	0.0270	0.0038	0.0050	0.0057
	其他材料费	元	0.4700	0.5200	0.6000	0.6800
机械	电动单级离心清水泵　出口直径　φ150	台班	0.0001	0.0001	0.0001	0.0001
	试压泵　压力　30MPa	台班	0.0001	0.0001	0.0002	0.0002
	交流弧焊机　容量　21kVA	台班	0.0001	0.0001	0.0002	0.0002
	热熔焊接机　SH-13	台班	0.0059	0.0077	0.0084	0.0091
	砂轮切割机　直径　φ400	台班	0.0003	0.0004	0.0005	0.0005

定 额 编 号		XZYT14-53	XZYT14-54	XZYT14-55	XZYT14-56	XZYT14-57
项 目		钢骨架塑料复合管				
		DN75	DN90	DN110	DN125	DN160
单 位		m	m	m	m	m
基 价（元）		**52. 17**	**56. 93**	**74. 98**	**108. 09**	**118. 25**
其中	人 工 费（元）	11. 06	12. 48	13. 20	14. 90	15. 31
	材 料 费（元）	40. 90	44. 21	61. 53	88. 58	98. 05
	机 械 费（元）	0. 21	0. 24	0. 25	4. 61	4. 89
名 称	单位			数 量		
人工 建筑普通工	工日	0. 0335	0. 0378	0. 0400	0. 0452	0. 0463
建筑技术工	工日	0. 0523	0. 0590	0. 0624	0. 0704	0. 0724
计价材料 中厚钢板 6~12	kg	0. 0044	0. 0047	0. 0049	0. 0073	0. 0110
焊接钢管 DN20 以下	kg	0. 0019	0. 0020	0. 0021	0. 0022	0. 0023
截止阀 J11T-16 DN20	只	0. 0005	0. 0006	0. 0006	0. 0006	0. 0006
弹簧压力表 1.6MPa	只	0. 0003	0. 0003	0. 0003	0. 0003	0. 0003
电焊条 J422 综合	kg	0. 0002	0. 0003	0. 0003	0. 0003	0. 0003
橡胶板 3mm 以下	kg	0. 0011	0. 0011	0. 0012	0. 0014	0. 0016
钢骨架塑料复合管 DN75	m	1. 0200				
钢骨架塑料复合管 DN90	m		1. 0200			
钢骨架塑料复合管 DN110	m			1. 0200		
钢骨架塑料复合管 DN125	m				1. 0200	
钢骨架塑料复合管 DN160	m					1. 0200

续表

定 额 编 号			XZYT14-53	XZYT14-54	XZYT14-55	XZYT14-56	XZYT14-57
项 目			钢骨架塑料复合管				
			DN75	DN90	DN110	DN125	DN160
计价材料	钢骨架塑料复合管管件 DN75	个	0.2810				
	钢骨架塑料复合管管件 DN90	个		0.2730			
	钢骨架塑料复合管管件 DN110	个			0.2730		
	钢骨架塑料复合管管件 DN125	个				0.1860	
	钢骨架塑料复合管管件 DN160	个					0.1740
	氧气	m³	0.0006	0.0006	0.0006	0.0006	0.0006
	乙炔气	m³	0.0002	0.0002	0.0002	0.0002	0.0002
	水	t	0.0145	0.0204	0.0353	0.0547	0.0764
	尼龙砂轮片 φ400	片	0.0026	0.0031	0.0034		
	铁砂布	张	0.0070	0.0075	0.0076	0.0079	0.0081
	其他材料费	元	0.8000	0.8700	1.2100	1.7400	1.9200
机械	吊装机械（综合）	台班				0.0049	0.0051
	载重汽车 5t	台班				0.0004	0.0005
	管子切断机 管径 φ150	台班				0.0010	0.0011
	电动单级离心清水泵 出口直径 φ150	台班	0.0001	0.0002	0.0002	0.0003	0.0005
	试压泵 压力 30MPa	台班	0.0002	0.0002	0.0002	0.0003	0.0003
	交流弧焊机 容量 21kVA	台班	0.0002	0.0002	0.0002	0.0002	0.0002
	热熔焊接机 SH-13	台班	0.0103	0.0111	0.0115	0.0126	0.0157
	砂轮切割机 直径 φ400	台班	0.0007	0.0008	0.0009	0.0008	0.0008

694

14.2 室 内 管 道

14.2.1 镀锌钢管——螺纹连接

工作内容：配合土建预留孔洞、打孔、堵眼；测量划线、切管、套丝、安装零件、调直；安装钩卡、安装管道、安装管件；水压试验。

定 额 编 号		XZYT14-58	XZYT14-59	XZYT14-60	XZYT14-61
项 目		镀锌钢管			
		DN20 及以下	DN25	DN32	DN40
单 位		m	m	m	m
基 价 （元）		**38.39**	**48.86**	**54.44**	**62.48**
其中	人 工 费 （元）	23.80	28.53	28.53	34.04
	材 料 费 （元）	14.59	20.17	25.75	28.28
	机 械 费 （元）		0.16	0.16	0.16
名 称	单位	数 量			
人工 建筑普通工	工日	0.0761	0.0912	0.0912	0.1088
建筑技术工	工日	0.1095	0.1313	0.1313	0.1566
计价材料 镀锌钢管 DN20以下	kg	1.7290			
镀锌钢管 DN25	kg		2.5700		
镀锌钢管 DN32	kg			3.3200	
镀锌钢管 DN40	kg				4.0740
钢管卡子 DN20	个	0.1290			

续表

定　额　编　号			XZYT14-58	XZYT14-59	XZYT14-60	XZYT14-61
项　　目			镀锌钢管			
			DN20 及以下	DN25	DN32	DN40
计价材料	钢管卡子　DN25	个		0.2060		
	钢管卡子　DN32	个			0.2060	
	普通硅酸盐水泥　32.5	t	0.0040	0.0040	0.0050	0.0010
	中砂	m³	0.0010	0.0010	0.0010	
	镀锌铁丝　综合	kg	0.0390	0.0440	0.0150	0.0010
	镀锌钢管接头零件　DN20 以下	个	1.1520			
	镀锌钢管接头零件　DN25	个		0.9780		
	镀锌钢管接头零件　DN32	个			0.8030	
	镀锌钢管接头零件　DN40	个				0.7160
	管子托钩　DN20	个	0.1440			
	管子托钩　DN25	个		0.1160	0.1160	
	聚四氟乙烯生料带　加厚	卷	0.0010	0.0010	0.0010	0.0010
	水	t	0.0060	0.0080	0.0090	0.0130
	钢锯条　各种规格	根	0.3410	0.2550	0.2410	0.2670
	其他材料费	元	0.2900	0.4000	0.5000	0.5500
机械	管子切断机　管径　ϕ150	台班		0.0023	0.0023	0.0023
	管子切断套丝机　管径　ϕ159	台班		0.0035	0.0035	0.0035

定 额 编 号			XZYT14-62	XZYT14-63	XZYT14-64	XZYT14-65
项 目			镀锌钢管			
			DN50	DN65	DN80	DN100
单 位			m	m	m	m
基 价（元）			**71.39**	**84.24**	**99.45**	**121.86**
其中	人 工 费（元）		34.79	35.56	37.66	42.72
	材 料 费（元）		36.18	48.23	61.32	78.63
	机 械 费（元）		0.42	0.45	0.47	0.51
名 称		单位	数 量			
人工	建筑普通工	工日	0.1112	0.1137	0.1204	0.1366
	建筑技术工	工日	0.1601	0.1636	0.1733	0.1965
计价材料	镀锌钢管　DN50	kg	5.2270			
	镀锌钢管　DN65	kg		7.1090		
	镀锌钢管　DN80	kg			8.9320	
	镀锌钢管　DN100	kg				11.6180
	普通硅酸盐水泥　32.5	t	0.0010	0.0010	0.0010	0.0010
	镀锌铁丝　综合	kg	0.0040	0.0100	0.0030	0.0070
	镀锌钢管接头零件　DN50	个	0.6510			
	镀锌钢管接头零件　DN65	个		0.4250		
	镀锌钢管接头零件　DN80	个			0.3910	
	镀锌钢管接头零件　DN100	个				0.2680
	聚四氟乙烯生料带　加厚	卷	0.0010	0.0020	0.0020	0.0020

续表

定 额 编 号			XZYT14-62	XZYT14-63	XZYT14-64	XZYT14-65
项 目			镀锌钢管			
			DN50	DN65	DN80	DN100
计价材料	水	t	0.0160	0.0180	0.0200	0.0310
	钢锯条 各种规格	根	0.1330			
	其他材料费	元	0.7100	0.9500	1.2000	1.5400
机械	管子切断机 管径 φ150	台班	0.0058	0.0058	0.0058	0.0069
	管子切断套丝机 管径 φ159	台班	0.0092	0.0104	0.0115	0.0115

14.2.2 焊接钢管——螺纹连接

工作内容： 配合土建预留孔洞、打孔、堵眼；测量划线、切管、套丝、安装零件、调直；安装钩卡、安装管道、安装管件；水压试验。

定 额 编 号		XZYT14-66	XZYT14-67	XZYT14-68	XZYT14-69
项 目		焊接钢管			
		DN20 及以下	DN25	DN32	DN40
单 位		m	m	m	m
基 价（元）		**35.26**	**45.36**	**49.74**	**58.78**
其中	人 工 费（元）	23.80	28.53	28.53	34.04
	材 料 费（元）	11.46	16.67	21.05	24.50
	机 械 费（元）		0.16	0.16	0.24
名 称	单位	数 量			
人工 建筑普通工	工日	0.0761	0.0912	0.0912	0.1088
建筑技术工	工日	0.1095	0.1313	0.1313	0.1566
计价材料 焊接钢管 DN20以下	kg	1.6630			
焊接钢管 DN25	kg		2.4680		
焊接钢管 DN32	kg			3.1930	
焊接钢管 DN40	kg				3.9170
钢管卡子 DN20	个	0.2190			
钢管卡子 DN25	个		0.1930		
钢管卡子 DN32	个			0.1930	

续表

定 额 编 号			XZYT14-66	XZYT14-67	XZYT14-68	XZYT14-69
项 目			焊接钢管			
			DN20 及以下	DN25	DN32	DN40
计价材料	普通硅酸盐水泥 32.5	t	0.0005	0.0004	0.0004	0.0004
	中砂	m³	0.0010	0.0010	0.0010	0.0010
	镀锌铁丝 综合	kg	0.0050	0.0060	0.0070	0.0080
	焊接钢管接头零件 DN20 以下	个	1.6190			
	焊接钢管接头零件 DN25	个		1.5140		
	焊接钢管接头零件 DN32	个			1.0880	
	焊接钢管接头零件 DN40	个				0.7840
	管子托钩 DN20	个	0.1370			
	管子托钩 DN25	个		0.1050	0.1050	
	聚四氟乙烯生料带 加厚	卷	0.0020	0.0020	0.0020	0.0020
	氧气	m³		0.0260	0.0360	0.0270
	乙炔气	m³		0.0100	0.0120	0.0100
	水	t	0.0060	0.0080	0.0100	0.0130
	钢锯条 各种规格	根	0.3130	0.3190	0.3410	0.3380
	其他材料费	元	0.2200	0.3300	0.4100	0.4800
机械	管子切断机 管径 φ150	台班		0.0023	0.0023	0.0046
	管子切断套丝机 管径 φ159	台班		0.0035	0.0035	0.0035

定 额 编 号		XZYT14-70	XZYT14-71	XZYT14-72	XZYT14-73
项 目		焊接钢管			
		DN50	DN65	DN80	DN100
单 位		m	m	m	m
基 价 (元)		**65.42**	**77.32**	**89.48**	**111.92**
其中	人 工 费 (元)	34.79	35.56	37.66	42.72
	材 料 费 (元)	30.37	41.41	51.33	68.67
	机 械 费 (元)	0.26	0.35	0.49	0.53
名 称	单位	数 量			
人工 建筑普通工	工日	0.1112	0.1137	0.1204	0.1366
建筑技术工	工日	0.1601	0.1636	0.1733	0.1965
计价材料 焊接钢管 DN50	kg	4.9780			
焊接钢管 DN65	kg		6.7730		
焊接钢管 DN80	kg			8.5070	
焊接钢管 DN100	kg				11.0670
普通硅酸盐水泥 32.5	t	0.0004	0.0004	0.0004	0.0004
中砂	m³	0.0010	0.0010	0.0010	0.0010
镀锌铁丝 综合	kg	0.0090	0.0100	0.0120	0.0180
焊接钢管接头零件 DN50	个	0.6210			
焊接钢管接头零件 DN65	个		0.4350		
焊接钢管接头零件 DN80	个			0.3540	
焊接钢管接头零件 DN100	个				0.3500

定 额 编 号			XZYT14-70	XZYT14-71	XZYT14-72	XZYT14-73
项 目			焊接钢管			
			DN50	DN65	DN80	DN100
计价材料	聚四氟乙烯生料带 加厚	卷	0.0010			
	氧气	m³	0.0250	0.0260	0.0240	0.0310
	乙炔气	m³	0.0090	0.0100	0.0090	0.0120
	水	t	0.0160	0.0220	0.0250	0.0310
	钢锯条 各种规格	根	0.1290			
	其他材料费	元	0.6000	0.8100	1.0100	1.3500
机械	管子切断机 管径 φ150	台班	0.0048			
	管子切断套丝机 管径 φ159	台班	0.0039	0.0150	0.0210	0.0225

14.2.3 焊接钢管——焊接

工作内容：配合土建预留孔洞、打孔、堵眼；测量划线、切管、坡口、调直、煨弯、对口、焊接；安装钩卡、安装管道、安装管件；水压试验。

定 额 编 号		XZYT14-74	XZYT14-75	XZYT14-76	XZYT14-77	XZYT14-78
项 目		焊接钢管				
		DN32	DN40	DN50	DN65	DN80
单 位		m	m	m	m	m
基 价 （元）		**40.25**	**46.42**	**55.25**	**77.41**	**92.58**
其中	人 工 费 （元）	21.52	23.49	25.80	29.00	32.95
	材 料 费 （元）	17.63	21.66	28.00	39.46	49.51
	机 械 费 （元）	1.10	1.27	1.45	8.95	10.12
名 称	单位	数 量				
人工 建筑普通工	工日	0.0688	0.0751	0.0825	0.0927	0.1053
建筑技术工	工日	0.0990	0.1081	0.1187	0.1334	0.1516
计价材料 薄钢板 4mm 以下	kg	0.0090	0.0090	0.0090	0.0100	0.0100
焊接钢管 DN32	kg	3.1930				
焊接钢管 DN40	kg		3.9170			
焊接钢管 DN50	kg			4.9780		
焊接钢管 DN65	kg				6.7730	
焊接钢管 DN80	kg					8.5070
压制弯头 PN2.5 DN65	只				0.0700	

续表

定 额 编 号			XZYT14-74	XZYT14-75	XZYT14-76	XZYT14-77	XZYT14-78
项 目			焊接钢管				
			DN32	DN40	DN50	DN65	DN80
计价材料	压制弯头 PN2.5 DN80	只					0.0740
	电焊条 J507 综合	kg	0.0010	0.0010	0.0010	0.0810	0.0920
	碳钢气焊丝 综合	kg	0.0020	0.0020	0.0020	0.0020	
	镀锌铁丝 综合	kg	0.0080	0.0080	0.0080	0.0080	0.0080
	氧气	m³	0.0240	0.0340	0.1010	0.1320	0.1410
	乙炔气	m³	0.0080	0.0120	0.0340	0.0450	0.0470
	水	t	0.0040	0.0040	0.0060	0.0090	0.0100
	电	kW·h	0.0250	0.0420	0.0510	0.1270	0.1270
	钢锯条 各种规格	根	0.0660	0.0880	0.1080		
	尼龙砂轮片 φ100	片	0.0150	0.0180	0.0220	0.0410	0.0760
	砂轮切割片 φ400	片				0.0100	0.0110
	棉纱头	kg	0.0020	0.0020	0.0040	0.0050	0.0060
	其他材料费	元	0.3500	0.4200	0.5500	0.7700	0.9700
机械	弯管机 WC27~108	台班	0.0069	0.0069	0.0069	0.0058	0.0069
	管子切断机 管径 φ150	台班				0.0035	0.0092
	逆变多功能焊机 D7-500	台班	0.0035	0.0046	0.0058	0.0541	0.0598

定 额 编 号		XZYT14-79	XZYT14-80	XZYT14-81	XZYT14-82
项 目		焊接钢管			
		DN100	DN125	DN150	DN200
单 位		m	m	m	m
基 价 （元）		**119.59**	**156.27**	**185.28**	**288.92**
其中	人 工 费 （元）	40.73	45.15	51.27	61.79
	材 料 费 （元）	65.14	95.58	115.84	188.35
	机 械 费 （元）	13.72	15.54	18.17	38.78
名 称	单位	数 量			
人工 建筑普通工	工日	0.1302	0.1444	0.1639	0.1975
建筑技术工	工日	0.1874	0.2077	0.2359	0.2843
计价材料 薄钢板 4mm 以下	kg	0.0100	0.0140	0.0140	0.0210
焊接钢管 DN100	kg	11.0670			
焊接钢管 DN125	kg		15.3410		
焊接钢管 DN150	kg			18.1660	
焊接钢管 DN200	kg				29.3960
压制弯头 PN2.5 DN100	只	0.0990			
压制弯头 PN2.5 DN125	只		0.1750		
压制弯头 PN2.5 DN150	只			0.1800	
压制弯头 PN2.5 DN200	只				0.1850
电焊条 J507 综合	kg	0.1240	0.1680	0.2040	0.3780
镀锌铁丝 综合	kg	0.0080	0.0080	0.0080	0.0080

续表

定额编号			XZYT14-79	XZYT14-80	XZYT14-81	XZYT14-82
项目			焊接钢管			
			DN100	DN125	DN150	DN200
计价材料	氧气	m³	0.1740	0.1570	0.1970	0.3270
	乙炔气	m³	0.0590	0.0530	0.0670	0.1150
	水	t	0.0150	0.0200	0.0250	0.0350
	电	kW·h	0.1690	0.1780	0.2280	0.3550
	尼龙砂轮片 φ100	片	0.1010	0.0340	0.0850	0.1490
	砂轮切割片 φ400	片	0.0150	0.0370		
	棉纱头	kg	0.0070	0.0070	0.0080	0.0070
	其他材料费	元	1.2800	1.8700	2.2700	3.6900
机械	汽车式起重机 起重量 5t	台班				0.0058
	载重汽车 5t	台班				0.0023
	电动单筒慢速卷扬机 50kN	台班				0.0242
	弯管机 WC27~108	台班	0.0150	0.0150	0.0150	
	管子切断机 管径 φ150	台班	0.0069	0.0081	0.0120	
	试压泵 压力 30MPa	台班				0.0023
	逆变多功能焊机 D7-500	台班	0.0794	0.0909	0.1070	0.1771

14.2.4 无缝钢管——螺纹连接

工作内容： 检查及清扫管材、切管、套丝、调直、管道及管件安装、吹扫、水压试验及水冲洗。

定 额 编 号		XZYT14-83	XZYT14-84	XZYT14-85	XZYT14-86
项 目		无缝钢管安装			
		DN15	DN20	DN25	DN32
单 位		m	m	m	m
基 价 （元）		**14.72**	**17.17**	**21.02**	**24.39**
其中	人 工 费 （元）	9.76	10.07	10.54	12.35
	材 料 费 （元）	4.88	7.02	10.40	11.96
	机 械 费 （元）	0.08	0.08	0.08	0.08
名 称	单位	数 量			
人工 建筑普通工	工日	0.0312	0.0322	0.0337	0.0395
建筑技术工	工日	0.0449	0.0463	0.0485	0.0568
计价材料 无缝钢管 10～20 号 ϕ28 以下	kg	0.6969	1.0504	1.5857	
无缝钢管 10～20 号 ϕ57 以下	kg				1.8382
乙醇	kg	0.0050	0.0050	0.0050	0.0060
清洗剂	kg	0.0030	0.0030	0.0040	0.0050
厌氧胶 325 号 200g	瓶	0.0100	0.0100	0.0120	0.0120
尼龙砂轮片 ϕ400	片	0.0020	0.0020	0.0020	0.0020
棉纱头	kg	0.0200	0.0200	0.0240	0.0280
其他材料费	元	0.1000	0.1400	0.2000	0.2300
机械 砂轮切割机 直径 ϕ400	台班	0.0014	0.0014	0.0014	0.0014

定 额 编 号		XZYT14-87	XZYT14-88	XZYT14-89	XZYT14-90
项 目		无缝钢管安装			
		DN40	DN50	DN70	DN80
单 位		m	m	m	m
基 价（元）		**31.63**	**39.02**	**48.25**	**52.37**
其中	人 工 费（元）	13.12	13.73	17.53	20.45
	材 料 费（元）	18.42	25.20	30.60	31.80
	机 械 费（元）	0.09	0.09	0.12	0.12
名 称	单位	数 量			
人工	建筑普通工	工日	0.0419	0.0439	0.0561	0.0654
	建筑技术工	工日	0.0604	0.0632	0.0806	0.0941
计价材料	无缝钢管 10~20 号 φ57 以下	kg	2.9045	4.0200		
	无缝钢管 10~20 号 φ89 以下	kg			4.7860	4.9352
	压制弯头 PN2.5 DN65	只			0.0390	
	压制弯头 PN2.5 DN80	只				0.0220
	乙醇	kg	0.0020	0.0030	0.0030	0.0030
	清洗剂	kg	0.0060	0.0080	0.0090	0.0110
	厌氧胶 325 号 200g	瓶	0.0150	0.0150	0.0190	0.0240
	尼龙砂轮片 φ400	片	0.0040	0.0040	0.0060	0.0240
	棉纱头	kg	0.0060	0.0070	0.0070	0.0080
	其他材料费	元	0.3600	0.4900	0.6000	0.6200
机械	砂轮切割机 直径 φ400	台班	0.0016	0.0016	0.0020	0.0020

708

14.2.5 无缝钢管——法兰连接

工作内容：切管、调直、坡口、对口、焊接、法兰连接、管道及管件安装、吹扫、水压试验及水冲洗。

定 额 编 号			XZYT14-91	XZYT14-92	XZYT14-93	XZYT14-94
项 目			无缝钢管安装			
			DN100	DN150	DN200	DN250
单 位			m	m	m	m
基 价 （元）			204.96	279.58	385.93	499.10
其中	人 工 费 （元）		108.79	123.72	140.71	160.05
	材 料 费 （元）		61.11	118.86	206.19	297.88
	机 械 费 （元）		35.06	37.00	39.03	41.17
名 称		单位	数 量			
人工	建筑普通工	工日	0.3478	0.3956	0.4497	0.5114
	建筑技术工	工日	0.5005	0.5692	0.6475	0.7366
计价材料	无缝钢管 10~20号 φ108以下	kg	8.5000			
	无缝钢管 10~20号 φ159以下	kg		16.3700		
	无缝钢管 10~20号 φ273以下	kg			29.1400	42.7200
	压制弯头 PN2.5 DN100	只	0.0260			
	压制弯头 PN2.5 DN150	只		0.0570		
	压制弯头 PN2.5 DN200	只			0.0560	
	压制弯头 PN2.5 DN250	只				0.0370

续表

定 额 编 号			XZYT14-91	XZYT14-92	XZYT14-93	XZYT14-94
项 目			无缝钢管安装			
			DN100	DN150	DN200	DN250
计价材料	电焊条 J507 综合	kg	0.6540	1.2500	1.8480	2.4450
	石棉橡胶板 中压 6以下	kg	0.1660	0.2540	0.3887	0.5948
	塑料布 1.0mm	m²	0.0410	0.0530	0.0685	0.0885
	氧气	m³	0.2260	0.3190	0.4502	0.5673
	乙炔气	m³	0.0750	0.1060	0.1498	0.2117
	电	kW·h	0.3320	0.6000	1.0843	1.9590
	尼龙砂轮片 φ100	片	0.1860	0.2390	0.3070	0.3946
	棉纱头	kg	0.0130	0.0150	0.0170	0.0180
	其他材料费	元	1.2000	2.3300	4.0400	5.8400
机械	交流弧焊机 容量 40kVA	台班	0.2714	0.2864	0.3021	0.3187

710

定　额　编　号		XZYT14-95	XZYT14-96	XZYT14-97
项　　　目		无缝钢管安装		
		DN300	DN350	DN400
单　　　位		m	m	m
基　　价（元）		**612.67**	**698.46**	**894.62**
其中	人　工　费（元）	179.68	201.69	226.43
	材　料　费（元）	389.57	450.97	619.88
	机　械　费（元）	43.42	45.80	48.31
名　　称	单位	数　　量		
人工	建筑普通工	工日	0.5741	0.6445	0.7235
	建筑技术工	工日	0.8269	0.9282	1.0421
计价材料	无缝钢管 10~20 号 φ325 以下	kg	54.8970		
	无缝钢管 10~20 号 φ426 以下	kg		60.0760	82.4680
	压制弯头　PN2.5　DN300	只	0.0350		
	压制弯头　PN2.5　DN350	只		0.0540	
	压制弯头　PN2.5　DN400	只			0.0570
	电焊条　J507　综合	kg	3.2347	4.2795	5.6618
	石棉橡胶板　中压　6 以下	kg	0.9102	1.3928	2.1313
	塑料布　1.0mm	m²	0.1143	0.1477	0.1908
	氧气	m³	0.7149	0.9008	1.1351
	乙炔气	m³	0.2991	0.4227	0.5974
	电	kW·h	3.5391	6.3937	11.5509

续表

定 额 编 号			XZYT14-95	XZYT14-96	XZYT14-97
项 目			无缝钢管安装		
			DN300	DN350	DN400
计价材料	尼龙砂轮片 φ100	片	0.5072	0.6519	0.8379
	棉纱头	kg	0.0191	0.0202	0.0214
	其他材料费	元	7.6400	8.8400	12.1500
机械	交流弧焊机 容量 40kVA	台班	0.3361	0.3545	0.3740

14.2.6 塑料给水管

工作内容：配合土建预留孔洞、打孔、堵眼；测量划线、切管、管口清理、管件管道热熔连接；安装钩卡、安装管道、安装管件；水压试验。

定 额 编 号		XZYT14-98	XZYT14-99	XZYT14-100	XZYT14-101
项 目		塑料管			
		DN20 及以下	DN25	DN32	DN40
单 位		m	m	m	m
基 价 （元）		**22.29**	**24.85**	**31.32**	**40.29**
其中	人 工 费 （元）	16.16	16.77	18.73	20.72
	材 料 费 （元）	6.13	8.08	12.59	19.57
	机 械 费 （元）				
名 称	单位	数 量			
人工 建筑普通工	工日	0.0517	0.0537	0.0598	0.0720
建筑技术工	工日	0.0743	0.0771	0.0862	0.0910
计价材料 塑料给水管 DN20	m	1.0200			
塑料给水管 DN25	m		1.0200		
塑料给水管 DN32	m			1.0200	
塑料给水管 DN40	m				1.0200
塑料管接头 DN20	个	1.1736			
塑料管接头 DN25	个		0.9780		
塑料管接头 DN32	个			0.7160	

定 额 编 号			XZYT14-98	XZYT14-99	XZYT14-100	XZYT14-101
项 目			塑料管			
			DN20 及以下	DN25	DN32	DN40
计价材料	塑料管接头 DN40	个				0.6835
	水	t	0.0060	0.0080	0.0100	0.0130
	其他材料费	元	0.1200	0.1600	0.2500	0.3800

定　额　编　号	XZYT14-102	XZYT14-103	XZYT14-104	XZYT14-105	XZYT14-106	XZYT14-107
项　　　目	塑料管					
	DN50	DN70	DN80	DN100	DN125	DN150
单　　　位	m	m	m	m	m	m
基　　价　（元）	**50.76**	**87.04**	**101.44**	**124.50**	**159.19**	**172.85**
其中　人　工　费（元）	21.14	21.89	22.80	25.98	27.56	28.69
材　料　费（元）	29.62	65.15	78.64	98.52	129.05	139.77
机　械　费（元）					2.58	4.39

名　　　称	单位	数　　　　量					
人工　建筑普通工	工日	0.0675	0.0700	0.0729	0.0830	0.0849	0.0917
建筑技术工	工日	0.0973	0.1007	0.1049	0.1196	0.1292	0.1320
计价材料　塑料给水管　DN50	m	1.0200					
塑料给水管　DN70	m		1.0200				
塑料给水管　DN80	m			1.0200			
塑料给水管　DN100	m				1.0200		
塑料给水管　DN125	m					1.0200	
塑料给水管　DN150	m						1.0200
塑料管接头　DN50	个	0.6510					
塑料管接头　DN70	个		0.4250				
塑料管接头　DN80	个			0.3910			
塑料管接头　DN100	个				0.2680		
塑料管接头　DN125	个					0.1140	

定　额　编　号			XZYT14-102	XZYT14-103	XZYT14-104	XZYT14-105	XZYT14-106	XZYT14-107
项　　目			塑料管					
			DN50	DN70	DN80	DN100	DN125	DN150
计价材料	塑料管接头　DN150	个						0.0700
	水	t	0.0160	0.0220	0.0250	0.0310	0.0356	0.0470
	其他材料费	元	0.5800	1.2800	1.5400	1.9300	2.5300	2.7400
机械	热熔焊接机　SHD-160C	台班					0.0138	0.0235

14.2.7 钢骨架塑料复合管——电熔连接

工作内容： 打（留）、堵孔洞，调直、切管、打磨、组对、熔接，管道及管件安装，水压试验及水冲洗。

定 额 编 号			XZYT14-108	XZYT14-109	XZYT14-110	XZYT14-111	XZYT14-112
项 目			钢骨架塑料复合管				
			DN20	DN25	DN32	DN40	DN50
单 位			m	m	m	m	m
基 价（元）			**44.49**	**49.65**	**55.04**	**58.72**	**63.73**
其中	人 工 费（元）		15.41	16.71	18.23	21.25	23.75
	材 料 费（元）		28.85	32.62	36.39	36.96	39.44
	机 械 费（元）		0.23	0.32	0.42	0.51	0.54
名 称		单位	数 量				
人工	建筑普通工	工日	0.0467	0.0507	0.0552	0.0644	0.0720
	建筑技术工	工日	0.0728	0.0789	0.0862	0.1004	0.1122
计价材料	中厚钢板 6~12	kg	0.0030	0.0030	0.0034	0.0037	0.0039
	焊接钢管 DN20 以下	kg	0.0013	0.0014	0.0015	0.0016	0.0016
	截止阀 J11T-16 DN20	只	0.0004	0.0004	0.0004	0.0005	0.0005
	弹簧压力表 1.6MPa	只	0.0020	0.0020	0.0020	0.0020	0.0020
	电焊条 J422 综合	kg	0.0020	0.0020	0.0020	0.0020	0.0020
	橡胶板 3mm 以下	kg	0.0007	0.0008	0.0008	0.0009	0.0010
	钢骨架塑料复合管 DN32	m			1.0160		

续表

定额编号			XZYT14-108	XZYT14-109	XZYT14-110	XZYT14-111	XZYT14-112
项目			钢骨架塑料复合管				
			DN20	DN25	DN32	DN40	DN50
计价材料	钢骨架塑料复合管 DN40	m				1.0160	
	钢骨架塑料复合管 DN50	m					1.0160
	钢骨架塑料复合管管件 DN32	个			1.0810		
	钢骨架塑料复合管管件 DN40	个				0.8870	
	钢骨架塑料复合管管件 DN50	个					0.7420
	钢骨架塑料复合管 DN20	m	1.0160				
	钢骨架塑料复合管 DN25	m		1.0160			
	钢骨架塑料复合管管件 DN20	个	1.1000				
	钢骨架塑料复合管管件 DN25	个		1.0900			
	氧气	m^3	0.0003	0.0003	0.0003	0.0006	0.0006
	乙炔气	m^3	0.0001	0.0001	0.0001	0.0002	0.0002
	水	t	0.0008	0.0014	0.0023	0.0040	0.0053
	尼龙砂轮片 $\phi400$	片	0.0020	0.0025	0.0056	0.0072	0.0075
	铁砂布	张	0.0053	0.0066	0.0070	0.0116	0.0151
	其他材料费	元	0.5700	0.6400	0.7100	0.7200	0.7700

续表

定　额　编　号			XZYT14-108	XZYT14-109	XZYT14-110	XZYT14-111	XZYT14-112
项　　　目			钢骨架塑料复合管				
			DN20	DN25	DN32	DN40	DN50
机械	电动单级离心清水泵　出口直径　ϕ150	台班	0.0001	0.0001	0.0001	0.0001	0.0001
	试压泵　压力　30MPa	台班	0.0001	0.0001	0.0001	0.0002	0.0002
	交流弧焊机　容量　21kVA	台班	0.0001	0.0001	0.0001	0.0001	0.0002
	热熔焊接机　SH-13	台班	0.0133	0.0185	0.0224	0.0249	0.0257
	砂轮切割机　直径　ϕ400	台班	0.0005	0.0008	0.0016	0.0025	0.0028

定　额　编　号			XZYT14-113	XZYT14-114	XZYT14-115	XZYT14-116	XZYT14-117	XZYT14-118
项　　目			钢骨架塑料复合管					
			DN63	DN75	DN90	DN110	DN125	DN160
单　　位			m	m	m	m	m	m
基　　价（元）			**70.16**	**76.97**	**77.71**	**94.24**	**127.65**	**138.46**
其中	人　工　费（元）		26.15	26.87	29.28	30.61	32.48	34.50
	材　料　费（元）		43.45	49.52	47.81	62.98	93.46	101.82
	机　械　费（元）		0.56	0.58	0.62	0.65	1.71	2.14
名　　称		单位	数　　量					
人工	建筑普通工	工日	0.0793	0.0814	0.0887	0.0928	0.0984	0.1046
	建筑技术工	工日	0.1235	0.1270	0.1384	0.1446	0.1535	0.1630
计价材料	中厚钢板　6~12	kg	0.0042	0.0044	0.0047	0.0049	0.0073	0.0110
	焊接钢管　DN20 以下	kg	0.0017	0.0019	0.0020	0.0021	0.0022	0.0023
	截止阀　J11T-16　DN20	只	0.0005	0.0005	0.0006	0.0006	0.0006	0.0006
	弹簧压力表　1.6MPa	只	0.0030	0.0030	0.0030	0.0030	0.0030	0.0030
	电焊条　J422　综合	kg	0.0020	0.0020	0.0020	0.0030	0.0030	0.0030
	橡胶板　3mm 以下	kg	0.0010	0.0011	0.0011	0.0012	0.0014	0.0016
	钢骨架塑料复合管　DN63	m	1.0160					
	钢骨架塑料复合管　DN75	m		1.0160				
	钢骨架塑料复合管　DN90	m			1.0160			
	钢骨架塑料复合管　DN110	m				1.0160		
	钢骨架塑料复合管　DN125	m					1.0160	

续表

定 额 编 号			XZYT14-113	XZYT14-114	XZYT14-115	XZYT14-116	XZYT14-117	XZYT14-118
项 目			钢骨架塑料复合管					
			DN63	DN75	DN90	DN110	DN125	DN160
计价材料	钢骨架塑料复合管 DN160	m						1.0160
	钢骨架塑料复合管管件 DN63	个	0.6590					
	钢骨架塑料复合管管件 DN75	个		0.6030				
	钢骨架塑料复合管管件 DN90	个			0.3950			
	钢骨架塑料复合管管件 DN110	个				0.3080		
	钢骨架塑料复合管管件 DN125	个					0.2680	
	钢骨架塑料复合管管件 DN160	个						0.2320
	氧气	m³	0.0006	0.0006	0.0006	0.0006	0.0006	0.0006
	乙炔气	m³	0.0002	0.0002	0.0002	0.0002	0.0002	0.0002
	水	t	0.0088	0.0145	0.0204	0.0353	0.0547	0.0764
	尼龙砂轮片 $\phi400$	片	0.0104	0.0117	0.0122	0.0131		
	铁砂布	张	0.0203	0.0210	0.0226	0.0229	0.0240	0.0254
	其他材料费	元	0.8500	0.9700	0.9400	1.2300	1.8300	2.0000
机械	吊装机械（综合）	台班					0.0012	0.0017
	载重汽车 5t	台班					0.0004	0.0005
	管子切断套丝机 管径 $\phi159$	台班					0.0030	0.0003
	电动单级离心清水泵 出口直径 $\phi150$	台班	0.0001	0.0001	0.0002	0.0002	0.0003	0.0005
	试压泵 压力 30MPa	台班	0.0002	0.0002	0.0002	0.0002	0.0003	0.0003

续表

定 额 编 号			XZYT14-113	XZYT14-114	XZYT14-115	XZYT14-116	XZYT14-117	XZYT14-118
项 目			钢骨架塑料复合管					
			DN63	DN75	DN90	DN110	DN125	DN160
机械	交流弧焊机 容量 21kVA	台班	0.0002	0.0002	0.0002	0.0002	0.0002	0.0002
	热熔焊接机 SH-13	台班	0.0261	0.0265	0.0271	0.0274	0.0279	0.0283
	砂轮切割机 直径 $\phi400$	台班	0.0030	0.0033	0.0036	0.0040		

14.2.8 复合管——暗装连接

工作内容： 配合土建预留孔洞、打孔、堵眼；测量划线、切管、套丝、安装零件；安装钩卡、安装管道、安装管件；水压试验。

定　额　编　号		XZYT14-119	XZYT14-120	XZYT14-121	XZYT14-122
项　　　目		复合管			
		DN15	DN20	DN25	DN32
单　　　位		m	m	m	m
基　　价　（元）		**29.72**	**35.85**	**43.84**	**50.84**
其中	人　工　费（元）	20.58	22.80	25.98	28.69
	材　料　费（元）	9.14	13.05	17.86	22.15
	机　械　费（元）				
名　　　称	单位	数　　　量			
人工	建筑普通工	工日	0.0658	0.0729	0.0830	0.0917
	建筑技术工	工日	0.0947	0.1049	0.1196	0.1320
计价材料	复合管　DN15	m	1.0200			
	复合管　DN20	m		1.0200		
	复合管　DN25	m			1.0200	
	复合管　DN32	m				1.0200

定 额 编 号			XZYT14-119	XZYT14-120	XZYT14-121	XZYT14-122
项 目			复合管			
			DN15	DN20	DN25	DN32
计价材料	复合管接头 DN20	个	0.7800	0.6500		
	复合管接头 DN25	个			0.5200	
	复合管接头 DN32	个				0.4000
	水	t	0.0050	0.0060	0.0080	0.0100
	其他材料费	元	0.1800	0.2600	0.3500	0.4300

14.2.9 镀锌铁皮套管制作

工作内容：测量划线、下料、卷制、咬口。

定 额 编 号		XZYT14-123	XZYT14-124	XZYT14-125
项 目		镀锌铁皮套管制作		
		DN50 及以下	DN100 及以下	DN150 及以下
单 位		个	个	个
基 价（元）		9.36	13.95	17.23
其中	人 工 费（元）	7.78	11.59	14.35
	材 料 费（元）	1.58	2.36	2.88
	机 械 费（元）			
名 称	单位	数 量		
人工	建筑普通工	工日	0.0249	0.0371	0.0459
	建筑技术工	工日	0.0358	0.0533	0.0660
计价材料	镀锌钢板 0.5 以下	kg	0.2360	0.3540	0.4320
	其他材料费	元	0.0300	0.0500	0.0600

14.2.10 管道支架制作安装

工作内容：测量划线、切断、调直、煨制、钻孔、组对、焊接；打孔、安装、堵眼。

定 额 编 号			XZYT14-126
项 目			管道支架制作安装
单 位			kg
基 价（元）			**26.46**
其中	人 工 费（元）		13.12
	材 料 费（元）		7.25
	机 械 费（元）		6.09
名 称	单位		数 量
人工	建筑普通工	工日	0.0419
	建筑技术工	工日	0.0604
计价材料	等边角钢 边长50以下	kg	1.0600
	中砂	m³	0.0010
	碎石 20	m³	0.0010
	电焊条 J507 综合	kg	0.0540
	精制六角螺栓 综合	kg	0.0480
	橡胶板 3mm以下	kg	0.0050
	氧气	m³	0.0260
	乙炔气	m³	0.0090
	水	t	0.1000
	尼龙砂轮片 φ100	片	0.0010

续表

定 额 编 号			XZYT14-126
项 目			管道支架制作安装
计价材料	砂轮切割片 φ400	片	0.0140
	棉纱头	kg	0.0240
	其他材料费	元	0.1400
机械	管子切断机 管径 φ150	台班	0.0115
	逆变多功能焊机 D7-500	台班	0.0368

14.3 碳钢法兰——焊接

工作内容：切口、坡口、焊接；加垫、安装组对、紧螺栓；水压试验。

定　额　编　号			XZYT14-127	XZYT14-128	XZYT14-129	XZYT14-130	XZYT14-131	XZYT14-132
项　　　目			碳钢法兰					
			DN32	DN40	DN50	DN65	DN80	DN100
单　　　位			副	副	副	副	副	副
基　　价（元）			**101.72**	**117.66**	**136.13**	**184.68**	**203.24**	**246.53**
其中	人　工　费（元）		36.32	36.32	37.52	58.27	58.27	64.84
	材　料　费（元）		42.30	58.24	73.73	85.54	104.10	133.71
	机　械　费（元）		23.10	23.10	24.88	40.87	40.87	47.98
名　　　称		单位	数　　　量					
人工	建筑普通工	工日	0.1161	0.1161	0.1200	0.1863	0.1863	0.2073
	建筑技术工	工日	0.1671	0.1671	0.1726	0.2681	0.2681	0.2983
计价材料	平焊法兰　PN1.6　DN32	片	2.0000					
	平焊法兰　PN1.6　DN40	片		2.0000				
	平焊法兰　PN1.6　DN50	片			2.0000			
	平焊法兰　PN1.6　DN65	片				2.0000		
	平焊法兰　PN1.6　DN80	片					2.0000	
	平焊法兰　PN1.6　DN100	片						2.0000
	电焊条　J507　综合	kg	0.1400	0.1700	0.2100	0.4200	0.4900	0.5900

728

定 额 编 号			XZYT14-127	XZYT14-128	XZYT14-129	XZYT14-130	XZYT14-131	XZYT14-132
项 目			碳钢法兰					
			DN32	DN40	DN50	DN65	DN80	DN100
计价材料	精制六角螺栓 综合	kg	0.4500	1.0840	1.0840	1.0840	2.1670	1.9690
	石棉橡胶板 低压 6 以下	kg	0.0400	0.0600	0.0700	0.0900	0.1300	0.1700
	氧气	m³	0.0200	0.0300	0.0400	0.0600	0.0600	0.0700
	乙炔气	m³	0.0100	0.0100	0.0100	0.0200	0.0200	0.0200
	清油 综合	kg	0.0100	0.0100	0.0100	0.0100	0.0200	0.0200
	棉纱头	kg	0.0100	0.0200	0.0200	0.0200	0.0200	0.0300
	其他材料费	元	0.8300	1.1400	1.4500	1.6800	2.0400	2.6200
机械	逆变多功能焊机 D7-500	台班	0.1495	0.1495	0.1610	0.2645	0.2645	0.3105

定 额 编 号		XZYT14-133	XZYT14-134	XZYT14-135	XZYT14-136	XZYT14-137	XZYT14-138	XZYT14-139
项 目		碳钢法兰						
		DN125	DN150	DN200	DN250	DN300	DN350	DN400
单 位		副	副	副	副	副	副	副
基 价 （元）		**292.17**	**351.34**	**602.24**	**861.78**	**1150.54**	**1501.02**	**1991.88**
其中	人 工 费 （元）	81.78	84.22	149.22	201.11	252.97	348.76	348.76
	材 料 费 （元）	160.63	213.81	335.73	493.62	686.10	933.68	1378.33
	机 械 费 （元）	49.76	53.31	117.29	167.05	211.47	218.58	264.79
名 称	单位	数 量						
人工 建筑普通工	工日	0.2614	0.2692	0.4771	0.6429	0.8087	1.1150	1.1150
建筑技术工	工日	0.3763	0.3875	0.6865	0.9253	1.1639	1.6046	1.6046
计价材料 平焊法兰 PN1.6 DN125	片	2.0000						
平焊法兰 PN1.6 DN150	片		2.0000					
平焊法兰 PN1.6 DN200	片			2.0000				
平焊法兰 PN1.6 DN250	片				2.0000			
平焊法兰 PN1.6 DN300	片					2.0000		
平焊法兰 PN1.6 DN350	片						2.0000	
平焊法兰 PN1.6 DN400	片							2.0000
电焊条 J507 综合	kg	0.7200	0.8800	2.3500	4.8800	5.7900	6.8500	9.3500
精制六角螺栓 综合	kg	1.9690	3.3790	5.0690	6.4380	6.4380	8.5840	16.7750
石棉橡胶板 低压 6以下	kg	0.2300	0.2800	0.3300	0.3700	0.4000	0.5400	0.6900
氧气	m³	0.1000	0.1200	0.1700	0.2600	0.2900	0.3400	0.3900

续表

定 额 编 号			XZYT14-133	XZYT14-134	XZYT14-135	XZYT14-136	XZYT14-137	XZYT14-138	XZYT14-139
项 目			碳钢法兰						
			DN125	DN150	DN200	DN250	DN300	DN350	DN400
计价材料	乙炔气	m³	0.0300	0.0300	0.0600	0.0900	0.0900	0.1100	0.1300
	清油 综合	kg	0.0200	0.0300	0.0300	0.0400	0.0400	0.0400	0.0600
	棉纱头	kg	0.0300	0.0300	0.0300	0.0400	0.0500	0.0500	0.0600
	其他材料费	元	3.1500	4.1900	6.5800	9.6800	13.4500	18.3100	27.0300
机械	逆变多功能焊机 D7-500	台班	0.3220	0.3450	0.7590	1.0810	1.3685	1.4145	1.7135

14.4 伸缩器制作安装

14.4.1 螺纹连接法兰式套筒伸缩器安装

工作内容：切管、套丝、检修盘根；加垫、安装；水压试验。

定 额 编 号		XZYT14-140	XZYT14-141	XZYT14-142	XZYT14-143
项 目		螺纹连接法兰式套筒伸缩器安装			
		DN25	DN32	DN40	DN50
单 位		个	个	个	个
基 价（元）		**79.71**	**85.81**	**104.44**	**139.75**
其中	人 工 费（元）	38.91	38.91	53.09	67.43
	材 料 费（元）	40.80	46.90	51.35	72.32
	机 械 费（元）				
名 称	单位	数 量			
人工	建筑普通工	工日	0.1244	0.1244	0.1698	0.2156
	建筑技术工	工日	0.1790	0.1790	0.2442	0.3102
计价材料	法兰式伸缩器 DN25	个	1.0100			
	法兰式伸缩器 DN32	个		1.0100		
	法兰式伸缩器 DN40	个			1.0100	
	法兰式伸缩器 DN50	个				1.0100
	石棉松绳	kg	0.0100	0.0100	0.0100	0.0200
	石棉橡胶板 低压 6以下	kg				0.1400

续表

定　额　编　号			XZYT14-140	XZYT14-141	XZYT14-142	XZYT14-143
项　　　目			螺纹连接法兰式套筒伸缩器安装			
			DN25	DN32	DN40	DN50
计价材料	聚四氟乙烯生料带　加厚	卷	0.0100	0.0100	0.0100	0.0200
	钢锯条　各种规格	根	0.0800	0.1400	0.1400	
	砂纸	张				0.4000
	棉纱头	kg				0.0400
	其他材料费	元	0.8000	0.9200	1.0100	1.4200

14.4.2 焊接法兰式套筒伸缩器安装

工作内容：切管、检修盘根；加垫、安装；水压试验。

定 额 编 号			XZYT14-144	XZYT14-145	XZYT14-146	XZYT14-147
项 目			焊接法兰式套筒伸缩器安装			
			DN50	DN65	DN80	DN100
单 位			个	个	个	个
基 价 （元）			**177.05**	**226.17**	**266.00**	**344.20**
其中	人 工 费（元）		62.23	77.82	88.19	124.50
	材 料 费（元）		89.94	107.48	136.94	171.72
	机 械 费（元）		24.88	40.87	40.87	47.98
名 称		单位	数 量			
人工	建筑普通工	工日	0.1990	0.2488	0.2820	0.3980
	建筑技术工	工日	0.2863	0.3580	0.4057	0.5728
计价材料	平焊法兰　PN1.6　DN50	片	2.0000			
	平焊法兰　PN1.6　DN65	片		2.0000		
	平焊法兰　PN1.6　DN80	片			2.0000	
	平焊法兰　PN1.6　DN100	片				2.0000
	伸缩器　DN50	个	1.0100			
	伸缩器　DN65	个		1.0100		
	伸缩器　DN80	个			1.0100	
	伸缩器　DN100	个				1.0100
	电焊条　J507　综合	kg	0.2100	0.4200	0.4900	0.5900

续表

定　额　编　号			XZYT14-144	XZYT14-145	XZYT14-146	XZYT14-147
项　　目			焊接法兰式套筒伸缩器安装			
			DN50	DN65	DN80	DN100
计价材料	精制六角螺栓　综合	kg	2.1670	2.1670	4.3340	3.9370
	石棉橡胶板　低压　6以下	kg	0.1400	0.1800	0.2600	0.3500
	氧气	m³	0.0400	0.0600	0.0600	0.0700
	乙炔气	m³	0.0100	0.0200	0.0200	0.0200
	清油　综合	kg	0.0400	0.0400	0.0600	0.0600
	钢锯条　各种规格	根	0.2000	0.2000	0.4000	0.4000
	砂布	张	0.4000	0.4000	0.5000	0.5000
	棉纱头	kg	0.0400	0.0400	0.0600	0.0600
	其他材料费	元	1.7600	2.1100	2.6900	3.3700
机械	逆变多功能焊机　D7-500	台班	0.1610	0.2645	0.2645	0.3105

735

定额编号			XZYT14-148	XZYT14-149	XZYT14-150	XZYT14-151	XZYT14-152
项目			焊接法兰式套筒伸缩器安装				
			DN125	DN150	DN200	DN300	DN400
单位			个	个	个	个	个
基价（元）			**415.59**	**525.45**	**817.19**	**1428.56**	**2482.27**
其中	人工费（元）		161.73	184.14	251.60	379.89	565.40
	材料费（元）		205.88	288.00	448.30	837.20	1652.08
	机械费（元）		47.98	53.31	117.29	211.47	264.79
名称		单位	数量				
人工	建筑普通工	工日	0.5170	0.5887	0.8043	1.2145	1.8076
	建筑技术工	工日	0.7441	0.8472	1.1576	1.7478	2.6013
计价材料	平焊法兰　PN1.6　DN125	片	2.0000				
	平焊法兰　PN1.6　DN150	片		2.0000			
	平焊法兰　PN1.6　DN200	片			2.0000		
	平焊法兰　PN1.6　DN300	片				2.0000	
	平焊法兰　PN1.6　DN400	片					2.0000
	伸缩器　DN125	个	1.0100				
	伸缩器　DN150	个		1.0100			
	伸缩器　DN200	个			1.0100		
	伸缩器　DN300	个				1.0100	
	伸缩器　DN400	个					1.0100
	电焊条　J507　综合	kg	0.7200	0.8800	2.3500	5.7900	9.3500

续表

定 额 编 号			XZYT14-148	XZYT14-149	XZYT14-150	XZYT14-151	XZYT14-152
项 目			焊接法兰式套筒伸缩器安装				
			DN125	DN150	DN200	DN300	DN400
计价材料	精制六角螺栓 综合	kg	3.9370	6.7580	10.1380	12.8770	33.5500
	石棉橡胶板 低压 6 以下	kg	0.3500	0.5500	0.6600	0.8000	1.3800
	氧气	m³	0.0700	0.1200	0.1700	0.2900	0.3900
	乙炔气	m³	0.0200	0.0400	0.0600	0.1000	0.1300
	清油 综合	kg	0.0600	0.0800	0.0800	0.0800	0.1000
	钢锯条 各种规格	根	0.4000	0.8000	1.0000	1.5000	2.0000
	砂布	张	0.5000	1.0000	1.0000	1.2000	1.5000
	棉纱头	kg	0.0600	0.0800	0.1000	0.1200	0.1500
	其他材料费	元	4.0400	5.6500	8.7900	16.4200	32.3900
机械	逆变多功能焊机 D7-500	台班	0.3105	0.3450	0.7590	1.3685	1.7135

737

14.4.3 方形伸缩器制作安装

工作内容：测量划线、制作堵头、加热、煨制、组装、焊接、张拉、安装；水压试验。

定 额 编 号		XZYT14-153	XZYT14-154	XZYT14-155	XZYT14-156	XZYT14-157	XZYT14-158
项 目		方形伸缩器制作安装					
		DN32	DN40	DN50	DN65	DN80	DN100
单 位		个	个	个	个	个	个
基 价（元）		**114.68**	**138.26**	**193.36**	**342.58**	**531.29**	**759.17**
其中	人 工 费（元）	79.03	94.59	124.50	211.46	374.71	534.29
	材 料 费（元）	28.49	36.51	58.11	91.88	117.34	182.09
	机 械 费（元）	7.16	7.16	10.75	39.24	39.24	42.79
名 称	单位	数 量					
人工 建筑普通工	工日	0.2527	0.3024	0.3980	0.6760	1.1979	1.7081
建筑技术工	工日	0.3636	0.4352	0.5728	0.9729	1.7240	2.4582
计价材料 方形伸缩器 DN32	个	1.0100					
方形伸缩器 DN40	个		1.0100				
方形伸缩器 DN50	个			1.0100			
方形伸缩器 DN65	个				1.0100		
方形伸缩器 DN80	个					1.0100	
方形伸缩器 DN100	个						1.0100
电焊条 J507 综合	kg				0.3000	0.4700	0.5700
碳钢气焊丝 综合	kg	0.0200	0.0200	0.0300			
氧气	m³	0.0900	0.1100	0.1200	0.3600	0.4100	0.5100

738

续表

定 额 编 号			XZYT14-153	XZYT14-154	XZYT14-155	XZYT14-156	XZYT14-157	XZYT14-158
项 目			方形伸缩器制作安装					
			DN32	DN40	DN50	DN65	DN80	DN100
计价材料	乙炔气	m³	0.0300	0.0400	0.0400	0.1200	0.1400	0.1600
	焦炭	kg	12.0000	16.0000	28.0000	40.0000	52.0000	80.0000
	钢锯条 各种规格	根	0.0500	0.0500	0.0500			
	木柴	kg						8.0000
	其他材料费	元	0.5600	0.7200	1.1400	1.8000	2.3000	3.5700
机械	逆变多功能焊机 D7-500	台班				0.1380	0.1380	0.1610
	鼓风机 能力 50m³/min	台班	0.1150	0.1150	0.1725	0.2875	0.2875	0.2875

定 额 编 号			XZYT14-159	XZYT14-160	XZYT14-161	XZYT14-162	XZYT14-163	XZYT14-164	XZYT14-165
项 目			方形伸缩器制作安装						
			DN125	DN150	DN200	DN250	DN300	DN350	DN400
单 位			个	个	个	个	个	个	个
基 价 (元)			**1378.18**	**1606.32**	**3310.99**	**5271.62**	**7346.01**	**10403.47**	**14705.75**
其中	人 工 费 (元)		1001.15	1014.11	2236.97	3501.46	5370.13	7950.97	11812.81
	材 料 费 (元)		307.50	401.02	779.21	1180.06	1354.08	1696.69	2099.70
	机 械 费 (元)		69.53	191.19	294.81	590.10	621.80	755.81	793.24
名 称		单位	数 量						
人工	建筑普通工	工日	3.2006	3.2421	7.1515	11.1941	17.1682	25.4191	37.7653
	建筑技术工	工日	4.6062	4.6658	10.2920	16.1097	24.7072	36.5813	54.3491
计价材料	方形伸缩器 DN125	个	1.0100						
	方形伸缩器 DN150	个		1.0100					
	方形伸缩器 DN200	个			1.0100				
	方形伸缩器 DN250	个				1.0100			
	方形伸缩器 DN300	个					1.0100		
	方形伸缩器 DN350	个						1.0100	
	方形伸缩器 DN400	个							1.0100
	电焊条 J507 综合	kg	0.9800	1.1700	1.6100	3.1600	3.7700	6.8800	9.7200
	氧气	m³	0.9600	1.1200	1.7700	3.5500	4.3100	5.1900	5.7500
	乙炔气	m³	0.3200	0.4900	0.5900	1.1900	1.4400	1.7300	1.9200
	焦炭	kg	140.0000	180.0000	360.0000	560.0000	640.0000	800.0000	1000.0000

续表

定　额　编　号			XZYT14-159	XZYT14-160	XZYT14-161	XZYT14-162	XZYT14-163	XZYT14-164	XZYT14-165
项　　　目			方形伸缩器制作安装						
			DN125	DN150	DN200	DN250	DN300	DN350	DN400
计价材料	木柴	kg	12.0000	16.0000	56.0000	80.0000	88.0000	100.0000	120.0000
	其他材料费	元	6.0300	7.8600	15.2800	23.1400	26.5500	33.2700	41.1700
机械	电动单筒慢速卷扬机　50kN	台班		0.4600	0.6900	1.6560	1.6560	2.0700	2.0700
	逆变多功能焊机　D7-500	台班	0.2645	0.2875	0.4600	0.7705	0.9200	1.1040	1.2535
	鼓风机　能力　50m³/min	台班	0.4600	0.5750	0.9200	1.1500	1.2880	1.3800	1.6100

741

14.5 管道消毒、冲洗

工作内容：溶解漂白粉、装水、消毒、冲洗。

定 额 编 号			XZYT14-166	XZYT14-167	XZYT14-168	XZYT14-169
项 目			管道消毒、冲洗　公称直径			
			DN50	DN100	DN200	DN300
单 位			m	m	m	m
基 价（元）			**0.74**	**1.09**	**1.56**	**2.19**
其中	人 工 费（元）		0.63	0.91	1.06	1.23
	材 料 费（元）		0.11	0.18	0.50	0.96
	机 械 费（元）					
	名 称	单位	数 量			
人工	建筑普通工	工日	0.0020	0.0029	0.0034	0.0039
	建筑技术工	工日	0.0029	0.0042	0.0049	0.0057
计价材料	漂白粉 32%	kg	0.0010	0.0010	0.0040	0.0070
	水	t	0.0500	0.0800	0.2200	0.4200
	其他材料费	元			0.0100	0.0200

14.6 阀 门 安 装

14.6.1 螺纹阀

工作内容：切管、套丝、制垫、加垫、安装、阀门、水压试验。

定 额 编 号		XZYT14-170	XZYT14-171	XZYT14-172	XZYT14-173
项 目		螺纹阀			
		DN20 及以下	DN25	DN32	DN40
单 位		个	个	个	个
基 价（元）		**47.37**	**58.51**	**90.40**	**113.88**
其中	人 工 费（元）	12.96	15.56	19.54	32.34
	材 料 费（元）	34.41	42.95	70.86	81.54
	机 械 费（元）				
名 称	单位	数 量			
人工 建筑普通工	工日	0.0415	0.0497	0.0625	0.1034
建筑技术工	工日	0.0596	0.0716	0.0899	0.1488
计价材料 截止阀 J11T-16 DN20	只	1.0100			
截止阀 J11T-16 DN25	只		1.0100		
截止阀 J11T-16 DN32	只			1.0100	
截止阀 J11T-16 DN40	只				1.0100
镀锌活接头 DN20 以下	个	1.0100			
镀锌活接头 DN25	个		1.0100		

定　额　编　号			XZYT14-170	XZYT14-171	XZYT14-172	XZYT14-173
项　　　　目			螺纹阀			
			DN20 及以下	DN25	DN32	DN40
计价材料	镀锌活接头　DN32	个			1.0100	
	镀锌活接头　DN40	个				1.0100
	橡胶板　3mm 以下	kg	0.0030	0.0040	0.0060	0.0080
	聚四氟乙烯生料带　加厚	卷	0.0010	0.0010	0.0020	0.0020
	钢锯条　各种规格	根	0.1000	0.1200	0.1600	0.2300
	砂纸	张	0.1200	0.1500	0.1900	0.2400
	棉纱头	kg	0.0120	0.0150	0.0190	0.0240
	其他材料费	元	0.6700	0.8400	1.3900	1.6000

定 额 编 号		XZYT14-174	XZYT14-175	XZYT14-176	XZYT14-177
项 目		螺纹阀			
		DN50	DN65	DN80	DN100
单 位		个	个	个	个
基 价 （元）		**160.58**	**227.93**	**333.50**	**489.75**
其中	人 工 费 （元）	32.34	50.82	68.66	133.20
	材 料 费 （元）	128.24	177.11	264.84	356.55
	机 械 费 （元）				
名 称	单位	数 量			
人工 建筑普通工	工日	0.1034	0.1625	0.2195	0.4259
建筑技术工	工日	0.1488	0.2338	0.3159	0.6128
计价材料 截止阀 J11T-16 DN50	只	1.0100			
截止阀 J11T-16 DN65	只		1.0100		
截止阀 J11T-16 DN80	只			1.0100	
截止阀 J11T-16 DN100	只				1.0100
镀锌活接头 DN50	个	1.0100			
镀锌活接头 DN65	个		1.0100		
镀锌活接头 DN80	个			1.0100	
镀锌活接头 DN100	个				1.0100
橡胶板 3mm 以下	kg	0.0100	0.0120	0.0150	0.0180
聚四氟乙烯生料带 加厚	卷	0.0020	0.0005	0.0010	0.0020
钢锯条 各种规格	根	0.3200	0.3300	0.3500	0.4000

定 额 编 号			XZYT14-174	XZYT14-175	XZYT14-176	XZYT14-177
项 目			螺纹阀			
			DN50	DN65	DN80	DN100
计价材料	砂纸	张	0.3000	0.3100	0.3400	0.4000
	棉纱头	kg	0.0300	0.0400	0.0500	0.0550
	其他材料费	元	2.5100	3.4700	5.1900	6.9900

14.6.2 螺纹法兰阀

工作内容: 切管、套丝、安装、法兰、制垫、加垫、紧螺栓、水压试验。

定 额 编 号		XZYT14-178	XZYT14-179	XZYT14-180	XZYT14-181	XZYT14-182
项 目		螺纹法兰阀				
		DN20 及以下	DN25	DN32	DN40	DN50
单 位		个	个	个	个	个
基 价 (元)		**134.78**	**165.37**	**206.01**	**268.46**	**320.40**
其中	人 工 费 (元)	25.94	32.34	37.52	63.47	63.47
	材 料 费 (元)	108.84	133.03	168.49	204.99	256.93
	机 械 费 (元)					
名 称	单位	数 量				
人工 建筑普通工	工日	0.0829	0.1034	0.1200	0.2029	0.2029
建筑技术工	工日	0.1194	0.1488	0.1726	0.2920	0.2920
计价材料 螺纹法兰 PN1.6 DN20	副	1.0000				
螺纹法兰 PN1.6 DN25	副		1.0000			
螺纹法兰 PN1.6 DN32	副			1.0000		
螺纹法兰 PN1.6 DN40	副				1.0000	
螺纹法兰 PN1.6 DN50	副					1.0000
法兰阀门 DN20	个	1.0200				
法兰阀门 DN25	个		1.0200			
法兰阀门 DN32	个			1.0200		
法兰阀门 DN40	个				1.0200	

定 额 编 号			XZYT14-178	XZYT14-179	XZYT14-180	XZYT14-181	XZYT14-182
项 目			螺纹法兰阀				
			DN20 及以下	DN25	DN32	DN40	DN50
计价材料	法兰阀门　DN50	个					1.0200
	精制六角螺栓　综合	kg	0.6720	0.6720	2.1670	2.1670	2.1670
	石棉橡胶板　低压　6以下	kg	0.0400	0.0700	0.0800	0.1100	0.1400
	聚四氟乙烯生料带　加厚	卷	0.0010	0.0010	0.0020	0.0020	0.0020
	钢锯条　各种规格	根	0.1000	0.1200	0.1600	0.2300	0.3200
	砂纸	张					0.4000
	棉纱头	kg	0.0200	0.0300	0.0300	0.0300	0.0400
	其他材料费	元	2.1300	2.6100	3.3000	4.0200	5.0400

14.6.3 焊接法兰阀

工作内容：切管、焊接、安装法兰、制垫、加垫、紧螺栓、水压试验。

定 额 编 号			XZYT14-183	XZYT14-184	XZYT14-185	XZYT14-186	XZYT14-187	XZYT14-188
项 目			焊接法兰阀					
			DN32	DN40	DN50	DN65	DN80	DN100
单 位			个	个	个	个	个	个
基 价（元）			**200.49**	**237.92**	**291.19**	**389.35**	**526.06**	**659.42**
其中	人 工 费（元）		49.30	51.87	63.47	85.59	97.33	120.52
	材 料 费（元）		128.09	162.95	204.62	262.89	387.86	490.92
	机 械 费（元）		23.10	23.10	23.10	40.87	40.87	47.98
名 称		单位	数 量					
人工	建筑普通工	工日	0.1576	0.1658	0.2029	0.2736	0.3112	0.3853
	建筑技术工	工日	0.2268	0.2387	0.2920	0.3938	0.4478	0.5545
计价材料	闸阀　Z41H-16　DN32	只	1.0000					
	闸阀　Z41H-16　DN40	只		1.0000				
	闸阀　Z41H-16　DN50	只			1.0000			
	闸阀　Z41H-16　DN65	只				1.0000		
	闸阀　Z41H-16　DN80	只					1.0000	
	闸阀　Z41H-16　DN100	只						1.0000
	平焊法兰　PN1.6　DN32	片	2.0000					
	平焊法兰　PN1.6　DN40	片		2.0000				
	平焊法兰　PN1.6　DN50	片			2.0000			

续表

定 额 编 号			XZYT14-183	XZYT14-184	XZYT14-185	XZYT14-186	XZYT14-187	XZYT14-188
项 目			焊接法兰阀					
			DN32	DN40	DN50	DN65	DN80	DN100
计价材料	平焊法兰 PN1.6 DN65	片				2.0000		
	平焊法兰 PN1.6 DN80	片					2.0000	
	平焊法兰 PN1.6 DN100	片						2.0000
	电焊条 J507 综合	kg	0.1400	0.1700	0.2100	0.4200	0.4900	0.5900
	精制六角螺栓 综合	kg	2.1670	2.1670	2.1670	2.1670	4.3340	4.3340
	石棉橡胶板 低压 6以下	kg	0.0800	0.1100	0.1400	0.1800	0.2600	0.3500
	氧气	m³				0.0400	0.0600	0.0700
	乙炔气	m³				0.0140	0.0200	0.0240
	钢锯条 各种规格	根	0.0800	0.1300	0.1600			
	砂纸	张	0.4000	0.4000	0.4000	0.5000	0.5000	0.5000
	棉纱头	kg	0.0300	0.0300	0.0400	0.0500	0.0500	0.0600
	其他材料费	元	2.5100	3.2000	4.0100	5.1500	7.6100	9.6300
机械	逆变多功能焊机 D7-500	台班	0.1495	0.1495	0.1495	0.2645	0.2645	0.3105

定　额　编　号		XZYT14-189	XZYT14-190	XZYT14-191	XZYT14-192	XZYT14-193	XZYT14-194	XZYT14-195
项　　　　目		焊接法兰阀						
		DN125	DN150	DN200	DN250	DN300	DN350	DN400
单　　　　位		个	个	个	个	个	个	个
基　　价（元）		**891.35**	**1213.70**	**1863.54**	**2603.47**	**3655.47**	**4776.95**	**5773.78**
其中	人　工　费（元）	154.39	182.79	265.77	302.10	352.74	431.77	525.13
	材　料　费（元）	687.20	977.60	1480.48	2071.89	3028.82	4058.61	4872.86
	机　械　费（元）	49.76	53.31	117.29	229.48	273.91	286.57	375.79
名　　　称	单位	数　　　量						
人工 建筑普通工	工日	0.4936	0.5844	0.8496	0.9658	1.1277	1.3804	1.6788
建筑技术工	工日	0.7103	0.8410	1.2228	1.3899	1.6229	1.9865	2.4161
计价材料 闸阀　Z41H-16　DN125	只	1.0000						
闸阀　Z41H-16　DN150	只		1.0000					
闸阀　Z41H-16　DN200	只			1.0000				
闸阀　Z41H-16　DN250	只				1.0000			
闸阀　Z41H-16　DN300	只					1.0000		
闸阀　Z41H-16　DN350	只						1.0000	
闸阀　Z41H-16　DN400	只							1.0000
平焊法兰　PN1.6　DN125	片	2.0000						
平焊法兰　PN1.6　DN150	片		2.0000					
平焊法兰　PN1.6　DN200	片			2.0000				
平焊法兰　PN1.6　DN250	片				2.0000			

751

续表

定 额 编 号			XZYT14-189	XZYT14-190	XZYT14-191	XZYT14-192	XZYT14-193	XZYT14-194	XZYT14-195
项 目			焊接法兰阀						
			DN125	DN150	DN200	DN250	DN300	DN350	DN400
计价材料	平焊法兰 PN1.6 DN300	片					2.0000		
	平焊法兰 PN1.6 DN350	片						2.0000	
	平焊法兰 PN1.6 DN400	片							2.0000
	电焊条 J422 综合	kg				4.8800	5.7900	6.8500	9.3500
	电焊条 J507 综合	kg	0.7200	0.8800	2.3500				
	精制六角螺栓 综合	kg	4.3340	6.7580	10.1380	12.8770	12.8770	17.1690	33.5500
	石棉橡胶板 低压 6以下	kg	0.4600	0.5500	0.6600	0.7300	0.8000	1.0800	1.3800
	氧气	m³	0.0900	0.1100	0.1500	0.2200	0.2600	0.3300	0.3800
	乙炔气	m³	0.0300	0.0370	0.0500	0.0740	0.0870	0.1100	0.1300
	砂纸	张	0.6000	0.7000	0.8000	1.0000	1.2000	1.4000	1.6000
	棉纱头	kg	0.0700	0.0700	0.0800	0.0800	0.1000	0.1200	0.1500
	其他材料费	元	13.4700	19.1700	29.0300	40.6300	59.3900	79.5800	95.5500
机械	载重汽车 5t	台班				0.0690	0.0690	0.0690	0.1380
	电动单筒慢速卷扬机 50kN	台班				0.1150	0.1150	0.1380	0.1725
	逆变多功能焊机 D7-500	台班	0.3220	0.3450	0.7590	1.0810	1.3685	1.4145	1.7135

14.6.4 液压式法兰水位控制阀

工作内容： 切管、挖眼、焊接、制垫、加垫、固定、安装、水压试验。

定 额 编 号			XZYT14-196	XZYT14-197	XZYT14-198	XZYT14-199	XZYT14-200
项　　　目			液压式法兰水位控制阀				
			DN50	DN80	DN100	DN150	DN200
单　　　位			个	个	个	个	个
基　　价（元）			**583.90**	**829.86**	**1014.33**	**1606.92**	**2746.13**
其中	人　工　费（元）		73.85	111.52	136.08	175.16	315.22
	材　料　费（元）		474.51	656.14	805.39	1351.79	2254.98
	机　械　费（元）		35.54	62.20	72.86	79.97	175.93
名　　　称		单位	数　　　量				
人工	建筑普通工	工日	0.2361	0.3565	0.4350	0.5600	1.0077
	建筑技术工	工日	0.3398	0.5131	0.6261	0.8059	1.4503
计价材料	无缝钢管 10~20 号 φ219 以下	kg					31.5200
	焊接钢管　DN50	kg	3.9040				
	焊接钢管　DN80	kg		6.6720			
	焊接钢管　DN100	kg			8.6800		
	焊接钢管　DN150	kg				17.8100	
	平焊法兰　PN1.6　DN50	片	1.0000				
	平焊法兰　PN1.6　DN80	片		1.0000			
	平焊法兰　PN1.6　DN100	片			1.0000		
	平焊法兰　PN1.6　DN150	片				1.0000	

753

续表

定 额 编 号			XZYT14-196	XZYT14-197	XZYT14-198	XZYT14-199	XZYT14-200
项 目			液压式法兰水位控制阀				
			DN50	DN80	DN100	DN150	DN200
计价材料	平焊法兰 PN1.6 DN200	片					1.0000
	水位控制阀 DN50	个	1.0000				
	水位控制阀 DN80	个		1.0000			
	水位控制阀 DN100	个			1.0000		
	水位控制阀 DN150	个				1.0000	
	水位控制阀 DN200	个					1.0000
	电焊条 J507 综合	kg	0.3100	0.7400	0.8900	1.3200	3.5300
	精制六角螺栓 综合	kg	2.1670	4.3340	4.3340	6.7580	10.1380
	石棉橡胶板 低压 6以下	kg	0.1400	0.2600	0.3500	0.5500	0.6600
	氧气	m³	0.1000	0.1200	0.1300	0.2000	0.3500
	乙炔气	m³	0.0340	0.0400	0.0440	0.0670	0.1170
	钢锯条 各种规格	根	0.1600	0.2000	0.2500		
	砂纸	张	0.4000	0.5000	0.5000	0.7000	0.8000
	棉纱头	kg	0.0400	0.0500	0.0600	0.0700	0.0800
	其他材料费	元	9.3000	12.8700	15.7900	26.5100	44.2200
机械	逆变多功能焊机 D7-500	台班	0.2300	0.4025	0.4715	0.5175	1.1385

14.6.5 自动排气阀、手动排气阀

工作内容：支架制作安装、套丝、丝堵改丝、安装、水压试验。

定 额 编 号		XZYT14-201	XZYT14-202	XZYT14-203	XZYT14-204
项 目		自动排气阀			手动放风阀
		DN15	DN20	DN25	DN10
单 位		个	个	个	个
基 价 （元）		**132. 10**	**146. 48**	**163. 59**	**13. 77**
其中	人 工 费（元）	21. 98	28. 53	35. 09	3. 96
	材 料 费（元）	110. 12	117. 95	128. 50	9. 81
	机 械 费（元）				
名 称	单位	数 量			
人工	建筑普通工	工日	0. 0703	0. 0912	0. 1122	0. 0127
	建筑技术工	工日	0. 1011	0. 1313	0. 1614	0. 0182
计价材料	等边角钢 边长63以下	kg	0. 6500	0. 6500	0. 6500	0. 6500
	圆钢 φ10以上	kg	0. 2100	0. 2100	0. 2100	0. 2100
	自动排气阀 DN15	只	1. 0000			
	自动排气阀 DN20	只		1. 0000		
	自动排气阀 DN25	只			1. 0000	
	手动放风阀 DN10	只				1. 0000
	普通硅酸盐水泥 32. 5	t	0. 0010	0. 0010	0. 0010	0. 0010
	精制六角螺母 M6~10	个	2. 0600	2. 0600	2. 0600	2. 0600
	平垫圈	个	2. 0600	2. 0600	2. 0600	2. 0600

定 额 编 号			XZYT14-201	XZYT14-202	XZYT14-203	XZYT14-204
项 目			自动排气阀			手动放风阀
			DN15	DN20	DN25	DN10
计价材料	镀锌弯头 DN20 以下	个	1.0100	1.0100		1.1300
	镀锌弯头 DN25	个			1.0100	
	镀锌管接头 DN20	个	2.0200	2.0200		
	镀锌管接头 DN25	个			2.0200	
	镀锌管堵 DN20 以下	个	1.0100	1.0100		
	镀锌管堵 DN25	个			1.0100	
	聚四氟乙烯生料带 加厚	卷	0.0010	0.0020	0.0020	0.0010
	钢锯条 各种规格	根	0.0400	0.0500	0.0600	0.0300
	棉纱头	kg	0.0200	0.0300	0.0400	0.0200
	其他材料费	元	2.1600	2.3100	2.5200	0.1900

14.7 水表安装

工作内容：切管、套丝、制垫、加垫、安装、水压试验。

定额编号		XZYT14-205	XZYT14-206	XZYT14-207	XZYT14-208
项目		螺纹水表			
		DN20 及以下	DN25	DN32	DN40
单位		组	组	组	组
基价（元）		**106.87**	**161.16**	**213.98**	**275.05**
其中	人工费（元）	51.87	62.23	72.62	88.19
	材料费（元）	55.00	98.93	141.36	186.86
	机械费（元）				
名称	单位		数量		
人工	建筑普通工	工日	0.1658	0.1990	0.2322	0.2820
	建筑技术工	工日	0.2387	0.2863	0.3341	0.4057
计价材料	闸阀 Z15T-10K DN20 以下	只	1.0100			
	闸阀 Z15T-10K DN25	只		1.0100		
	闸阀 Z15T-10K DN32	只			1.0100	
	闸阀 Z15T-10K DN40	只				1.0100
	水表 DN20 及以下	只	1.0000			
	水表 DN25	只		1.0000		
	水表 DN32	只			1.0000	

续表

定 额 编 号			XZYT14-205	XZYT14-206	XZYT14-207	XZYT14-208
项 目			螺纹水表			
			DN20 及以下	DN25	DN32	DN40
计价材料	水表 DN40	只				1.0000
	橡胶板 3mm 以下	kg	0.0500	0.0800	0.0900	0.1300
	聚四氟乙烯生料带 加厚	卷	0.0010	0.0010	0.0020	0.0020
	钢锯条 各种规格	根	0.1300	0.1400	0.1700	0.2600
	其他材料费	元	1.0800	1.9400	2.7700	3.6600

定 额 编 号		XZYT14-209	XZYT14-210	XZYT14-211
项 目		螺纹水表		
		DN50	DN80	DN100
单 位		组	组	组
基 价 （元）		**350.98**	**539.83**	**671.62**
其中	人 工 费 （元）	103.75	136.08	151.66
	材 料 费 （元）	247.23	403.75	519.96
	机 械 费 （元）			
名 称	单位	数 量		
人工 建筑普通工	工日	0.3317	0.4350	0.4849
建筑技术工	工日	0.4773	0.6261	0.6977
计价材料 闸阀 Z15T-10K DN50	只	1.0100		
闸阀 Z15T-10K DN80	只		1.0100	
闸阀 Z15T-10K DN100	只			1.0100
水表 DN50	只	1.0000		
水表 DN80	只		1.0000	
水表 DN100	只			1.0000
橡胶板 3mm 以下	kg	0.1600	0.1900	0.2400
聚四氟乙烯生料带 加厚	卷	0.0030	0.0050	0.0050
钢锯条 各种规格	根	0.3400	0.4100	0.5000
其他材料费	元	4.8500	7.9200	10.2000

759

14.8 压力表、温度计安装

工作内容：清理、安装、固定、挂牌。

定 额 编 号		XZYT14-212	XZYT14-213
项 目		温度计安装	压力表安装
单 位		支	支
基 价（元）		**59.37**	**377.18**
其中	人 工 费（元）	25.32	270.65
	材 料 费（元）	34.05	106.53
	机 械 费（元）		
名 称	单位	数 量	
人工	建筑普通工	工日	0.0809	0.8653
	建筑技术工	工日	0.1165	1.2452
计价材料	三元乙丙橡胶垫片	kg	1.0000	1.0000
	压力表 2.5MPa	只		1.0000
	温度计 100℃	只	1.0000	
	钢管卡子 DN25	个		1.0000
	尼龙卡带	根		12.0000

760

定　额　编　号			XZYT14-212	XZYT14-213
项　　　目			温度计安装	压力表安装
计价材料	镀锌沉头螺钉	kg		2.0000
	铝标识牌	个	1.0000	1.0000
	清洗剂	kg		0.2000
	白布	m²		0.1000
	其他材料费	元	0.6700	2.0900

14.9 卫生器具安装

14.9.1 洗脸盆安装

工作内容： 埋木楔、切管、套丝、安装附件、盆及托架安装、上下水管连接、试水。

定　额　编　号		XZYT14-214	XZYT14-215	XZYT14-216
项　　　　　目		钢管组成　普通冷水嘴	钢管组成　冷水	钢管组成　冷热水
单　　　　　位		组	组	组
基　　　价（元）		**476.70**	**523.44**	**620.39**
其中	人　工　费（元）	61.18	68.51	84.40
	材　料　费（元）	415.52	454.93	535.99
	机　械　费（元）			
名　　　称	单位	数　　量		
人工	建筑普通工　　　　　　工日	0.1956	0.2190	0.2698
	建筑技术工　　　　　　工日	0.2815	0.3152	0.3883
计价材料	镀锌钢管　DN20以下　　kg	0.1310	0.5240	1.0480
	铸铁托架（洗脸盆用）　付	1.0100	1.0100	1.0100
	截止阀　J11W-10　DN15　只		1.0100	2.0200
	铜水嘴　DN15　　　　　只	1.0100		
	立式水嘴　DN15　　　　只		1.0100	2.0200
	方材红白松　一等　　　m³	0.0010	0.0010	0.0010
	中砂　　　　　　　　　m³	0.0020	0.0020	0.0020

续表

定 额 编 号			XZYT14-214	XZYT14-215	XZYT14-216
项 目			钢管组成 普通冷水嘴	钢管组成 冷水	钢管组成 冷热水
计价材料	油灰	kg	0.1000	0.1000	0.1000
	洗脸（手）盆全套冷水	套	1.0100	1.0100	
	洗脸（手）盆全套冷热水	套			1.0100
	铜下水口（洗脸盆）DN32	个	1.0100	1.0100	1.0100
	塑料存水弯 DN32	个	1.0050	1.0050	1.0050
	木螺钉	kg	0.0630	0.0630	0.0630
	镀锌弯头 DN20 以下	个		1.0100	2.0200
	镀锌管接头 DN20	个	1.0100		
	镀锌活接头 DN20 以下	个		1.0100	2.0200
	橡胶板 3mm 以下	kg	0.0150	0.0150	0.0150
	聚四氟乙烯生料带 加厚	卷	0.0100	0.0100	0.0150
	防腐油	kg	0.0500	0.0500	0.0500
	钢锯条 各种规格	根	0.2000	0.2000	0.3000
	其他材料费	元	8.1500	8.9200	10.5100

14.9.2 洗涤盆安装

工作内容：埋螺栓、切管、套丝、安装零件、器具安装、托架安装、上下水管连接、试水。

定 额 编 号		XZYT14-217	XZYT14-218
项 目		单嘴	双嘴
单 位		组	组
基 价（元）		**444.43**	**574.73**
其中 人 工 费（元）		61.03	59.80
材 料 费（元）		383.40	514.93
机 械 费（元）			
名 称	单位	数 量	
人工 建筑普通工	工日	0.1951	0.1912
建筑技术工	工日	0.2808	0.2751
计价材料 焊接钢管 DN50	kg	1.9520	1.9520
镀锌钢管 DN20 以下	kg	0.0790	0.3150
铸铁托架（洗涤盆用）	付	2.0200	2.0200
铜水嘴 DN15	只	1.0100	2.0200
普通硅酸盐水泥 32.5	t	0.0010	0.0010
中砂	m³	0.0020	0.0020
油灰	kg	0.1500	0.1500
洗涤（化验）盆全套单嘴	套	1.0100	
洗涤（化验）盆全套双嘴	套		1.0100
塑料存水弯 DN50	个	1.0050	1.0050

续表

定额编号			XZYT14-217	XZYT14-218
项目			单嘴	双嘴
计价材料	精制六角螺栓 综合	kg	0.1200	0.1200
	镀锌弯头 DN20 以下	个		2.0200
	镀锌管接头 DN20	个	1.0100	2.0200
	镀锌管接头 DN50	个	1.0100	1.0100
	橡胶板 3mm 以下	kg	0.0200	0.0200
	聚四氟乙烯生料带 加厚	卷	0.0100	0.0150
	钢锯条 各种规格	根	0.1000	0.1500
	其他材料费	元	7.5200	10.1000

765

14.9.3 淋浴器组合安装

工作内容： 留堵洞眼、埋木楔、切管、套丝、沐浴器组成与安装、试水。

定　额　编　号		XZYT14-219	XZYT14-220	XZYT14-221	XZYT14-222
项　　　目		钢管组成　冷水	钢管组成　冷热水	铜管制品　冷水	铜管制品　冷热水
单　　　位		组	组	组	组
基　价（元）		**93.17**	**178.19**	**437.09**	**558.14**
其中	人　工　费（元）	29.00	72.62	14.48	24.71
	材　料　费（元）	64.17	105.57	422.61	533.43
	机　械　费（元）				
名　　称	单位	数　　量			
人工	建筑普通工	工日	0.0927	0.2322	0.0463	0.0790
	建筑技术工	工日	0.1334	0.3341	0.0666	0.1137
计价材料	镀锌钢管　DN20 以下	kg	2.3590	3.2760	0.1310	0.3930
	截止阀 J11T-16　DN20	只	1.0100	2.0200		
	钢管卡子　DN25	个	1.0500	1.0500		
	方材红白松　一等	m³			0.0030	0.0040
	中砂	m³	0.0020	0.0020	0.0020	0.0020
	单管成品淋浴器	套			1.0000	
	双管成品淋浴器	套				1.0000
	莲蓬喷头冷水	个	1.0100	1.0100		
	木螺钉	kg			0.0850	0.1270
	镀锌弯头　DN20 以下	个	1.0100	3.0300		

定　额　编　号			XZYT14-219	XZYT14-220	XZYT14-221	XZYT14-222
项　　　　目			钢管组成　冷水	钢管组成　冷热水	铜管制品　冷水	铜管制品　冷热水
计价材料	镀锌三通　DN20 以下	个		1.0100		
	镀锌管接头　DN20	个			1.0100	2.0200
	镀锌活接头　DN20 以下	个	1.0100	1.0100		
	聚四氟乙烯生料带　加厚	卷	0.0100	0.0150	0.0100	0.0100
	钢锯条　各种规格	根	0.2000	0.3000	0.1000	0.1000
	其他材料费	元	1.2600	2.0700	8.2900	10.4600

14.9.4 大便器安装

工作内容： 留堵洞眼、埋木楔、切管、套丝、大便器与水箱及附件安装、上下水管连接、试水。

定 额 编 号		XZYT14-223	XZYT14-224	XZYT14-225
项 目		蹲式大便器安装	坐式大便器安装	大便槽自动冲洗水箱安装
单 位		套	套	套
基 价（元）		**741.09**	**664.79**	**337.45**
其中	人 工 费（元）	116.71	82.05	61.26
	材 料 费（元）	624.38	582.74	276.19
	机 械 费（元）			
名 称	单位	数 量		
人工	建筑普通工	工日	0.3731	0.2623	0.1959
	建筑技术工	工日	0.5370	0.3775	0.2818
计价材料	焊接钢管 DN50	kg			9.7549
	镀锌钢管 DN20 以下	kg	0.4883	0.4883	
	镀锌钢管 DN25	kg	5.2874		
	铸铁托架（洗脸盆用）	付	1.0000		1.0000
	黄铜丝 综合	kg	0.0800		
	截止阀 J11W-10 DN15	只	1.0100	1.0100	
	截止阀 J11T-16 DN25	只	1.0100	1.0100	
	铜水嘴 DN15	只			1.0100
	钢管卡子 DN25	个	1.0500		
	钢管卡子 DN50	个			1.0000
	水箱	kg			32.5000

定 额 编 号		XZYT14-223	XZYT14-224	XZYT14-225
项 目		蹲式大便器安装	坐式大便器安装	大便槽自动冲洗水箱安装
计价材料	圆木红白松 二等	m³		0.0010	
	普通硅酸盐水泥 32.5	t	0.0010	0.0010	0.0013
	白水泥	t		0.0003	
	中砂	m³	0.0020	0.0020	0.0030
	油灰	kg	0.5000	0.5000	
	标准砖 240×115×53	千块	0.0160	0.0160	
	蹲式大便器脚踏式	个	1.0100		
	坐式大便器	套		1.0100	
	铜存水弯 DN50	个	1.0050		
	膨胀螺栓 M6	套	2.0200	7.2800	
	镀锌弯头 DN20 以下	个	1.0100	1.0100	1.0100
	镀锌弯头 DN25	个	1.0100		1.0100
	镀锌活接头 DN25	个	1.0100	1.0100	1.0100
	橡胶板 3mm 以下	kg	0.0200	0.0300	0.0350
	聚四氟乙烯生料带 加厚	卷	0.0715	0.0379	0.0390
	硅胶	kg	0.0250	0.0150	0.0710
	钢锯条 各种规格	根	0.2000	0.2000	0.1000
	其他材料费	元	12.2400	11.4300	5.4100

14.9.5 小便器安装

工作内容：埋木楔、切管、套丝、小便器安装、上下水管连接、试水。

定 额 编 号		XZYT14-226	XZYT14-227	XZYT14-228	XZYT14-229
项 目		挂斗式小便器安装			
		自动冲洗			普通式
		一联	二联	三联	
单 位		组	组	组	组
基 价（元）		**539.29**	**864.63**	**1217.27**	**312.55**
其中	人 工 费（元）	63.77	102.52	154.56	43.64
	材 料 费（元）	475.52	762.11	1062.71	268.91
	机 械 费（元）				
名 称	单位	数 量			
人工 建筑普通工	工日	0.2039	0.3277	0.4941	0.1395
建筑技术工	工日	0.2934	0.4717	0.7111	0.2008
计价材料 镀锌钢管 DN20 以下	kg	0.3930	0.3930	0.3930	0.1970
角式长柄截止阀 DN15	只	1.0100	1.0100	1.0100	
喷水鸭嘴 DN15	只	1.0100	1.0100	1.0100	1.0100
水箱自动冲洗阀 DN20	个	1.0100			
水箱自动冲洗阀 DN25	个		1.0100		
水箱自动冲洗阀 DN32	个			1.0100	
方材红白松 二等	m³	0.0020	0.0030	0.0040	0.0010
普通硅酸盐水泥 32.5	t	0.0010	0.0010	0.0020	0.0010

定　额　编　号			XZYT14-226	XZYT14-227	XZYT14-228	XZYT14-229
项　　　目			挂斗式小便器安装			
			自动冲洗			普通式
			一联	二联	三联	
计价材料	中砂	m³	0.0010	0.0020	0.0030	0.0010
	油灰	kg	0.0700	0.1400	0.2100	0.0700
	镀锌压盖　DN32	个	1.0600	2.1200	3.1800	1.0600
	小便器全套	套	1.0100	2.0200	3.0300	1.0100
	小便器角型阀　DN15	个	1.0100	1.0100	1.0100	1.0100
	自动平便配件一联	套	1.0100			
	自动平便配件二联	套		1.0100		
	自动平便配件三联	套			1.0100	
	铸铁存水弯　DN32	个	1.0050	2.0100	3.0150	1.0050
	木螺钉	kg	0.0740	0.1160	0.1590	0.0420
	镀锌锁紧螺母　3×40	个	1.0600	2.1200	3.1800	1.0600
	镀锌弯头　DN20以下	个	1.0100	1.0100	1.0100	1.0100
	镀锌管接头　DN20	个	1.0100	1.0100	1.0100	1.0100

续表

定 额 编 号			XZYT14-226	XZYT14-227	XZYT14-228	XZYT14-229
项　　目			挂斗式小便器安装			
			自动冲洗			普通式
			一联	二联	三联	
计价材料	橡胶板　3mm 以下	kg	0.0250	0.0300	0.0300	
	聚四氟乙烯生料带　加厚	卷	0.0100	0.0200	0.0200	0.0100
	钢锯条　各种规格	根	0.1000	0.2000	0.2000	0.1000
	瓷高水箱　420×240×280	个	1.0100	1.0100		
	瓷高水箱　440×240×280	个			1.0100	
	其他材料费	元	9.3200	14.9400	20.8400	5.2700

定 额 编 号			XZYT14-230	XZYT14-231	XZYT14-232	XZYT14-233
项 目			立式小便器安装			
			普通式	自动冲洗		
				一联	二联	三联
单 位			组	组	组	组
基 价 （元）			344.63	545.99	934.41	1338.30
其中	人 工 费 （元）		52.17	69.57	114.13	169.97
	材 料 费 （元）		292.46	476.42	820.28	1168.33
	机 械 费 （元）					
名 称		单位	数 量			
人工	建筑普通工	工日	0.1668	0.2224	0.3649	0.5434
	建筑技术工	工日	0.2400	0.3201	0.5251	0.7820
计价材料	镀锌钢管 DN20 以下	kg	0.1970	0.3930	0.3930	0.3930
	承插铸铁排水管 DN75	m	0.3000	0.3000	0.6000	0.9000
	角式长柄截止阀 DN15	只	1.0100			
	铜水嘴 DN25	只		2.0200	3.0300	4.0400
	喷水鸭嘴 DN15	只	1.0100	1.0100	1.0100	1.0100
	喷水鸭嘴 DN20	只		1.0100	2.0200	3.0200
	方材红白松 二等	m³		0.0010	0.0010	0.0010
	普通硅酸盐水泥 32.5	t		0.0010	0.0030	0.0030
	中砂	m³	0.0010			
	油灰	kg	0.1000			

773

定 额 编 号			XZYT14-230	XZYT14-231	XZYT14-232	XZYT14-233
项 目				立式小便器安装		
			普通式	自动冲洗		
				一联	二联	三联
计价材料	铝合金排水栓（带链堵） DN50	套	1.0100	1.0100	2.0200	3.0300
	小便器全套	套	1.0100	1.0100	2.0200	3.0300
	小便器角型阀 DN15	个		1.0100	1.0100	1.0100
	自动立便配件一联	套		1.0100		
	自动立便配件二联	套			1.0100	
	自动立便配件三联	套				1.0100
	铜存水弯 DN50	个	1.0050	1.0050	2.0100	3.0150
	木螺钉	kg		0.0320	0.0320	0.0320
	镀锌弯头 DN20 以下	个		1.0100	1.0100	1.0100
	镀锌管接头 DN20	个	1.0100	1.0100	1.0100	1.0100
	橡胶板 3mm 以下	kg	0.0300	0.0300	0.0600	0.0900
	聚四氟乙烯生料带 加厚	卷	0.0060	0.0060	0.0100	0.0200
	硅胶	kg		0.1000	0.2000	0.3000
	钢锯条 各种规格	根	0.2000			
	其他材料费	元	5.7300	9.3400	16.0800	22.9100

14.9.6 水龙头安装

工作内容：安装、试水。

定 额 编 号		XZYT14-234	XZYT14-235
项 目		普通水龙头安装	
		DN20 及以下	DN25
单 位		个	个
基 价（元）		**28.27**	**38.20**
其中 人 工 费（元）		3.67	4.72
材 料 费（元）		24.60	33.48
机 械 费（元）			
名 称	单位	数 量	
人工 建筑普通工	工日	0.0117	0.0151
建筑技术工	工日	0.0169	0.0217
计价材料 铜水嘴 DN20	只	1.0100	
铜水嘴 DN25	只		1.0100
聚四氟乙烯生料带 加厚	卷	0.2000	0.3000
其他材料费	元	0.4800	0.6500

定 额 编 号			XZYT14-236	XZYT14-237
项 目			感应水龙头安装	
			DN20 及以下	DN25
单 位			个	个
基 价（元）			**120.53**	**137.02**
其中	人 工 费（元）		3.85	4.58
	材 料 费（元）		116.68	132.44
	机 械 费（元）			
名 称		单位	数 量	
人工	建筑普通工	工日	0.0123	0.0146
	建筑技术工	工日	0.0177	0.0211
计价材料	感应水龙头 DN20	只	1.0100	
	感应水龙头 DN25	只		1.0100
	聚四氟乙烯生料带 加厚	卷	0.1880	0.2350
	其他材料费	元	2.2800	2.5900

14.10 地漏、扫除口安装

14.10.1 塑料地漏安装

工作内容：切管、套丝、安装、连接下水管道。

定 额 编 号			XZYT14-238	XZYT14-239	XZYT14-240	XZYT14-241
项 目			地漏安装			
			公称直径			
			DN50	DN80	DN100	DN150
单 位			个	个	个	个
基 价（元）			**30.19**	**60.16**	**73.02**	**107.12**
其中	人 工 费（元）		15.48	36.01	36.01	56.55
	材 料 费（元）		14.71	24.15	37.01	50.57
	机 械 费（元）					
名 称		单位	数 量			
人工	建筑普通工	工日	0.0495	0.1151	0.1151	0.1808
	建筑技术工	工日	0.0712	0.1657	0.1657	0.2602
计价材料	塑料地漏 DN50	个	1.0000			
	塑料地漏 DN80	个		1.0000		
	塑料地漏 DN100	个			1.0000	
	塑料地漏 DN150	个				1.0000
	硬聚氯乙烯塑料管 DN50	m	0.1000			

续表

定 额 编 号			XZYT14-238	XZYT14-239	XZYT14-240	XZYT14-241
项 目			地漏安装			
			公称直径			
			DN50	DN80	DN100	DN150
计价材料	硬聚氯乙烯塑料管　DN80	m		0.1000		
	硬聚氯乙烯塑料管　DN100	m			0.1000	
	硬聚氯乙烯塑料管　DN150	m				0.1000
	聚氯乙烯橡胶带　80mm×50m	卷	0.4100	0.4800	0.5500	0.6000
	钢锯条　各种规格	根	0.0500	0.0900	0.1600	0.2100
	砂布	张	0.0600	0.0600	0.0750	0.0920
	棉纱头	kg	0.0250	0.0250	0.0350	0.0500
	其他材料费	元	0.2900	0.4700	0.7300	0.9900

778

14.10.2 不锈钢地漏安装

工作内容: 切管、套丝、安装、连接下水管道。

定 额 编 号			XZYT14-242	XZYT14-243	XZYT14-244	XZYT14-245
项 目			地漏安装			
			公称直径			
			DN50	DN80	DN100	DN150
单 位			个	个	个	个
基 价 (元)			**63.56**	**125.25**	**168.52**	**406.02**
其中	人 工 费 (元)		20.75	48.36	48.36	75.97
	材 料 费 (元)		42.81	76.89	120.16	330.05
	机 械 费 (元)					
名 称		单位	数 量			
人工	建筑普通工	工日	0.0663	0.1546	0.1546	0.2429
	建筑技术工	工日	0.0955	0.2225	0.2225	0.3495
计价材料	焊接钢管 DN50	kg	2.3799			
	焊接钢管 DN80	kg		6.9527		
	焊接钢管 DN100	kg			11.7749	
	焊接钢管 DN150	kg				49.9128
	普通硅酸盐水泥 32.5	t	0.0010	0.0010	0.0010	0.0010
	不锈钢地漏 DN50	个	1.0000			
	不锈钢地漏 DN80	个		1.0000		
	不锈钢地漏 DN100	个			1.0000	

续表

定 额 编 号			XZYT14-242	XZYT14-243	XZYT14-244	XZYT14-245
项 目			地漏安装			
			公称直径			
			DN50	DN80	DN100	DN150
计价材料	不锈钢地漏 DN150	个				1.0000
	聚四氟乙烯生料带 加厚	卷	0.4100	0.4800	0.5500	0.6000
	其他材料费	元	0.8300	1.5000	2.3400	6.4600

780

14.10.3 塑料地面扫除孔安装

工作内容:安装、连接下水管道、试水。

定 额 编 号		XZYT14-246	XZYT14-247	XZYT14-248	XZYT14-249
项　　　　目		扫除孔安装			
		公称直径			
		DN50	DN80	DN100	DN150
单　　　　位		个	个	个	个
基　　价（元）		**11.04**	**15.23**	**18.54**	**25.25**
其中	人　工　费（元）	7.24	9.18	9.39	11.59
	材　料　费（元）	3.80	6.05	9.15	13.66
	机　械　费（元）				
名　　称	单位	数　　量			
人工 建筑普通工	工日	0.0232	0.0294	0.0300	0.0371
建筑技术工	工日	0.0333	0.0422	0.0432	0.0533
计价材料 塑料扫除孔　DN50	个	1.0100			
塑料扫除孔　DN80	个		1.0100		
塑料扫除孔　DN100	个			1.0100	
塑料扫除孔　DN150	个				1.0100
热熔密封胶聚氯乙烯	kg	0.0060	0.0100	0.0210	0.0330
钢锯条　各种规格	根	0.0500	0.0900	0.1600	0.2100
砂布	张	0.0600	0.0600	0.0750	0.0920
棉纱头	kg	0.0250	0.0250	0.0350	0.0500
其他材料费	元	0.0700	0.1200	0.1800	0.2700

14.10.4 不锈钢地面扫除孔安装

工作内容：安装、连接下水管道、试水。

定 额 编 号			XZYT14-250	XZYT14-251	XZYT14-252	XZYT14-253
项 目			扫除孔安装			
			公称直径			
			DN50	DN80	DN100	DN150
单 位			个	个	个	个
基 价（元）			**24.70**	**33.99**	**44.30**	**56.41**
其中	人 工 费（元）		9.05	11.46	11.71	14.48
	材 料 费（元）		15.65	22.53	32.59	41.93
	机 械 费（元）					
名 称		单位	数 量			
人工	建筑普通工	工日	0.0290	0.0367	0.0374	0.0463
	建筑技术工	工日	0.0416	0.0527	0.0539	0.0666
计价材料	普通硅酸盐水泥 32.5	t	0.0004	0.0005	0.0005	0.0006
	不锈钢扫除孔 DN50	个	1.0100			
	不锈钢扫除孔 DN80	个		1.0100		
	不锈钢扫除孔 DN100	个			1.0100	
	不锈钢扫除孔 DN150	个				1.0100
	其他材料费	元	0.3100	0.4400	0.6400	0.8200

782

14.11 热水器安装

工作内容： 就位、稳固、附件安装、水压试验。

定 额 编 号			XZYT14-254	XZYT14-255	XZYT14-256	XZYT14-257	XZYT14-258
项 目			电热水器安装	电开水炉安装	太阳能热水器安装	烘手机安装	饮水机安装
单 位			台	台	台	台	台
基 价（元）			**181.59**	**146.12**	**735.44**	**70.19**	**108.97**
其中	人 工 费（元）		142.67	114.58	398.67	60.40	67.60
	材 料 费（元）		38.92	31.54	201.33	9.79	0.50
	机 械 费（元）				135.44		40.87
名 称		单位	数 量				
人工	建筑普通工	工日	0.4561	0.3663	1.2746	0.1931	0.2161
	建筑技术工	工日	0.6564	0.5272	1.8342	0.2779	0.3110
计价材料	等边角钢 边长50以下	kg			27.5500		
	圆钢 φ10以下	kg			2.6300		
	薄钢板 4mm以下	kg			4.9400		
	普通硅酸盐水泥 32.5	t	0.0010				
	中砂	m³	0.0020				
	电焊条 J422 综合	kg			0.3800		

续表

定 额 编 号			XZYT14-254	XZYT14-255	XZYT14-256	XZYT14-257	XZYT14-258
项 目			电热水器安装	电开水炉安装	太阳能热水器安装	烘手机安装	饮水机安装
计价材料	精制六角带帽螺栓 M（18～22）×100以下	套	4.0000		4.1200	5.0000	
	镀锌管接头 DN15	个		2.0000			
	镀锌抱箍 U 形	套	2.0000	2.0000			
	乙丙橡胶带 0.5×20×5000	卷	1.2000	0.4000	0.1600		0.2000
	聚四氟乙烯生料带 加厚	卷		0.0104			0.0104
	氧气	m³			0.6200		
	乙炔气	m³			0.2120		
	钢锯条 各种规格	根	0.4000	0.2000	0.3800		
	其他材料费	元	0.7600	0.6200	3.9500	0.1900	0.0100
机械	载重汽车 4t	台班			0.0414		
	交流弧焊机 容量 30kVA	台班			0.1242		
	逆变多功能焊机 D7-500	台班			0.6728		0.2645

14.12 通 用 泵 类 安 装

14.12.1 单级离心泵

工作内容： 检查、测量、调整。

定 额 编 号			XZYT14-259	XZYT14-260	XZYT14-261	XZYT14-262
项 目			电机功率 （kW）			
			≤7.5	≤15	≤25	≤35
单 位			台	台	台	台
基 价 （元）			**876.86**	**960.66**	**1266.23**	**1463.99**
其中	人 工 费 （元）		765.82	765.82	1021.64	1149.56
	材 料 费 （元）		69.00	112.12	160.86	207.29
	机 械 费 （元）		42.04	82.72	83.73	107.14
名 称		单位	数 量			
人工	建筑普通工	工日	2.3230	2.3230	3.0945	3.4802
	建筑技术工	工日	3.6172	3.6172	4.8289	5.4348
计价材料	平垫铁 综合	kg	1.0160	1.5240	1.5240	1.5240
	斜垫铁 综合	kg	2.0400	3.0600	3.0600	3.0600
	电焊条 J507 综合	kg	0.1000	0.1200	0.1500	0.2000
	钙基脂（黄油）	kg	0.3000	0.4000	0.6000	0.7000
	铅油	kg	0.2000	0.3000	0.4000	0.4000
	渗透剂	kg	1.0000	1.2000	1.6000	2.0000

续表

定 额 编 号			XZYT14-259	XZYT14-260	XZYT14-261	XZYT14-262
项 目			电机功率 （kW）			
			≤7.5	≤15	≤25	≤35
计价材料	氧气	m³	0.1300	0.1300	0.1300	0.1300
	乙炔气	m³	0.0450	0.0450	0.0450	0.0450
	电	kW·h	36.0000	72.0000	120.0000	168.0000
	棉纱头	kg	0.3000	0.3000	0.4000	0.4000
	其他材料费	元	1.1800	1.1800	1.1800	1.1800
机械	叉式起重机 起重量 5t	台班	0.0630	0.1270	0.1270	0.1650
	逆变直流焊机 电流 400A 以内	台班	0.0630	0.1010	0.1140	0.1270

定　额　编　号		XZYT14-263	XZYT14-264	XZYT14-265	XZYT14-266	XZYT14-267
项　　目		电机功率　（kW）				
		≤45	≤55	≤75	≤100	≤135
单　　位		台	台	台	台	台
基　　价（元）		**2432.49**	**2973.68**	**3671.47**	**4218.62**	**4948.11**
其中	人　工　费（元）	2044.21	2484.41	3068.16	3506.61	4090.38
	材　料　费（元）	265.48	324.42	397.36	459.33	542.58
	机　械　费（元）	122.80	164.85	205.95	252.68	315.15
名　　称	单位	数　　量				
人工 建筑普通工	工日	6.1976	7.3146	9.0291	10.3243	12.0387
建筑技术工	工日	9.6578	11.9003	14.6996	16.7966	19.5961
计价材料 平垫铁　综合	kg	2.0320	2.5400	3.0480	3.5560	4.0640
斜垫铁　综合	kg	4.0800	5.1000	5.6100	6.1200	6.8850
电焊条　J507　综合	kg	0.2900	0.3600	0.4800	0.5600	0.6400
钙基脂（黄油）	kg	0.9000	0.9000	1.0400	1.1900	1.3700
铅油	kg	0.5000	0.5500	0.6300	0.7000	0.7700
渗透剂	kg	2.3500	3.0000	3.4500	3.9700	4.5600
氧气	m³	0.2600	0.3200	0.4600	0.5300	0.6100
乙炔气	m³	0.0900	0.1120	0.1620	0.1850	0.2130

定 额 编 号			XZYT14-263	XZYT14-264	XZYT14-265	XZYT14-266	XZYT14-267
项 目			电机功率 （kW）				
			≤45	≤55	≤75	≤100	≤135
计价材料	电	kW·h	216.0000	264.0000	332.0000	387.0000	464.0000
	棉纱头	kg	0.5000	0.6000	0.7000	0.8000	0.9200
	其他材料费	元	1.1800	1.1800	1.1800	1.1800	1.1800
机械	叉式起重机 起重量 5t	台班	0.1900	0.2530	0.3160	0.3920	0.4930
	逆变直流焊机 电流 400A 以内	台班	0.1390	0.2020	0.2530	0.2780	0.3160

14.12.2 多级离心泵

工作内容：检查、测量、调整。

定 额 编 号		XZYT14-268	XZYT14-269	XZYT14-270	XZYT14-271	XZYT14-272	XZYT14-273
项 目		电机功率 （kW）					
		≤10	≤20	≤50	≤100	≤200	≤300
单 位		台	台	台	台	台	台
基 价 （元）		**2709.44**	**4586.49**	**6295.80**	**10128.95**	**13414.30**	**18159.83**
其中	人 工 费 （元）	2298.76	4087.49	5236.70	7663.36	9962.45	13283.75
	材 料 费 （元）	244.50	297.47	455.63	951.81	1628.75	2212.64
	机 械 费 （元）	166.18	201.53	603.47	1513.78	1823.10	2663.44
名 称	单位	数 量					
人工 建筑普通工	工日	6.9690	12.3864	15.8751	23.2298	30.1902	40.2621
建筑技术工	工日	10.8607	19.3157	24.7417	36.2082	47.0776	62.7672
计价材料 平垫铁 综合	kg	7.7440	7.7440	7.7440	15.7440	23.6160	23.6160
斜垫铁 综合	kg	14.4640	14.4640	14.4640	25.5360	38.3040	38.3040
电焊条 J507 综合	kg	0.5900	0.5900	0.8500	1.2700	1.7000	2.1300
镀锌铁丝 综合	kg	0.4800	0.8000	1.2000	1.4000	1.6000	1.6000
钙基脂（黄油）	kg	0.8000	1.0900	1.8500	2.0000	2.2000	2.8000
铅油	kg	0.3500	0.3500	0.5000	0.7000	1.2000	2.000
渗透剂	kg	4.0000	4.6000	6.0000	10.0000	10.0000	12.0000
氧气	m³	0.5000	0.5000	1.0000	3.8000	7.7000	11.5000
乙炔气	m³	0.1700	0.1700	0.3400	1.3400	2.6900	4.0300

定　额　编　号			XZYT14-268	XZYT14-269	XZYT14-270	XZYT14-271	XZYT14-272	XZYT14-273
项　　　目			电机功率　（kW）					
			≤10	≤20	≤50	≤100	≤200	≤300
计价材料	电	kW·h	48.0000	96.0000	240.0000	600.0000	1200.0000	1800.0000
	棉纱头	kg	1.3100	1.4500	2.0000	3.0000	5.0000	6.0000
	其他材料费	元	1.1800	1.1800	1.1800	1.1800	1.1800	1.1800
机械	叉式起重机　起重量　5t	台班	0.2420	0.3020	0.6040	0.6040	0.6040	1.2080
	载重汽车　5t	台班			0.2420	0.9660	0.9660	1.2080
	电动单筒慢速卷扬机　50kN	台班			0.3380	2.4150	3.6230	4.8300
	逆变直流焊机　电流　400A以内	台班	0.3020	0.3020	0.5680	1.1470	1.3770	2.2940

14.12.3 污水泵

工作内容: 检查、测量、调整。

定 额 编 号			XZYT14-274
项 目			污水泵（电机功率 kW）
			6
单 位			台
基 价 (元)			**897.34**
其中	人 工 费 (元)		744.45
	材 料 费 (元)		110.68
	机 械 费 (元)		42.21
名 称		单位	数 量
人工	建筑普通工	工日	2.2544
	建筑技术工	工日	3.5191
计价材料	平垫铁 综合	kg	1.0060
	斜垫铁 综合	kg	2.0200
	电焊条 J422 综合	kg	0.0890
	石棉橡胶板 中压 6 以下	kg	0.3960
	油浸石棉盘根 10 以下	kg	0.2180
	机械油5~7号	kg	1.0890
	钙基脂（黄油）	kg	0.3960
	铅油	kg	0.1290
	渗透剂	kg	1.4850

续表

定 额 编 号			XZYT14-274	
项 目			污水泵（电机功率 kW）	
			6	
计价材料	红丹粉 98%	kg	0.1490	
	氧气	m³	0.1290	
	乙炔气	m³	0.0460	
	酚醛调和漆	kg	0.1980	
	电	kW·h	47.0000	
	砂布	张	0.9900	
	研磨膏凡尔砂 250g	盒	0.1490	
	棉纱头	kg	0.8910	
	其他材料费	元	1.1700	
机械	叉式起重机 起重量 5t	台班	0.0630	
	交流弧焊机 容量 21kVA	台班	0.0760	

14.13 刚性穿墙套管制作安装

工作内容：放样、下料、切割、组对、焊接、刷防锈漆；配合预留孔洞及混凝土浇筑、套管就位、安装、填塞密封材料。

定 额 编 号			XZYT14-275	XZYT14-276	XZYT14-277	XZYT14-278	XZYT14-279
项 目			刚性穿墙套管安装				
			DN50 以内	DN100 以内	DN150 以内	DN200 以内	DN250 以内
单 位			m	m	m	m	m
基 价 （元）			**615.36**	**907.67**	**1243.87**	**1583.20**	**1997.92**
其中	人 工 费 （元）		388.97	526.47	683.47	812.81	984.35
	材 料 费 （元）		167.31	276.81	435.50	594.30	788.75
	机 械 费 （元）		59.08	104.39	124.90	176.09	224.82
名 称		单位	数 量				
人工	建筑普通工	工日	0.7478	1.0152	1.3172	1.5674	1.8981
	建筑技术工	工日	2.1605	2.9220	3.7939	4.5112	5.4633
计价材料	扁钢 （3~5）×50mm 以下	kg	2.1226	2.9481	3.7736	4.7170	5.6604
	中厚钢板 12~20	kg	9.2665	13.3797	20.2972	28.6816	40.2925
	无缝钢管 10~20 号 ϕ89 以下	kg	8.3800				
	无缝钢管 10~20 号 ϕ159 以下	kg		17.1500			
	无缝钢管 10~20 号 ϕ219 以下	kg			31.5200		
	无缝钢管 10~20 号 ϕ273 以下	kg				45.9200	

续表

定 额 编 号			XZYT14-275	XZYT14-276	XZYT14-277	XZYT14-278	XZYT14-279
项 目			刚性穿墙套管安装				
			DN50 以内	DN100 以内	DN150 以内	DN200 以内	DN250 以内
计价材料	无缝钢管 10~20 号 φ325 以下	kg					62. 5400
	普通硅酸盐水泥 42.5	t	0. 0021	0. 0029	0. 0048	0. 0049	0. 0057
	电焊条 J422 综合	kg	0. 9104	1. 3679	1. 8396	3. 6226	5. 8962
	石棉绒	kg	0. 9151	1. 2264	2. 0472	2. 1085	2. 4410
	清洗剂	kg	0. 0472	0. 0755	0. 1108	0. 1486	0. 2005
	密封油膏	kg	0. 5094	0. 7241	1. 1910	1. 3184	1. 5377
	氧气	m³	2. 5047	4. 4222	4. 8113	5. 6745	5. 9717
	乙炔气	m³	0. 9175	1. 6198	1. 7624	2. 0786	2. 1874
	酚醛防锈漆 F53 各色	kg	0. 1108	0. 1509	0. 2005	0. 2689	0. 3255
	电	kW·h	0. 0637	0. 1085	0. 1604	0. 2217	0. 2759
	尼龙砂轮片 φ100	片	0. 0943	0. 1604	0. 2358	0. 3255	0. 4057
	油麻	kg	1. 9127	2. 5684	4. 2830	4. 4104	5. 1085
	其他材料费	元	3. 2800	5. 4300	8. 5400	11. 6500	15. 4700
机械	普通车床 工件直径×工件长度 630mm×2000mm	台班	0. 0380	0. 0679	0. 0814	0. 0841	0. 1573
	交流弧焊机 容量 40kVA	台班	0. 3770	0. 6645	0. 7947	1. 1853	1. 4077

定 额 编 号			XZYT14-280	XZYT14-281	XZYT14-282	XZYT14-283	XZYT14-284
项 目			刚性穿墙套管安装				
			DN300 以内	DN350 以内	DN400 以内	DN450 以内	DN500 以内
单 位			m	m	m	m	m
基 价 （元）			**2550.24**	**2974.52**	**3458.33**	**3928.59**	**4600.47**
其中	人 工 费 （元）		1172.96	1425.42	1572.05	1837.76	2014.94
	材 料 费 （元）		1113.08	1242.66	1540.69	1700.94	2181.25
	机 械 费 （元）		264.20	306.44	345.59	389.89	404.28
名 称		单位	数 量				
人工	建筑普通工	工日	2.2633	2.7494	3.1204	3.5460	3.8854
	建筑技术工	工日	6.5090	7.9107	8.6585	10.1982	11.1832
计价材料	扁钢（3~5）×50mm 以下	kg	6.3679	7.3113	8.0189	8.9623	9.6698
	中厚钢板 12~20	kg	63.4245	71.0000	104.6958	114.9906	160.1557
	无缝钢管 10~20 号 综合	kg				128.2300	152.8900
	无缝钢管 10~20 号 φ377 以下	kg	90.5100				
	无缝钢管 10~20 号 φ426 以下	kg		102.5900	115.9000		
	普通硅酸盐水泥 42.5	t	0.0059	0.0062	0.0081	0.0082	0.0120
	电焊条 J422 综合	kg	7.9410	8.9151	9.9764	13.2783	15.0236
	石棉绒	kg	2.5425	2.6462	3.4599	3.5094	5.1274
	清洗剂	kg	0.2948	0.3302	0.4717	0.5094	0.6934
	密封油膏	kg	1.7217	1.8325	2.3349	2.3703	3.2877
	氧气	m³	6.9764	7.0472	7.0613	7.4363	10.1887

定 额 编 号			XZYT14-280	XZYT14-281	XZYT14-282	XZYT14-283	XZYT14-284
项 目			刚性穿墙套管安装				
			DN300 以内	DN350 以内	DN400 以内	DN450 以内	DN500 以内
计价材料	乙炔气	m³	2.5555	2.5814	2.5866	2.7239	3.7321
	酚醛防锈漆 F53 各色	kg	0.4410	0.4953	0.6533	0.7571	0.9717
	电	kW·h	0.3278	0.4292	0.4811	0.5330	0.5943
	尼龙砂轮片 φ100	片	0.4811	0.5590	0.6321	0.7075	0.7854
	油麻	kg	5.3208	5.5354	7.2406	7.3443	10.7264
	其他材料费	元	21.8300	24.3700	30.2100	33.3500	42.7700
机械	普通车床 工件直径×工件长度 630mm×2000mm	台班	0.1681	0.2252	0.2441	0.3011	0.3038
	交流弧焊机 容量 40kVA	台班	1.6897	1.8959	2.1590	2.3814	2.4871

14.14 柔性穿墙套管制作安装

工作内容: 放样、下料、切割、组对、焊接、刷防锈漆;配合预留孔洞及混凝土浇筑、套管就位、安装、填塞密封材料、紧螺栓。

定 额 编 号				XZYT14-285	XZYT14-286	XZYT14-287	XZYT14-288
项　　　　　　目				柔性穿墙套管安装			
				DN50 以内	DN100 以内	DN150 以内	DN200 以内
单　　　　　　位				m	m	m	m
基　　价（元）				**1062.74**	**1700.25**	**2164.39**	**2778.40**
其中		人　工　费（元）		574.52	862.45	1029.75	1267.32
		材　料　费（元）		345.30	585.22	830.90	1082.25
		机　械　费（元）		142.92	252.58	303.74	428.83
名　　　称			单位	数　　　　量			
人工	建筑普通工		工日	1.1101	1.6623	1.6623	2.4445
	建筑技术工		工日	3.1870	4.7873	5.9572	7.0333
计价材料	中厚钢板　12~20		kg	36.3208	60.7547	82.8302	103.7264
	无缝钢管 10~20 号　φ89 以下		kg	8.3800			
	无缝钢管 10~20 号　φ159 以下		kg		17.1500		
	无缝钢管 10~20 号　φ219 以下		kg			31.5200	
	无缝钢管 10~20 号　φ273 以下		kg				45.9200
	电焊条　J422　综合		kg	2.2759	3.4198	4.5991	8.8443

続表

定 额 编 号			XZYT14-285	XZYT14-286	XZYT14-287	XZYT14-288
项 目			柔性穿墙套管安装			
			DN50 以内	DN100 以内	DN150 以内	DN200 以内
计价材料	镀锌六角螺栓 M12×40	个	9.7170			
	镀锌六角螺栓 M16×60	个		9.7170	14.5755	14.5755
	橡胶密封圈 DN75	个	4.7170			
	橡胶密封圈 DN100	个		4.7170		
	橡胶密封圈 DN150	个			4.7170	
	橡胶密封圈 DN250	个				4.7170
	机械油 5~7 号	kg	0.0236	0.0943	0.1651	0.1651
	清洗剂	kg	0.1769	0.2972	0.4057	0.5071
	甘油	kg	0.1651	0.1887	0.2830	0.2830
	密封油膏	kg	0.3208	0.5708	0.9434	1.3184
	氧气	m³	5.0094	8.8443	9.6226	11.3561
	乙炔气	m³	1.8350	3.2397	3.5274	4.1598
	酚醛防锈漆 F53 各色	kg	0.5943	1.0024	1.3703	1.7146
	电	kW·h	0.0802	0.1604	0.2406	0.3302
	尼龙砂轮片 φ100	片	0.1179	0.2358	0.3538	0.4858
	油麻	kg	0.2712	0.4835	0.7972	1.1132
	其他材料费	元	6.7700	11.4700	16.2900	21.2200

定　额　编　号			XZYT14-285	XZYT14-286	XZYT14-287	XZYT14-288
项　　　目			柔性穿墙套管安装			
			DN50 以内	DN100 以内	DN150 以内	DN200 以内
机械	普通车床　工件直径×工件长度　630mm× 2000mm	台班	0.0759	0.1356	0.1681	0.1681
	立式钻床　钻孔直径　φ25	台班	0.0271	0.0814	0.1084	0.1084
	交流弧焊机　容量　40kVA	台班	0.9439	1.6627	1.9881	2.9564

定 额 编 号			XZYT14-289	XZYT14-290	XZYT14-291	XZYT14-292	XZYT14-293	XZYT14-294
项 目			柔性穿墙套管安装					
			DN250 以内	DN300 以内	DN350 以内	DN400 以内	DN450 以内	DN500 以内
单 位			m	m	m	m	m	m
基 价（元）			**3328.14**	**4128.82**	**4689.55**	**5286.43**	**5995.17**	**6698.57**
其中	人 工 费（元）		1417.95	1504.06	1707.30	1850.86	2094.67	2259.61
	材 料 费（元）		1368.22	1988.81	2249.11	2601.74	2967.91	3470.64
	机 械 费（元）		541.97	635.95	733.14	833.83	932.59	968.32
名 称		单位	数 量					
人工	建筑普通工	工日	2.7350	2.9018	3.2930	3.5691	4.0407	4.3542
	建筑技术工	工日	7.8693	8.3466	9.4752	10.2725	11.6246	12.5434
计价材料	中厚钢板 12~20	kg	127.0755	195.8255	223.7264	256.0377	286.6981	319.8821
	无缝钢管 10~20 号 综合	kg					128.2300	152.8900
	无缝钢管 10~20 号 φ325 以下	kg	62.5400					
	无缝钢管 10~20 号 φ377 以下	kg		90.5100				
	无缝钢管 10~20 号 φ426 以下	kg			102.5900	115.9000		
	电焊条 J422 综合	kg	14.7406	19.8514	22.2877	24.9410	33.1958	37.5590
	镀锌六角螺栓 M16×60	个	19.4340					
	精制六角带帽螺栓 M（18~22）×100 以下	套		19.4340	19.4340	29.1509	29.1509	38.8679
	橡胶密封圈 DN250	个	4.7170					

定 额 编 号			XZYT14-289	XZYT14-290	XZYT14-291	XZYT14-292	XZYT14-293	XZYT14-294
项 目			柔性穿墙套管安装					
			DN250 以内	DN300 以内	DN350 以内	DN400 以内	DN450 以内	DN500 以内
计价材料	橡胶密封圈 DN300	个		4.7170				
	机械油 5~7 号	kg	0.1651	0.3774	0.3774	0.3774	0.3774	0.4953
	清洗剂	kg	0.6203	0.9245	1.0566	1.2193	1.3491	1.5142
	甘油	kg	0.3302	0.3774	0.4009	0.4717	0.5189	0.5425
	密封油膏	kg	2.1627	2.1627	2.3302	2.8986	2.9929	3.6321
	氧气	m³	11.9434	13.9599	14.0943	14.1014	14.8726	22.9953
	乙炔气	m³	4.3749	5.1135	5.1628	5.1654	5.4479	8.4232
	酚醛防锈漆 F53 各色	kg	2.0920	3.1344	3.5778	4.1250	4.5566	5.1297
	电	kW·h	0.4127	0.4906	0.5684	0.6439	0.7217	0.7995
	尼龙砂轮片 φ100	片	0.6061	0.7217	0.8373	0.9458	1.0637	1.1769
	油麻	kg	1.8255	1.8255	1.9670	2.4458	2.5236	3.0660
	橡胶密封圈 DN350	个			4.7170			
	橡胶密封圈 DN400	个				4.7170		
	橡胶密封圈 DN450	个					4.7170	
	橡胶密封圈 DN500	个						4.7170
	其他材料费	元	26.8300	39.0000	44.1000	51.0100	58.1900	68.0500

续表

定　额　编　号			XZYT14-289	XZYT14-290	XZYT14-291	XZYT14-292	XZYT14-293	XZYT14-294
项　　　目			柔性穿墙套管安装					
			DN250 以内	DN300 以内	DN350 以内	DN400 以内	DN450 以内	DN500 以内
机械	普通车床　工件直径×工件长度　630mm×2000mm	台班	0.3146	0.3255	0.4367	0.4936	0.5913	0.5967
	立式钻床　钻孔直径　φ25	台班	0.1356	0.1627	0.1899	0.1899	0.2170	0.2441
	交流弧焊机　容量　40kVA	台班	3.5205	4.2230	4.7383	5.3974	5.9534	6.2166

第 15 章　照明与防雷接地工程

说　　明

本章定额适用于建筑物、构筑物 220V 及以下照明、插座、开关、低压用电设备及防雷接地安装工程。

1. 配管、配线、线槽。

（1）配管定额未包括接线箱、盒及支架的制作与安装工作内容。

（2）配线定额包括线路分支接头、灯具、开关、插座、按钮等预留线的工作内容。铝芯线执行铜芯线定额。

（3）线槽定额包括测位、打眼、埋螺钉、线槽安装工作内容。

2. 灯具安装。

（1）投光灯安装定额中，均已考虑了高空作业因素，其他灯具、低压用电设备安装高度超过 5m 时，按照总说明计算超高安装增加费。

（2）定额中包括利用绝缘电阻表测量绝缘及一般灯具的试亮工作内容。

3. 吊风扇、壁扇、轴流排气扇按照设备考虑。

4. 照明配电箱、配电盘、配电柜按照设备考虑。

5. 照明系统计算调试费，每个照明回路调试的元器件配置与定额不同时不作调整。

6. 本章定额中包括被安装的主要材料、灯具、开关、插座、门铃、接地极、屏蔽网等材料费，不包括照明配电箱（盘、柜）、低压用电设备等设备费。

7. 接地极安装与接地母线敷设定额不包括采用爆破法、接地电阻率高土质换土。接地极钻孔施工的孔径按照 150mm 编制，孔径大于 150mm 时执行建筑上册相应子目。

8. 避雷针制作、安装定额不包括避雷针底座及埋件的制作与安装。工程实际发生时，应根据设计划分，分别执行相应定额。

9. 避雷针安装定额综合考虑了高空作业因素，执行定额时不作调整。避雷针安装在木杆和水泥杆上时，包括了其避雷引下线安装。

10. 独立避雷针安装包括避雷针塔架、避雷引下线安装，不包括基础浇筑。塔架制作执行第 5 章金属构件制作相应定额。

11. 利用建筑结构钢筋作为接地引下线安装，定额按照每根柱子内焊接两根主筋考虑，当焊接主筋超过两根时，可按照比例调整定额安装费。防雷均压环是利用建筑物梁内主筋作为防雷接地连接线考虑，每根梁内焊接两根主筋，当焊接主筋超过两根时，可按比例调整定额安装费。如果采用单独扁钢或圆钢明敷设作为均压环时，可执行接地母线敷设相应定额。

12. 利用铜绞线作为接地引下线时，其配管、穿铜绞线执行同规格的相应定额。

13. 利用基础梁内两根主筋焊接连通作为接地母线时，执行均压环敷设定额。

14. 接地母线敷设定额是按照一般土质综合考虑的，包括地沟挖填土和夯实，执行定额时不再计算土方工程量。户外接地沟挖深为 0.75m，每米沟长土方量为 0.34m³。如果设计要求埋深与定额不同时，应按照实际土方量调整。如遇石方、矿渣、积水、障碍物等情况时应另行计算。

15. 利用建（构）筑物梁、柱、桩承台等接地时，不计算柱内主筋与梁、柱内主筋与桩承台跨接，其工作量已经综合在相应的项目中。

16. 接地系统调试费按照接地安装工程人工费 10% 计算，其中人工费 40%，材料费 20%，机械费 40%。

工程量计算规则

1. 配管根据不同敷设方式、敷设位置、管材材质及规格，以延长米为单位计算工程量，不扣除管路中间的接线箱（盒）、灯头盒、开关盒所占长度。

2. 线槽敷设按设计图示长度计算。计算长度时，不计算安装损耗量，不扣除管路中间的接线箱、接线盒、灯头盒、开关盒、插座盒、管件等所占长度。

3. 管内穿线根据导线材质、截面以单线延长米为单位计算工程量。线路分支接头线的长度综合在定额中，不另行计算。

4. 进入配电箱、柜、盘的预留线长度，按照表 15-1 配电预留线计算表规定计算工程量，分别并入相应的工程量内。

表 15-1   配电预留线计算表

序号	项目	预留长度	说明
1	各种开关箱、柜	高+宽	盘面尺寸
2	单独安装（无箱、盘）的铁壳，闸刀开关等	0.3m	以安装对象中心算起
3	电源与配管内导线连接（管内穿线与软、硬母线接头）	1.5m	以管口计算
4	出户线	1.5m	以管口计算

5. 灯具、明开关、暗开关、插座、按钮、低压用电设备的预留线长度，已分别综合在相应定额

内，不另行计算。

6. 普通灯具安装根据灯具的种类、型号、规格，以套为单位计算工程量。

7. 荧光灯具安装根据灯具的种类、灯管数量，以套为单位计算工程量。

8. 工厂灯、防水防尘灯及其他灯具安装根据不同的安装形式，以套为单位计算工程量。

9. 开关安装根据安装形式、种类、单控与双控标准，以套为单位计算工程量。

10. 插座安装根据电源相数、额定电流、插座安装形式、插座孔数，以套为单位计算工程量。

11. 风扇安装根据风扇的种类，以套为单位计算工程量。

12. 避雷针制作根据材质及针长，按照设计图示安装成品数量，以根为计量单位计算工程量。

13. 避雷针安装根据安装地点及针长，按照设计图示安装成品数量，以根为计量单位计算工程量。

14. 独立避雷针安装根据安装高度，按照设计图示安装成品数量，以基为计量单位计算工程量。

15. 避雷引下线敷设根据引下线采取的方式，按照设计图示敷设数量，以米为计量单位计算工程量。

16. 均压环敷设长度按照设计需要作为均压接地梁的中心线长度，以延长米为计量单位计算工程量。

17. 接地极制作安装根据材质与土质，按照设计图示安装数量，以根为计量单位计算工程量。

18. 避雷网、接地母线敷设按照设计图示敷设数量，以延长米为计量单位计算工程量。计算长度时，按照设计图示水平和垂直规定长度3.9%计算附加长度（包括转弯、上下波动、避绕障碍物、搭接头等长度），当设计有规定时，按照设计规定计算。

19. 接地跨接线安装根据跨接线位置，结合规程规定，按照设计图示跨接数量，以处为计量单位计算工程量。户外配电装置构架按照设计要求需要接地时，每组构架计算一处；钢窗、铝合金窗按照设计要求需要接地时，每一樘金属窗计算一处。

20. 屏蔽接地按照设计屏蔽区域，以面积为计量单位计算工程量。交叉、接头重复部分不计算工程量，墙、柱、地面、梁、门窗洞口均按照展开面积计算工程量。

21. 接地极钻孔按设计要求或实际钻孔计算岩层深度，以米计算工程量。

22. 接地极母线埋地敷设（铜包钢）定额内包括敷设安装费，以米计算工程量。

23. 阀厅气密性试验，按照需做气密性试验的建筑体积计算工程量。

24. 照明系统调试费按照单位工程计算，每个单位工程计算一个系统工程量。

15.1 配 管

15.1.1 钢管明敷设——砖、混凝土结构

工作内容: 测位、划线、打眼、埋螺栓、锯管、套丝、煨弯、配管、接地、刷漆。

定 额 编 号			XZYT15-1	XZYT15-2	XZYT15-3	XZYT15-4	XZYT15-5
项 目			明配钢管				
			DN20 及以下	DN25	DN32	DN40	DN50
单 位			m	m	m	m	m
基 价 (元)			**28.71**	**36.03**	**42.25**	**51.61**	**60.06**
其中	人 工 费(元)		15.94	18.32	19.50	23.83	25.29
	材 料 费(元)		12.46	17.25	22.29	27.24	34.23
	机 械 费(元)		0.31	0.46	0.46	0.54	0.54
名 称		单位	数 量				
人工	建筑普通工	工日	0.0653	0.0750	0.0799	0.0976	0.1036
	建筑技术工	工日	0.0626	0.0720	0.0766	0.0936	0.0993
计价材料	圆钢 φ10 以下	kg	0.0070	0.0090	0.0090	0.0280	0.0280
	无缝钢管 10~20 号 综合	kg	1.6790	2.4930	3.2240	3.9550	5.0260
	钢管卡子 DN20	个	1.2360				
	钢管卡子 DN25	个		0.8550			
	钢管卡子 DN32	个			0.8550		
	钢管卡子 DN40	个				0.6800	

续表

定　额　编　号			XZYT15-1	XZYT15-2	XZYT15-3	XZYT15-4	XZYT15-5
项　　目			明配钢管				
			DN20 及以下	DN25	DN32	DN40	DN50
计价材料	钢管卡子　DN50	个					0.6800
	电焊条　J422　综合	kg	0.0070	0.0090	0.0090	0.0110	0.0110
	膨胀螺栓　M6	套				0.6730	0.6730
	木螺钉	kg	0.0140	0.0100	0.0100	0.0040	0.0040
	镀锌锁紧螺母　3×15~20	个	0.1550				
	镀锌锁紧螺母　3×25	个		0.1550			
	镀锌锁紧螺母　3×32	个			0.1550		
	镀锌锁紧螺母　3×40	个				0.1550	
	镀锌锁紧螺母　3×50	个					0.1550
	镀锌铁丝　综合	kg	0.0070	0.0070	0.0070	0.0070	0.0070
	镀锌管接头　DN20	个	0.1650				
	镀锌管接头　DN25	个		0.1650			
	镀锌管接头　DN32	个			0.1650		
	镀锌管接头　DN40	个				0.1650	
	镀锌管接头　DN50	个					0.1650
	塑料护口　20	个	0.1550				
	塑料护口　25	个		0.1550			
	塑料护口　32	个			0.1550		

续表

定 额 编 号			XZYT15-1	XZYT15-2	XZYT15-3	XZYT15-4	XZYT15-5
项 目			明配钢管				
			DN20 及以下	DN25	DN32	DN40	DN50
计价材料	塑料护口 40	个				0.1550	
	塑料护口 50	个					0.1550
	塑料胀管 $\phi6\sim8$	个	2.5200	1.7430	1.7430	0.6930	0.6930
	清洗剂	kg	0.0060	0.0070	0.0090	0.0110	0.0140
	醇酸防锈漆	kg	0.0230	0.0300	0.0380	0.0440	0.0560
	沥青清漆	kg		0.0050	0.0050	0.0060	0.0060
	冲击钻头 $\phi12$	支	0.0170	0.0120	0.0120	0.0090	0.0090
	钢锯条 各种规格	根	0.0300	0.0200	0.0200	0.0300	0.0300
	其他材料费	元	0.2400	0.3400	0.4400	0.5300	0.6700
机械	钢材电动煨弯机 弯曲直径 $\phi500$ 以内	台班		0.0012	0.0012	0.0012	0.0012
	交流弧焊机 容量 21kVA	台班	0.0046	0.0058	0.0058	0.0069	0.0069

定 额 编 号		XZYT15-6	XZYT15-7	XZYT15-8	XZYT15-9	XZYT15-10
项 目		明配钢管				
		DN70	DN80	DN100	DN125	DN150
单 位		m	m	m	m	m
基 价 （元）		**84. 28**	**110. 76**	**117. 35**	**147. 51**	**168. 05**
其中	人 工 费 （元）	37. 82	52. 85	44. 01	48. 42	51. 30
	材 料 费 （元）	45. 70	57. 15	72. 55	96. 88	114. 17
	机 械 费 （元）	0. 76	0. 76	0. 79	2. 21	2. 58
名 称	单位	数 量				
人工 建筑普通工	工日	0. 1549	0. 2165	0. 2579	0. 2836	0. 3005
建筑技术工	工日	0. 1486	0. 2076	0. 1148	0. 1264	0. 1339
计价材料 圆钢 φ10 以下	kg	0. 0430	0. 0430	0. 0431	0. 0431	0. 0431
无缝钢管 10~20 号 综合	kg	6. 8390	8. 5900			
管材 综合	kg			11. 1755	15. 4912	18. 3443
钢管卡子 DN70	个	0. 5150				
钢管卡子 DN80	个		0. 5150			
钢管卡子 DN100	个			0. 5150		
钢管卡子 DN125	个				0. 2884	
钢管卡子 DN150	个					0. 2884
电焊条 J422 综合	kg	0. 0140	0. 0140	0. 0136	0. 0136	0. 0136
膨胀螺栓 M6	套	1. 0200	1. 0200	1. 0200	0. 8160	0. 8160
镀锌锁紧螺母 3×70	个	0. 1550				

续表

定 额 编 号		XZYT15-6	XZYT15-7	XZYT15-8	XZYT15-9	XZYT15-10
项　　目		明配钢管				
		DN70	DN80	DN100	DN125	DN150
镀锌锁紧螺母　3×80	个		0.1550			
镀锌锁紧螺母　3×100	个			0.1545		
镀锌铁丝　综合	kg	0.0070	0.0070	0.0066	0.0066	0.0066
镀锌管接头　DN65	个	0.1550				
镀锌管接头　DN80	个			0.1550		
镀锌管接头　DN100	个			0.1545		
镀锌管接头　DN125	个				0.0824	
镀锌管接头　DN150	个					0.0824
塑料护口　70	个	0.1550				
塑料护口　80	个		0.1550			
塑料护口　100	个			0.1545		
铅油	kg			0.0306	0.0376	0.0443
清洗剂	kg	0.0180	0.0220	0.0266	0.0327	0.0384
醇酸防锈漆	kg	0.0740	0.0840	0.1088	0.1337	0.1574
沥青清漆	kg	0.0090	0.0100	0.0128	0.0158	0.0186
清油　综合	kg			0.0141	0.0173	0.0204
冲击钻头　φ12	支	0.0070	0.0070	0.0068	0.0544	0.0544
钢锯条　各种规格	根	0.0300	0.0450	0.0450		

（计价材料）

813

续表

定 额 编 号			XZYT15-6	XZYT15-7	XZYT15-8	XZYT15-9	XZYT15-10
项 目			明配钢管				
			DN70	DN80	DN100	DN125	DN150
计价材料	其他材料费	元	0.9000	1.1200	1.1800	1.1800	1.1800
机械	管子切断机 管径 φ150	台班				0.0060	0.0092
	钢材电动煨弯机 弯曲直径 φ500以内	台班	0.0035	0.0035	0.0039		
	钢材电动煨弯机 弯曲直径 φ500~1800	台班				0.0127	0.0127
	交流弧焊机 容量 21kVA	台班	0.0081	0.0081	0.0082		
	逆变直流焊机 电流 400A以内	台班				0.0106	0.0138

15.1.2 钢管暗敷设——砖、混凝土结构

工作内容：测位、划线、打眼、埋螺栓、锯管、套丝、煨弯、配管、接地、刷漆。

定额编号		XZYT15-11	XZYT15-12	XZYT15-13	XZYT15-14	XZYT15-15
项　　　目		暗配钢管				
		DN20 及以下	DN25	DN32	DN40	DN50
单　　　位		m	m	m	m	m
基　　价（元）		**20.19**	**27.39**	**32.95**	**44.99**	**52.92**
其中	人　工　费（元）	9.09	11.00	11.76	18.92	20.10
	材　料　费（元）	10.79	15.93	20.73	25.53	32.28
	机　械　费（元）	0.31	0.46	0.46	0.54	0.54
名　　　称	单位	数　　　　量				
人工	建筑普通工　　　　　工日	0.0372	0.0451	0.0482	0.0775	0.0824
	建筑技术工　　　　　工日	0.0357	0.0432	0.0462	0.0743	0.0789
计价材料	圆钢　φ10 以下　　　kg	0.0070	0.0090	0.0090	0.0280	0.0280
	无缝钢管 10~20 号　综合　kg	1.6790	2.4930	3.2240	3.9550	5.0260
	电焊条　J422　综合　　kg	0.0070	0.0090	0.0090	0.0110	0.0110
	镀锌锁紧螺母　3×15~20　个	0.1550				
	镀锌锁紧螺母　3×25　　个		0.1550			
	镀锌锁紧螺母　3×32　　个			0.1550		
	镀锌锁紧螺母　3×40　　个				0.1550	
	镀锌锁紧螺母　3×50　　个					0.1550
	镀锌铁丝　综合　　　　kg	0.0070	0.0070	0.0070	0.0070	0.0070

续表

定 额 编 号			XZYT15-11	XZYT15-12	XZYT15-13	XZYT15-14	XZYT15-15
项 目			暗配钢管				
			DN20 及以下	DN25	DN32	DN40	DN50
计价材料	镀锌管接头 DN20	个	0.1650				
	镀锌管接头 DN25	个		0.1650			
	镀锌管接头 DN32	个			0.1650		
	镀锌管接头 DN40	个				0.1650	
	镀锌管接头 DN50	个					0.1650
	塑料护口 20	个	0.1550				
	塑料护口 25	个		0.1550			
	塑料护口 32	个			0.1550		
	塑料护口 40	个				0.1550	
	塑料护口 50	个					0.1550
	清洗剂	kg	0.0020	0.0030	0.0040	0.0050	0.0060
	醇酸防锈漆	kg	0.0090	0.0130	0.0160	0.0200	0.0250
	沥青清漆	kg		0.0050	0.0060	0.0060	0.0070
	钢锯条 各种规格	根	0.0300	0.0200	0.0200	0.0300	0.0300
	其他材料费	元	0.2100	0.3100	0.4100	0.5000	0.6300
机械	钢材电动煨弯机 弯曲直径 φ500 以内	台班		0.0012	0.0012	0.0012	0.0012
	交流弧焊机 容量 21kVA	台班	0.0046	0.0058	0.0058	0.0069	0.0069

定 额 编 号			XZYT15-16	XZYT15-17	XZYT15-18	XZYT15-19	XZYT15-20
项 目			暗配钢管				
			DN70	DN80	DN100	DN125	DN150
单 位			m	m	m	m	m
基 价 （元）			**73.58**	**99.10**	**106.60**	**135.66**	**154.88**
其中	人 工 费 （元）		29.17	43.47	36.20	39.84	41.85
	材 料 费 （元）		43.65	54.87	69.61	93.61	110.57
	机 械 费 （元）		0.76	0.76	0.79	2.21	2.46
名 称		单位	数 量				
人工	建筑普通工	工日	0.1195	0.1780	0.2122	0.2333	0.2473
	建筑技术工	工日	0.1146	0.1708	0.0944	0.1040	0.1076
计价材料	圆钢　φ10 以下	kg	0.0430	0.0430	0.0431	0.0431	0.0431
	无缝钢管 10~20 号　综合	kg	6.8390	8.5900			
	管材　综合	kg			11.1755	15.4912	18.3443
	电焊条　J422　综合	kg	0.0140	0.0140	0.0136	0.0136	0.0136
	镀锌锁紧螺母　3×70	个	0.1550				
	镀锌锁紧螺母　3×80	个		0.1550			
	镀锌锁紧螺母　3×100	个			0.1545		
	镀锌铁丝　综合	kg	0.0070	0.0070	0.0066	0.0066	0.0066
	镀锌管接头　DN65	个	0.1550				
	镀锌管接头　DN80	个		0.1550			
	镀锌管接头　DN100	个			0.1545		

续表

定额编号		XZYT15-16	XZYT15-17	XZYT15-18	XZYT15-19	XZYT15-20
项目		暗配钢管				
		DN70	DN80	DN100	DN125	DN150
计价材料	镀锌管接头 DN125	个				0.0824	
	镀锌管接头 DN150	个					0.0824
	塑料护口 70	个	0.1550				
	塑料护口 80	个		0.1550			
	塑料护口 100	个			0.1545		
	清洗剂	kg	0.0090	0.0100	0.0127	0.0156	0.0184
	醇酸防锈漆	kg	0.0340	0.0400	0.0509	0.0625	0.0736
	沥青清漆	kg	0.0090	0.0100	0.0128	0.0158	0.0186
	钢锯条 各种规格	根	0.0300	0.0450	0.0450		
	其他材料费	元	0.8600	1.0800	1.1800	1.1800	1.1800
机械	管子切断机 管径 φ150	台班				0.0060	0.0060
	钢材电动煨弯机 弯曲直径 φ500以内	台班	0.0035	0.0035	0.0039		
	钢材电动煨弯机 弯曲直径 φ500~1800	台班				0.0127	0.0127
	交流弧焊机 容量 21kVA	台班	0.0081	0.0081	0.0082		
	逆变直流焊机 电流 400A以内	台班				0.0106	0.0138

15.1.3 钢管敷设——钢结构、支架

工作内容：测位、划线、打眼、安装、卡子、锯管、套丝、煨弯、配管、接地、刷漆。

定 额 编 号		XZYT15-21	XZYT15-22	XZYT15-23	XZYT15-24	XZYT15-25
项 目		钢结构支架配管				
		DN20 及以下	DN25	DN32	DN40	DN50
单 位		m	m	m	m	m
基 价 （元）		**24.04**	**30.83**	**38.15**	**49.20**	**57.51**
其中	人 工 费 （元）	11.60	13.38	15.64	21.90	23.22
	材 料 费 （元）	12.13	16.99	22.05	26.76	33.75
	机 械 费 （元）	0.31	0.46	0.46	0.54	0.54
名 称	单位	数 量				
人工 建筑普通工	工日	0.0476	0.0549	0.0641	0.0897	0.0951
建筑技术工	工日	0.0455	0.0525	0.0614	0.0860	0.0912
计价材料 圆钢 φ10 以下	kg	0.0070	0.0090	0.0090	0.0280	0.0280
无缝钢管 10～20 号 综合	kg	1.6790	2.4930	3.2240	3.9550	5.0260
钢管卡子 DN20	个	1.2660				
钢管卡子 DN25	个		0.8550			
钢管卡子 DN32	个			0.8550		
钢管卡子 DN40	个				0.6800	
钢管卡子 DN50	个					0.6800
电焊条 J422 综合	kg	0.0070	0.0090	0.0090	0.0110	0.0110
镀锌半圆头螺栓 综合	套	0.0820	0.0570	0.0570	0.0450	0.0450

续表

定额编号			XZYT15-21	XZYT15-22	XZYT15-23	XZYT15-24	XZYT15-25
项目			钢结构支架配管				
			DN20 及以下	DN25	DN32	DN40	DN50
计价材料	镀锌锁紧螺母 3×15~20	个	0.1550				
	镀锌锁紧螺母 3×25	个		0.1550			
	镀锌锁紧螺母 3×32	个			0.1550		
	镀锌锁紧螺母 3×40	个				0.1550	
	镀锌锁紧螺母 3×50	个					0.1550
	镀锌铁丝 综合	kg	0.0070	0.0070	0.0070	0.0070	0.0070
	镀锌管接头 DN20	个	0.1650				
	镀锌管接头 DN25	个		0.1650			
	镀锌管接头 DN32	个			0.1650		
	镀锌管接头 DN40	个				0.1650	
	镀锌管接头 DN50	个					0.1650
	塑料护口 20	个	0.1550				
	塑料护口 25	个		0.1550			
	塑料护口 32	个			0.1550		
	塑料护口 40	个				0.1550	
	塑料护口 50	个					0.1550
	清洗剂	kg	0.0060	0.0070	0.0090	0.0110	0.0140
	醇酸防锈漆	kg	0.0230	0.0300	0.0380	0.0440	0.0560

续表

定 额 编 号			XZYT15-21	XZYT15-22	XZYT15-23	XZYT15-24	XZYT15-25
项　　目			钢结构支架配管				
			DN20 及以下	DN25	DN32	DN40	DN50
计价材料	沥青清漆	kg		0.0050	0.0060	0.0070	0.0070
	钢锯条　各种规格	根	0.0300	0.0200	0.0200	0.0300	0.0300
	其他材料费	元	0.2400	0.3300	0.4300	0.5200	0.6600
机械	钢材电动煨弯机　弯曲直径　φ500 以内	台班		0.0012	0.0012	0.0012	0.0012
	交流弧焊机　容量　21kVA	台班	0.0046	0.0058	0.0058	0.0069	0.0069

定　额　编　号			XZYT15-26	XZYT15-27	XZYT15-28	XZYT15-29	XZYT15-30
项　　　目			钢结构支架配管				
			DN70	DN80	DN100	DN125	DN150
单　　　位			m	m	m	m	m
基　　价（元）			**80. 91**	**107. 18**	**114. 13**	**142. 80**	**162. 54**
其中	人　工　费（元）		34. 98	49. 87	41. 37	45. 50	47. 95
	材　料　费（元）		45. 17	56. 55	71. 97	95. 91	113. 20
	机　械　费（元）		0. 76	0. 76	0. 79	1. 39	1. 39
名　　　称		单位	数　　　量				
人工	建筑普通工	工日	0. 1433	0. 2043	0. 2423	0. 2665	0. 2824
	建筑技术工	工日	0. 1374	0. 1959	0. 1080	0. 1188	0. 1240
计价材料	圆钢　φ10 以下	kg	0. 0430	0. 0430	0. 0431	0. 0431	0. 0431
	无缝钢管 10~20 号　综合	kg	6. 8390	8. 5900			
	管材　综合	kg			11. 1755	15. 4912	18. 3443
	钢管卡子　DN70	个	0. 5150				
	钢管卡子　DN80	个		0. 5150			
	钢管卡子　DN100	个			0. 5150		
	钢管卡子　DN125	个				0. 2884	
	钢管卡子　DN150	个					0. 2884
	电焊条　J422　综合	kg	0. 0140	0. 0140	0. 0136	0. 0136	0. 0136
	镀锌半圆头螺栓　综合	套	0. 0340	0. 0340	0. 0343	0. 0192	0. 0192
	镀锌锁紧螺母　3×70	个	0. 1550				

续表

定 额 编 号			XZYT15-26	XZYT15-27	XZYT15-28	XZYT15-29	XZYT15-30
项 目			钢结构支架配管				
			DN70	DN80	DN100	DN125	DN150
计价材料	镀锌锁紧螺母 3×80	个		0.1550			
	镀锌锁紧螺母 3×100	个			0.1545		
	镀锌铁丝 综合	kg	0.0070	0.0070	0.0066	0.0066	0.0066
	镀锌管接头 DN65	个	0.1550				
	镀锌管接头 DN80	个		0.1550			
	镀锌管接头 DN100	个			0.1545		
	镀锌管接头 DN125	个				0.0824	
	镀锌管接头 DN150	个					0.0824
	塑料护口 70	个	0.1550				
	塑料护口 80	个		0.1550			
	塑料护口 100	个			0.1545		
	铅油	kg			0.0306	0.0376	0.0443
	清洗剂	kg	0.0180	0.0210	0.0266	0.0327	0.0384
	醇酸防锈漆	kg	0.0780	0.0840	0.1088	0.1337	0.1574
	沥青清漆	kg	0.0090	0.0100	0.0128	0.0158	0.0186
	清油 综合	kg			0.0141	0.0173	0.0204
	钢锯条 各种规格	根	0.0300	0.0450	0.0450		
	其他材料费	元	0.8900	1.1100	1.1800	1.1800	1.1800

续表

定 额 编 号			XZYT15-26	XZYT15-27	XZYT15-28	XZYT15-29	XZYT15-30
项 目			钢结构支架配管				
			DN70	DN80	DN100	DN125	DN150
机械	管子切断机 管径 ϕ150	台班				0.0060	0.0060
	钢材电动煨弯机 弯曲直径 ϕ500 以内	台班	0.0035	0.0035	0.0039		
	钢材电动煨弯机 弯曲直径 ϕ500~1800	台班				0.0127	0.0127
	交流弧焊机 容量 21kVA	台班	0.0081	0.0081	0.0082		

15.1.4 塑料管明敷设——砖、混凝土结构

工作内容：测位、划线、打眼、埋螺栓、锯管、煨弯、接管、配管。

定 额 编 号			XZYT15-31	XZYT15-32	XZYT15-33	XZYT15-34
项 目			塑料管			
			DN20 及以下	DN25	DN32	DN40
单 位			m	m	m	m
基 价（元）			**16.55**	**18.15**	**22.15**	**27.07**
其中	人 工 费（元）		11.16	11.30	11.91	12.79
	材 料 费（元）		5.20	6.54	9.93	13.97
	机 械 费（元）		0.19	0.31	0.31	0.31
名 称		单位	数 量			
人工	建筑普通工	工日	0.0458	0.0463	0.0488	0.0524
	建筑技术工	工日	0.0438	0.0444	0.0468	0.0502
计价材料	塑料管卡子 DN20	个	1.6480			
	塑料管卡子 DN25	个		1.1950		
	塑料管卡子 DN32	个			1.1950	
	塑料管卡子 DN40	个				0.8340
	硬聚氯乙烯焊条	kg	0.0020	0.0020	0.0020	0.0050
	木螺钉	kg	0.0190	0.0140	0.0140	0.0090
	镀锌铁丝 综合	kg	0.0030	0.0030	0.0030	0.0030
	硬聚氯乙烯塑料管 DN20 及以下	m	1.0670			
	硬聚氯乙烯塑料管 DN25	m		1.0640		

定额编号			XZYT15-31	XZYT15-32	XZYT15-33	XZYT15-34
项目			塑料管			
			DN20及以下	DN25	DN32	DN40
计价材料	硬聚氯乙烯塑料管 DN32	m			1.0640	
	硬聚氯乙烯塑料管 DN40	m				1.0740
	塑料胀管 φ6~8	个	3.3600	2.4360	2.4360	1.7010
	冲击钻头 φ8	支	0.0220	0.0160	0.0160	0.0110
	钢锯条 各种规格	根	0.0100	0.0100	0.0100	0.0100
	其他材料费	元	0.1000	0.1300	0.1900	0.2700
机械	电动空气压缩机 排气量 0.3m³/min	台班	0.0058	0.0092	0.0092	0.0092

定 额 编 号		XZYT15-35	XZYT15-36	XZYT15-37	XZYT15-38
项 目		塑料管			
		DN50	DN70	DN80	DN100
单 位		m	m	m	m
基 价（元）		**33.26**	**49.06**	**57.31**	**70.57**
其中	人 工 费（元）	13.55	18.16	21.00	19.09
	材 料 费（元）	19.40	30.59	36.00	51.19
	机 械 费（元）	0.31	0.31	0.31	0.29
名 称	单位	数 量			
人工 建筑普通工	工日	0.0555	0.0744	0.0860	0.1119
建筑技术工	工日	0.0532	0.0713	0.0825	0.0498
计价材料 塑料管卡子 DN50	个	0.8340			
塑料管卡子 DN80	个		0.6700	0.6700	
塑料管卡子 DN100	个				0.6695
硬聚氯乙烯焊条	kg	0.0050	0.0050	0.0050	0.0048
膨胀螺栓 M6	套		1.3260	1.3260	1.3260
木螺钉	kg	0.0090			
镀锌铁丝 综合	kg	0.0030	0.0030	0.0030	0.0025
硬聚氯乙烯塑料管 DN50	m	1.0740			
硬聚氯乙烯塑料管 DN70	m		1.1600		
硬聚氯乙烯塑料管 DN80	m			1.1920	
硬聚氯乙烯塑料管 DN100	m				1.1918

续表

定 额 编 号			XZYT15-35	XZYT15-36	XZYT15-37	XZYT15-38
项 目			塑料管			
			DN50	DN70	DN80	DN100
计价材料	塑料胀管 φ6~8	个	1.7010			
	冲击钻头 φ8	支	0.0110			
	冲击钻头 φ12	支		0.0090	0.0090	0.0088
	钢锯条 各种规格	根	0.0100	0.0150	0.0150	0.0150
	其他材料费	元	0.3800	0.6000	0.7100	1.1500
机械	电动空气压缩机 排气量 0.3m³/min	台班	0.0092	0.0092	0.0092	0.0086

15.1.5 塑料管暗敷设——砖、混凝土结构

工作内容: 测位、划线、打眼、埋螺栓、锯管、煨弯、接管、配管。

定 额 编 号			XZYT15-39	XZYT15-40	XZYT15-41	XZYT15-42
项 目			塑料管			
			DN20	DN25	DN32	DN40
单 位			m	m	m	m
基 价 (元)			**9.90**	**13.97**	**17.95**	**24.29**
其中	人 工 费(元)		6.11	8.49	9.09	11.16
	材 料 费(元)		3.60	5.17	8.55	12.82
	机 械 费(元)		0.19	0.31	0.31	0.31
名 称		单位	数 量			
人工	建筑普通工	工日	0.0250	0.0348	0.0372	0.0458
	建筑技术工	工日	0.0240	0.0333	0.0357	0.0438
计价材料	硬聚氯乙烯焊条	kg	0.0020	0.0020	0.0020	0.0050
	镀锌铁丝 综合	kg	0.0030	0.0030	0.0030	0.0030
	硬聚氯乙烯塑料管 DN20 及以下	m	1.0610			
	硬聚氯乙烯塑料管 DN25	m		1.0640		
	硬聚氯乙烯塑料管 DN32	m			1.0640	
	硬聚氯乙烯塑料管 DN40	m				1.0740
	钢锯条 各种规格	根	0.0100	0.0100	0.0100	0.0100
	其他材料费	元	0.0700	0.1000	0.1700	0.2500
机械	电动空气压缩机 排气量 0.3m³/min	台班	0.0058	0.0092	0.0092	0.0092

定　额　编　号		XZYT15-43	XZYT15-44	XZYT15-45	XZYT15-46
项　　　目		塑料管			
		DN50	DN70	DN80	DN100
单　　　位		m	m	m	m
基　　价（元）		**30.13**	**43.69**	**52.69**	**68.72**
其中	人　工　费（元）	11.76	14.58	18.16	19.34
	材　料　费（元）	18.06	28.80	34.22	49.07
	机　械　费（元）	0.31	0.31	0.31	0.31
名　　称	单位	数　　　量			
人工	建筑普通工	工日	0.0482	0.0598	0.0744	0.0793
	建筑技术工	工日	0.0462	0.0572	0.0713	0.0759
计价材料	硬聚氯乙烯焊条	kg	0.0050	0.0050	0.0050	0.0050
	镀锌铁丝　综合	kg	0.0030	0.0030	0.0030	0.0030
	硬聚氯乙烯塑料管　DN50	m	1.0740			
	硬聚氯乙烯塑料管　DN70	m		1.1600		
	硬聚氯乙烯塑料管　DN80	m			1.1920	
	硬聚氯乙烯塑料管　DN100	m				1.1920
	钢锯条　各种规格	根	0.0100	0.0150	0.0150	0.0150
	其他材料费	元	0.3500	0.5600	0.6700	0.9600
机械	电动空气压缩机　排气量　0.3m³/min	台班	0.0092	0.0092	0.0092	0.0092

15.1.6 塑料线槽敷设

工作内容：测位、打眼、埋螺钉、线槽安装。

定 额 编 号		XZYT15-47	XZYT15-48	XZYT15-49	XZYT15-50
项 目		线槽断面周长（mm）			
		120 以内	170 以内	260 以内	360 以内
单 位		m	m	m	m
基 价（元）		**47.28**	**59.27**	**76.19**	**96.59**
其中	人 工 费（元）	26.80	31.10	37.78	45.38
	材 料 费（元）	20.48	28.17	38.41	51.21
	机 械 费（元）				
名 称	单位	数 量			
人工 建筑普通工	工日	0.1097	0.1273	0.1548	0.1858
建筑技术工	工日	0.1053	0.1222	0.1484	0.1783
计价材料 塑料线槽 120mm 以下	m	1.2000			
塑料线槽 170mm 以下	m		1.2000		
塑料线槽 260mm 以下	m			1.2000	
塑料线槽 360mm 以下	m				1.2000
其他材料费	元	0.4000	0.5500	0.7500	1.0000

15.1.7 金属软管敷设

工作内容：测量、断管、连接接头、钻眼、攻丝、固定。

定 额 编 号			XZYT15-51	XZYT15-52	XZYT15-53	XZYT15-54	XZYT15-55	XZYT15-56
项 目			金属软管敷设					
			DN15	DN20	DN25	DN32	DN40	DN50
单 位			m	m	m	m	m	m
基 价 （元）			**38. 25**	**46. 79**	**53. 85**	**56. 90**	**70. 21**	**80. 57**
其中	人 工 费 （元）		32. 15	40. 19	42. 58	45. 13	52. 27	59. 56
	材 料 费 （元）		6. 10	6. 60	11. 27	11. 77	17. 94	21. 01
	机 械 费 （元）							
名 称		单位	数 量					
人工	建筑普通工	工日	0. 1317	0. 1646	0. 1744	0. 1848	0. 2141	0. 2439
	建筑技术工	工日	0. 1263	0. 1579	0. 1673	0. 1773	0. 2053	0. 2340
计价材料	镀锌半圆头螺栓 综合	套	0. 1890	0. 1890	0. 1860	0. 1890	0. 1890	0. 1890
	金属软管 DN15	m	1. 0300					
	金属软管 DN20	m		1. 0300				
	金属软管 DN25	m			1. 0300			
	金属软管 DN32	m				1. 0300		
	金属软管 DN40	m					1. 0300	
	金属软管 DN50	m						1. 0300
	金属软管接头 DN10~25	个	2. 9440	2. 9440				
	金属软管接头 DN25~40	个			2. 9440	2. 9440		

定 额 编 号			XZYT15-51	XZYT15-52	XZYT15-53	XZYT15-54	XZYT15-55	XZYT15-56
项 目			金属软管敷设					
			DN15	DN20	DN25	DN32	DN40	DN50
计价材料	金属软管接头　DN40~65	个					2.9440	2.9440
	金属软管锁紧螺母　20以下	个	2.9120	2.9120				
	金属软管锁紧螺母　32	个			2.9120	2.9120		
	金属软管锁紧螺母　40	个					2.9120	
	金属软管锁紧螺母　50	个						2.9120
	金属软管卡子　20以下	个	2.9440	2.9440				
	金属软管卡子　32	个			2.9440	2.9440		
	金属软管卡子　40	个					2.9440	
	金属软管卡子　50	个						2.9440
	其他材料费	元	0.1200	0.1300	0.2200	0.2300	0.3500	0.4100

15.2 管内穿线

工作内容：穿引线、扫管、涂滑石粉、穿线、编号、接焊包头。

定 额 编 号			XZYT15-57	XZYT15-58	XZYT15-59	XZYT15-60
项　　　　目			管内穿线			
			$S=2.5mm^2$	$S=4mm^2$	$S=6mm^2$	$S=10mm^2$
单　　　　位			m	m	m	m
基　　价（元）			**3.24**	**3.58**	**5.38**	**8.05**
其中	人　工　费（元）		1.14	0.80	0.88	1.07
	材　料　费（元）		2.10	2.78	4.50	6.98
	机　械　费（元）					
名　　称		单位	数　　　量			
人工	建筑普通工	工日	0.0046	0.0033	0.0037	0.0044
	建筑技术工	工日	0.0045	0.0031	0.0034	0.0042
计价材料	焊锡	kg	0.0020	0.0020	0.0003	0.0003
	焊锡膏	kg	0.0001	0.0001	0.0001	0.0002
	铜芯绝缘导线　截面2.5mm²	m	1.1600			
	铜芯绝缘导线　截面4mm²	m		1.1000		
	铜芯绝缘导线　截面6mm²	m			1.1000	
	铜芯绝缘导线　截面10mm²	m				1.0500
	塑料带　20mm×40m	卷	0.0025	0.0025	0.0030	0.0030

定　额　编　号			XZYT15-57	XZYT15-58	XZYT15-59	XZYT15-60
项　　　目			管内穿线			
			$S=2.5\text{mm}^2$	$S=4\text{mm}^2$	$S=6\text{mm}^2$	$S=10\text{mm}^2$
计价材料	清洗剂	kg	0.0050	0.0050	0.0050	0.0050
	棉纱头	kg	0.0020	0.0020	0.0020	0.0030
	其他材料费	元	0.0400	0.0500	0.0900	0.1400

定 额 编 号			XZYT15-61	XZYT15-62	XZYT15-63
项 目			管内穿线		
			$S=16mm^2$	$S=25mm^2$	$S=35mm^2$
单 位			m	m	m
基 价（元）			**23.21**	**45.76**	**59.80**
其中	人 工 费（元）		1.10	5.89	1.44
	材 料 费（元）		22.11	39.87	58.36
	机 械 费（元）				
名 称		单位	数 量		
人工	建筑普通工	工日	0.0064	0.0081	0.0084
	建筑技术工	工日	0.0029	0.0351	0.0038
计价材料	钢丝 ϕ1.6 以下	kg	0.0013	0.0014	0.0014
	焊锡	kg	0.0013	0.0014	0.0015
	焊锡膏	kg	0.0002	0.0003	0.0003
	铜芯绝缘导线 截面 $16mm^2$	m	1.0500		
	铜芯绝缘导线 截面 $25mm^2$	m		1.0500	
	铜芯绝缘导线 截面 $35mm^2$	m			1.0500
	塑料带 20mm×40m	卷	0.0110	0.0120	0.0130
	清洗剂	kg	0.0070	0.0080	0.0080
	棉纱头	kg	0.0040	0.0050	0.0050
	其他材料费	元	1.1800	1.1800	1.1800

15.3 刨　沟

15.3.1 混凝土地面刨沟

工作内容：测位、划线、刨沟、清理、填补。

定　额　编　号			XZYT15-64	XZYT15-65	XZYT15-66	XZYT15-67	XZYT15-68
项　　目			配管混凝土刨沟				
			DN20	DN32	DN50	DN70	DN100
单　　位			m	m	m	m	m
基　价（元）			**33.50**	**44.47**	**62.63**	**69.30**	**94.79**
其中	人　工　费（元）		32.45	42.43	58.81	63.69	88.12
	材　料　费（元）		1.05	2.04	3.82	5.61	6.67
	机　械　费（元）						
名　　称		单位	数　　量				
人工	建筑普通工	工日	0.1329	0.1738	0.2409	0.3730	0.5152
	建筑技术工	工日	0.1275	0.1667	0.2310	0.1663	0.2307
计价材料	普通硅酸盐水泥　32.5	t	0.0010	0.0020	0.0030	0.0050	0.0060
	中砂	m³	0.0020	0.0040	0.0070	0.0100	0.0130
	碎石　20	m³				0.0160	0.0200
	冲击钻头　φ20	支	0.0194	0.0388	0.0920		
	钢锯条　各种规格	根	0.0300	0.0200	0.0300		
	其他材料费	元	0.0200	0.0400	0.0700	1.1100	1.1100

15.3.2 砖墙面刨沟

工作内容： 测位、划线、刨沟、清理、填补。

定 额 编 号			XZYT15-69	XZYT15-70	XZYT15-71
项 目			配管砖墙面刨沟		
			DN20	DN32	DN50
单 位			m	m	m
基 价（元）			**25.01**	**33.14**	**46.46**
其中	人 工 费（元）		22.78	29.77	40.94
	材 料 费（元）		2.23	3.37	5.52
	机 械 费（元）				
名 称		单位	数 量		
人工	建筑普通工	工日	0.0933	0.1219	0.1677
	建筑技术工	工日	0.0895	0.1170	0.1608
计价材料	普通硅酸盐水泥 32.5	t	0.0007	0.0014	0.0021
	中砂	m³	0.0014	0.0028	0.0049
	冲击钻头 φ20	支	0.0136	0.0272	0.0644
	钢锯条 各种规格	根	0.0210	0.0140	0.0210
	砂轮片 φ200	片	0.2100	0.2730	0.3990
	其他材料费	元	0.0400	0.0700	0.1100

15.4 配电箱、开关盒、接线盒安装

15.4.1 配电箱安装

工作内容：测位、打眼、埋螺栓、箱子开孔、刷漆、固定。

定 额 编 号		XZYT15-72	XZYT15-73	XZYT15-74	XZYT15-75
项 目		明装		暗装	
		半周长=700mm	半周长=1500mm	半周长=700mm	半周长=1500mm
单 位		个	个	个	个
基 价（元）		**94.07**	**127.51**	**103.56**	**154.08**
其中	人 工 费（元）	82.41	112.53	91.83	140.70
	材 料 费（元）	11.66	14.98	11.73	13.38
	机 械 费（元）				
名 称	单位	数 量			
人工	建筑普通工	工日	0.4020	0.5460	0.4471	0.6829
	建筑技术工	工日	0.2755	0.3784	0.3076	0.4729
计价材料	地脚螺栓 综合	kg	0.1990	0.4270		
	接线盒 明装 半周长=700mm	个	1.0100			
	接线盒 明装 半周长=1500mm	个		1.0100		
	接线盒 暗装 半周长=700mm	个			1.0100	
	接线盒 暗装 半周长=1500mm	个				1.0100
	煤焦油沥青漆	kg			0.0740	0.1330
	其他材料费	元	6.0600	3.5700	7.0500	4.1400

15.4.2 开关盒、接线盒安装

工作内容: 测位、固定、修孔。

定 额 编 号			XZYT15-76	XZYT15-77	XZYT15-78	XZYT15-79
项 目			暗装接线盒	暗装开关盒	明装普通接线盒	明装防爆接线盒
单 位			个	个	个	个
基 价 (元)			**8.46**	**8.54**	**13.01**	**18.65**
其中	人 工 费 (元)		5.64	6.11	10.13	15.64
	材 料 费 (元)		2.82	2.43	2.88	3.01
	机 械 费 (元)					
名 称		单位	数 量			
人工	建筑普通工	工日	0.0232	0.0250	0.0415	0.0641
	建筑技术工	工日	0.0221	0.0240	0.0398	0.0614
计价材料	镀锌半圆头螺栓 综合	套			0.1610	0.1610
	镀锌锁紧螺母 3×15~20	个	2.2250	1.0300		
	明装接线盒	个			1.0200	
	明装防爆接线盒	个				1.0200
	暗装接线盒	个	1.0200			
	暗装开关盒	个		1.0200		
	塑料护口 20	个	2.2250	1.0300		
	塑料胀管 φ6~8	个			2.0600	2.0600
	其他材料费	元	0.0600	0.0500	0.0600	0.0600

15.5 照 明 电 缆 敷 设

工作内容： 开箱检查、架线盒、敷设、锯断、排列整理、固定、配合试验、临时封头、挂牌。

定 额 编 号			XZYT15-80	XZYT15-81	XZYT15-82	XZYT15-83
项　　　目			铜芯电缆			
			二芯			
			4	6	10	16
单　　　位			m	m	m	m
基　　价（元）			**12. 17**	**18. 22**	**23. 11**	**32. 88**
其中	人 工 费（元）		2. 49	2. 74	3. 00	3. 30
	材 料 费（元）		7. 28	13. 08	17. 71	27. 18
	机 械 费（元）		2. 40	2. 40	2. 40	2. 40
名　　　称		单位	数　　　量			
人工	建筑普通工	工日	0. 0102	0. 0113	0. 0123	0. 0135
	建筑技术工	工日	0. 0098	0. 0107	0. 0118	0. 0130
计价材料	焊锡	kg	0. 0010	0. 0010	0. 0010	0. 0010
	镀锌铁丝　综合	kg	0. 0025	0. 0025	0. 0025	0. 0025
	铜芯电缆　二芯 4mm²	m	1. 0100			
	铜芯电缆　二芯 6mm²	m		1. 0100		
	铜芯电缆　二芯 10mm²	m			1. 0100	
	铜芯电缆　二芯 16mm²	m				1. 0100

定　额　编　号			XZYT15-80	XZYT15-81	XZYT15-82	XZYT15-83
项　　　目			铜芯电缆			
			二芯			
			4	6	10	16
计价材料	电缆标识牌	个	0.0500	0.0500	0.0500	0.0500
	清洗剂	kg	0.0104	0.0104	0.0104	0.0104
	绝缘清漆	kg	0.0100	0.0100	0.0100	0.0100
	其他材料费	元	0.1400	0.2600	0.3500	0.5300
机械	汽车式起重机　起重量　5t	台班	0.0032	0.0032	0.0032	0.0032

定　额　编　号			XZYT15-84	XZYT15-85	XZYT15-86	XZYT15-87	XZYT15-88
项　　　目			铜芯电缆				
			三芯				
			4	6	10	16	25
单　　　位			m	m	m	m	m
基　　价（元）			**14.50**	**21.40**	**31.20**	**43.83**	**61.35**
其中	人　工　费（元）		2.49	2.74	3.00	3.30	5.19
	材　料　费（元）		11.86	18.51	28.05	40.38	56.01
	机　械　费（元）		0.15	0.15	0.15	0.15	0.15
名　　　称		单位	数　　　量				
人工	建筑普通工	工日	0.0102	0.0113	0.0123	0.0135	0.0212
	建筑技术工	工日	0.0098	0.0107	0.0118	0.0130	0.0204
计价材料	焊锡	kg	0.0010	0.0010	0.0010	0.0010	
	镀锌铁丝　综合	kg	0.0025	0.0025	0.0025	0.0205	
	铜芯电缆　三芯 4mm^2	m	1.0100				
	铜芯电缆　三芯 6mm^2	m		1.0100			
	铜芯电缆　三芯 10mm^2	m			1.0100		
	铜芯电缆　三芯 16mm^2	m				1.0100	

定 额 编 号			XZYT15-84	XZYT15-85	XZYT15-86	XZYT15-87	XZYT15-88
项 目			铜芯电缆				
			三芯				
			4	6	10	16	25
计价材料	电缆标识牌	个	0.0500	0.0500	0.0500	0.0500	0.0500
	清洗剂	kg	0.0075	0.0075	0.0075	0.0075	
	绝缘清漆	kg	0.0050	0.0050	0.0050	0.0050	
	铜芯电缆 三芯 $25mm^2$	m					1.0100
	其他材料费	元	0.2300	0.3600	0.5500	0.7900	1.1000
机械	汽车式起重机 起重量 5t	台班	0.0002	0.0002	0.0002	0.0002	0.0002

定 额 编 号			XZYT15-89	XZYT15-90	XZYT15-91	XZYT15-92	XZYT15-93	XZYT15-94
项 目			铜芯电缆					
			四芯					
			4	6	10	16	35	120
单 位			m	m	m	m	m	m
基 价（元）			**19.39**	**27.31**	**38.43**	**56.82**	**107.63**	**366.34**
其中	人 工 费（元）		2.83	3.14	3.44	3.75	5.90	28.15
	材 料 费（元）		16.41	24.02	34.84	52.92	101.58	336.92
	机 械 费（元）		0.15	0.15	0.15	0.15	0.15	1.27
名 称		单位	数 量					
人工	建筑普通工	工日	0.0116	0.0129	0.0141	0.0154	0.0241	0.1153
	建筑技术工	工日	0.0111	0.0123	0.0135	0.0147	0.0232	0.1106
计价材料	焊锡	kg	0.0010	0.0010	0.0010	0.0010	0.0010	0.0075
	镀锌铁丝 综合	kg	0.0025	0.0025	0.0025	0.0025	0.0025	0.0188
	铜芯电缆 四芯 4mm^2	m	1.0100					
	铜芯电缆 四芯 6mm^2	m		1.0100				
	铜芯电缆 四芯 10mm^2	m			1.0100			
	铜芯电缆 四芯 16mm^2	m				1.0100		
	电缆标识牌	个	0.0500	0.0500	0.0500	0.0500	0.0500	0.0500
	清洗剂	kg	0.0104	0.0104	0.0104	0.0104	0.0104	0.0104
	绝缘清漆	kg	0.0020	0.0020	0.0020	0.0020	0.0020	0.0020
	铜芯电缆 四芯 35mm^2	m					1.0100	

定 额 编 号			XZYT15-89	XZYT15-90	XZYT15-91	XZYT15-92	XZYT15-93	XZYT15-94
项 目			铜芯电缆					
			四芯					
			4	6	10	16	35	120
计价材料	铜芯电缆 四芯 120mm²	m						1.0100
	其他材料费	元	0.3200	0.4700	0.6800	1.0400	1.9900	6.6100
机械	汽车式起重机 起重量 5t	台班	0.0002	0.0002	0.0002	0.0002	0.0002	0.0017

定 额 编 号			XZYT15-95	XZYT15-96	XZYT15-97	XZYT15-98
项 目			铜芯电缆			
			五芯			
			4	6	10	16
单 位			m	m	m	m
基 价 （元）			**21.38**	**32.14**	**44.89**	**68.88**
其中	人 工 费 （元）		2.23	2.98	3.26	3.30
	材 料 费 （元）		19.00	29.01	41.48	65.43
	机 械 费 （元）		0.15	0.15	0.15	0.15
名 称		单位	数 量			
人工	建筑普通工	工日	0.0092	0.0122	0.0134	0.0135
	建筑技术工	工日	0.0087	0.0117	0.0128	0.0130
计价材料	焊锡	kg	0.0010	0.0010	0.0010	0.0010
	铜芯电缆　五芯 4mm^2	m	1.0100			
	铜芯电缆　五芯 6mm^2	m		1.0100		
	铜芯电缆　五芯 10mm^2	m			1.0100	
	铜芯电缆　五芯 16mm^2	m				1.0100
	电缆标识牌	个	0.0500	0.0500	0.0500	0.0500
	清洗剂	kg	0.0104	0.0104	0.0104	0.0104
	绝缘清漆	kg	0.0020	0.0020	0.0020	0.0020
	其他材料费	元	0.3700	0.5700	0.8100	1.2800
机械	汽车式起重机　起重量 5t	台班	0.0002	0.0002	0.0002	0.0002

15.6 灯 具 安 装

15.6.1 普通灯具安装

工作内容:测位、划线、打眼、埋螺栓、安装木台;灯具安装、接线、接焊包头。

定 额 编 号			XZYT15-99	XZYT15-100	XZYT15-101
项 目			半圆球吸顶灯		
			DN250	DN300	DN350
单 位			套	套	套
基 价 (元)			**106.39**	**114.67**	**126.75**
其中	人 工 费 (元)		27.41	27.41	27.41
	材 料 费 (元)		78.98	87.26	99.34
	机 械 费 (元)				
名 称		单位	数 量		
人工	建筑普通工	工日	0.1122	0.1122	0.1122
	建筑技术工	工日	0.1077	0.1077	0.1077
计价材料	伞型螺栓 M6~8	个	2.0400	2.0400	2.0400
	木螺钉	kg	0.0100	0.0100	0.0100
	铜芯绝缘导线 截面 2.5mm^2	m	0.7130	0.7130	0.7130
	普通灯具半圆球吸顶灯 DN250	套	1.0100		
	普通灯具半圆球吸顶灯 DN300	套		1.0100	
	普通灯具半圆球吸顶灯 DN350	套			1.0100

定 额 编 号			XZYT15-99	XZYT15-100	XZYT15-101
项 目			半圆球吸顶灯		
			DN250	DN300	DN350
计价材料	圆形木台　300mm 以下	块	1.0500		
	圆形木台　500mm 以下	块		1.0500	1.0500
	其他材料费	元	1.5500	1.7100	1.9500

定　额　编　号		XZYT15-102	XZYT15-103	XZYT15-104	XZYT15-105	XZYT15-106	XZYT15-107
项　　　目		其他普通灯具					
		软线吊灯	吊链灯	防水吊灯	一般弯脖灯	一般壁灯	座灯头
单　　　位		套	套	套	套	套	套
基　　价（元）		**33.28**	**56.67**	**65.68**	**113.35**	**74.55**	**25.04**
其中	人　工　费（元）	11.91	25.61	11.91	20.06	25.61	11.91
	材　料　费（元）	21.37	31.06	53.77	93.29	48.94	13.13
	机　械　费（元）						
名　　称	单位	数　　量					
人工	建筑普通工	工日	0.0488	0.1049	0.0488	0.1174	0.1049	0.0488
	建筑技术工	工日	0.0468	0.1006	0.0468	0.0524	0.1006	0.0468
计价材料	伞型螺栓　M6~8	个	1.0200	1.0200	1.0200			1.0200
	木螺钉	kg	0.0050	0.0080	0.0050	0.0304	0.0210	0.0050
	铜芯绝缘导线　截面2.5mm^2	m	0.3050	0.3050	2.3410	1.3200	0.3050	0.3050
	电线　RVS-2×23/0.15	m	2.0360	1.5270				
	成套灯具　一般弯脖灯	套				1.0100		
	普通灯具软线吊灯	套	1.0100					
	普通灯具吊链灯	套		1.0100				
	普通灯具防水吊灯	套			1.0100			
	普通灯具一般壁灯	套					1.0100	
	普通灯具座灯头	套						1.0100
	圆形木台　300mm以下	块				1.0500	1.0500	1.0500

定 额 编 号			XZYT15-102	XZYT15-103	XZYT15-104	XZYT15-105	XZYT15-106	XZYT15-107
项 目			其他普通灯具					
			软线吊灯	吊链灯	防水吊灯	一般弯脖灯	一般壁灯	座灯头
计价材料	塑料圆台	块	1.0500	1.0500	1.0500			1.0500
	塑料胀管 $\phi 6\sim 8$	个				8.2600	4.2100	
	冲击钻头 $\phi 12$	支				0.0550	0.0280	
	其他材料费	元	0.4200	0.6100	1.0500	1.1500	0.9600	0.2600

15.6.2 荧光灯具安装

工作内容：测位、划线、打眼、埋螺栓、安装木台；吊链或吊管加工、灯具安装、接线、接焊包头。

定 额 编 号			XZYT15-108	XZYT15-109	XZYT15-110
项　　　　目			成套型		
			吸顶式		
			单管	双管	三管
单　　位			套	套	套
基　　价（元）			**89.30**	**114.76**	**139.47**
其中	人　工　费（元）		27.54	34.55	38.57
	材　料　费（元）		61.76	80.21	100.90
	机　械　费（元）				
名　　称		单位	数　　量		
人工	建筑普通工	工日	0.1128	0.1415	0.1580
	建筑技术工	工日	0.1082	0.1357	0.1515
计价材料	伞型螺栓　M6~8	个	2.0400	2.0400	2.0400
	铜芯聚氯乙烯绝缘电线　500VBV-2.5mm²	m	0.7130	0.7130	0.7130
	荧光灯具吸顶式单管	套	1.0100		
	荧光灯具吸顶式双管	套		1.0100	
	荧光灯具吸顶式三管	套			1.0100
	圆形木台　300mm以下	块	2.1000	2.1000	2.1000
	其他材料费	元	1.2100	1.5700	1.9800

定 额 编 号			XZYT15-111	XZYT15-112	XZYT15-113	XZYT15-114
项 目			成套型			
			嵌入式			
			单管	双管	三管	四管
单 位			套	套	套	套
基 价（元）			**114.49**	**144.78**	**180.34**	**214.69**
其中	人 工 费（元）		25.01	40.19	49.59	59.56
	材 料 费（元）		89.48	104.59	130.75	155.13
	机 械 费（元）					
名 称		单位	数 量			
人工	建筑普通工	工日	0.1024	0.1646	0.2031	0.2439
	建筑技术工	工日	0.0983	0.1579	0.1948	0.2340
计价材料	自攻螺钉 4×20	个	0.4080	0.4080	0.4080	0.4080
	镀锌铁丝 综合	kg	0.1520	0.1520	0.1520	0.1520
	铜芯聚氯乙烯绝缘电线 500VBV-1.5mm²	m	2.3410	2.3410	2.3410	
	铜芯聚氯乙烯绝缘电线 500VBV-2.5mm²	m				2.3410
	荧光灯具嵌入式单管	套	1.0100			
	荧光灯具嵌入式双管	套		1.0100		
	荧光灯具嵌入式三管	套			1.0100	
	荧光灯具嵌入式四管	套				1.0100
	三回路瓷接头	个	1.0300	1.0300	1.0300	1.0300
	其他材料费	元	1.7500	2.0500	2.5600	3.0400

853

15.6.3 标志灯具安装

工作内容：测位、划线、打眼、埋螺栓、支架安装、灯具安装、接线、接焊包头。

定 额 编 号			XZYT15-115	XZYT15-116
项 目			墙壁式	嵌入式
单 位			套	套
基 价（元）			**261.47**	**265.77**
其中	人 工 费（元）		27.10	31.62
	材 料 费（元）		234.37	234.15
	机 械 费（元）			
名 称		单位	数 量	
人工	建筑普通工	工日	0.1109	0.1295
	建筑技术工	工日	0.1065	0.1242
计价材料	木螺钉 各种规格	个	0.0408	
	铜芯聚氯乙烯绝缘电线 500VBV-2.5mm²	m	0.5090	0.6110
	铜接线端子 25mm²	个	1.0150	1.0150
	诱导灯墙壁式	套	1.0100	
	诱导灯嵌入式	套		1.0100
	三回路瓷接头	个	1.0300	1.0300
	塑料胀管 φ6~8	个	4.0800	
	冲击钻头	支	0.0102	
	其他材料费	元	4.6000	4.5900

15.6.4 其他灯具安装

工作内容：测位、划线、打眼、埋螺栓、安装木台；吊管加工、灯具安装、接线、接焊包头。

定 额 编 号			XZYT15-117	XZYT15-118
项 目			防潮灯	投光灯
单 位			套	套
基 价（元）			**110.57**	**531.17**
其中	人 工 费（元）		25.61	39.32
	材 料 费（元）		84.96	487.23
	机 械 费（元）			4.62
名 称		单位	数 量	
人工	建筑普通工	工日	0.1049	0.1610
	建筑技术工	工日	0.1006	0.1545
计价材料	薄钢板 4mm 以下	kg		0.9900
	电焊条 J422 综合	kg		0.1000
	镀锌六角螺栓 综合	kg	0.1600	0.2390
	木螺钉	kg	0.0080	
	铜芯绝缘导线 截面 2.5mm^2	m	0.8140	
	铜芯绝缘导线 截面 4mm^2	m		2.0400

续表

定 额 编 号			XZYT15-117	XZYT15-118
项 目			防潮灯	投光灯
计价材料	成套灯具防潮灯	套	1.0100	
	成套灯具投光灯	套		1.0100
	圆形木台 500mm 以下	块	1.0500	
	其他材料费	元	1.6700	9.5500
机械	交流弧焊机 容量 21kVA	台班		0.0690

15.6.5 密闭灯具

工作内容: 测位、划线、打眼、埋螺栓、安装底台、支架安装、灯具安装、接线、接焊包头。

定 额 编 号			XZYT15-119	XZYT15-120	XZYT15-121
项 目			安全灯	防爆灯	防爆荧光灯
单 位			套	套	套
基 价 (元)			**295.00**	**273.15**	**193.30**
其中	人 工 费 (元)		53.00	53.60	53.00
	材 料 费 (元)		242.00	219.55	140.30
	机 械 费 (元)				
名 称		单位	数 量		
人工	建筑普通工	工日	0.2171	0.2195	0.2171
	建筑技术工	工日	0.2082	0.2106	0.2082
计价材料	扁钢(3~5)×50mm 以下	kg	1.1860	1.1860	
	镀锌六角螺栓 综合	kg	0.6740	0.6740	0.1120
	地脚螺栓 综合	kg	0.0720	0.0720	
	铜芯橡皮绝缘线 500VBX-2.5mm²	m	2.3410	2.3410	2.7490
	密闭灯具安全灯	套	1.0100		
	密闭灯具防爆灯	套		1.0100	
	密闭灯具防爆荧光灯	套			1.0100
	其他材料费	元	4.7500	4.3100	2.7500

15.6.6 地道、隧道灯具

工作内容：测位、划线、打眼、埋螺栓、支架安装、灯具安装、接线、接焊包头。

	定　额　编　号		XZYT15-122	XZYT15-123	XZYT15-124	XZYT15-125
	项　　　　　目		吸顶式敞开型	吸顶式密封型	嵌入式敞开型	嵌入式密封型
	单　　　　　位		套	套	套	套
	基　　价（元）		**286.09**	**300.41**	**299.99**	**314.29**
其中	人　工　费（元）		64.54	74.10	68.12	77.66
	材　料　费（元）		221.55	226.31	231.87	236.63
	机　械　费（元）					
	名　　　　　称	单位	数　　量			
人工	建筑普通工	工日	0.2643	0.3035	0.2790	0.3180
	建筑技术工	工日	0.2536	0.2911	0.2676	0.3051
计价材料	膨胀螺栓　M8	套	4.0800	4.0800	4.0800	4.0800
	铜芯聚氯乙烯绝缘电线　500VBV-1.5mm²	m	2.0000	1.6000	2.0000	1.6000
	隧道灯吸顶敞开型	套	1.0100			
	隧道灯吸顶密封型	套		1.0100		
	隧道灯嵌入敞开型	套			1.0100	
	隧道灯嵌入密封型	套				1.0100
	其他材料费	元	4.3400	4.4400	4.5500	4.6400

15.7 开关、插座安装

15.7.1 开关安装

工作内容： 测位、划线、打眼、缠埋螺栓、清扫盒子、安装木台；安装开关和按钮、接线、装盖。

定 额 编 号		XZYT15-126	XZYT15-127	XZYT15-128
项 目		拉线开关	单控扳式暗开关	双控扳式暗开关
			三联及以下	
单 位		套	套	套
基 价（元）		**26.13**	**32.59**	**36.01**
其中	人 工 费（元）	10.57	10.99	10.99
	材 料 费（元）	15.56	21.60	25.02
	机 械 费（元）			
名 称	单位	数 量		
人工 建筑普通工	工日	0.0433	0.0450	0.0450
建筑技术工	工日	0.0415	0.0432	0.0432
计价材料 木螺钉	kg	0.0100	0.0050	0.0050
镀锌铁丝 综合	kg	0.0100	0.0100	0.0100
铜芯绝缘导线 截面2.5mm²	m	0.3050	0.3050	0.7130

续表

定 额 编 号			XZYT15-126	XZYT15-127	XZYT15-128
项 目			拉线开关	单控扳式暗开关	双控扳式暗开关
				三联及以下	
计价材料	单相照明开关	个	1.0200		
	单控扳式暗开关三联	套		1.0200	
	双控扳式暗开关三联	套			1.0200
	圆形木台 150mm 以下	块	1.0500		
	其他材料费	元	0.3100	0.4200	0.4900

15.7.2 插座安装

工作内容：测位、划线、打眼、缠埋螺栓、清扫盒子、安装木台；安装插座、接线、装盖。

定 额 编 号		XZYT15-129	XZYT15-130	XZYT15-131	XZYT15-132	XZYT15-133
项 目		单相明插座 15A			单相暗插座 15A	
		2孔	3孔	5孔	3孔	5孔
单 位		套	套	套	套	套
基 价 (元)		**26.38**	**27.93**	**34.17**	**30.89**	**36.08**
其中	人 工 费 (元)	10.57	13.76	13.98	10.72	12.99
	材 料 费 (元)	15.81	14.17	20.19	20.17	23.09
	机 械 费 (元)					
名 称	单位	数 量				
人工 建筑普通工	工日	0.0433	0.0564	0.0573	0.0439	0.0532
建筑技术工	工日	0.0415	0.0540	0.0549	0.0421	0.0510
计价材料 木螺钉	kg	0.0250	0.0250	0.0250	0.0250	0.0250
镀锌铁丝 综合	kg	0.0100	0.0100	0.0100	0.0100	0.0100
铜芯绝缘导线 截面2.5mm²	m	0.3050	0.3965	0.7630	0.4580	0.7630
单相明插座 15A 2孔	个	1.0200				
单相明插座 15A 5孔	个			1.0200		
单相暗插座 15A 3孔	个				1.0200	
单相暗插座 15A 5孔	个					1.0200
圆形木台 150mm 以下	块	1.0500	1.0500	1.0500		
单相明插座 15A 3孔	套		1.0200			
其他材料费	元	0.3100	0.2800	0.4000	0.4000	0.4500

861

定 额 编 号			XZYT15-134	XZYT15-135	XZYT15-136	XZYT15-137
项 目			三相明插座 15A	三相明插座 30A	三相暗插座 15A	三相暗插座 30A
			4孔及以下		4孔	
单 位			套	套	套	套
基 价（元）			**51.92**	**59.71**	**30.69**	**62.77**
其中	人 工 费（元）		13.70	14.89	12.75	13.85
	材 料 费（元）		38.22	44.82	17.94	48.92
	机 械 费（元）					
名 称		单位	数 量			
人工	建筑普通工	工日	0.0561	0.0610	0.0522	0.0567
	建筑技术工	工日	0.0538	0.0585	0.0501	0.0544
计价材料	木螺钉	kg	0.0250	0.0250	0.0250	0.0250
	镀锌铁丝 综合	kg	0.0100	0.0100	0.0100	0.0100
	铜芯绝缘导线 截面2.5mm²	m	0.6100			
	铜芯绝缘导线 截面6mm²	m		0.6100	0.6100	0.6100
	三相明插座 15A 4孔及以下	个	1.0200			
	三相明插座 30A 4孔及以下	个		1.0200		
	圆形木台 150mm以下	块	1.0500	1.0500	1.0500	1.0500
	三相暗插座 15A 4孔	套			1.0200	
	三相暗插座 30A 4孔	套				1.0200
	其他材料费	元	0.7500	0.8800	0.3500	0.9600

862

定　额　编　号		XZYT15-138	XZYT15-139	XZYT15-140	XZYT15-141
项　　　目		防爆插座			
		单相　15A	单相　30A	三相　15A	三相　30A
				四孔	
单　　　位		套	套	套	套
基　　价（元）		**42.03**	**58.48**	**80.25**	**100.46**
其中	人　工　费（元）	19.06	25.29	22.63	29.94
	材　料　费（元）	22.97	33.19	57.62	70.52
	机　械　费（元）				
名　　称	单位	数　　　量			
人工 建筑普通工	工日	0.0780	0.1036	0.0927	0.1226
建筑技术工	工日	0.0749	0.0993	0.0889	0.1176
计价材料 镀锌六角螺栓　综合	kg	0.0890	0.0890	0.0890	0.0890
铜芯橡皮绝缘线　500VBX−1.5mm^2	m	0.3050			
铜芯橡皮绝缘线　500VBX−2.5mm^2	m			0.6100	
铜芯橡皮绝缘线　500VBX−4mm^2	m		0.3050		0.6100
防爆插座单相　15A	个	1.0200			
防爆插座单相　30A	个		1.0200		
防爆插座三相　15A　4孔	个			1.0200	
防爆插座三相　30A　4孔	个				1.0200
其他材料费	元	0.4500	0.6500	1.1300	1.3800

15.8 风扇、门铃安装

15.8.1 风扇安装

工作内容：测位、划线、打眼、固定吊钩；安装调速开关、接焊包头、接地。

定 额 编 号			XZYT15-142	XZYT15-143	XZYT15-144
项 目			吊风扇	壁扇	排气扇
单 位			台	台	台
基 价 （元）			**59.36**	**67.69**	**79.20**
其中	人 工 费 （元）		54.50	64.62	77.12
	材 料 费 （元）		4.86	3.07	2.08
	机 械 费 （元）				
名 称		单位	数 量		
人工	建筑普通工	工日	0.2232	0.2646	0.3158
	建筑技术工	工日	0.2141	0.2539	0.3030
计价材料	圆钢 ϕ10 以上	kg	0.3800		
	空心木板 125×250×25	块	1.0500		
	地脚螺栓 综合	kg		0.1490	
	木螺钉	kg	0.0100		0.0230
	铜芯聚氯乙烯绝缘电线 500VBV-2.5mm^2	m			0.6100

定 额 编 号			XZYT15-142	XZYT15-143	XZYT15-144
项 目			吊风扇	壁扇	排气扇
计价材料	双回路瓷接头	个	1.0300		1.0300
	圆形木台 300mm 以下	块		1.0500	
	塑料胀管 $\phi6\sim8$	个			4.2000
	冲击钻头 $\phi12$	支			0.0300
	其他材料费	元	0.1000	0.0600	0.0400

15.8.2 门铃安装

工作内容：测位、划线、打眼、安装门铃。

定 额 编 号			XZYT15-145	XZYT15-146
项 目			门铃明装	门铃暗装
单 位			个	个
基 价（元）			**43.34**	**39.59**
其中	人 工 费（元）		15.09	11.55
	材 料 费（元）		28.25	28.04
	机 械 费（元）			
名 称		单位	数 量	
人工	建筑普通工	工日	0.0618	0.0473
	建筑技术工	工日	0.0593	0.0454
计价材料	木螺钉	kg	0.0188	0.0125
	镀锌铁丝 综合	kg		0.0100
	铜芯绝缘导线 截面2.5mm^2	m	0.3050	0.3050
	塑料胀管 ϕ6~8	个	3.1500	
	门铃	台	1.0000	1.0000
	其他材料费	元	0.5500	0.5500

15.9 照明配电盘、箱、柜安装

工作内容：开箱、检查、安装、校线、接线、接地。

定 额 编 号			XZYT15-147	XZYT15-148
项 目			落地式	嵌入式
				8回路以下
单 位			个	个
基 价（元）			**565.31**	**184.30**
其中	人 工 费（元）		428.06	176.87
	材 料 费（元）		22.30	7.43
	机 械 费（元）		114.95	
名 称		单位	数 量	
人工	建筑普通工	工日	1.7529	0.7243
	建筑技术工	工日	1.6818	0.6949
计价材料	镀锌扁钢　综合	kg	1.5000	
	钢垫板　综合	kg	0.3000	0.1500
	电焊条　J422　综合	kg	0.1500	
	松香焊锡丝	kg	0.1500	0.0500
	精制六角带帽螺栓　M10×100 以下	套	0.6100	0.2100
	铜接线端子　6mm^2 以下	个		2.0300
	自粘性橡胶带　25mm×20m	卷	0.2000	0.1000

续表

定 额 编 号			XZYT15-147	XZYT15-148
项 目			落地式	嵌入式
				8 回路以下
计价材料	塑料软管 综合	kg	0.3000	0.1300
	砂布	张	1.0000	0.5000
	其他材料费	元	0.4400	0.1500
机械	汽车式起重机 起重量 5t	台班	0.1035	
	载重汽车 4t	台班	0.0621	
	交流弧焊机 容量 21kVA	台班	0.1035	

15.10 防雷接地

15.10.1 接地极（板）制作安装

工作内容：下料、尖端及加固帽加工、油漆、接地极打入地下及埋设。

定 额 编 号		XZYT15-149	XZYT15-150	XZYT15-151	XZYT15-152
项 目		钢管接地极		角钢接地极	
		普通土	坚土	普通土	坚土
单 位		根	根	根	根
基 价（元）		**129.60**	**136.77**	**99.13**	**105.08**
其中	人 工 费（元）	76.52	83.69	60.02	65.97
	材 料 费（元）	32.28	32.28	25.24	25.24
	机 械 费（元）	20.80	20.80	13.87	13.87
名 称	单位	数 量			
人工 建筑普通工	工日	0.3134	0.3427	0.2458	0.2701
建筑技术工	工日	0.3006	0.3288	0.2358	0.2592
计价材料 镀锌角钢 边长50以下	kg			3.4322	3.4322
扁钢（3~5）×50mm以下	kg	0.2600	0.2600	0.2600	0.2600
镀锌钢管 DN32	kg	4.5500	4.5500		

869

定 额 编 号			XZYT15-149	XZYT15-150	XZYT15-151	XZYT15-152
项 目			钢管接地极		角钢接地极	
			普通土	坚土	普通土	坚土
计价材料	电焊条 J422 综合	kg	0.2000	0.2000	0.1500	0.1500
	沥青清漆	kg	0.0200	0.0200	0.0200	0.0200
	钢锯条 各种规格	根	1.5000	1.5000	1.0000	1.0000
	其他材料费	元	0.6300	0.6300	0.5000	0.5000
机械	交流弧焊机 容量 21kVA	台班	0.3105	0.3105	0.2070	0.2070

定　额　编　号			XZYT15-153	XZYT15-154	XZYT15-155	XZYT15-156	XZYT15-157
项　　目			圆钢接地极		接地极板		接地极钻孔施工
			普通土	坚土	铜板	钢板	
单　　位			根	根	块	块	m
基　　价（元）			**86.11**	**109.79**	**496.24**	**460.35**	**157.34**
其中	人　工　费（元）		49.43	73.11	317.14	435.04	51.33
	材　料　费（元）		25.12	25.12	179.10	13.75	4.49
	机　械　费（元）		11.56	11.56		11.56	101.52
名　　称		单位	数　　　量				
人工	建筑普通工	工日	0.2024	0.2994	1.2987	1.7815	0.2102
	建筑技术工	工日	0.1942	0.2872	1.2460	1.7092	0.2017
计价材料	扁钢（3~5）×50mm 以下	kg	0.1300	0.1300			
	镀锌圆钢　φ16	kg	3.9500	3.9500			
	镀锌钢板　6 以下	kg				1.1780	
	板材红白松　一等	m³					0.0003
	电焊条　J422　综合	kg	0.1600	0.1600		0.6000	
	铜焊条	kg			1.0000		
	铜焊粉	kg			0.1200		
	铁钉	kg					0.0186
	镀锌铁丝　综合	kg					0.0026
	铜板　25×80×8	kg			1.7800		
	清洗剂	kg			1.0000	1.0000	

定 额 编 号			XZYT15-153	XZYT15-154	XZYT15-155	XZYT15-156	XZYT15-157
项 目			圆钢接地极		接地极板		接地极钻孔施工
			普通土	坚土	铜板	钢板	
计价材料	氧气	m³			4.2000		
	乙炔气	m³			1.8100		
	沥青清漆	kg	0.0100	0.0100			
	打桩用钢套管	kg					0.3175
	钢锯条 各种规格	根	0.1700	0.1700			
	钻杆	kg					0.3672
	其他材料费	元	0.4900	0.4900	3.5100	0.2700	0.0900
机械	震动锤 WM2-2500E	台班					0.0520
	交流弧焊机 容量 21kVA	台班	0.1725	0.1725		0.1725	
	内燃空气压缩机 排气量 9m³/min	台班					0.1355

872

15.10.2 接地母线敷设

工作内容： 挖地沟、接地线平直、下料、测位、打眼、埋卡子、煨弯、敷设、焊接、回填土夯实、刷漆。

定 额 编 号			XZYT15-158	XZYT15-159	XZYT15-160	XZYT15-161	XZYT15-162	XZYT15-163
项 目			埋地敷设	接地母线埋地敷设（铜包钢）	沿电缆沟内支架敷设	沿砖混凝土敷设	均压环圈梁内接地母线敷设	均压环利用圈梁内主筋
单 位			m	m	m	m	m	m
基 价（元）			**54.25**	**81.59**	**20.13**	**31.30**	**17.30**	**5.04**
其中	人 工 费（元）		45.41	54.50	10.28	20.40	8.19	3.26
	材 料 费（元）		8.53	27.09	8.69	10.05	8.80	1.01
	机 械 费（元）		0.31		1.16	0.85	0.31	0.77
名 称		单位	数 量					
人工	建筑普通工	工日	0.1860	0.2232	0.0421	0.0836	0.0336	0.0134
	建筑技术工	工日	0.1784	0.2141	0.0404	0.0801	0.0321	0.0128
计价材料	扁钢（6~8）×75mm 以下	kg				0.0710		
	焊接钢管 DN40	kg				0.1536		0.1536
	电焊条 J422 综合	kg	0.0200		0.0250	0.0210	0.0200	0.0200
	镀锌六角螺栓 M16×60	个				0.0100		
	裸铜绞线 TJ16mm²	kg	0.1495		0.1495	0.1495	0.1495	
	铜包钢 扁钢 40mm×4mm	kg		1.4265				

定 额 编 号			XZYT15-158	XZYT15-159	XZYT15-160	XZYT15-161	XZYT15-162	XZYT15-163
项 目			埋地敷设	接地母线埋地敷设（铜包钢）	沿电缆沟内支架敷设	沿砖混凝土敷设	均压环圈梁内接地母线敷设	均压环利用圈梁内主筋
计价材料	清洗剂	kg			0.0010	0.0020	0.0020	
	防锈漆	kg						0.0050
	酚醛清漆	kg			0.0100	0.0200	0.0200	
	沥青清漆	kg	0.0010					
	钢锯条 各种规格	根	0.1000	0.1000	0.1000	0.1000	0.1000	0.0100
	棉纱头	kg				0.0010		
	放热焊剂	kg		0.0350				
	其他材料费	元	0.1700	0.5300	0.1700	0.2000	0.1700	0.0200
机械	交流弧焊机 容量 21kVA	台班	0.0046		0.0173	0.0127	0.0046	0.0115

15.10.3 接地跨接线

工作内容： 下料、钻孔、煨弯、固定、刷漆。

定 额 编 号			XZYT15-164	XZYT15-165	XZYT15-166	XZYT15-167
项 目			接地跨接线	构架接地	幕墙支架支持点接地	钢铝门窗接地
单 位			处	处	处	处
基 价（元）			**21.82**	**46.35**	**19.88**	**26.88**
其中	人 工 费（元）		17.42	24.22	16.52	16.82
	材 料 费（元）		3.63	17.91	1.05	4.05
	机 械 费（元）		0.77	4.22	2.31	6.01
名 称		单位	数 量			
人工	建筑普通工	工日	0.0714	0.0991	0.0677	0.0689
	建筑技术工	工日	0.0684	0.0952	0.0649	0.0661
计价材料	镀锌扁钢 综合	kg	0.4590	1.2560		0.4590
	镀锌圆钢 $\phi 8$ 以下	kg			0.0490	
	电焊条 J422 综合	kg	0.0400	0.1300	0.1000	0.1500
	镀锌六角螺栓 M16×60	个	0.2040	2.1000		
	镀锌接地线板 40×5×120	件		1.1300		
	防锈漆	kg	0.0040	0.0500	0.0040	0.0080
	普通调和漆	kg		0.2000		
	钢锯条 各种规格	根	0.1000	0.1000	0.1000	0.1000
	其他材料费	元	0.0700	0.3500	0.0200	0.0800
机械	交流弧焊机 容量 21kVA	台班	0.0115	0.0630	0.0345	0.0897

15.10.4 避雷针制作

工作内容： 下料、针尖针体加工、挂钩、校正、组焊、刷漆等（不包括底座加工）

定 额 编 号			XZYT15-168	XZYT15-169	XZYT15-170	XZYT15-171
项 目			不锈钢避雷针制作	钢管避雷针制作		圆钢避雷针制作
			2m 以内	2m 以内	5m 以内	2m 以内
单 位			t	t	t	t
基 价（元）			**29909.06**	**9126.75**	**9398.22**	**8959.10**
其中	人 工 费（元）		2011.18	1850.97	2020.51	2143.25
	材 料 费（元）		27157.62	6612.05	6643.59	6239.09
	机 械 费（元）		740.26	663.73	734.12	576.76
名 称		单位	数 量			
人工	建筑普通工	工日	8.2359	7.5799	8.2741	8.7768
	建筑技术工	工日	7.9017	7.2722	7.9383	8.4205
计价材料	镀锌扁钢 综合	kg	218.0000	227.0000	246.9344	209.0000
	不锈钢扁钢 60 以下	kg	105.0000			
	圆钢 φ10 以上	kg		275.0000		953.0000
	镀锌圆钢 φ16	kg		0.4740		3.1600
	不锈钢型材	kg	965.0000			
	镀锌钢管 DN40	kg		6.8220		
	镀锌钢管 DN50	kg		567.0000	188.1470	
	镀锌钢管 DN65	kg			608.5827	
	电焊条 J422 综合	kg		4.0349	3.6952	3.9580

876

定　额　编　号			XZYT15-168	XZYT15-169	XZYT15-170	XZYT15-171
项　　　　目			不锈钢避雷针制作	钢管避雷针制作		圆钢避雷针制作
			2m 以内		5m 以内	2m 以内
计价材料	不锈钢气焊丝　综合	kg	7.8900			
	焊锡	kg		3.5086	3.2132	0.2000
	焊锡膏	kg		0.3509	0.3213	0.0200
	钨极棒	g	5.2690			
	镀锌六角螺栓　综合	kg	17.8518	17.6210	16.3488	0.4800
	氩气	m³	22.1200			
	其他材料费	元	532.5000	129.6500	130.2700	122.3400
机械	汽车式起重机　起重量　5t	台班	0.4612	0.4729	0.5764	0.4140
	载重汽车　6t	台班	0.2750	0.2827	0.2952	0.2254
	交流弧焊机　容量　21kVA	台班		2.4210	2.2171	2.2171
	氩弧焊机　电流　500A	台班	2.4210			
	吹风机　能力　4m³/min	台班				0.0115

15.10.5 避雷针安装——装在建筑物、构筑物上

工作内容： 预埋铁件、螺栓或支架、安装固定、补漆。

定 额 编 号			XZYT15-172	XZYT15-173	XZYT15-174	XZYT15-175
项 目			平屋面上		墙上	
			针长			
			2m 以内	5m 以内	2m 以内	5m 以内
单 位			t	t	t	t
基 价（元）			**757.50**	**764.65**	**740.89**	**744.10**
其中	人 工 费（元）		238.79	241.16	238.85	242.06
	材 料 费（元）		78.74	83.52	79.02	79.02
	机 械 费（元）		439.97	439.97	423.02	423.02
名 称		单位	数 量			
人工	建筑普通工	工日	0.7633	0.7709	0.7646	0.7799
	建筑技术工	工日	1.0987	1.1096	1.0982	1.1092
计价材料	槽钢 16 号以下	kg	0.0785	0.9797	0.0775	0.0779
	加工铁件 综合	kg	4.5100	4.5100	4.5500	4.5500
	板材红白松 二等	m³	0.0110	0.0110	0.0110	0.0110
	电焊条 J422 综合	kg	1.0450	1.0450	1.0450	1.0450
	镀锌铁丝 综合	kg	0.4000	0.4000	0.4000	0.4000
	氧气	m³	0.7000	0.7000	0.7000	0.7000
	乙炔气	m³	0.2450	0.2450	0.2450	0.2450
	环氧富锌漆	kg	0.3900	0.3900	0.3900	0.3900

续表

定 额 编 号			XZYT15-172	XZYT15-173	XZYT15-174	XZYT15-175
项 目			平屋面上		墙上	
			针长			
			2m 以内	5m 以内	2m 以内	5m 以内
计价材料	其他材料费	元	1.5400	1.6400	1.5500	1.5500
机械	履带式起重机　起重量　50t	台班	0.0219	0.0219	0.0219	0.0219
	履带式起重机　起重量　60t	台班	0.1806	0.1806	0.1806	0.1806
	载重汽车　6t	台班	0.0575	0.0575	0.0575	0.0575
	交流弧焊机　容量　21kVA	台班	0.3220	0.3220	0.0690	0.0690

15.10.6 避雷引下线敷设

工作内容： 平直、下料、测位、打眼、埋卡子、焊接、固定、刷漆。

定 额 编 号		XZYT15-176	XZYT15-177	XZYT15-178
项 目		利用金属构件引下	沿建筑物、构筑物引下	利用建筑物、构筑物主筋引下
单 位		m	m	m
基 价（元）		**9.05**	**22.53**	**15.76**
其中	人 工 费（元）	2.17	13.65	9.90
	材 料 费（元）	6.26	7.14	1.00
	机 械 费（元）	0.62	1.74	4.86
名 称	单位	数 量		
人工 建筑普通工	工日	0.0069	0.0436	0.0317
建筑技术工	工日	0.0100	0.0628	0.0455
计价材料 扁钢（3~5）×50mm 以下	kg	1.0305	1.0305	
镀锌扁钢 综合	kg	0.0520	0.0520	
镀锌热轧圆盘条 φ10 以下	kg			0.1000
焊接钢管 DN25	kg		0.1030	
电焊条 J422 综合	kg	0.0150	0.0500	0.0700
醇酸防锈漆	kg	0.0050	0.0140	
钢锯条 各种规格	根			0.0150
其他材料费	元	0.1200	0.1400	0.0200
机械 交流弧焊机 容量 21kVA	台班	0.0092	0.0259	0.0725

880

15.10.7 避雷带、网安装

工作内容： 平直、下料、测位、打眼、埋卡子、支架制作安装、焊接、固定、刷漆。

定 额 编 号			XZYT15-179	XZYT15-180	XZYT15-181	XZYT15-182	XZYT15-183
项 目			沿混凝土块敷设	沿女儿墙、屋面敷设		沿坡屋顶、屋脊敷设	均压环利用圈梁内主筋敷设
				扁钢	圆钢		
单 位			m	m	m	m	m
基 价（元）			**25.63**	**25.21**	**22.27**	**38.32**	**16.57**
其中	人 工 费（元）		13.70	12.37	11.00	22.78	4.74
	材 料 费（元）		10.93	11.84	10.50	13.54	10.48
	机 械 费（元）		1.00	1.00	0.77	2.00	1.35
名 称		单位	数 量				
人工	建筑普通工	工日	0.0561	0.0507	0.0451	0.0933	0.0194
	建筑技术工	工日	0.0538	0.0486	0.0432	0.0895	0.0186
计价材料	镀锌扁钢 综合	kg	0.1360	1.7850		0.0500	
	镀锌圆钢 φ8 以下	kg			0.0800		
	镀锌圆钢 φ16	kg	1.6570		1.6570	1.6570	1.6570
	镀锌热轧圆盘条 φ10 以下	kg					0.1000
	镀锌扁钢支架 -40×3	kg				0.3500	

续表

定 额 编 号			XZYT15-179	XZYT15-180	XZYT15-181	XZYT15-182	XZYT15-183
项 目			沿混凝土块敷设	沿女儿墙、屋面敷设		沿坡屋顶、屋脊敷设	均压环利用圈梁内主筋敷设
				扁钢	圆钢		
计价材料	电焊条 J422 综合	kg	0.0250	0.0250	0.0200	0.1000	0.0325
	醇酸防锈漆	kg	0.0140	0.0140	0.0140	0.0160	
	钢锯条 各种规格	根				0.2000	
	其他材料费	元	0.2100	0.2300	0.2100	0.2700	0.2100
机械	交流弧焊机 容量 21kVA	台班	0.0150	0.0150	0.0115	0.0299	0.0201

15.10.8 屏蔽接地、气密性试验

工作内容：场内转运、开箱清点检查、接触面处理；接地线制作、安装、铜条安装；镀锌钢丝网固定，工作面清理。

定　额　编　号			XZYT15-184	XZYT15-185	XZYT15-186
项　　　　目			阀厅控制楼屏蔽接地	建筑物屏蔽接地	阀厅气密性试验
单　　　　位			m²	m²	m³
基　　价　（元）			**576.83**	**18.63**	**23.40**
其中	人　工　费（元）		264.45	10.13	17.88
	材　料　费（元）		301.06	8.31	5.52
	机　械　费（元）		11.32	0.19	
名　　　称		单位	数　　　量		
人工	建筑普通工	工日	1.0829	0.0415	0.1671
	建筑技术工	工日	1.0390	0.0398	
计价材料	紫铜板　1.0 以上	kg	3.3295		
	射钉	个		25.2350	
	镀锌铁丝网丝径　ϕ1.6 以下	m²		1.0300	
	裸铜绞线　TJ10mm²	kg	0.0449		
	裸铜绞线　TJ25mm²	kg	0.1092		
	裸铜绞线　TJ120mm²	kg	1.0619		
	铜接线端子　35mm²	个	2.1126		
	铜接线端子　120mm²	个	0.0323		

定 额 编 号			XZYT15-184	XZYT15-185	XZYT15-186
项 目			阀厅控制楼屏蔽接地	建筑物屏蔽接地	阀厅气密性试验
计价材料	铜接线端子 240mm^2	个	0.2452		
	电	kW·h			6.4450
	合金钻头	支	0.0016		
	钢锯条 各种规格	根	0.1883		
	其他材料费	元	5.9000	0.1600	0.1100
机械	机动翻斗车 1t	台班	0.0467	0.0008	

15.11 系 统 调 试

工作内容：自动开关、断路器、隔离开关、常规保护装置、电测量仪表调试；电线回路系统、灯具、插座调试。

定　额　编　号		XZYT15-187	
项　　　　目		交流供电（220V以下）	
单　　　　位		系统	
基　价（元）		**1879.75**	
其中	人　工　费（元）	1003.79	
	材　料　费（元）		
	机　械　费（元）	875.96	
名　　称	单位	数　　量	
人工	建筑技术工	工日	7.0195
机械	高压开关真空度测试仪	台班	1.1500
	电压电流互感器二次负荷在线测试仪 HFH-4	台班	1.1500
	电能表现场校验仪　PRS1.3	台班	1.1500
	相位频率计　704	台班	2.3000

第 16 章　消防工程

说　　明

本章定额适用于站区及建筑室内消防安装工程，包括水灭火系统、气体灭火系统、泡沫灭火系统、火灾自动报警系统、消防电线电缆敷设。

1. 水灭火系统。

本章定额适用于站区及建筑室内设置的自动喷水灭火系统、各种组件、消火栓、水泵接合器、气压水罐的安装及管道支吊架的制作、安装工程。水灭火系统管道执行第 14 章给水与排水工程定额管道子目。

（1）喷头、湿式报警装置及水流指示器安装定额均按照管网系统试压、冲洗合格后安装考虑的，定额中包括丝堵、临时短管安装、拆除及其摊销等工作内容。

（2）温感式水幕装置安装定额中包括给水三通至喷头、阀门间的管道、管件、阀门、喷头等安装内容，但管道和喷头的主材费用按照设计规定另加损耗单独计算。

（3）消火栓安装定额按照成套安装考虑，包括消火栓、消火水龙带、消火栓箱、消火栓水枪等。安装组合卷盘式室内消火栓时，执行室内消火栓安装定额乘以 1.2 系数。

（4）隔膜式气压水罐安装定额按照设备带有地脚螺栓考虑，二次灌浆费用另行计算。

（5）管道支吊架制作与安装定额综合考虑了支架、吊架及防晃支架等不同结构形式的支吊架。

（6）管网冲洗定额是按照水冲洗考虑的，工程采用水压气动冲洗法时，可按照批准的施工方案另行计算。

（7）本章定额不包括以下内容：

——阀门、法兰安装，各种套管的制作安装。

——消火栓管道、室外给水管道安装及水箱制作安装。

——各种消防泵、稳压泵安装及设备二次灌浆。

——各种仪表的安装及带电讯号的阀门、水流指示器、压力开关的接线、校线。

——各种设备支架的制作与安装。

——管道、设备、支架、法兰焊口的除锈与刷油漆。

（8）其他。

1）安装管道间、管廊内的管道、阀门、法兰、支架时，按相应定额人工费乘以 1.3 系数。

2）执行定额时，主体结构为全框架的工程，人工费乘 1.05 系数；主体结构为内框架的工程，人工费乘以 1.03 系数。

2. 气体灭火系统。

本章定额适用于站区及建筑室内设置的二氧化碳灭火系统、气体灭火系统中的管道、管件、系统组件等安装工程。

（1）无缝钢管、钢制管件、选择阀安装及系统组件试验定额气体灭火系统工程。工程采用二氧化碳灭火系统时，执行气体灭火系统相应定额乘以 1.20 系数。

（2）管道及管件安装。

1）螺纹连接的不锈钢管、铜管及管件安装时，按照无缝钢管和钢制管件安装相应定额乘以 1.20 系数。

2）无缝钢管螺纹连接定额中不包括钢制管件安装内容，按照设计标准执行相应的钢制管件安装定额。

3）无缝钢管法兰连接定额中管件是按照成品考虑的，弯头两端是按照短管焊接法兰考虑的。定额中包括了直管、管件、法兰等安装工作内容，但管件、法兰的主材费按照设计用量另行计算。

4）无缝钢管和钢制管件均不含镀锌费，发生时按照相应定额另行计算。

（3）喷头安装定额中包括管件安装及配合水压试验安装拆除丝堵的工作内容。

（4）贮存装置安装定额中包括灭火剂贮存容器和驱动气瓶的固定支架与框架安装、系统组件（集流管、容器阀、气液单向阀、高压软管）、安全阀等贮存装置和阀驱动装置的安装及氮气增压等工作内容。二氧化碳贮存装置安装不须增压，执行定额时扣除高纯氮气费用，其余不变。

（5）二氧化碳称重检漏装置安装定额包括泄漏报警开关、配重及支架等安装工作内容。

（6）气体灭火系统调试试验时采取的安全措施，应根据批准的施工组织设计规定另行计算费用。

（7）本章定额不包括以下工作内容：

——管道支吊架的制作与安装。

——不锈钢管、铜管及管件的焊接或法兰连接。

——管道及支吊架的防腐刷油。

——电磁驱动器与泄漏报警开关的电气接线。

3. 泡沫灭火系统。

本章定额适用于高、中、低倍数固定式或半固定式泡沫灭火系统的发生器及泡沫比例混合器安装工程。

（1）泡沫发生器及泡沫比例混合器安装定额中包括整体安装、焊法兰、单体调试及配合管道试压时隔离本体等工作内容，但不包括支架的制作与安装、设备二次灌浆的工作内容。地脚螺栓按照本体自带考虑。

（2）本章定额不包括以下工作内容：

——泡沫灭火系统的管道、管件、法兰、阀门、管道支架等安装及管道系统水冲洗等。

——泡沫喷淋系统的管道、组件、气压水罐、管道支吊架等安装及管道系统水冲洗等。

——消防泵等机械设备安装及二次灌浆。

——泡沫液贮罐安装、设备支架制作与安装。

——油罐上安装的泡沫发生器及化学泡沫室。

——除锈、刷油漆、绝热。

——泡沫液充装。

4. 火灾自动报警系统。

本章定额适用于探测器、模块（接口）、报警控制器、联动控制器、报警联动一体机、重复显示器、报警装置、远程控制器、火灾事故广播、消防通信、报警备用电源等安装工程。

（1）本章定额包括以下工作内容：设备和元件的搬运、开箱、检查、清点、杂物回收、安装就位、接地、密封箱、机内的校线、接线、挂锡、编码、测试、本体调试、清洗、记录整理等。

（2）本章定额不包括以下工作内容：

——设备支架、底座、基础的制作与安装。

——构件加工、制作。

——电机检查、接线及调试。

——事故照明及疏散指示控制装置安装。

——GRT 彩色显示器安装。

5. 消防系统调试费按照消防安装工程人工费 18%计算，其中人工费 55%，材料费 20%，机械费 25%。

6. 本章定额中不包括隔膜式气压水罐、气体贮存装置、二氧化碳称重捡漏装置、泡沫发生器、比例混合器、火灾探测装置、模块（接口）、火灾报警装置、消防广播、消防交换机、消防备用电源等设备费。

工程量计算规则

1. 钢制管件按照设计用量计算工程量。

2. 气体灭火系统管道按照设计管道中心线长度以米为单位计算工程量，不扣除阀门、管件及各种组件所占长度。

3. 泡沫发生器按照不同型号以台为单位计算工程量，法兰按照设计规定另行计算工程量。

4. 火灾自动报警系统工程量计算。

（1）点型探测器按照线制的不同分为多线制与总线制两种，不分规格、型号、安装方式与位置，以只为单位计算工程量。定额中包括了探头和底座的安装及本体调试。

（2）红外光束探测器以对为单位计算工程量。红外光束探测器是成对使用，在计算工程量时两只为一对。定额中包括了探头支架安装和探测器的调试、对中。

（3）火焰探测器、可燃气体探测器按照线制的不同分为多线制与总线制两种，不分规格、型号、安装方式与位置以只为单位计算工程量。

（4）线型探测器不分线制及保护形式，以米为单位计算工程量。

（5）模块（接口）是指仅能起控制作用的模块（接口），也称为中继器。依据其给出控制信号的数量，分为单输出和多输出两种形式。不分安装方式按照输出数量以只为单位计算工程量。

（6）报警控制器、联动控制器、报警联动一体机按照线制的不同分为多线制与总线制两种，按照点数的不同划分项目以台为单位计算工程量。

（7）重复显示器（楼层显示器）不分规格、型号、安装方式按照线制划分以台为单位计算工程量。

（8）报警装置以只为单位计算工程量。

（9）远程控制器按照其控制回路数以台为单位计算工程量。

5.消防线缆桥架分材质按照设计长度以米为单位计算工程量。消防线缆支架、托架、吊架按照设计质量以千克为单位计算工程量。

16.1 水灭火系统

16.1.1 系统组件安装

工作内容：切管、套丝、管件安装、喷头密封性能抽查试验、安装、外观清洁。

定 额 编 号		XZYT16-1	XZYT16-2
项　　　目		喷头安装　无吊顶	喷头安装　有吊顶
		DN15	
单　　　位		个	个
基　　价（元）		**24.83**	**42.96**
其中	人　工　费（元）	13.71	23.74
	材　料　费（元）	11.12	19.22
	机　械　费（元）		
名　　　称	单位	数　　量	
人工	建筑普通工	工日	0.0438	0.0759
	建筑技术工	工日	0.0631	0.1092
计价材料	喷头　DN15	个	1.0100	1.0100
	镀锌弯头　DN25	个		2.0200
	镀锌管接头　DN25	个	1.0100	1.0100
	镀锌管堵　DN20以下	个	0.1000	0.1000
	聚四氟乙烯生料带　加厚	卷	0.0770	0.1800
	乙醇	kg	0.0050	0.0050

894

续表

定 额 编 号			XZYT16-1	XZYT16-2
项　　目			喷头安装　无吊顶	喷头安装　有吊顶
			DN15	
计价材料	砂轮片　φ400	片	0.0100	0.0300
	棉纱头	kg	0.0100	0.0100
	其他材料费	元	0.2200	0.3700

工作内容：部件外观检查、切管、坡口、组对、焊法兰、紧螺栓、临时短管安装拆除、报警阀渗漏试验、整体组装、配管、调试。

定 额 编 号			XZYT16-3	XZYT16-4	XZYT16-5	XZYT16-6	XZYT16-7
项 目			湿式报警装置安装				
			DN65	DN80	DN100	DN150	DN200
单 位			组	组	组	组	组
基 价（元）			**1684.57**	**1855.75**	**2402.77**	**3891.85**	**5262.65**
其中	人 工 费（元）		353.69	454.50	598.60	805.51	1012.18
	材 料 费（元）		1291.22	1360.21	1758.90	3038.22	4182.44
	机 械 费（元）		39.66	41.04	45.27	48.12	68.03
名 称		单位	数 量				
人工	建筑普通工	工日	1.1308	1.4530	1.9137	2.5751	3.2359
	建筑技术工	工日	1.6272	2.0911	2.7541	3.7061	4.6569
计价材料	镀锌钢管 DN20 以下	kg	19.5730	19.5730	19.5730	19.5730	19.5730
	镀锌钢管 DN25	kg	10.0800	10.0800	10.0800	10.0800	10.0800
	镀锌钢管 DN50	kg	10.2480	10.2480			
	镀锌钢管 DN80	kg			17.5140	17.5140	17.5140
	平焊法兰 综合	片				2.2000	
	平焊法兰 PN1.6 DN65	片	2.2000				
	平焊法兰 PN1.6 DN80	片		2.2000			
	平焊法兰 PN1.6 DN100	片			2.2000		
	平焊法兰 PN1.6 DN150	片				2.2000	

续表

定 额 编 号			XZYT16-3	XZYT16-4	XZYT16-5	XZYT16-6	XZYT16-7
项 目			湿式报警装置安装				
			DN65	DN80	DN100	DN150	DN200
计价材料	平焊法兰 PN1.6 DN200	片					2.2000
	水流指示器 DN65	个	2.2000				
	水流指示器 DN80	个		2.0000			
	水流指示器 DN100	个			2.0000		
	水流指示器 DN150	个				2.0000	
	水流指示器 DN200	个					2.0000
	电焊条 J422 综合	kg	0.4260	0.4630	0.5640	0.6870	1.4770
	精制六角螺栓 综合	kg	1.5160	3.0320	3.0320	5.5830	9.0230
	镀锌弯头 DN20 以下	个	6.0600	6.0600	6.0600	6.0600	6.0600
	镀锌弯头 DN25	个	2.0200	2.0200	2.0200	2.0200	2.0200
	镀锌弯头 DN50	个	2.0200	2.0200			
	镀锌弯头 DN80	个			2.0200	2.0200	2.0200
	镀锌三通 DN20 以下	个	1.0100	1.0100	1.0100	1.0100	1.0100
	铝标识牌	个	1.0000	1.0000	1.0000	1.0000	1.0000
	石棉橡胶板 中压 6 以下	kg	0.3600	0.5240	0.6920	1.1040	1.3240
	聚四氟乙烯生料带 加厚	卷	0.1482	0.1482	0.1776	0.1776	0.1776
	电	kW·h	0.1150	0.1350	0.1620	0.2150	0.4030
	砂轮片 φ100	片	0.0960	0.1000	0.1280	0.1880	0.3160

897

续表

定 额 编 号			XZYT16-3	XZYT16-4	XZYT16-5	XZYT16-6	XZYT16-7
项 目			湿式报警装置安装				
			DN65	DN80	DN100	DN150	DN200
计价材料	砂轮片 φ400	片	0.4140	0.4210	0.4900	0.5040	0.5180
	棉纱头	kg	0.1430	0.1510	0.1630	0.1750	0.2230
	其他材料费	元	25.3100	26.6700	34.4800	59.5700	82.0000
机械	管子切断机 管径 φ150	台班	0.4957	0.4957	0.5187	0.5187	0.5187
	交流弧焊机 容量 21kVA	台班	0.1576	0.1771	0.2162	0.2519	0.5451
	砂轮切割机 直径 φ400	台班	0.2001	0.2013	0.2151	0.2231	0.2277

工作内容：部件检查、切管、套丝、安装零件、管道安装、本体组装、球阀及喷头安装、调试。

定　额　编　号			XZYT16-8	XZYT16-9	XZYT16-10	XZYT16-11	XZYT16-12
项　　　　目			温感式水幕装置安装				
			DN20	DN25	DN32	DN40	DN50
单　　　　位			组	组	组	组	组
基　　价（元）			**295.15**	**383.45**	**477.59**	**573.40**	**690.38**
其中	人　工　费（元）		100.80	153.72	193.80	287.65	345.80
	材　料　费（元）		183.21	216.12	263.84	265.59	316.65
	机　械　费（元）		11.14	13.61	19.95	20.16	27.93
名　　　称		单位	数　　　　量				
人工	建筑普通工	工日	0.3222	0.4915	0.6195	0.9197	1.1055
	建筑技术工	工日	0.4638	0.7072	0.8917	1.3234	1.5910
计价材料	球阀　Q11F-16　DN20	只	1.0100				
	球阀　Q11F-16　DN25	只		1.0100			
	球阀　Q11F-16　DN32	只			1.0100		
	球阀　Q11F-16　DN40	只				1.0100	
	球阀　Q11F-16　DN50	只					1.0100
	温感雨淋阀　ZSFW~32A	个	1.0100	1.0100	1.0100	1.0100	1.0100
	镀锌弯头　DN20 以下	个	5.0500				
	镀锌弯头　DN25	个		5.0500		1.0100	
	镀锌弯头　DN32	个			8.0800		
	镀锌弯头　DN40	个				4.0400	1.0100

续表

定 额 编 号			XZYT16-8	XZYT16-9	XZYT16-10	XZYT16-11	XZYT16-12
项 目			温感式水幕装置安装				
			DN20	DN25	DN32	DN40	DN50
计价材料	镀锌弯头　DN50	个					4.0400
	镀锌三通　DN20 以下	个	2.0200				
	镀锌三通　DN25	个		4.0400		5.0500	
	镀锌三通　DN32	个			5.0500		
	镀锌三通　DN40	个				1.0100	7.0700
	镀锌三通　DN50	个					1.0100
	镀锌管接头　DN20	个	1.0100				
	镀锌管接头　DN25	个		1.0100			
	镀锌管接头　DN32	个			1.0100		
	镀锌管接头　DN40	个				1.0100	
	镀锌管接头　DN50	个					1.0100
	镀锌活接头　DN20 以下	个	1.0100				
	镀锌活接头　DN25	个		1.0100			
	镀锌活接头　DN32	个			1.0100		
	镀锌活接头　DN40	个				1.0100	
	镀锌活接头　DN50	个					1.0100
	聚四氟乙烯生料带　加厚	卷	0.3942	0.6200	0.8736	0.9046	1.3568
	砂轮片　$\phi400$	片	0.1320	0.2080	0.2520	0.3150	0.4420

续表

定　额　编　号			XZYT16-8	XZYT16-9	XZYT16-10	XZYT16-11	XZYT16-12
项　　　　目			温感式水幕装置安装				
			DN20	DN25	DN32	DN40	DN50
计价材料	棉纱头	kg	0.0220	0.3000	0.3300	0.4400	0.6720
	其他材料费	元	3.5800	4.2200	5.1500	5.1800	6.1700
机械	管子切断机　管径　φ150	台班	0.1909	0.2381	0.4060	0.3726	0.5658
	砂轮切割机　直径　φ400	台班	0.0759	0.0897	0.0966	0.1208	0.1369

工作内容：外观检查、切管、套丝、安装零件、临时短管安装拆除、主要功能检查、安装及调整。

定 额 编 号			XZYT16-13	XZYT16-14	XZYT16-15	XZYT16-16
项 目			水流指示器——螺纹连接			
			DN50	DN65	DN80	DN100
单 位			个	个	个	个
基 价（元）			**499.39**	**545.34**	**665.34**	**934.37**
其中	人 工 费（元）		77.29	96.50	125.96	220.70
	材 料 费（元）		419.01	445.55	535.32	708.10
	机 械 费（元）		3.09	3.29	4.06	5.57
名 称		单位	数 量			
人工	建筑普通工	工日	0.2471	0.3085	0.4027	0.7056
	建筑技术工	工日	0.3556	0.4440	0.5795	1.0154
计价材料	水流指示器 DN50	个	1.0000			
	水流指示器 DN65	个		1.0000		
	水流指示器 DN80	个			1.0000	
	水流指示器 DN100	个				1.0000
	镀锌管接头 DN50	个	1.2100			
	镀锌管接头 DN65	个		1.2100		
	镀锌管接头 DN80	个			1.2100	
	镀锌管接头 DN100	个				1.2100
	镀锌活接头 DN50	个	1.0100			
	镀锌活接头 DN65	个		1.0100		

续表

定　额　编　号			XZYT16-13	XZYT16-14	XZYT16-15	XZYT16-16
项　　　目			水流指示器——螺纹连接			
			DN50	DN65	DN80	DN100
计价材料	镀锌活接头　DN80	个			1.0100	
	镀锌活接头　DN100	个				1.0100
	铝标识牌	个	1.0000	1.0000	1.0000	1.0000
	聚四氟乙烯生料带　加厚	卷	0.1504	0.1912	0.2240	0.2864
	砂轮片　ϕ400	片	0.0520	0.0760	0.0900	0.1140
	棉纱头	kg	0.0300	0.0300	0.0300	0.0300
	其他材料费	元	8.2100	8.7300	10.4900	13.8800
机械	管子切断机　管径　ϕ150	台班	0.0610	0.0610	0.0771	0.1104
	砂轮切割机　直径　ϕ400	台班	0.0161	0.0196	0.0230	0.0288

工作内容：外观检查、切管、坡口、对口、焊法兰、临时短管安装拆除、主要功能检查、安装及调整。

定 额 编 号			XZYT16-17	XZYT16-18	XZYT16-19	XZYT16-20	XZYT16-21
项 目			水流指示器——法兰连接				
			DN50	DN80	DN100	DN150	DN200
单 位			个	个	个	个	个
基 价（元）			**575.09**	**724.76**	**934.81**	**1652.09**	**2400.32**
其中	人 工 费（元）		82.57	107.75	129.42	182.46	241.57
	材 料 费（元）		483.34	604.55	790.04	1451.42	2122.23
	机 械 费（元）		9.18	12.46	15.35	18.21	36.52
名 称		单位	数 量				
人工	建筑普通工	工日	0.2640	0.3445	0.4138	0.5833	0.7723
	建筑技术工	工日	0.3799	0.4957	0.5954	0.8395	1.1114
计价材料	平焊法兰 PN1.6 DN50	片	2.2000				
	平焊法兰 PN1.6 DN80	片		2.2000			
	平焊法兰 PN1.6 DN100	片			2.2000		
	平焊法兰 PN1.6 DN150	片				2.2000	
	平焊法兰 PN1.6 DN200	片					2.2000
	水流指示器 DN50	个	1.0000				
	水流指示器 DN80	个		1.0000			
	水流指示器 DN100	个			1.0000		
	水流指示器 DN150	个				1.0000	

904

定 额 编 号			XZYT16-17	XZYT16-18	XZYT16-19	XZYT16-20	XZYT16-21
项 目			水流指示器——法兰连接				
			DN50	DN80	DN100	DN150	DN200
计价材料	水流指示器 DN200	个					1.0000
	电焊条 J422 综合	kg	0.3110	0.4630	0.5640	0.6870	1.4770
	精制六角螺栓 综合	kg	1.4460	3.0320	3.0320	5.5820	9.0230
	铝标识牌	个	1.0000	1.0000	1.0000	1.0000	1.0000
	石棉橡胶板 中压 6以下	kg	0.2760	0.5240	0.6920	1.1040	1.3240
	电	kW·h	0.0740	0.1350	0.1620	0.2150	0.4030
	砂轮片 φ100	片	0.0680	0.1000	0.1280	0.1880	0.3160
	砂轮片 φ400	片	0.0260	0.0540	0.0570	0.0710	0.0850
	棉纱头	kg	0.0280	0.0480	0.0520	0.0560	0.1120
	其他材料费	元	9.4800	11.8500	15.4900	28.4600	41.6100
机械	交流弧焊机 容量 21kVA	台班	0.1300	0.1760	0.2162	0.2519	0.5451
	砂轮切割机 直径 φ400	台班	0.0081	0.0115	0.0150	0.0230	

16.1.2 其他组件安装

工作内容：切管、焊法兰、制垫加垫、孔板检查、二次安装。

定 额 编 号			XZYT16-22	XZYT16-23	XZYT16-24	XZYT16-25	XZYT16-26
项 目			减压孔板安装				
			DN50	DN65	DN80	DN100	DN150
单 位			个	个	个	个	个
基 价（元）			**177.70**	**203.28**	**237.80**	**308.28**	**431.19**
其中	人 工 费（元）		38.23	39.97	46.00	54.79	62.56
	材 料 费（元）		128.88	149.85	182.51	241.53	354.05
	机 械 费（元）		10.59	13.46	9.29	11.96	14.58
名 称		单位	数 量				
人工	建筑普通工	工日	0.1222	0.1278	0.1471	0.1751	0.2000
	建筑技术工	工日	0.1759	0.1839	0.2116	0.2521	0.2878
计价材料	平焊法兰　PN1.6　DN50	片	2.0000				
	平焊法兰　PN1.6　DN65	片		2.0000			
	平焊法兰　PN1.6　DN80	片			2.0000		
	平焊法兰　PN1.6　DN100	片				2.0000	
	平焊法兰　PN1.6　DN150	片					2.0000
	减压孔板　DN50	个	1.0000				
	减压孔板　DN65	个		1.0000			
	减压孔板　DN80	个			1.0000		
	减压孔板　DN100	个				1.0000	

续表

定额编号			XZYT16-22	XZYT16-23	XZYT16-24	XZYT16-25	XZYT16-26
项目			减压孔板安装				
			DN50	DN65	DN80	DN100	DN150
计价材料	减压孔板 DN150	个					1.0000
	电焊条 J422 综合	kg	0.1330	0.2370	0.2710	0.3630	0.4740
	镀锌六角螺栓 综合	kg	1.2520	1.2520	2.5040	2.5040	2.5040
	石棉橡胶板 中压 6 以下	kg	0.2760	0.3600	0.5240	0.6920	1.1040
	电	kW·h	0.0740	0.1150	0.1350	0.1620	0.2150
	砂轮片 φ100	片	0.0680	0.0860	0.1000	0.1280	0.1880
	砂轮片 φ400	片	0.0260	0.0380	0.0450	0.0570	0.0710
	棉纱头	kg	0.0500	0.0500	0.0800	0.1000	0.1200
	其他材料费	元	2.5300	2.9400	3.5800	4.7400	6.9400
机械	交流弧焊机 容量 21kVA	台班	0.0886	0.1116	0.1288	0.1656	0.1978
	砂轮切割机 直径 φ400	台班	0.0805	0.1035	0.0115	0.0150	0.0230

工作内容：切管、套丝、安装零件、整体组装、放水试验。

定 额 编 号			XZYT16-27	XZYT16-28
项 目			末端试水装置安装	
			DN25	DN32
单 位			组	组
基 价 （元）			**261.30**	**324.68**
其中	人 工 费 （元）		131.25	143.30
	材 料 费 （元）		126.13	176.16
	机 械 费 （元）		3.92	5.22
名 称		单位	数 量	
人工	建筑普通工	工日	0.4196	0.4581
	建筑技术工	工日	0.6039	0.6593
计价材料	镀锌钢管 DN20 以下	kg	0.3930	0.3930
	截止阀 J11T-16 DN25	只	2.0200	
	截止阀 J11T-16 DN32	只		2.0200
	压力表 1.6MPa	只	1.0000	1.0000
	压力表气门 QZ-2M10/ϕ6	只	1.0000	1.0000
	镀锌三通 DN25	个	1.0100	
	镀锌三通 DN32	个		1.0100
	镀锌管接头 DN20	个	1.0100	1.0100
	聚四氟乙烯生料带 加厚	卷	0.2108	0.2600
	砂轮片 ϕ400	片	0.0640	0.0720

908

续表

定 额 编 号			XZYT16-27	XZYT16-28
项 目			末端试水装置安装	
			DN25	DN32
计价材料	棉纱头	kg	0.0410	0.0410
	其他材料费	元	2.4700	3.4500
机械	管子切断机 管径 φ150	台班	0.0656	0.1024
	砂轮切割机 直径 φ400	台班	0.0276	0.0276

工作内容：划线、下料、加工、支架制作及安装、整体安装固定。

定 额 编 号			XZYT16-29
项 目			集热板制作、安装
单 位			个
基 价（元）			**66.36**
其中	人 工 费（元）		34.04
	材 料 费（元）		14.20
	机 械 费（元）		18.12
名 称		单位	数 量
人工	建筑普通工	工日	0.0158
	建筑技术工	工日	0.2262
计价材料	扁钢（3~5）×50mm 以下	kg	0.7100
	镀锌钢板 0.5 以下	kg	1.0990
	精制六角螺栓 综合	kg	0.1860
	膨胀螺栓 M8	套	2.0600
	其他材料费	元	0.2800
机械	高空作业车 30m 以内	台班	0.0120

16.1.3 消火栓安装

工作内容: 管口除沥青、制垫、加垫、紧螺栓、消火栓安装。

定 额 编 号		XZYT16-30	XZYT16-31	XZYT16-32	XZYT16-33	XZYT16-34	XZYT16-35
项 目		室外消火栓（地下式）					
		浅型 （1.0MPa）	深Ⅰ型 （1.0MPa）	深Ⅱ型 （1.0MPa）	浅型 （1.6MPa）	深Ⅰ型 （1.6MPa）	深Ⅱ型 （1.6MPa）
单 位		套	套	套	套	套	套
基 价（元）		**1071.00**	**1244.80**	**1273.94**	**1171.81**	**1345.61**	**1273.94**
其中	人 工 费（元）	57.34	57.34	57.34	81.67	81.67	57.34
	材 料 费（元）	1013.66	1187.46	1216.60	1084.67	1258.47	1216.60
	机 械 费（元）				5.47	5.47	
名 称	单位	数 量					
人工 建筑普通工	工日	0.1833	0.1833	0.1833	0.2610	0.2610	0.1833
建筑技术工	工日	0.2638	0.2638	0.2638	0.3758	0.3758	0.2638
计价材料 平焊法兰 PN1.6 DN100	片				1.0000	1.0000	
普通硅酸盐水泥 42.5	t	0.0010	0.0010				
地下式消火栓 浅型	套	1.0000			1.0000		
地下式消火栓 深Ⅰ型	套		1.0000			1.0000	
地下式消火栓 深Ⅱ型	套			1.0000			1.0000
电焊条 J422 综合	kg				0.2210	0.2210	
精制六角螺栓 综合	kg			1.7120	1.7120	1.7120	1.7120
镀锌管堵 DN20 以下	个	1.0100	1.0100	1.0100	1.0100	1.0100	1.0100

续表

定 额 编 号			XZYT16-30	XZYT16-31	XZYT16-32	XZYT16-33	XZYT16-34	XZYT16-35
项 目			室外消火栓（地下式）					
			浅型 （1.0MPa）	深Ⅰ型 （1.0MPa）	深Ⅱ型 （1.0MPa）	浅型 （1.6MPa）	深Ⅰ型 （1.6MPa）	深Ⅱ型 （1.6MPa）
计价材料	石棉绒	kg	0.1230	0.1230				
	石棉橡胶板 中压 6以下	kg			0.1730	0.1730	0.1730	0.1730
	氧气	m³	0.1030	0.1030		0.1570	0.1570	
	乙炔气	m³	0.0340	0.0340		0.0520	0.0520	
	棉纱头	kg			0.0130	0.0130	0.0130	0.0130
	油麻	kg	0.1200	0.1200				
	其他材料费	元	19.8800	23.2800	23.8500	21.2700	24.6800	23.8500
机械	交流弧焊机 容量 21kVA	台班				0.0817	0.0817	

定　额　编　号		XZYT16-36	XZYT16-37	XZYT16-38	XZYT16-39
项　　目		室外消火栓（地上式）			
		浅 100 型 （1.0MPa）	深 100 型 （1.0MPa）	浅 150 型 （1.0MPa）	深 150 型 （1.0MPa）
单　　位		套	套	套	套
基　　价（元）		**1023.10**	**1246.27**	**1449.64**	**1716.50**
其中	人　工　费（元）	73.80	86.89	105.11	118.13
	材　料　费（元）	949.30	1159.38	1344.53	1598.37
	机　械　费（元）				
名　　称	单位	数　　量			
人工 建筑普通工	工日	0.2360	0.2777	0.3360	0.3777
建筑技术工	工日	0.3395	0.3998	0.4836	0.5435
计价材料 普通硅酸盐水泥　42.5	t	0.0010	0.0010	0.0010	0.0010
地上式消火栓　浅　100型	套	1.0000			
地上式消火栓　深　100型	套		1.0000		
地上式消火栓　浅　150型	套			1.0000	
地上式消火栓　深　150型	套				1.0000
镀锌管堵　DN20以下	个	1.0100	1.0100	1.0100	1.0100
石棉绒	kg	0.1230	0.1230	0.1820	0.1820
氧气	m³	0.1030	0.1030	0.1720	0.1720
乙炔气	m³	0.0340	0.0340	0.0570	0.0570
油麻	kg	0.1200	0.1200	0.1700	0.1700
其他材料费	元	18.6100	22.7300	26.3600	31.3400

定 额 编 号			XZYT16-40	XZYT16-41	XZYT16-42	XZYT16-43
项 目			室外消火栓（地上式）			
			浅 100 型（1.6MPa）	深 100 型（1.6MPa）	浅 150 型（1.6MPa）	深 150 型（1.6MPa）
单 位			套	套	套	套
基 价（元）			**1123.93**	**1347.89**	**1595.20**	**1862.01**
其中	人 工 费（元）		98.14	112.03	130.34	143.30
	材 料 费（元）		1020.32	1230.39	1456.38	1710.23
	机 械 费（元）		5.47	5.47	8.48	8.48
名 称		单位	数 量			
人工	建筑普通工	工日	0.3138	0.3581	0.4167	0.4581
	建筑技术工	工日	0.4515	0.5155	0.5997	0.6593
计价材料	平焊法兰 PN1.6 DN100	片	1.0000	1.0000		
	平焊法兰 PN1.6 DN150	片			1.0000	1.0000
	地上式消火栓 浅 100 型	套	1.0000			
	地上式消火栓 深 100 型	套		1.0000		
	地上式消火栓 浅 150 型	套			1.0000	
	地上式消火栓 深 150 型	套				1.0000
	电焊条 J422 综合	kg	0.2210	0.2210	0.2900	0.2900
	精制六角螺栓 综合	kg	1.7120	1.7120	2.5960	2.5960
	镀锌管堵 DN20 以下	个	1.0100	1.0100	1.0100	1.0100
	石棉橡胶板 中压 6 以下	kg	0.1730	0.1730	0.2800	0.2800

914

定 额 编 号			XZYT16-40	XZYT16-41	XZYT16-42	XZYT16-43
项 目			室外消火栓（地上式）			
			浅 100 型 （1.6MPa）	深 100 型 （1.6MPa）	浅 150 型 （1.6MPa）	深 150 型 （1.6MPa）
计价材料	氧气	m³	0.1570	0.1570	0.2470	0.2470
	乙炔气	m³	0.0520	0.0520	0.0820	0.0820
	棉纱头	kg	0.0130	0.0130	0.0160	0.0160
	其他材料费	元	20.0100	24.1300	28.5600	33.5300
机械	交流弧焊机 容量 21kVA	台班	0.0817	0.0817	0.1265	0.1265

定　额　编　号		XZYT16-44	XZYT16-45
项　　　　目		室内消火栓	
		单栓 65	双栓 65
单　　　位		套	套
基　　价（元）		**681. 31**	**863. 76**
其中	人　工　费（元）	81. 67	104. 27
	材　料　费（元）	598. 69	757. 97
	机　械　费（元）	0. 95	1. 52
名　　　称	单位	数　　量	
人工	建筑普通工	工日	0. 2610	0. 3334
	建筑技术工	工日	0. 3758	0. 4797
计价材料	方材红白松　二等	m³	0. 0030	0. 0030
	普通硅酸盐水泥　32.5	t	0. 0010	0. 0010
	消火栓单栓　DN65	套	1. 0000	
	消火栓双栓　DN65	套		1. 0000
	聚四氟乙烯生料带　加厚	卷	0. 1680	0. 2240
	砂轮片　φ400	片	0. 0380	0. 0450
	棉纱头	kg	0. 1000	0. 1500
	其他材料费	元	11. 7300	14. 8600
机械	管子切断套丝机　管径　φ159	台班	0. 0150	0. 0253
	砂轮切割机　直径　φ400	台班	0. 0104	0. 0161

16.1.4 消防水泵接合器安装

工作内容：切管、焊法兰、制垫、加垫、紧螺栓、整体安装、充水试验。

定 额 编 号			XZYT16-46	XZYT16-47	XZYT16-48	XZYT16-49
项 目			地下式 100	地下式 150	地上式 100	地上式 150
单 位			套	套	套	套
基 价（元）			**832.13**	**1149.66**	**636.54**	**870.78**
其中	人 工 费（元）		153.72	186.87	181.55	211.19
	材 料 费（元）		672.07	952.99	448.65	649.79
	机 械 费（元）		6.34	9.80	6.34	9.80
名 称		单位	数 量			
人工	建筑普通工	工日	0.4915	0.5974	0.5804	0.6752
	建筑技术工	工日	0.7072	0.8598	0.8353	0.9716
计价材料	镀锌钢管 DN25	kg	1.0080	1.0080	0.5040	0.5040
	平焊法兰 PN1.6 DN100	片	1.0000		1.0000	
	平焊法兰 PN1.6 DN150	片		1.0000		1.0000
	水泵接合器地下式 100	套	1.0100			
	水泵接合器地下式 150	套		1.0100		
	水泵接合器地上式 100	套			1.0100	
	水泵接合器地上式 150	套				1.0100
	电焊条 J422 综合	kg	0.2210	0.2900	0.2210	0.2900
	精制六角螺栓 综合	kg	3.4230	5.1920	5.1350	7.7870
	石棉橡胶板 中压 6 以下	kg	0.5200	0.8300	0.6800	1.1000

定 额 编 号			XZYT16-46	XZYT16-47	XZYT16-48	XZYT16-49
项 目			地下式 100	地下式 150	地上式 100	地上式 150
计价材料	电	kW·h	0.1620	0.2150	0.1620	0.2150
	砂轮片 ϕ100	片	0.0660	0.0970	0.0660	0.0970
	砂轮片 ϕ400	片	0.0570	0.0710	0.0570	0.0710
	棉纱头	kg	0.0130	0.0160	0.0130	0.0160
	其他材料费	元	13.1800	18.6900	8.8000	12.7400
机械	交流弧焊机 容量 21kVA	台班	0.0817	0.1265	0.0817	0.1265
	砂轮切割机 直径 ϕ400	台班	0.0150	0.0230	0.0150	0.0230

定 额 编 号			XZYT16-50	XZYT16-51
项 目			墙壁式 100	墙壁式 150
单 位			套	套
基 价（元）			**938.38**	**1284.05**
其中	人 工 费 （元）		207.60	260.66
	材 料 费 （元）		724.44	1013.59
	机 械 费 （元）		6.34	9.80
名 称		单位	数 量	
人工	建筑普通工	工日	0.6637	0.8333
	建筑技术工	工日	0.9551	1.1993
计价材料	平焊法兰 PN1.6 DN100	片	1.0000	
	平焊法兰 PN1.6 DN150	片		1.0000
	水泵接合器墙壁式 100	套	1.0100	
	水泵接合器墙壁式 150	套		1.0100
	电焊条 J422 综合	kg	0.2210	0.2900
	精制六角螺栓 综合	kg	5.1350	7.7870
	膨胀螺栓 M10	套	4.1200	4.1200
	石棉橡胶板 中压 6以下	kg	0.6800	1.1000
	电	kW·h	0.1620	0.2150
	砂轮片 φ100	片	0.0660	0.0970
	砂轮片 φ400	片	0.0570	0.0710
	棉纱头	kg	0.0130	0.0160

续表

定 额 编 号			XZYT16-50	XZYT16-51
项 目			墙壁式 100	墙壁式 150
计价材料	其他材料费	元	14.2000	19.8700
机械	交流弧焊机 容量 21kVA	台班	0.0817	0.1265
	砂轮切割机 直径 φ400	台班	0.0150	0.0230

920

16.1.5 隔膜式气压水罐安装

工作内容：场内搬运、定位、焊法兰、制加垫、紧螺栓、充气定压、充水、调试。

定 额 编 号		XZYT16-52	XZYT16-53	XZYT16-54	XZYT16-55
项 目		隔膜式气压水罐安装（气压罐）			
		DN800	DN1000	DN1200	DN1400
单 位		台	台	台	台
基 价（元）		**897.57**	**994.27**	**1090.93**	**1187.60**
其中	人 工 费（元）	695.09	782.01	868.87	955.75
	材 料 费（元）	10.05	11.22	12.40	13.57
	机 械 费（元）	192.43	201.04	209.66	218.28
名 称	单位	数 量			
人工 建筑普通工	工日	2.2222	2.5001	2.7778	3.0555
建筑技术工	工日	3.1980	3.5979	3.9975	4.3973
计价材料 电焊条 J422 综合	kg	0.2210	0.2210	0.2210	0.2210
石棉橡胶板 中压 6以下	kg	0.1730	0.1730	0.1730	0.1730
氮气	m³	2.5000	3.0000	3.5000	4.0000
砂轮片 φ100	片	0.0660	0.0660	0.0660	0.0660

定 额 编 号			XZYT16-52	XZYT16-53	XZYT16-54	XZYT16-55
项 目			隔膜式气压水罐安装（气压罐）			
			DN800	DN1000	DN1200	DN1400
计价材料	砂轮片 φ400	片	0.0570	0.0570	0.0570	0.0570
	棉纱头	kg	0.0130	0.0130	0.0130	0.0130
	其他材料费	元	0.2000	0.2200	0.2400	0.2700
机械	汽车式起重机 起重量 5t	台班	0.1955	0.2070	0.2185	0.2300
	载重汽车 5t	台班	0.0805	0.0805	0.0805	0.0805
	交流弧焊机 容量 21kVA	台班	0.0817	0.0817	0.0817	0.0817

16.1.6 管道支吊架制作、安装

工作内容：切断、调直、煨制、钻孔、组对、焊接、安装。

定 额 编 号			XZYT16-56
项 目			管道支吊架
单 位			kg
基 价（元）			**15.66**
其中	人 工 费（元）		7.78
	材 料 费（元）		6.91
	机 械 费（元）		0.97
名 称	单位		数 量
人工	建筑普通工	工日	0.0249
	建筑技术工	工日	0.0358
计价材料	等边角钢 边长 50 以下	kg	1.0600
	电焊条 J422 综合	kg	0.0540
	精制六角螺栓 综合	kg	0.0160
	膨胀螺栓 M12	套	0.3490
	石棉橡胶板 中压 6 以下	kg	0.0050
	氧气	m³	0.0260
	乙炔气	m³	0.0090

续表

定 额 编 号			XZYT16-56
项　　　　目			管道支吊架
计价材料	冲击钻头　φ16	支	0.0070
	砂轮片　φ400	片	0.0080
	其他材料费	元	0.1400
机械	交流弧焊机　容量　21kVA	台班	0.0120
	砂轮切割机　直径　φ400	台班	0.0029

16.1.7 自动喷水灭火系统管网水冲洗

工作内容: 准备工具和材料、制堵盲板、安装拆除临时管线、通水冲洗、检查、清理现场。

定 额 编 号		XZYT16-57	XZYT16-58	XZYT16-59	XZYT16-60	XZYT16-61	XZYT16-62
项 目		自动喷水灭火系统管网水冲洗					
		DN50	DN70	DN80	DN100	DN150	DN200
单 位		m	m	m	m	m	m
基 价 (元)		**3.13**	**3.60**	**3.84**	**4.30**	**6.34**	**8.17**
其中	人 工 费 (元)	2.24	2.44	2.44	2.44	2.98	2.98
	材 料 费 (元)	0.80	1.05	1.28	1.71	3.15	4.86
	机 械 费 (元)	0.09	0.11	0.12	0.15	0.21	0.33
名 称	单位	数 量					
人工 建筑普通工	工日	0.0072	0.0078	0.0078	0.0078	0.0095	0.0095
建筑技术工	工日	0.0103	0.0112	0.0112	0.0112	0.0137	0.0137
计价材料 中厚钢板 12~20	kg	0.0370	0.0410	0.0410	0.0410	0.0460	0.0460
无缝钢管 10~20 号 φ57 以下	kg	0.0030	0.0030	0.0030	0.0030	0.0030	0.0030
闸阀 Z15T-10K DN50	只	0.0010	0.0010	0.0010	0.0010	0.0010	0.0010
平焊法兰 PN1.6 DN50	片	0.0010	0.0010	0.0010	0.0010	0.0010	0.0010
电焊条 J422 综合	kg	0.0020	0.0020	0.0020	0.0020	0.0020	0.0020
精制六角螺栓 综合	kg	0.0070	0.0080	0.0090	0.0100	0.0150	0.0210
石棉橡胶板 中压 6 以下	kg	0.0050	0.0070	0.0080	0.0100	0.0130	0.0160
普通橡胶管 DN50	m	0.0080	0.0080	0.0080	0.0080	0.0080	0.0080
氧气	m³	0.0020	0.0020	0.0030	0.0030	0.0040	0.0050

续表

定 额 编 号			XZYT16-57	XZYT16-58	XZYT16-59	XZYT16-60	XZYT16-61	XZYT16-62
项 目			自动喷水灭火系统管网水冲洗					
			DN50	DN70	DN80	DN100	DN150	DN200
计价材料	乙炔气	m³	0.0010	0.0010	0.0010	0.0010	0.0010	0.0020
	水	t	0.0900	0.1800	0.2700	0.4500	1.0440	1.7640
	其他材料费	元	0.0200	0.0200	0.0300	0.0300	0.0600	0.1000
机械	电动单级离心清水泵　出口直径　φ100	台班	0.0002	0.0005	0.0006	0.0010	0.0020	0.0038
	交流弧焊机　容量　21kVA	台班	0.0012	0.0012	0.0012	0.0012	0.0012	0.0012

16.2 气体灭火系统安装

16.2.1 管道安装

工作内容：切管、调直、车丝、清洗、镀锌后调直、管口连接、管道安装。

定 额 编 号		XZYT16-63	XZYT16-64	XZYT16-65	XZYT16-66
项 目		无缝钢管——螺纹连接			
		DN15	DN20	DN25	DN32
单 位		m	m	m	m
基 价 （元）		**14.93**	**17.44**	**22.78**	**28.37**
其中	人 工 费 （元）	6.54	6.74	7.04	8.28
	材 料 费 （元）	8.31	10.62	15.66	20.01
	机 械 费 （元）	0.08	0.08	0.08	0.08
名 称	单位	数 量			
人工 建筑普通工	工日	0.0210	0.0216	0.0226	0.0265
建筑技术工	工日	0.0300	0.0310	0.0323	0.0381
计价材料 无缝钢管 10~20 号 φ28 以下	kg	1.2799	1.6605	2.4733	
无缝钢管 10~20 号 φ57 以下	kg				3.1887
乙醇	kg	0.0020	0.0020	0.0020	0.0020
清洗剂	kg	0.0030	0.0030	0.0040	0.0050
厌氧胶 325 号 200g	瓶	0.0100	0.0100	0.0120	0.0120
砂轮片 φ400	片	0.0020	0.0020	0.0030	0.0030

定额编号			XZYT16-63	XZYT16-64	XZYT16-65	XZYT16-66
项目			无缝钢管——螺纹连接			
			DN15	DN20	DN25	DN32
计价材料	棉纱头	kg	0.0050	0.0050	0.0050	0.0060
	其他材料费	元	0.1600	0.2100	0.3100	0.3900
机械	砂轮切割机　直径　φ400	台班	0.0014	0.0014	0.0014	0.0014

定 额 编 号			XZYT16-67	XZYT16-68	XZYT16-69	XZYT16-70
项 目			无缝钢管——螺纹连接			
			DN40	DN50	DN70	DN80
单 位			m	m	m	m
基 价（元）			**33.47**	**38.70**	**51.63**	**60.83**
其中	人 工 费（元）		8.79	9.19	11.73	13.71
	材 料 费（元）		24.59	29.42	39.78	47.00
	机 械 费（元）		0.09	0.09	0.12	0.12
名 称		单位	数 量			
人工	建筑普通工	工日	0.0280	0.0294	0.0375	0.0438
	建筑技术工	工日	0.0405	0.0423	0.0540	0.0631
计价材料	无缝钢管 10~20 号 φ57 以下	kg	3.9183	4.7109		
	无缝钢管 10~20 号 φ89 以下	kg			6.3838	7.5285
	乙醇	kg	0.0020	0.0030	0.0030	0.0030
	清洗剂	kg	0.0060	0.0080	0.0090	0.0110
	厌氧胶 325 号 200g	瓶	0.0150	0.0150	0.0190	0.0240
	砂轮片 φ400	片	0.0040	0.0040	0.0060	0.0080
	棉纱头	kg	0.0060	0.0070	0.0070	0.0080
	其他材料费	元	0.4800	0.5800	0.7800	0.9200
机械	砂轮切割机 直径 φ400	台班	0.0016	0.0016	0.0020	0.0020

工作内容：切管、调直、坡口、对口、焊接、法兰连接、管件及管道预装及安装。

定 额 编 号		XZYT16-71	XZYT16-72
项 目		无缝钢管——法兰连接	
		DN100	DN150
单 位		m	m
基 价（元）		**155.35**	**289.48**
其中	人 工 费（元）	72.88	82.90
	材 料 费（元）	64.29	187.39
	机 械 费（元）	18.18	19.19
名 称	单位	数 量	
人工	建筑普通工	工日	0.2330	0.2650
	建筑技术工	工日	0.3353	0.3814
计价材料	无缝钢管 10~20 号 φ108 以下	kg	9.2015	
	无缝钢管 10~20 号 φ159 以下	kg		28.5855
	电焊条 J422 综合	kg	0.6540	1.2500
	石棉橡胶板 中压 6 以下	kg	0.1660	0.2540
	塑料布 1.0mm	m²	0.0410	0.0530
	氧气	m³	0.2260	0.3190
	乙炔气	m³	0.0750	0.1060
	电	kW·h	0.3320	0.6000

续表

定　额　编　号			XZYT16-71	XZYT16-72
项　　　　目			无缝钢管——法兰连接	
			DN100	DN150
计价材料	砂轮片　φ100	片	0.1860	0.2390
	棉纱头	kg	0.0130	0.0150
	其他材料费	元	1.2600	3.6700
机械	交流弧焊机　容量　21kVA	台班	0.2713	0.2865

工作内容：切管、煨弯、安装、固定、调整、卡套连接。

定　额　编　号			XZYT16-73	XZYT16-74
项　　　　目			\multicolumn{2}{c}{气体驱动装置管道安装}	
			DN10	DN14
单　　　　位			m	m
基　　价（元）			**32. 18**	**53. 94**
其中	人　工　费（元）		9. 62	11. 42
	材　料　费（元）		22. 56	42. 52
	机　械　费（元）			
名　　　　称		单位	\multicolumn{2}{c}{数　　　　量}	
人工	建筑普通工	工日	0.0308	0.0366
	建筑技术工	工日	0.0442	0.0525
计价材料	紫铜管　φ4~13	kg	0.2596	
	紫铜管　φ13~30	kg		0.5397
	镀锌管卡子　DN20以下	个	1.7170	1.7170
	膨胀螺栓　M8	套	1.7170	1.7170
	钢锯条　各种规格	根	0.0200	0.0280
	砂布	张	0.0300	0.0200
	其他材料费	元	0.4400	0.8300

16.2.2 管件安装

工作内容：切管、调直、车丝、清洗、镀锌后调直、管件连接。

定 额 编 号		XZYT16-75	XZYT16-76	XZYT16-77	XZYT16-78
项 目		钢制管件——螺纹连接			
		DN15	DN20	DN25	DN32
单 位		件	件	件	件
基 价（元）		**18.41**	**19.42**	**22.59**	**27.95**
其中	人 工 费（元）	13.99	14.32	15.93	19.63
	材 料 费（元）	4.42	5.10	6.66	8.32
	机 械 费（元）				
名 称	单位	数 量			
人工 建筑普通工	工日	0.0447	0.0458	0.0509	0.0628
建筑技术工	工日	0.0644	0.0659	0.0733	0.0903
计价材料 钢制管件 DN15	个	1.0100			
钢制管件 DN20	个		1.0100		
钢制管件 DN25	个			1.0100	
钢制管件 DN32	个				1.0100
乙醇	kg	0.0100	0.0100	0.0100	0.0120
清洗剂	kg	0.0200	0.0200	0.0250	0.0280
厌氧胶 325 号 200g	瓶	0.0600	0.0600	0.0720	0.0720
砂轮片 φ400	片	0.0100	0.0120	0.0160	0.0180
棉纱头	kg	0.0300	0.0300	0.0300	0.0350
其他材料费	元	0.0900	0.1000	0.1300	0.1600

定　额　编　号			XZYT16-79	XZYT16-80	XZYT16-81	XZYT16-82
项　　　目			钢制管件——螺纹连接			
			DN40	DN50	DN70	DN80
单　　　位			件	件	件	件
基　　价（元）			**37.72**	**36.76**	**47.51**	**58.35**
其中	人　工　费（元）		23.14	23.14	26.78	30.25
	材　料　费（元）		14.58	13.62	20.73	28.10
	机　械　费（元）					
名　　　称		单位	数　　　量			
人工	建筑普通工	工日	0.0739	0.0739	0.0856	0.0967
	建筑技术工	工日	0.1065	0.1065	0.1232	0.1392
计价材料	钢制管件　DN32	个	1.0100			
	钢制管件　DN40	个	1.0100			
	钢制管件　DN50	个		1.0100		
	钢制管件　DN65	个			1.0100	
	钢制管件　DN80	个				1.0100
	乙醇	kg	0.0120	0.0150	0.0150	0.0200
	清洗剂	kg	0.0370	0.0470	0.0520	0.0650
	厌氧胶　325号　200g	瓶	0.0890	0.0890	0.1160	0.1420
	砂轮片　ϕ400	片	0.0210	0.0260	0.0380	0.0450
	棉纱头	kg	0.0350	0.0400	0.0400	0.0500
	其他材料费	元	0.2900	0.2700	0.4100	0.5500

16.2.3 系统组件安装

工作内容: 切管、调直、车丝、管件及喷头安装、喷头外观清洗。

定 额 编 号			XZYT16-83	XZYT16-84	XZYT16-85	XZYT16-86	XZYT16-87
项 目			喷头安装				
			DN15	DN20	DN25	DN32	DN40
单 位			个	个	个	个	个
基 价 (元)			**32.16**	**37.17**	**45.82**	**54.03**	**72.23**
其中	人 工 费 (元)		18.93	19.11	22.38	25.97	37.51
	材 料 费 (元)		12.75	17.58	22.96	27.58	34.24
	机 械 费 (元)		0.48	0.48	0.48	0.48	0.48
名 称		单位	数 量				
人工	建筑普通工	工日	0.0605	0.0611	0.0716	0.0830	0.1200
	建筑技术工	工日	0.0871	0.0879	0.1029	0.1195	0.1725
计价材料	喷头 DN15	个	1.0100				
	喷头 DN20	个		1.0100			
	喷头 DN25	个			1.0100		
	喷头 DN32	个				1.0100	
	喷头 DN40	个					1.0100
	钢制管件 DN15	个	1.0100				
	钢制管件 DN20	个		1.0100			
	钢制管件 DN25	个			1.0100		
	钢制管件 DN32	个				1.0100	

续表

定　额　编　号			XZYT16-83	XZYT16-84	XZYT16-85	XZYT16-86	XZYT16-87
项　　　目			喷头安装				
			DN15	DN20	DN25	DN32	DN40
计价材料	钢制管件　DN40	个					1.0100
	钢制丝堵　DN15	个	0.1000				
	钢制丝堵　DN20	个		0.1000			
	钢制丝堵　DN25	个			0.1000		
	钢制丝堵　DN32	个				0.1000	
	钢制丝堵　DN40	个					0.1000
	聚四氟乙烯生料带　加厚	卷	0.0170	0.0200	0.0260	0.0320	0.0360
	乙醇	kg	0.0100	0.0100	0.0100	0.0120	0.0120
	清洗剂	kg	0.0100	0.0100	0.0130	0.0140	0.0190
	厌氧胶　325号　200g	瓶	0.0600	0.0600	0.0720	0.0720	0.0890
	砂轮片　ϕ400	片	0.0100	0.0120	0.0160	0.0180	0.0210
	棉纱头	kg	0.0300	0.0300	0.0300	0.0350	0.0350
	其他材料费	元	0.2500	0.3400	0.4500	0.5400	0.6700
机械	砂轮切割机　直径　ϕ400	台班	0.0083	0.0083	0.0083	0.0083	0.0083

工作内容：外观检查、切管、车丝、活接头及阀门安装。

定 额 编 号			XZYT16-88	XZYT16-89	XZYT16-90	XZYT16-91	XZYT16-92	XZYT16-93
项 目			选择阀安装——螺纹连接					
			DN25	DN32	DN40	DN50	DN65	DN80
单 位			个	个	个	个	个	个
基 价（元）			**82.78**	**98.46**	**135.36**	**173.09**	**231.23**	**326.84**
其中	人 工 费（元）		30.48	32.10	47.82	47.82	64.30	81.67
	材 料 费（元）		49.84	62.77	83.69	121.42	162.81	241.05
	机 械 费（元）		2.46	3.59	3.85	3.85	4.12	4.12
名 称		单位	数 量					
人工	建筑普通工	工日	0.0975	0.1027	0.1529	0.1529	0.2056	0.2610
	建筑技术工	工日	0.1402	0.1476	0.2200	0.2200	0.2958	0.3758
计价材料	选择阀 DN25	只	1.0000					
	选择阀 DN32	只		1.0000				
	选择阀 DN40	只			1.0000			
	选择阀 DN50	只				1.0000		
	选择阀 DN65	只					1.0000	
	选择阀 DN80	只						1.0000
	钢制活接头 DN25	个	1.0100					
	钢制活接头 DN32	个		1.0100				
	钢制活接头 DN40	个			1.0100			
	钢制活接头 DN50	个				1.0100		

定 额 编 号			XZYT16-88	XZYT16-89	XZYT16-90	XZYT16-91	XZYT16-92	XZYT16-93
项 目			选择阀安装——螺纹连接					
			DN25	DN32	DN40	DN50	DN65	DN80
计价材料	钢制活接头 DN65	个					1.0100	
	钢制活接头 DN80	个						1.0100
	铝标识牌	个	1.0000	1.0000	1.0000	1.0000	1.0000	1.0000
	乙醇	kg	0.0200	0.0200	0.0200	0.0200	0.0200	0.0300
	清洗剂	kg	0.0380	0.0420	0.0560	0.0710	0.0780	0.0980
	厌氧胶 325 号 200g	瓶	0.1100	0.1100	0.1300	0.1300	0.1700	0.2100
	砂轮片 φ400	片	0.0190	0.0220	0.0250	0.0310	0.0460	0.0540
	棉纱头	kg	0.0450	0.0530	0.0530	0.0600	0.0600	0.0750
	其他材料费	元	0.9800	1.2300	1.6400	2.3800	3.1900	4.7300
机械	砂轮切割机 直径 φ400	台班	0.0426	0.0621	0.0667	0.0667	0.0713	0.0713

工作内容：外观检查、搬运、称重、支架框架安装、系统组件安装、阀驱动装置安装、氮气增压。

定 额 编 号		XZYT16-94	XZYT16-95	XZYT16-96	XZYT16-97	XZYT16-98	XZYT16-99
项 目		贮存装置安装					
		4L	40L	70L	90L	155L	270L
单 位		套	套	套	套	套	套
基 价（元）		**272.28**	**508.21**	**706.37**	**808.92**	**1222.37**	**1924.07**
其中	人 工 费（元）	215.48	437.12	628.24	723.74	1115.66	1784.69
	材 料 费（元）	56.80	71.09	78.13	85.18	106.71	139.38
	机 械 费（元）						
名 称	单位	数 量					
人工 建筑普通工	工日	0.6889	1.3974	2.0084	2.3137	3.5667	5.7056
建筑技术工	工日	0.9914	2.0112	2.8905	3.3299	5.1330	8.2111
计价材料 减压阀 GA48Y-16C DN100	只	0.0200	0.0200	0.0200	0.0200	0.0200	0.0200
压力表 带弯带阀 25MPa	只	0.0400	0.0400	0.0400	0.0400	0.0400	0.0400
精制六角螺栓 综合	kg	0.4280	0.4280	0.4280	0.4280	0.4280	0.4280
膨胀螺栓 M12	套	4.1200	4.1200	4.1200	4.1200	4.1200	4.1200
铝标识牌	个	1.0000	1.0000	1.0000	1.0000	1.0000	1.0000
厌氧胶 325 号 200g	瓶	0.1600	0.2400	0.2400	0.2400	0.4000	0.8000
氮气	m³	1.5000	6.0000	9.0000	12.0000	18.0000	24.0000
冲击钻头 φ16	支	0.0800	0.0800	0.0800	0.0800	0.0800	0.0800
台秤	个	0.0100	0.0100	0.0100	0.0100	0.0100	0.0100
其他材料费	元	1.1100	1.3900	1.5300	1.6700	2.0900	2.7300

16.2.4 二氧化碳称重检漏装置安装

工作内容: 开箱检查、组合装配、安装、固定、试动调整。

定 额 编 号			XZYT16-100
项 目			二氧化碳称重检漏装置安装
单 位			套
基 价 (元)			**164.42**
其中	人 工 费 (元)		160.69
	材 料 费 (元)		3.73
	机 械 费 (元)		
名 称	单位		数 量
人工	建筑普通工	工日	0.5137
	建筑技术工	工日	0.7393
计价材料	精制六角螺栓 综合	kg	0.3100
	镀锌半圆头螺栓 综合	套	0.1360
	铝标识牌	个	1.0000
	清洗剂	kg	0.2000
	其他材料费	元	0.0700

16.2.5 系统组件试验

工作内容：准备工具和材料、安装拆除临时管线、灌水加压、充氮气、停压检查、放水、泄压、清理及烘干、封口。

定额编号		XZYT16-101	XZYT16-102
项　　目		水压强度试验	气压严密性试验
单　　位		个	个
基　　价（元）		**26.25**	**59.91**
其中	人 工 费（元）	13.10	19.11
	材 料 费（元）	9.51	38.49
	机 械 费（元）	3.64	2.31
名　　称	单位	数　　量	
人工 建筑普通工	工日	0.0418	0.0611
建筑技术工	工日	0.0603	0.0879
计价材料 中厚钢板 12~20	kg	0.2000	0.2000
无缝钢管 10~20 号 φ28 以下	kg	0.0140	0.0140
截止阀 J11T-16 DN20	只	0.0200	
减压阀 GA48Y-16C DN100	只		0.0200
压力表 6MPa	只	0.0200	
压力表 带弯带阀 25MPa	只		0.0400
温度计 100℃	只	0.0200	
压力表补芯 M16	个	0.0200	

续表

定 额 编 号			XZYT16-101	XZYT16-102
项 目			水压强度试验	气压严密性试验
计价材料	电焊条 J422 综合	kg	0.1650	0.1650
	精制六角螺栓 综合	kg	0.5070	0.5070
	塑料软管 φ25	m	0.0200	
	氧气	m³	0.1410	0.1410
	乙炔气	m³	0.0470	0.0470
	氮气	m³	0.1410	0.1410
	水	t		0.0100
	其他材料费	元	0.1900	0.7500
机械	试压泵 压力 60MPa	台班	0.0414	
	交流弧焊机 容量 21kVA	台班	0.0345	0.0345

16.2.6 气体灭火系统装置调试

工作内容： 准备工具、材料，进行模拟喷气试验和对备用灭火剂贮存容器切换操作试验。

定 额 编 号		XZYT16-103	XZYT16-104	XZYT16-105	XZYT16-106	XZYT16-107	XZYT16-108
项 目		试验容器规格					
		4L	40L	70L	90L	155L	270L
单 位		个	个	个	个	个	个
基 价 （元）		**443.86**	**1053.06**	**1524.57**	**1913.75**	**2583.64**	**3598.54**
其中	人 工 费 （元）	347.57	695.09	1042.66	1390.19	1911.54	2780.42
	材 料 费 （元）	96.29	357.97	481.91	523.56	672.10	818.12
	机 械 费 （元）						
名 称	单位	数 量					
人工 建筑普通工	工日	1.1112	2.2222	3.3334	4.4444	6.1112	8.8890
建筑技术工	工日	1.5991	3.1980	4.7971	6.3961	8.7947	12.7923
计价材料 锥形堵块	只	1.0000	1.0000	1.0000	1.0000	1.0000	1.0000
金属密封垫	个	1.0000	1.0000	1.0000	1.0000	1.0000	1.0000
聚四氟乙烯垫	个	1.0000	1.0000	1.0000	1.0000	1.0000	1.0000
氮气	m³	1.2000	6.0000	9.0000	12.0000	18.0000	30.0000
电磁铁	块	1.0000					
试验容器 40L	个		0.0500				
试验容器 70L	个			0.0500			
试验容器 90L	个				0.0500		
试验容器 155L	个					0.0500	

续表

定 额 编 号			XZYT16-103	XZYT16-104	XZYT16-105	XZYT16-106	XZYT16-107	XZYT16-108
项 目			试验容器规格					
			4L	40L	70L	90L	155L	270L
计价材料	试验容器 270L	个						0.0500
	小膜片	片	1.0000	1.0000	1.0000	1.0000	1.0000	1.0000
	大膜片	片	1.0000	1.0000	1.0000	1.0000	1.0000	1.0000
	其他材料费	元	1.8900	7.0200	9.4500	10.2700	13.1800	16.0400

16.3 泡沫灭火系统安装

16.3.1 泡沫发生器安装

工作内容：开箱检查、整体吊装、找正、找平、安装固定、切管、焊法兰、调试。

定 额 编 号			XZYT16-109	XZYT16-110	XZYT16-111	XZYT16-112	XZYT16-113
项 目			水轮机式 （PFS3）	水轮机式 （PF4 PFS4）	水轮机式 （PFS10）	电动机式 （PF20）	电动机式 （BGP200）
单 位			台	台	台	台	台
基 价 （元）			**249.96**	**276.28**	**663.36**	**1088.34**	**337.91**
其中	人 工 费 （元）		179.91	205.88	457.04	830.64	266.80
	材 料 费 （元）		63.27	63.62	129.49	158.28	64.33
	机 械 费 （元）		6.78	6.78	76.83	99.42	6.78
名 称		单位	数 量				
人工	建筑普通工	工日	0.5752	0.6582	1.4611	2.6556	0.8530
	建筑技术工	工日	0.8277	0.9472	2.1028	3.8216	1.2275
计价材料	平焊法兰 PN1.6 DN100	片	1.0000	1.0000	1.0000	1.0000	1.0000
	低压堵板 综合	kg	0.3610	0.3610	0.3610	0.3610	0.3610
	钢垫板 综合	kg			9.4400	14.1600	
	电焊条 J422 综合	kg	0.2210	0.2210	0.7200	0.1600	0.2210
	石棉橡胶板 低压 6以下	kg	0.3400	0.3400	0.3400	0.3400	0.3400
	氧气	m³	0.1500	0.1500	0.3600	0.4200	0.1500

续表

定 额 编 号			XZYT16-109	XZYT16-110	XZYT16-111	XZYT16-112	XZYT16-113
项 目			水轮机式（PFS3）	水轮机式（PF4 PFS4）	水轮机式（PFS10）	电动机式（PF20）	电动机式（BGP200）
计价材料	乙炔气	m³	0.0500	0.0500	0.1200	0.1400	0.0500
	砂轮片 φ100	片	0.0660	0.0660	0.0660	0.0660	0.0660
	棉纱头	kg	0.0500	0.1000	0.3000	0.5000	0.2000
	其他材料费	元	1.2400	1.2500	2.5400	3.1000	1.2600
机械	载重汽车 4t	台班			0.1035	0.1150	
	交流弧焊机 容量 21kVA	台班	0.1012	0.1012	0.3887	0.6417	0.1012

16.3.2 比例混合器安装

工作内容： 开箱检查、整体吊装、找正、找平、安装固定、调试。

定 额 编 号			XZYT16-114	XZYT16-115	XZYT16-116	XZYT16-117
项 目			压力储罐式泡沫比例混合器安装			
			PHY32/30 型	PHY48/55 型	PHY64/76 型	PHY72/110 型
单 位			台	台	台	台
基 价（元）			**1318.23**	**1583.27**	**1872.20**	**2314.38**
其中	人 工 费（元）		941.04	1154.71	1359.75	1633.49
	材 料 费（元）		279.77	321.43	400.70	493.05
	机 械 费（元）		97.42	107.13	111.75	187.84
名 称		单位	数 量			
人工	建筑普通工	工日	3.0085	3.6915	4.3471	5.2222
	建筑技术工	工日	4.3296	5.3127	6.2560	7.5155
计价材料	平焊法兰 PN1.6 DN100	片	2.0000	2.0000	2.0000	2.0000
	低压堵板 综合	kg	0.3610	0.6120	0.6120	0.8750
	钢垫板 综合	kg	11.8000	14.1600	20.6400	23.8800
	电焊条 J422 综合	kg	1.1580	1.5540	1.6720	2.3340
	石棉橡胶板 低压 6 以下	kg	0.6920	1.1040	1.1040	1.3240
	氧气	m³	0.4720	0.6220	0.6820	1.7050
	乙炔气	m³	0.1570	0.2070	0.2270	0.5680
	枕木	m³	0.0400	0.0500	0.0700	0.1000
	砂轮片 φ100	片	0.1320	0.1940	0.1940	0.3280

续表

定 额 编 号			XZYT16-114	XZYT16-115	XZYT16-116	XZYT16-117
项 目			压力储罐式泡沫比例混合器安装			
			PHY32/30 型	PHY48/55 型	PHY64/76 型	PHY72/110 型
计价材料	棉纱头	kg	0.1630	0.1750	0.1750	0.2230
	其他材料费	元	5.4900	6.3000	7.8600	9.6700
机械	载重汽车 4t	台班	0.1150	0.1150	0.1150	0.2415
	交流弧焊机 容量 21kVA	台班	0.6118	0.7567	0.8257	1.0350

948

定 额 编 号			XZYT16-118	XZYT16-119	XZYT16-120
项 目			平衡压力式比例混合器安装		
			PHP20 型	PHP40 型	PHP80 型
单 位			台	台	台
基 价 （元）			**443.80**	**505.98**	626.30
其中	人 工 费 （元）		242.46	293.68	396.21
	材 料 费 （元）		182.15	191.19	199.73
	机 械 费 （元）		19.19	21.11	30.36
名 称		单位	数 量		
人工	建筑普通工	工日	0.7752	0.9389	1.2667
	建筑技术工	工日	1.1155	1.3512	1.8229
计价材料	平焊法兰 PN1.6 DN100	片	3.0000	3.0000	3.0000
	低压堵板 综合	kg	0.3610	0.6120	0.8750
	电焊条 J422 综合	kg	0.4450	0.8840	1.4410
	石棉橡胶板 低压 6以下	kg	0.7250	1.1500	1.3790
	氧气	m³	0.3480	0.5510	0.7330
	乙炔气	m³	0.1160	0.1840	0.2440
	砂轮片 φ100	片	0.1830	0.2750	0.4250
	棉纱头	kg	0.1500	0.1500	0.2000
	其他材料费	元	3.5700	3.7500	3.9200
机械	交流弧焊机 容量 21kVA	台班	0.2864	0.3151	0.4531

定 额 编 号			XZYT16-121	XZYT16-122	XZYT16-123	XZYT16-124
项 目			环泵式负压比例混合器安装			管线式负压比例混合器安装
			PH32	PH48	PH64	PHF
单 位			台	台	台	台
基 价 （元）			322.97	340.81	372.23	58.27
其中	人 工 费 （元）		126.87	145.17	154.66	49.46
	材 料 费 （元）		182.08	179.00	154.66	49.46
	机 械 费 （元）		14.02	16.64	35.73	8.81
名 称		单位	数 量			
人工	建筑普通工	工日	0.4056	0.4641	0.4945	0.1581
	建筑技术工	工日	0.5837	0.6679	0.7115	0.2276
计价材料	平焊法兰 PN1.6 DN100	片	3.0000	3.0000	3.0000	
	低压堵板 综合	kg	0.2530	0.2970	0.3610	
	钢垫板 综合	kg				1.3200
	电焊条 J422 综合	kg	0.2590	0.3160	0.3310	
	石棉橡胶板 低压 6以下	kg	0.4420	0.6620	0.8230	
	氧气	m³	0.1610	0.1790	0.2950	0.0500
	乙炔气	m³	0.5400	0.0600	0.0980	0.0170
	砂轮片 φ100	片	0.1130	0.1370	0.1830	
	砂轮片 φ400	片	0.0180	0.0260		
	棉纱头	kg	0.1000	0.1000	0.1500	

定 额 编 号			XZYT16-121	XZYT16-122	XZYT16-123	XZYT16-124
项 目			环泵式负压比例混合器安装			管线式负压比例混合器安装
			PH32	PH48	PH64	PHF
计价材料	其他材料费	元	3.5700	3.5100	3.5700	0.1700
机械	交流弧焊机 容量 21kVA	台班	0.2093	0.2484	0.2864	
	砂轮切割机 直径 φ400	台班			0.2864	

16.4 火灾自动报警系统安装

16.4.1 点型探测器安装

工作内容：校线、挂锡、安装底座，探头、编码、清洁。

定 额 编 号			XZYT16-125	XZYT16-126	XZYT16-127	XZYT16-128	XZYT16-129
项 目			多线制感烟器	多线制感温器	多线制红外光束探测器	多线制火焰探测器	多线制可燃气体探测器
单 位			只	只	对	只	只
基 价 （元）			**28.46**	**28.46**	**83.23**	**51.91**	**33.18**
其中	人 工 费 （元）		23.51	23.51	77.00	47.01	23.51
	材 料 费 （元）		4.95	4.95	6.23	4.90	9.67
	机 械 费 （元）						
名 称		单位	数 量				
人工	建筑普通工	工日	0.0751	0.0751	0.0753	0.1504	0.0751
	建筑技术工	工日	0.1082	0.1082	0.4821	0.2162	0.1082
计价材料	镀锌钢板 2.5以下	kg	0.1963	0.1963	0.3926	0.1963	0.1963
	镀锌钢管 DN20以下	kg			0.1570	0.0315	
	胶合板三层 3mm	m²	0.0200	0.0200		0.0200	0.0200
	焊锡	kg	0.0400	0.0400	0.0400	0.0400	0.0400
	焊锡膏	kg	0.0100	0.0100	0.0100	0.0100	0.0100
	镀锌半圆头螺栓 综合	套			0.1000		0.1000

952

定　额　编　号			XZYT16-125	XZYT16-126	XZYT16-127	XZYT16-128	XZYT16-129
项　　　　目			多线制感烟器	多线制感温器	多线制红外光束探测器	多线制火焰探测器	多线制可燃气体探测器
计价材料	木螺钉	kg	0.0444	0.0444	0.0444	0.0444	0.0444
	防火涂料	kg	0.0500	0.0500		0.0500	0.0500
	异型塑料管　φ5	m	0.1000	0.1000	0.1000	0.1000	0.1000
	塑料胀管　φ6~8	个	0.4000	0.4000	3.0000	0.4000	0.4000
	清洗剂	kg	0.0300	0.0300	0.0300	0.0300	0.0200
	万能胶	kg	0.0100	0.0100			0.0100
	可燃气体（丙烷）	kg					1.0000
	冲击钻头　φ8	支	0.0200	0.0200			
	白布	m²	0.0400	0.0400	0.0400	0.0400	0.0400
	其他材料费	元	0.1000	0.1000	0.1200	0.1000	0.1900

定　额　编　号	XZYT16-130	XZYT16-131	XZYT16-132	XZYT16-133	XZYT16-134
项　　　目	总线制感烟器	总线制感温器	总线制红外光束探测器	总线制火焰探测器	总线制可燃气体探测器
单　　　位	只	只	对	只	只
基　价（元）	**28.28**	**28.28**	**164.81**	**53.95**	**32.66**
其中 人　工　费（元）	24.33	24.33	158.65	48.57	24.33
材　料　费（元）	3.95	3.95	6.16	5.38	8.33
机　械　费（元）					

名　　　称	单位	数　　　量				
人工 建筑普通工	工日	0.0778	0.0778	0.5072	0.1552	0.0778
建筑技术工	工日	0.1119	0.1119	0.7299	0.2235	0.1119
计价材料 镀锌钢板　0.5 以下	kg				0.0100	
镀锌钢板　2.5 以下	kg	0.1963	0.1963	0.3926	0.1963	0.1963
镀锌钢管　DN20 以下	kg			0.1570	0.3140	
胶合板三层　3mm	m²	0.0200	0.0200			0.0200
焊锡	kg	0.0200	0.0200	0.0300	0.0200	0.0200
焊锡膏	kg	0.0100	0.0100	0.0100	0.0100	0.0100
镀锌半圆头螺栓　综合	套			0.1000		
木螺钉	kg	0.0444	0.0444	0.0444	0.0444	0.0444
防火涂料	kg	0.0500	0.0500		0.0500	0.0500
异型塑料管　φ5	m	0.0500	0.0500	0.0800	0.0500	0.0500
清洗剂	kg	0.0300	0.0300	0.0300	0.0300	0.0300

续表

定　额　编　号			XZYT16-130	XZYT16-131	XZYT16-132	XZYT16-133	XZYT16-134
项　　　　目			总线制感烟器	总线制感温器	总线制红外光束探测器	总线制火焰探测器	总线制可燃气体探测器
计价材料	万能胶	kg	0.0100	0.0100			0.0100
	可燃气体（丙烷）	kg					1.0000
	冲击钻头　φ8	支	0.0200	0.0200	0.1000	0.0200	0.0200
	白布	m²	0.0200	0.0200	0.0300		0.0200
	其他材料费	元	0.0800	0.0800	0.1200	0.1100	0.1600

16.4.2 线型探测器安装

工作内容： 拉锁固定、校线、挂锡。

定 额 编 号			XZYT16-135
项 目			线型探测器
单 位			m
基 价（元）			**7.96**
其中	人 工 费（元）		7.28
	材 料 费（元）		0.68
	机 械 费（元）		
名 称		单位	数 量
人工	建筑普通工	工日	0.0233
	建筑技术工	工日	0.0335
计价材料	尼龙扎带 $L=120mm$	根	1.8380
	电缆标识牌	个	0.6000
	塑料线夹 DN15	个	1.5750
	其他材料费	元	0.0100

16.4.3 模块（接口）安装

工作内容：安装、固定、校线、挂锡、编码、防潮和防尘处理。

定　额　编　号		XZYT16-136	XZYT16-137	XZYT16-138
项　　　目		控制模块（接口）单输出	控制模块（接口）多输出	报警接口
单　　　位		只	只	只
基　　价　（元）		**79.12**	**106.61**	**74.03**
其中	人　工　费　（元）	73.60	97.91	69.64
	材　料　费　（元）	5.52	8.70	4.39
	机　械　费　（元）			
名　　　称	单位	数　　　量		
人工 建筑普通工	工日	0.2353	0.3130	0.2226
建筑技术工	工日	0.3386	0.4505	0.3204
计价材料 胶合板三层　3mm	m^2	0.0100	0.0100	0.0100
焊锡	kg	0.0600	0.1200	0.0400
焊锡膏	kg	0.0200	0.0300	0.0100
镀锌六角螺栓　M12×40	个	2.0000	2.0000	2.0000
木螺钉　各种规格	个	2.0000	2.0000	2.0000
防火涂料	kg	0.0300	0.0300	0.0300
异型塑料管　φ5	m	0.1500	0.3000	0.1000

续表

定 额 编 号			XZYT16-136	XZYT16-137	XZYT16-138
项 目			控制模块（接口）单输出	控制模块（接口）多输出	报警接口
计价材料	塑料胀管 φ6~8	个	0.8000	0.8000	0.8000
	清洗剂	kg	0.0800	0.1500	0.0300
	塑料钻头	支	0.0300	0.0300	0.0300
计价材料	白布	m²	0.0500	0.1100	0.0400
	其他材料费	元	0.1100	0.1700	0.0900

16.4.4 报警控制器安装

工作内容：安装、固定、校线、挂锡、编码、防潮和防尘处理、压线、标志、绑扎。

定　额　编　号		XZYT16-139	XZYT16-140	XZYT16-141	XZYT16-142	XZYT16-143	XZYT16-144
项　　　目		多线制32点以下	多线制64点以下	总线制200点以下	总线制500点以下	总线制1000点以下	总线制1000点以上
单　　　位		台	台	台	台	台	台
基　　价（元）		**599.82**	**677.37**	**571.12**	**785.00**	**1632.10**	**1977.54**
其中	人　工　费（元）	513.36	568.35	458.68	663.08	1491.22	1797.27
	材　料　费（元）	29.88	47.26	16.16	25.64	44.60	83.99
	机　械　费（元）	56.58	61.76	96.28	96.28	96.28	96.28
名　　　称	单位	数　　　量					
人工	建筑普通工	工日	1.6412	1.8170	1.4664	2.1202	4.7674	5.7458
	建筑技术工	工日	2.3619	2.6149	2.1103	3.0505	6.8609	8.2690
计价材料	焊锡	kg	0.4000	0.7300	0.2200	0.3800	0.7000	1.3000
	焊锡膏	kg	0.1000	0.1900	0.0600	0.1000	0.1800	0.3300
	精制六角带帽螺栓　M8×100以下	套	4.1000	4.1000	4.1000	4.1000	4.1000	8.2000
	膨胀螺栓　M8	套	4.0000	4.0000				
	电缆标识牌	个	1.0000	1.0000	1.0000	1.0000	1.0000	1.0000
	异型塑料管　φ5	m	1.0000	1.8300	0.5500	0.9500	1.7500	3.2500
	塑料线夹　DN15	个	8.0000	12.0000	14.0000	22.0000	40.0000	80.0000
	清洗剂	kg	0.2500	0.4500	0.4500	0.6200	0.8500	1.8200
	玻璃胶	kg	0.0620	0.0620				

959

续表

定　额　编　号			XZYT16-139	XZYT16-140	XZYT16-141	XZYT16-142	XZYT16-143	XZYT16-144
项　　　目			多线制32点以下	多线制64点以下	总线制200点以下	总线制500点以下	总线制1000点以下	总线制1000点以上
计价材料	冲击钻头　φ20	支	0.1300	0.1300				
	白布	m²	0.4000	0.6600	0.2000	0.3400	0.6300	1.1700
	其他材料费	元	0.5900	0.9300	0.3200	0.5000	0.8700	1.6500
机械	载重汽车　5t	台班	0.0518	0.0621	0.1035	0.1035	0.1035	0.1035
	逆变直流焊机　电流　315A以内	台班	0.2070	0.2070	0.4140	0.4140	0.4140	0.4140
	接地电阻测量仪	台班	0.0725	0.0725	0.0725	0.0725	0.0725	0.0725

16.4.5 联动控制器安装

工作内容： 校线、挂锡、并线、压线、标志、安装、固定、防潮和防尘处理。

定 额 编 号			XZYT16-145	XZYT16-146	XZYT16-147	XZYT16-148	XZYT16-149	XZYT16-150
项 目			多线制100点以下	多线制100点以上	总线制100点以下	总线制200点以下	总线制500点以下	总线制500点以上
单 位			台	台	台	台	台	台
基 价（元）			**1005.78**	**1539.19**	**962.32**	**1554.84**	**1649.18**	**1750.73**
其中	人 工 费（元）		836.37	1264.55	854.03	1290.56	1374.68	1455.63
	材 料 费（元）		103.66	192.06	12.01	16.68	26.90	47.50
	机 械 费（元）		65.75	82.58	96.28	247.60	247.60	247.60
名 称		单位	数 量					
人工	建筑普通工	工日	2.6739	4.0428	2.7303	4.1259	4.3948	4.6536
	建筑技术工	工日	3.8480	5.8180	3.9293	5.9377	6.3247	6.6972
计价材料	焊锡	kg	1.8200	3.6400	0.1200	0.2000	0.3600	0.6800
	焊锡膏	kg	0.4600	0.9100	0.0300	0.0500	0.0900	0.1700
	精制六角带帽螺栓　M8×100以下	套	4.1000					
	精制六角带帽螺栓　M10×100以下	套		4.1000				
	膨胀螺栓　M8	套	4.0000			4.1000	4.1000	4.1000
	膨胀螺栓　M10	套		4.0000				
	电缆标识牌	个	1.0000	1.0000	1.0000	1.0000	1.0000	1.0000
	异型塑料管　φ5	m	4.5500	9.1000	0.3000	0.5000	0.9000	1.7000
	塑料线夹　DN15	个	35.0000	82.0000	15.0000	16.0000	24.0000	46.0000

续表

定 额 编 号			XZYT16-145	XZYT16-146	XZYT16-147	XZYT16-148	XZYT16-149	XZYT16-150
项 目			多线制 100 点以下	多线制 100 点以上	总线制 100 点以下	总线制 200 点以下	总线制 500 点以下	总线制 500 点以上
计价材料	清洗剂	kg	1.1300	2.2500	0.2500	0.4500	0.8600	1.5000
	玻璃胶	kg	0.0479	0.0766				
	冲击钻头	支		0.1300				
	白布	m²	1.6400		0.1100	0.1800	0.3300	0.6100
	其他材料费	元	2.0300	3.7700	0.2400	0.3300	0.5300	0.9300
机械	载重汽车 5t	台班	0.1035	0.1035	0.1035	0.1035	0.1035	0.1035
	逆变直流焊机 电流 315A 以内	台班	0.2070	0.2070	0.4140	0.4140	0.4140	0.4140
	接地电阻测量仪	台班		0.0725	0.0725	0.7245	0.7245	0.7245

16.4.6 报警联动一体机安装

工作内容：校线、挂锡、并线、压线、标志、安装、固定、防潮和防尘处理。

定 额 编 号			XZYT16-151	XZYT16-152	XZYT16-153	XZYT16-154
项 目			500 点以下	1000 点以下	2000 点以下	2000 点以上
单 位			台	台	台	台
基 价 （元）			**2032.98**	**2642.94**	**3082.23**	**4200.67**
其中	人 工 费 （元）		1918.68	2511.36	2930.68	3996.14
	材 料 费 （元）		18.02	35.30	55.27	108.25
	机 械 费 （元）		96.28	96.28	96.28	96.28
名 称		单位	数 量			
人工	建筑普通工	工日	6.1341	8.0288	9.3694	12.7756
	建筑技术工	工日	8.8275	11.5544	13.4836	18.3857
计价材料	焊锡	kg	0.2500	0.5000	0.8000	1.6000
	焊锡膏	kg	0.0700	0.1300	0.2000	0.4000
	精制六角带帽螺栓 M8×100 以下	套	4.1000	4.1000	4.1000	
	精制六角带帽螺栓 M10×100 以下	套				8.2000
	电缆标识牌	个	1.0000	1.0000	1.0000	1.0000
	异型塑料管 φ5	m	0.6300	1.2500	2.0000	4.0000
	塑料线夹 DN15	个	15.0000	46.0000	82.0000	120.0000
	清洗剂	kg	0.5200	0.8000	0.9200	2.6000
	白布	m²	0.2300	0.4500	0.7200	1.4400
	其他材料费	元	0.3500	0.6900	1.0800	2.1200

定 额 编 号			XZYT16-151	XZYT16-152	XZYT16-153	XZYT16-154
项 目			500 点以下	1000 点以下	2000 点以下	2000 点以上
机械	载重汽车 5t	台班	0.1035	0.1035	0.1035	0.1035
	逆变直流焊机 电流 315A 以内	台班	0.4140	0.4140	0.4140	0.4140
	接地电阻测量仪	台班	0.0725	0.0725	0.0725	0.0725

16.4.7 重复显示器安装

工作内容：校线、挂锡、并线、压线、标志、安装、固定、防潮和防尘处理。

定 额 编 号		XZYT16-155	XZYT16-156
项 目		多线制	总线制
单 位		台	台
基 价（元）		**584.91**	**698.08**
其中 人 工 费（元）		498.64	629.08
材 料 费（元）		29.69	12.42
机 械 费（元）		56.58	56.58
名 称	单位	数 量	
人工 建筑普通工	工日	1.5941	2.0112
建筑技术工	工日	2.2942	2.8943
计价材料 焊锡	kg	0.3600	0.0800
焊锡膏	kg	0.0900	0.0200
精制六角带帽螺栓 M8×100以下	套	4.1000	4.1000
膨胀螺栓 M8	套	4.0000	4.0000
电缆标识牌	个	1.0000	1.0000
异型塑料管 φ5	m	0.9000	0.2000
塑料线夹 DN15	个	21.0000	7.0000
清洗剂	kg	0.6200	0.2000
玻璃胶	kg	0.0930	0.0620
冲击钻头	支	0.1800	0.1800

965

定 额 编 号			XZYT16-155	XZYT16-156
项 目			多线制	总线制
计价材料	白布	m²	0.3200	0.0700
	其他材料费	元	0.5800	0.2400
机械	载重汽车 5t	台班	0.0518	0.0518
	逆变直流焊机 电流 315A 以内	台班	0.2070	0.2070
	接地电阻测量仪	台班	0.0725	0.0725

16.4.8 报警装置安装

工作内容： 校线、挂锡、并线、压线、标志、安装、固定、防潮和防尘处理。

定 额 编 号			XZYT16-157	XZYT16-158	XZYT16-159
项 目			按钮	声光报警	警铃
单 位			只	只	只
基 价 （元）			**39.69**	**57.35**	**36.45**
其中	人 工 费 （元）		34.75	49.37	24.59
	材 料 费 （元）		4.94	3.59	8.94
	机 械 费 （元）			4.39	2.92
名 称		单位	数 量		
人工	建筑普通工	工日	0.1111	0.1578	0.1241
	建筑技术工	工日	0.1599	0.2272	0.0791
计价材料	胶合板三层 3mm	m²	0.0100	0.0100	0.0100
	焊锡	kg	0.0500	0.0200	0.0200
	焊锡膏	kg	0.0200	0.0100	0.0100
	镀锌木螺钉 M4×25	个	0.4000	3.0000	2.1000
	不锈钢螺钉 M5×12	个	3.2000	1.0000	1.2000
	电缆标识牌	个		1.0000	1.0000
	防火涂料	kg	0.0500	0.0300	0.0300
	异型塑料管 φ5	m	0.1300	0.0500	0.0500
	塑料管接头 DN50	个			2.1000
	塑料胀管 φ6~8	个	1.7000	3.0000	2.1000

续表

定　额　编　号			XZYT16-157	XZYT16-158	XZYT16-159
项　　　目			按钮	声光报警	警铃
计价材料	清洗剂	kg	0.0300	0.0100	0.0100
	冲击钻头	支	0.0800	0.1000	0.1700
	白布带　20mm×20m	卷	0.0500	0.0200	0.0200
	其他材料费	元	0.1000	0.0700	0.1800
机械	精密声级计	台班		0.0311	0.0207

16.4.9 远程控制器安装

工作内容：校线、挂锡、并线、压线、标志、安装、固定、防潮和防尘处理。

定 额 编 号		XZYT16-160	XZYT16-161
项 目		3 路以下	5 路以下
单 位		台	台
基 价（元）		**368. 27**	**441. 96**
其中	人 工 费（元）	356. 24	426. 66
	材 料 费（元）	12. 03	15. 30
	机 械 费（元）		
名 称	单位	数 量	
人工 建筑普通工	工日	1. 1389	1. 3640
建筑技术工	工日	1. 6390	1. 9630
计价材料 焊锡	kg	0. 1300	0. 1900
焊锡膏	kg	0. 0400	0. 0500
镀锌木螺钉 M4×25	个	4. 0000	4. 0000
异型塑料管 φ5	m	0. 3300	0. 4800
塑料胀管 φ6~8	个	4. 0000	4. 0000
清洗剂	kg	0. 1800	0. 2600
合金钻头	支	0. 1300	0. 1300
冲击钻头 φ8	支	0. 1300	0. 1300
白布带 20mm×20m	卷	0. 1200	0. 1700
其他材料费	元	0. 2400	0. 3000

16.4.10 火灾事故广播安装

工作内容：校线、挂锡、并线、压线、标志、安装、固定、防潮和防尘处理。

定　额　编　号			XZYT16-162	XZYT16-163	XZYT16-164	XZYT16-165	XZYT16-166	XZYT16-167	XZYT16-168
项　　　目			125W 功放	250W 功放	录音机	消防广播 控制柜	吸顶式 扬声器	壁挂式 音箱	广播 分配器
单　　　位			台	台	台	台	只	只	台
基　　价　（元）			**38.75**	**46.17**	**40.66**	**1062.34**	**20.12**	**16.58**	**220.52**
其中	人　工　费（元）		24.33	30.78	25.86	901.08	16.15	12.16	187.77
	材　料　费（元）		14.42	15.39	14.80	64.98	1.05	1.50	32.75
	机　械　费（元）					96.28	2.92	2.92	
名　　　称		单位	数　　　量						
人工	建筑普通工	工日	0.0778	0.0984	0.0826	2.8807	0.0516	0.0389	0.6003
	建筑技术工	工日	0.1119	0.1416	0.1190	4.1458	0.0743	0.0559	0.8639
计价材料	镀锌扁钢　综合	kg	1.2600	1.4100	1.3200				1.2200
	平垫铁　综合	kg				2.0000			
	焊锡	kg				0.5700	0.0200	0.0200	0.3600
	焊锡膏	kg				0.1430	0.0100	0.0100	0.0900
	精制六角带帽螺栓　M8×100 以下	套				4.1000			
	镀锌半圆头螺栓　综合	套	4.1000	4.1000	4.1000	0.2700			4.1000
	镀锌木螺钉　M4×25	个						2.0000	
	铜芯绝缘导线　截面 4mm^2	m				3.0000			
	电缆标识牌	个				1.0000			

续表

定额编号			XZYT16-162	XZYT16-163	XZYT16-164	XZYT16-165	XZYT16-166	XZYT16-167	XZYT16-168
项目			125W功放	250W功放	录音机	消防广播控制柜	吸顶式扬声器	壁挂式音箱	广播分配器
计价材料	铝标识牌	个				1.0000			
	塑料软管 $\phi5$	m				0.1500			
	异型塑料管 $\phi5$	m				1.4300		0.0500	0.9000
	聚四氟乙烯垫	个	0.0600	0.0600	0.0500				0.0500
	塑料胀管 $\phi6\sim8$	个						2.0000	
	清洗剂	kg				1.6400	0.0200	0.0200	0.2300
	冲击钻头 $\phi8$	支						0.0300	
	钢锯条 各种规格	根	0.8100	0.8100	0.8100				0.8100
	砂布	张	1.0000	1.0000	1.0000	2.0000			1.0000
	白布	m^2				0.2700	0.0200	0.0200	0.3300
	棉纱头	kg				1.4000			
	其他材料费	元	0.2800	0.3000	0.2900	1.2700	0.0200	0.0300	0.6400
机械	载重汽车 5t	台班				0.1035			
	逆变直流焊机 电流 315A以内	台班				0.4140			
	接地电阻测量仪	台班				0.0725			
	精密声级计	台班					0.0207	0.0207	

16.4.11 消防通信、报警备用电源安装

工作内容：校线、挂锡、并线、压线、标志、安装、固定、防潮和防尘处理。

定 额 编 号			XZYT16-169	XZYT16-170	XZYT16-171	XZYT16-172	XZYT16-173	XZYT16-174
项 目			电话交换机安装20门	电话交换机安装40门	电话交换机安装60门	电话通信分机	电话通信插孔	消防报警备用电源
单 位			台	台	台	部	个	台
基 价（元）			**683.85**	**1016.11**	**1212.82**	**13.85**	**8.61**	**53.32**
其中	人 工 费（元）		614.57	918.13	1101.86	8.87	4.92	40.47
	材 料 费（元）		69.28	97.98	110.96	4.98	3.69	12.85
	机 械 费（元）							
名 称		单位	数 量					
人工	建筑普通工	工日	1.9647	2.9355	3.5226	0.0284	0.0158	0.1294
	建筑技术工	工日	2.8276	4.2240	5.0695	0.0408	0.0226	0.1862
计价材料	等边角钢 边长50以下	kg	8.1600	8.1600	8.1600			0.8100
	镀锌扁钢 综合	kg		1.2200				0.3100
	胶合板三层 3mm	m²					0.0100	
	焊锡	kg	0.4300	0.8300	1.2300		0.0200	0.0200
	焊锡膏	kg	0.1100	0.2100	0.3100		0.0100	0.0100
	膨胀螺栓 M10	套	4.0000	4.0000	4.0000			4.1000
	镀锌木螺钉 M4×25	个				2.0000	2.0000	
	铜接线端子 6mm²以下	个				2.0000		
	防火涂料	kg					0.0500	

972

续表

定额编号			XZYT16-169	XZYT16-170	XZYT16-171	XZYT16-172	XZYT16-173	XZYT16-174
项目			电话交换机安装20门	电话交换机安装40门	电话交换机安装60门	电话通信分机	电话通信插孔	消防报警备用电源
计价材料	异型塑料管 φ5	m	1.0500	2.0500	3.0500		1.7000	
	聚四氟乙烯垫	个		0.0500				0.0200
	塑料胀管 φ6~8	个				2.0000	1.7000	
	清洗剂	kg	0.3200	0.6400	0.9800		0.0200	0.0200
	冲击钻头 φ8	支				0.0700	0.0600	
	砂布	张				2.0000		1.0000
	白布	m²	0.3800	0.7400	1.1000		0.0200	0.0200
	其他材料费	元	1.3600	1.9200	2.1800	0.1000	0.0700	0.2500

16.5 消防电线、电缆敷设

16.5.1 钢管敷设

工作内容：测位、划线、锯管、套丝、煨弯、刨沟、配管、接地、刷漆。

定 额 编 号			XZYT16-175	XZYT16-176	XZYT16-177	XZYT16-178	XZYT16-179	XZYT16-180
项 目			钢管					
			DN15	DN20	DN25	DN32	DN40	DN50
单 位			m	m	m	m	m	m
基 价（元）			**12.89**	**17.30**	**23.91**	**29.29**	**39.13**	**46.71**
其中	人 工 费（元）		4.46	6.23	7.54	8.11	12.99	13.82
	材 料 费（元）		8.16	10.80	15.94	20.75	25.55	32.30
	机 械 费（元）		0.27	0.27	0.43	0.43	0.59	0.59
名 称		单位	数 量					
人工	建筑普通工	工日	0.0143	0.0199	0.0241	0.0259	0.0415	0.0442
	建筑技术工	工日	0.0205	0.0287	0.0347	0.0373	0.0598	0.0636
计价材料	圆钢 φ10 以下	kg	0.0070	0.0070	0.0090	0.0090	0.0280	0.0280
	无缝钢管 10~20 号 综合	kg	1.2799	1.6790				5.0260
	无缝钢管 10~20 号 φ28 以下	kg			2.4930			
	无缝钢管 10~20 号 φ57 以下	kg				3.2240	3.9550	
	电焊条 J422 综合	kg	0.0070	0.0070	0.0090	0.0090	0.0110	0.0110
	镀锌锁紧螺母 1.5×15~20	个	0.1545	0.1550				

续表

定 额 编 号		XZYT16-175	XZYT16-176	XZYT16-177	XZYT16-178	XZYT16-179	XZYT16-180
项 目		钢管					
		DN15	DN20	DN25	DN32	DN40	DN50
计价材料 镀锌锁紧螺母 3×25	个			0.1550			
镀锌锁紧螺母 3×32	个				0.1550		
镀锌锁紧螺母 3×40	个					0.1550	
镀锌锁紧螺母 3×50	个						0.1550
镀锌铁丝 综合	kg	0.0025	0.0070	0.0070	0.0070	0.0070	0.0070
镀锌管接头 DN15	个	0.1545					
镀锌管接头 DN20	个		0.1650				
镀锌管接头 DN25	个			0.1650			
镀锌管接头 DN32	个				0.1650		
镀锌管接头 DN40	个					0.1650	
镀锌管接头 DN50	个						0.1650
塑料护口 15	个	0.1545					
塑料护口 20	个		0.1550				
塑料护口 25	个			0.1550			
塑料护口 32	个				0.1550		
塑料护口 40	个					0.1550	
塑料护口 50	个						0.1550
清洗剂	kg		0.0020	0.0030	0.0040	0.0050	0.0060

续表

定 额 编 号			XZYT16-175	XZYT16-176	XZYT16-177	XZYT16-178	XZYT16-179	XZYT16-180
项 目			钢管					
			DN15	DN20	DN25	DN32	DN40	DN50
计价材料	玻璃胶	kg	0.0005	0.0006	0.0009	0.0012	0.0017	0.0017
	醇酸防锈漆	kg		0.0090	0.0130	0.0160	0.0200	0.0250
	沥青清漆	kg			0.0050	0.0060	0.0060	0.0070
	钢锯条　各种规格	根	0.0200	0.0300	0.0200	0.0200	0.0300	0.0300
	其他材料费	元	0.1600	0.2100	0.3100	0.4100	0.5000	0.6300
机械	钢材电动煨弯机　弯曲直径　φ500~1800	台班			0.0007	0.0007	0.0015	0.0015
	交流弧焊机　容量　21kVA	台班	0.0040	0.0040	0.0054	0.0054	0.0068	0.0068

976

16.5.2 电力线缆敷设

工作内容：开箱检查、架线盘、敷设、锯断、排列整理、固定、配合试验、临时封头、挂牌。

定 额 编 号			XZYT16-181	XZYT16-182	XZYT16-183	XZYT16-184
项 目			铜芯导线截面			
			0.3mm^2	0.5mm^2	0.8mm^2	1mm^2
单 位			单线 m	单线 m	单线 m	单线 m
基 价（元）			**0.81**	**1.04**	**1.24**	**1.44**
其中	人 工 费（元）		0.50	0.51	0.54	0.56
	材 料 费（元）		0.31	0.53	0.70	0.88
	机 械 费（元）					
名 称		单位	数 量			
人工	建筑普通工	工日	0.0016	0.0016	0.0017	0.0019
	建筑技术工	工日	0.0023	0.0024	0.0025	0.0025
计价材料	钢丝 φ1.6 以下	kg	0.0009	0.0009	0.0009	0.0009
	焊锡	kg	0.0008	0.0009	0.0009	0.0010
	焊锡膏	kg	0.0001	0.0001	0.0001	0.0001
	铜芯聚氯乙烯绝缘电线　500VBV−1mm^2	m				1.0500
	铜芯聚氯乙烯绝缘电线　500VBV−0.3mm^2	m	1.0500			
	铜芯聚氯乙烯绝缘电线　500VBV−0.5mm^2	m		1.0500		
	铜芯聚氯乙烯绝缘电线　500VBV−0.8mm^2	m			1.0500	

定 额 编 号			XZYT16-181	XZYT16-182	XZYT16-183	XZYT16-184
项 目			铜芯导线截面			
			0.3mm²	0.5mm²	0.8mm²	1mm²
计价材料	绝缘胶带 20mm×20m	卷	0.0025	0.0035	0.0050	0.0060
	清洗剂	kg	0.0030	0.0040	0.0040	0.0050
	棉纱头	kg	0.0010	0.0015	0.0015	0.0020
	其他材料费	元	0.0100	0.0100	0.0100	0.0200

定　额　编　号			XZYT16-185	XZYT16-186	XZYT16-187	XZYT16-188	XZYT16-189
项　　　目			铜芯导线截面				
			1.5mm²	2.5mm²	4mm²	6mm²	10mm²
单　　　位			单线 m	单线 m	单线 m	单线 m	单线 m
基　　价（元）			**1.84**	**2.47**	**3.26**	**5.00**	**7.80**
其中	人　工　费（元）		0.58	0.58	0.61	0.64	0.74
	材　料　费（元）		1.26	1.89	2.65	4.36	7.06
	机　械　费（元）						
名　　　称		单位	数　　　量				
人工	建筑普通工	工日	0.0019	0.0019	0.0020	0.0021	0.0024
	建筑技术工	工日	0.0026	0.0026	0.0028	0.0029	0.0034
计价材料	钢丝　φ1.6 以下	kg	0.0009	0.0009	0.0010	0.0010	0.0013
	焊锡	kg	0.0010	0.0011	0.0012	0.0012	0.0013
	焊锡膏	kg	0.0001	0.0001	0.0001	0.0001	0.0002
	铜芯绝缘导线　截面 1.5mm²	m	1.0500				
	铜芯绝缘导线　截面 2.5mm²	m		1.0500			
	铜芯绝缘导线　截面 4mm²	m			1.0500		
	铜芯绝缘导线　截面 6mm²	m				1.0500	
	铜芯绝缘导线　截面 10mm²	m					1.0500
	绝缘胶带　20mm×20m	卷	0.0065	0.0070	0.0080	0.0090	0.0100
	清洗剂	kg	0.0050	0.0050	0.0060	0.0060	0.0070
	棉纱头	kg	0.0020	0.0020	0.0030	0.0030	0.0040
	其他材料费	元	0.0200	0.0400	0.0500	0.0900	0.1400

16.5.3 控制线缆敷设

工作内容：开箱检查、架线盘、敷设、锯断、排列整理、固定、配合试验、临时封头、挂牌。

定 额 编 号			XZYT16-190	XZYT16-191	XZYT16-192	XZYT16-193
项 目			6 芯以下 4mm²	14 芯以下 6mm²	24 芯以下 2.5mm²	48 芯以下 2.5mm²
单 位			m	m	m	m
基 价（元）			**21.51**	**46.30**	**54.16**	**108.13**
其中	人 工 费（元）		3.38	3.73	3.92	7.23
	材 料 费（元）		18.13	42.45	50.12	100.16
	机 械 费（元）			0.12	0.12	0.74
名 称		单位	数 量			
人工	建筑普通工	工日	0.0107	0.0119	0.0126	0.0232
	建筑技术工	工日	0.0156	0.0172	0.0180	0.0332
计价材料	镀锌管卡子 DN20 以下	个				0.2340
	精制六角带帽螺栓 M8×（14~75）	套	0.3060	0.3060	0.3060	
	膨胀螺栓 M8	套				0.0306
	镀锌铁丝 综合	kg	0.0020	0.0030	0.0035	0.0045
	控制电缆 6 芯以下 4mm²	m	1.0500			
	控制电缆 14 芯以下 4mm²	m		1.0500		
	控制电缆 24 芯以下 2.5mm²	m			1.0500	
	控制电缆 48 芯以下 2.5mm²	m				1.0500
	电缆卡子 20mm	个	0.2340	0.2340	0.2340	

续表

定 额 编 号			XZYT16-190	XZYT16-191	XZYT16-192	XZYT16-193
项 目			6 芯以下 4mm²	14 芯以下 6mm²	24 芯以下 2.5mm²	48 芯以下 2.5mm²
计价材料	电缆标识牌	个	0.0600	0.0600	0.0600	0.0600
	丁基半导体橡胶带 0.5×20×5000	卷	0.0001	0.0002	0.0003	0.0005
	清洗剂	kg	0.0030	0.0070	0.0080	0.0100
	钢锯条 各种规格	根	0.0100	0.0100	0.0110	0.0110
	其他材料费	元	0.3600	0.8300	0.9800	1.9600
机械	汽车式起重机 起重量 5t	台班		0.0001	0.0001	0.0006
	载重汽车 4t	台班		0.0001	0.0001	0.0006

16.5.4 通信线缆敷设

工作内容：穿引线、涂滑石粉、穿线、编号、焊接包头。

定额编号			XZYT16-194	XZYT16-195
项 目			电话线	设备线缆
单 位			m	m
基 价（元）			**7.75**	**61.65**
其中	人 工 费（元）		6.74	3.73
	材 料 费（元）		1.01	57.92
	机 械 费（元）			
名 称	单位		数 量	
人工	建筑普通工	工日	0.0216	0.0119
	建筑技术工	工日	0.0310	0.0172
计价材料	电话线 BV2×1.0	m	1.0200	
	50 对双绞电缆	m		1.0200
	塑料护口 20	个	0.0404	
	塑料护口 50	个		0.0404
	其他材料费	元	0.0200	1.1400

16.5.5 桥架、支架制作安装

工作内容: 线槽、梯架、托盘、大型支撑架安装、包括膨胀螺栓固定和焊接、接地跨接、补漆。

定 额 编 号			XZYT16-196	XZYT16-197	XZYT16-198	XZYT16-199
项 目			钢制槽式桥架	玻璃钢槽式桥架	铝合金槽式桥架	支架、吊架、托架
			宽+高 200mm			
单 位			m	m	m	kg
基 价（元）			**135.03**	**71.84**	**77.21**	**15.16**
其中	人 工 费（元）		15.47	15.30	10.77	4.75
	材 料 费（元）		118.98	55.93	66.40	10.06
	机 械 费（元）		0.58	0.61	0.04	0.35
名 称		单位	数 量			
人工	建筑普通工	工日	0.0494	0.0489	0.0344	0.0153
	建筑技术工	工日	0.0712	0.0704	0.0496	0.0218
计价材料	镀锌角钢 边长 50 以下	kg				1.0050
	普通硅酸盐水泥 32.5	t				0.0065
	中砂	m³				0.0001
	电焊条 J422 综合	kg				0.0070
	膨胀螺栓 M16	套				0.2100
	裸铜线 25mm²	m	0.2250		0.2250	
	铜接线端子 25mm²	个	1.0500	1.0500	1.0500	
	清洗剂	kg	0.0080			0.0030
	酚醛防锈漆 F53 各色	kg	0.0100			

续表

定 额 编 号			XZYT16-196	XZYT16-197	XZYT16 198	XZYT16 199
项 目			钢制槽式桥架	玻璃钢槽式桥架	铝合金槽式桥架	支架、吊架、托架
			宽+高 200mm			
计价材料	电	kW·h				0.0509
	冲击钻头	支				0.0008
	砂轮片 φ100	片	0.0010	0.0010	0.0010	0.0002
	砂轮片 φ400	片	0.0010	0.0010	0.0010	0.0010
	棉纱头	kg	0.0030	0.0020	0.0020	0.0015
	钢制槽式桥架（镀锌） 200mm	m	1.0050			
	玻璃钢槽式桥架 200mm	m		1.0050		
	铝合金槽式桥架 200mm	m			1.0050	
	其他材料费	元	2.3300	1.1000	1.3000	0.2000
机械	载重汽车 8t	台班	0.0010	0.0010		0.0003
	氩弧焊机 电流 500A	台班				0.0016
	台式砂轮机 直径 φ250	台班		0.0010	0.0010	0.0002

984

第17章　通风与空调工程

说　明

本章定额适用于站区建筑室内设置的通风空调设备安装、风管与风口等部件的制作安装工程。

1. 薄钢板通风管制作与安装。

（1）整个通风系统设计采用渐缩管均匀送风者，圆形风管按照平均直径、矩形风管按照平均周长执行相应定额，其人工费乘以 2.5 系数。

（2）工程设计风管板材与镀锌薄钢板风管定额中的板材不同时，材料可以换算，其他不变。

（3）风管导流叶片不分单叶片和香蕉形双叶片均执行同一定额。

（4）工程制作空气幕送风管时，按照矩形风管平均周长执行相应风管定额，其人工费乘以 3.0 系数，其他不变。

（5）薄钢板通风管道制作与安装定额中，包括弯头、三通、变径管、天圆地方等管件及法兰、加固框和吊托支架的制作工作内容。不包括跨越风管落地支架制作与安装，需要时执行设备支架相应定额。

（6）工程设计的薄钢板风管板材厚度与定额不同时，材料可以换算，其他不变。

（7）定额中软管接头为帆布材质，工程设计与定额不同时，材料可以换算，其他不变。

（8）柔性软风管定额适用于由金属、涂塑化纤织物、聚酯、聚乙烯、聚氯乙烯薄膜、铝箔等材料制成的软风管安装工程。

2. 通风空调设备安装。

（1）通风机安装定额子目包括电动机安装工作内容。

（2）设备安装定额中不包括螺栓费用，螺栓按照设备本体自带考虑。

（3）风机盘管的配管执行第 14 章给水与排水工程相应定额。

3. 不锈钢板通风管道及部件制作与安装。

（1）矩形风管执行本节圆形风管相应定额子目。

（2）定额中风管按照电焊施工考虑，工程使用手工氩弧焊时，其相应定额人工费乘以 1.238 系数，材料费乘以 1.163 系数，机械费乘以 1.673 系数。

（3）风管制作安装定额中包括管件制作与安装，不包括风口、法兰、吊托支架制作与安装，应单独执行相应定额。

（4）工程设计的不锈钢板风管板材厚度与定额不同时，材料可以换算，其他不变。

4. 玻璃钢通风管道及部件安装。

（1）玻璃钢通风管道安装定额中，包括弯头、三通、变径管、天圆地方等管件的安装及法兰、加固框和吊托架的制作安装等工作内容，定额中不包括跨越风管落地支架制作与安装，需要时执行设备支架相应定额。

（2）定额未考虑预埋铁件的工作内容，工程设计采用膨胀螺栓安装吊托支架时，膨胀螺栓费用可以调整，其他不变。

5. 复合型风管制作安装。

（1）定额中风管规格直径为内径，周长为内周长。

（2）风管制作安装定额中包括管件、法兰、加固框、吊托支架的制作安装等工作内容。

6. 通风与空调系统的防腐、绝热。

（1）通风与空调系统的防腐、绝热工程执行第 19 章相应定额子目。

（2）薄钢板风管仅外（内）单面刷油漆时，相应定额乘以 1.2 系数，内外双面刷油漆时，相应定额乘以 1.1 系数。风道上的法兰、加固框、吊托支架等不单独计算刷油漆费用。

（3）薄钢板部件刷油漆执行金属结构刷油漆定额乘以 1.15 系数。

（4）不包括在风管工程量内而单独计算的各种支架执行金属结构刷油漆定额。

（5）薄钢板风管、部件及单独计算的支架，其除锈不分锈蚀程度，一律按照其第一遍刷油漆的工程量执行除轻锈相应定额子目。

7. 其他。

（1）定额中人工、材料、机械凡未按照制作和安装分别列出的，其制作与安装费的比例可按照表 17-1 划分。

表 17-1　　　　　　　　　　　　　　制作与安装费用比例表

序号	项目	制作占比（%）			安装占比（%）		
		人工	材料	机械	人工	材料	机械
1	薄钢板通风管道制作安装	60	95	95	40	5	5
2	风帽制作安装	75	80	99	25	20	1
3	空调部件及设备支架制作安装	86	98	95	14	2	5
4	不锈钢板通风管道及部件制作安装	72	95	95	28	5	5
5	复合型风管制作安装	60		99	40	100	1

（2）通风、空调系统调试费按照通风、空调安装工程人工费13%计算，其中人工费55%，材料费20%，机械费25%。

8. 本章定额包括被安装的风道、风管、风阀、风口、风帽、支架等材料费，不包括通风、空调设备费。

9. 定额中成品百叶窗是按铝合金材质考虑，材质不同时可以替换。

工程量计算规则

1. 风管制作安装根据设计图示规格按照展开面积（图示周长乘以管道中心线长度）以平方米为单位计算工程量，不扣除检查孔、测定孔、送风口、吸风口等所占面积。主管与支管以中心线交点划分弯头、三通、变径管、天圆地方等管件的计算长度。咬口重叠部分工程量已包括在定额内，不另行增加。

2. 风管导流叶片制作安装按照设计图示叶片的面积计算工程量。

3. 整个通风系统设计采用渐缩管均匀送风者，圆形风管按照平均直径、矩形风管按照平均周长以平方米为单位计算工程量。

4. 柔性软风管安装按照设计图示中心线长度以米为单位计算工程量。

5. 薄钢板风管单面除锈、刷油漆工程量同薄钢板风管制作安装工程量；薄钢板风管双面除锈、刷油漆工程量按照薄钢板风管制作安装工程量乘 2.0 系数。

6. 单独钢支架的除锈、刷油漆工程量同独立钢支架制作安装工程量。

17.1 薄钢板通风管制作与安装

17.1.1 镀锌薄钢板圆形风管（δ=1.2mm 以内咬口）

工作内容： 1. 风管制作：放样、下料、卷圆、折方、扎口、咬口、制作直管、管件、法兰、吊托支架，钻孔、铆焊、安装法兰、组对。2. 风管安装：找标高、打支架墙洞、配合预留孔洞、埋设吊托支架，组装、风管就位、找平、找正，制垫、加垫、安装螺栓、紧固。

定 额 编 号			XZYT17-1	XZYT17-2	XZYT17-3	XZYT17-4
项 目			直径 200mm 以下	直径 500mm 以下	直径 1120mm 以下	直径 1120mm 以上
单 位			m²	m²	m²	m²
基 价（元）			**181.04**	**150.30**	**144.51**	**158.06**
其中	人 工 费（元）		128.29	79.05	59.16	55.32
	材 料 费（元）		47.01	67.68	83.70	101.73
	机 械 费（元）		5.74	3.57	1.65	1.01
名 称		单位	数 量			
人工	建筑普通工	工日	0.3546	0.2186	0.1635	0.1596
	建筑技术工	工日	0.6318	0.3892	0.2914	0.2674
计价材料	等边角钢 边长 63 以下	kg	0.0890	3.1600	3.5040	3.7120
	扁钢（3~5）×50mm 以下	kg	2.0640	0.3560	0.2150	0.9270
	圆钢 φ10 以下	kg	0.2930	0.1900	0.0750	0.0120
	圆钢 φ10 以上	kg			0.1210	0.4900

续表

定 额 编 号			XZYT17-1	XZYT17-2	XZYT17-3	XZYT17-4
项 目			直径 200mm 以下	直径 500mm 以下	直径 1120mm 以下	直径 1120mm 以上
计价材料	镀锌钢板 0.5 以下	kg	4.4720			
	镀锌钢板 1.0 以下	kg		6.7030	8.9330	
	镀锌钢板 1.5 以下	kg				10.7200
	电焊条 J422 综合	kg	0.0420	0.0340	0.0150	0.0090
	精制六角螺栓 综合	kg	0.2010	0.1700	0.2340	0.1770
	膨胀螺栓 M12	套	0.2000	0.2000	0.1500	0.1000
	镀锌铁铆钉	kg		0.0270	0.0210	0.0140
	橡胶板 3mm 以下	kg	0.1400	0.1240	0.0970	0.0920
	氧气	m³	0.0280	0.0390	0.0450	0.0590
	乙炔气	m³	0.0100	0.0140	0.0160	0.0210
	其他材料费	元	0.9200	1.3300	1.6400	1.9900
机械	剪板机 厚度×宽度 6.3mm×2000mm	台班	0.0046	0.0023	0.0012	0.0012
	卷板机 板厚×宽度 2mm×1600mm	台班	0.0046	0.0023	0.0012	0.0012
	咬口机 板厚 1.5mm	台班	0.0046	0.0035	0.0012	0.0012
	法兰卷圆机 L40×4	台班	0.0575	0.0368	0.0196	0.0058
	交流弧焊机 容量 21kVA	台班	0.0184	0.0150	0.0046	0.0023

17.1.2 镀锌薄钢板矩形风管（δ=1.2mm以内咬口）

工作内容： 1. 风管制作：放样、下料、卷圆、折方、扎口、咬口、制作直管、管件、法兰、吊托支架，钻孔、铆焊、安装法兰、组对。2. 风管安装：找标高、打支架墙洞、配合预留孔洞、埋设吊托支架，组装、风管就位、找平、找正，制垫、加垫、安装螺栓、紧固。

定 额 编 号			XZYT17-5	XZYT17-6	XZYT17-7	XZYT17-8
项 目			周长800mm 以下	周长2000mm 以下	周长4000mm 以下	周长4000mm 以上
单 位			m²	m²	m²	m²
基 价（元）			**145.27**	**132.38**	**128.55**	**138.70**
其中	人 工 费（元）		80.17	58.34	43.86	37.71
	材 料 费（元）		59.96	70.90	82.82	99.72
	机 械 费（元）		5.14	3.14	1.87	1.27
名 称		单位	数 量			
人工	建筑普通工	工日	0.2216	0.1613	0.1212	0.1065
	建筑技术工	工日	0.3948	0.2873	0.2160	0.1840
计价材料	等边角钢 边长63以下	kg	4.0420	3.5660	3.5200	4.5400
	扁钢（3~5）×50mm以下	kg	0.2150	0.1330	0.1120	0.1020
	圆钢 φ10以下	kg	0.1350	0.1930	0.1490	0.0080
	圆钢 φ10以上	kg				0.1850
	镀锌钢板 0.5以下	kg	4.4720			
	镀锌钢板 1.0以下	kg		6.7030	8.9330	

续表

定 额 编 号			XZYT17-5	XZYT17-6	XZYT17-7	XZYT17-8
项 目			周长 800mm 以下	周长 2000mm 以下	周长 4000mm 以下	周长 4000mm 以上
计价材料	镀锌钢板 1.5 以下	kg				10.7200
	电焊条 J422 综合	kg	0.2240	0.1060	0.0490	0.0340
	精制六角螺栓 综合	kg	0.4000	0.4120	0.1960	0.1520
	膨胀螺栓 M12	套	0.2000	0.1500	0.1500	0.1000
	镀锌铁铆钉	kg	0.0430	0.0240	0.0220	0.0220
	橡胶板 3mm 以下	kg	0.1840	0.1300	0.0920	0.0810
	氧气	m³	0.0500	0.0450	0.0450	0.0560
	乙炔气	m³	0.0180	0.0160	0.0160	0.0200
	其他材料费	元	1.1800	1.3900	1.6200	1.9600
机械	剪板机 厚度×宽度 6.3mm×2000mm	台班	0.0046	0.0046	0.0035	0.0023
	折方机 板厚×宽度 4mm×2000mm	台班	0.0046	0.0046	0.0035	0.0023
	咬口机 板厚 1.5mm	台班	0.0046	0.0046	0.0035	0.0023
	交流弧焊机 容量 21kVA	台班	0.0552	0.0253	0.0115	0.0081

17.1.3 薄钢板圆形风管（δ＝2mm以内焊接）

工作内容： 1. 风管制作：放样、下料、卷圆、折方、扎口、咬口、制作直管、管件、法兰、吊托支架，钻孔、铆焊、安装法兰、组对。2. 风管安装：找标高、打支架墙洞、配合预留孔洞、埋设吊托支架，组装、风管就位、找平、找正，制垫、加垫、安装螺栓、紧固。

定 额 编 号			XZYT17-9	XZYT17-10	XZYT17-11	XZYT17-12
项 目			直径 200mm 以下	直径 500mm 以下	直径 1120mm 以下	直径 1120mm 以上
单 位			m²	m²	m²	m²
基 价 （元）			**390.68**	**279.60**	**239.44**	**243.01**
其中	人 工 费 （元）		233.09	132.01	97.05	95.29
	材 料 费 （元）		121.47	126.03	126.79	132.55
	机 械 费 （元）		36.12	21.56	15.60	15.17
名 称		单位	数 量			
人工	建筑普通工	工日	0.6443	0.3649	0.2683	0.2634
	建筑技术工	工日	1.1479	0.6501	0.4779	0.4693
计价材料	等边角钢 边长 63 以下	kg	0.0890	3.1600	3.5040	3.7120
	扁钢 （3~5）×50mm 以下	kg	2.0640	0.3750	0.2580	0.9270
	圆钢 φ10 以下	kg	0.2930	0.1900	0.0750	0.0120
	圆钢 φ10 以上	kg			0.1210	0.4900
	薄钢板 2.5mm 以下	kg	16.9560	16.9560	16.9560	16.9560
	电焊条 J422 综合	kg	0.6770	0.5200	0.4600	0.4450

定 额 编 号			XZYT17-9	XZYT17-10	XZYT17-11	XZYT17-12
项 目			直径200mm以下	直径500mm以下	直径1120mm以下	直径1120mm以上
计价材料	碳钢气焊丝 综合	kg	0.1000	0.0900	0.0780	0.0790
	精制六角螺栓 综合	kg	0.2010	0.1700	0.2340	0.1770
	膨胀螺栓 M12	套	0.2000	0.2000	0.1500	0.1000
	橡胶板 3mm以下	kg	0.1400	0.1240	0.0970	0.0920
	氧气	m³	0.1370	0.1240	0.1050	0.1060
	乙炔气	m³	0.0490	0.0440	0.0370	0.0380
	其他材料费	元	2.3800	2.4700	2.4900	2.6000
机械	剪板机 厚度×宽度 6.3mm×2000mm	台班	0.0069	0.0046	0.0023	0.0023
	卷板机 板厚×宽度 2mm×1600mm	台班	0.0069	0.0046	0.0023	0.0023
	法兰卷圆机 L40×4	台班	0.0575	0.0368	0.0196	0.0161
	交流弧焊机 容量 21kVA	台班	0.4554	0.2668	0.2047	0.2001

17.1.4 薄钢板矩形风管 (δ=2mm 以内焊接)

工作内容: 1. 风管制作: 放样、下料、卷圆、折方、扎口、咬口、制作直管、管件、法兰、吊托支架, 钻孔、铆焊、安装法兰、组对。2. 风管安装: 找标高、打支架墙洞、配合预留孔洞、埋设吊托支架, 组装、风管就位、找平、找正, 制垫、加垫、安装螺栓、紧固。

	定 额 编 号		XZYT17-13	XZYT17-14	XZYT17-15	XZYT17-16
	项 目		周长 800mm 以下	周长 2000mm 以下	周长 4000mm 以下	周长 4000mm 以上
	单 位		m²	m²	m²	m²
	基 价 (元)		**312.40**	**241.78**	**201.44**	**192.92**
其中	人 工 费 (元)		146.81	96.54	68.09	59.58
	材 料 费 (元)		135.28	127.64	122.36	124.13
	机 械 费 (元)		30.31	17.60	10.99	9.21
	名 称	单位		数 量		
人工	建筑普通工	工日	0.4058	0.2668	0.1882	0.1647
	建筑技术工	工日	0.7230	0.4755	0.3353	0.2934
计价材料	等边角钢 边长 63 以下	kg	4.0420	3.5660	2.9380	3.5120
	扁钢 (3~5) ×50mm 以下	kg	0.2150	0.1330	0.1120	0.1020
	圆钢 φ10 以下	kg	0.1350	0.1930	0.1490	0.0800
	圆钢 φ10 以上	kg				0.1850
	薄钢板 2.5mm 以下	kg	16.9560	16.9560	16.9560	16.9560
	电焊条 J422 综合	kg	0.9540	0.6230	0.4590	0.3290

续表

定　额　编　号			XZYT17-13	XZYT17-14	XZYT17-15	XZYT17-16
项　　　目			周长 800mm 以下	周长 2000mm 以下	周长 4000mm 以下	周长 4000mm 以上
计价材料	碳钢气焊丝　综合	kg	0.1450	0.0930	0.0730	0.0440
	精制六角螺栓　综合	kg	0.4000	0.1930	0.1960	0.1520
	膨胀螺栓　M12	套	0.2000	0.2000	0.1500	0.1000
	橡胶板　3mm 以下	kg	0.1840	0.1300	0.0920	0.0860
	氧气	m³	0.1970	0.1250	0.1000	0.0610
	乙炔气	m³	0.0700	0.0450	0.0360	0.0220
	其他材料费	元	2.6500	2.5000	2.4000	2.4300
机械	剪板机　厚度×宽度　6.3mm×2000mm	台班	0.0081	0.0069	0.0046	0.0046
	交流弧焊机　容量　21kVA	台班	0.4209	0.2358	0.1461	0.1196

17.1.5 薄钢板圆形风管（δ＝3mm 以内焊接）

工作内容：1. 风管制作：放样、下料、卷圆、折方、扎口、咬口、制作直管、管件、法兰、吊托支架，钻孔、铆焊、安装法兰、组对。2. 风管安装：找标高、打支架墙洞、配合预留孔洞、埋设吊托支架，组装、风管就位、找平、找正，制垫、加垫、安装螺栓、紧固。

定 额 编 号			XZYT17-17	XZYT17-18	XZYT17-19	XZYT17-20
项 目			直径 200mm 以下	直径 500mm 以下	直径 1120mm 以下	直径 1120mm 以上
单 位			m²	m²	m²	m²
基 价 (元)			**516.10**	**352.61**	**310.29**	**314.17**
其中	人 工 费（元）		292.27	150.84	113.81	111.11
	材 料 费（元）		184.47	179.40	180.03	188.12
	机 械 费（元）		39.36	22.37	16.45	14.94
名 称		单位	数 量			
人工	建筑普通工	工日	0.8079	0.4169	0.3146	0.3072
	建筑技术工	工日	1.4393	0.7429	0.5605	0.5471
计价材料	等边角钢 边长 63 以下	kg	3.2170	3.3880	3.9600	4.5850
	扁钢（3~5）×50mm 以下	kg	0.4050	0.3560	0.2580	0.9270
	圆钢 φ10 以下	kg	0.2930	0.1900	0.0750	0.0120
	圆钢 φ10 以上	kg			0.0960	0.4900
	薄钢板 4mm 以下	kg	25.4340	25.4340	25.4340	25.4340
	电焊条 J422 综合	kg	1.5700	1.0410	0.8430	0.8260

续表

定 额 编 号			XZYT17-17	XZYT17-18	XZYT17-19	XZYT17-20
项 目			直径200mm以下	直径500mm以下	直径1120mm以下	直径1120mm以上
计价材料	碳钢气焊丝 综合	kg	0.2200	0.1680	0.1480	0.1490
	精制六角螺栓 综合	kg	0.2010	0.1700	0.2340	0.1770
	膨胀螺栓 M12	套	0.2000	0.2000	0.1500	0.1000
	橡胶板 3mm以下	kg	0.1460	0.1300	0.0970	0.0920
	氧气	m³	0.6950	0.5310	0.4650	0.4720
	乙炔气	m³	0.2480	0.1900	0.1660	0.1690
	其他材料费	元	3.6200	3.5200	3.5300	3.6900
机械	剪板机 厚度×宽度 6.3mm×2000mm	台班	0.0115	0.0069	0.0046	0.0023
	卷板机 板厚×宽度 2mm×1600mm	台班	0.0115	0.0069	0.0046	0.0023
	法兰卷圆机 L40×4	台班	0.0575	0.0368	0.0207	0.0161
	交流弧焊机 容量 21kVA	台班	0.4681	0.2611	0.1990	0.1967

17.1.6 薄钢板矩形风管（δ＝3mm 以内焊接）

工作内容： 1. 风管制作：放样、下料、卷圆、折方、扎口、咬口、制作直管、管件、法兰、吊托支架，钻孔、铆焊、安装法兰、组对。2. 风管安装：找标高、打支架墙洞、配合预留孔洞、埋设吊托支架，组装、风管就位、找平、找正，制垫、加垫、安装螺栓、紧固。

定 额 编 号		XZYT17-21	XZYT17-22	XZYT17-23	XZYT17-24
项 目		周长 800mm 以下	周长 2000mm 以下	周长 4000mm 以下	周长 4000mm 以上
单 位		m²	m²	m²	m²
基 价（元）		**398.65**	**314.27**	**263.90**	**258.76**
其中	人 工 费（元）	171.73	112.05	77.18	69.93
	材 料 费（元）	195.73	184.39	175.73	179.91
	机 械 费（元）	31.19	17.83	10.99	8.92
名 称	单位	数 量			
人工 建筑普通工	工日	0.4747	0.3097	0.2133	0.1933
建筑技术工	工日	0.8457	0.5518	0.3801	0.3444
计价材料 等边角钢 边长 63 以下	kg	4.2860	3.9350	3.4720	4.9290
扁钢（3~5）×50mm 以下	kg	0.2150	0.1330	0.1120	0.1020
圆钢 φ10 以下	kg	0.1350	0.1930	0.1490	0.0080
圆钢 φ10 以上	kg				0.1850
薄钢板 4mm 以下	kg	25.4340	25.4340	25.4340	25.4340
电焊条 J422 综合	kg	1.9940	1.2120	0.8320	0.6040

续表

定额编号			XZYT17-21	XZYT17-22	XZYT17-23	XZYT17-24
项目			周长 800mm 以下	周长 2000mm 以下	周长 4000mm 以下	周长 4000mm 以上
计价材料	碳钢气焊丝 综合	kg	0.3170	0.3790	0.1390	0.0840
	精制六角螺栓 综合	kg	0.4000	0.1950	0.1960	0.1520
	膨胀螺栓 M12	套	0.2000	0.2000	0.1500	0.1000
	橡胶板 3mm 以下	kg	0.1890	0.1350	0.0920	0.0860
	氧气	m³	0.9750	0.5980	0.4250	0.2670
	乙炔气	m³	0.3480	0.2140	0.1520	0.0950
	其他材料费	元	3.8400	3.6200	3.4500	3.5300
机械	剪板机 厚度×宽度 6.3mm×2000mm	台班	0.0115	0.0081	0.0046	0.0035
	交流弧焊机 容量 21kVA	台班	0.4209	0.2346	0.1461	0.1196

17.1.7 柔性软风管安装

工作内容：组装、风管就位、找平、找正，制垫、加垫、安装、紧固。

定 额 编 号			XZYT17-25	XZYT17-26	XZYT17-27	XZYT17-28	XZYT17-29
项 目			无保温套管				
			DN150	DN250	DN500	DN710	DN910
单 位			m	m	m	m	m
基 价（元）			**12.59**	**21.21**	**49.41**	**70.96**	**96.17**
其中	人 工 费（元）		3.10	3.10	4.14	6.20	8.28
	材 料 费（元）		9.49	18.11	45.27	64.76	87.89
	机 械 费（元）						
名 称		单位	数 量				
人工	建筑普通工	工日	0.0085	0.0085	0.0114	0.0172	0.0229
	建筑技术工	工日	0.0153	0.0153	0.0204	0.0305	0.0408
计价材料	柔性软风管 DN150	m	1.0000				
	柔性软风管 DN250	m		1.0000			
	柔性软风管 DN500	m			1.0000		
	柔性软风管 DN710	m				1.0000	
	柔性软风管 DN910	m					1.0000
	其他材料费	元	0.1900	0.3600	0.8900	1.2700	1.7200

定 额 编 号		XZYT17-30	XZYT17-31	XZYT17-32	XZYT17-33	XZYT17-34
项 目		有保温套管				
		DN150	DN250	DN500	DN710	DN910
单 位		m	m	m	m	m
基 价 （元）		**12. 59**	**22. 25**	**51. 47**	**73. 04**	**98. 25**
其中	人 工 费 （元）	3. 10	4. 14	6. 20	8. 28	10. 36
	材 料 费 （元）	9. 49	18. 11	45. 27	64. 76	87. 89
	机 械 费 （元）					
名 称	单位	数 量				
人工	建筑普通工	工日	0. 0085	0. 0114	0. 0172	0. 0229	0. 0287
	建筑技术工	工日	0. 0153	0. 0204	0. 0305	0. 0408	0. 0510
计价材料	柔性软风管 DN150	m	1. 0000				
	柔性软风管 DN250	m		1. 0000			
	柔性软风管 DN500	m			1. 0000		
	柔性软风管 DN710	m				1. 0000	
	柔性软风管 DN910	m					1. 0000
	其他材料费	元	0. 1900	0. 3600	0. 8900	1. 2700	1. 7200

17.1.8 柔性软风管阀门安装

工作内容：对口、找正、制垫、加垫、安装、紧固、试动。

定 额 编 号		XZYT17-35	XZYT17-36	XZYT17-37	XZYT17-38	XZYT17-39
项 目		柔性软风管阀门安装				
		DN150	DN250	DN500	DN710	DN910
单 位		个	个	个	个	个
基 价（元）		**115.91**	**229.77**	**458.50**	**769.27**	**973.57**
其中	人 工 费（元）	3.10	4.14	7.25	9.30	12.43
	材 料 费（元）	112.81	225.63	451.25	759.97	961.14
	机 械 费（元）					
名 称	单位	数 量				
人工	建筑普通工	工日	0.0085	0.0114	0.0200	0.0257	0.0342
	建筑技术工	工日	0.0153	0.0204	0.0357	0.0458	0.0613
计价材料	柔性软风管阀门 DN150	个	1.0000				
	柔性软风管阀门 DN250	个		1.0000			
	柔性软风管阀门 DN500	个			1.0000		
	柔性软风管阀门 DN710	个				1.0000	
	柔性软风管阀门 DN910	个					1.0000
	其他材料费	元	2.2100	4.4200	8.8500	14.9000	18.8500

17.1.9 通风管道制作安装

工作内容：1. 风管制作：放样、下料、卷圆、折方、扎口、咬口、制作直管、管件、法兰、吊托支架，钻孔、铆焊、安装法兰、组对。2. 风管安装：找标高、打支架墙洞、配合预留孔洞、埋设吊脱支架，组装、风管就位、找平、找正、制垫、加垫、安装螺栓、紧固。

定 额 编 号		XZYT17-40	XZYT17-41	XZYT17-42	XZYT17-43
项　　　目		通风管道制作安装			
		弯头导流叶片	软管接口	风管检查孔 T614	温度、风量测定孔 T615
单　　　位		m²	m²	kg	个
基　价（元）		**184.65**	**354.25**	**32.94**	**64.58**
其中	人 工 费（元）	138.63	181.04	18.42	53.81
	材 料 费（元）	46.02	171.67	13.98	10.00
	机 械 费（元）		1.54	0.54	0.77
名　称	单位	数　量			
人工 建筑普通工	工日	0.3832	0.5004	0.0509	0.1487
建筑技术工	工日	0.6827	0.8916	0.0907	0.2650
计价材料 等边角钢　边长63以下	kg		18.3300		
扁钢（3~5）×50mm以下	kg		8.3200	0.3180	
圆钢　φ10以下	kg			0.0140	
薄钢板　1.5mm以下	kg			0.7640	
薄钢板　2.5mm以下	kg				0.1800

续表

定 额 编 号			XZYT17-40	XZYT17-41	XZYT17-42	XZYT17-43
项 目			通风管道制作安装			
			弯头导流叶片	软管接口	风管检查孔 T614	温度、风量测定孔 T615
计价材料	镀锌钢板 1.0以下	kg	6.7150			
	普通拉手	个			1.2000	
	电焊条 J422 综合	kg		0.0600		0.1100
	精制六角螺栓 综合	kg		1.1830		0.0860
	精制六角螺母 M6~10	个			1.2120	
	弹簧垫圈 2~10mm	个			1.2120	
	镀锌铁铆钉	kg	0.1500	0.0700	0.0140	
	圆锥销	个			0.4040	
	镀锌管接头 DN50	个				1.0000
	镀锌管堵 DN50	个				1.0000
	橡胶板 3mm以下	kg		0.9700		
	闭孔乳胶海绵 $\delta20$	m^2			0.0510	
	帆布	m^2		1.1500		
	其他材料费	元	0.9000	3.3700	0.2700	0.2000
机械	交流弧焊机 容量 21kVA	台班		0.0230	0.0081	0.0115

17.2 玻璃钢风管及部件安装

17.2.1 玻璃钢风管安装

工作内容： 找标高、打支架墙洞、配合预留孔洞、吊托支架制作及埋设、风管配合补修、粘接、组装 就位、找平、找正、制垫、加垫、安装螺栓、紧固。

定 额 编 号		XZYT17-44	XZYT17-45	XZYT17-46	XZYT17-47
项 目		玻璃钢圆形风管安装 厚4mm以内			
		直径≤200mm	直径≤500mm	直径≤1120mm	直径>1120mm
单 位		m²	m²	m²	m²
基 价（元）		**143.22**	**101.22**	**90.44**	**90.67**
其中	人 工 费（元）	83.37	43.52	32.52	30.17
	材 料 费（元）	57.32	56.77	57.48	60.34
	机 械 费（元）	2.53	0.93	0.44	0.16
名 称	单位	数 量			
人工 建筑普通工	工日	0.2304	0.1203	0.0900	0.0895
建筑技术工	工日	0.4106	0.2143	0.1601	0.1440
计价材料 等边角钢 边长63以下	kg	0.8620	1.2640	1.4020	1.4850
扁钢（3~5）×50mm以下	kg	0.4130	0.1420	0.0860	0.3710
圆钢 φ10以下	kg	0.2930	0.1900	0.0750	0.0120
圆钢 φ10以上	kg			0.1210	0.4900
电焊条 J422 综合	kg	0.0170	0.0140	0.0060	0.0040

续表

定 额 编 号			XZYT17-44	XZYT17-45	XZYT17-46	XZYT17-47
项 目			玻璃钢圆形风管安装　厚4mm以内			
			直径≤200mm	直径≤500mm	直径≤1120mm	直径>1120mm
计价材料	精制六角螺栓　综合	kg	0.4252	0.3588	0.4271	0.3232
	橡胶板　3mm以下	kg	0.1400	0.1240	0.0970	0.0920
	玻璃钢风管　1.5~4	m²	1.0320	1.0320	1.0320	1.0320
	氧气	m³	0.0290	0.0390	0.0410	0.0590
	乙炔气	m³	0.0104	0.0139	0.0148	0.0209
	其他材料费	元	1.1200	1.1100	1.1300	1.1800
机械	法兰卷圆机　L40×4	台班	0.0575	0.0150	0.0081	0.0023
	交流弧焊机　容量　21kVA	台班	0.0074	0.0060	0.0023	0.0012

定　额　编　号			XZYT17-48	XZYT17-49	XZYT17-50	XZYT17-51
项　　目			玻璃钢矩形风管安装　厚4mm以内			
			周长≤800mm	周长≤2000mm	周长≤4000mm	周长>4000mm
单　　位			m²	m²	m²	m²
基　　价（元）			**118.29**	**90.89**	**80.98**	**87.69**
其中	人　工　费（元）		53.82	32.08	24.19	29.29
	材　料　费（元）		62.93	58.11	56.48	58.17
	机　械　费（元）		1.54	0.70	0.31	0.23
名　　称		单位	数　　量			
人工	建筑普通工	工日	0.1488	0.0887	0.0668	0.0809
	建筑技术工	工日	0.2650	0.1580	0.1192	0.1443
计价材料	等边角钢　边长63以下	kg	1.6170	1.4260	1.4080	1.8160
	扁钢（3~5）×50mm以下	kg	0.0860	0.0530	0.0450	0.0410
	圆钢　φ10以下	kg	0.1350	0.1930	0.1490	0.0080
	圆钢　φ10以上	kg				0.1850
	电焊条　J422　综合	kg	0.0900	0.0420	0.0180	0.0140
	精制六角螺栓　综合	kg	0.8455	0.4530	0.3563	0.2780

续表

定 额 编 号			XZYT17-48	XZYT17-49	XZYT17-50	XZYT17-51
项 目			玻璃钢矩形风管安装　厚4mm以内			
			周长≤800mm	周长≤2000mm	周长≤4000mm	周长>4000mm
计价材料	橡胶板　3mm以下	kg	0.1840	0.1300	0.0920	0.0810
	玻璃钢风管　1.5~4	m²	1.0320	1.0320	1.0320	1.0320
	氧气	m³	0.0460	0.0410	0.0390	0.0510
	乙炔气	m³	0.0165	0.0148	0.0139	0.0183
	其他材料费	元	1.2300	1.1400	1.1100	1.1400
机械	交流弧焊机　容量21kVA	台班	0.0230	0.0104	0.0046	0.0035

定　额　编　号		XZYT17-52	XZYT17-53	XZYT17-54	XZYT17-55
项　　　目		玻璃钢圆形风管安装　厚 4mm 以外			
		直径≤200mm	直径≤500mm	直径≤1120mm	直径>1120mm
单　　位		m²	m²	m²	m²
基　　价（元）		**194.92**	**141.00**	**128.16**	**142.44**
其中	人　工　费（元）	108.35	56.64	42.31	53.65
	材　料　费（元）	84.04	83.43	85.41	88.63
	机　械　费（元）	2.53	0.93	0.44	0.16
名　　称	单位	数　　　　量			
人工	建筑普通工 工日	0.2995	0.1566	0.1170	0.1483
	建筑技术工 工日	0.5336	0.2789	0.2083	0.2642
计价材料	等边角钢　边长 63 以下　kg	0.8620	1.2640	1.6350	1.8040
	扁钢（3~5）×50mm 以下　kg	0.4130	0.1420	0.0860	0.3710
	圆钢　φ10 以下　kg	0.2930	0.1900	0.0750	0.0120
	圆钢　φ10 以上　kg			0.1210	0.4900
	电焊条 J422　综合　kg	0.0170	0.0140	0.0060	0.0040
	精制六角螺栓　综合　kg	0.4639	0.3911	0.4655	0.3525
	橡胶板　3mm 以下　kg	0.1400	0.1240	0.0970	0.0920

续表

定 额 编 号			XZYT17-52	XZYT17-53	XZYT17-54	XZYT17-55
项 目			玻璃钢圆形风管安装　厚4mm以外			
			直径≤200mm	直径≤500mm	直径≤1120mm	直径>1120mm
计价材料	玻璃钢风管　4以上	m²	1.0320	1.0320	1.0320	1.0320
	氧气	m³	0.0290	0.0390	0.0410	0.0590
	乙炔气	m³	0.0104	0.0139	0.0148	0.0209
	其他材料费	元	1.6500	1.6400	1.6700	1.7400
机械	法兰卷圆机　L40×4	台班	0.0575	0.0150	0.0081	0.0023
	交流弧焊机　容量　21kVA	台班	0.0074	0.0060	0.0023	0.0012

定 额 编 号		XZYT17-56	XZYT17-57	XZYT17-58	XZYT17-59
项 目		玻璃钢矩形风管安装　厚4mm以外			
		周长≤800mm	周长≤2000mm	周长≤4000mm	周长>4000mm
单 位		m²	m²	m²	m²
基 价 （元）		**140.71**	**126.94**	**115.04**	**123.30**
其中	人 工 费 （元）	49.29	41.79	31.47	38.08
	材 料 费 （元）	89.88	84.45	83.26	84.99
	机 械 费 （元）	1.54	0.70	0.31	0.23
名 称	单位	数 量			
人工	建筑普通工	工日		0.1155	0.0870	0.1052
	建筑技术工	工日	0.3447	0.2058	0.1550	0.1876
计价材料	等边角钢　边长63以下	kg	1.6170	1.4260	1.4240	1.8420
	扁钢（3~5）×50mm以下	kg	0.0860	0.0530	0.0450	0.0410
	圆钢　φ10以下	kg	0.1350	0.1930	0.1490	0.0080
	圆钢　φ10以上	kg				0.1850
	电焊条　J422　综合	kg	0.0900	0.0420	0.0180	0.0140
	精制六角螺栓　综合	kg	0.9132	0.4448	0.3887	0.3028
	橡胶板　3mm以下	kg	0.1840	0.1300	0.0920	0.0860

续表

定　额　编　号			XZYT17-56	XZYT17-57	XZYT17-58	XZYT17-59
项　　目			玻璃钢矩形风管安装　厚4mm以外			
			周长≤800mm	周长≤2000mm	周长≤4000mm	周长>4000mm
计价材料	玻璃钢风管　4以上	m²	1.0320	1.0320	1.0320	1.0320
	氧气	m³	0.0460	0.0410	0.0430	0.0560
	乙炔气	m³	0.0165	0.0148	0.0152	0.0200
	其他材料费	元	1.7600	1.6600	1.6300	1.6700
机械	交流弧焊机　容量　21kVA	台班	0.0230	0.0104	0.0046	0.0035

17.2.2 玻璃钢风帽安装

工作内容： 组对、组装、就位、找正、制垫、加垫、安装螺栓、紧固。

定 额 编 号		XZYT17-60	XZYT17-61
项 目		圆伞形风帽	
		10kg 以下	10kg 以上
单 位		kg	kg
基 价（元）		**9.15**	**6.30**
其中	人 工 费（元）	4.38	1.77
	材 料 费（元）	4.77	4.53
	机 械 费（元）		
名 称	单位	数 量	
人工	建筑普通工	工日	0.0121	0.0049
	建筑技术工	工日	0.0216	0.0087
计价材料	精制六角螺栓 综合	kg	0.0481	0.0230
	橡胶板 3mm 以下	kg	0.0130	0.0092
	玻璃钢管道部件	个	1.0000	1.0000
	其他材料费	元	0.0900	0.0900

定 额 编 号		XZYT17-62	XZYT17-63	XZYT17-64	XZYT17-65
项 目		锥形风帽		筒形风帽	
		25kg 以下	25kg 以上	50kg 以下	50kg 以上
单 位		kg	kg	kg	kg
基 价 （元）		**7.63**	**6.34**	**6.84**	**5.37**
其中	人 工 费 （元）	3.07	1.90	2.21	0.90
	材 料 费 （元）	4.56	4.44	4.63	4.47
	机 械 费 （元）				
名 称	单位	数 量			
人工	建筑普通工 工日	0.0085	0.0053	0.0061	0.0024
	建筑技术工 工日	0.0151	0.0093	0.0109	0.0045
计价材料	精制六角螺栓 综合 kg	0.0323	0.0181	0.0407	0.0218
	橡胶板 3mm 以下 kg	0.0043	0.0032	0.0043	0.0032
	玻璃钢管道部件 个	1.0000	1.0000	1.0000	1.0000
	其他材料费 元	0.0900	0.0900	0.0900	0.0900

17.3 调节阀制作

工作内容：放样、下料，制作短管、阀板、法兰、零件，钻孔、铆焊、组合成型。

定额编号		XZYT17-66	XZYT17-67	XZYT17-68
项　　目		调节阀制作		
		空气加热器上（旁）通阀 T101-1、2	圆形瓣式起动阀 T301-5	
			30kg 以下/个	30kg 以上/个
单　　位		kg	kg	kg
基　　价（元）		**13.64**	**38.03**	**24.44**
其中	人　工　费（元）	7.76	30.22	17.38
	材　料　费（元）	5.81	6.65	6.44
	机　械　费（元）	0.07	1.16	0.62
名　　称	单位	数　　量		
人工	建筑普通工　工日	0.0215	0.0836	0.0480
	建筑技术工　工日	0.0382	0.1488	0.0856
计价材料	等边角钢　边长63以下　kg	0.7410		
	扁钢（3~5）×50mm以下　kg	0.0090	0.1670	0.1910
	圆钢　φ10以下　kg		0.0280	0.0180
	圆钢　φ10以上　kg	0.0330	0.1020	0.1150
	薄钢板　1.5mm以下　kg	0.2460	0.5480	0.2140
	薄钢板　4mm以下　kg	0.0020	0.0840	0.4010

续表

定 额 编 号			XZYT17-66	XZYT17-67	XZYT17-68
项 目			调节阀制作		
			空气加热器上（旁）通阀 T101-1、2	圆形瓣式起动阀 T301-5	
				30kg 以下/个	30kg 以上/个
计价材料	中厚钢板 6~12	kg	0.0030	0.0270	0.0230
	无缝钢管 10~20 号 φ89 以下	kg		0.0460	
	无缝钢管 10~20 号 φ108 以下	kg			0.0250
	焊接钢管 DN20 以下	kg		0.0880	0.1110
	电焊条 J422 综合	kg	0.0090	0.0140	0.0090
	精制六角螺栓 综合	kg	0.0030	0.0290	0.0180
	铝制蝶形螺母 M12	个	0.0820		
	镀锌铁铆钉	kg	0.0002		
	开口销	个		0.3130	0.2910
	橡胶	kg	0.0090		
	其他材料费	元	0.1100	0.1300	0.1300
机械	交流弧焊机 容量 21kVA	台班	0.0010	0.0173	0.0092

1019

定 额 编 号			XZYT17-69	XZYT17-70	XZYT17-71	XZYT17-72
项 目			调节阀制作			
			圆形保温蝶阀 T302-2	圆形保温蝶阀 T302-4、6	方矩形保温蝶阀 T302-4、6	
			10kg 以下/个	10kg 以上/个	10kg 以下/个	10kg 以上/个
单 位			kg	kg	kg	kg
基 价（元）			**29.11**	**23.72**	**25.77**	**15.69**
其中	人 工 费（元）		19.25	13.56	15.84	5.59
	材 料 费（元）		7.84	8.84	7.69	8.87
	机 械 费（元）		2.02	1.32	2.24	1.23
名 称		单位	数 量			
人工	建筑普通工	工日	0.0532	0.0375	0.0438	0.0155
	建筑技术工	工日	0.0948	0.0668	0.0780	0.0275
计价材料	等边角钢 边长 63 以下	kg	0.3980	0.3850	0.4400	0.5190
	扁钢（3~5）×50mm 以下	kg	0.1000	0.0490	0.0890	0.0230
	圆钢 φ10 以上	kg	0.0440	0.0370	0.0520	0.0180
	薄钢板 1.0mm 以下	kg	0.1270	0.1910	0.1090	0.1740
	薄钢板 1.5mm 以下	kg	0.3410		0.3130	
	薄钢板 2.5mm 以下	kg		0.3400		0.2400
	电焊条 J422 综合	kg	0.0230	0.0230	0.0350	0.0310
	精制六角螺栓 综合	kg	0.0150	0.0050	0.0140	0.0020
	杂毛毡 25 以下	kg	0.0480	0.0770	0.0450	0.0830

续表

定 额 编 号			XZYT17-69	XZYT17-70	XZYT17-71	XZYT17-72
项 目			调节阀制作			
			圆形保温蝶阀 T302-2	圆形保温蝶阀 T302-4、6	方矩形保温蝶阀 T302-4、6	
			10kg 以下/个	10kg 以上/个	10kg 以下/个	10kg 以上/个
计价材料	其他材料费	元	0.1500	0.1700	0.1500	0.1700
机械	法兰卷圆机 L40×4	台班	0.0069	0.0046		
	交流弧焊机 容量 21kVA	台班	0.0265	0.0173	0.0334	0.0184

定　额　编　号			XZYT17-73	XZYT17-74	XZYT17-75	XZYT17-76
项　　　目			调节阀制作			
			圆形蝶阀 T302-7		方矩形蝶阀 T302-8、9	
			10kg 以下/个	10kg 以上/个	15kg 以下/个	15kg 以上/个
单　　位			kg	kg	kg	kg
基　　价（元）			**35.58**	**18.42**	**20.99**	**14.51**
其中	人　工　费（元）		26.49	10.07	13.03	7.15
	材　料　费（元）		6.22	6.30	6.03	6.05
	机　械　费（元）		2.87	2.05	1.93	1.31
名　　称		单位	数　　　　量			
人工	建筑普通工	工日	0.0732	0.0278	0.0360	0.0198
	建筑技术工	工日	0.1305	0.0496	0.0642	0.0352
计价材料	等边角钢　边长 63 以下	kg	0.4300	0.3130	0.4680	0.4770
	扁钢（3~5）×50mm 以下	kg	0.0430	0.0740	0.0250	0.0410
	圆钢　φ10 以上	kg	0.0710	0.0480	0.0400	0.0200
	薄钢板　1.5mm 以下	kg	0.4490		0.4720	
	薄钢板　2.5mm 以下	kg		0.6210		0.5040
	薄钢板　4mm 以下	kg	0.0590	0.0280	0.0310	0.0110

续表

定 额 编 号			XZYT17-73	XZYT17-74	XZYT17-75	XZYT17-76
项 目			调节阀制作			
			圆形蝶阀 T302-7		方矩形蝶阀 T302-8、9	
			10kg 以下/个	10kg 以上/个	15kg 以下/个	15kg 以上/个
计价材料	电焊条 J422 综合	kg	0.0250	0.0200	0.0240	0.0340
	精制六角螺栓 综合	kg	0.0130	0.0110	0.0060	0.0040
	铝制蝶形螺母 M12	个	0.3400	0.0980	0.1920	0.0420
	其他材料费	元	0.1200	0.1200	0.1200	0.1200
机械	法兰卷圆机 L40×4	台班	0.0092	0.0058		
	交流弧焊机 容量 21kVA	台班	0.0380	0.0276	0.0288	0.0196

定　额　编　号			XZYT17-77	XZYT17-78	XZYT17-79	XZYT17-80	XZYT17-81	XZYT17-82
项　　　目			调节阀制作					
			圆形风管止回阀 T303-1		方形风管止回阀 T303-2		封闭式斜插板阀 T309	
			20kg 以下/个	20kg 以上/个	20kg 以下/个	20kg 以上/个	10kg 以下/个	10kg 以上/个
单　　　位			kg	kg	kg	kg	kg	kg
基　价（元）			**23.37**	**18.13**	**20.39**	**16.15**	**28.81**	**19.88**
其中	人　工　费（元）		11.77	7.37	9.30	6.20	20.08	9.00
	材　料　费（元）		10.05	9.63	9.39	8.95	6.72	6.64
	机　械　费（元）		1.55	1.13	1.70	1.00	2.01	4.24
名　　称		单位	数　　量					
人工	建筑普通工	工日	0.0325	0.0204	0.0257	0.0172	0.0555	0.0249
	建筑技术工	工日	0.0580	0.0363	0.0458	0.0305	0.0989	0.0443
计价材料	等边角钢　边长63以下	kg	0.2760	0.3630	0.2900	0.4150	0.2570	0.2280
	扁钢（3~5）×50mm 以下	kg	0.0190	0.0090	0.0190	0.0070	0.0040	0.0030
	圆钢　φ10以上	kg	0.0700	0.0730	0.0760	0.0880	0.0040	0.0010
	薄钢板　1.5mm 以下	kg	0.5120	0.3910	0.4730	0.3650	0.6980	0.7250
	薄钢板　2.5mm 以下	kg					0.1110	0.1310
	黄铜棒　φ7~80	kg	0.0450	0.0350	0.0360	0.0260		
	铝板　综合	kg	0.0600	0.0870	0.0560	0.0760		
	电焊条 J422　综合	kg	0.0170	0.0150	0.0330	0.0190	0.0260	0.0180
	精制六角螺栓　综合	kg	0.0050	0.0030	0.0050	0.0020	0.0360	0.0210

续表

定 额 编 号			XZYT17-77	XZYT17-78	XZYT17-79	XZYT17-80	XZYT17-81	XZYT17-82
项 目			调节阀制作					
			圆形风管止回阀 T303-1		方形风管止回阀 T303-2		封闭式斜插板阀 T309	
			20kg 以下/个	20kg 以上/个	20kg 以下/个	20kg 以上/个	10kg 以下/个	10kg 以上/个
计价材料	铝制蝶形螺母　M12	个					0.1980	0.0770
	橡胶板　15mm 以下	kg	0.1100	0.0950	0.1130	0.0860		
	其他材料费	元	0.2000	0.1900	0.1800	0.1800	0.1300	0.1300
机械	法兰卷圆机　L40×4	台班	0.0046	0.0035			0.0046	0.0023
	交流弧焊机　容量 21kVA	台班	0.0207	0.0150	0.0253	0.0150	0.0276	0.0621

定 额 编 号			XZYT17-83	XZYT17-84	XZYT17-85	XZYT17-86	XZYT17-87
项　目			调节阀制作				
			矩形风管三通调节阀 T310-1、2	对开多叶调节阀 T311		风管防火阀	
				30kg 以下/个	30kg 以上/个	圆形	方、矩形
单　位			kg	kg	kg	kg	kg
基　价（元）			**45. 05**	**20. 98**	**15. 72**	**15. 91**	**11. 48**
其中	人 工 费（元）		38. 69	13. 03	8. 60	8. 69	5. 10
	材 料 费（元）		5. 67	7. 56	7. 04	6. 44	6. 07
	机 械 费（元）		0. 69	0. 39	0. 08	0. 78	0. 31
名　称		单位	数　量				
人工	建筑普通工	工日	0. 1069	0. 0360	0. 0238	0. 0240	0. 0141
	建筑技术工	工日	0. 1906	0. 0642	0. 0423	0. 0428	0. 0251
计价材料	等边角钢　边长 63 以下	kg				0. 1890	0. 2010
	扁钢（3~5）×50mm 以下	kg	0. 5790	0. 1140	0. 0390	0. 0230	0. 0370
	圆钢　φ10 以上	kg	0. 2180	0. 0770	0. 0340	0. 1060	0. 0810
	薄钢板　1.0mm 以下	kg		0. 1440	0. 4320		
	薄钢板　1.5mm 以下	kg		0. 5690	0. 3210		
	薄钢板　2.5mm 以下	kg	0. 0090		0. 1870	0. 6770	0. 6150
	薄钢板　4mm 以下	kg				0. 0640	0. 0640
	中厚钢板　12~20	kg				0. 0020	0. 0020
	焊接钢管　DN20 以下	kg	0. 0500				

续表

定 额 编 号			XZYT17-83	XZYT17-84	XZYT17-85	XZYT17-86	XZYT17-87
项　　　目			调节阀制作				
			矩形风管三通调节阀 T310-1、2	对开多叶调节阀 T311		风管防火阀	
				30kg 以下/个	30kg 以上/个	圆形	方、矩形
计价材料	黄铜棒　φ7~80	kg		0.0030	0.0010		
	电焊条　J422　综合	kg		0.0320	0.0270	0.0080	0.0170
	精制六角螺栓　综合	kg	0.0790	0.0970	0.0380		
	铝制蝶形螺母　M12	个	0.8550	0.0330	0.0170		
	镀锌铁铆钉	kg	0.0180	0.0050	0.0050	0.0010	0.0010
	开口销	个		0.5130	0.2220		
	风管调节门附件钢珠 φ10	个		9.2290	4.0300		
	水银照明开关	个				0.0120	0.0100
	易熔片	片				0.0120	0.0100
	石棉橡胶板　低压　6 以下	kg				0.0010	0.0010
	其他材料费	元	0.1100	0.1500	0.1400	0.1300	0.1200
机械	剪板机　厚度×宽度　6.3mm×2000mm	台班	0.0003	0.0012	0.0003	0.0012	0.0003
	法兰卷圆机　L40×4	台班				0.0023	
	交流弧焊机　容量　21kVA	台班	0.0092	0.0012		0.0058	0.0035

17.4 调 节 阀 安 装

工作内容：号孔、钻孔、对口、校正，制垫、加垫、安装螺栓、紧固、试动。

定 额 编 号			XZYT17-88	XZYT17-89
项 目			空气加热器上通阀	空气加热器旁通阀
单 位			个	个
基 价（元）			**118.29**	**70.35**
其中	人 工 费（元）		100.26	65.99
	材 料 费（元）		16.49	4.36
	机 械 费（元）		1.54	
名 称		单位	数 量	
人工	建筑普通工	工日	0.2772	0.1824
	建筑技术工	工日	0.4937	0.3250
计价材料	扁钢（3~5）×50mm 以下	kg	1.0600	
	电焊条 J422 综合	kg	0.2300	
	精制六角螺栓 综合	kg	1.1380	0.5460
	平垫圈	个	6.0000	
	其他材料费	元	0.3200	0.0900
机械	交流弧焊机 容量 21kVA	台班	0.0230	

定 额 编 号		XZYT17-90	XZYT17-91	XZYT17-92	XZYT17-93
项 目		圆形瓣式启动阀			
		DN600	DN800	DN1000	DN1300
单 位		个	个	个	个
基 价（元）		**97.87**	**125.23**	**153.76**	**206.70**
其中	人 工 费（元）	89.69	112.54	138.02	183.73
	材 料 费（元）	8.18	12.69	15.74	22.97
	机 械 费（元）				
名 称	单位	数 量			
人工	建筑普通工	工日	0.2479	0.3110	0.3814	0.5079
	建筑技术工	工日	0.4417	0.5543	0.6798	0.9048
计价材料	精制六角螺栓 综合	kg	0.7730	1.2810	1.5380	2.2610
	橡胶板 3mm 以下	kg	0.2200	0.2700	0.3800	0.5400
	其他材料费	元	0.1600	0.2500	0.3100	0.4500

定 额 编 号		XZYT17-94	XZYT17-95	XZYT17-96	XZYT17-97	XZYT17-98
项 目		风管蝶阀				
		周长 800mm 以内	周长 1600mm 以内	周长 2400mm 以内	周长 3200mm 以内	周长 4000mm 以内
单 位		kg	kg	kg	kg	kg
基 价 （元）		**0.26**	**0.31**	**0.55**	**0.74**	**0.97**
其中	人 工 费 （元）	0.23	0.27	0.46	0.61	0.83
	材 料 费 （元）	0.03	0.04	0.09	0.13	0.14
	机 械 费 （元）					
名 称	单位	数 量				
人工 建筑普通工	工日	0.0007	0.0008	0.0012	0.0017	0.0023
建筑技术工	工日	0.0011	0.0013	0.0023	0.0030	0.0041
计价材料 精制六角螺栓 综合	kg	0.0020	0.0030	0.0080	0.0100	0.0110
橡胶板 3mm 以下	kg	0.0010	0.0020	0.0030	0.0050	0.0060

定 额 编 号		XZYT17-99	XZYT17-100	XZYT17-101	XZYT17-102
项 目		圆、方形风管止回阀			
		周长 800mm 以内	周长 1200mm 以内	周长 2000mm 以内	周长 3200mm 以内
单 位		kg	kg	kg	kg
基 价 （元）		**0.26**	**0.30**	**0.48**	**0.59**
其中	人 工 费 （元）	0.23	0.26	0.39	0.46
	材 料 费 （元）	0.03	0.04	0.09	0.13
	机 械 费 （元）				
名 称	单位	数 量			
人工 建筑普通工	工日	0.0007	0.0007	0.0011	0.0012
建筑技术工	工日	0.0011	0.0013	0.0019	0.0023
计价材料 精制六角螺栓 综合	kg	0.0030	0.0030	0.0080	0.0100
橡胶板 3mm 以下	kg	0.0010	0.0020	0.0030	0.0050

定 额 编 号			XZYT17-103	XZYT17-104	XZYT17-105
项 目			风管防火阀		
			周长 2200mm 以内	周长 3600mm 以内	周长 5400mm 以内
单 位			kg	kg	kg
基 价（元）			**0.29**	**1.22**	**1.74**
其中	人 工 费（元）		0.20	1.10	1.59
	材 料 费（元）		0.09	0.12	0.15
	机 械 费（元）				
名 称		单位	数 量		
人工	建筑普通工	工日	0.0005	0.0031	0.0044
	建筑技术工	工日	0.0010	0.0054	0.0078
计价材料	精制六角螺栓 综合	kg	0.0080	0.0100	0.0114
	橡胶板 3mm 以下	kg	0.0030	0.0040	0.0070

1032

17.5 风口制作

工作内容： 放样、下料、开孔，制作零件、外框、叶片、网框、调节板、拉杆、导风板、弯管、天圆地方、扩散管、法兰，钻孔、铆焊、组合成型。

定 额 编 号		XZYT17-106	XZYT17-107
项 目		带调节板活动百叶风口 T202-1	
		2kg 以下	2kg 以上
单 位		kg	kg
基 价 （元）		**76.95**	**61.03**
其中	人 工 费 （元）	65.17	50.11
	材 料 费 （元）	9.16	8.84
	机 械 费 （元）	2.62	2.08
名 称	单位	数 量	
人工	建筑普通工	工日	0.1801	0.1616
	建筑技术工	工日	0.3210	0.2295
计价材料	扁钢 （3~5）×50mm 以下	kg	0.0250	0.0220
	圆钢 φ10 以上	kg	0.1340	0.0960
	薄钢板 1.0mm 以下	kg	0.5050	0.6260
	薄钢板 1.5mm 以下	kg	0.3980	0.3460
	薄钢板 2.5mm 以下	kg	0.0440	0.0310
	焊接钢管 DN20 以下	kg	0.0350	0.0210

续表

定 额 编 号			XZYT17-106	XZYT17-107
项 目			带调节板活动百叶风口 T202-1	
			2kg 以下	2kg 以上
计价材料	电焊条 J422 综合	kg	0.0080	0.0070
	精制六角螺栓 综合	kg	0.1530	0.0930
	铝制蝶形螺母 M12	个	1.1840	0.7210
	平垫圈	个	3.5530	2.8840
	镀锌铁铆钉	kg	0.0790	0.1180
	开口销	个	0.5920	0.3610
	其他材料费	元	0.1800	0.1700
机械	交流弧焊机 容量 21kVA	台班	0.0391	0.0311

定 额 编 号		XZYT17-108	XZYT17-109	XZYT17-110	XZYT17-111
项 目		单层百叶风口 T202-2		双层百叶风口 T202-2	
		2kg 以下	2kg 以上	5kg 以下	5kg 以上
单 位		kg	kg	kg	kg
基 价 (元)		**63.29**	**38.50**	**52.67**	**28.85**
其中	人 工 费 (元)	55.97	31.37	45.53	21.85
	材 料 费 (元)	7.32	7.13	7.14	7.00
	机 械 费 (元)				
名 称	单位	数 量			
人工 建筑普通工	工日	0.1548	0.0867	0.1259	0.0604
建筑技术工	工日	0.2756	0.1545	0.2242	0.1076
计价材料 薄钢板 1.5mm 以下	kg	1.1140	1.1230	1.0820	1.0990
碳钢气焊丝 综合	kg	0.0140	0.0070	0.0140	0.0060
平垫圈	个	6.0570	4.8660	7.4390	5.5950
镀锌铁铆钉	kg	0.0080	0.0040	0.0080	0.0080
氧气	m³	0.0260	0.0120	0.0210	0.0080
乙炔气	m³	0.0090	0.0040	0.0080	0.0030
其他材料费	元	0.1400	0.1400	0.1400	0.1400

定 额 编 号		XZYT17-112	XZYT17-113	XZYT17-114	XZYT17-115
项 目		三层百叶风口 T202-3		连动百叶风口 T202-4	
		7kg 以下	7kg 以上	3kg 以下	3kg 以上
单 位		kg	kg	kg	kg
基 价（元）		**37.29**	**30.03**	**52.74**	**44.10**
其中	人 工 费（元）	30.22	23.09	45.12	36.83
	材 料 费（元）	7.07	6.94	7.62	7.27
	机 械 费（元）				
名 称	单位	数 量			
人工 建筑普通工	工日	0.0836	0.0638	0.1247	0.1019
建筑技术工	工日	0.1488	0.1137	0.2222	0.1813
扁钢（3~5）×50mm 以下	kg			0.1770	0.1380
圆钢 φ10 以下	kg	0.1620	0.2070		
圆钢 φ10 以上	kg			0.0400	0.0230
薄钢板 1.0mm 以下	kg			0.4090	
薄钢板 1.5mm 以下	kg	0.8990	0.8590	0.3850	0.8940
薄钢板 2.5mm 以下	kg	0.0110	0.0090	0.0770	0.0440
碳钢气焊丝 综合	kg	0.0080	0.0060	0.0100	0.0070
精制六角螺栓 综合	kg	0.0020	0.0040	0.0880	0.0510
平垫圈	个	13.8170	11.9600		
镀锌铁铆钉	kg	0.0150	0.0130	0.0050	0.0050
弹簧 5号	个			0.4260	0.2460

续表

定 额 编 号			XZYT17-112	XZYT17-113	XZYT17-114	XZYT17-115
项 目			三层百叶风口 T202-3		连动百叶风口 T202-4	
			7kg 以下	7kg 以上	3kg 以下	3kg 以上
计价材料	风管调节门附件钢珠 φ10	个			0.4260	0.2460
	氧气	m³	0.0110	0.0080	0.0120	0.0090
	乙炔气	m³	0.0040	0.0030	0.0040	0.0030
	其他材料费	元	0.1400	0.1400	0.1500	0.1400

定 额 编 号			XZYT17-116	XZYT17-117	XZYT17-118
项 目			矩形送风口 T203		矩形空气分部器 T206-1
			5kg 以下	5kg 以上	
单 位			kg	kg	kg
基 价 （元）			31.48	21.49	21.59
其中	人 工 费 （元）		24.93	14.89	13.35
	材 料 费 （元）		6.32	6.52	7.62
	机 械 费 （元）		0.23	0.08	0.62
名 称		单位	数 量		
人工	建筑普通工	工日	0.0689	0.0412	0.0370
	建筑技术工	工日	0.1228	0.0733	0.0657
计价材料	等边角钢 边长 63 以下	kg			0.3050
	薄钢板 1.0mm 以下	kg			0.3290
	薄钢板 1.5mm 以下	kg	1.0240	1.0660	0.4410
	门窗铰链 75mm	个			0.0970
	电焊条 J422 综合	kg	0.0080	0.0040	0.0040
	精制六角螺栓 综合	kg			0.0850
	镀锌铁铆钉	kg	0.0120	0.0090	0.0020
	钢板网 综合	m²			0.0150
	其他材料费	元	0.1200	0.1300	0.1500
机械	交流弧焊机 容量 21kVA	台班	0.0035	0.0012	0.0092

定 额 编 号			XZYT17-119	XZYT17-120	XZYT17-121	XZYT17-122
项 目			风管插板风口 T208-1、2			
			周长 660mm 以内	周长 840mm 以内	周长 1200mm 以内	周长 1680mm 以内
单 位			个	个	个	个
基 价 （元）			21.96	26.23	32.66	38.07
其中	人 工 费 （元）		16.77	17.59	20.29	20.29
	材 料 费 （元）		5.19	8.64	12.37	17.78
	机 械 费 （元）					
名 称		单位	数 量			
人工	建筑普通工	工日	0.0463	0.0487	0.0561	0.0561
	建筑技术工	工日	0.0826	0.0866	0.0999	0.0999
计价材料	薄钢板 1.5mm 以下	kg	0.7700	1.2900	1.8300	2.6100
	镀锌铁铆钉	kg	0.0100	0.0200	0.0200	0.0200
	钢板网 综合	m²	0.0400	0.0600	0.1000	0.1600
	其他材料费	元	0.1000	0.1700	0.2400	0.3500

定 额 编 号			XZYT17-123	XZYT17-124	XZYT17-125	XZYT17-126	XZYT17-127	XZYT17-128
项 目			旋转吹风口 T209-1	圆形直片散流器 CT211-1		方形直片散流器 CT211-2		流线型 散流器 CT211-4
				6kg 以下	6kg 以上	5kg 以下	5kg 以上	
单 位			kg	kg	kg	kg	kg	kg
基 价 （元）			**20.95**	**53.20**	**41.39**	**52.21**	**39.37**	**57.57**
其中	人 工 费 （元）		11.60	44.40	32.67	43.79	30.75	49.04
	材 料 费 （元）		6.92	8.43	8.35	8.41	8.61	8.16
	机 械 费 （元）		2.43	0.37	0.37	0.01	0.01	0.37
名 称		单位	数 量					
人工	建筑普通工	工日	0.0321	0.1227	0.0903	0.1210	0.0850	0.1356
	建筑技术工	工日	0.0571	0.2187	0.1609	0.2157	0.1514	0.2415
计价材料	等边角钢 边长 63 以下	kg	0.2080		0.1970		0.2900	0.1530
	扁钢 （3~5）×50mm 以下	kg	0.1420	0.2010	0.0660	0.3280	0.0770	0.0520
	方钢 综合	kg			0.0650		0.0200	
	圆钢 φ10 以上	kg	0.0070	0.0680	0.0290	0.1110	0.0340	0.1680
	薄钢板 1.0mm 以下	kg	0.5180					
	薄钢板 1.5mm 以下	kg	0.2120	1.0270	1.0210	0.7440	0.8600	0.9310
	薄钢板 2.5mm 以下	kg	0.0130					
	电焊条 J422 综合	kg	0.0010	0.0010	0.0010	0.0010	0.0010	0.0010
	碳钢气焊丝 综合	kg		0.0230	0.0190	0.0590	0.0700	0.0180
	精制六角螺栓 综合	kg	0.0520					

续表

定　额　编　号			XZYT17-123	XZYT17-124	XZYT17-125	XZYT17-126	XZYT17-127	XZYT17-128
项　　　　目			旋转吹风口 T209-1	圆形直片散流器 CT211-1		方形直片散流器 CT211-2		流线型 散流器 CT211-4
				6kg 以下	6kg 以上	5kg 以下	5kg 以上	
计价材料	木螺钉	kg	0.0120	0.0350	0.0300	0.0350	0.0350	0.0350
	精制六角螺母　M12~16	个						0.1950
	镀锌铁铆钉	kg	0.0030	0.0010	0.0020	0.0010	0.0030	
	开口销	个		0.2420	0.1020	0.3880	0.1190	
	风管调节门附件钢珠 φ10	个	0.0580					
	泡沫塑料聚酯乙烯	kg		0.0020	0.0020	0.0030	0.0020	
	氧气	m³		0.0310	0.0280	0.0410	0.0410	0.0250
	乙炔气	m³		0.0110	0.0100	0.0150	0.0150	0.0090
	其他材料费	元	0.1400	0.1700	0.1600	0.1600	0.1700	0.1600
机械	法兰卷圆机　L40×4	台班	0.0012	0.0104	0.0104			0.0104
	交流弧焊机　容量　21kVA	台班	0.0357	0.0001	0.0001	0.0001	0.0001	0.0001

定　额　编　号		XZYT17-129	XZYT17-130	XZYT17-131	XZYT17-132
项　　　目		单面送吸风口 T212-1		双面送吸风口 T212-2	
		10kg 以下	10kg 以上	10kg 以下	10kg 以上
单　　　位		kg	kg	kg	kg
基　　价（元）		**23. 28**	**14. 13**	**28. 59**	**17. 61**
其中	人　工　费（元）	16. 13	7. 47	21. 85	10. 89
	材　料　费（元）	7. 06	6. 60	6. 65	6. 67
	机　械　费（元）	0. 09	0. 06	0. 09	0. 05
名　　称	单位	数　　　量			
人工					
建筑普通工	工日	0. 0446	0. 0206	0. 0604	0. 0301
建筑技术工	工日	0. 0794	0. 0368	0. 1076	0. 0536
计价材料					
等边角钢　边长 63 以下	kg	0. 1640	0. 0110	0. 1750	0. 1230
薄钢板　1.0mm 以下	kg	0. 8970	0. 8840	0. 6730	0. 7190
薄钢板　1.5mm 以下	kg	0. 0720	0. 1420	0. 2230	0. 2280
电焊条　J422　综合	kg	0. 0010	0. 0010	0. 0010	0. 0010
碳钢气焊丝　综合	kg	0. 0040	0. 0030	0. 0040	0. 0030
镀锌铁铆钉	kg	0. 0020	0. 0010	0. 0040	0. 0020

续表

定　额　编　号			XZYT17-129	XZYT17-130	XZYT17-131	XZYT17-132
项　　　目			单面送吸风口 T212-1		双面送吸风口 T212-2	
			10kg 以下	10kg 以上	10kg 以下	10kg 以上
计价材料	钢板网　综合	m²	0.0230	0.0250	0.0190	0.0210
	氧气	m³	0.0040	0.0030	0.0050	0.0040
	乙炔气	m³	0.0020	0.0010	0.0020	0.0010
	其他材料费	元	0.1400	0.1300	0.1300	0.1300
机械	法兰卷圆机　L40×4	台班	0.0023	0.0015	0.0023	0.0012
	交流弧焊机　容量　21kVA	台班	0.0001	0.0001	0.0001	0.0001

1043

定 额 编 号		XZYT17-133	XZYT17-134	XZYT17-135	XZYT17-136
项 目		活动箅式风口 T261		网式风口 T262	
		3kg 以下	3kg 以上	2kg 以下	2kg 以上
单 位		kg	kg	kg	kg
基 价（元）		**79. 29**	**56. 60**	**32. 80**	**19. 29**
其中	人 工 费（元）	72. 22	49. 76	22. 26	9. 43
	材 料 费（元）	6. 30	6. 45	9. 00	9. 09
	机 械 费（元）	0. 77	0. 39	1. 54	0. 77
名 称	单位	数 量			
人工 建筑普通工	工日	0. 1996	0. 1375	0. 0616	0. 0261
建筑技术工	工日	0. 3557	0. 2451	0. 1096	0. 0464
计价材料 扁钢（3~5）×50mm 以下	kg	0. 4220	0. 3360	0. 8090	0. 7280
圆钢 φ10 以上	kg	0. 0130	0. 0060		
薄钢板 1.5mm 以下	kg	0. 6310	0. 7450		
电焊条 J422 综合	kg	0. 0080	0. 0070	0. 0400	0. 0160
精制六角螺栓 综合	kg			0. 1440	0. 0970
平垫圈	个	0. 5380	0. 2600		
钢板网 综合	m²			0. 2640	0. 3540
其他材料费	元	0. 1200	0. 1300	0. 1800	0. 1800
机械 交流弧焊机 容量 21kVA	台班	0. 0115	0. 0058	0. 0230	0. 0115

定 额 编 号			XZYT17-137	XZYT17-138	XZYT17-139	XZYT17-140	XZYT17-141	XZYT17-142
项 目			135 型单层百叶风口 CT263-1		135 型双层百叶风口 CT263-2		135 型带导流片百叶风口 CT263-3	
			5kg 以下	5kg 以上	10kg 以下	10kg 以上	10kg 以下	10kg 以上
单 位			kg	kg	kg	kg	kg	kg
基 价（元）			**77.56**	**50.86**	**63.94**	**37.39**	**61.83**	**37.42**
其 中	人 工 费（元）		67.15	37.65	54.61	26.18	52.34	25.05
	材 料 费（元）		10.41	13.21	9.33	11.21	9.49	12.37
	机 械 费（元）							
名 称		单位	数 量					
人 工	建筑普通工	工日	0.1856	0.1041	0.1509	0.0724	0.1446	0.0692
	建筑技术工	工日	0.3307	0.1854	0.2690	0.1289	0.2578	0.1234
计 价 材 料	扁钢（3~5）×50mm 以下	kg			0.0360	0.0310	0.0360	0.0394
	圆钢 φ10 以下	kg	0.0050	0.0100	0.0020	0.0060	0.0026	0.0083
	薄钢板 2.5mm 以下	kg			0.0070	0.0020		
	镀锌钢板 1.0 以下	kg	0.6060	0.7270	0.4140	0.4740	0.4351	0.4687
	镀锌钢板 1.5 以下	kg	0.4240	0.2770	0.6480	0.5770	0.6342	0.5579
	碳钢气焊丝 综合	kg	0.0140	0.0070	0.0140	0.0060	0.0140	0.0056
	精制六角螺栓 综合	kg	0.0400	0.0250	0.0280	0.0170	0.0233	0.0214

1045

续表

定　额　编　号			XZYT17-137	XZYT17-138	XZYT17-139	XZYT17-140	XZYT17-141	XZYT17-142
项　　　目			135 型单层百叶风口 CT263-1		135 型双层百叶风口 CT263-2		135 型带导流片百叶风口 CT263-3	
			5kg 以下	5kg 以上	10kg 以下	10kg 以上	10kg 以下	10kg 以上
计价材料	镀锌铁铆钉	kg	0.0030	0.0020	0.0020	0.0020	0.0020	0.0011
	紫铜铆钉 M2.5~6	100 个	0.0940	0.2020	0.0480	0.1230	0.0543	0.1645
	氧气	m³	0.0260	0.0120	0.0210	0.0080	0.0213	0.0084
	乙炔气	m³	0.0090	0.0040	0.0080	0.0030	0.0076	0.0030
	其他材料费	元	0.2000	0.2600	0.1800	0.2200	0.1900	0.2400

定 额 编 号		XZYT17-143	XZYT17-144	XZYT17-145	XZYT17-146
项 目		钢百叶窗 J718-1			活动金属百叶风口 J718-1
		0.5m² 以下	2m² 以下	4m² 以下	
单 位		m²	m²	m²	m²
基 价 （元）		**587.63**	**431.78**	**375.18**	**749.06**
其中	人 工 费 （元）	255.95	197.80	159.13	658.59
	材 料 费 （元）	290.07	208.55	196.02	90.47
	机 械 费 （元）	41.61	25.43	20.03	
名 称	单位	数 量			
人工 建筑普通工	工日	0.7075	0.5468	0.4398	1.8203
建筑技术工	工日	1.2605	0.9741	0.7837	3.2435
计价材料 等边角钢 边长63以下	kg	17.5200	8.1600	6.4400	
扁钢 （3~5）×50mm 以下	kg	4.6600	3.4900	3.4100	
薄钢板 1.5mm 以下	kg	25.8600	21.5100	21.0000	
镀锌钢板 1.0 以下	kg				4.4400
镀锌钢板 2.5 以下	kg				7.0700
电焊条 J422 综合	kg	0.0400	0.0400	0.0300	
松香焊锡丝	kg				0.2000
镀锌铁丝 综合	kg				0.6300
钢板网 综合	m²	1.4100	1.4100	1.4100	
盐酸 31%	kg				0.5000
焦炭	kg				1.9100

续表

定 额 编 号			XZYT17-143	XZYT17-144	XZYT17-145	XZYT17-146
项 目			钢百叶窗 J718-1			活动金属百叶风口 J718-1
			0.5m² 以下	2m² 以下	4m² 以下	
计价材料	木柴	kg				0.2000
	其他材料费	元	5.6900	4.0900	3.8400	1.7700
机械	交流弧焊机 容量 21kVA	台班	0.6210	0.3795	0.2990	

1048

17.6 风口安装

工作内容: 对口、安装螺栓、制垫、加垫、找正、找平,固定、试动、调整。

定 额 编 号		XZYT17-147	XZYT17-148	XZYT17-149	XZYT17-150	XZYT17-151
项 目		百叶风口				
		周长 900mm 以内	周长 1280mm 以内	周长 1800mm 以内	周长 2500mm 以内	周长 3300mm 以内
单 位		个	个	个	个	个
基 价 (元)		**20.24**	**25.76**	**47.18**	**70.42**	**91.41**
其中	人 工 费 (元)	15.84	20.29	39.54	59.80	77.40
	材 料 费 (元)	4.40	5.47	7.64	10.62	14.01
	机 械 费 (元)					
名 称	单位	数 量				
人工 建筑普通工	工日	0.0438	0.0561	0.1093	0.1653	0.2139
建筑技术工	工日	0.0780	0.0999	0.1947	0.2945	0.3812
计价材料 扁钢(3~5)×50mm 以下	kg	0.6100	0.8000	1.1300	1.5700	2.0700
精制六角螺栓 综合	kg	0.1240	0.1240	0.1650	0.2290	0.3030
其他材料费	元	0.0900	0.1100	0.1500	0.2100	0.2700

定 额 编 号		XZYT17-152	XZYT17-153	XZYT17-154
项 目		矩形送风口		
		周长 400mm 以内	周长 600mm 以内	周长 800mm 以内
单 位		个	个	个
基 价（元）		**18.86**	**22.74**	**27.28**
其中	人 工 费（元）	13.23	16.77	21.09
	材 料 费（元）	5.63	5.97	6.19
	机 械 费（元）			
名 称	单位	数 量		
人工	建筑普通工	工日	0.0366	0.0463	0.0582
	建筑技术工	工日	0.0651	0.0826	0.1039
计价材料	扁钢（3~5）×50mm 以下	kg	0.1200	0.1800	0.2200
	精制六角螺栓 综合	kg	0.1820	0.1820	0.1820
	铜制蝶形螺母 M8	个	4.0000	4.0000	4.0000
	其他材料费	元	0.1100	0.1200	0.1200

定 额 编 号		XZYT17-155	XZYT17-156	XZYT17-157
项 目		矩形空气分布器		
		周长 1200mm 以内	周长 1500mm 以内	周长 2100mm 以内
单 位		个	个	个
基 价 （元）		**49.91**	**59.00**	**70.85**
其中	人 工 费 （元）	46.56	54.73	65.17
	材 料 费 （元）	3.35	4.27	5.68
	机 械 费 （元）			
名 称	单位	数 量		
人工 建筑普通工	工日	0.1287	0.1507	0.1801
建筑技术工	工日	0.2293	0.2700	0.3210
计价材料 精制六角螺栓 综合	kg	0.2370	0.2840	0.4030
橡胶板 3mm 以下	kg	0.1600	0.2200	0.2700
其他材料费	元	0.0700	0.0800	0.1100

定 额 编 号			XZYT17-158	XZYT17-159
项 目			旋转吹风口	
			DN320	DN450
单 位			个	个
基 价（元）			**49.63**	**80.24**
其中	人 工 费（元）		41.37	68.37
	材 料 费（元）		8.26	11.87
	机 械 费（元）			
名 称		单位	数 量	
人工	建筑普通工	工日	0.1143	0.1897
	建筑技术工	工日	0.2038	0.3362
计价材料	精制六角螺栓 综合	kg	0.2730	0.2730
	石棉橡胶板 低压 6以下	kg	0.7600	1.2100
	其他材料费	元	0.1600	0.2300

定 额 编 号		XZYT17-160	XZYT17-161	XZYT17-162
项　　　目		方形散流器		
		周长 500mm 以内	周长 1000mm 以内	周长 2000mm 以内
单　　　位		个	个	个
基　价（元）		**18.80**	**23.96**	**35.28**
其中	人 工 费（元）	17.59	21.74	32.06
	材 料 费（元）	1.21	2.22	3.22
	机 械 费（元）			
名　　称	单位	数　　量		
人工	建筑普通工	工日	0.0487	0.0600	0.0886
	建筑技术工	工日	0.0866	0.1071	0.1579
计价材料	精制六角螺栓 综合	kg	0.0950	0.0950	0.0950
	橡胶板 3mm 以下	kg	0.0500	0.1600	0.2700
	其他材料费	元	0.0200	0.0400	0.0600

定 额 编 号			XZYT17-163	XZYT17-164	XZYT17-165
项 目			圆形、流线形散流器		
			DN200	DN360	DN500
单 位			个	个	个
基 价 （元）			**16.55**	**31.22**	**40.04**
其中	人 工 费 （元）		15.53	30.01	38.28
	材 料 费 （元）		1.02	1.21	1.76
	机 械 费 （元）				
名 称		单位	数 量		
人工	建筑普通工	工日	0.0430	0.0829	0.1058
	建筑技术工	工日	0.0764	0.1478	0.1885
计价材料	精制六角螺栓 综合	kg	0.0710	0.0950	0.0950
	橡胶板 3mm 以下	kg	0.0500	0.0500	0.1100
	其他材料费	元	0.0200	0.0200	0.0300

定　额　编　号		XZYT17-166	XZYT17-167	XZYT17-168
项　　　目		送吸风口		
		周长 1000mm 以内	周长 1600mm 以内	周长 2000mm 以内
单　　　位		个	个	个
基　价（元）		**26. 43**	**29. 03**	**31. 25**
其中	人　工　费（元）	24. 84	26. 89	26. 89
	材　料　费（元）	1. 59	2. 14	4. 36
	机　械　费（元）			
名　　称	单位	数　　量		
人工	建筑普通工　　工日	0.0687	0.0744	0.0744
	建筑技术工　　工日	0.1223	0.1324	0.1324
计价材料	精制六角螺栓　综合　kg	0.1420	0.1420	0.3640
	橡胶板　3mm 以下　kg	0.0500	0.1100	0.1600
	其他材料费　　元	0.0300	0.0400	0.0900

定 额 编 号		XZYT17-169	XZYT17-170	XZYT17-171
项 目		活动蓖式风口		
		周长1330mm以内	周长1910mm以内	周长2590mm以内
单 位		个	个	个
基 价（元）		**31.39**	**36.55**	**45.90**
其中	人 工 费（元）	31.05	36.21	45.53
	材 料 费（元）	0.34	0.34	0.37
	机 械 费（元）			
名 称	单位	数 量		
人工	建筑普通工	工日	0.0858	0.1001	0.1259
	建筑技术工	工日	0.1529	0.1783	0.2242
计价材料	圆钢 φ10以上	kg	0.0200	0.0200	0.0200
	镀锌半圆头螺栓 综合	套	0.0780	0.0860	0.1100
	镀锌铁铆钉	kg	0.0200	0.0200	0.0200
	其他材料费	元	0.0100	0.0100	0.0100

定 额 编 号			XZYT17-172	XZYT17-173	XZYT17-174	XZYT17-175
项 目			网式风口			
			周长 900mm 以内	周长 1500mm 以内	周长 2000mm 以内	周长 2600mm 以内
单 位			个	个	个	个
基 价（元）			**12. 36**	**15. 47**	**15. 22**	**18. 20**
其中	人 工 费（元）		11. 37	14. 48	13. 58	16. 56
	材 料 费（元）		0. 99	0. 99	1. 64	1. 64
	机 械 费（元）					
名 称		单位	数 量			
人工	建筑普通工	工日	0. 0314	0. 0400	0. 0336	0. 0458
	建筑技术工	工日	0. 0560	0. 0713	0. 0698	0. 0815
计价材料	精制六角螺栓 综合	kg	0. 1240	0. 1240	0. 2060	0. 2060
	其他材料费	元	0. 0200	0. 0200	0. 0300	0. 0300

定 额 编 号			XZYT17-176	XZYT17-177	XZYT17-178	XZYT17-179
项 目			钢百叶窗 框内面积			
			S=0.5m²	S=1m²	S=2m²	S=4m²
单 位			个	个	个	个
基 价（元）			**33.72**	**49.00**	**82.73**	**89.44**
其中	人 工 费（元）		28.98	43.05	74.69	79.14
	材 料 费（元）		4.74	5.95	8.04	10.30
	机 械 费（元）					
名 称		单位	数 量			
人工	建筑普通工	工日	0.0801	0.1190	0.2065	0.2187
	建筑技术工	工日	0.1427	0.2120	0.3678	0.3898
计价材料	扁钢（3~5）×50mm以下	kg	0.2100	0.3100	0.4100	0.5100
	精制六角螺栓 综合	kg	0.4460	0.5280	0.7050	0.9180
	木螺钉	kg			0.0190	0.0190
	其他材料费	元	0.0900	0.1200	0.1600	0.2000

1058

17.7 风帽制作安装

工作内容：风帽制作：放样、下料、咬口，制作法兰、零件，钻孔、铆焊、组装；风帽安装：安装、找正、找平，制垫、加垫、安装螺栓、固定。

定 额 编 号			XZYT17-180	XZYT17-181
项 目			圆伞形风帽 T609	
			10kg 以下	50kg 以下
单 位			kg	kg
基 价（元）			**22.52**	**13.56**
其中	人 工 费（元）		14.95	6.08
	材 料 费（元）		7.37	7.39
	机 械 费（元）		0.20	0.09
名 称		单位	数　　量	
人工	建筑普通工	工日	0.0414	0.0167
	建筑技术工	工日	0.0736	0.0300
计价材料	等边角钢　边长 63 以下	kg	0.2110	0.1430
	扁钢（3~5）×50mm 以下	kg	0.1390	0.0880
	圆钢　φ10 以下	kg		0.0200
	薄钢板　1.5mm 以下	kg	0.8270	0.9610
	电焊条　J422　综合	kg	0.0160	0.0030
	碳钢气焊丝　综合	kg	0.0010	0.0010

定　额　编　号			XZYT17-180	XZYT17-181
项　　　　目			圆伞形风帽 T609	
			10kg 以下	50kg 以下
计价材料	精制六角螺栓　综合	kg	0.0370	0.0180
	橡胶板　3mm 以下	kg	0.0110	0.0080
	氧气	m³	0.0010	0.0010
	乙炔气	m³	0.0004	0.0004
	其他材料费	元	0.1400	0.1400
机械	法兰卷圆机　L40×4	台班	0.0015	0.0006
	交流弧焊机　容量　21kVA	台班	0.0022	0.0010

定 额 编 号			XZYT17-182	XZYT17-183
项 目			锥形风帽 T610	
			25kg 以下	100kg 以下
单 位			kg	kg
基 价（元）			**19.02**	**14.46**
其中	人 工 费（元）		10.48	6.52
	材 料 费（元）		8.18	7.68
	机 械 费（元）		0.36	0.26
名 称		单位	数 量	
人工	建筑普通工	工日	0.0290	0.0180
	建筑技术工	工日	0.0516	0.0321
计价材料	等边角钢 边长 63 以下	kg	0.0640	0.0540
	扁钢（3~5）×50mm 以下	kg	0.1480	0.1060
	薄钢板 1.5mm 以下	kg	0.9880	1.0580
	电焊条 J422 综合	kg	0.0140	0.0080
	碳钢气焊丝 综合	kg	0.0210	0.0120
	精制六角螺栓 综合	kg	0.0250	0.0140

续表

定　额　编　号			XZYT17-182	XZYT17-183
项　　目			锥形风帽 T610	
			25kg 以下	100kg 以下
计价材料	橡胶板　3mm 以下	kg	0.0380	0.0030
	氧气	m³	0.0300	0.0170
	乙炔气	m³	0.0110	0.0060
	其他材料费	元	0.1600	0.1500
机械	法兰卷圆机　L40×4	台班	0.0015	0.0006
	交流弧焊机　容量　21kVA	台班	0.0046	0.0035

定 额 编 号		XZYT17-184	XZYT17-185
项 目		筒形风帽 T611	
		50kg 以下	100kg 以下
单 位		kg	kg
基 价（元）		**14.38**	**9.78**
其中	人 工 费（元）	7.53	3.06
	材 料 费（元）	6.79	6.70
	机 械 费（元）	0.06	0.02
名 称	单位	数 量	
人工 建筑普通工	工日	0.0208	0.0084
建筑技术工	工日	0.0371	0.0151
计价材料 等边角钢 边长 63 以下	kg	0.0730	0.1790
扁钢 （3~5）×50mm 以下	kg	0.2600	0.0710
圆钢 φ10 以下	kg		0.0100
薄钢板 1.5mm 以下	kg	0.7570	0.8470
电焊条 J422 综合	kg	0.0001	0.0001
碳钢气焊丝 综合	kg	0.0010	0.0010
精制六角螺栓 综合	kg	0.0400	0.0170
镀锌铁铆钉	kg	0.0020	
橡胶板 3mm 以下	kg	0.0040	0.0020
氧气	m³	0.0010	0.0010
乙炔气	m³	0.0003	0.0035

续表

定 额 编 号			XZYT17-184	XZYT17-185
项 目			筒形风帽 T611	
			50kg 以下	100kg 以下
计价材料	其他材料费	元	0.1300	0.1300
机械	法兰卷圆机 L40×4	台班	0.0016	0.0005
	交流弧焊机 容量 21kVA	台班	0.0001	0.0001

定　额　编　号		XZYT17-186	XZYT17-187	XZYT17-188
项　　　目		圆形风帽滴水盘 T611 15kg 以下	风帽筝绳	风帽泛水
单　　　位		kg	kg	m²
基　　价（元）		**22.35**	**11.66**	**187.99**
其中	人　工　费（元）	14.29	4.39	91.04
	材　料　费（元）	7.90	7.19	96.95
	机　械　费（元）	0.16	0.08	
名　　称	单位	数　　量		
人工 建筑普通工	工日	0.0395	0.0122	0.2517
建筑技术工	工日	0.0704	0.0216	0.4483
计价材料 等边角钢　边长 63 以下	kg	0.2112		
扁钢（3~5）×50mm 以下	kg	0.1223	0.4320	1.7800
圆钢　φ10 以上	kg		0.6080	
薄钢板　1.5mm 以下	kg	0.8760		
镀锌钢板　1.0 以下	kg			8.3640
焊接钢管　DN20 以下	kg	0.0120		
油灰	kg			1.5000
电焊条　J422　综合	kg	0.0020	0.0020	
碳钢气焊丝　综合	kg	0.0140		
精制六角螺栓　综合	kg	0.0550	0.0220	0.1820
花兰螺栓　M6	个		0.4760	

续表

定　额　编　号			XZYT17-186	XZYT17-187	XZYT17-188
项　　　　目			圆形风帽滴水盘 T611	风帽筝绳	风帽泛水
			15kg 以下		
计价材料	橡胶板　3mm 以下	kg	0.0060		2.7000
	氧气	m³	0.0170		
	乙炔气	m³	0.0060		
	其他材料费	元	0.1500	0.1400	1.9000
机械	法兰卷圆机　L40×4	台班	0.0035		
	交流弧焊机　容量　21kVA	台班	0.0005	0.0012	

17.8 复合型风管制作与安装

17.8.1 复合型矩形风管制作安装

工作内容：风管制作：放样、切割、开槽、成型、粘合、制作管件、钻孔、组合；风管安装：就位、制垫、加垫、连接、找正、找平、固定。

定 额 编 号			XZYT17-189	XZYT17-190	XZYT17-191	XZYT17-192	XZYT17-193
项 目			周长≤1300mm	周长≤2000mm	周长≤3200mm	周长≤4500mm	周长≤6500mm
单 位			m²	m²	m²	m²	m²
基 价 （元）			**180.78**	**183.28**	**178.38**	**179.79**	**179.29**
其中	人 工 费 （元）		9.61	9.09	8.60	8.60	7.66
	材 料 费 （元）		165.68	167.72	163.36	164.81	164.43
	机 械 费 （元）		5.49	6.47	6.42	6.38	7.20
名 称		单位	数 量				
人工	建筑普通工	工日	0.0265	0.0251	0.0238	0.0238	0.0212
	建筑技术工	工日	0.0474	0.0448	0.0423	0.0423	0.0377
计价材料	等边角钢 边长63以下	kg	0.8390	1.1870	0.4730	0.2980	0.4400
	圆钢 φ10以下	kg	0.5420	0.6120	0.4300	0.8000	0.7900
	镀锌钢板 1.5以下	kg	0.0710	0.0710	0.1260	0.1260	0.1650
	复合型板材	m²	1.1600	1.1600	1.1600	1.1600	1.1600
	膨胀螺栓 M12	套	0.2000	0.1500	0.1500	0.1500	0.1000
	自攻螺钉	kg		0.0120	0.0120	0.0150	0.0150

定　额　编　号			XZYT17-189	XZYT17-190	XZYT17-191	XZYT17-192	XZYT17-193
项　　　　目			周长≤1300mm	周长≤2000mm	周长≤3200mm	周长≤4500mm	周长≤6500mm
计价材料	精制六角螺母　M6~10	个			2.3100	5.4400	3.4500
	平垫圈	个			2.3100	5.4400	3.4500
	热敏铝箔胶带　64mm	m	2.2290	2.1230	1.8040	1.8520	1.0270
	其他材料费	元	3.2500	3.2900	3.2000	3.2300	3.2200
机械	开槽机	台班	0.0150	0.0184	0.0184	0.0184	0.0207
	封口机	台班	0.0173	0.0150	0.0138	0.0127	0.0150

17.8.2 复合型圆形风管制作安装

工作内容: 风管制作：放样、切割、开槽、成型、粘合、制作管件、钻孔、组合。风管安装：就位、制垫、加垫、连接、找正、找平、固定。

	定 额 编 号		XZYT17-194	XZYT17-195	XZYT17-196	XZYT17-197
	项 目		直径≤300mm	直径≤630mm	直径≤1000mm	直径≤2000mm
	单 位		m²	m²	m²	m²
	基 价（元）		**186.60**	**175.24**	**175.32**	**177.03**
其中	人 工 费（元）		12.84	7.97	7.66	8.19
	材 料 费（元）		165.83	161.92	162.27	162.77
	机 械 费（元）		7.93	5.35	5.39	6.07
	名 称	单位		数 量		
人工	建筑普通工	工日	0.0355	0.0220	0.0212	0.0227
	建筑技术工	工日	0.0632	0.0393	0.0377	0.0403
计价材料	扁钢（3~5）×50mm 以下	kg	0.6640	0.4770	0.3780	0.4440
	圆钢 φ10 以下	kg	0.4880	0.2750	0.5380	0.7090
	复合型板材	m²	1.1600	1.1600	1.1600	1.1600
	膨胀螺栓 M12	套	0.2000	0.2000	0.1500	0.1000
	精制六角螺母 M6~10	个			3.5400	3.0300
	平垫圈	个			3.5400	3.0300

续表

定　额　编　号			XZYT17-194	XZYT17-195	XZYT17-196	XZYT17-197
项　　　目			直径≤300mm	直径≤630mm	直径≤1000mm	直径≤2000mm
计价材料	热敏铝箔胶带　64mm	m	3.5120	2.0360	1.3530	0.8490
	其他材料费	元	3.2500	3.1700	3.1800	3.1900
机械	开槽机	台班	0.0207	0.0138	0.0150	0.0173
	封口机	台班	0.0322	0.0230	0.0150	0.0138

17.9 不锈钢板通风管道及部件制作与安装

17.9.1 不锈钢板圆形风管

工作内容：风管制作：放样、下料、卷圆、折方，制作管件、组对焊接、试漏、清洗焊口。

            风管安装：找标高、清理墙洞、风管就位、组对焊接、试漏、清洗焊口、固定。

定 额 编 号			XZYT17-198	XZYT17-199	XZYT17-200	XZYT17-201	XZYT17-202
项 目			焊接不锈钢圆形风管				
			直径×壁厚（mm）				
			200 以下×2	400 以下×2	560 以下×2	700 以下×3	700 以上×3
单 位			m²	m²	m²	m²	m²
基 价（元）			**1111.82**	**909.07**	**759.63**	**882.95**	**778.45**
其中	人 工 费（元）		555.35	410.83	295.79	253.57	201.45
	材 料 费（元）		346.18	341.10	337.26	506.98	504.37
	机 械 费（元）		210.29	157.14	126.58	122.40	72.63
名 称		单位	数 量				
人工	建筑普通工	工日	1.5349	1.1355	0.8177	0.7009	0.5568
	建筑技术工	工日	2.7351	2.0233	1.4566	1.2488	0.9921
计价材料	薄钢板 1.0mm 以下	kg	0.0390	0.0390	0.0390	0.0590	0.0590
	不锈钢板 8 以下	kg	16.9560	16.9560	16.9560	25.4340	25.4340
	刮墙腻子粉 821	kg	0.3000	0.3000	0.3000	0.3000	0.3000
	沥青油毡 350g	m²	0.1010	0.1010	0.1110	0.1210	0.1210

续表

定 额 编 号			XZYT17-198	XZYT17-199	XZYT17-200	XZYT17-201	XZYT17-202
项 目			焊接不锈钢圆形风管				
			直径×壁厚（mm）				
			200 以下×2	400 以下×2	560 以下×2	700 以下×3	700 以上×3
计价材料	不锈钢电焊条 综合	kg	0.8230	0.6730	0.6120	1.1020	1.0250
	渗透剂	kg	0.1950	0.1950	0.1950	0.1950	0.1950
	硝酸	kg	0.5530	0.5530	0.4000	0.4000	0.4000
	钢锯条 各种规格	根	2.6000	2.6000	2.1000	2.1000	2.1000
	砂布	张	2.6000	2.6000	1.9500	1.9500	1.9500
	棉纱头	kg	0.1300	0.1300	0.1300	0.1300	0.1300
	其他材料费	元	6.7900	6.6900	6.6100	9.9400	9.8900
机械	剪板机 厚度×宽度 6.3mm×2000mm	台班	0.1714	0.1104	0.0782	0.0633	0.0345
	卷板机 板厚×宽度 2mm×1600mm	台班	0.1714	0.1104	0.0782	0.0633	0.0345
	逆变多功能焊机 D7-500	台班	0.7855	0.6463	0.5566	0.5796	0.3542

17.9.2 其他部件制作安装

工作内容： 部件制作：下料、平料、开孔、钻孔，组对、铆焊、攻丝、清洗焊口、组装固定，试动、短管、零件、试漏；部件安装：制垫、加垫、找平、找正、组对、固定、试动。

定 额 编 号		XZYT17-203	XZYT17-204	XZYT17-205	XZYT17-206
项 目		风口	焊接圆形法兰		吊托支架
			5kg 以下	5kg 以上	
单 位		kg	kg	kg	kg
基 价 （元）		**142.98**	**82.43**	**62.58**	**17.88**
其中	人 工 费 （元）	107.09	24.00	8.82	6.92
	材 料 费 （元）	29.21	47.84	47.01	10.42
	机 械 费 （元）	6.68	10.59	6.75	0.54
名 称	单位	数 量			
人工 建筑普通工	工日	0.2959	0.0663	0.0244	0.0191
建筑技术工	工日	0.5275	0.1182	0.0434	0.0341
计价材料 等边角钢 边长63 以下	kg				0.6300
扁钢（3~5）×50mm 以下	kg				0.2050
不锈钢扁钢 60 以下	kg				0.2050
不锈钢板 8 以下	kg	0.8210	2.3500	2.4380	
不锈钢电焊条 综合	kg	0.0140	0.0630	0.0310	0.0040
不锈钢氩弧焊丝 综合	kg		0.0270	0.0180	
镀锌六角螺栓 综合	kg		0.0330	0.0230	0.0080

续表

定 额 编 号			XZYT17-203	XZYT17-204	XZYT17-205	XZYT17-206
项 目			风口	焊接圆形法兰		吊托支架
				5kg 以下	5kg 以上	
计价材料	不锈钢丝网 φ1×10×10	m²	0.2220			
	橡胶	kg		0.0680	0.0380	
	氧气	m³				0.0600
	乙炔气	m³				0.0210
	氩气	m³		0.0630	0.0330	
	其他材料费	元	0.5700	0.9400	0.9200	0.2000
机械	剪板机 厚度×宽度 6.3mm×2000mm	台班	0.0161			
	氩弧焊机 电流 500A	台班		0.0472	0.0184	
	等离子切割机 电流 400A	台班			0.0115	
	逆变多功能焊机 D7-500	台班	0.0161	0.0368	0.0138	0.0035

1074

17.10 通风、空调、采暖设备安装

17.10.1 设备支架制作安装

工作内容：制作：放样、下料、调直、钻孔，焊接、成型；安装：测位、安装螺栓、固定、打洞、埋支架。

定　额　编　号			XZYT17-207	XZYT17-208
项　　　目			50kg 以上	50kg 以下
单　　　位			kg	kg
基　　价　（元）			**12.07**	**8.66**
其中	人　工　费（元）		6.05	2.85
	材　料　费（元）		5.71	5.62
	机　械　费（元）		0.31	0.19
名　　　称		单位	数　　　量	
人工	建筑普通工	工日	0.0167	0.0078
	建筑技术工	工日	0.0298	0.0141
计价材料	槽钢　16 号以下	kg		0.7910
	等边角钢　边长 63 以下	kg	1.0400	0.2480
	扁钢（3~5）×50mm 以下	kg		0.0012
	电焊条　J422　综合	kg	0.0160	0.0060
	精制六角螺栓　综合	kg	0.0130	0.0060
	氧气	m³	0.0120	0.0050

续表

定 额 编 号			XZYT17-207	XZYT17-208
项 目			50kg 以上	50kg 以下
计价材料	乙炔气	m³	0.0040	0.0020
	其他材料费	元	0.1100	0.1100
机械	交流弧焊机 容量 21kVA	台班	0.0046	0.0028

17.10.2 空气加热器（冷却器）安装

工作内容：开箱检查、底座螺栓，吊装、找平、找正、加垫、灌浆、螺栓固定、装梯子。

定 额 编 号			XZYT17-209	XZYT17-210	XZYT17-211
项 目			空气加热器（冷却器）安装		
			100kg 以下	200kg 以下	400kg 以下
单 位			台	台	台
基 价（元）			**175.65**	**224.47**	**344.46**
其中	人 工 费（元）		111.75	143.81	225.55
	材 料 费（元）		50.80	64.48	92.71
	机 械 费（元）		13.10	16.18	26.20
名 称		单位	数 量		
人工	建筑普通工	工日	0.3089	0.3975	0.6234
	建筑技术工	工日	0.5503	0.7082	1.1108
计价材料	等边角钢 边长 63 以下	kg	5.2400	6.9500	9.6100
	扁钢（3~5）×50mm 以下	kg	0.8700	0.9600	1.1300
	薄钢板 1.5mm 以下	kg	0.2700	0.4800	0.6000
	电焊条 J422 综合	kg	0.1000	0.1000	0.1000
	精制六角螺栓 综合	kg	1.6830	1.9100	2.8200
	石棉橡胶板 低压 6 以下	kg	0.3800	0.5300	1.2100
	其他材料费	元	1.0000	1.2600	1.8200
机械	交流弧焊机 容量 21kVA	台班	0.1955	0.2415	0.3910

17.10.3 离心式通风机安装

工作内容：开箱检查、底座螺栓，吊装、找平、找正、加垫、灌浆、螺栓固定、装梯子。

定 额 编 号			XZYT17-212	XZYT17-213	XZYT17-214
项 目			离心式通风机安装		
			4500m³/h 以下	7000m³/h 以下	19300m³/h 以下
单 位			台	台	台
基 价（元）			**95.34**	**338.87**	**702.24**
其中	人 工 费（元）		74.69	297.23	655.06
	材 料 费（元）		20.65	41.64	47.18
	机 械 费（元）				
名 称		单位	数 量		
人工	建筑普通工	工日	0.2065	0.8216	1.8107
	建筑技术工	工日	0.3678	1.4638	3.2260
计价材料	铸铁垫板	kg	3.9000	3.9000	5.2000
	碎石混凝土 C15-20	m³	0.0100	0.0300	0.0300
	钙基脂（黄油）	kg		0.4000	0.4000
	渗透剂	kg		0.7500	0.7500
	其他材料费	元	0.4000	0.8200	0.9300

17.10.4 轴流式通风机安装

工作内容：开箱检查、底座螺栓，吊装、找平、找正、加垫、灌浆、螺栓固定、装梯子。

定　额　编　号		XZYT17-215	XZYT17-216	XZYT17-217
项　　目		轴流式通风机安装		
		8900m³/h 以下	25000m³/h 以下	63000m³/h 以下
单　　位		台	台	台
基　　价（元）		**135.94**	**194.78**	**634.66**
其中	人　工　费（元）	131.92	190.76	622.60
	材　料　费（元）	4.02	4.02	12.06
	机　械　费（元）			
名　　称	单位	数　　量		
人工	建筑普通工	工日	0.3646	0.5272	1.7209
	建筑技术工	工日	0.6497	0.9395	3.0662
计价材料	碎石混凝土　C15-20	m³	0.0100	0.0100	0.0300
	其他材料费	元	0.0800	0.0800	0.2400

17.10.5 屋顶式通风机安装

工作内容：开箱检查、底座螺栓，吊装、找平、找正、加垫、灌浆、螺栓固定、装梯子。

定 额 编 号			XZYT17-218	XZYT17-219	XZYT17-220
项 目			屋顶式通风机安装		
			2760m³/h 以下	9100m³/h 以下	16000m³/h 以下
单 位			台	台	台
基 价（元）			**110.34**	**133.72**	**165.86**
其中	人 工 费（元）		89.69	109.05	137.17
	材 料 费（元）		20.65	24.67	28.69
	机 械 费（元）				
名 称		单位	数 量		
人工	建筑普通工	工日	0.2479	0.3015	0.3791
	建筑技术工	工日	0.4417	0.5370	0.6756
计价材料	铸铁垫板	kg	3.9000	3.9000	3.9000
	碎石混凝土 C15-20	m³	0.0100	0.0200	0.0300
	其他材料费	元	0.4000	0.4800	0.5600

17.10.6 空调器安装

工作内容：开箱检查、底座螺栓，吊装、找平、找正、加垫、灌浆、螺栓固定、装梯子。

定 额 编 号		XZYT17-221	XZYT17-222	XZYT17-223
项 目		空调器安装 吊顶式		
		重量 0.15t 以内	重量 0.2t 以内	重量 0.4t 以内
单 位		台	台	台
基 价（元）		**161.81**	**188.21**	**205.80**
其中	人 工 费（元）	158.28	184.68	202.27
	材 料 费（元）	3.53	3.53	3.53
	机 械 费（元）			
名 称	单位	数 量		
人工 建筑普通工	工日	0.4375	0.5105	0.5591
建筑技术工	工日	0.7795	0.9095	0.9961
计价材料 棉纱头	kg	0.5000	0.5000	0.5000
其他材料费	元	0.0700	0.0700	0.0700

定 额 编 号		XZYT17-224	XZYT17-225	XZYT17-226
项 目		空调器安装 落地式		
		重量1.0t以内	重量1.5t以内	重量2.0t以内
单 位		台	台	台
基 价 （元）		**1199.46**	**1573.13**	**2043.67**
其中	人 工 费 （元）	1195.93	1569.60	2040.14
	材 料 费 （元）	3.53	3.53	3.53
	机 械 费 （元）			
名 称	单位	数 量		
人工	建筑普通工	工日	3.3055	4.3383	5.6389
	建筑技术工	工日	5.8898	7.7301	10.0474
计价材料	棉纱头	kg	0.5000	0.5000	0.5000
	其他材料费	元	0.0700	0.0700	0.0700

定 额 编 号		XZYT17-227	XZYT17-228	XZYT17-229
项 目		空调器安装 墙上式		
		重量 0.1t 以内	重量 0.15t 以内	重量 0.2t 以内
单 位		台	台	台
基 价 (元)		**135.45**	**161.81**	**179.42**
其中	人 工 费 (元)	131.92	158.28	175.89
	材 料 费 (元)	3.53	3.53	3.53
	机 械 费 (元)			
名 称	单位	数 量		
人工 建筑普通工	工日	0.3646	0.4375	0.4862
建筑技术工	工日	0.6497	0.7795	0.8662
计价材料 棉纱头	kg	0.5000	0.5000	0.5000
其他材料费	元	0.0700	0.0700	0.0700

定 额 编 号		XZYT17-230	XZYT17-231	XZYT17-232	XZYT17-233
项 目		空调器安装 窗式	整体式空调机（冷风机）		
			冷量≤3万 Cal	冷量≤5万 Cal	冷量≤10万 Cal
单 位		台	台	台	台
基 价（元）		**99.51**	**1482.65**	**1712.19**	**3419.83**
其中	人 工 费（元）	94.98	1479.12	1708.66	3416.30
	材 料 费（元）	4.53	3.53	3.53	3.53
	机 械 费（元）				
名 称	单位	数 量			
人工	建筑普通工	工日	0.2625	4.0883	4.7227	9.4427
	建筑技术工	工日	0.4678	7.2844	8.4149	16.8247
计价材料	精制蝶形六角螺栓	kg	0.5400			
	棉纱头	kg		0.5000	0.5000	0.5000
	其他材料费	元	0.0900	0.0700	0.0700	0.0700

17.10.7 风机盘管、分段组装式空调器安装

工作内容：开箱检查、底座螺栓，吊装、找平、找正、加垫、灌浆、螺栓固定、装梯子。

定 额 编 号		XZYT17-234	XZYT17-235	XZYT17-236
项 目		风机盘管安装		分段组装式空调器安装
		吊顶式	落地式	
单 位		台	台	kg
基 价 （元）		**203.27**	**110.79**	**1.77**
其中	人 工 费 （元）	88.78	109.05	1.77
	材 料 费 （元）	106.79	1.74	
	机 械 费 （元）	7.70		
名 称	单位	数 量		
人工 建筑普通工	工日	0.2454	0.3015	0.0049
建筑技术工	工日	0.4372	0.5370	0.0087
计价材料 等边角钢 边长63以下	kg	17.7200		
圆钢 φ10以上	kg	1.2400		
薄钢板 1.5mm以下	kg	0.7900		
电焊条 J422 综合	kg	0.2500		
精制六角螺母 M6~10	个	4.0000		
泡沫塑料聚酯乙烯	kg	0.1000	0.1000	
其他材料费	元	2.0900	0.0300	
机械 交流弧焊机 容量21kVA	台班	0.1150		

第18章　采暖工程

说　　明

本章定额适用于低压器具安装、供暖器具安装、小型容器制作与安装工程。

1. 减压器、疏水器组成与安装是按照 N1、BN15-66、N108《采暖通风国家标准图集》编制。工程设计组成与定额不同时，根据阀门和压力表数量调整定额费用。

2. 供暖器具安装。

（1）柱型铸铁散热器安装采用圆钢螺杆时，圆钢螺杆费用另行计算。

（2）定额中的接口密封材料为橡胶石棉板，工程采用其他材料时，不作调整。

（3）光排管散热器制作安装定额包括光排管、连管制作与安装工作内容。

（4）板式散热器安装定额包括托钩的安装内容。

3. 小型容器制作与安装。

（1）本章定额适用于排水、采暖系统中一般低压碳钢容器的制作与安装工程。

（2）水箱制作与安装定额中，不包括连接管道安装工作内容，连接管道安装应执行室内管道安装相应定额。

（3）水箱制作与安装定额中，不包括支架制作与安装，钢结构支架执行一般管道支架定额，混凝土或砖结构支座执行上册相应定额。

4. 采暖系统调试费按照采暖安装工程人工费 15% 计算，其中人工费 50%，材料费 30%，机械费 20%。

5. 本章定额中包括被安装的主要材料、减压器、疏水器、注水器、散热器等材料费，不包括暖风机、热风幕等设备费。

工程量计算规则

1. 减压器、疏水器组成安装以组为单位计算工程量。如设计组成与定额不同时，阀门和压力表数量可按照设计用量进行调整。

2. 减压器安装根据高压侧的直径计算工程量。

3. 热空气幕安装以台为单位计算工程量，其支架制作与安装按照相应定额另行计算。

4. 钢板水箱制作按照设计图示尺寸以千克为单位计算工程量，不扣除人孔、手孔所占质量，法兰和短管水位计按照相应定额另行计算。

5. 散热器安装工程量计算。

（1）铸铁散热器安装工程量按照个数，分散热器型号以片为计量单位。

（2）光排管散热器安装工程量按照单根管道长度，分排管直径以米为计量单位。

（3）钢制闭式散热器安装工程量按照个数分规格，以片为计量单位。

（4）钢柱式散热器安装工程量按照个数以组为计量单位，每 10 片为一组。一组片数大于或小于 10 片时，按照每增减 1 片定额执行。

（5）板式散热器安装工程量分散热器型号以组为计量单位。

（6）装饰散热器安装工程量以组为计量单位。

（7）金属复合散热器安装工程量以组为计量单位。

18.1 低压器具安装

18.1.1 减压器组合安装——螺纹连接

工作内容： 切管、套丝、安装零件、制垫、加垫、找平、找正、组合、安装，水压试验。

定 额 编 号			XZYT18-1	XZYT18-2	XZYT18-3	XZYT18-4	XZYT18-5
项　　　目			减压器组合安装（螺纹连接）				
			公称直径				
			DN20	DN25	DN32	DN40	DN50
单　　　位			组	组	组	组	组
基　　价（元）			**798.48**	**1138.70**	**1325.93**	**1464.26**	**2083.85**
其中	人　工　费（元）		194.64	248.52	344.07	389.25	486.57
	材　料　费（元）		603.84	890.18	981.86	1075.01	1597.28
	机　械　费（元）						
	名　　称	单位	数　　量				
人工	建筑普通工	工日	0.6223	0.7945	1.1000	1.2444	1.5556
	建筑技术工	工日	0.8955	1.1434	1.5830	1.7909	2.2386
计价材料	焊接钢管　DN20 以下	kg	5.6700	1.1500	1.1500	1.1500	1.2900
	焊接钢管　DN25	kg		6.5400	5.2300	0.5800	0.5800
	焊接钢管　DN32	kg	2.8600		1.7000	7.1600	
	焊接钢管　DN40	kg		3.4800		2.0600	8.7000
	焊接钢管　DN50	kg			4.3700	5.5100	2.7700

续表

定 额 编 号			XZYT18-1	XZYT18-2	XZYT18-3	XZYT18-4	XZYT18-5
项　　　目			减压器组合安装（螺纹连接）				
			公称直径				
			DN20	DN25	DN32	DN40	DN50
计价材料	焊接钢管　DN100	kg					8.1400
	截止阀　J11T-16　DN20	只	3.0300				
	截止阀　J11T-16　DN25	只		3.0300	2.0200	1.0100	1.0100
	截止阀　J11T-16　DN32	只	1.0100		1.0100	1.0100	
	截止阀　J11T-16　DN40	只		1.0100		1.0100	1.0100
	截止阀　J11T-16　DN50	只			1.0100		1.0100
	截止阀　J41T-16　DN80	只					1.0000
	安全阀　A27W-10　DN20	只	1.0000				
	安全阀　A27W-10　DN25	只		1.0000			
	安全阀　A27W-10　DN32	只			1.0000		
	安全阀　A27W-10　DN40	只				1.0000	
	安全阀　A27W-10　DN50	只					1.0000
	减压阀　Y13D-10　DN20以下	只	1.0000				
	减压阀　Y13D-10　DN25	只		1.0000			
	减压阀　Y13D-10　DN32	只			1.0000		
	减压阀　Y13D-10　DN40	只				1.0000	
	减压阀　Y13D-10　DN50	只					1.0000

续表

定 额 编 号			XZYT18-1	XZYT18-2	XZYT18-3	XZYT18-4	XZYT18-5
项 目			减压器组合安装（螺纹连接）				
			公称直径				
			DN20	DN25	DN32	DN40	DN50
计价材料	螺纹法兰　PN1.6　DN65	副				2.0000	
	螺纹法兰　PN1.6　DN80	副					2.0000
	弹簧压力表　1.6MPa	只	2.0000	2.0000	2.0000	2.0000	2.0000
	仪表加工件	套	2.0000	2.0000	2.0000	2.0000	2.0000
	镀锌弯头　DN20 以下	个	4.0400	2.0200	2.0200	2.0200	2.0200
	镀锌弯头　DN25	个		2.0200	2.0200		
	镀锌弯头　DN40	个					2.0200
	镀锌弯头　DN50	个				2.0200	2.0200
	镀锌三通　DN20 以下	个	4.0400	1.0100	1.0100	1.0100	1.0100
	镀锌三通　DN32	个	3.0300	3.0300	3.0300	3.0300	3.0300
	镀锌三通　DN50	个		3.0300	3.0300	3.0300	3.0300
	镀锌三通　DN80	个					3.0300
	镀锌管接头　DN25	个	6.0600	7.0700			
	镀锌管接头　DN50	个	3.0300	3.0300	5.0500	5.0500	4.0400
	镀锌管接头　DN80	个				3.0300	3.0300
	镀锌活接头　DN50	个	1.0100	1.0100	1.0100	1.0100	1.0100
	石棉橡胶板　低压　6 以下	kg	0.2300	0.3400	0.3400	0.6800	1.2000
	其他材料费	元	11.8400	17.4500	19.2500	21.0800	31.3200

1092

18.1.2 减压器组合安装——焊接连接

工作内容：切管、坡口、制垫、加垫、组合、焊接、安装，水压试验。

定 额 编 号			XZYT18-6	XZYT18-7	XZYT18-8	XZYT18-9
项 目			减压器组合安装（焊接）			
			公称直径			
			DN20	DN25	DN32	DN40
单 位			组	组	组	组
基 价（元）			**842.02**	**1096.82**	**1348.87**	**1736.18**
其中	人 工 费（元）		112.62	172.01	221.61	306.66
	材 料 费（元）		703.47	887.83	1065.00	1365.40
	机 械 费（元）		25.93	36.98	62.26	64.12
名 称		单位	数 量			
人工	建筑普通工	工日	0.3600	0.5499	0.7085	0.9804
	建筑技术工	工日	0.5182	0.7914	1.0196	1.4109
计价材料	焊接钢管 DN25	kg		6.7500	5.5200	0.5800
	焊接钢管 DN32	kg			1.5000	7.5400
	焊接钢管 DN40	kg	2.4600	3.0700		1.9700
	焊接钢管 DN50	kg			4.0000	
	镀锌钢管 DN20 以下	kg	5.6500			6.7880
	截止阀 J11T-16 DN20	只	3.0000			
	截止阀 J41T-16 DN25	只		3.0000	2.0000	1.0000
	截止阀 J41T-16 DN32	只			1.0000	1.0000

续表

定 额 编 号			XZYT18-6	XZYT18-7	XZYT18-8	XZYT18-9
项　　　　目			减压器组合安装（焊接）			
			公称直径			
			DN20	DN25	DN32	DN40
计价材料	截止阀　　J41T-16　DN40	只	1.0000	1.0000		1.0000
	截止阀　　J41T-16　DN50	只			1.0000	
	截止阀　　J41T-16　DN65	只				1.0000
	安全阀　　A27W-10　DN20	只	1.0000			
	安全阀　　A27W-10　DN25	只		1.0000		
	安全阀　　A27W-10　DN32	只			1.0000	
	安全阀　　A27W-10　DN40	只				1.0000
	减压阀　　Y43H-10　DN25	只		1.0000		
	减压阀　　Y43H-10　DN32	只			1.0000	
	减压阀　　Y43H-10　DN40	只				1.0000
	减压阀　　Y43H-10　DN20	只	1.0000			
	平焊法兰　　PN1.6　DN20 以下	片	8.0000			
	平焊法兰　　PN1.6　DN25	片		8.0000	4.0000	4.0000
	平焊法兰　　PN1.6　DN32	片			4.0000	4.0000
	平焊法兰　　PN1.6　DN40	片	2.0000	2.0000		4.0000
	平焊法兰　　PN1.6　DN50	片			2.0000	
	平焊法兰　　PN1.6　DN65	片				2.0000

续表

定 额 编 号			XZYT18-6	XZYT18-7	XZYT18-8	XZYT18-9
项 目			减压器组合安装（焊接）			
			公称直径			
			DN20	DN25	DN32	DN40
计价材料	仪表加工件	套	2.0000	2.0000	2.0000	2.0000
	电焊条　J422　综合	kg	0.6600	0.6600	0.7800	1.2000
	镀锌六角螺栓　综合	kg	5.1900	5.1900	6.0000	6.8300
	镀锌管接头　DN25	个	3.0300	3.0300	2.0200	2.0200
	镀锌活接头　DN50	个			1.0100	1.0100
	石棉橡胶板　低压　6以下	kg	0.2240	0.3500	0.4200	0.6300
	氧气	m³	0.2415	0.2900	0.3100	0.4000
	乙炔气	m³	0.0805	0.1000	0.1000	0.1300
	焦炭	kg	2.9150	3.6000	5.6000	6.9000
	其他材料费	元	13.7900	17.4100	20.8800	26.7700
机械	弯管机　WC27~108	台班			0.0460	0.0690
	交流弧焊机　容量　21kVA	台班	0.3870	0.5520	0.8740	0.8740

定　额　编　号			XZYT18-10	XZYT18-11	XZYT18-12	XZYT18-13
项　　　　　目			减压器组合安装（焊接）			
			公称直径			
			DN50	DN65	DN80	DN100
单　　　　　位			组	组	组	组
基　　价（元）			**2436.87**	**2892.16**	**3942.47**	**5140.79**
其中	人　工　费（元）		424.81	578.65	775.86	1055.75
	材　料　费（元）		1907.11	2176.97	2974.60	3853.73
	机　械　费（元）		104.95	136.54	192.01	231.31
名　　　称		单位	数　　　量			
人工	建筑普通工	工日	1.3581	1.8499	2.4804	3.3752
	建筑技术工	工日	1.9545	2.6623	3.5696	4.8574
计价材料	焊接钢管　DN25	kg	0.5800	0.5800		
	焊接钢管　DN32	kg			0.7500	0.7500
	焊接钢管　DN40	kg	9.6100			
	焊接钢管　DN50	kg	2.8300	13.5500		
	焊接钢管　DN100	kg		10.2100		3.2900
	焊接钢管　DN150	kg			14.4100	16.8700
	镀锌钢管　DN20以下	kg	13.4600	3.5910	29.2940	49.0590
	截止阀　J11T-16　DN25	只	1.0100			
	截止阀　J11T-16　DN40	只	1.0100			
	截止阀　J41T-16　DN25	只	1.0000	1.0000	1.0000	1.0000

1096

续表

定 额 编 号			XZYT18-10	XZYT18-11	XZYT18-12	XZYT18-13
项　　　目			减压器组合安装（焊接）			
			公称直径			
			DN50	DN65	DN80	DN100
计价材料	截止阀　J41T-16　DN40	只	1.0000			
	截止阀　J41T-16　DN50	只	1.0000	1.0000		
	截止阀　J41T-16　DN65	只		1.0000	1.0000	
	截止阀　J41T-16　DN80	只	1.0000		1.0000	1.0000
	截止阀　J41T-16　DN100	只		1.0000		1.0000
	截止阀　J41T-16　DN125	只			1.0000	
	截止阀　J41W-16　DN150	只				1.0000
	安全阀　A27W-10　DN50	只	1.0000			
	安全阀　A27W-10　DN65	只		1.0000		
	安全阀　A27W-10　DN80	只			1.0000	1.0000
	减压阀　Y43H-10　DN50	只	1.0000			
	减压阀　Y43H-10　DN65	只		1.0000		
	减压阀　Y43H-10　DN80	只			1.0000	
	减压阀　Y43H-10　DN100	只				1.0000
	压制弯头　PN2.5　DN125	只			2.0000	
	平焊法兰　PN1.6　DN25	片	2.0000	2.0000	2.0000	2.0000
	平焊法兰　PN1.6　DN40	片	2.0000			

1097

续表

定 额 编 号			XZYT18-10	XZYT18-11	XZYT18-12	XZYT18-13
项 目			减压器组合安装（焊接）			
			公称直径			
			DN50	DN65	DN80	DN100
计价材料	平焊法兰 PN1.6 DN50	片			2.0000	
	平焊法兰 PN1.6 DN65	片	4.0000	4.0000	2.0000	
	平焊法兰 PN1.6 DN80	片	2.0000		4.0000	2.0000
	平焊法兰 PN1.6 DN100	片		2.0000		4.0000
	平焊法兰 PN1.6 DN150	片		2.0000		2.0000
	弹簧压力表 1.6MPa	只	2.0000		2.0000	2.0000
	仪表加工件	套	2.0000	2.0000	2.0000	2.0000
	电焊条 J422 综合	kg	1.4700	2.1400	2.8600	3.4200
	镀锌六角螺栓 综合	kg	9.1300	9.1300	11.4200	17.4200
	镀锌管接头 DN25	个	2.0200	2.0200	2.0200	2.0200
	镀锌管接头 DN50	个	1.0100			
	镀锌管接头 DN80	个		1.0100	1.0100	2.0000
	镀锌管接头 DN125	个				1.0000
	石棉扭绳	kg			0.0700	0.0700
	石棉橡胶板 低压 6以下	kg	0.8400	1.1200	1.4600	2.1300
	氧气	m³	0.4700	0.5700	0.7200	0.8000
	乙炔气	m³	0.1600	0.1900	0.2400	0.2700

续表

定 额 编 号			XZYT18-10	XZYT18-11	XZYT18-12	XZYT18-13
项 目			减压器组合安装（焊接）			
			公称直径			
			DN50	DN65	DN80	DN100
计价材料	焦炭	kg	8.6000	12.1000	16.0000	27.0000
	其他材料费	元	37.3900	42.6900	58.3300	75.5600
机械	弯管机 WC27~108	台班	0.0690	0.0690	0.0690	0.0690
	交流弧焊机 容量 21kVA	台班	1.4835	1.9550	2.7830	3.3695

18.1.3 疏水器组合安装——螺纹连接

工作内容： 切管、坡口、制垫、加垫、组合、焊接、安装，水压试验。

定 额 编 号			XZYT18-14	XZYT18-15	XZYT18-16	XZYT18-17	XZYT18-18
项 目			公称直径（mm 以内）				
			DN20	DN25	DN32	DN40	DN50
单 位			组	组	组	组	组
基 价 （元）			**297.26**	**378.50**	**499.93**	**600.02**	**843.36**
其中	人 工 费 （元）		65.22	89.55	111.22	131.25	208.53
	材 料 费 （元）		232.04	288.95	388.71	468.77	634.83
	机 械 费 （元）						
名 称		单位	数 量				
人工	建筑普通工	工日	0.2085	0.2863	0.3556	0.4196	0.6666
	建筑技术工	工日	0.3001	0.4120	0.5117	0.6039	0.9595
计价材料	焊接钢管 DN20 以下	kg	3.9700	3.2400	0.4300	0.4300	0.4300
	焊接钢管 DN25	kg		2.7900	4.4500		
	焊接钢管 DN32	kg			3.9500	6.4500	
	焊接钢管 DN40	kg				5.4500	9.6200
	焊接钢管 DN50	kg					9.2400
	截止阀 J11T-16 DN20	只	3.0300	1.0100			
	截止阀 J11T-16 DN25	只		2.0200	1.0100		
	截止阀 J11T-16 DN32	只			2.0200	1.0100	
	截止阀 J11T-16 DN40	只				2.0200	1.0100

续表

定 额 编 号		XZYT18−14	XZYT18−15	XZYT18−16	XZYT18−17	XZYT18−18
项 目		公称直径（mm 以内）				
		DN20	DN25	DN32	DN40	DN50
截止阀　J11T−16　DN50	只					2.0200
旋塞阀　X13T−10　DN15	只	2.0200	2.0200	2.0200	2.0200	2.0200
疏水阀　CS19H−10　DN20 以下	只	1.0000				
疏水阀　CS19H−10　DN25	只		1.0000			
疏水阀　CS19H−10　DN32	只			1.0000		
疏水阀　CS19H−10　DN40	只				1.0000	
疏水阀　CS19H−10　DN50	只					1.0000
碳钢气焊丝　综合	kg	0.1000	0.1200	0.1300	0.1600	
镀锌弯头　DN20 以下	个	2.0200	2.0200			
镀锌弯头　DN25	个			2.0200		
镀锌弯头　DN32	个				2.0200	
镀锌弯头　DN40	个					2.0200
镀锌三通　DN20 以下	个	4.0400				
镀锌三通　DN25	个		4.0400			
镀锌三通　DN32	个			4.0400		
镀锌三通　DN40	个				4.0400	
镀锌三通　DN50	个					4.0400
镀锌管接头　DN20	个	1.0100				

（计价材料）

续表

定　额　编　号			XZYT18-14	XZYT18-15	XZYT18-16	XZYT18-17	XZYT18-18
项　　　　目			公称直径（mm 以内）				
			DN20	DN25	DN32	DN40	DN50
计价材料	镀锌管接头　DN25	个		1.0100			
	镀锌管接头　DN32	个			1.0100		
	镀锌管接头　DN40	个				1.0100	
	镀锌管接头　DN50	个					1.0100
	镀锌活接头　DN25	个	2.0200	2.0200	1.0100		
	镀锌活接头　DN50	个			1.0100	2.0200	2.0200
	石棉橡胶板　低压　6 以下	kg	0.0400	0.0700	0.0800	0.1000	
	其他材料费	元	4.5500	5.6700	7.6200	9.1900	12.4500

18.1.4 疏水器组合安装——焊接连接

工作内容：切管、坡口、制垫、加垫、组合、焊接、安装、水压试验。

定 额 编 号		XZYT18-19	XZYT18-20	XZYT18-21	XZYT18-22
项 目		公称直径			
		DN20	DN25	DN32	DN40
单 位		组	组	组	组
基 价 (元)		**369.60**	**435.49**	**555.36**	**665.72**
其中	人 工 费 (元)	68.01	68.69	68.69	93.83
	材 料 费 (元)	283.71	348.92	468.79	554.01
	机 械 费 (元)	17.88	17.88	17.88	17.88
名 称	单位	数 量			
人工 建筑普通工	工日	0.2174	0.2196	0.2196	0.3000
建筑技术工	工日	0.3129	0.3160	0.3160	0.4317
计价材料 焊接钢管 DN20以下	kg	3.3400	3.5000	0.4300	0.4300
焊接钢管 DN32	kg	1.1300	2.7900	4.4500	
焊接钢管 DN40	kg			3.9500	6.4500
截止阀 J11T-16 DN20	只	3.0300	1.0100		
截止阀 J11T-16 DN25	只		2.0200	1.0100	
截止阀 J11T-16 DN32	只			2.0200	1.0100
截止阀 J11T-16 DN40	只				2.0200
旋塞阀 X13T-10 DN15	只	2.0200	2.0200	2.0200	2.0200
疏水阀 CS43H-10 DN20	只	1.0000			

定 额 编 号			XZYT18-19	XZYT18-20	XZYT18-21	XZYT18-22
项 目			公称直径			
			DN20	DN25	DN32	DN40
计价材料	疏水阀　CS43H-10　DN25	只		1.0000		
	疏水阀　CS43H-10　DN32	只			1.0000	
	疏水阀　CS43H-10　DN40	只				1.0000
	平焊法兰　PN1.6　DN20 以下	片	2.0000			
	平焊法兰　PN1.6　DN25	片		2.0000		
	平焊法兰　PN1.6　DN32	片			2.0000	
	平焊法兰　PN1.6　DN40	片				2.0000
	镀锌活接头　DN20 以下	个	1.0100			
	镀锌活接头　DN25	个		1.0100	1.0100	1.2500
	镀锌活接头　DN50	个				1.0100
	其他材料费	元	5.5600	6.8400	9.1900	10.8600
机械	液压弯管机　管径　ϕ108	台班	0.0460	0.0460	0.0460	0.0460

定 额 编 号			XZYT18-23	XZYT18-24	XZYT18-25	XZYT18-26
项 目			公称直径			
			DN50	DN65	DN80	DN100
单 位			组	组	组	组
基 价 （元）			**1234.73**	**1760.21**	**2394.41**	**3205.55**
其中	人 工 费 （元）		129.42	163.36	195.42	271.08
	材 料 费 （元）		1065.48	1540.27	2134.04	2855.37
	机 械 费 （元）		39.83	56.58	64.95	79.10
名 称		单位	数 量			
人工	建筑普通工	工日	0.4138	0.5223	0.6248	0.8666
	建筑技术工	工日	0.5954	0.7516	0.8991	1.2472
计价材料	焊接钢管 DN20 以下	kg	0.4300	0.6000	0.6000	0.6000
	焊接钢管 DN40	kg	9.6200			
	焊接钢管 DN50	kg	9.2400	14.7800		
	焊接钢管 DN65	kg		12.2800	17.2600	
	焊接钢管 DN80	kg			22.3700	27.4700
	焊接钢管 DN100	kg				33.6000
	截止阀 J11T-16 DN40	只	1.0100			
	截止阀 J41T-16 DN65	只		2.0000	1.0000	
	截止阀 J41W-16 DN50	只	2.0000	1.0000		
	截止阀 J41W-16 DN80	只			2.0000	1.0000
	截止阀 J41W-16 DN100	只				2.0000

续表

定　额　编　号			XZYT18-23	XZYT18-24	XZYT18-25	XZYT18-26
项　　　　目			公称直径			
			DN50	DN65	DN80	DN100
计价材料	旋塞阀　X13T-10　DN15	只	2.0200	2.0200	2.0200	2.0200
	疏水阀　CS43H-10　DN50	只	1.0000			
	疏水阀　CS43H-10　DN65	只		1.0000		
	疏水阀　CS43H-10　DN80	只			1.0000	
	疏水阀　CS43H-10　DN100	只				1.0000
	平焊法兰　PN1.6　DN50	片	6.0000	2.0000		
	平焊法兰　PN1.6　DN65	片		6.0000	2.0000	
	平焊法兰　PN1.6　DN80	片			6.0000	2.0000
	平焊法兰　PN1.6　DN100	片				6.0000
	电焊条　J422　综合	kg	0.3700	0.7500	1.0900	1.2300
	镀锌六角螺栓　综合	kg	4.6000	2.6590	10.7300	9.3600
	镀锌活接头　DN50	个	1.0100			
	石棉橡胶板　低压　6以下	kg	0.5200	3.0000	0.9700	1.3000
	氧气	m³	0.3300	0.7400	1.1400	1.3900
	乙炔气	m³	0.1100	0.2500	0.3600	0.4600
	其他材料费	元	20.8900	30.2000	41.8400	55.9900
机械	液压弯管机　管径　φ108	台班	0.0690	0.0920	0.1035	0.1265
	逆变直流焊机　电流　630A以内	台班	0.1150	0.1840	0.2185	0.2645

18.1.5 注水器组成、安装

工作内容： 场内搬运、检查、清洗、切管、套丝、组合安装。

定 额 编 号			XZYT18-27	XZYT18-28	XZYT18-29	XZYT18-30
项　　　　目			单型		双型	
			DN≤25	25<DN≤50	DN≤25	25<DN≤50
单　　　　位			组	组	组	组
基　　　价（元）			**426.29**	**593.35**	**1661.62**	**2078.41**
其中	人　工　费（元）		194.64	321.50	476.95	788.13
	材　料　费（元）		231.65	271.85	1184.67	1290.28
	机　械　费（元）					
名　　称		单位	数　　　量			
人工	建筑普通工	工日	0.6223	1.0279	1.5249	2.5197
	建筑技术工	工日	0.8955	1.4791	2.1943	3.6260
计价材料	焊接钢管　DN25	kg	7.2600		9.6800	
	焊接钢管　DN50	kg		11.5200		19.2000
	截止阀　J11T-16　DN25	只	3.0000			
	截止阀　J11T-16　DN50	只		1.0000	9.0000	9.0000
	止回阀　H11T-16　DN50	只	1.0000	1.0000	1.0000	1.0000
	镀锌弯头　DN25	个	2.0000		8.0000	
	镀锌弯头　DN50	个		2.0000		8.0000
	镀锌活接头　DN25	个	1.0000		3.0000	
	镀锌活接头　DN50	个		1.0000		3.0000

续表

定 额 编 号			XZYT18-27	XZYT18-28	XZYT18-29	XZYT18-30
项 目			单型		双型	
			DN≤25	25<DN≤50	DN≤25	25<DN≤50
计价材料	镀锌大小头 DN25 以下	个	1.0000		2.0000	
	镀锌大小头 DN50	个		1.0000		2.0000
	钢锯条 各种规格	根	1.0000	1.0000	3.0000	5.0000
	其他材料费	元	4.5400	5.3300	23.2300	25.3000

18.2 供暖器安装

18.2.1 铸铁散热器安装

工作内容：场内搬运、制垫、加垫、组合安装、安装挂钩、固定、水压试验。

定 额 编 号		XZYT18-31	XZYT18-32	XZYT18-33	XZYT18-34
项 目		长翼型	圆翼型	M132	柱型
单 位		片	片	片	片
基 价（元）		**59.92**	**80.70**	**45.42**	**46.10**
其中	人 工 费（元）	16.54	19.71	5.22	3.48
	材 料 费（元）	43.38	60.99	40.20	42.62
	机 械 费（元）				
名 称	单位		数 量		
人工 建筑普通工	工日	0.0529	0.0630	0.0167	0.0111
建筑技术工	工日	0.0761	0.0907	0.0240	0.0160
计价材料 铸铁汽包法兰	个		1.6700		0.1700
镀锌六角螺栓 综合	kg		0.0640		0.0300
铸铁散热器	片	1.0100	1.0100	1.0100	1.0100
水暖汽包部件托钩	个	1.0260	1.6500	0.2800	

续表

定 额 编 号			XZYT18-31	XZYT18-32	XZYT18-33	XZYT18-34
项 目			长翼型	圆翼型	M132	柱型
计价材料	水暖汽包部件丝堵　DN32	个	0.6020		0.1500	0.1700
	水暖汽包部件对丝　DN32	个	1.4850		1.8500	1.8900
	水暖汽包部件补芯　DN32	个	0.6020		0.1500	0.1700
	石棉橡胶板　低压　6以下	kg	0.1100	0.1270		
	其他材料费	元	0.8500	1.2000	0.7900	0.8400

18.2.2 光排管散热器制作、安装

工作内容：场内搬运、切管、坡口、焊接、组合安装、安装卡钩、固定、水压试验。

定 额 编 号			XZYT18-35	XZYT18-36	XZYT18-37	XZYT18-38
项 目			A 型（2~4m）			
			DN80	DN100	DN125	DN150
单 位			m	m	m	m
基 价（元）			**84.63**	**104.45**	**139.12**	**167.49**
其中	人 工 费（元）		22.58	24.33	30.48	35.59
	材 料 费（元）		55.81	72.49	100.24	119.42
	机 械 费（元）		6.24	7.63	8.40	12.48
名 称		单位	数 量			
人工	建筑普通工	工日	0.0722	0.0778	0.0975	0.1138
	建筑技术工	工日	0.1039	0.1119	0.1402	0.1637
计价材料	薄钢板 4mm 以下	kg	0.2040	0.2800	0.4100	0.5700
	无缝钢管 10~20 号 φ89 以下	kg	8.5900			
	无缝钢管 10~20 号 φ108 以下	kg		11.1800		
	无缝钢管 10~20 号 φ159 以下	kg			15.4900	18.3400
	电焊条 J422 综合	kg	0.1600	0.2100	0.3100	0.4400

续表

定 额 编 号			XZYT18-35	XZYT18-36	XZYT18-37	XZYT18-38
项 目			A 型 （2~4m）			
			DN80	DN100	DN125	DN150
计价材料	镀锌管接头　DN20	个	0.2000	0.2000	0.2000	0.2000
	水暖汽包部件托钩	个	0.3500	0.4000	0.4000	0.4000
	氧气	m³	0.0900	0.1100	0.1500	0.1800
	乙炔气	m³	0.0310	0.0380	0.0480	0.0590
	其他材料费	元	1.0900	1.4200	1.9700	2.3400
机械	交流弧焊机　容量　21kVA	台班	0.0932	0.1139	0.1254	0.1863

定　额　编　号		XZYT18-39	XZYT18-40	XZYT18-41	XZYT18-42
项　　目		B 型（2~4m）			
		DN80	DN100	DN125	DN150
单　　位		m	m	m	m
基　价（元）		**87. 39**	**106. 54**	**140. 82**	**166. 83**
其中	人　工　费（元）	22. 58	24. 33	30. 48	35. 59
	材　料　费（元）	58. 49	75. 12	102. 40	121. 38
	机　械　费（元）	6. 32	7. 09	7. 94	9. 86
名　　称	单位	数　　量			
人工 建筑普通工	工日	0. 0722	0. 0778	0. 0975	0. 1138
建筑技术工	工日	0. 1039	0. 1119	0. 1402	0. 1637
计价材料 薄钢板　4mm 以下	kg	0. 1900	0. 2800	0. 4100	0. 5700
无缝钢管 10~20 号　ϕ89 以下	kg	8. 5900			
无缝钢管 10~20 号　ϕ108 以下	kg		11. 1800		
无缝钢管 10~20 号　ϕ159 以下	kg			15. 4900	18. 3400
焊接钢管　DN40	kg	0. 4800	0. 4800	0. 4800	0. 4800
电焊条　J422　综合	kg	0. 1300	0. 1600	0. 1700	0. 2500
镀锌管接头　DN20	个	0. 2000	0. 2000	0. 2000	0. 2000

续表

定 额 编 号			XZYT18-39	XZYT18-40	XZYT18-41	XZYT18-42
项 目			B 型 （2~4m）			
			DN80	DN100	DN125	DN150
计价材料	水暖汽包部件托钩	个	0.3500	0.4000	0.4000	0.4000
	氧气	m³	0.1300	0.1500	0.1900	0.2300
	乙炔气	m³	0.0440	0.0500	0.0620	0.0750
	其他材料费	元	1.1500	1.4700	2.0100	2.3800
机械	交流弧焊机 容量 21kVA	台班	0.0943	0.1058	0.1185	0.1472

定　额　编　号		XZYT18-43	XZYT18-44	XZYT18-45	XZYT18-46
项　　　　目		A 型（4.5~6m）			
		DN80	DN100	DN125	DN150
单　　　　位		m	m	m	m
基　　价（元）		**78.57**	**94.24**	**127.64**	**139.40**
其中	人　工　费（元）	18.21	19.11	25.16	28.62
	材　料　费（元）	56.74	70.73	97.70	103.61
	机　械　费（元）	3.62	4.40	4.78	7.17
名　　　称	单位	数　　　　量			
人工　建筑普通工	工日	0.0582	0.0611	0.0804	0.0915
建筑技术工	工日	0.0838	0.0879	0.1158	0.1317
计价材料　薄钢板　4mm 以下	kg	0.1100	0.1600	0.2300	0.3300
无缝钢管 10~20 号　φ89 以下	kg	8.5900			
无缝钢管 10~20 号　φ108 以下	kg		11.1800		
无缝钢管 10~20 号　φ159 以下	kg			15.4900	
焊接钢管　DN40	kg				18.3400
电焊条　J422　综合	kg	0.0880	0.1200	0.1800	0.2500
镀锌管接头　DN20	个	0.2000	0.2000	0.2000	0.2000

定　额　编　号			XZYT18-43	XZYT18-44	XZYT18-45	XZYT18-46
项　　　目			A 型 （4.5~6m）			
			DN80	DN100	DN125	DN150
计价材料	水暖汽包部件托钩	个	0.2860	0.2860	0.3400	0.5000
	氧气	m³	0.5300	0.0650	0.0530	0.1010
	乙炔气	m³	0.0180	0.0220	0.0280	0.0340
	其他材料费	元	1.1100	1.3900	1.9200	2.0300
机械	交流弧焊机　容量　21kVA	台班	0.0541	0.0656	0.0713	0.1070

定 额 编 号			XZYT18-47	XZYT18-48	XZYT18-49	XZYT18-50
项 目			B 型 （4.5~6m）			
			DN80	DN100	DN125	DN150
单 位			m	m	m	m
基 价 （元）			**80.04**	**96.72**	**131.76**	**155.23**
其中	人 工 费 （元）		18.21	19.11	25.16	28.62
	材 料 费 （元）		57.21	71.83	100.44	118.91
	机 械 费 （元）		4.62	5.78	6.16	7.70
名 称		单位	数 量			
人工	建筑普通工	工日	0.0582	0.0611	0.0804	0.0915
	建筑技术工	工日	0.0838	0.0879	0.1158	0.1317
计价材料	薄钢板 4mm 以下	kg	0.1100	0.1600	0.2300	0.3300
	无缝钢管 10~20 号 φ89 以下	kg	8.5900			
	无缝钢管 10~20 号 φ108 以下	kg		11.1800		
	无缝钢管 10~20 号 φ159 以下	kg			15.4900	18.3400
	焊接钢管 DN40	kg	0.4800	0.1800	0.4800	0.4800
	电焊条 J422 综合	kg	0.0960	0.1200	0.1500	0.2000
	镀锌管接头 DN20	个	0.1100	0.1100	0.1100	0.1100

续表

定　额　编　号			XZYT18-47	XZYT18-48	XZYT18-49	XZYT18-50
项　　　目			B 型（4.5~6m）			
			DN80	DN100	DN125	DN150
计价材料	水暖汽包部件托钩	个	0.3400	0.3400	0.4000	0.5000
	氧气	m³	0.0750	0.0860	0.1100	0.1300
	乙炔气	m³	0.0250	0.0290	0.0360	0.0430
	其他材料费	元	1.1200	1.4100	1.9700	2.3300
机械	交流弧焊机　容量　21kVA	台班	0.0690	0.0863	0.0920	0.1150

18.2.3 钢制散热器安装

工作内容：场内搬运、制垫、加垫、组合安装、安装挂钩、固定、水压试验。

定 额 编 号			XZYT18-51	XZYT18-52	XZYT18-53
项 目			钢制闭式散热器安装	钢柱式散热器安装	
			型号 H500~600×2000	10 片	每增减一片
单 位			片	组	片
基 价 （元）			**130.35**	**267.68**	**25.97**
其中	人 工 费 （元）		26.98	20.04	2.67
	材 料 费 （元）		103.37	247.64	23.30
	机 械 费 （元）				
名 称		单位	数 量		
人工	建筑普通工	工日	0.0863	0.0641	0.0085
	建筑技术工	工日	0.1241	0.0922	0.0123
计价材料	普通硅酸盐水泥 32.5	t	0.0010		
	钢制柱式散热器 300~1000mm	片		10.0000	1.0000
	钢制闭式散热器 H（500~600）×2000mm	片	1.0000		
	水暖汽包部件托钩	个		3.1200	

续表

定 额 编 号			XZYT18-51	XZYT18-52	XZYT18-53
项 目			钢制闭式散热器安装	钢柱式散热器安装	
			型号 H500~600×2000	10 片	每增减一片
计价材料	水暖汽包部件丝堵　DN32	个		2.0800	
	水暖汽包部件补芯　DN32	个		2.0800	
	石棉橡胶板　低压　6 以下	kg		0.0500	
	砂布	张		1.0000	0.2000
	其他材料费	元	2.0300	4.8600	0.4600

18.2.4 板式散热器安装

工作内容:场内搬运、制垫、加垫、组合安装、冲洗、水压试验。

定 额 编 号			XZYT18-54	XZYT18-55	XZYT18-56	XZYT18-57
项 目			板式换热器安装			
			型号/换热面积			
			BR06/30	BR06/50	BR06/100	BR06/200
单 位			组	组	组	组
基 价 (元)			**1268.38**	**1409.78**	**2163.12**	**3046.17**
其中	人 工 费 (元)		894.95	990.53	1242.50	1529.23
	材 料 费 (元)		337.99	383.81	665.66	1132.40
	机 械 费 (元)		35.44	35.44	254.96	384.54
名 称		单位	数 量			
人工	建筑普通工	工日	2.8611	3.1667	3.9722	4.8889
	建筑技术工	工日	4.1176	4.5573	5.7166	7.0358
计价材料	平焊法兰 PN1.6 DN80	片	2.0000	2.0000		
	平焊法兰 PN1.6 DN150	片			2.0000	2.0000
	电焊条 J422 综合	kg	0.7200	0.7200	1.3000	1.3000
	镀锌六角螺栓 综合	kg	1.1010	1.1010	1.1440	1.1440
	板式散热器 BR06 型/30	组	1.0000			
	板式散热器 BR06 型/50	组		1.0000		
	板式散热器 BR06 型/100	组			1.0000	
	板式散热器 BR06 型/200	组				1.0000

续表

定 额 编 号			XZYT18-54	XZYT18-55	XZYT18-56	XZYT18-57
项 目			板式换热器安装			
			型号/换热面积			
			BR06/30	BR06/50	BR06/100	BR06/200
计价材料	石棉橡胶板 低压 6以下	kg	0.5200	0.5200	0.4600	0.4600
	氧气	m³	0.2400	0.2400	0.1800	0.1800
	乙炔气	m³	0.0840	0.0840	0.0630	0.0630
	其他材料费	元	6.6300	7.5300	13.0500	22.2000
机械	汽车式起重机 起重量 5t	台班			0.2300	0.1150
	汽车式起重机 起重量 16t	台班				0.1840
	载重汽车 4t	台班			0.0805	0.1150
	交流弧焊机 容量 21kVA	台班	0.5290	0.5290	0.6440	0.6440

18.2.5 装饰型、复合散热器安装

工作内容：场内搬运、制垫、加垫、组合安装、冲洗、水压试验。

定 额 编 号		XZYT18-58	XZYT18-59	XZYT18-60
项 目		装饰散热器	金属复合散热器	
		面积 1.0-1.2m²	半周长 2000mm 以内	半周长 3000mm 以内
单 位		组	组	组
基 价（元）		**1223.88**	**1365.51**	**965.36**
其中	人 工 费（元）	25.56	22.58	30.78
	材 料 费（元）	1198.32	1342.93	934.58
	机 械 费（元）			
名 称	单位	数 量		
人工	建筑普通工	工日	0.0817	0.0722	0.0984
	建筑技术工	工日	0.1176	0.1039	0.1416
计价材料	装饰散热器面积 1.0~1.2m²	组	1.0000		
	金属复合散热器半周长 3000mm 以内	组		1.0000	
	金属复合散热器半周长 2000mm 以内	组			1.0000
	水暖汽包部件对丝 DN32	个	2.0600	0.2060	0.2060
	聚四氟乙烯生料带 加厚	卷	0.6000	0.0600	0.0600
	其他材料费	元	23.5000	26.3300	18.3300

18.2.6 暖风机安装

工作内容：吊装、找正、固定、试运转。

定 额 编 号			XZYT18-61	XZYT18-62	XZYT18-63	XZYT18-64	XZYT18-65	XZYT18-66
项 目			暖风机安装					
			重量					
			50kg	100kg	150kg	200kg 以下	500kg 以下	1000kg 以下
单 位			台	台	台	台	台	台
基 价（元）			**161.21**	**169.88**	**222.01**	**334.98**	**460.17**	**686.56**
其中	人 工 费（元）		147.73	156.40	208.53	321.50	350.24	494.32
	材 料 费（元）		13.48	13.48	13.48	13.48	15.28	46.07
	机 械 费（元）						94.65	146.17
名 称		单位	数 量					
人工	建筑普通工	工日	0.4723	0.5000	0.6666	1.0279	1.1197	1.5803
	建筑技术工	工日	0.6797	0.7196	0.9595	1.4791	1.6114	2.2743
计价材料	镀锌六角螺栓 综合	kg	0.3500	0.3500	0.3500	0.3500	0.5500	3.9800
	镀锌管接头 DN50	个	2.0000	2.0000	2.0000	2.0000	2.0000	2.0000
	其他材料费	元	0.2600	0.2600	0.2600	0.2600	0.3000	0.9000
机械	汽车式起重机 起重量 5t	台班					0.1150	0.1725
	载重汽车 4t	台班					0.0173	0.0345

18.2.7 热空气幕安装

工作内容： 吊装、找正、固定、试运转。

定 额 编 号		XZYT18-67	XZYT18-68	XZYT18-69
项 目		热空气幕安装		
		RM2/W—1×8/4	RM2/W—1×12/4	RM2/W—1×15/4
		单重≤150kg	单重150~200kg	单重>200kg
单 位		台	台	台
基 价（元）		**294.27**	**312.65**	**341.58**
其中	人 工 费（元）	269.38	285.81	312.79
	材 料 费（元）	24.89	26.84	28.79
	机 械 费（元）			
名 称	单位	数 量		
人工	建筑普通工	工日	0.8612	0.9137	1.0000
	建筑技术工	工日	1.2394	1.3150	1.4391
计价材料	薄钢板 1.0mm 以下	kg	0.3600	0.4000	0.4400
	镀锌六角螺栓 综合	kg	0.8500	0.8500	0.8500
	镀锌铁丝 综合	kg	1.1000	1.4000	1.7000
	棉纱头	kg	1.2500	1.2500	1.2500
	其他材料费	元	0.4900	0.5300	0.5600

18.3 小型容器制作、安装

18.3.1 水箱制作安装

工作内容：吊装、固定、装配零件、水压试验。

定 额 编 号			XZYT18-70	XZYT18-71
项 目			水箱制作	
			单重100kg以内	单重100~550kg
单 位			kg	kg
基 价（元）			**9.07**	**9.26**
其中	人 工 费（元）		2.34	1.82
	材 料 费（元）		6.27	5.94
	机 械 费（元）		0.46	1.50
名 称		单位	数 量	
人工	建筑普通工	工日	0.0076	0.0058
	建筑技术工	工日	0.0107	0.0084
计价材料	中厚钢板 6~12	kg	1.0500	1.0500
	电焊条 J422 综合	kg	0.0790	0.0320
	氧气	m³	0.0170	0.0090
	乙炔气	m³	0.0060	0.0030
	其他材料费	元	0.1200	0.1200
机械	卷板机 板厚×宽度 20mm×2000mm	台班		0.0035
	交流弧焊机 容量 21kVA	台班	0.0069	0.0069

定 额 编 号		XZYT18-72	XZYT18-73	XZYT18-74
项 目		补给水箱安装	膨胀水箱安装 容积4m³以下	矩形水箱安装 容积22m³以下
单 位		个	个	个
基 价（元）		**105.39**	**397.86**	**679.17**
其中	人 工 费（元）	69.52	374.55	441.38
	材 料 费（元）	35.87	23.31	9.04
	机 械 费（元）			228.75
名 称	单位	数 量		
人工	建筑普通工	工日	0.2222	1.1975	1.4111
	建筑技术工	工日	0.3199	1.7232	2.0307
计价材料	螺纹浮球阀	只	1.0000		
	镀锌管接头 DN32	个	2.0200	2.0200	1.0100
	镀锌管接头 DN50	个	1.0100	3.0300	1.0100
	其他材料费	元	0.7000	0.4600	0.1800
机械	汽车式起重机 起重量 5t	台班			0.2300
	载重汽车 4t	台班			0.1150

18.3.2 蒸汽分汽缸制作、安装

工作内容: 下料、切割、卷管、坡口、焊接、水压试验。

定 额 编 号			XZYT18-75	XZYT18-76	XZYT18-77	XZYT18-78
项 目			蒸汽分汽缸制作		蒸汽分汽缸安装	
			单重			
			100kg 以下	100kg 以上	100kg 以下	100kg 以上
单 位			kg	kg	kg	kg
基 价 (元)			**16.06**	**10.43**	**3.66**	**4.57**
其中	人 工 费 (元)		6.95	2.89	3.58	4.49
	材 料 费 (元)		7.58	6.92	0.03	0.03
	机 械 费 (元)		1.53	0.62	0.05	0.05
名 称		单位	数 量			
人工	建筑普通工	工日	0.0222	0.0092	0.0114	0.0144
	建筑技术工	工日	0.0320	0.0133	0.0165	0.0206
计价材料	中厚钢板 6~12	kg	0.1280	0.1210		
	无缝钢管 10~20 号 $\phi28$ 以下	kg	0.9320	0.9320		
	电焊条 J422 综合	kg	0.0420	0.0250	0.0050	0.0060
	镀锌管接头 DN32	个	0.0700	0.0200		
	氧气	m³	0.0270	0.0240		
	乙炔气	m³	0.0100	0.0080		

续表

定　额　编　号			XZYT18-75	XZYT18-76	XZYT18-77	XZYT18-78
项　目			蒸汽分汽缸制作		蒸汽分汽缸安装	
			单重			
			100kg 以下	100kg 以上	100kg 以下	100kg 以上
计价材料	焦炭	kg	0.2850	0.1120		
	其他材料费	元	0.1500	0.1400		
机械	交流弧焊机　容量　21kVA	台班	0.0207	0.0081	0.0007	0.0007
	鼓风机　能力　50m³/min	台班	0.0023	0.0012		

18.3.3 集气罐制作、安装

工作内容： 下料、切割、坡口、焊接、水压试验。

定额编号		XZYT18-79	XZYT18-80	XZYT18-81	XZYT18-82
项　目		集气罐制作		集气罐安装	
		$\phi \leq 250$	$\phi > 250$	$\phi \leq 250$	$\phi > 250$
单　位		个	个	个	个
基　价（元）		**313.83**	**528.35**	**41.70**	**66.86**
其中	人　工　费（元）	99.98	175.52	41.70	66.86
	材　料　费（元）	204.60	337.42		
	机　械　费（元）	9.25	15.41		
名　称	单位	数　量			
人工	建筑普通工　工日	0.3196	0.5612	0.1333	0.2138
	建筑技术工　工日	0.4600	0.8075	0.1919	0.3076
计价材料	中厚钢板　12~20　kg	9.0000	22.0000		
	无缝钢管 10~20 号　ϕ273 以下　kg	19.6940			
	无缝钢管 10~20 号　ϕ426 以下　kg		28.0730		
	电焊条　J422　综合　kg	1.8000	2.8800		
	镀锌管接头　DN32　个	2.0000	2.0000		

续表

定 额 编 号			XZYT18-79	XZYT18-80	XZYT18-81	XZYT18-82
项 目			集气罐制作		集气罐安装	
			$\phi \leq 250$	$\phi > 250$	$\phi \leq 250$	$\phi > 250$
计价材料	镀锌管接头 DN50	个	2.0000	2.0000		
	氧气	m³	0.9600	1.5900		
	乙炔气	m³	0.3360	0.5570		
	其他材料费	元	4.0100	6.6200		
机械	交流弧焊机 容量 21kVA	台班	0.1380	0.2300		

1131

第 19 章 防腐与绝热工程

说　明

本章定额适用于金属管道、金属结构、设备等除锈、刷油漆、绝热工程。

1. 除锈、刷油漆。

（1）除锈、刷油漆定额中包括各种管件、阀件及设备上人孔、管口凸凹部分的除锈、刷油漆工作内容。

（2）刷油漆定额按照安装地点就地刷（喷）油漆考虑，如安装前管道集中刷油漆，相应定额人工费乘以 0.7 系数（暖气片除外）。

2. 绝热。

（1）管道绝热定额包括除法兰、阀门外的管件部分绝热工作内容。设备绝热定额包括除法兰、人孔外的其封头与附件绝热工作内容。

（2）聚氨酯泡沫塑料喷涂定额按照现场直喷无模具考虑，工程采用有模具浇筑法施工时，其模具制作安装费用根据批准的施工方案另行计算。

（3）管道绝热定额按照现场先安装后绝热施工考虑，工程先绝热后安装时，相应定额人工费乘以 0.9 系数。

工程量计算规则

1. 设备、管道防腐按照表面积以平方米为单位计算工程量。计算管道长度时，不扣除管件、配件、阀门、法兰等所占长度，管件、配件、设备人孔等增加的工程量亦不计算。

2. 计算设备、管道内壁防腐工程量时，当钢板或管道壁厚大于等于 10mm 时，按照其内壁或内径计算；当钢板或管道壁厚小于 10mm 时，按照其外壁或外径计算。

3. 绝热根据材质按照设计成品厚度以立方米为单位计算工程量。绝热罩壳计算工程量，并入相应的工程量内。

19.1 刷　油

19.1.1 除锈

工作内容：除锈、除尘。

定　额　编　号		XZYT19-1	XZYT19-2	XZYT19-3
项　　　目		手工除锈		动力工具除锈
		管道　轻锈	一般钢结构　轻锈	金属面　轻锈
单　　　位		m²	m²	m²
基　　价（元）		**3.10**	**0.42**	**3.86**
其中	人　工　费（元）	2.96	0.30	3.82
	材　料　费（元）	0.14	0.01	0.04
	机　械　费（元）		0.11	
名　　　称	单位	数　　　量		
人工　建筑普通工	工日	0.0095	0.0009	0.0123
建筑技术工	工日	0.0136	0.0014	0.0175
计价材料　砂轮片　φ200	片			0.0050
砂布	张	0.1500	0.0110	
机械　汽车式起重机　起重量　16t	台班		0.0001	

19.1.2 管道刷油

工作内容：调配、涂刷。

定 额 编 号		XZYT19-4	XZYT19-5	XZYT19-6
项 目		防锈漆		带锈底漆
		第一遍	第二遍	一遍
单 位		m²	m²	m²
基 价（元）		**3.92**	**3.70**	**3.40**
其中	人 工 费（元）	2.34	2.34	2.34
	材 料 费（元）	1.58	1.36	1.06
	机 械 费（元）			
名 称	单位	数 量		
人工	建筑普通工	工日	0.0076	0.0076	0.0076
	建筑技术工	工日	0.0107	0.0107	0.0107
计价材料	清洗剂	kg	0.0390	0.0350	0.0360
	防锈漆	kg			0.0740
	酚醛防锈漆 F53 各色	kg	0.1310	0.1120	
	其他材料费	元	0.0300	0.0300	0.0200

定 额 编 号		XZYT19-7	XZYT19-8	XZYT19-9	XZYT19-10
项 目		银粉漆		调和漆	
		第一遍	第二遍	第一遍	第二遍
单 位		m²	m²	m²	m²
基 价（元）		**3.46**	**3.27**	**4.10**	**3.78**
其中	人 工 费（元）	2.44	2.34	2.44	2.34
	材 料 费（元）	1.02	0.93	1.66	1.44
	机 械 费（元）				
名 称	单位	数 量			
人工 建筑普通工	工日	0.0078	0.0076	0.0078	0.0076
建筑技术工	工日	0.0112	0.0107	0.0112	0.0107
计价材料 清洗剂	kg	0.0720	0.0670	0.0010	0.0010
银粉	kg	0.0090	0.0080		
酚醛调和漆	kg			0.1250	0.1080
酚醛清漆	kg	0.0360	0.0330		
其他材料费	元	0.0200	0.0200	0.0300	0.0300

19.1.3 金属结构刷油

工作内容：调配、涂刷。

定 额 编 号		XZYT19-11	XZYT19-12	XZYT19-13	XZYT19-14
项 目		防锈漆		带锈底漆	银粉漆
		第一遍	第二遍	一遍	第一遍
单 位		kg	kg	kg	kg
基 价（元）		**0.44**	**0.43**	**0.40**	**0.42**
其中	人 工 费（元）	0.22	0.22	0.22	0.22
	材 料 费（元）	0.11	0.10	0.07	0.09
	机 械 费（元）	0.11	0.11	0.11	0.11
名 称	单位	数 量			
人工 建筑普通工	工日	0.0007	0.0007	0.0007	0.0007
建筑技术工	工日	0.0010	0.0010	0.0010	0.0010
计价材料 清洗剂	kg	0.0028	0.0030	0.0030	0.0050
银粉	kg				0.0010
防锈漆	kg			0.0050	
酚醛防锈漆 F53 各色	kg	0.0092	0.0080		
酚醛清漆	kg				0.0030
机械 汽车式起重机 起重量 16t	台班	0.0001	0.0001	0.0001	0.0001

定　额　编　号			XZYT19-15	XZYT19-16	XZYT19-17	XZYT19-18	XZYT19-19
项　　　目			银粉漆	调和漆		环氧富锌漆	
			第二遍	第一遍	第二遍	第一遍	第二遍
单　　　位			kg	kg	kg	kg	kg
基　　价　（元）			**0.41**	**0.45**	**0.44**	**0.63**	**0.59**
其中	人　工　费　（元）		0.22	0.22	0.22	0.24	0.24
	材　料　费　（元）		0.08	0.12	0.11	0.28	0.24
	机　械　费　（元）		0.11	0.11	0.11	0.11	0.11
名　　称		单位	数　　　量				
人工	建筑普通工	工日	0.0007	0.0007	0.0007	0.0008	0.0008
	建筑技术工	工日	0.0010	0.0010	0.0010	0.0011	0.0011
计价材料	清洗剂	kg	0.0050	0.0010	0.0010		
	银粉	kg	0.0010				
	酚醛调和漆	kg		0.0088	0.0077		
	酚醛清漆	kg	0.0020				
	环氧富锌漆	kg				0.0115	0.0097
	其他材料费	元				0.0100	
机械	汽车式起重机　起重量　16t	台班	0.0001	0.0001	0.0001	0.0001	0.0001

19.1.4 铸铁管刷

工作内容：调配、涂刷。

定额编号		XZYT19-20	XZYT19-21	XZYT19-22	XZYT19-23
项　目		防锈漆	带锈底漆	银粉漆	
		一遍		第一遍	第二遍
单　位		m²	m²	m²	m²
基　价（元）		**4.19**	**4.20**	**4.18**	**3.95**
其中	人 工 费（元）	2.89	2.89	2.98	2.89
	材 料 费（元）	1.30	1.31	1.20	1.06
	机 械 费（元）				
名　称	单位	数　　量			
人工	建筑普通工	工日	0.0092	0.0092	0.0095	0.0092
	建筑技术工	工日	0.0133	0.0133	0.0137	0.0133
计价材料	清洗剂	kg	0.0410	0.0440	0.0900	0.0790
	银粉	kg			0.0090	0.0080
	防锈漆	kg		0.0920		
	酚醛防锈漆 F53 各色	kg	0.1050			
	酚醛清漆	kg			0.0450	0.0397
	其他材料费	元	0.0300	0.0300	0.0200	0.0200

定　额　编　号		XZYT19-24	XZYT19-25	XZYT19-26	XZYT19-27
项　　目		沥青漆		环氧富锌漆	
		第一遍	第二遍	第一遍	第二遍
单　　位		m²	m²	m²	m²
基　　价（元）		**5.72**	**5.14**	**10.82**	**9.66**
其中	人　工　费（元）	3.17	3.08	3.55	3.41
	材　料　费（元）	2.55	2.06	7.27	6.25
	机　械　费（元）				
名　　称	单位	数　　量			
人工　建筑普通工	工日	0.0101	0.0098	0.0113	0.0109
建筑技术工	工日	0.0146	0.0142	0.0164	0.0157
计价材料　动力苯	kg	0.0460	0.0410		
煤焦油沥青漆	kg	0.2880	0.2310		
环氧富锌漆	kg			0.3000	0.2580
其他材料费	元	0.0500	0.0400	0.1400	0.1200

19.2 绝　　热

19.2.1 硬质瓦块安装

工作内容：运料、割料、安装、捆扎、修理整平、抹缝（或塞缝）。

定　额　编　号			XZYT19-28	XZYT19-29
项　　　　目			管道	
			ϕ57mm 以下	ϕ133mm 以下
			厚度　50mm	
单　　　位			m³	m³
基　价（元）			**922.00**	**644.20**
其中	人　工　费（元）		530.94	269.38
	材　料　费（元）		359.72	343.48
	机　械　费（元）		31.34	31.34
	名　　称	单位	数　　　量	
人工	建筑普通工	工日	1.6974	0.8612
	建筑技术工	工日	2.4428	1.2394
计价材料	硬质瓦块	m³	1.1200	1.0900
	镀锌铁丝　综合	kg	4.5000	3.0000
	硅藻土粉（生料）	kg	40.3000	40.3000

定 额 编 号			XZYT19-28	XZYT19-29
项 目			管道	
			$\phi 57mm$ 以下	$\phi 133mm$ 以下
			厚度 50mm	
计价材料	石棉灰	kg	17.2000	17.2000
	水	t	0.1000	0.1000
	其他材料费	元	7.0500	6.7300
机械	电动单筒快速卷扬机 10kN	台班	0.1380	0.1380

19.2.2 泡沫玻璃瓦安装

工作内容：运料、割料、粘接、安装、捆扎、抹缝、修理找平。

定 额 编 号			XZYT19-30	XZYT19-31
项 目			管道	
			ϕ57mm 以下	ϕ133mm 以下
			厚度 50mm	
单 位			m³	m³
基 价 (元)			**1245. 23**	**1015. 47**
其中	人 工 费 (元)		762. 88	565. 70
	材 料 费 (元)		451. 01	418. 43
	机 械 费 (元)		31. 34	31. 34
名 称		单位	数 量	
人工	建筑普通工	工日	2. 4389	1. 8085
	建筑技术工	工日	3. 5099	2. 6027
计价材料	粘结剂 107 胶	kg	30. 0000	26. 0000
	镀锌铁丝 综合	kg	4. 5000	2. 9500
	泡沫玻璃瓦块	m³	1. 1500	1. 1000
	其他材料费	元	8. 8400	8. 2000
机械	电动单筒快速卷扬机 10kN	台班	0. 1380	0. 1380

19.2.3 毡类制品安装

工作内容： 运料、下料、安装、捆扎、修理找平。

定 额 编 号			XZYT19-32	XZYT19-33	XZYT19-34	XZYT19-35
项 目			管道			
			φ57mm 以下	φ133mm 以下	φ325mm 以下	φ426mm 以下
			厚度 50mm			
单 位			m³	m³	m³	m³
基 价（元）			**810.49**	**607.69**	**580.20**	**648.15**
其中	人 工 费（元）		402.45	202.39	174.90	235.15
	材 料 费（元）		379.84	377.10	377.10	381.66
	机 械 费（元）		28.20	28.20	28.20	31.34
名 称		单位	数 量			
人工	建筑普通工	工日	1.2866	0.6470	0.5591	1.1900
	建筑技术工	工日	1.8516	0.9312	0.8047	0.7540
计价材料	镀锌铁丝 综合	kg	3.5800	3.1000	3.1000	3.9000
	矿棉毡	kg	123.6000	123.6000	123.6000	123.6000
	其他材料费	元	7.4500	7.3900	7.3900	7.4800
机械	电动单筒快速卷扬机 10kN	台班	0.1242	0.1242	0.1242	0.1380

19.2.4 纤维类制品

工作内容：运料、下料、安装、捆扎、修理找平。

定 额 编 号			XZYT19-36	XZYT19-37
项 目			纤维类制品	
			设备	管道
单 位			m³	m³
基 价（元）			**1130.72**	**1339.09**
其中	人 工 费（元）		535.63	704.53
	材 料 费（元）		595.09	634.56
	机 械 费（元）			
名 称		单位	数 量	
人工	建筑普通工	工日	1.3979	1.8411
	建筑技术工	工日	2.6997	3.5492
计价材料	镀锌铁丝 综合	kg	2.9300	3.1100
	岩棉板 150kg/m³	m³	1.0300	1.1000
	超细玻璃棉	kg	2.0000	2.0000
	其他材料费	元	2.0000	2.0000

19.2.5 聚氨酯泡沫喷涂发泡安装

工作内容：运料、现场施工准备、配料、喷涂、修理找平、设备修理。

定 额 编 号			XZYT19-38	XZYT19-39	XZYT19-40
项 目			管道		
			ϕ57mm 以下	ϕ133mm 以下	ϕ325mm 以下
			厚度 50mm		
单 位			m³	m³	m³
基 价 （元）			**1712.03**	**1578.01**	**1489.41**
其中	人 工 费 （元）		517.96	383.94	295.34
	材 料 费 （元）		1115.05	1115.05	1115.05
	机 械 费 （元）		79.02	79.02	79.02
名 称		单位	数 量		
人工	建筑普通工	工日	1.6559	1.2275	0.9442
	建筑技术工	工日	2.3831	1.7664	1.3588
计价材料	泡沫塑料聚酯乙烯	kg	62.5000	62.5000	62.5000
	丙酮 95%	kg	5.0000	5.0000	5.0000
	其他材料费	元	21.8600	21.8600	21.8600
机械	电动空气压缩机 排气量 3m³/min	台班	0.4600	0.4600	0.4600
	喷涂机	台班	0.4600	0.4600	0.4600

19.2.6 防潮层保护层安装

工作内容： 裁油毡纸、包油毡纸、熬沥青、粘接、绑铁线。

定 额 编 号			XZYT19-41	XZYT19-42	XZYT19-43	XZYT19-44
项 目			玻璃布安装	铁丝网安装	铝箔安装	包白铁皮
单 位			m²	m²	m²	m²
基 价（元）			**8.97**	**20.06**	**23.30**	**49.74**
其中	人 工 费（元）		4.08	10.72	12.26	22.58
	材 料 费（元）		4.89	9.34	11.04	27.16
	机 械 费（元）					
名 称		单位	数 量			
人工	建筑普通工	工日	0.0130	0.0342	0.0393	0.0722
	建筑技术工	工日	0.0188	0.0494	0.0563	0.1039
计价材料	镀锌钢板 0.5 以下	kg				4.0400
	铝箔 0.08mm×30mm	kg			0.3190	
	镀锌铁丝 综合	kg	0.0030	0.0500	0.0030	0.0320
	镀锌铁丝网丝径 φ2.5 以下	m²		1.2000		
	中碱玻璃丝布宽 1000mm	m²	1.4000			
	其他材料费	元	0.1000	0.1800	0.2200	0.5300